企业人力资源管理师职业资格考试用书

企业人力资源管理师考试通过必备

（二级）

第3版

徐　明　主编

机械工业出版社
CHINA MACHINE PRESS

本书是根据企业人力资源管理师职业资格全国统一鉴定考试的最新要求和考试题型，依据2014版“国家职业资格培训教程”《企业人力资源管理师（二级）（第3版）》（以下简称《教程》）和《企业人力资源管理师（基础知识）（第3版）》（以下简称《基础知识》）的知识体系编写。本书作者根据多年考试题和多年考试辅导的经验，针对考生复习的盲区对本书的第2版进行了精心修订。

全书按《教程》和《基础知识》的六大专业模块组织复习流程和练习题，强化考试核心内容，并通过计划这一时间管理工具来对考生的复习情况加以监督指导。全书分为三大部分，每一部分都设计了“学习方法和流程”及“学习计划书”。第一部分为基础必备，帮读者进行知识梳理，教读者将书读薄。第二部分为题库演练，依据考试大纲的知识点、考点和考试题型，按照《教程》和《基础知识》的六大专业模块分别给出了2000道左右的理论知识题和专业技能题的超大容量题库，并逐一给出了答案以及答案解析对应《教程》和《基础知识》的页码，是考生快速提高的捷径。第三部分为通关秘诀，是作者独创的“人力资源管理之独孤九剑”心法，口诀的每一个字都是《教程》的要点和精髓，便于考生快速记忆；同时给出了2016年全国统一鉴定考试的两套真题及参考答案，以便考生进行实战测试，提高考生的应试能力和备考的自信心。

本书旨在帮助考生透彻理解人力资源管理的精髓，顺利通过企业人力资源管理师职业资格考试。

图书在版编目（CIP）数据

企业人力资源管理师考试通过必备：二级/徐明主编．—3版．—北京：机械工业出版社，2015.1（2018.1重印）

企业人力资源管理师职业资格考试用书

ISBN 978-7-111-48923-8

Ⅰ.①企… Ⅱ.①徐… Ⅲ.①企业管理—人力资源管理—资格考试—自学参考资料 Ⅳ.①F272.92

中国版本图书馆CIP数据核字（2014）第296389号

机械工业出版社（北京市百万庄大街22号 邮政编码100037）
策划编辑：何月秋 责任编辑：何月秋 王 珑
责任校对：赵 蕊 封面设计：马精明
责任印制：李 昂
三河市宏达印刷有限公司印刷
2018年1月第3版第5次印刷
184mm×260mm·30.5印张·730千字
11901—14900册
标准书号：ISBN 978-7-111-48923-8
定价：75.00元

凡购本书，如有缺页、倒页、脱页，由本社发行部调换

电话服务	网络服务
服务咨询热线：010-88379833	机工官网：www.cmpbook.com
读者购书热线：010-88379469	机工官博：weibo.com/cmp1952
编 辑 热 线：010-88379879	教育服务网：www.cmpedu.com
封面无防伪标均为盗版	金书网：www.golden-book.com

前　言

一年两次的企业人力资源管理师考试，对每一个报名的考生来说，都是梦想的起点。面对考试，很多人其实是为了获取一个证书，从而证明自己在这个行业当中的实力；或为日后进入这个行业；或为升职加薪；当然也有为获取能力而充电学习的。总之，虽然每个人都怀揣着各种各样的梦想，但想得到的结果是一样的：通过考试，获得国家职业资格证书。

如何通过考试？大家都知道，天上不会掉馅饼，不经历风雨，怎么见彩虹？任何成功不经过努力是不可能轻易获得的。问题的关键是也努力了，也辛苦了，也奋斗了，然而结局却不尽如人意。怎么解决这个问题呢？

一、积极的应考心态

不管你的目的是什么，复习考试的心态很重要。首先是信心，信心不是别人给的，是自己给自己的。怎么给？在学习中逐步建立自己的信心。具体步骤是：在学习初期，先树立一个"无知者无畏"的信心。随着一章一章的学习和做题，随着一个一个问题的解决，信心逐渐建立，最终成为一个信心十足的人！

再就是，恒心——持之以恒，或者说是：坚持。我在课堂上经常讲"龟兔赛跑"的例子，相信学生们应该记忆犹新。没错，学习乌龟的坚持，管它比赛的是谁，它且跑它的，我自坚持我的！诱惑也好，摇摆也好，只要坚持就好！当然，在现代社会，坚持好说，但坚持好难！正是因为要和来自外界和自身的诱惑做斗争，当你最终用坚持战胜诱惑后，才能感受到资格证书的可贵！

二、正确的学习方法

（一）流程——找到学习的规律

任何事物都有它自身的规律，人力资源管理也不例外。怎么学习理论？对于每一章，要梳理出其流程，先自己梳理，然后根据本书第一部分所给的各章流程加以完善和对照，并牢记流程。最后根据流程把书上的知识点一个一个地消化。如果能够按照这样的步骤去做，必将收到事半功倍的效果！

在工作中怎么学习？如果大家在工作中就是做人力资源这一行的，那么需要做的是把书本上学到的理论在实际工作中加以运用；如果不是从事这一行的，那么可以通过观察自己企业的人力资源管理，找出其中存在的问题，并相应地给出解决思路和方案，这样也可以达到目的，即所谓的"干中学"。

（二）练习——熟练掌握的工具

看懂了并不意味着就会做！这是无数经验和事实所证明的，眼高手低是很多人的通病，因为人力资源管理师考试是由理论＋技能题组成的，其中理论考试有125道单选＋多选的题目，并且考试时间只有90分钟，所以如果不在课后进行大量的练习，要想在这么短的时间内做完全部的考题是一个大难题。

本书第二部分每章都有3套题库，每套题库有600道理论练习题、40道左右的专业技能练习题，第三部分有两套真题，通过大量地做题，足以达成"量变到质变"这一目标。

(三)上课——最简捷的学习方式

很多人都总说忙,但是再忙要想取得证书也要挤出时间来学习。最简便快捷的方式是一定要听课,因为老师对于教材的讲解可以使大家少走弯路,并且可以在课堂上通过提问和沟通,学到在课本上学不到的超值的知识和经验!如果实在没时间参加面授课,也一定要在以后把全部课补齐!最起码老师带着把知识点过了一遍,也等于学习了一遍!

三、明确的计划和有效的执行

(一)计划——时间管理

时间对于每个人都是公平的,关键在于怎么去善待时间和管理时间。为了通过考试,必须给自己制订一个学习、复习计划。从现在到考试,根据时间,制订复习的轮次,一般来说,教材要看3遍以上,题目至少要做3~5套,具体计划如下:

<table>
<tr><th>时间</th><th>项目</th><th>任务</th><th>执行</th><th>目标</th></tr>
<tr><td>月 日~ 月 日
(1~1.5周)</td><td>第一轮
规划、招聘</td><td>听课、做课后习题、找老师答疑</td><td></td><td rowspan="3">通过一个月的第一轮学习,看书达到2遍(预习1遍,上课听讲1遍),对教材内容有宏观详细的认识</td></tr>
<tr><td>月 日~ 月 日
(1~1.5周)</td><td>第一轮
培训、绩效</td><td>听课、做课后习题、找老师答疑</td><td></td></tr>
<tr><td>月 日~ 月 日
(1~1.5周)</td><td>第一轮
薪酬、关系</td><td>听课、做课后习题、找老师答疑</td><td></td></tr>
<tr><td>月 日~ 月 日
(1周)</td><td>第二轮
规划、招聘</td><td>做题,并对照教材纠正</td><td></td><td rowspan="3">通过做题,找到复习、学习中不懂、遗漏的地方</td></tr>
<tr><td>月 日~ 月 日
(1周)</td><td>第二轮
培训、绩效</td><td>做题,并对照教材纠正</td><td></td></tr>
<tr><td>月 日~ 月 日
(1周)</td><td>第二轮
薪酬、关系</td><td>做题,并对照教材纠正</td><td></td></tr>
<tr><td>月 日~ 月 日</td><td>第三轮
真题一</td><td>做题,并对照教材纠正</td><td></td><td rowspan="2">最后两周的模拟考试,所得的成绩基本上就可以判断最终考试的情况</td></tr>
<tr><td>月 日~ 月 日</td><td>第四轮
真题二</td><td>做题,并对照教材纠正</td><td></td></tr>
</table>

(二)有效执行——自我管理

执行力强或不强,关系着你是否能顺利通过考试。即使计划做得再好,不去执行或不去有效地执行,计划照样是废纸一张。如果在这仅有的几个月时间里,打败自己内心的那些借口和懒惰,战胜自己,将自己制订的计划付诸实施,那么在考试的路上你就已经成功了一半!

四、成功就在眼前

心态:信心+恒心=淡定从容!

方法:流程+练习+上课=事半功倍!

方式:时间管理+有效执行=通过考试!

努力吧！亲爱的考生们。如果能够按照上述这些流程、办法去计划，去付诸实践，成功就在眼前！当考试结束后，大家走出教室，看到的将是蓝天白云，一片亮丽的景色！同时，还能收获意想不到的自己的坚持！自己对计划坚持的实践！其实，仔细、静静地想想：在这个世界上，对于生命旅途目标的坚持和执行，才是最重要的！学会坚持，学会执行，我们将获得对自己生命的更高的期待，因为我们已拥有对更高目标追求的积淀和能力！

本书由徐明主编，参加本书编写的还有王静、李森林、胡琼琼、韩叶、徐强、马婷婷。

编 者

目　录

第一部分

基础必备

学习方法和流程

在第一部分基础必备中，每章节都会列出考试的分值。分值来自于对历次考试出题分值的统计，理论知识出题分值在前，专业技能分值在后。学习应强调对知识点的强化记忆和对各章节内容的巩固学习。学员在复习记忆的基础上，辅之以做一定数量的习题，既可以帮助记忆，又可以强化对知识点的理解和掌握。

学习计划书(第一阶段)

时　间	项　目	任　务	执行情况	目　标
月　日～月　日 (1～1.5周)	第一轮 规划、招聘	听课、做课后习题、找老师答疑		通过一个月的第一轮学习，看书达到2遍(预习1遍，上课听讲1遍)，对教材内容有宏观详细的认识
月　日～月　日 (1～1.5周)	第一轮 培训、绩效	听课、做课后习题、找老师答疑		
月　日～月　日 (1～1.5周)	第一轮 薪酬、关系	听课、做课后习题、找老师答疑		

第一章 人力资源规划(15~19分/20分)

第一节 企业组织结构的设计与变革(5~6分)

1. 组织结构设计的基本理论

组织结构是组织内部分工协作的基本形式或框架。组织结构设计是指以企业组织结构为核心的组织系统的整体设计工作,它是企业总体设计的重要组成部分。

2. 组织理论

组织理论又被称作广义的组织理论或大组织理论,它包括了组织运行的全部问题;组织设计理论被称为狭义的组织理论或小组织理论,它主要研究企业组织机构的设计,而把环境、战略、技术、规模、人员等问题作为组织结构设计中的影响因素来加以研究。

3. 组织理论的发展

组织理论发展大致经历了古典组织理论、近代组织理论和现代组织理论三个阶段。古典组织理论主要以韦伯、法约尔等人的行政组织理论为依据,强调组织的刚性结构;近代组织理论以行为科学为理论依据,着重强调人的因素;现代组织理论则是从行为科学中分离出来,主要以权变管理理论为依据。

4. 组织设计理论

组织设计理论又被分为静态和动态的组织设计理论。静态主要研究体制、机构、规章(古典组织学派);动态研究静态的基本内容以及人的因素,并加进了组织结构设计和组织在运行过程中的各种问题。

5. 我国企业组织设计基本原则

我国企业组织设计的基本原则为:任务与目标;专业分工和协作;有效管理幅度;集权与分权相结合;稳定性与适应性相结合。

6. 超事业部制

超事业部首先按产品、地区和顾客等标志将企业划分为若干相对独立的经营单位,分别组成事业部,然后将提供产品(服务)的种类相近、地理位置相对集中,或顾客对象相同的事业部组合在一起形成超事业部,即在公司总经理与各个事业部之间增加一级管理机构。

7. 矩阵制

矩阵制组织结构,是由职能部门系列和为完成某一临时任务而组建的项目小组系列组成的,具有"双道命令系统"。

8. 多维立体组织结构的三类主要管理组织机构系统

一是按产品划分的事业部,即产品利润中心;二是按职能划分的专业参谋机构,即专业成本中心;三是按地区划分的管理机构,即地区利润中心。

9. 模拟分权组织结构

模拟分权组织结构是在事业部制与直线职能制之间产生的一种新的组织形式,适合产品单一,但企业规模大的情况。

10. 流程型组织的特点

流程型组织的特点：①以提高对顾客需求的反应速度与效率，降低对顾客的产品或服务供应成本为目标。②管理者的职权很大，业务流程较长，实行全程式管理。③纵向管理链较短，而横向管理链较长。

11. 网络型组织

网络组织可以分为四种基本的类型：内部网络、垂直网络、市场网络、机会网络。

12. 管理层次

管理层次是指职权层级的数目，即一个组织内部，从最高管理者到最低层职工的职级、管理权力的层级。

13. 管理幅度

管理幅度又称管理跨度，是指主管人员有效监督、管理其直接下属的人数。

14. 组织职能设计的步骤

组织职能设计过程包括职能分析、职能调整和职能分解三个具体步骤，其中职能分析是其核心内容。

15. 影响管理幅度的因素

影响管理幅度的因素包括工作的性质、人员素质状况、管理业务标准化程度、授权的程度。

16. 企业各个管理和业务部门的组合方式

以工作和任务为中心的部门组合方式；以成果为中心的部门组合方式；以关系为中心的部门组合方式。

17. 钱德勒的著名结论

“组织机构服从战略。”组织结构改变以后，保证了战略的实施，企业的获利能力大幅度提高。

18. 组织发展战略

组织发展的主要战略有：

1）增大数量战略。在行业处于发展阶段，只需要采用简单的结构或形式。

2）扩大地区战略。随着行业进一步发展，要求企业将产品或服务扩展到其他地区。为了协调这些产品和服务，形成标准化和专业化，企业组织要求建立职能部门结构。

3）纵向整合战略。行业增长阶段后期，组织应选择事业部制机构。

4）多种经营战略。在行业进入成熟期，分别采用矩阵结构或经营单位结构。

19. 战略前导性与结构滞后性

战略前导性是指企业战略的变化快于组织结构的变化。结构滞后性是指企业组织结构的变化常常慢于战略的变化速度。

在企业进行变革时，应当充分发挥企业的三个系统，即指挥计划系统、沟通联络系统、检查反馈系统的作用，调整好决策层、管理层、执行层和操作层之间的分工和协作关系，并遵循以下三项基本原则：①以系统为主，以功能为辅的原则；②以效率为主，以结构为辅的原则；③以工作为主，层次为辅的原则。

20. 系统地反映组织结构的主要资料

工作岗位说明书、组织体系图、管理业务流程图。

21. 组织决策分析要考虑的因素

决策影响的时间；决策对各职能的影响面；决策者所需具备的能力；决策的性质。

22. 组织结构变革的征兆

企业经营业绩下降;组织结构本身病症的显露;员工士气低落,不满情绪增加。

23. 企业组织结构变革的方式

改良式变革、爆破式变革、计划式变革。

24. 保证改革顺利进行的措施

让员工参加组织变革的调查、诊断和计划;大力推行与组织变革相适应的人员培训计划;大胆起用年富力强和具有开拓创新精神的人才。

25. 最优的方案的选择

任何一个整合方案都不是十全十美的,总会存在一些明显的缺陷和不足。企业组织结构的变革以及机构的调整,一定要从企业实际情况出发,在分析比较各种方案的科学性、可行性和现实性的基础上选择出最优的方案,经过磨合-微调-适应,再磨合-再微调-再适应的过程。

26. 组织结构变革的注意事项

要持积极态度,防止产生观望等待和消极畏难情绪。组织结构改革方案要:①经过仔细研究和充分酝酿,避免出现"心血来潮""朝令夕改"的现象;②尽可能地先进行试点,再逐步推广,避免"限期完成"的运动方式;③为了切实保证企业组织结构整合的顺利进行,除了要在事前做好各种准备工作之外,在初步完成整合后,还需要建立健全和完善各种规章制度,以及相关的配套工作。

27. 工作岗位设计的基本原则

明确任务目标的原则、合理分工协作的原则、责权相对应的原则。

28. 工作扩大化的内容

1)横向扩大工作。比如采用包干负责制,由一个人或者一个小组负责一件完整的工作。

2)纵向扩大工作。将经营管理人员的部分职能转由生产者承担,工作范围沿组织形式的方向垂直扩大。

29. 工作丰富化

在岗位现有工作的基础上,通过充实工作内容,增加岗位的技术和技能含量,使岗位的工作更加多样化、充实化,消除因从事单调乏味工作而产生的枯燥厌倦情绪,从心理、生理上满足员工的合理要求。

为了使岗位工作丰富化,还应注重考虑达到以下五个方面的要求:①任务多样化,实现一专多能;②明确任务的意义;③任务的整体性;④赋予必要的自主权;⑤注重信息的沟通与反馈。

30. 岗位工作的满负荷

在企业中,每个岗位的工作量应当饱满,有限的劳动时间应当得到充分利用。在岗位设计过程中,应当重视对岗位任务量的分析,设计出先进合理的岗位劳动定员定额标准,切实保证岗位工作的满负荷避免低负荷和超负荷运转。

31. 岗位的工时工作制

对企业来说,它将影响到工时利用的状况、劳动生产率以及整体的经济效益;从员工的角度看,它将体现到如何"以人为本"科学合理地安排员工的工作轮班和作业时间,切实保证劳动者的身心健康,使他们始终保持旺盛的精神状态和斗志。

32. 劳动环境优化应考虑的因素

(1)影响劳动环境的物质因素,包括:工作地的组织,照明与色彩,设备、仪表和操纵器的配置。(2)影响劳动环境的自然因素，包括：空气、温度、湿度、噪声以及厂区绿化等因素。

33. 程序分析的具体技术

包括作业程序图、流程图、线图、人一机程序图、多作业程序图、操作人程序图。

34. 动作研究

它是运用目视观察或者影片、摄像机等技术设备，将岗位员工的作业分解成若干要素，根据动作经济原理，发现其中不合理的多余、重复部分并加以改进，设计出以新的合理的作业结构为基础的操作程序。

35. 动作经济原理

所谓的动作经济原理，是指实现动作经济和减轻疲劳的一些法则，用以改善工作方法。动作经济原理可以分为：人体利用、工作地布置和工作条件的改善、工具和设备的设计三个方面。

36. 岗位宽度扩大法的形式

延长加工周期、增加岗位的工作内容、包干负责。

37. 岗位深度扩大法的形式

岗位工作纵向调整、充实岗位工作内容、岗位工作连贯设计、岗位工作轮换设计、岗位工作矩阵设计。

38. 在进行岗位工作扩大化和丰富化的设计中，应注意

在进行岗位工作扩大化和丰富化设计中，还应关注以下问题：保持岗位工作任务具有一定变动率，岗位任务的变动率不宜太高或太低；每个岗位的工作都应当具有独立的技术内容和相对的完整性；控制岗位工作的循环期，工作周期不宜过长或过短。注意保持岗位工作的节奏感；明确岗位工作的数量和质量考评标准，使员工逐步掌握岗位的操作技能技巧；在基本作业之外，可将辅助性和准备性工作尽可能组合在一起；建立岗位正常的晋升路线，对突出的优秀人才要提升到更高一级的岗位，保证岗位员工在掌握低技能等级工作之后，向高技能等级工作发展；鼓励一专多能，在员工掌握一个工序或工种技能之后，要使其向多工种多职业发展；在可能的情况下，员工既从事生产工作，又承担一定的组织监督管理的任务；建立信息的沟通渠道，保证岗位信息的对称性，为岗位设计提供科学的依据。

第二节　企业人力资源规划的基本程序(2～3 分)

39. 人力资源规划

人力资源规划有广义与狭义之分。

广义的人力资源规划泛指各种类型人力资源规划，而狭义的人力资源规划是特指企业人员规划。从时限上看，人力资源规划还可以区分为中长期计划，以及按照年度编制的短期计划，一般来说，五年以上的计划可以称之为规划。

40. 狭义的人力资源规划分类

按照年度编制的计划主要有：人员配备计划、人员补充计划、人员晋升计划。

41. 广义的人力资源规划

按照年度编制的计划，除了上述三种人员计划之外，还包括：人员培训开发计划；员工薪酬激励计划；员工职业生涯规划；其他人力资源计划（劳动组织计划、员工援助计划、劳动卫生与安全生产计划）。

42. 企业人力资源规划的作用

①满足企业总体战略发展的要求;②促进企业人力资源管理的开展;③协调人力资源管理的各项计划;④提高企业人力资源的利用效率;⑤使组织和个人发展目标相一致。

43. 企业人力资源规划的环境

(1)外部环境:经济环境、人口环境、科技环境、文化法律等社会因素。影响人力资源活动的法律因素有:政府有关的劳动就业制度、工时制度、最低工资标准、职业卫生、劳动保护、安全生产等规定,以及户籍制度、住房制度、社会保障制度等。

(2)内部环境:企业的行业特征、企业的发展战略、企业文化、企业自身的人力资源及人力资源管理系统。

44. 制定企业人员规划的基本原则

①确保人力资源需求的原则;②与内外环境相适应的原则;③与战略目标相适应的原则;④保持适度流动性的原则。

45. 制定企业人力资源规划的基本程序

①调查、收集和整理涉及企业战略决策和经营环境的各种信息;②根据企业或部门的实际情况确定其人员规划期限,了解企业现有人力资源情况,为预测工作准备精确而翔实的资料;③在分析人力资源需求和供给的影响因素的基础上,采用定性和定量相结合,以定量为主的各种科学预测方法对企业未来人力资源供求进行预测;④制定人力资源供求协调平衡的总计划和各项业务计划并提出各种具体的调整、供大于求或求大于供的政策措施;⑤人员规划的评价与修正。

46. 企业各类人员计划的编制

包括人员配置计划、人员需求计划、人员供给计划、人员培训计划、人力资源费用计划、人力资源政策调整计划、对风险进行评估并提出对策。

第三节 企业人力资源的需求预测(5～6分)

47. 人力资源预测的内容

①企业人力资源需求预测;②企业人力资源存量与增量的预测;③企业人力资源结构预测;④企业特种人力资源预测。

48. 人力资源预测对组织方面的贡献

①满足组织在生存发展过程中对人力资源的需求;②提高组织的竞争力;③人力资源的预测是人力资源部门与其他直线部门进行良好沟通的基础。

49. 人力资源预测的局限性

①环境可能与预期的情况不同;②企业内部的抵制;③预测的代价高昂;④知识水平的限制。

50. 影响人力资源需求预测的一般因素

顾客的需求变化(市场需求)、生产需求(或者企业总产值)、劳动力成本趋势(工资状况)、劳动生产率的变化趋势、追加培训的需求、每个工种员工的移动情况、员工的出勤率、政府的方针政策的影响、工作小时的变化、退休年龄的变化、社会安全福利保障。

51. 预测学中一般应用的原理

包括惯性原理、相关性原理、相似性原理。

52. 人力资源需求预测的方法

(1)定性预测法包括经验预测法、描述法和德尔菲法(又叫专家评估法,一般分为四轮)。

(2)定量预测法包括转换比率法、人员比率法、趋势外推法、回归分析法、经济计量模型法、灰色预测模型法、生产模型法、马尔可夫分析法、定员定额分析法、计算机模拟法。

第四节　企业人力资源供给预测与供需平衡(3～4分)

53. 企业人员供给

企业人员供给包括内部和外部供给两种,其预测类型也包括内部供给预测、外部供给预测两种。

54. 企业内部人力资源供给应考虑的因素

企业内部人员的自然流失(伤残、退休、死亡等)、内部流动(晋升、降职、平调等)、跳槽(辞职、解聘)等。

55. 企业外部人力资源供给预测

(1)影响企业外部劳动力供给的因素包括:地域性因素;人口政策及人口现状;劳动力市场的发育程度;社会就业意识和择业心理偏好。

(2)企业外部人力资源供给的主要渠道:大中专应届毕业生;复员转业军人;失业、流动人员;其他组织在职人员。

56. 企业内部人力资源供给预测的方法

①人力资源信息库:技能清单、管理才能清单;②管理人员接替模型;③马尔可夫模型。

57. 对提升受阻人员应做好的工作

进行一次“一对一”的面谈,就有关的升迁问题深入交换意见,鼓励他们继续努力工作和学习,全面提高自身素质;为他们提供更加宽松的发展空间,为他们提供更多的培训和深造机会;给他们压“重担”,适当扩大他们的工作范围,让其承担更多更重要的责任,在可能的情况下,即使不升职也可以提高他们的薪资等级等。

58. 企业人力资源供求关系的三种情况

①人力资源供求平衡;②人力资源供大于求,结果是导致组织内部人浮于事,内耗严重,生产或工作效率低下;③人力资源供小于求,企业设备闲置,固定资产利用率低,也是一种浪费。

59. 企业人力资源供不应求的应对方法

①将符合条件,而又处于相对富余状态的人调往空缺职位;②如果高技术人员出现短缺,应拟订培训和晋升计划,在企业内部无法满足要求时,应拟订外部招聘计划;③如果短缺现象不严重,且企业的员工又愿延长工作时间,则可以根据《劳动法》等有关法规,制订延长工时适当增加报酬的计划,这只是一种短期应急措施;④提高企业资本技术有机构成,提高工人的劳动生产率,形成机器替代人力资源的格局;⑤制订聘用非全日制临时用工计划,如返聘已退休者,或聘用小时工等;⑥制订聘用全日制临时用工计划。

60. 企业人力资源供大于求的应对办法

①永久性辞退某些劳动态度差、技术水平低、劳动纪律观念差的员工;②合并和关闭某些臃肿的机构;③鼓励提前退休或内退;④提高员工整体素质;⑤加强培训工作,使企业员工掌握多种技能,增强他们的竞争力;⑥减少员工的工作时间,随之降低工资水平;⑦采用多个员工分

担以前只需要一个或少数几个人就可以完成的工作和任务,企业按工作任务的完成量来计发工资的办法。

第五节 人力资源管理制度规划(3～4分)

61. 制度化管理的概念

以制度规范为基本手段协调企业组织集体协作行为的管理方式,就是制度化管理。制度化管理的实质在于以科学确定的制度规范为组织协作行为的基本约束机制,主要依靠外在于个人的、科学合理的理性权威实行管理。

62. 制度化管理的特征

1)在劳动分工的基础上,明确规定每个岗位的权力和责任,并且把这些权力和责任作为明确规范而制度化。

2)按照各机构、各层次不同岗位权力的大小,确定其在企业中的地位,从而形成一个有序的指挥链或等级系统,并以制度形式巩固下来。

3)以文字形式规定岗位特性以及对人员应具有的素质、能力等要求,根据通过正式考试或者教育训练而获得的技术资格,来挑选组织中的所有成员。

4)在实行制度管理的企业中,所有权与管理权相分离。

5)管理人员在实施管理时有三个特点,即:因事设人、管理者均拥有执行自己职能的权力、管理人员所拥有的权力受到规章制度的限制。

6)管理者的职务是管理者的职业,他有固定的报酬,具有按资历、才干晋升的机会,他应忠于职守,而不是忠于某个人。

63. 制度化管理的优点

①个人与权力相分离;②是理性精神合理化的体现;③适合现代大型企业组织的需要。

64. 制度规范的类型

企业基本制度、管理制度、技术规范、业务规范、行为规范。

65. 企业人力资源管理制度体系的特点

1)企业人力资源管理制度体系体现了人力资源管理的基本职能。

现代企业人力资源管理主要有五种基本职能:录用、保持、发展、考评、调整。

2)企业人力资源管理制度体现了物质存在和精神意识的统一。

在企业人力资源管理体系中,隐含着两种基本要素,一种是有形的,另一种是无形的。或者说,一方面它是一系列反映了企业物质资料生产、交换、分配、消费的内在规律和运行规则的规范和标准,即对具体人力资源活动和过程的管理规定;另一方面它又是企业在长期的生产经营活动实践中所形成的企业精神、经营理念、价值观念等意识形态的集中表现。但是,无形的意识形态上的因素,要比有形的具体实施的管理规定更为重要,它制约和影响着有形的具体的管理规定。

66. 人力资源管理制度规划的基本原则

1)将员工与企业的利益紧密地结合在一起,促进员工与企业的共同发展,这是企业人力资源管理规划的基本原则。

2)从企业内外部环境和条件出发,建立适合企业特点的人力资源管理体系,使之更加充满

活力。

3)企业人力资源管理制度体系应当在学习借鉴国外先进人力资源管理理论的同时,有所创新,有所进步。

4)企业人力资源管理制度规划与创新,必须在国家劳动人事法律、法规的大框架内进行。

5)企业人力资源管理制度规划必须与企业集体合同保持协调一致。

6)必须重视管理制度信息的采集、沟通与处理,保持企业人力资源管理制度规划的动态性。

67. 制定人力资源管理制度的基本要求

①从企业的具体情况出发;②满足企业的实际需要;③符合法律和道德规范;④注重系统性和配套性;⑤保持合理性和先进性。

68. 人力资源管理制度规划的基本步骤

①提出人力资源管理制度草案;②广泛征求意见认真组织讨论;③逐步修改调整充实完善。

69. 制定具体人力资源管理制度的程序

1)概括说明建立本项人力资源管理制度的原因,在人力资源管理中的地位和作用,即在企业单位中加强人力资源管理的重要性和必要性。

2)对负责本项人力资源管理的机构设置、职责范围、业务分工,以及各级参与本项人力资源管理活动的人员的责任、权限、义务和要求做出具体的规定。

3)明确规定本项人力资源管理的目标、程序和步骤,以及具体实施过程中应当遵守的基本原则和具体的要求。

4)说明本项人力资源管理制度设计的依据和基本原理。

5)详细规定本项人力资源管理活动的类别、层次和期限。

6)对本项人力资源管理制度中所使用的报表格式、量表、统计口径、填写方法、文字撰写和上报期限等提出具体的要求。

7)对本项人力资源管理活动的结果应用原则和要求,以及与之配套的规章制度(如薪酬奖励、人事调整、晋升培训等)的贯彻实施和相关政策的兑现办法做出明确规定。

8)对各个职能和业务部门本项人力资源管理活动的年度总结、表彰活动和要求做出原则规定。

9)对本项人力资源管理活动中员工的权利和义务、具体程序和管理办法做出明确详细的规定。

10)对本项人力资源管理制度的解释、实施和修改等其他有关问题做出必要的说明。

第二章 招聘与配置(15～19分/15分)

第一节 员工素质测评标准体系的构建(3分)

1. 员工素质测评的基本原理

1)个体差异原理:员工测评的对象是人的素质,人的素质是有差异的。

2)工作差异原理:首先是工作内容的差异;还有工作权责的差异;不同的工作要由具有不同素质的人来承担。

3)人岗匹配原理:①工作要求与员工素质相匹配;②工作报酬与员工贡献相匹配;③各类员工与员工之间相匹配;④各类岗位与岗位之间相匹配。

2. 员工素质测评的类型

包括选拔性测评、开发性测评、诊断性测评、考核性测评。

3. 选拔性测评

选拔性测评是指以选拔优秀员工为目的的测评。其主要特点是:①强调测评的区分功能;②测评标准刚性强;③测评过程强调客观性;④测评指标具有灵活性;⑤结果体现为分数或等级。

4. 开发性测评

开发性测评是指以开发员工素质为目的的测评,可以为人力资源开发提供依据。这类测评主要是要摸清情况,了解优势与不足,为测评对象指出努力方向,为组织提供开发依据。

5. 诊断性测评

诊断性测评是以了解现状或查找根源为目的的测评,如需求层次调查。其特点是:①测评内容或者十分精细(查找原因),或者全面广泛(了解现状);②结果不公开;③有较强的系统性。

6. 考核型测评(鉴定性测评)

考核性测评是以鉴定或验证某种素质是否具备以及具备的程度为目的的测评,经常穿插在选拔性测评中。主要特点是:①概括性:测评范围比较广泛,涉及素质表现的各个方面,是一种总结性的测评;②结果要求有较高的信度与效度。

7. 员工素质测评的主要原则

①客观测评与主观测评相结合;②定性测评与定量测评相结合;③静态测评与动态测评相结合;④素质测评与绩效测评相结合;⑤分项测评与综合测评相结合。

8. 测评与选拔标准体系及其分数等级、评语

这些在测评与选拔过程中,充当一种价值等价物的作用,一般由标准、标度、标记三个要素组成。

9. 标准

标准是指测评标准体系的内在规定性,常常表现为各种素质规范化行为特征或表征的描述与规定。标准的形式从其揭示的内涵来看,分为客观形式、主观评价、半客观半主观三种,从标准表示的形式来看有评语短句式、设问提示式、方向指示式三种。

10. 标度

标度是对标准的外在形式划分，常常表现为对素质行为特征或表现的范围、强度和频率的规定。测评指标的标度大致包括：①量词式；②等级式："优、良、中、差""甲、乙、丙、丁""A、B、C、D""1、2、3、4"；③数量式：以分数来揭示测评标志水平变化的一种刻度；④定义式：用许多字词规定各个标度的范围与级别差异；⑤综合式：综合上述两种或更多的标度形式。

11. 标记

标记是对应于不同标度（范围、强度和频率）的符号表示，通常用字母（A、B、C）、汉字（甲、乙、丙）或数字（1、2、3）来表示，它可以出现在标准体系中，也可以直接说明标准。标记没有独立意义，只有当它们与相应强度或频率相联系时才有意义。

12. 测评标准体系的横向结构

可以概括为结构性要素、行为环境要素和工作绩效要素。

1）结构性要素从静态的角度反映员工素质及其功能行为的构成。包括身体素质和心理素质。

2）行为环境要素：从动态角度来反映员工素质及功能行为特性。主要考察员工的实际工作表现及所处的环境条件。内部环境指个人自身所具备的素质，它直接影响个人能力的发挥；外部环境指客观外界存在的、间接影响个体行为表现的环境条件，包括工作性质和组织背景两方面。工作性质指工作难度、工作责任、工作周期、工作范围、工作地位等；组织背景指人际关系、群体素质、领导因素、组织状况等。

3）工作绩效要素：主要包括一个人的工作数量、工作质量、工作效率、工作成果、群众威信、人才培养等要素。

13. 测评标准体系的纵向结构

在测评标准体系中，一般根据测评目的来规定测评内容，在测评内容下设置测评目标，测评目标下设测评指标。

测评内容是测评所指向的具体对象和范围，测评目标是对测评内容筛选综合后的产物，测评指标则是对测评目标的具体分解。

测评指标设计的原则：

1）与测评对象同质原则：测评指标与标志特征同所测评的对象特征相一致。

2）可测性原则：设立的指标应该可以辨别、可以比较、可以测评。

3）普遍性原则：设立的指标从内容到形式，要能适合所有测评对象，有足够的代表性。

4）独立性原则：设立的指标在同一层次上应相互独立，没有交叉。

5）完备性原则：设立的测评指标体系在总体上要能全面反映测评对象的主要特征，即少而精、少而全。

6）结构性原则：要求所设立的测评指标体系在总体上要有条件、过程与结果三个方面的指标，防止短期行为。

14. 品德测评法

1）FRC 品德测评法：是事实报告计算机辅助分析的考核性品德测评方法。

2）问卷法：采用问卷测验形式测评品德是一种实用、方便、高效的方法。

3）投射技术，有广义和狭义之别。广义：把真正的测评目的加以隐蔽的一切间接测评技术。狭义：把一些无意义的、模糊的、不确定的图形、句子、故事、动画片、录音、哑剧等呈现在被测评者面前,不给任何提示、说明和要求,由被测评者判断。投射技术的特点是:测评目的的隐蔽性、内容的非结构性与开放性、反应的自由性。

15. 知识测评

美国教育学家布卢姆提出了著名的“教育认知目标分类学”,把认知目标由低到高分为六个层次,各层次体现了不同的知识要求,六个知识测评层次是:记忆(知识)、理解、应用、分析、综合、评价。我国测评专家根据布卢姆的认知目标六层次,提出了知识测评的三个层次:记忆、理解、应用。

16. 能力测评

能力测评包括一般能力测评、特殊能力测评、创造能力测评、学习能力测评。

1)一般能力测评,也即通常所说的智力测验,按照测验的方式不同,常分为个别智力测验和团体智力测验。

2)特殊能力测评:指对于某些行业、组织与岗位特定能力的测评,这种测评具有专业特色与要求。主要包括文书能力测评、操作能力测评和机械能力测评。

3)创造能力测评:创造力的重要性在当今这个竞争激烈的时代被提到了一个前所未有的高度,在人才选拔尤其是选拔高层管理人才和技术型人才时,创新能力的高低更是一个重要的考虑因素。

4)学习能力测评:在现在这个瞬息万变的时代,知识的更新速度极快,只有具有良好的学习能力,才能跟上时代的步伐,不被时代所抛弃。

对于学习能力测评,可以有多种方式,如心理测验、面试、情境测验等,其中最简单有效的是心理测验,具体的应用形式是笔试。

17. 员工素质测评量化的主要形式

一次量化、二次量化、类别量化、模糊量化、顺序量化、等距量化、比例量化与当量量化。

18. 一次量化与二次量化

①当“一”“二”作序数词解释时,一次量化是指对素质测评的对象进行直接的定量刻画,如违纪次数、身高、产品数量,等等;二次量化指对素质测评的对象进行间接的定量刻画,即先定性描述后再定量刻画的量化形式,如用“强烈”“一般”和“淡漠”三个词进行定性描述,然后再用“3”表示“强烈”,“2”表示“一般”,“1”表示“冷漠”。②当“一”“二”作基数词解释时,一次量化指素质测评的量化过程可以一次性完成,二次量化则是指整个素质测评量化过程要分两次计量才能完成。

19. 类别量化与模糊量化(属二次量化)

类别量化:把素质测评对象划分到事先确定的几个类别中,然后给每个类别赋予不同的数字(测评对象是那些界限明确且测评者能完全把握的素质特征,如管理型、技术型与非技术型)。

模糊量化:把素质测评对象同时划分到事先确定的每个类别中去,根据该对象隶属程度分别赋值(测评对象是那些分类界限无法明确,或测评者认识模糊和无法把握的素质特征,如民主型、专制型与中介型)。

20. 当量量化

当量量化就是先选择某一中介变量,把各种不同类别或并不同质的素质测评对象进行统一性的转化,对它们进行近似同类同质的量化。

21. 测评标准体系构建的步骤

1)明确测评的客体与目的,素质测评客体的特点一般由行业性质和职位特点决定。

2)确定测评的项目或参考因素。需要将测评的内容标准化,把它们变成可操作的测评项目。工作分析是测评内容标准化的重要手段。

3)确定素质测评标准体系的结构。

4)筛选与表述测评指标。优良的素质测评指标一般具有以下两个特征:一是具有实际价值,二是这个指标切实可行。

5)明确测评指标权重。某一指标的权重是指该指标在整体评价体系中的相对重要程度,常常用测评指标在总分中应占的比重来表示。

6)规定测评指标的计量方法。

7)试测或完善素质测评标准体系。

22. 德尔菲法

该方法是请专家背靠背反复填写对权重设置的意见,不断反馈信息,以期专家意见趋向一致,得到一个较为合理的权重分配方案。

23. 主观经验法

该方法是指加权者依据自己的经验权衡每个测评指标的轻重直接加权。在进行权重分配时应注意:权重分配的合理性、权重分配的变通性、权重数值的模糊性、权重数值的归一性。

24. 层次分析法

该方法把专家的经验认识和理性分析结合起来,并且两两分析,直接比较,使比较过程中的不确定因素得到很大程度的降低。

25. 企业员工素质测评的具体实施

一般分为准备阶段、实施阶段、测评结果调整、综合分析测评结果四个阶段。

26. 组织强有力的测评小组

在测评之前,应设立一个工作小组,具体负责测评过程中的事务性工作,然后选择适当的测评人员,组成强有力的测评小组。测评人员必须:①坚持原则,公正不偏;②有主见,善于独立思考;③有一定的测评工作经验;④有一定的文化水平;⑤有事业心,不怕得罪人;⑥作风正派,办事公道;⑦了解被测评对象的情况。

27. 选择合理的测评方法(见表 1-2-1)

表 1-2-1 各类测评方法的评价

方法	效度	公平程度	可用性	成本
智力测验	中	中	高	低
性向和能力测定	中	高	中	低
个性与兴趣测验	中	高	低	中
面谈	低	中	高	中
工作模拟	高	高	低	高
情景练习	中	未知	低	中
个人资料	高	中	高	低
同行评定	高	中	低	低
自我介绍	低	高	中	低
推荐信	低	一	高	低
评价中心	高	高	低	高

28. 引起测评结果误差的原因

①测评的指标体系和参照标准不够明确;②晕轮效应,也称以点概面效应;③近因误差:由于测评人员对被测评对象近期印象深刻、记忆清楚,而对远期表现印象模糊、记忆不清引起的;④感情效应;⑤参评人员训练不足。

29. 测评结果处理的常用分析方法

①集中趋势分析;②离散趋势分析;③相关分析(正、负、零相关);④因素分析。

30. 测评工具选择表(见表 1-2-2)

表 1-2-2 测评工具选择表

序号	测评指标	测评工具
1	战略管理能力	文件筐
2	团队管理能力	文件筐
3	自我意识	无领导小组讨论
4	领导技能	无领导小组讨论
5	分析式思考	文件筐
6	自我管理能力	结构化面试
7	成就需求	心理测评
8	市场意识	心理测评
9	关注细节与秩序	结构化面试

第二节 应聘人员笔试的设计与应用(4～5分)

31. 笔试的优点

包括:①可以同时对大批应聘者进行测试,这样成本相对较低,费时少、效率高;②具有较高的信度和效度,科学性强;③试卷评判比较客观,体现出公平、准确的特点;④应聘者心理压力相对较小,易于发挥正常水平;⑤测试内容呈多样性,可以对应聘者的知识以及通用性能力进行多方面的测试;⑥可以构建试题库长期使用,其测试的结果也可以作为档案材料长期保存,以备以后参考查询。

32. 笔试的缺点

包括:①无法考察应聘者的思想品德修养、工作态度、口头表达能力、灵活应变能力、组织管理能力、实际操作能力等;②可能出现"高分低能"的现象;③应聘者可能由于猜题、押题或者依靠欺骗、舞弊等不法手段而获得高分;④不能对应聘者表达含糊的地方直接进行追问,进而掌握其真实的水平。

33. 笔试的类型

从表现形式上,笔试可以分为多种选择题、是非题、匹配题、填空题、简答题、综合分析题、案例分析题以及撰写论文等多种试题形式。

从笔试内容上,笔试试题主要包括技术性笔试和非技术性笔试两类。技术性笔试主要针对技术、研发型岗位人员招聘设计的。非技术性笔试是最常见的一种测试应聘者知识水平、能力素质的通用形式，对于应聘者的专业背景的要求相对宽松。

34. 岗位知识测验的内容

1)基础知识测验。主要检测应聘者对基本常识、相关知识实际掌握的程度和知识面的宽度。

2)专业知识测验。主要检测应聘者对应聘岗位所要求的专业知识实际掌握的程度。

3)外语考试。检测应聘者对某一门外语实际掌握的程度，包括笔试和口试。

35. 笔试设计与应用的基本步骤

1)成立考务小组。通过成立笔试考务小组可以有效地推进整个过程的实施。

2)制订笔试计划。计划的具体内容包括：①笔试的目的和科目确定，试题的设计，试卷的审定、印制与保管；②笔试的组织与安排；③笔试试卷的装订、收存及阅卷的组织与管理，笔试的经费预算与效果预测。

3)设计笔试试题。在试题编制完成后，可以选择一部分人员进行测试，在此基础上对试题进行审核与修订，以确保试题的信度和效度。

4)监控笔试过程。笔试的实施过程包括考前通知、考场管理和考卷保管等工作。

5)笔试阅卷评分。为了保证阅卷评分的质量，应当围绕试题的评分标准和参考答案等内容，对阅卷人员进行一次系统的培训，力求使每一个阅卷人员都能理解并掌握评分的标准和要求。

6)笔试结果运用。对笔试的最终成绩，一般有两种筛选方法：一种是淘汰法；另一种是达到一定分数的人员，可以进入下一轮的测试。

36. 笔试存在的问题与主要对策

(1)笔试存在的问题。重知识而轻能力，重结果而轻过程，重识记而轻应用。

(2)笔试的主要对策。

1)建立笔试命题的研究团队。

2)针对招聘岗位的级别以及选拔对象进行岗位的匹配能力分析。

3)根据岗位的级别与分类，实施针对性命题。

4)实施专家试卷整合与审核制度。

37. 建立规范的阅卷制度

1)制定详细准确的评分标准与答案。

2)根据考试的级别和类型采取多样化的阅卷方式。

3)对笔试试卷结果进行二次或三次审核。

38. 试卷分析报告的撰写

1)进行试卷信度、效度、难度与区分度的分析。

2)进行考试情况整体分析，了解应聘者的整体状况。

3)根据选拔的需要，进行应聘者个人的试卷分析。

39. 笔试的信度和效度

笔试的信度就是笔试成绩的真实性程度、稳定性程度和一致性程度。笔试的信度不仅来源于高质量的试题，还来源于高水平的组织管理、高素质的考官队伍等因素。笔试的效度包括两层含义：一是笔试实际测试了它所要测试项目的精确程度；二是所要测试的项目反映笔试目标的准确程度。笔试还必须有一定的难度和区分度，命题时在把握好广度、深度的同时，必须考虑试题的难度,并把难度区分为若干等级。

40. 客观题

客观题的答案是唯一的、封闭的。

(1)客观题的优点:①题目的分值小,适宜大量出题,考点覆盖广。②答案唯一,评判科学、客观。③方便电脑阅卷,效率高。

(2)客观题的缺点:①编写试卷难度大。②不易对人的综合分析、运用能力和文字表达能力进行测试。③容易存在一定的漏洞,使应聘者猜测答案,降低了考试的信度。④耗费比较大。

41. 主观题

主观题的答案往往是开放性的、非唯一的,给应聘者很大的自由度,能够看出应聘者的综合能力和思维深度。

(1)主观题的主要优点:①试题的内容综合度高;②具有一定的发散性,鼓励应聘者自由发挥,有利于考查知识的运用能力、深层次的认识思维能力;③主观试题命题量少,题干简单。

(2)主观题的缺点:①测试的内容范围有局限性,分数占的比重大,考生一道题目的得失对结果的影响偏大;②主观题没有统一的答案,容易受到批阅人自身的知识及其专业水平,以及评判标准等主客观因素的制约和影响;③批阅试卷主要靠人工完成,效率比较低。

第三节 面试的组织与实施(6～8分)

42. 面试的含义

面试是指在特定的时间和地点,由面试考官与应聘者按照预先设计好的目的和程序,进行面谈、相互观察、相互沟通的过程。通过面试,可以了解应聘者的经历、知识、技能和能力。

43. 面试的特点

①以谈话和观察为主要工具;②面谈是一个双向沟通的过程;③面试具有明确的目的性;④面试是按照预先设计的程序进行的;⑤面试考官与应聘者在面试过程中的地位是不平等的。

44. 面试的类型

①根据面试的标准化程度,面试可分为结构化面试、非结构化面试和半结构化面试;②根据面试实施的方式,面试可分为单独面试与小组面试;③根据面试的进程,面试可分为一次性面试与分阶段面试;④根据面试题目的内容,面试可分为情景性面试和经验性面试。

45. 面试的发展趋势

①面试形式丰富多样;②结构化面试成为面试的主流;③提问的弹性化;④面试测评的内容不断扩展;⑤面试考官的专业化;⑥面试的理论和方法不断发展。

46. 面试的基本程序

面试的基本程序包括:准备阶段、实施阶段、总结阶段、评价阶段。

47. 制定面试指南

内容包括:①面试团队的组建;②面试准备;③面试提问分工和顺序;④面试提问技巧;⑤面试评分办法。

48. 面试的实施阶段

①关系建立阶段(封闭性问题);②导入阶段(开放性问题、应聘者有所准备比较熟悉的题

目)；③核心阶段(核心胜任力、行为性问题)；④确认阶段(开放性问题)；⑤结束阶段(反问，行为性、开放性问题)。

49. 面试结果的反馈

面试结果的反馈是指将面试的评价建议通知给用人部门，经协商后，做出录用决策，并通知应聘者的过程。

①了解双方更具体的要求；②关于合同的签订；③对未被录用者的信息反馈。

50. 面试中的常见问题

1)面试目的不明确。

2)面试标准不具体。

3)面试缺乏系统性。

4)面试问题设计不合理：①直接让应聘者描述自己的能力、特点、个性的问题；②多项选择式问题。

5)面试考官的偏见：第一印象、对比效应、晕轮效应、录用压力、与我相似心理。

51. 面试的实施技巧

①充分准备；②灵活提问；③多听少说；④善于提取要点；⑤进行阶段性总结；⑥排除各种干扰；⑦不要带有个人偏见；⑧在倾听时注意思考；⑨注意肢体语言沟通。

52. 员工招聘时应注意的问题

①简历并不能代表本人；②工作经历比学历更重要；③不要忽视求职者的个性特征；④让应聘者更多地了解组织；⑤给应聘者更多的表现机会；⑥注意不忠诚和欠缺诚意的应聘者；⑦关注特殊员工；⑧慎重作决定；⑨面试考官要注意自身的形象。

53. 结构化面试试题的类型

分为 7 种：①背景性问题；②知识性问题；③思维性问题；④经验性问题；⑤情境性问题；⑥压力性问题；⑦行为性问题。

54. 行为描述面试

简称 BD，是一种特殊的结构化面试。它采用的面试问题都是基于关键胜任特征(胜任力)的行为性问题。

55. 行为描述面试的实质

面试考官通过行为描述面试要了解两方面信息：

一是应聘者过去的工作经历，判断他选择本企业发展的原因，预测他未来在本组织中发展所采取的行为模式；二是了解他对特定行为所采取的行为模式，并将其行为模式与空缺岗位所期望的行为模式进行比较分析。可见行为描述面试的实质为：①用过去的行为预测未来的行为；②识别关键性的工作要求；③探测行为样本。

56. 行为描述面试的假设前提

①一个人过去的行为最能预示其未来的行为；②说和做是截然不同的两码事。

57. 行为描述面试的 4 个关键要素(STAR 法则)

情境(Situation)、目标(Target)、行动(Action)、结果(Result)。

58. 结构化面试的开发

包括：测评标准的开发，即选拔性素质模型的构建；结构化面试问题的设计；评分标准的确定。

59. 群体决策法

指在招聘的最后阶段,组建决策团队,由具有不同背景的多个决策人员对应聘者进行评价和打分,最后综合各决策人员的评价意见,得出应聘者的最终评价结果的招聘决策方法。群体群策法的特点为:①决策人员的来源广泛;②决策人员不唯一;③运用运筹学群体决策法的原理,提高了招聘决策的科学性与有效性。

60. 群体决策的步骤

①建立招聘团队:应由企业的高层管理人员、人力资源管理人员、用人部门经理、用人部门的直接主管组成;②实施招聘测试;③做出录用决策。

第四节 无领导小组讨论的组织与实施(6~8分)

61. 评价中心

评价中心是从多角度对个体行为进行的标准化评估的各种方法的总称。其主要作用是:用于选拔员工、用于培训诊断、用于员工技能发展。其方法包括无领导小组讨论、公文筐测验、案例分析、管理游戏等。

62. 无领导小组讨论(LGD)

指由一定数量的一组被评人(6~9人),在规定时间内(约1小时)就给定的问题进行讨论,讨论中各个成员处于平等的地位,并不指定小组的领导者或主持人。通常,被评人通过讨论得到一个全体成员一致认可的用于问题解决的决策方案,评价者通过被评人在讨论中的语言及行为的观察评价被评人的领导能力、人际沟通技巧、主动性、口头表达能力、说服力、自信心等能力。

63. 无领导小组讨论的优点

①具有生动的人际互动效应;②能在被评价者之间产生互动;③讨论过程真实,易于客观评价;④被评价人难以掩饰自己的特点;⑤测评效率高。

64. 无领导小组讨论的缺点

①题目的质量影响测评的质量;②对评价者和测评标准的要求较高;③应聘者表现易受同组其他成员影响;④被评价者的行为仍然有伪装的可能性。

65. 无领导小组讨论的操作流程

①前期准备:编制讨论题目、设计评分表、编制计时表、对考察的培训、选定场地和确定讨论小组;②具体实施:宣读指导语、讨论阶段;评价与总结。

66. 无领导小组讨论评分表(前期准备2,见表1-2-3)

表1-2-3 无领导小组讨论评分表

测评指标	决策能力	计划能力	组织协调能力	人际影响力	团队合作能力	语言表达能力	灵活性	推理能力	创新能力
权重(%)	17	15	15	13	13	10	6	5	6
行为记录									
评分									
加权得分									
评分标准:优—10 良—7 中—4 差—1						总分			

67. 编制无领导小组讨论计时表(前期准备 3):

序号	姓名	每次发言时间(秒)					合计
		1	2	3	…	次数	时间
1							
2							
3							
…							

68. 评价与总结阶段考官应该着重评估被测评者几个方面

①参与程度;②影响力;③决策程序;④任务完成情况;⑤团队氛围和成员共鸣感。

69. 无领导小组讨论的影响因素

通过被测评者的外在表现来反映其内在素质,如果想要对被测评者做出比较客观的评价,一般取决于以下两个主要因素:①评价者的知识和经验;②被评价者暴露的外在行为的范围。

70. 无领导小组讨论的题目类型

包括开放式问题、两难式问题、排序选择型问题、资源争夺型题目、实际操作题目。

71. 无领导小组讨论的题目设计原则

①联系工作内容;②难度适中;③具有一定的冲突性。

72. 无领导小组讨论题目的设计流程

①选择题目类型:5 种类型;②编写试题初稿:团队合作,广泛收集资料;③进行试题复查;④聘请专家审查;⑤组织进行试测;⑥反馈、修改和完善。

73. 试测结束后工作人员主要收集的信息

①参与者的意见;②评分者的意见;③统计分析的结果。

第五节　企业人力资源的优化配置(3 分)

74. 企业人力资源配置的概念

人力资源配置是指在多重因素综合作用下,企业内部各个部门实际投入和占用的劳动力的总量。为了提高企业人力资源配置的效益,不仅要从数量上重视人力资源在时间和空间上的优化配置,还要特别关注各类员工数量和质量结构的优化的配置,处理好企业中各类人员的比例关系,实现企业各类员工的合理布局。

从配置方式上看,可将其分为空间上和时间上的优化配置;从配置性质上看,可以分为数量配置与质量配置;从配置成分上看,可以分为企业人力资源的总量与结构配置;从配置的范围上看,可以分为企业人力资源的整体配置与个体配置。

75. 企业员工个体素质的构成

1)年龄。员工劳动效率的高低与他们的年龄存在着一定的依存关系。

2)性别。员工的性别不同,其生理特点和劳动能力也不同。

3)体质。人员体质是指人体的健康水平和对外界的适应能力。衡量体质的主要指标有:体格、体力、感觉力和知觉力。

4)性格。性格的基本特征包括:对现实的态度、性格的意志特征、性格的情绪特征、性格的理智特征。

5)智力。智力作为人从事社会生产和生活的一般能力,只能是员工担当岗位工作的基本条件,为了使员工出色地完成任务,要对员工的专业能力提出要求并作出界定。

6)品德。即道德品质,是指员工依据一定的道德行为准则,在行动上所表现出来的某种稳固的特征。

76. 企业员工整体素质结构的分析

企业人力资源结构的合理化是在以下这些亚结构合理化的基础上形成的,它们包括:年龄结构合理化、性别结构合理化、知识结构合理化、专业结构合理化、生理心理素质结构合理化。

77. 企业各类人员比例关系的分析

为了不断提升人力资源配置的质量和效益水平,实现企业各类员工合理搭配、优化组合目标,应当采取多种措施和手段,不但要适时地调节员工整体的素质结构,也要处理好以下五种重要人员的比例关系:

1)生产人员与非生产人员的比例关系。生产人员的比重大小,取决于企业的生产类型和实际工作的特点。

2)生产人员内部的各种比例关系。合理安排基本工和辅助工的比例关系;合理安排各工种、岗位之间的比例关系;合理安排不同专业技能水平员工的比例关系。

3)企业男女两性员工的比例关系。

4)技术与管理人员以及内部各类人员之间的比例关系。企业在正确处理好生产人员比例关系的同时,还应当处理好以下三种关系:技术与管理人员在企业全员中的比例关系;技术人员内部各专业人员的比例关系;管理人员内部的比例关系。

5)其他比例关系。比如企业中中青年、老年员工的比例关系,从事后勤保障的服务人员与企业全员的比例。

78. 人力资源个体与整体配置的方法

1)劳动定额配置法。劳动定额是指在一定生产技术组织条件下,采用科学合理的方法,对生产单位合格产品或完成一定工作任务的劳动消耗量所预先规定的限额。

2)企业定员配置法。企业定员配置法包括五种具体的方法:按劳动效率定员法、按设备定员法、按岗位定员法、按比例定员法和按组织机构、职责范围和业务分工定员法。

3)岗位分析配置法。它是对各类工作岗位的性质任务、职责权限、岗位关系、劳动条件和环境,以及员工承担本岗位任务应具备的资格条件所进行的系统综合研究,并制定出工作说明书等岗位人事规范的过程。

第三章　培训与开发(10～15分/20分)

第一节　企业培训计划设计与实施(5～8分)

1. 员工培训规划

在培训需求分析的基础上,从企业总体发展战略的全局出发,根据企业各种培训资源的配置情况,对计划期内的培训目标、对象和内容、培训的规模和时间、培训评估的标准、负责培训的机构和人员、培训师的指派、培训费用的预算等一系列工作所做出的统一安排。

2. 企业员工培训计划的分类

1)从规划的内容上看,企业员工培训规划可以划分为员工培训开发的战略规划、员工培训开发的管理规划和其他类型的规划。

2)从规划的期限上看,企业员工培训规划可以分为长期规划、中期规划和短期规划。

3)从规划对象上看,可分为管理人员、技术人员和技能操作人员的培训规划。

3. 培训规划的主要内容

1)培训的目的:主要是说明员工为什么要培训。

2)培训的目标:主要是解决员工培训应达到什么样的标准。

3)培训对象和内容:确定培训对象和内容,即明确培训谁、培训什么,进行何种类型的培训。

4)培训的范围:包括四个层次,即个人、基层、部门和企业。

5)培训的规模:如人数、场所、培训的性质、工具以及费用等。

6)培训的时间:受培训的范围、对象、内容、方式和费用及其他与培训有关的因素影响。

7)培训的地点:学员接受培训的所在地区和培训场所。

8)培训的费用:即培训成本,指企业在员工培训的过程中所发生的一切费用,包括培训之前的准备工作,培训的实施过程,以及培训结束之后的效果评估等各种与之相关活动的各种费用的总和(直接成本、间接成本)。

9)培训的方法:实现员工培训规划各项目标的重要保障,解决“船”或“桥”的问题。

10)培训的教师:企业应当以员工为中心,培训的管理工作应当以教师为主导。

11)计划的实施:为保证培训规划顺利实施,应提出具体的实施程序、步骤和组织措施。

4. 制定培训规划的要求

①系统性:统一性和一致性;②标准化:who,what,when,where;③有效性:要求员工培训规划的制定必须体现出可靠性、针对性、相关性和高效性;④普遍性。

5. 企业员工培训需求分析的内容

包括企业战略分析、组织分析、任务分析、人员分析、员工职业生涯分析。

6. 明确企业员工培训的目标

明确企业员工培训目标要做到以下几方面:

1)目标层次分析。目标层次分为可以达到的目标、应该达到的目标、必须达到的目标。

2)目标的可行性检查。明确可行的目标必须符合四个基本条件,即准确定位、具体明确可量化、能够合理分解、有相应的时间限制。

3)订立培训目标的步骤:①在项目设计工作开始时,为培训提出明确的目标;②在培训需求调查中,对需求要分清主次,区别对待;③检查培训目标的可行性;④设计目标层次。

7. 员工培训规划设计的基本程序

1)明确培训规划的目的。

2)获取培训规划的信息。

3)培训规划的研讨与修正。

4)把握培训规划设计的关键点。

5)撰写培训规划方案。

8. 制定培训规划应注意的问题

制定企业员工培训规划的每一个步骤都有侧重点。起草时应做好以下几方面的工作:

1)制定培训的总体目标:依据企业的总体战略目标、企业人力资源的总体规划、企业培训需求分析。

2)确定具体项目的子目标:包括实施过程、时间跨度、阶段、步骤、方法、措施、要求和评估方法等。

3)分配培训资源。

4)进行综合平衡,主要从四个方面来进行:在培训投资与人力资源规划之间进行平衡;在企业正常生产与培训项目之间进行平衡;在员工培训需求与师资来源之间进行平衡;在员工培训与个人职业生涯规划之间进行平衡。

9. 年度培训计划构成的五大模块

①封面模块;②目录模块;③计划概要模块;④主题计划模块;⑤附录模块。

10. 年度培训计划的基本内容

①培训目标:企业的培训目标一般分为端正员工的态度、更新员工的知识和提高员工业务技能三种;②培训时间与地点;③培训内容与课程;④培训负责人与培训师;⑤培训对象;⑥培训教材及相关工具;⑦培训形式与培训方法;⑧培训预算。

11. 年度培训计划设计的基本程序

1)前期准备。

2)培训调查与分析研究。

3)年度培训计划的制定。本阶段采用自下而上的方法,初步形成年度培训计划。其基本步骤如下:①培训部门分析组织层面的培训需求,作为年度培训计划的方向;②各个部门根据自身需求情况制订初步的部门级年度培训开发计划,这个计划体现员工培训需求和部门培训需求两个层次;③培训部门负责综合所有的年度培训计划,最后得出公司年度培训计划;④各部门根据自身要求,对通过的年度培训计划进行修改,并提交培训管理部门进行备案。

12. 培训方式和方法

1)职内培训。指工作指导、工作轮调、工作见习和工作指派等方法。

2)职外培训。指在专门的培训现场接受履行职务所必要的知识、技能和态度培训。

3)自我开发。指员工利用休闲时间进行自我技能与知识的补充。

13. 制定培训预算的程序

1)确定培训计划方案以及经费预算情况。

2)确定年度培训计划。

3)分配培训预算,初步确定培训项目。

4)估计部门培训费用。

5)调整部门培训预算方案。

6)确定培训项目,审批培训预算方案。

14. 预设培训评估项目和工具

一是可以从培训计划角度考察,可将其细化为三个指标来进行:内容效度、反应效度、学习效度。

二是可从受训者角度来考察,看受训者培训前后行为的改变是否与期望的一致。

三是从培训实施的实际效果来考察,即培训实施的成本收益比来分析。

15. 年度培训计划的确定方式

年度培训计划的初稿完成后,企业还应召开培训计划会议,对培训计划的初稿进行论证和评价,并形成最终的培训计划。年度培训计划由以下方式确定。

1)会议组织者。企业的培训部门负责组织召开培训计划确定会议。

2)会议参加者。除了培训部门的相关人员以外,一般还需要邀请制订培训计划的部门经理、培训课程开发人员以及部分培训对象等参加。

3)会议决策方式。参加培训计划确定会议的所有人员,应对培训计划中的培训项目逐一展开讨论,培训部门汇总修改意见,然后根据实际情况进行调整。

16. 人力资源部门的培训管理职责

1)培训的组织管理。培训的组织管理就是负责组织、协调企业整体培训工作。

2)培训的需求管理:①培训需求的分析;②培训需求的确认。

3)培训的行政管理。培训的行政管理包括培训的后勤保障和各相关部门的行政协调。

4)培训的资源管理:①培训师;②培训教材的选用、编写。

17. 培训计划的实施与管理控制

①明确实施培训计划的基本思路;②确定培训计划的监督检查指标;③计划实施全过程的评估与管控。

18. 实施培训计划管理的配套措施

①企业全员培训文化的培育;②企业全员培训环境的营造;③企业培训师资队伍的建设;④企业培训课程的开发与管理;⑤企业员工培训成果的跟进;⑥全员员工培训档案的管理;⑦员工培训激励机制的确立。

第二节　培训课程设计与资源开发(3～4 分)

19. 企业培训课程设计的特征

1)创业初期:应集中力量提高创业者的营销公关能力、客户沟通能力。

2)发展期:企业应集中力量提高中层管理人员的管理能力,培养并影响他们的管理风格和思维习惯,使之适应企业的要求;提高他们的管理知识;培养他们的管理观念和管理技能,促进企业的长远发展。

3)成熟期:企业应集中力量建设企业文化,并提升员工对企业目标的认同、对企业的归属感。

20. 培训课程的构成要素

①课程目标;②课程内容;③课程教材;④教学模式;⑤教学策略;⑥课程评价;⑦教学组织;⑧课程时间;⑨课程空间;⑩培训教师;⑪学员。

21. 课程教学计划的内容

①教学目标;②课程设置;③教学形式;④教学环节;⑤教学时间安排。

22. 培训课程的类别

培训课程应达到的全部目标分为三个领域,即:由知识掌握、理解与智力发展诸目标组成的认知领域;由兴趣、态度、价值观和正确判断力、适应性的发展诸目标组成的情感领域;由各种技能和运动技能诸目标组成的精神运动领域。

23. 培训课程的性质与任务层次

1)知识培训——知识更新。解决的是"知"的问题。

2)技能培训——能力补充。解决的是"会"的问题。

3)思维分析——思维变革。解决的是"创"的问题。

4)观念培训——观念转变。解决的是"适"的问题。

5)心理培训——潜能开发。解决的是"悟"的问题。

24. 课程培训方式

①内部培训;②外部培训;③网络培训。

25. 培训课程编制的基本要求

1)立足于培训目标,满足企业以及员工的发展需求,以能够有效提高员工技能,改善工作绩效为准则。

2)培训课程开发应符合成人培训的认知规律。

3)应用系统方法和思想进行培训课程开发。

26. 培训课程编制的主要任务

①前期的组织准备工作;②信息和资料的收集;③培训课程的模块设计;④课程的演练与试验;⑤信息反馈与课程修订。

27. 编排培训课程的关键点

1)课程的选择应与培训目标一致。

2)应设计有固定与机动两种形式的课程。

3)照顾学员中大多数人的需求,课程设计尽量提供使各种学员感兴趣的课程。

4)可操作性强。

5)课程设计要密切联系企业和员工的实际。

6)课程的讲师要慎重选择。

28. 国外常见的几种培训教学设计程序模式

1)肯普的教学设计程序。优势是:将学员特点、学习内容和开展教学设计所涉及的辅助服务,如技术人员、经费、设备、仪器和进度表等影响因素,加以综合考虑,统筹安排。

2)加涅和布里格斯的教学设计程序。把教学设计分为系统A级、课程级、和课堂级和系统B级四个级别,共计14个具体步骤。

3)迪克和凯里的教学设计程序。美国佛罗里达州立大学的迪克和凯里教授提出了一种偏重于行为模式的教学设计程序，该程序更加注重对学习内容的分析和鉴别，强调从学员的角度收集数据以修改教学。

29. 我国常用的教学设计程序

该程序既适用于一门课程和一个教学单元的设计，又适用于一节课堂的教学设计。主要步骤是：①确定教学目的；②阐明教学目标；③分析教学对象的特征；④选择教学策略；⑤选择教学方法及媒体；⑥实施具体的教学计划；⑦评价学员的学习情况，及时进行反馈修正。

30. 课程内容选择的基本要求

①相关性；②有效性；③价值性。

31. 课程内容制作的注意事项

1)培训教材的内容不能多而杂，否则会分散学员注意力。

2)凡是培训师讲授、表达的内容，教材不必重复。

3)教材以提示重点、要点、强化参训者认知为重要功能。

4)应将课外阅读资料与课堂教材分开。

5)教材应简洁直观，按照统一的格式和版式制作。

6)制作时用“教材制作清单”进行控制和核对。

32. 培训中使用的印刷材料

1)工作任务表：其作用是强调课程的重点；提高学习的效果；关注信息的反馈。

2)岗位指南：其作用是迫使有关专家对理想的操作做出界定，进一步明确培训的目标；有助于记忆在培训中学到的操作规程，也便于在以后工作中随时查阅；有时可以代替培训或减少培训时间，节约成本。

3)学员手册。

4)培训者指南。

5)测验试卷。

33. 培训教师的来源

培训教师主要有企业外部聘请和企业内部开发两大来源，企业培训管理人员应根据实际情况，确定适当的内部和外部教师的比例，尽量做到内外搭配、相互学习、取长补短。

34. 外部聘请师资的优点

1)选择范围大，可获取高质量的培训教师资源。

2)可带来许多全新的理念。

3)对学员具有较大的吸引力。

4)可提高培训档次，引起企业各方面的重视。

5)容易营造气氛，获得良好的培训效果。

35. 外部聘请师资的缺点

1)企业与其之间缺乏了解，加大了培训风险。

2)外部教师对企业以及学员缺乏了解，可能使培训适用性降低。

3)学校教师可能会由于缺乏实际工作经验，导致培训只是“纸上谈兵”。

4)外部聘请教师成本较高。

36. 外部培训师资的开发途径

①从大中专院校聘请教师；②聘请专职的培训师；③从顾问公司聘请培训顾问；④聘请本

专业的专家、学者;⑤在网络上寻找并联系培训教师。

37. 内部开发途径的优点

1)对各方面比较了解,使培训更具有针对性,有利于提高培训的效果。

2)与学员相互熟识,能保证培训中交流的顺畅。

3)培训相对易于控制。

4)内部开发教师资源成本低。

38. 内部开发途径的缺点

1)内部人员不易于在学员中树立威望,可能影响学员在培训中的参与态度。

2)内部选择范围较小,不易开发出高质量的教师队伍。

3)内部教师看待问题受环境决定,不易上升到新的高度。

39. 设计合适的培训手段应该考虑的方面

①课程内容和培训方法;②学员的差异性;③学员的兴趣和动力;④评估培训手段的可行性。

40. 开发培训教材的方法

①培训课程教材应切合学员的实际需要;②资料包的使用;③利用一切可开发的学习资源组成活的教材;④尽可能地开发一切所能利用的信息资源;⑤设计视听材料。

41. 培训师的选聘标准

1)具备经济管理类和培训内容方面的专业理论知识。

2)对培训内容所涉及的问题应有实际工作经验。

3)具有培训授课经验和技巧。

4)能够熟练运用培训中所需要的培训教材与工具。

5)具有良好的交流与沟通能力。

6)具有引导学员自我学习的能力。

7)善于在课堂上发现问题并解决问题。

8)积累与培训内容相关的案例与资料。

9)掌握培训内容所涉及的一些相关前沿问题。

10)拥有培训热情和教学愿望。

第三节 管理人员培训与开发(3～5分)

42. 管理培训体系设计的原则

①战略性原则;②有效性原则;③计划性原则;④规范性原则;⑤持续性原则;⑥实用性原则。

43. 管理人员培训的项目类别

1)高层管理者培训:目的是培养经营理念、服务意识、企业集团化发展、战略规划能力、资本运营与投资决策能力、人才开发与制度创新能力、统率全局的能力、控制能力等高级工商管理方面的培训和英语培训。

2)中层管理者培训:侧重于经营管理基本理论与实际运用的培训,包括在服务意识、部门目标管理、绩效考核、成本控制、市场营销、人力资源开发与培训、员工激励、沟通技巧、领导艺术等方面实施有针对性的培训和英语培训。

3)基层管理者培训:侧重于服务意识、绩效考核、目标考核、成本管理、质量管理与督导、投诉处理及业务流程、工作指导方法、工作改善方法、人际关系方法的培训,以使基层管理者具备经营管理工作的基本素质。

44. 管理技能培训开发计划的形成

1)企业管理系统的运行与绩效考评。

2)在考评基础上发现管理缺陷和培训需求,制定组织开发计划。

3)进行管理人员系统的培训与开发工作。

45. 管理人员培训开发系统设计的程序

(1)明确管理培训开发的目的和作用。

(2)管理人员培训开发的一般步骤:

1)明确培训开发的目的:①根据企业发展需要确定管理人员培训的重点,赢得企业领导的支持,争取培训投入;②根据管理人员综合考评的结果,明确素质差距和培训需求,制订培训计划,以需求驱动培训。

2)确认培训对象的差距:①依据企业战略与竞争环境分析,确定企业核心能力的差距;②依据对经营管理人员的综合评估,寻求素质差距。

3)分析差距确定优先顺序:①分析素质差距对绩效管理的影响;②根据业务发展需要确定素质弥补的顺序。

4)确定并执行培训计划:①制订培训计划弥补管理素质差距;②设计培训项目与课程;③执行并评价效果;④反馈与改进培训。

46. 管理人员培训开发的目的

1)通过培训增加管理知识,了解现代企业管理的基本理论、技术和方法。

2)通过培训提高综合管理能力,运用已学的管理方法和技术进行科学管理。

3)通过培训吸收现代先进的管理理念,促进管理观念转变。

47. 管理人员培训开发计划的编制

1)以"服务培训对象"为中心。

2)以需求驱动培训。

3)根据培训需求,确定培训计划,确定培训的目标和任务。

4)在制订培训计划的基础上组织实施与评估。

5)完善培训激励约束机制,促进培训成果转化。

48. 管理人员培训开发计划的实施

第一阶段:全面培训阶段。对全体管理人员分层次、有重点地进行常规管理知识和技能的培训。

第二阶段:定向提高阶段。对处于不同岗位上的管理人员进行针对性的岗位管理知识与技能培训。

第三阶段:重点提高阶段。对部分确有培训潜力的管理人员进行重点培训提高,使其成为优秀的职业经理人。

49. 实施以团队为核心的管理培训模式的特点

①培训工作团队具有更多的工作自主权;②注重个体自我开发;③三位一体:个体学习、团

队培训、组织开发三位一体，便于培训与企业管理者开发目标协调一致，产生培训开发的高效益。

50. 管理培训课程设计的基本点

培训策略是决定培训活动的纲领，而培训课程是培训活动的细目，培训课程设计是制订好培训计划的基本问题。

管理培训课程设计的基本原则是要符合成人学习的知识规律。培训课程设计的本质目标是为了进行人力资源开发。培训是人力资源开发三个主要组成部分之一，这三个组成部分是职业开发、培训和组织发展。

51. 系统化管理培训课程体系的设计

包括：①系统性的常规管理知识和技能培训；②岗位管理知识培训；③现代管理技能培训；④管理人员心智能力培训。

52. 管理技能培训开发的目的

1)示范作用。管理人员对培训开发的认同、支持和参与程度直接决定了企业培训开发的效果。他们会对其他人起到示范作用。

2)角色转换的需要。那些提拔到管理岗位上的人，要更好地完成现有的工作，就必须进行必要的管理技能的培训开发。

3)现代经营管理方式的要求。管理人员不能仅仅满足于现有的知识结构和以往的管理经验，必须与时俱进，否则就有可能被现代管理淘汰，因此需要管理方面的系统培训开发。

53. 管理技能培训开发的要求及职能组合

1)明确不同层次管理人员的能力要求，所有管理人员都需要拥有与其所履行的岗位职责相适应的管理能力。

2)界定各层管理人员的职责与行为要求，见表1-3-1。

表 1-3-1 经营管理人员职业化行为模块

行为模块	高层管理人员	中层管理人员	基层管理人员
管理重点	方针管理	目标管理	工作任务管理
组织建设	文化建设	组织建设	团队建设
资源规划	资源建设	资源管理	资源管理
决策形式	促成决策	影响与参与决策	提供决策信息
绩效重点	促进发展	业绩管理	绩效辅导

54. 管理技能培训开发的内容一览表(见表1-3-2)

表 1-3-2 各层管理表培训与开发的内容一览表

层次	品性(包括态度、价值观等)	能力(包括经验、技能等)	知识(包括信息等)
高层	经营思想与观念更新能力与修养的提升 社会责任探讨	企业发展战略研究 对策研究 组织设计和领导 现代管理技术	国家政策 行业形势 对手信息

（续）

层次	品性（包括态度、价值观等）	能力（包括经验、技能等）	知识（包括信息等）
中层	对待领导、下属、改革以及组织的态度 树立乐于为组织服务的正确价值观和态度	理解把握创新能力 组织实施能力	组织内外的政策、法规与现代化管理知识
基层	对待领导、下属、改革以及组织的态度 树立充分体现组织与领导先进的思想和能力的服务态度	操作实施能力 理解把握能力 解决实际矛盾与问题技能、技巧	组织内外的新知识、新政策、新法规

55. 在职管理人员培训的主要方法

①职务轮换；②设立副职；③临时提升，即代理主管的意思。

56. 管理技能培训开发的一般方法

1）替补训练。把一些工作较为出色的管理人员指定为替补训练者，除原有责任外，要求他们熟悉本部门的上级职责。一旦其上级离任，即可按预先准备接替其工作。优点：由于为晋升作准备，因此其训练积极主动；可以较快地适应新的工作。缺点：渴望晋升但未被选中的人积极性下降；某些上级唯恐被取代，不肯向取代者传授知识和技能。

2）敏感性训练。敏感性训练的目标一般包括：使个人能更好地洞悉自己的行为，明白自己在他人心目中的形象；更好地理解群体活动过程；通过群体活动培养判断和解决问题的能力。它的优点是坦诚交流，获得真实的反馈信息；它的缺点是容易伤害别人。

3）案例评点法。案例评点培训正是提高管理人员决策艺术及其分析解决问题的能力的有效培训方法。案例评点培训的程序主要表现为：注重案例的遴选；实际角色分析案例；案例点评和升华。

4）事件过程法。事件过程法是有组织的、带有戏剧性的处理案例的一种方法。包括五个步骤：①培训者给出一个事件简短的描述；②受训者询问主持人以获得更多的事实，主持人预先只是向他们简短介绍；③再由受训者做出决定，比如中心议题是什么；④每个受训者都被要求写一个简短的决定，由小组进行讨论；⑤小组力图把这一案例与类似的情形联系起来。事件过程法常被用于人事关系案例的讨论。

5）理论培训。理论培训是提高管理人员的管理水平和理论水平的一种主要方法。

6）专家演讲学习班。常用作企业内部或外部培训。

7）大学管理学习班。许多大学都在举办各种实习班、报告会、讲座等。

8）阅读训练。有计划地阅读有关当代的管理文献是一种自我培养的主要方法。

57. 管理技能培训开发的新方法

1）文件事务处理训练法。这是一种训练企业管理人员快速有效地处理日常文件事务的方法。

2）角色扮演法。把一组主管人员集合在一起，设定某种带有普遍性的、比较棘手的情况，让几个人分别饰演其中的角色，把时间的过程表演出来。这种方法的优点是真实性强。

3)管理游戏法。要求学员在一定的规则、程序、目标和输赢标准下竞争,往往是全组合作达到一个共同目标。它能通过调动学员的参与热情和兴趣来训练他们的合作意识、相互协作的方法和技巧。

4)无领导小组讨论法。要求将学员集中起来组成小组,就某一给定的主题展开讨论,事前并不指定讨论会的主持人,学员在讨论中可以自由发挥。

58. 继任者的胜任力

继任者的胜任力包括六个方面:

1)认同企业文化和发展战略。作为继任者,首先应认同自己的企业文化,并成为该文化的积极倡导者、忠实履行者和维护者。其次,继任者应善于在企业文化的土壤中培植出企业的共同愿景,并对共同愿景保持一种前瞻的维护姿态。

2)具备组织领导才能和成就动机。作为继任者应该具备卓越的领导才能,善于配置企业人力和物力资源,采取有效方式凝聚众人达成共同目标;在面对问题时勇于承担责任,这有利于增强自身感召力和组织权威,从而提高领导效能。继任者还应具有强烈的成就意识,能够以积极的行为达成期望的目标。

3)擅长人际协调和化解冲突。多元化管理中不可缺少的是上下沟通和平行沟通,继任者只有善于运用合理的方式达成清晰、有效的沟通,才能减少或避免对方的抵触和反对情绪,达成目标。

4)拥有核心知识技能和优秀业绩。作为继任者应该拥有推动企业发展的核心知识或技能,并对市场发展有深刻的洞察力和预见性,以应对管理实践中的复杂状况。同时继任者在工作中应该有出色变现,业绩完成的方式和对结果的评估与企业的经济效益和社会效益一致。

5)持续的自我开发能力。首先,继任者能够客观全面地评估自己,善于从工作过程中总结自己的优势和不足,判断分析相应结果的环境因素和人员因素。其次,继任者应该拥有开放的心态,并不断拓展它的应用范围。最后,继任者应该保持学习的热情,构建与岗位匹配并能持续增长的知识、能力体系。

6)保持高忠诚度和归属感。继任者应该不断调适自己的价值观,以契合企业的核心价值,同时应具有基于个人和企业互动促生关系为导向的价值评价体系,勇于面对困难和承担责任,使对企业的强烈归属感和责任意识成为群体行为选择的驱动因素。

59. 接班人计划的实施流程

1)评估关键岗位确定继任者需求。

2)确定核心人才素质特征,构筑素质模型。

3)选拔继任计划候选人。

4)培养核心人才继任者。

5)接班人培训计划实施与反馈。

第四节 员工培训效果评估(5~7分)

60. 员工培训评估的概念

培训评估是一个系统地收集有关人力资源开发项目的描述性和评判性信息的过程,其目的是有利于帮助单位在选择、调整各种培训活动以及判断其价值的时候做出更明智的决策。

培训评估的含义有狭义和广义之分，狭义的培训评估是指一个单位在组织培训之后，依据培训目的和要求，运用一定的评估指标和评估方法，用定性或者定量的方式对培训的效果加以检查和评定。广义的培训评估是运用科学的理论，方法和程序对培训主体和培训过程及实际效果的系统考察。

61. 员工培训评估的基本原则

1)客观性原则。在评估过程中，评估指标的设计、权重的确定以及具体的定性、定量分析，都应尽量避免评估人的主观因素对评估结果的影响。

2)综合性原则。即要全面地对评估效果进行评估。

3)灵活性原则。要根据评估的目标和评估对象以及评估周期确定评估方法的采用。

62. 培训评估体系的构成

①培训前期评估；②培训实施过程评估和效果评估；③培训评估结果反馈。

63. 培训中评估的作用

①保证培训活动按照计划进行；②培训执行情况的反馈和培训计划的调整；③可以找出培训的不足，以便于今后的改进；④过程监测和评估有助于科学解释培训的实际效果。

64. 培训后评估的作用

①可以对培训效果进行正确合理的判断，以便了解某一项目是否达到原定的目标和要求；②受训人知识技术能力的提高或行为表现的改变是否直接来自培训的本身；③可以检查出培训的费用效益，评估培训活动的支出与收入的效益如何，有助于使资金得到更加合理的配置；④可以较客观地评价培训者的工作；⑤可以为管理者决策提供所需的信息。

65. 培训评估体系的总体设计

企业员工培训评估体系的总体设计，一般包括以下内容、程序和步骤：

1)对培训需求的评估。

2)确定培训评估的目标。

3)设计培训评估的方案。需要：明确评估的主体；弄清评估的对象；规定评估的层次；选择评估的工具。

4)实施培训评估方案。

5)根据评估的结果，针对存在的问题，及时对培训项目进行调整。

6)培训评估结果的反馈。

66. 培训评估

方案的设计步骤包括如下内容：

1)员工培训需求的评估。

2)做出培训评估的决定：确定评估的目的、评估的可行性分析、明确评估的操作者和参与者。

3)设计员工培训评估方案：选择培训评估人员、选定培训评估的对象、确定评估层次和内容、选择评估内容和指标、建立培训评估数据库、确定方案及测试工具。

67. 培训评估方案的实施步骤

1)选择好进行评估的时机。这是取得公正客观评估结果的前提和保证。

2)做好评估数据信息的整理和分析。

3)在评估中应与学员多沟通。避免让学员以为评估是为了监督和为难他们。

4)根据情况及时调整评估项目。如果评估结果表明评估项目不尽如人意,评估主管就可以考虑对这些部分进行重新设计或调整。

68. 培训评估结果的反馈

在培训评估过程中,反馈培训结果对培训项目来说具有非常积极的意义。一般有四类人员必须得到培训评估结果,即人力资源培训专员、管理层、学员的直接上司和学员本人。

69. 设计员工培训评估方案时,应注重达到的三项基本要求

1)操作简单,易于实施。

2)考虑不同类型培训项目的评估要求。

3)考虑评估成本。

70. 评估培训成果的标准

评估培训成果的标准是指企业和培训管理人员用来评价培训成果的统一的尺度和规范。

71. 培训成果的四级评估体系

1)反应评估,是第一级评估,了解评估学员对培训项目的主观感觉和满意程度。

2)学习评估,是第二级评估,评估学员在知识、技能、态度或行为方式等方面的学习收获。

3)行为评估,评估学员在工作中的、行为方式有多大程度的改变。

4)结果评估,通过对质量、数量、安全、销售额、成本、利润、投资回报率等企业或学员上司。关注的并且可量度的指标进行考查,与培训前进行对照,判断培训成果的转化情况。

72. 制定培训评估标准的要求

首先是要判断该培训项目取得何种成果;其次是要对这种结果做出正确的评判,即要准确地说明其获得的成果是好还是坏,并坚持 SMART 原则,尽可能采用量化指标做出描述。在设定培训评价标准时,应当注重评估指标和标准的相关性、可靠性、区分度和可行性。

1)相关度。标准的相关度是指衡量培训成果的标准与培训计划预定训练或学习的目标之间的相关性。

2)信度。信度是指对培训项目所取得的成效进行测试时,其测量结果的长期稳定程度。

3)区分度。区分度是指受训者取得的成果能真正反映其绩效的差别。

4)可行性。可行性是指在对培训成果进行评估时,采集其测量结果的难易程度。

73. 培训成果评估的五项重要指标

认知成果、技能成果、情感成果、绩效成果、投资回报率。

投资回报率=培训项目的货币收益/培训项目成本×100%

投资净回报率=(培训项目收益-培训项目成本)/培训项目成本×100%

74. 非正式评估与正式评估

1)非正式评估。非正式评估是指评估者依据自己的主观性的判断,而不是用事实和数字来加以证明。

优点:可以使评估者能够在培训对象不知不觉的自然态度下进行观察,这就减少了一般评估给培训对象带来的紧张不安,增强了信息资料的真实性与评估结论的客观性和有效性;方便易行,几乎不需要耗费什么额外的时间和资源;不给受训者造成太大的压力,可以更真实而准确地反映出培训对象的态度变化。

2)正式评估。正式评估具有详细的评估方案、测度工具和评判标准。在正式评估中,对评估者自身素质的要求降低了,起关键作用的因素不再是评估者本身,而是评估方案和测试工具的选择是否恰当。

优点:在数据和事实的基础上做出判断,使评估结论更有说服力;更容易将评估结论用书面形式表现出来,如记录和报告等;可将评估结论与最初计划比较核对。

75. 建设性评估和总结性评估

1)建设性评估。建设性评估就是在培训过程中以改进而不是以是否保留培训项目为目的的评估。建设性评估经常是一种非正式的主观的评估。

优点:有助于培训对象学习的改进,帮助培训对象明白自己的进步,从而使其产生某种满足感和成就感。

2)总结性评估。总结性评估是指在培训结束时,为对受训者的学习效果和培训项目本身的有效性做出评价所进行的评估。这种评估经常是正式的和客观的。

76. 培训效果的定性评估方法

1)优点:简单易行,综合性强,需要的数据资料少,可以考虑到很多因素,评估过程中评估者可以充分利用自己的经验。

2)缺点:评估结果受评估者的主观因素、理论水平和实践经验的影响很大;不同评估者的工作岗位不同、工作经历不同、掌握的信息不同、理论水平和实践经验存在差异,以及对问题的主观看法不同,因此不同的评估者对同一问题很可能做出不同的判断。

3)种类:问卷调查、访谈、观察和座谈等。

77. 定性评估法

1)目标评估法。企业将受训者的测试成绩和实际工作表现与既定培训目标相比较,得出培训效果。

2)关键人物评估法。所谓的关键人物是指与受训者在工作上接触较为密切的人。

3)比较评估法。即将员工通过培训学到的知识、原理和技能作为企业培训的效果,根据比较的不同依据和方面可以分为四种事前事后评估法、纵向对比评估法、横向比较评估法、达标评估方法。

4)动态评估法。就是把有关的人和事放到培训的整个过程中进行检测评估,根据其原有基础,观察目前状况及其发展的潜力和趋势。

5)访谈法。访谈法的应用范围很广,如了解学员对培训方案和学习方法的反应。

访谈法的步骤如下:①明确你要采集的信息;②设计访谈方案;③测试访谈方案;④全面实施;⑤进行资料分析,编写调查信息报告。

6)座谈法。将受训者召集到一起开讨论会,让每一个员工讲述自己通过培训获得的感受。

78. 定量评估法

1)问卷调查评估法。问卷调查法主要用于对培训项目中培训内容、培训课程、培训师、培训场地、培训教材等主要环节的调查评估。

问卷调查评估法的具体步骤如下:①明确你要通过问卷调查了解什么信息;②设计问卷。

2)收益评估法。培训收益评估法就是从经济角度综合评价培训项目的好坏,计算出培训为企业带来的经济效益。

3)6sigma 评估法。6sigma 评估法主要关注的是一段时间内公司培训的满意度。

79. 综合评估法

1)硬指标与软指标结合的评估法。硬指标的分析为培训成本收益评估,软指标的分析主要为员工满意度和顾客满意度。

2)集体谈论评估法。集体讨论评估法是采取集体舆论评议、群体表决等方式,对评估对象做出评价和估量。

3)绩效评估法。绩效评估法是由绩效分析法衍生而来的,主要被用于评估受训者行为的改善和绩效的提高。

4)内省法。内省法能使个人清楚地了解到自己的观念,让个人可以用一面镜子照出自己对世界的看法,因此它能够预测调查对象对事物认识的变化,可以评估改变学员态度的培训效果。内省法的具体步骤为:①准备工作:确定分析主题;准备卡片;制作一份内省法打分表;了解工作表现。②全面实施阶段:挑出卡片;找出两人共有的行为;收回卡片;重复前三步,直到结束。③排序计分阶段:排开各张打分表,逐行依次排序编号,至结束;写出突出分数;排除相关度低的指标和主观性高的指标。

5)笔试法。笔试法的具体步骤为:①确定培训目标;②起草测试题目;③选择、排列测试题目;④为学员准备考试说明;⑤准备记分卡;⑥进行测验;⑦分析测验结果。

6)操作性测验。操作性测验是指通过对实际操作过程的观察和评价来进行评估测验的方法。

7)行为观察法。行为观察法是指观察者选择直接观察的方法,设计并利用专用工具对观察对象进行观察评估的方法。它能够向学员当场反馈学习进展,考核培训结束后学员的能力,测量和评价学员培训前后的行为变化。其基本步骤如下:①描述和解释培训项目计划开发的特定技能,也就是观察的对象;②将上一步所说的技能分解为若干行为,对这些行为进行分析和分类,并明确某一类行为与培训目标的关系;③练习上一步所说的行为分类;④被观察者开始工作,观察人员记录其真实行为;⑤将观察结果汇总,反馈给被观察人员及其主管。

80. 受训者培训成果的评估

包括:①受训者情感结果的评估;②受训者技能结果的评估;③受训者行为改善度的评估;④受训者绩效增长度的评估。

81. 培训主管业绩的评估

为了全面、综合地评价培训主管业绩,可从知识管理的过程、组织结构、实施培训管理的经济效益以及培训效率是否提高等几个方面进行考虑,构建测评标准。

82. 培训教师的综合评估

培训师分为专职和兼职两种,以兼职为主。兼职一方面来自各事业群直线部门和职能部门,另一方面来自高校、研究机构和咨询机构。

1)课程满意度评估。检验学员受训的效果,不能局限于知识的掌握,要重点测试知识转化为能力的应用。

2)培训师能力评估。培训师教学水平以及能力素质的测评标准,是根据深入调查研究,在不断对多名成功的培训师教学实践活动进行总结之后而最终形成的。

83. 评估报告的撰写要求

1)调查培训结果时必须注意接受调查的受训者的代表性。

2)尽量实事求是,切忌过分美化和粉饰评估结果。

3)评估者必须综观培训的整体效果,以免以偏概全。

4)注意表达方式。

5)当评估方案持续一年以上时间时,评估者需要作中期评估报告。

6)要注意报告的文字表述与修饰。

84. 撰写评估报告的步骤

撰写评估报告的目的在于向那些没有参与评估的人提供评估结论并对此做出解释。通常,组织的主管人员会对培训的产出感兴趣;那些要求对其雇员进行培训的部门领导则关注培训时期雇员的效果。制作评估报告正是向这些不同的需要者提供关于培训的有关情况、评估结论及其建议。撰写评估报告的步骤大致如下:①导言;②概述评估实施的过程;③阐明评估结果;④解释、评论评估结果和提供参考意见;⑤附录:包括收集和分析资料用的图表、问卷、部分原始资料等;⑥报告提要。

第四章 绩效管理(15～17分/15分)

第一节 绩效考评指标与标准设计(4～5分)

1. 不同性质的绩效考评指标体系

1)品质特征型的绩效考评指标体系。这种考评指标体系是以反映和体现被考评者的品质特征的指标为主体构成的考评体系。品质特征性的考评指标主要有:性格特征、兴趣爱好、举止、记忆能力、语言表达能力、思维判断能力、理解想象能力、逻辑思考能力、综合分析能力、计算能力、自学能力、注意力分配能力、听写能力、组织管理能力、调研能力、独创见解和创新能力、专业知识面、操作技能、应变能力、进取精神、人际关系、思想政策水平等。

2)行为过程型的绩效考评指标体系。行为过程型的绩效考评指标体系是以反映员工在劳动工作过程中的行为表现的各种指标为主体构成的指标体系。

3)工作结果型的绩效考评指标体系。无论组织或员工个人,他们的工作绩效总是表现为某种实际的产出结果,无论这些结果是物质性的实物产品,还是精神性的非实物的成果,都是可以采用一定的生产技术经济的指标进行衡量和评定的。

2. 绩效考评指标的作用

1)绩效考评指标有助于战略的落实与达成。通过绩效考评指标的构建,能够将抽象的战略转化为明确的、量化的、可操作的内容,通过绩效考评指标的实现来促进组织战略的落实和达成。

2)有效的绩效指标有助于改善组织的内部管理。

3)有效的绩效指标有助于指引员工的行为朝向组织正确的方向上来。

3. 绩效考评指标的来源

1)组织战略与经营规划。组织战略和经营规划是企业绩效考评指标的首要来源,对绩效指标的设计具有指引作用。

2)部门职能与岗位职责。管理者必须依据工作分析的结果,研究、分析被考核者所在部门及岗位的工作内容、性质及完成工作所具备的条件等。

3)绩效短板与不足。绩效内容选取的原则是“要什么,考什么;缺什么,考什么”。

4. 绩效考评指标体系的设计原则

①针对性原则;②关键性原则;③科学性原则;④明确性原则;⑤完整性原则;⑥合理性原则;⑦独立性原则;⑧可测性原则。

5. 绩效考评指标体系的设计方法

要素图示法、问卷调查法、个案研究法、面谈法、经验总结法、头脑风暴法。

6. 要素图示法

即将某类人员的绩效特征用图表描绘出来,然后加以分析研究,确定需考评的绩效因素。

7. 问卷调查法

在调查表中将所有与本岗位工作有关的要素和指标一一列出,并用简单明确的文字对每个指标做出科学的界定，再将该调查表分发给有关人员填写，收集、征求不同人员意见，最后确定绩效考评指标体系的构成。

8. 个案研究法

即通过选取若干具有代表性的典型人物、事件或岗位的绩效特征进行分析研究，来确定绩效考评指标和考核要素体系。

9. 面谈法

面谈法分为个别面谈法、座谈讨论法。

10. 经验总结法

根据特定时期的用人政策、本单位的具体情况，以及考评单位所积累的经验来确定考评要素。

11. 头脑风暴法

头脑风暴法的四个基本原则：①任何时候都不能批评别人的想法；②思想愈激进愈开放愈好；③强调产生想法的数量；④鼓励别人改进想法。

12. 绩效考评指标体系的设计程序

一般分为四个步骤：①工作分析，初步确定出绩效考评指标；②理论验证，对所设计的绩效考评指标进行论证；③进行指标调查，确定指标体系；④进行必要的修改和调整。

13. 绩效考评标准的类型

绩效考评标准主要由标志和标度两部分构成。绩效考评的结果通常表现为将某种行为、结果或特征划归到若干个级别之一，标志即是指考评指标中用于区分各个级别的特征规定，通常用字母或者数字表示。

常见的四种考评尺度：

1)量词式的考评标准。这种考评标准采用带有程度差异的形容词、副词、名词等词组表示不同的等级水平，例如“较好”“好”“一般”“差”“较差”。

2)等级式的考评标准。这种考评标准使用一些能够体现等级顺序的字词和字母等。

3)数量式的考评标准。数量式的考评标准是用具有量化意义的数字表示不同的等级水平，包括离散型和连续型两种。

4)定义式的考评尺度。定义式的考评尺度制定的方法较为复杂，但能够有效地提高考评的客观程度，更好地实现考评的行为引导作用，因此在绩效考评中得到了越来越广泛的运用。

14. 绩效考评标准的设计原则

所谓标准就是衡量事物的依据和准则。绩效考评标准是指对员工绩效考评进行考量评定分级分等的尺度。

在编制时要遵循如下原则：

1)定量准确的原则。绩效考评标准应当达到准确量化的要求，考评指标凡是能用量化的，应尽可能使用数量表示和计量。同时，标准的定量必须准确。

2)先进合理的原则。所谓先进是指考评标准不但要反映企业单位的生产技术和管理水平，还应当具有一定超前性，不至于使员工每项绩效指标的考评结果出现严重的偏向，要么过宽，要么过松；所谓合理是指考评标准水平，应当反映出企业在正常的生产技术组织条件下，员工中少部分人可以超过，大部分人经过努力可以接近或达到，极少数的人可能达不到的水平。一般情况下，应以多数员工(70%～80%)能达到的水平作为绩效考评指标的评定标准。

3)突出特点的原则。绩效考评标准要突出各类工作岗位的性质和特点,在设计考评标准时,应针对不同的岗位以及承担本岗位工作的所有被考评人的素质结构的特点而制定。

4)简明扼要的原则。绩效考评的各项标准的定义、计算公式和说明,应尽量使用人们常用的大众化语言和词汇,表达力求简明扼要,尽量避免使用专业性很强的术语及模棱两可的词语,以减少考评者对概念或词汇产生误解和歧义,从而影响绩效考评结果的准确性和可靠性。

15. 绩效考评标准量表

①名称量表,或称类别量表。它是量表在测量上一种最低的形式,例如,男用"1"表示,女用"0"表示。②等级量表,亦称位次量表。例如,根据入学成绩编定的学号。③等距量表:数量差距相同。④比率量表,是在量表中测量水平最高的量表。

16. 关键绩效指标的定义

关键绩效指标简称为KPI。关键绩效指标法是检测并促进宏观战略决策执行效果的一种绩效考评方法,它首先是企业根据宏观的战略目标,经过层层分解之后,提出的具有可操作性的战术目标,并将其转化为若干个考评指标,然后借用这些指标,从事前、事中和事后多个维度,对组织或员工个人的绩效进行全面跟踪、监测和反馈。关键绩效指标法的核心是从众多的绩效考评指标体系中提取重要性和关键性指标。

17. 建立战略导向的KPI体系的意义

①使KPI体系不仅成为激励约束企业员工行为的一种新型的机制,同时还要发挥KPI体系战略导向的牵引作用;②通过企业战略目标的层层分解,将员工的个人行为与部门的目标相结合,使KPI体系有效地诠释与传播企业的总体发展战略成为实施企业战略规划的重要工具;③彻底转变传统的以控制为中心的管理理念,战略导向的KPI体系更加强调对员工的行为激励,最大限度地激发员工的斗志,调动全员的积极性、主动性和创造性。

18. 战略导向的KPI体系与一般绩效考评体系

战略导向的KPI体系与一般绩效考评体系的主要区别是:

①从绩效考评的目的来看,前者是以战略为中心,后者是以控制为中心;②从考评指标产生的过程来看,前者是在组织内部自上而下对战略目标进行层层分解产生,而后者通常是自下而上根据个人以往的绩效与目标产生的;③从考评指标的构成上看,前者是通过财务与非财务指标相结合,后者是以财务指标为主,非财务指标为辅;④从指标的来源看,前者来源于组织的战略目标与竞争的需要,后者与组织战略的相关程度不高。

19. 关键绩效指标的基本特点

①能够集中体现团队与员工个人的工作产出,即所创造的价值;②采用关键绩效指标和标准突出员工的贡献率;③明确界定关键性工作产出即增值指标的权重;④能够跟踪检查团队与员工个人的实际表现,以便在实际表现与关键绩效指标标准之间进行对比分析。

20. 选择关键绩效指标的原则

①整体性;②增值性;③可测性;④可控性;⑤关联性。

21. 目标分解法

①确定战略的总目标和分目标;②进行业务价值树的决策分析;③各项业务关键驱动因素分析。

22. 提取关键绩效指标的方法

①目标分解法;②关键分析法;③标杆基准法。

23. 标杆基准法

标杆基准法是企业将自身的关键绩效行为，与那些在行业中领先的、最具影响的或最具竞争力企业的关键绩效行为作为基准，进行深入全面的比较研究，探究这些基准企业的绩效形成原因，在此基础上建立企业可持续发展的关键绩效标准，并提出改进员工绩效的具体程序、步骤和方法。在 KPI 指标和指标值的设定上，可以选择的参考企业至少存在三种情况：一是本行业领先的最佳企业；二是居于国内领先地位的最优企业；三是居于世界领先地位的顶尖企业。

24. 提取关键绩效指标的程序和步骤

①利用客户关系图分析工作产出；②提取和设定绩效考评的指标；③根据提取的关键指标设定考评标准；④审核关键绩效指标和标准；⑤修改和完善关键绩效指标和标准。

25. SMART 方法

SMART 方法是 5 个英文单词第一个字母的结合，其中的 S 代表的是 Specific，其含义是指绩效指标必须是具体的；M 代表的是 Measurable，其含义是指绩效指标必须是可以衡量的；A 代表的是 Attainable，其含义是指绩效指标必须是可以达到的、可实现的；R 代表的是 Relevant，其含义是指绩效指标是要与目标具有较高的相关性；T 代表的是 Time-bound，其含义是指绩效指标必须是有时限的，即应具有明确的截止期限。

第二节　绩效监控与沟通（4～5 分）

26. 绩效监控的目的和内容

绩效监控始终关注员工工作绩效，旨在通过提高个体绩效水平来改进部门和组织的绩效。绩效监控的内容一般是在确定的绩效周期内员工对绩效计划的实施和完成情况，以及这一过程中的态度和行为。

27. 绩效辅导的作用

绩效辅导就是在绩效监控过程中，管理者根据绩效计划，采取恰当的领导风格，对下属进行持续的指导，确保员工工作不偏离组织战略目标，并提高其绩效周期内的绩效水平以及长期胜任素质的过程。

优秀的指导者或管理者应该在以下三个层次上发挥作用：

1)与员工建立一对一的密切联系，向他们提供反馈，帮助员工制定能“拓展”他们目标的任务，并在他们遇到困难时提供支持。

2)营造一种鼓励员工承担风险、勇于创新的氛围，使他们能够从过去的经验中学习。

3)为员工提供学习机会，使他们有机会与不同的人在一起工作。

28. 绩效监控的关键点

绩效监控的有效性主要取决于以下三个关键点：

1)管理者领导风格的选择和绩效辅导水平。

2)管理者与下属之间绩效沟通的有效性。

3)绩效考评信息的有效性。

29. 绩效辅导的时机

管理者必须掌握进行辅导的时机，确保及时、有效地对员工进行指导。一般来说，在以下时间进行指导会获得较好的效果：

1)当员工需要征求你的意见时。

2)当员工希望你解决某个问题时。

3)当你发现了一个可以改进绩效的机会时。

4)当员工通过培训掌握了新技能时,如果你希望他能够将新技能运用于工作中,就可以辅导他使用这种技能。

30. 绩效辅导的方式

常见的辅导方式有以下几种,对于不同类型的员工可以酌情予以使用。

1)指示型辅导:主要针对那些完成任务所需的知识技能比较缺乏的员工,给予他们一些有关怎样完成任务的具体指示。

2)方向型辅导:员工基本掌握完成任务的知识技能,但是有的时候还会遇到一些特殊的情况无法处理;或者员工掌握了具体的操作方法,但需要主管人员进行大方的方向性引导。

3)鼓励型辅导:对于具有完善的知识技能的专业人员,主管人员的辅导不必介入到具体的细节,只需要给予他们鼓励和适当的建议,使员工充分发挥自己的创造力。

31. 绩效沟通的内容

1)绩效计划沟通。包括目标制定的沟通和目标实施的沟通。

2)绩效辅导的沟通。绩效辅导的作用是将问题解决在执行过程中,而不是解决在事后。

3)绩效反馈沟通。绩效考评结束后,并不意味着绩效管理的结束,而是要把考评结果有效反馈给员工。对未完成目标的员工,要分析是外因还是内因所致。

4)绩效改进沟通。管理者与员工之间需要提出绩效改进目标,为绩效改进提供基础的依据。同时要制定绩效改进方案。

32. 绩效沟通的重要性

1)通过沟通,才能设定共同认可的绩效目标。

2)通过沟通,才能在履行目标职责过程中不断勘误,提高效率。

3)通过沟通,才能使绩效目标考核思想深入人心,考核结果令人信服。

33. 正式的绩效沟通

1)正式的书面报告。书面报告的最大优点就是简单易行,而且能够提供文字记录,避免进行额外的文字工作。但是,大多数情况下,他们只是浪费了大量的时间,制造出一大堆毫无疑义的文字垃圾。

2)定期会面。这种面对面的会谈不仅是信息交流的最佳机会,而且有助于在管理者和员工之间建立一种亲近感。这一点对于培育团队精神、鼓励团队合作是非常重要的。定期会面可以分为管理者与员工之间一对一的会面和有管理者参加的员工团队会谈。

34. 非正式的绩效沟通

非正式绩效沟通的最大优点在于它的及时性。对于各种亟待解决的问题,必须采取更加灵活的沟通方式——非正式绩效沟通。

35. 绩效沟通的技巧

管理者在进行绩效沟通时需要掌握以下技巧:

1)沟通时态度应该诚恳,给员工以信任感和安全感,不可使用带威胁性的词语,以询问的方式进行,通过询问获取员工更多的信息,以便帮助员工解决问题。

2)沟通时应该具体,尽量获得与员工绩效有关的具体信息。

3)要让员工知道自己的想法和需要,以便员工更好地配合工作。

4)不能仅仅看到问题,更要看到成绩,鼓励多于批评的沟通才更加有效,更具前瞻性,更符合绩效管理的原则。

5)注意倾听,少说多听是沟通的又一个重要的技巧,因为多听才能获得更多需要的信息。

6)沟通应及时,出现问题及时组织沟通。

7)沟通应具有建设性,作为沟通的结果,管理者应提出建设性的意见,以帮助员工更好地调整自己,更好地完成绩效目标。

第三节　绩效考评方法应用(3～4 分)

36. 效标的种类

1)特征性效标,即考量员工是怎样的一个人,侧重点是员工的个人特质。如忠诚性、可靠度、沟通能力、领导技巧等。

2)行为性效标,其侧重点是考量“员工如何执行上级指令,如何工作的”,这类效标对人际接触和交往频繁的工作岗位尤其重要。

3)结果性效标,其侧重点是考量“员工完成哪些工作任务或生产了哪些产品,其工作成效如何?”结果性效标最常见的问题是若干质化指标较难以量化。

37. 绩效考评方法的种类

绩效考评的方法,按照所选择的效标不同,可以区分为五种类型,除品质主导型的考评方法没有专门介绍过之外,其他四种类型的考评方法主要的内容如下:

1)行为导向型的考评方法,主要有排列法、选择排列法、成对比较法、强制分配法和结构式叙述法。

2)行为导向型的客观考评方法,主要有关键事件法、强迫选择法、行为定位法、行为观察法和加权选择量表法。

3)结果导向型的绩效考评方法,主要有目标管理法、绩效标准法、短文法、直接指标法、成绩记录法和劳动定额法。

4)综合型的绩效考评方法,主要有图解式评价量表法、合成考评法。

38. 绩效考评方法的比较

从品质主导型、行为主导型和结果主导型的方法比较来看,每种方法的侧重点各不相同,也都有各自的优缺点和适用对象,见表 1-4-1。

表 1-4-1　不同的绩效考评方法的比较

方法类型	优点	缺点	适用的行业或职业
品质主导型	操作简单,能够激励员工提高技能或培养职业需要的个人素质	主观性强,标准设定和描述比较困难,技能好未必会带来良好的工作业绩	变化剧烈、需要大量的知识能力作为业绩支持的行业,比如 IT 行业
行为主导型	开发成本小,反馈功能好,具有较强的连贯性	受主观影响大,需要经营关注员工的行为	管理人员、行政人员、流水线工人等单个个体难以量化衡量或者在团队中完成工作的人
结果主导型	实施成本低廉	短期效应比较强	销售人员等容易单独量化计算的职位

39. 绩效考评误差

绩效考评方法在实际应用中可能出现的偏误:分布误差、晕轮误差、个人偏见、优先和近期效应、自我中心效应、后继效应、评价标准对考评结果的影响。

40. 分布误差

从理论上分析,员工现职的工作表现和绩效应服从于正态分布,即最好和最差占少数,中等一般的或正常工作水平的员工占大多数。然而,在实际活动中,被考评单位的员工往往出现不服从正态分布的情形,常见的有三种:①宽厚误差;②苛严误差;③集中趋势和中间倾向。

41. 宽厚误差

宽厚误差亦称宽松误差,即评定结果是负偏态分布,也就是大多数员工被评为优良。究其原因,有几种可能:①因为评价标准过低造成的;②主管为了缓和关系,避免冲突和对抗,给下属过高的评价;③采用了主观性很强的考评标准和方法;④在考评中曾与被考评者反复多次进行沟通;⑤"护短"心理;⑥对那些已经付出很大努力的员工进行鼓励,或希望提高那些薪资水平低的员工的薪酬待遇;⑦"水至清则无鱼,人至察则无徒",认为考评过于严格和精确,不利于激励员工;⑧尽量避免产生长久的、消极的影响;⑨对那些一贯优秀的业务骨干,即使他们有一定的失误,也要予以保护。

42. 苛严误差

苛严误差亦称严格、偏紧误差。究其原因。主要是:①可能是因为评定标准过高造成的;②惩罚那些难以对付不服管理的人;③迫使某些有问题的员工辞职或为有计划的减员提供有说服力的证据;④压缩提薪或奖励人数的比例;⑤自认为应当严格执行上级对优秀者的评估标准。

43. 集中趋势和中间倾向

集中趋势和中间倾向亦称居中趋势,即评定结果相近,都集中在某一分数段或所有的员工被评为"一般",使被考评者全部集中于中间水平,或者说是平均水平,没有真正体现员工之间的实际绩效存在的差异,这往往是评定标准不明确或主管在评定工作中平均心理造成的。

44. 晕轮误差

晕轮误差亦称"晕轮效应"、晕圈错误、光环效应。指在考评中,因其一个人格上的特征掩蔽了其他人格上的特征。纠正这种误差的方法:①建立严谨的工作记录制度;②评价标准要制定得详细、具体、明确;③对考评者进行适当培训,端正考评者的认识,指高考评的技巧技术水平或者将评价结果与实际绩效的误差大小作为对考评者评价的重要内容。

45. 个人偏见

个人偏见亦称个人偏差、个人偏误,即基于被考评者个人的特性,如年龄、性别、宗教、种族、出身、地域等方面的差异,因考评者个人的偏见或者偏好的不同所带来的评价偏差。

46. 优先和近期效应

所谓优先效应是指考评者根据下属最初的绩效信息,对其考评期内的全部表现做出的总评价,以前期的部分信息替代全期的全部信息,从而出现了"以偏概全"的考评偏差。

所谓近期效应是指考评者根据下属最近的绩效信息,对其考评期内的全部表现做出的总评价,以近期的部分信息替代全期的全部信息,从而出现了"以近代远"的考评偏差。

这类效应可谓"以时点代时段""只见树木,不见森林"。

要克服纠正这两种偏差,要求所有的考评者,必须掌握全面的数据资料,不仅在事前注意了解相关资料，在事中、事后也要掌握翔实的数据资料，依据全面真实的信息，根据绩效标准进行科学系统的考评评价。

47. 自我中心效应

这种误差表现为考评者按照自己对标准的理解进行评价，或按照自己认为恰当的标准进行评价，因而偏离了评价标准。这种误差具体表现有两类：①对比偏差；②相似偏差。自我中心效应的纠正方法与晕轮效应误差相同。

48. 后继效应

后继效应亦称记录效应，即被考评者在上一个考评期内评价结果的记录，对考评者在本考评期内的评价所产生的作用和影响。

49. 评价标准对考评结果的影响

工作绩效评价标准的科学性、系统性和精确程度，对考评方法即工具运用和考评的结果具有重要的影响和制约作用。

50. 避免考评者误差的方法

1)以工作岗位分析和岗位实际调查为基础，以客观准确的数据资料和各种原始记录为前提，明确绩效管理的重要意义和作用，制定出科学合理、具体明确、切实可行的评价要素指标和标准体系。

2)从企业单位的客观环境和生产经营条件出发，根据企业的生产类型和特点，充分考虑本企业员工的人员素质状况和结构特征，选择恰当的考评工具和方法，更加强调绩效管理的灵活性和综合性，一切从实际出发，有的放矢，不断总结成功的经验，认真汲取失败的教训，从而有效地避免各种考评误差和偏颇的出现。

3)绩效考评的侧重点应当放在绩效行为和产出结果上，尽可能建立以行为和成果为导向的考评体系。

4)为了避免个人偏见等错误，可以采用360度的考评方式，由多个考评者一起来参与，由较多的考评者参与，虽然可能会增加一些费用，但可以使绩效考评做出更准确可靠的判断。

5)企业单位必须重视对考评者的培养训练，因为考评者自身的素质和绩效管理的水平，对绩效考评工作有很大的影响。

6)重视绩效考评过程中各个环节的管理。

51. 考评者培训的目的

考评者的主观失误或对考评指标和考评标准的认识误差，都会在很大程度上影响考评的准确性，进而影响人力资源管理其他环节的有效性。通过培训者考评旨在达到以下几个方面的目的：

1)使考评者认识到绩效考评在人力资源管理中的地位和作用，认识到自身在绩效考评过程中的作用。

2)统一各个考评者对于考评指标和考评标准的理解。

3)使考评者理解具体的考评方法，熟悉绩效考评中使用的各种表格，并了解具体的考评程序。

4)避免考评者误区的产生，使考评者了解如何尽可能地消除误差与偏见。

5)帮助管理者学习如何进行绩效反馈和绩效指导。

52. 考评者培训的主要内容

1)考评者误区培训。考评者培训中的一项重要内容就是通过培训，告诉考评者在考评过程中可能会产生的考评误差有哪些,以防止这些误差的产生。

2)关于绩效信息收集方法的培训。这方面的培训一般以讲座的形式进行,在进行这方面的培训时,应根据考评对象的不同情况有针对性地进行培训。

3)绩效考评指标培训。通过培训,使考评者熟悉在考评过程中将使用的各个绩效指标,了解它们的真正含义。

4)关于如何确定绩效标准的培训。进行绩效标准培训是实现绩效管理中程序公平的前提。

5)考评方法培训。绩效考评中可能采用的具体方法是多种多样的,每种方法都有其优点和缺陷。应通过考评者培训使考评者充分掌握在实际考评时需要采用的各种操作方法、填写表格的注意事项等,以充分发挥该考评方法所具有的优势,并使考评者对考评方法产生认同和信任感。

6)绩效反馈培训。绩效反馈是考评者与被考评对象之间的沟通过程。通过考评者培训,管理者应该能够掌握绩效反馈面谈中应当运用的各种技巧。

53. 考评者培训的时间

下面是四个可能的时间:

1)管理者刚到任的时候。当有员工晋升为新职位上的管理人员时,由于工作的需要,他们必将面对管理工作带来的新挑战。此时,这些人员都希望能够接受考评者培训,以帮助自己更好地适应新工作。

2)进行绩效考评之前。在进行绩效考评之前对考评者进行培训是十分必要的,因为平时大家都忙于具体的工作,难以集中时间进行专门的考评者培训,即使举行培训也难以受到足够重视。

3)修改绩效考评办法之后。为了使考评者能够彻底地理解修订的目的和修订的内容,在这个时候进行的考评者培训往往具有特定的内容:通过培训发布和宣讲新修订的内容,并通过对比新旧考评办法使管理者对绩效考评的原理有更加深入的理解和认识。

4)在进行日常管理技能培训的同时进行考评者培训。

54. 360度考评方法的优点

①360度考评具有全方位、多角度的特点;②360度考评方法考虑的不仅仅是工作产出,还考虑深层次的胜任特征;③360度考评有助于强化企业的核心价值观,增强企业的竞争优势,建立更为和谐的工作关系;④360度考评采用匿名考评方式;⑤360度考评充分尊重组织成员的意见;⑥360度考评加强了管理者与组织员工的双向交流,提高了组织成员的参与性;⑦促进员工个人发展。

55. 360度考评方法的缺点

①360度考评侧重于综合评价,定性评价比重较大;②360度考评的信息来源渠道广,但是从不同渠道得来的并非总是一致的;③360度考评收集到的信息多,增加了成本;④在实施360度考评过程中,如果处理不当,可能会在组织内造成紧张气氛,影响组织成员的工作积极性。

56. 培训考评者

对选拔出的考评者进行如下培训:沟通技巧、考评实施技巧、总结考评结果的方法、反馈考评结果的方法等。

57. 实施360度考评

①实施考评;②统计考评信息并报告结果;③对被考评人员进行如何接受他人的考评信息

的培训；④企业管理部门应针对考评的结果所反映出来的问题，制定改善绩效的行动计划。

58. 实施360度考评需要注意的问题

实施360度考评方法时，应密切关注如下几个问题：

1)确定并培训公司内部专门从事360度考评的管理人员。

2)实施360度考评方法，应选择最佳的时机，在组织面临士气问题、处于过渡时期，或走下坡路时，不宜采用360度考评的方法。

3)上级主管应与每位考评者进行沟通，要求考评者对其意见承担责任，确保考评者的意见真实可靠。

4)使用客观的统计程序。

5)防止考评过程中出现作弊、合谋等违规行为。

6)准确识别和估计偏见、偏好等对业绩评价结果的影响。

7)对考评者的个别意见实施保密，确保每位接受评价的员工无法获知任一考评者的评价意见，上级评价除外。

8)不同的考评目的决定了考评内容的不同，所应注意的事项也有所不同。

59. 基于信息化绩效考评的优势

1)克服地域性差异给绩效考评带来的问题。

2)信息化系统可简化考评管理工作，降低考评过程的复杂性。

3)保持了整个考评过程的适时性和动态性。

4)大大降低了考评成本。

5)增加了绩效考评的保密性。

60. 基于信息化绩效考评的不足

1)受公司信息化程度影响大。

2)存在信息安全隐患。

61. 绩效面谈的类型

1)单向劝导式面谈。单向劝导式面谈亦称单向指导型面谈，它是通过对员工现时工作行为和表现剖析，说明哪些行为是正确的、有效的，哪些行为是错误的、无效的。采用本面谈方式，对于改进员工行为和表现，效果是十分突出的，尤其适用于那些参与意识不强的下属。但由于这种单向性的面谈缺乏双向的交流和沟通，容易堵塞上下级之间的言路，从而难以给下属申诉的机会，使沟通渠道受阻。

2)双向倾听式面谈。这种面谈形式为下属提供了一次参与考评以及与上级主管进行交流的机会。这种形式的主要缺点是：难以向被考评者立即提出下一步工作改进的具体目标，虽然员工对考评结果感到满意，但其工作的改进程度不会太大。

3)解决问题式面谈。通过绩效面谈解决下属实际问题的新形式，即解决问题式面谈。在本次面谈中，对下属所遇到的困难和提出的问题，应当抓住主要矛盾，深入进行讨论和剖析，寻求解决问题的途径，提出具体措施和办法。

4)综合式绩效面谈。所谓综合式绩效面谈，也就是在一次面谈中，采取灵活变通的方式，由从一种面谈形式转换过渡到另一种面谈形式。

62. 绩效考评结果的应用范围

1)用于招募与甄选。绩效评价的结果是组织做出招募计划的重要依据。

2)用于人员调配。人员调配不仅包括纵向的升迁和降职,还包括横向的工作轮换。

3)用于人员培训与开发决策。通过绩效评价的结果可以发现人员培训和开发的需要,也就是将员工的实际评价结果与职位要求相比较,一旦发现员工在某方面存在不足而导致不能完全胜任工作,但可以通过培训弥补,就需要对员工进行培训。

4)用于确定和调整员工薪酬。这是绩效评价结果最主要的一种用途。绩效评价最初的目的就是为了更好地评价员工对团队或组织绩效的贡献,以更好地在薪酬分配的过程中体现公平性原则。

63. 绩效反馈面谈的程序

绩效面谈包括如下八个步骤:

1)为双方营造一个和谐的面谈气氛。

2)说明面谈的目的、步骤和时间。

3)讨论每项工作目标考评结果。

4)分析成功和失败的原因。

5)与被考评者讨论考评的结果,特别是双方要围绕优势与不足、存在的重要困难和问题、在计划期内亟待改进的方面进行深入的讨论,并达成共识。

6)与被考评者围绕培训开发的专题进行讨论,提出培训开发的需求,共同为下一阶段的员工培训开发工作设定目标。

7)对被考评者提出的需要上级给予支持和帮助的问题进行讨论,提出具体的建议。

8)双方达成一致,在绩效考评表上签字。

64. 绩效反馈面谈的技巧

在绩效面谈时,考评者应关注以下五方面的技巧问题:

1)考评者一定要摆好自己与被考评者的位置,双方应当是具有共同目标的交流者,具有同向关系,双方是完全平等的交流者。面谈不是宣讲,而是沟通。

2)通过正面鼓励或者反馈,关注和肯定被考评者的长处。

3)要提前向被考评者提供考评结果,强调客观事实。

4)应当鼓励被考评者参与讨论,发表自己的意见和看法,以核对考评结果是否合适。

5)针对考评结果,与被考评者协商,提出未来计划期内的工作目标与发展计划。

65. 绩效管理系统总体评估的内容

评估的具体内容包括:

1)对管理制度的评估。

2)对绩效管理体系的评估。

3)对绩效考评指标体系的评估。

4)对考评全面全过程的评估。

5)对绩效管理系统与人力资源管理其他系统的衔接的评估。

66. 绩效管理评估的指标

一般而言,可以用以下这些指标来定期监测和评估企业绩效管理系统。

1)被评估的人数。

2)绩效等级的分布。

3)信息质量。

4)绩效面谈的质量。

5)绩效管理制度满意度。

6)总体成本/收益比。

7)单元层次和组织层次的绩效。

67. 绩效管理系统的评估方法

为了检查和评估企业绩效管理系统的有效性,通常可以采用以下四种方法:

1)座谈法。通过召开不同人员参加的专题座谈会,可以广泛地征询各级主管、考评者与被考评者对绩效管理制度、工作程序、操作步骤、考评指标和标准、考评表格形式、信息反馈、绩效面谈、绩效改进等各个方面的意见,并根据会议记录写出分析报告书,针对目前绩效管理系统所存在的主要问题,提出具体的调整和改进的建议。

2)问卷调查法。采用问卷调查的方法,好处是有利于掌握更详细、更真实的信息,能对特定的内容进行更深入、全面的剖析。

3)查看工作记录法。为了检验管理系统中考评方法的适用性和可行性,可以采用查看各种绩效管理原始记录的方法,对其做出具体的评价。

4)总体评价法。为了提高绩效管理的水平,可以聘请企业内外的专家,组成评价小组,运用多种检测手段,对企业绩效管理系统进行总体的评价。在评价中,应从以下内容入手进行调查研究与分析。①总体的功能分析;②总体的结构分析;③总体的方法分析;④总体的信息分析;⑤总体的结果分析。

68. 绩效管理评估问卷设计

一般来说,绩效管理评估问卷的内容包括基本信息、问卷说明、主体部分以及意见征询。

1)基本信息:包括填写问卷者的相关信息,包括姓名、岗位、部门甚至年龄、学历、工龄等个人信息。

2)问卷说明:主要包括本问卷的目的、填写方法和填写原则等内容。

3)主体部分:主要是问卷的问题部分,即根据绩效管理系统的组成部分提问问题。

4)意见征询:在问卷末尾,要求填写问卷者对本次问卷调查的意见和建议,以便为下次问卷调查提供经验。

第五章 薪酬管理(16～18分/20分)

第一节 薪酬调查(3～4分)

1. 薪酬的概念

薪酬是员工为企业提供劳动而得到的各种货币与实物报酬的总和,包括工资、福利和社会保险、企业补充保险等各种直接或间接的报酬。薪酬有不同表现形式,如精神的与物质的,有形的与无形的,货币的与非货币的,以及内在的与外在的等。

薪酬可分为货币薪酬和非货币薪酬。

货币薪酬又可分为直接薪酬和间接薪酬,其中,直接薪酬包括基本工资、绩效工资、奖金、津贴等,它们一般以现金形式支付;而间接薪酬则包括社会保险、员工福利、股票期权等,它们一般以非现金形式延期支付。

非货币薪酬则指由工作本身、工作环境和组织特征带来的怡悦和满足感等,主要是一种心理效用。

2. 薪酬对企业的功能

对企业或雇主而言,薪酬具有以下七种功能。

1)增值功能。薪酬是能够为企业和投资者带来预期收益的资本。

2)控制企业成本。由于企业所支付的薪酬水平高低会直接影响到企业在劳动力市场上的竞争能力,企业保持一种相对较高的薪酬水平对于吸引和保留员工来说无疑是有利的。但是,较高的薪酬水平又会对企业产生成本上的压力,从而对企业在产品市场上的竞争产生不利影响。因此,有效地控制薪酬成本支出对于大多数企业的经营来说具有重大意义。

3)改善经营绩效。薪酬实际上是企业向员工传递的一种特别强烈的信息,即什么样的行为和态度是受到鼓励的,什么业绩是对企业有贡献的,从而引导员工的工作行为和工作态度以及最终的绩效朝着企业期望的方向发展。

4)塑造企业文化。合理和富有激励性的薪酬制度会有助于企业塑造良好的企业文化,或者对已经存在的企业文化起到积极的强化作用。

5)支持企业改革。薪酬可以通过作用于员工个人、工作团队和企业整体来创造出与变革相适应的内部和外部环境,从而有效推动企业变革。

6)配置功能。薪酬是企业合理配置劳动力并提高企业效率的杠杆。

7)导向功能。企业可以将战略目标、目标和计划,通过薪酬战略和薪酬计划表达出来。薪酬不仅是企业当前管理的有效工具,也是未来管理的导向器。

3. 薪酬对员工的功能

1)保障功能。在市场经济条件下,薪酬仍是企业员工获取本人及其家庭生活费用,满足物质生活需要的主要来源。

2)激励功能。所谓激励功能,是指企业用来激励员工按照其意志行事而又能加以控制的功能。现实生活中,员工一方面要追求自身的价值,获得主人翁感和认同感;另一方面更重视追求实在的利益，而劳动则是员工获取收入以提高自己生活水平的基本手段。

3)社会信号功能。薪酬作为流动社会中的一种市场信号很好地说明了一个人在社会上所处的位置。员工对这种信号的关注实际上反映了员工对于自身在社会以及企业内部的价值的关注，从这方面说，薪酬的社会信号功能也是不可忽视的。

4. 薪酬对社会的功能

薪酬作为劳动力价格的信号，调节着劳动力的供求与劳动力的流向。

5. 薪酬管理的内容

1)企业员工工资总额管理。

工资总额＝计件工资＋计时工资＋奖金＋津贴和补贴＋加班加点工资＋特殊情况支付的工资

2)员工薪酬水平的控制。

3)企业薪酬制度设计与完善。

4)日常薪酬管理工作。

6. 市场薪酬调查的种类

1)从调查方式上来看，薪酬调查可以分为正式薪酬调查和非正式薪酬调查两种类型。从调查的组织者来看，正式调查又可分为三类：①商业性薪酬调查；②专业性薪酬调查；③政府薪酬调查。

2)从进行薪酬调查的主体来看，薪酬调查可以分为政府的调查、行业的调查、专业协会或企业家联合会的调查、咨询公司的调查，以及企业自己组织的等多种形式的薪酬调查。

7. 市场薪酬调查的作用

开展薪酬调查，不但有利于企业了解和掌握竞争对手的薪酬制度、薪酬结构、薪酬水平以及薪酬的支付情况，还对企业实现效率、公平、合法的薪酬管理目标具有重要的促进作用。一般来说，企业通过薪酬调查具有以下几个方面的作用：①为企业调整员工的薪酬水平提供依据；②为企业调整员工的薪酬制度奠定基础；③有助于掌握薪酬管理的新变化与新趋势；④有利于控制劳动力成本，增强企业竞争力。

8. 外部薪酬调查报告的应用

相比于参与薪酬调查的企业而言，更多的企业希望能够直接购买相关的市场薪酬数据。外部薪酬数据的来源主要有两个：一是政府部门的薪酬调查数据；二是专业的管理咨询公司或专业人力资源网站发布的薪酬数据。

企业在使用外部薪酬调查的结果时，还应当注意以下问题：①薪酬报告不是万能的，薪酬调查的结果对企业来说永远是参考；②对应职责而不是职位进行数据比较；③科学看待数据结果。

9. 分析企业特征，进行薪酬水平的市场定位

1)依据企业所处的行业进行薪酬水平的市场定位。

2)依据企业在行业中的地位进行薪酬水平的市场定位。

3)依据企业不同的发展阶段进行薪酬水平的市场定位。

10. 薪酬市场调查的基本程序

1)确定调查目的。一般而言，调查的结果可以为以下工作提供参考和依据：整体薪酬水平的调整，薪酬差距的调整，薪酬晋升政策的调整，具体岗位薪酬水平的调整等。

2)确定调查范围。①确定调查的企业;②确定调查的岗位;③确定需要调查的薪酬信息;④确定调查的时间段。

3)选择调查方式。

4)薪酬调查数据的统计分析。

5)撰写薪酬调查报告。

11. 确定调查的企业

一般来说,有以下几类企业可供调查时选择:①同行业中同类型的其他企业;②其他行业中有相似相近工作岗位的企业;③与本企业雇用同一类的劳动力,可构成人力资源竞争对象的企业;④在本地区同一劳动力市场上招聘员工的企业;⑤经营策略、信誉、报酬水平和工作环境均合乎一般标准的企业。

12. 薪酬调查范围

劳动力市场可以划分为地方性劳动力市场、地区性劳动力市场、全国性劳动力市场以及国际性劳动力市场。

13. 确定调查的岗位

确定被调查的岗位时,应当遵循可比性原则,应注重岗位之间在时间和空间多个维度上的可比性。选择确定被调查的岗位,应在工作性质、难易复杂程度、岗位职责、工作权限、任职资格、能力要求、劳动强度、环境条件等方面,与本企业需调查的岗位具有可比性。

14. 确定需要调查的薪酬信息

通常情况下,薪酬调查应当涉及以下信息:

1)与员工基本工资相关的信息。

2)与奖金相关的信息。

3)股票期权或影子股票计划等长期激励计划。

4)与企业各种福利计划相关的信息。

5)与薪酬政策诸方面有关的信息。

15. 确定调查的时间段

要明确收集的薪酬数据的开始和截止时间。

16. 选择调查方式

常用的调查方式有:①企业之间相互调查;②委托中介机构进行调查;③采集社会公开的信息;④调查问卷。

17. 中介机构调查的优势

它可以在快(时间短)、准(质量高)、全(数据全)三个方面满足客户企业的要求。

18. 薪酬调查数据的统计分析

1)数据排列法:先将调查的同一类数据由高至低排列,再计算出数据排列中的中间数据,即25%点处、中点即50%点处和75%点处。工资水平高的企业应注意75%点处,甚至是90%点处的工资水平,工资水平低的企业应注意25%点处的工资水平,一般的企业应注意中点工资水平。

2)频率分析法:记录在各工资额度内各类企业岗位平均工资水平出现的频率,从而了解某类岗位人员工资的一般水平。

3)趋中趋势分析,包括以下几种方法:①简单平均法;②加权平均法;③中位数法。

4)离散分析:①百分位法;②四分位法。

5)回归分析法。

6)图表分析法。

19. 薪酬市场调查的主要方法

1)问卷调查法。在众多的调查方法中,问卷调查法是使用频率最高的调查方法。

2)面谈调查法。面谈调查法是调查者通过与调查对象面对面谈话来收集信息资料的方法,是获取信息的主要方法之一,也是常用的薪酬调查方法之一。专业的咨询或市场调研机构通常采取此方法收集信息。

3)文献收集法。文献收集法是指通过查阅、收集、分析和综合有关薪酬调查的文献材料,以获取所需要的信息、知识、数据和资料的研究方法。这是一种比较简单易行的薪酬调查方法。文献收集法的优点在于节省时间、人力和物力,很多中小型企业多采取这种方法来获取所需要的信息。其不足在于,已经形成的薪酬水平调查结果可能针对性不强、信息过时等。

4)电话调查法。电话调查是一种高效快速、操作方法简单的调查方式,通过电话可以与一个特定区域或整个国家范围内相关组织的薪酬管理人员进行快速联系,以获取所需要的数据和信息。

20. 薪酬市场调查问卷的设计

在设计调查问卷时,应将为实现目标所需要的所有信息设置在其中,然后请有关人员试填,以发现并解决调查表中存在的问题。调查问卷不应该过长,填写问卷时间不应超过半小时。

21. 设计表格的具体要求

1)明确薪酬调查问卷要调查的内容,再设计表格。

2)确保表格中的每个调查项目都是必要的。

3)请一位同事来填写表格样本,倾听反馈意见。

4)要求语言标准,问题简单明确。

5)把相关的问题放在一起。

6)尽量采用选择判断式提问,尽可能减少表中的文字书写量。

7)保证留有足够的填写空间。

8)使用简单的打印样式以确保易于阅读。

9)如果觉得有帮助,可注明“填表须知”。

10)充分考虑信息处理的简便性和正确性。

11)如果在多种场合需要该信息,可考虑表格带有复写纸。

12)如果表格收集的数据使用 OCR(光学字符阅读)和 OMR(光学符号阅读)处理,这两种方法使信息可以自动读入计算机,表格则需要非常仔细地设计,保证准确地完成数据处理。

22. 薪酬满意度调查的程序

1)确定调查对象:企业内部所有员工。

2)确定调查方式:比较常用的方式是发放调查表。

3)确定调查内容:员工对薪酬福利水平、薪酬福利结构比例、薪酬福利差距、薪酬福利的决定因素、薪酬福利的调整、薪酬福利的发放方式等的满意度。

23. 影响员工薪酬满意度的因素

1)薪酬管理政策。薪酬管理政策的制定和实施过程都对员工满意度产生很大影响。

2)员工对薪酬的期望值。员工对薪酬的满意度取决于对薪酬的期望值与实际收入之间的比较。

3)薪酬制度的公平性。可以分为两个方面:①外部的公平性;②内部的公平性。

4)边际效应规律。随着员工的某些需要逐步得到满足,一些报酬,特别是物质的、外在的报酬所带来的满意效用越来越小。

5)员工职业生涯的阶段。在职业生涯早期,员工较关注薪酬的高低,而忽视职业的稳定性;在职业生涯中、晚期,员工较关注职业的稳定性。

24. 岗位分类与分级的内涵

岗位分类是在岗位调查、分析、设计和岗位评价的基础上,采用科学的方法,根据岗位自身的性质和特点,对企事业单位中全部岗位,从横向与纵向两个维度上所进行的划分。

岗位分级的最终结果,是将企事业单位的所有岗位纳入由职组、职系、岗级和岗等构成的体系之中。

25. 岗位分类的相关术语

①职系。②职组。③职门。④岗级。⑤岗等。

26. 职系

职系是由工作性质和基本特征相似相近,而任务轻重、责任大小、繁简难易程度和要求不同的岗位所构成的岗位序列。一个职系就相当于一种专门职业,职系是岗位分类中的细类。

27. 职组

职组是由岗位性质和特征相似相近的若干职系所构成的岗位群。

28. 职门

职门是工作性质和特征相近的若干职组的集合。

29. 岗级

岗级是在同一职系中,岗位性质、任务轻重、繁简难易程度、责任大小以及所需人员资格条件相同或相近的岗位的集合。

30. 岗等

岗等是由工作性质不同,但繁简难易程度、责任大小以及所需资格条件相同或相近的岗位组成的集合。

31. 岗位分类的相关概念

1)岗位分类与职业分类标准的关系。岗位分类与职业分类是特殊性与一般性的关系,职业分类对企业中的岗位分类起着重要指导和规范的作用,而企事业单位的岗位分类又为国家职业分类体系提供了丰富的内容和有益的补充。

2)岗位分级与岗位分类。

首先,岗位分类适用于国家各级政府及其职能部门和机构,研究的对象和范围是行使国家行政权力、执行国家公务的人员,而岗位分级适用于实行岗位分类法以外的各种企事业单位。

其次,岗位分类作为一种人事制度,是国家公务员人事管理的基础环节,事关重大,一般是由国家专门的组织机构负责制定。而企事业单位的岗位分类则由其主管部门负责组织。

最后,两者的实施难度不同。一套科学合理的岗位分类体系的形成,往往需要十几年甚至几十年的时间。

3)岗位分级与品位分类。品位分类,是一种按照预定分类原则和方法根据人员的学历、资历及贡献大小等资格条件，将人员分成不同品级的人事制度，它是人员招聘、录用、考核、晋升、培训、工资、奖惩等各项人力资源管理的重要依据。

32. 岗位分级与品位分类的主要区别

1）分类标准不同。岗位分类以事为标准，事在人先，以事择人；而品位分类则以人为标准，人在事先，以人择事。

2）分类的依据不同。岗位分类是根据工作或岗位的性质、繁简难易、责任轻重和所需资格条件进行，对事不对人；而品位分类则根据对人员资历、学历、劳动态度、综合绩效和贡献率的分析，达到对人员进行分类的目的，对人不对事。

3）适用范围不同。岗位分类适用于专业性、机械性、事务性强的岗位，因为这类岗位的职务和工作量较容易量化，而且工作比较固定；而品位分类则适合于工作经常变化，工作效果不易量化的岗位或工作，如对领导责任较大、需要发挥个人积极性与能动性的岗位以及机密性、临时性等工作。

33. 岗位分类的基本功能

1）岗位分类为员工提供了明确的晋升路线选择和个人在组织中职业发展的阶梯。

2）实行岗位分类，为企业合理的定编定岗定员工作提供了依据。

34. 岗位分类的基本要求

1）根据系统性原则，按照岗位的业务性质对岗位进行横向归类。找出岗位之间的内在本质联系，将关键业务要素相似的岗位归为一类。

2）岗位分类的结构要合理。高层次的岗位要相对地少，而低层次的岗位应相对地多，一般应呈金字塔形。

3）岗位分类的依据，是客观存在的"事"。为了保证岗位分类的科学合理性，必须坚持实事求是的原则，以工作事实为依据，以分类标准为准绳。

4）岗位分类反映了岗位工作诸因素上的差别。差别是客观存在的，但岗位分类在体现这些差别时要适度，既不应过大，也不应过小。近年来，随着岗位本身工作丰富化和扩大化的发展，岗位分类也呈逐渐粗线条管理和结构简化的发展趋势。

5）岗位分类一般是静态分类。岗位分类归等，经过一段时间后，个别岗位的工作职责会发生变化，职责增加或者减少，从而导致工作的繁简难易程度以及人员资格条件发生变化。这样，就需要对岗位进行重新分类工作。

35. 岗位分类的缺陷

1）岗位分类的适用范围相对较窄。岗位分类比较适合于专业性、事务性、机械性较强的初、中级岗位。

2）岗位分类结构的严密性，可能会给企业的人力资源管理活动带来诸多的不便。因为岗位分类过细，会使人事制度过于僵化、缺乏弹性，阻碍人力资源跨职系和跨行业流动，从而达不到人才合理流动和全面发展的目的。

3）岗位分类的工作需要投入一定的人力和财力，程序也较为复杂，而且整个过程要由有经验的专家参与。这是由岗位分类的重要性和复杂性所决定的。

36. 岗位横向分类的原则

1）单一原则。即每一个岗位只能归入一个岗位类别。

2）程度原则。当某一个岗位的工作性质，分别与两个以上岗位类别有关时，以归属程度最高的那一类为准,确定其应归类别。

3)时间原则。当某一岗位与两种以上岗位类别的程度相当时,以占时间较多的那一类岗位类别为准。

4)选择原则。当对某一岗位的划分类别,依据前面所述原则,也很难划定时,则依此岗位主管领导的意见为准则,确定其应属的类别。

37. 岗位横向分类的要求

1)岗位分类的层次宜少不宜多。

2)直接生产人员岗位的分类应根据企业的劳动分工与协作的性质与特点来确定;而管理人员岗位的分类则应以它们具体的职能来划分。

3)大类、小类的数目多少与划分的粗细程度有关,企事业单位在分类粗细方面,应以实用为第一原则,不宜将类别划分得过细。

38. 岗位分类的主要步骤

1)岗位的横向分类,即根据岗位的工作性质及特征,将它们划分为若干类别。

2)岗位的纵向分类,即根据每一岗位的繁简难易程度、责任轻重以及所需学识、技能、经验水平等因素,将它们归入一定的档次级别。

3)根据岗位分类的结果,制定各类岗位的岗位规范即岗位说明书。

4)建立企业岗位分类图表,说明企业各类岗位的分布及其配置状况,为企业员工的分类管理提供依据。

39. 岗位横向分类的步骤

1)将企事业单位内全部岗位,按照工作性质划分为若干大类,即职门。

2)将各职门内的岗位,根据工作性质的异同继续进行细分。

3)将同一职组内的岗位再一次按照工作的性质进行划分,即将大类下的中类再细分为若干个小类,把业务性质相同的岗位组成一个职系。

40. 生产性岗位纵向分级的方法

1)选择岗位评价要素。

2)建立岗位要素指标评价标准表。

3)按照要素评价标准对各岗位打分,并根据结果划分岗级。

4)根据各个岗位的岗级统一归入相应的岗等。

41. 管理性岗位纵向分级的方法

1)精简企业组织结构,加强定编定岗定员管理,对企业岗位进行科学的设计和改进。

2)对管理岗位进行科学的横向分类。

3)为了有效地完成管理岗位划岗归级的任务,评价要素的项目分档要多。

4)在对管理岗位划岗归级后,应对管理岗位岗级进行统一列等。

第二节 薪酬制度设计(5～6分)

42. 薪酬制度类型

①岗位薪酬制;②技能薪酬制;③绩效薪酬制;④其他薪酬制度。

43. 岗位薪酬制

岗位薪酬制是以员工在生产经营工作中的岗位为基础确定薪酬等级和薪酬标准,进行薪酬支付的薪酬制度。

44. 岗位薪酬制的特点

①根据岗位支付薪酬；②以岗位分析为基础；③客观性较强。

45. 岗位薪酬制的主要类型

①岗位等级薪酬制；②岗位薪点薪酬制。

46. 岗位等级薪酬制的分类

1)一岗一薪制，是指一个岗位只有一个薪酬标准，凡在同一岗位上工作的员工都按照统一的薪酬标准获得薪酬。

2)一岗多薪制，是指在一个岗位内设置几个薪酬标准以反映岗位内部员工之间的劳动差别的岗位薪酬制度。

47. 岗位薪点薪酬制

薪点薪酬制是在岗位评价的基础上，用点数和点值来确定员工薪酬的薪酬制度。

48. 薪点薪酬制的优点

1)岗位薪点薪酬制使薪酬分配直接与企业效益和员工的工作业绩相联系，体现了效率优先的原则，符合市场取向的要求。

2)薪酬用薪点表示，比岗位等级薪酬制更容易做到将薪酬分配向关键岗位、技术岗位倾斜，通过规定员工个人薪点点数的标准，可以促进员工学习技术，提高其素质和业绩水平，充分发挥了薪酬的激励作用。

3)在薪点值的确定过程中，浮动值是按照部门的效益或业绩来确定的。

49. 技能薪酬制

技能薪酬制是一种以员工的技术和能力为基础的薪酬。

50. 技能薪酬制的前提

①明确对员工的技能要求；②制定实施与技能薪酬制度配套的技能评估体系；③将薪酬计划与培训计划相结合。

51. 技能薪酬的种类

①技术薪酬；②能力薪酬，包括以基础能力为基础的薪酬，以策略能力为基础的薪酬。

52. 绩效薪酬制

绩效薪酬是以员工的工作业绩为基础支付的薪酬，支付的唯一根据或主要根据是工作成绩和劳动效率。

53. 绩效薪酬制的特点

①注重个人绩效差异的评定；②关于个人绩效的大多数信息都是由主管人员搜集上来的；③在这种薪酬制度下，反馈的频率不是很高。

54. 绩效薪酬制的不足

①绩效薪酬制的基础缺乏公平性；②绩效薪酬过于强调个人的绩效；③如果员工认为绩效评价的方式方法不是公平的、精确的，整个绩效薪酬制度就有崩溃的危险。

55. 现在企业主要的绩效薪酬形式

1)计件薪酬制(计件工资制)。

2)佣金制，又称提成制，是主要用于营销人员的薪酬支付制度。它直接按照营销人员营销额的一定比例确定其薪酬报酬，是一种典型的绩效薪酬形式。

56. 佣金制的特点

佣金制的优点:可以充分地调动营销人员的营销积极性;可以使营销人员觉察到自己的工作投入对企业的重要性,从而对营销人员有一定的激励作用。但是佣金制的缺点也不容忽视:它使营销人员和企业之间产生较大的离心力。

57. 其他薪酬制度

①管理人员的薪酬制度;②经营者年薪制;③团队薪酬制。

58. 管理人员的薪酬构成

①基本工资;②奖金和红利;③福利与津贴。

59. 实行经营者年薪制应具备的条件

1)健全的经营者人才市场,完善的竞争机制。

2)明确的经营者业绩考核指标体系。

3)健全的职工代表大会制度,完善的群众监督机制。

60. 年薪制的组成形式

①基本薪酬加风险收入;②年薪加年终奖金。

61. 年薪的水平确定

经营者年薪水平是指与企业的员工平均薪酬水平的比例关系。在确定年薪水平时,应注意以下几点:①经营者的工作是高级的复杂劳动,其劳动耗费是普通员工劳动耗费的倍加,所以经营者的年薪应该数倍于企业员工的年平均薪酬;②年薪水平的确定既要照顾到员工的心理承受能力,又要能够吸引到企业需要的经营管理人才;③得到年薪的经营者不再享受企业员工的薪酬性收入与福利待遇,因为年薪制是一种特殊的薪酬制度,它与企业的员工薪酬制度是平行的。

62. 团队的定义

团队是由一些具备特定技能的人员结合在一起的行为组织。团队成员为共同的目标努力工作,彼此相互负责、相互尊重。

63. 薪酬制度设计的主要内容

①薪酬水平及其影响因素;②薪酬结构及其类型;③薪酬等级。

64. 薪酬水平及其影响因素

企业外部影响因素和企业内部影响因素。

65. 薪酬水平

薪酬水平是指企业一定时期内所有员工的平均薪酬。

66. 企业外部影响因素

1)市场因素。①商品市场;②劳动力市场。

2)生活费用和物价水平。

3)地域的影响。

4)政府的法律、法规。

67. 企业内部影响因素

1)企业自身特征对薪酬水平的影响。

2)企业决策层的薪酬态度。

68. 薪酬结构

广义的薪酬结构是指薪酬各组成部分的构成项目及各自所占的比例;狭义的薪酬结构指

员工薪酬体系的各构成项目及各自所占的比例。

69. 薪酬结构类型

①以绩效为导向的薪酬结构(绩效薪酬制);②以工作为导向的薪酬结构(岗位薪酬制);③以技能为导向的薪酬结构(技能薪酬制);④组合薪酬结构(组合薪酬制)。

70. 薪酬等级

1)薪酬等级,主要反映不同岗位之间在薪酬结构中的差别。

2)薪酬档次,由于同一薪酬等级的员工在能力上有差别,在实际薪酬管理中企业可根据员工的能力、绩效等情况,将薪酬等级进一步细分,即将同一薪酬等级划分成若干个档次。

3)薪酬级差,是指不同等级之间薪酬相差的幅度。

4)浮动幅度,是指在同一个薪酬等级中,最高档次的薪酬水平与最低档次之间的薪酬差距。

5)等级重叠,指各个相邻的薪酬等级浮动幅度在数值上的交叉程度。

71. 薪酬制度设计的原则

①公平性原则;②激励性原则;③竞争性原则;④经济性原则;⑤合法性原则。

72. 公平性原则的比较方式

1)横向比较,即员工将自己所获得的报酬与自己的投入的比值与组织内其他人做比较。

2)纵向比较,是员工将自己目前所获得的报酬与目前投入的努力的比值,同自己过去所获得的报酬与过去投入的努力的比值进行比较。

73. 确定薪酬策略

从性质上可以分为三类:①高弹性类;②高稳定类;③折中类。

74. 薪酬等级的确定

①薪酬等级类型的选择;②薪酬档次的划分;③浮动薪酬(奖金或绩效薪酬)的设计。

75. 薪酬等级类型

1)分层式薪酬等级类型:特点是企业包括的薪酬等级比较多,呈金字塔形排列,员工薪酬水平的提高是随着个人岗位级别向上发展而提高的。这种等级类型在成熟的、等级型企业中常见。

2)宽带薪酬等级类型:特点是企业包括的薪酬等级少,呈扁平状,员工薪酬水平的提高既可以是因为个人岗位级别向上发展而提高的,也可以是因为横向工作调整而提高的。

76. 浮动薪酬的设计

员工的浮动薪酬不仅要与企业经济效益、部门业绩考核结果挂钩浮动,还必须与个人业绩考核结果挂钩。

77. 浮动薪酬的设计方法

①确定浮动薪酬总额;②确定个人浮动薪酬份额。

78. 宽带薪酬的概念

所谓宽带薪酬实际上是一种新型的薪酬结构设计方式,它是对传统上那种带有大量等级层次的垂直型薪酬结构的一种改进或替代。根据美国薪酬管理学会的定义,宽带薪酬就是指对多个薪酬等级以及薪酬变动范围进行重新组合,从而变成只有相对较少的薪酬等级以及相应的较宽薪酬变动范围。

79. 宽带薪酬的特征

①支持扁平型组织结构;②能引导员工重视个人技能的增长和能力的提高;③有利于岗位

的轮换;④有利于管理人员以及人力资源专业人员的角色转变;⑤有利于推动良好的工作绩效;⑥能密切配合劳动力市场上的供求变化。

80. 宽带薪酬的设计原则

1)战略匹配原则。一个企业首先应该明确自身的战略目标是什么,才能确定需要什么样的人力资源管理系统,最终决定采用什么样的薪酬管理体系。

2)文化适应原则。宽带薪酬模式建立在公平、协作和沟通的企业文化基础之上,它不强调资历,承认员工个人之间的差异,体现企业对个人能力和绩效的充分尊重。因此,采用宽带薪酬模式一定要重塑企业文化:弱化等级观念,提倡绩效第一,突出关键员工的作用。

3)全面激励原则。除了薪酬激励外,还要考虑考核激励、培训激励和荣誉激励等。

81. 宽带薪酬体系设计流程

1)理解企业战略。企业人力资源战略是依据企业总体战略而制定的,同时为企业总体战略的实现提供强有力的支持,而薪酬战略又是企业人力资源战略的一种量化体现。因此在设计宽带薪酬时,首先要考虑企业的自身战略。

2)整合岗位评价。岗位评价是宽带薪酬的基础,其目的在于确定企业内每个岗位的相对价值,以确保薪酬体系的内部公平。

3)完善薪酬调查。薪酬调查的主要内容应该包括:了解同行业其他企业的薪酬水平,调查本地区的薪酬水平,与此同时还应对企业内部薪酬体系进行梳理。

4)构建薪酬结构。①确定宽带的数量;②确定宽带内的薪酬浮动范围;③宽带内横向岗位轮换;④做好任职资格及薪酬评级工作。

5)加强控制调整。宽带薪酬的灵活性增强了企业对环境变化的反应能力,但这种特点也具有一定的副作用,因为灵活性中也潜藏了一些随意性,一旦问题爆发将给企业带来致命的打击。这就需要企业在宽带薪酬的实施过程中重视对细微环节的反馈,收集来自行业、市场、员工与管理等各方面的信息,根据变化及时控制,采取合理措施化解危机。

82. 设计宽带薪酬的关键决策

1)宽带数量的确定。企业应该根据岗位或员工带给企业附加值的贡献等级来设定薪酬宽带数量。宽带之间的分界线往往是岗位工作或技能、能力要求存在较大差异的地方。

2)薪酬宽带的定价。参照市场薪酬水平和薪酬变动区间,在存在外部市场差异的情况下,对同一宽带中的不同职能或职位族的薪酬分别定价。

3)员工薪酬的定位与调整。将员工放入薪酬宽带中不同位置的方法:①绩效法;②技能法;③能力法。企业只有建立员工的技能或能力评价体系以及绩效管理体系,才能确定客观、公平的员工薪酬变动依据。

83. 实施宽带薪酬的几个要点

1)密切关注公司的文化、价值观和战略。由于薪酬宽带本身并非仅仅是用来削减薪酬层级的一种工具,它实际上涉及企业的文化、价值观以及经营战略,因此企业在决定实施宽带薪酬设计的时候,必须首先理解、审视并密切关注企业的文化、价值观以及经营战略,看它们与宽带薪酬设计的基本理念是否一致。

2)注重加强非人力资源部门的人力资源管理能力。

3)鼓励员工的参与,加强沟通。

4)要有配套的员工培训和开发计划。

84. 薪酬制度的常见问题

1)薪酬战略缺失。当前我国企业能制定切实可行战略的很少,即使是外请咨询公司做了完备的企业战略方案,真正得到落实的更少,而拥有符合企业战略和企业现状的人力资源战略、薪酬战略的更是凤毛麟角。

2)薪酬理念缺乏。薪酬理念明确了企业在薪酬管理方面所倡导的价值导向,它是薪酬体系的灵魂,指明了企业到底为什么样的行为和什么样的业绩进行付酬。

3)没有一套合理的薪酬体系。

4)薪酬结构失衡。薪酬结构是由各种薪酬单元组成,这些薪酬单元一般可分为静态薪酬(基本薪酬等)、动态薪酬(绩效薪酬、奖金等)、和人态工资(福利、津贴等)三类。薪酬结构失衡主要有两种体现:①薪酬结构的失衡;②各类人员的薪酬单元组合比例失调。

5)职业发展通道缺乏,导致加薪通道单一。员工的职业发展通道缺乏,薪资晋升渠道不畅,不利于员工的有效激励。

6)岗位价值没有量化,薪酬的内部公平性不足。

7)薪酬调整依据缺乏。企业员工薪资确定后,是否能加薪,没有规范的薪资晋升机制。

8)薪酬和绩效关联性不强。薪酬静态化最常见的一种形式是绩效薪酬和奖金的发放没有和绩效考核结果挂钩,导致“干多干少一个样”“出工不出力”现象的发生,严重影响了员工的工作积极性。另外一种常见的现象是动态薪酬的发放虽然与绩效考核结果挂钩,但是绩效考核结果不是实际绩效的真实反映,使得动态薪酬的发放流于形式,无法有效发挥激励作用。

9)忽视非经济薪酬的激励作用。非经济薪酬是指员工从工作本身中得到的满足。

10)薪酬激励不及时。如果企业不及时给予包括薪酬支付在内的各种激励,对员工的行为进行及时的肯定,会极大地挫伤员工的积极性。

85. 薪酬制度调整

①薪酬定级性调整;②物价性调整;③工龄性调整;④奖励性调整;⑤效益性调整;⑥考核性调整。

86. 薪酬定级性调整

包括:对试用期满或没有试用期但办完入职手续的新员工薪酬定级;对原来没有的岗位或没有在企业中聘任的军队转业人员的薪酬定级;对已工作过但新调入企业的员工的薪酬定级等。

87. 物价性调整

物价性调整是为了补偿因物价上涨而给员工造成的经济损失而实施的一种薪酬调整方法。要注意“时滞”性问题,即加薪总是跟在通货膨胀后面。

88. 薪酬标准档次的调整

①“技变”晋档;②“学变”晋档;③“龄变”晋档;④“考核”变档。

第三节　薪酬计划的制订(3～4 分)

89. 薪酬战略的含义

薪酬战略是企业根据外部环境存在的机会与威胁及自身的条件所作出的具有总体性、长期性、关键性的薪酬决策。薪酬战略的特征主要体现在以下三个方面:

1)薪酬战略是与企业总体发展战略相匹配的薪酬决策。

2)薪酬战略是一种具有总体性、长期性的薪酬决策与薪酬管理。一个企业的薪酬战略要特别重视两个原则:①系统性原则;②动态发展原则。

3)薪酬战略对企业绩效与企业变革具有关键性作用。

90. 薪酬战略的内容

1)薪酬基础及政策。薪酬基础是指确定薪酬的依据与条件,即员工的薪酬由什么来确定。在薪酬战略中,薪酬基础与相应政策主要考虑两个方面:一是薪酬的确定主要依据哪些要素,是员工的岗位还是绩效。与其相应的薪酬政策,是选择岗位薪酬模式还是绩效薪酬模式。二是年资、技能、岗位、绩效等各种要素在整个薪酬构成中的地位与作用程度。

2)薪酬水平及政策。薪酬水平指组织对自身总体薪酬量的定位。在薪酬战略中,薪酬水平的决策主要考虑三个要素:①市场薪酬水平与竞争对手的薪酬水平;②组织自身的绩效与财务状况;③组织自身所处的发展阶段。与薪酬水平相应的薪酬政策有领先型、跟随型和滞后型三种类型。

3)薪酬结构及政策。薪酬结构主要指薪酬的具体形式及构成。

4)薪酬文化及政策。薪酬文化指组织的薪酬战略所贯穿的思想理念,它从思想理念上对组织的薪酬战略起引导作用。

5)薪酬管理及政策。薪酬管理可分为战略性薪酬管理与技术性的业务管理。薪酬管理及政策要讨论的内容主要有三个方面:①薪酬信息的公开透明程度;②员工参与薪酬决策的状况;③薪酬管理权限的划分。

91. 制定薪酬战略的流程

1)评估薪酬的意义和目的。

2)开发薪酬战略,使之同企业经营战略和环境相匹配。

3)实施薪酬战略。

4)对薪酬战略和经营战略匹配进行再评价。

第四节 企业补充保险管理(2～4分)

92. 企业年金的概念

企业年金,是指企业及其员工在依法参加基本养老保险的基础上,自愿建立的补充养老保险制度。

93. 企业建立企业年金应具备的条件

①依法参加基本养老保险并按时足额缴费;②生产经营比较稳定,经济效益较好;③企业内部管理制度健全。企业年金实行基金完全积累制。

94. 企业年金的适用范围

符合下列条件的企业,可以建立企业年金:①依法参加基本养老保险并履行缴费义务;②具有相应的经济负担能力;③已建立集体协商机制。

95. 企业年金方案的内容

企业年金方案的主要内容包括:参加人员范围、资金筹集方式、员工企业年金个人账户管理方式、基金管理方式、计发办法和支付方式、支付企业年金待遇的条件、组织管理和监督方式、终止缴费的条件、双方约定的其他事项。

96. 企业年金基金管理

①资金筹集方式；②企业年金基金的组成；③员工企业年金个人账户管理方式。

97. 资金筹集方式

企业缴费每年不超过本企业上年度员工工资总额的1/12。

98. 企业年金基金的组成

企业年金基金由下列各项组成：企业缴费、员工个人缴费、企业年金基金投资运营收益。

99. 员工企业年金个人账户管理方式

1)企业年金基金实行完全积累，采用个人账户方式进行管理。

2)企业年金基金可以按照国家规定投资运营。

3)企业缴费应当按照企业年金方案规定比例计算的数额计入员工企业年金个人账户；员工个人缴费额计入本人企业年金个人账户。

4)企业年金基金投资运营收益，按净收益率计入企业年金个人账户。

100. 企业补充医疗保险的概念

补充医疗保险从广义上讲，是指医疗保障体系中除基本医疗保险以外的其他所有医疗保险形式；从狭义上讲，是指企业在参加基本医疗保险的基础上，自愿建立的满足在职员工和退休人员较高医疗需求的医疗保险补充形式，用于对城镇职工基本医疗保险制度支付以外在职职工和退休人员医疗费用个人负担部分的补助。

101. 企业补充医疗保险的作用

企业补充医疗保险的特征有：①福利性；②自办性；③非营利性；④一定的强制性和自愿性；⑤统筹级次性。

企业补充医疗保险本质上是一种社会再分配形式，在一定程度上解决社会分配差别过大的问题。

102. 企业补充医疗保险的基本模式

1)保障型企业补充医疗保险。保障型企业补充医疗保险是指商业补充医疗保险。企业为职工购买医疗保险，保险公司承担保险责任，一般执行基本医疗保险支付范围，按照理赔条款赔付的保险方式。

2)第三方管理型企业补充医疗保险。所谓“第三方管理型”是相对于投保方和保险方而言的。保险公司作为第三方管理者身份出现，负责对企业医疗保障方案提供理赔管理、技术支持等一系列服务项目。企业通过保险公司专业化的医疗管理和理赔管理能控制虚假的医疗费用，在不降低员工医疗保障水平的基础上，控制医疗费用的总体规模。

3)自主管理型企业补充医疗保险。企业有自己的管理队伍，或者没有条件参加前两种模式保险的企业可自主管理医疗基金，定制适合本企业的医疗报销方案。费用控制主要依赖于保险方案的设计。

103. 企业年金制度的设计程序

1)确定补充养老金的来源。可行的来源方式有两种：①完全由企业负担；②由企业和员工共同负担。

2)确定每个员工和企业的缴费比例。

3)确定养老金支付的额度。

4)确定养老金的支付形式。可以有三种形式:①一次性支付;②定期支付;③一次性支付与定期支付结合。

5)确定实行补充养老保险的时间。

6)确定养老金基金管理办法。

104. 企业补充医疗保险制度的设计程序

1)确定补充医疗保险基金的来源与额度。

2)确定补充医疗保险金支付的范围。

3)确定支付医疗费用的标准。

4)确定补充医疗保险基金的管理办法。

第六章 劳动关系管理(15～17分/15分)

第一节 劳务派遣用工管理(3～4分)

1. 劳动关系的含义

劳动关系通常是指用人单位与劳动者之间在运用劳动者的劳动能力,实现劳动过程中所发生的关系。劳动关系所反映的是一种特定的经济关系——劳动给付与工资的交换关系。

2. 劳动关系的特征

1)劳动关系的内容是劳动。

2)劳动关系具有人身关系属性和财产关系属性相结合的特点。

3)劳动关系具有平等性和隶属性的特点。

3. 劳动法律关系

劳动法律关系是指劳动法律规范在调整劳动关系过程中所形成的雇员与雇主之间的权利义务关系,即雇员与雇主在实现现实的劳动过程中所发生的权利义务关系。

4. 劳动法律关系的特征

1)劳动法律关系是劳动关系的现实形态。劳动法律关系是以劳动关系和劳动法律规范为前提而形成的社会关系,是法律对人们的劳动行为及其相互关系进行调整而出现的一种状态。劳动关系是劳动法律关系的现实基础,而劳动法律关系则是劳动关系的法律形式。

2)劳动法律关系的内容是权利和义务。劳动关系转化为劳动法律关系后,若其运行出现障碍,则劳动法将对劳动法律关系继续进行调整,这是劳动法的第二次调整,其目的在于消除劳动法律关系运行的障碍,使其顺利运行。

3)劳动法律关系的双务关系。雇主、雇员在劳动法律关系之中既是权利主体,又是义务主体,互为对价关系。

4)劳动法律关系具有国家强制性。劳动法律关系是以国家强制力作为保障手段的社会关系,是由观念抽象状态转化为现实秩序的一种状态。

5. 事实劳动关系的含义

事实劳动关系是指用人单位除了非全日制用工形式外无书面劳动合同或无有效书面劳动合同形成的法律劳动关系。事实劳动关系与劳动关系相比较只是缺少了一个形式要件——书面劳动合同。

6. 事实劳动关系形成的原因

1)不订立书面劳动合同而形成事实劳动关系。从实践中看,不订立书面劳动合同而形成的事实劳动关系一般可以分为两种:一种是自始未订立书面劳动合同;另一种是原劳动合同期满,用人单位和劳动者未以书面形式续订劳动合同,但劳动者仍在原单位工作。无书面形式的劳动合同是引起事实劳动关系发生的最主要的原因。

2)无效劳动合同而形成事实劳动关系。用人单位与劳动者建立劳动关系,虽然也订立了劳动合同,但是劳动合同的构成要件、相关条款缺乏或者违法,事实上成为无效合同,双方依照这一合同规定建立劳动关系而形成事实劳动关系。

3)双重劳动关系而形成事实劳动关系。双重劳动关系是指劳动者与两个或两个以上的用人单位建立的劳动关系。双重劳动关系是一个劳动者具有双重身份并参与两个劳动关系,它既可表现为两个法定的劳动关系同时存在,也可表现为一个法定的劳动关系与一个事实劳动关系并存。

4)以其他合同形式替代劳动合同而形成事实劳动关系。比如在承包合同、租赁合同、兼并合同中一般性地规定了劳动者的使用、安置和待遇等问题,从而形成事实劳动关系。

7. 劳务关系

所谓劳务关系是指劳动服务供给者与劳动服务的需求者根据口头或书面约定,由劳动服务供给者向劳动服务的需求者提供一次性的或者是特定的劳动服务,劳动服务的需求者依照约定向劳动服务供给者支付劳务报酬的民事法律关系。

劳务关系作为一种民事权利义务关系,包括主体、内容和客体三个部分。

劳务关系具有下述特征:①劳务关系双方当事人的法律地位平等;②工作风险一般由劳务供给者自行承担;③劳务关系是基于民事法律规定成立,并受民事法律规范的调整和保护;④劳务关系主体具有不特定性,劳务关系的内容具有广泛性特性。

8. 劳动关系与劳务关系的区别

1)两者产生的原因不同。劳动关系是基于用人单位与劳动者之间因生产要素的结合而产生的关系;劳务关系产生的原因在于社会分工。

2)适用的法律不同。劳动关系由劳动法调整规范;劳务关系则主要由民法、合同法等调整规范。

3)主体资格不同。劳动关系的主体只能在自然人与用人单位之间产生,劳务关系的主体双方不具有特定性。

4)主体性质及其关系不同。劳动关系的双方主体之间不仅存在着财产关系,还存在着人身关系,即行政隶属关系,劳务关系的双方主体之间只存在财产关系,即经济关系,彼此之间无从属性,不存在行政隶属关系,没有管理与被管理、支配与被支配的权利和义务。这是劳务关系与劳动关系最基本、最明显的区别。

5)当事人之间权利义务方面有着系统性的区别。劳动关系中的劳动者享有劳动法规定的全部权利,劳务关系中的劳动服务供给者不享有这些权利。

6)劳动条件的提供方式不同。在劳动关系的运行中,实现劳动过程的物质条件由用人单位提供;在劳务关系中,劳务的提供方式,由劳动服务供给者自行决定。

7)违反合同产生的法律责任不同。劳动关系的当事人不履行、不适当履行劳动合同所产生的责任不仅有民事责任,而且还有行政责任,甚或刑事责任;劳务关系的当事人不履行、不适当履行劳务合同所产生的责任通常只有民事责任。

8)纠纷的处理方式不同。

9)履行合同中的伤亡事故处理不同。劳动关系中的劳动者发生工伤适用的是无过错原则,劳务关系是过错原则。

9. 劳务派遣的含义

劳务派遣是指劳务派遣单位与接受单位签订劳务派遣协议,由劳务派遣单位招用雇员并派遣该劳动者到接受单位工作,劳动者和劳务派遣机构从中获得收入的经济活动。

10. 劳务派遣的性质

相对于正规就业而言，劳务派遣是一种典型的非正规就业方式。通过描述劳务派遣现象，可以将劳务派遣定性为是一种组合劳动关系。

11. 劳务派遣的特点

①形式劳动关系的运行；②实际劳动关系的运行；③劳动争议处理。

12. 形式劳动关系的运行

劳务派遣机构是形式劳动关系的主体之一。其职责是：①被派遣劳动者的招聘、甄选、考核、录用，将被派遣劳动者派遣到用工单位，支付工资、提供福利待遇、为被派遣劳动者缴纳社会保险、督促被派遣劳动者的用工单位执行国家劳动标准和劳动条件；②收取被派遣劳动者的用工单位支付的派遣服务费；③行使和履行与劳动者订立的以劳务派遣形式用工的劳动合同以及与用工单位订立的劳务派遣协议约定的应由本方享有和承担的其他权利义务。

13. 实际劳动关系的运行

被派遣劳动者的用工单位是实际劳动关系的主体之一。其职责是：为被派遣劳动者提供工作岗位和其他劳动安全卫生条件，实施劳动安全卫生管理、制定和实施与被派遣劳动者相关的内部劳动规则，实施其他的劳动管理事务；向劳务派遣机构支付派遣服务费，行使和履行与劳务派遣机构订立的劳务派遣协议约定的应由本方享有和承担的其他权利义务。

14. 劳动争议处理

劳务派遣中的劳动争议，既可能发生于被派遣劳动者与劳务派遣机构之间，也可能发生于被派遣劳动者与用工单位之间；劳务派遣机构与用工单位之间发生的争议虽然也会涉及被派遣劳动者的利益，但不属于劳动争议，而是属于民事纠纷。在形式用人主体和实际用人主体合谋共同侵害劳动者的合法权益时，形式用人单位和实际用人单位都应当作为被诉人。

15. 劳务派遣机构管理的内容

1)资格条件。经营劳务派遣业务的劳务派遣单位应当依照公司法的有关规定设立，并应当具备下列条件：①注册资本不得少于人民币200万元；②有与开展业务相适应的固定的经营场所和设施；③有符合法律、行政法规规定的劳务派遣管理制度；④法律、行政法规规定的其他条件。

2)设立程序。实行许可制度。

3)合同体系。存在两种合同，其一为形式用人主体与被派遣劳动者的劳动合同；其二为劳务派遣机构与用工单位的劳务派遣协议。

16. 被派遣劳动者的管理

在管理中必须遵守下述规定：

1)被派遣劳动者与正式雇员享有平等的法定劳动权利，如参加工会的权利、民主参与的权利、提请劳动争议处理的权利等。

2)劳务派遣用工是企业用工的补充形式。

3)用工单位应当履行义务。

4)被派遣劳动者的派遣期限到期，应提前告知，并应协同劳务派遣单位办理劳动合同的终止手续和工作交接。

17. 劳务派遣存在着的法律关系

劳务派遣涉及三种法律关系:①劳务派遣单位与被派遣劳动者之间的劳动合同关系;②劳务派遣单位与用工单位之间的劳务派遣协议关系;③用工单位与被派遣劳动者之间的劳动组织管理关系。

18. 劳务派遣单位与被派遣劳动者之间的劳动法律关系

劳务派遣单位与被派遣劳动者之间的劳动法律关系,适用于我国《劳动法》《劳动合同法》等劳动法律法规。其具体内容包括:

1)劳务派遣单位与被派遣劳动者之间签订劳动合同。劳务派遣单位支付劳动报酬、缴纳社会保险、办理工伤认定、解除和终止劳动关系。双方因履行劳动关系发生纠纷属于劳动争议纠纷,必须经过劳动仲裁前置程序。

2)用工过程中出现违法行为给被派遣劳动者造成损害的,劳务派遣单位与用工单位承担连带赔偿责任。

3)劳务派遣单位应当与被派遣劳动者订立两年以上的固定期限劳动合同,按月支付劳动报酬;在被派遣劳动者无工作期间,劳务派遣单位应当按所在地人民政府规定的最低工资标准,按月支付其报酬。

第二节　工资集体协商(3～5分)

19. 工资集体协商的含义

工资集体协商是指企业工会(雇员)代表与企业(雇主)代表依法就企业内部工资分配制度、工资分配形式、工资收入水平等事项进行平等协商,在协商一致的基础上签订工资协议的行为。

20. 工资协议

工资协议是指专门就工资分配事项签订的专项集体合同。

21. 工资集体协商的内容

①工资协议的期限;②工资分配制度、工资标准和工资分配形式;③职工年度平均工资水平及其调整幅度;④奖金、津贴、补贴等分配办法;⑤工资支付办法;⑥变更、解除工资协议的程序;⑦工资协议的终止条件;⑧工资协议的违约责任;⑨双方认为应当协商约定的其他事项。

22. 工资指导线的作用

1)为企业集体协商确定年度工资增长水平提供依据,有利于企业形成正常的工资增长机制。

2)引导企业自觉控制人工成本水平。

3)完善国家的工资宏观调控体系。

23. 制定工资指导线应遵循的原则

1)工资指导线的制定应符合国家宏观经济政策和对工资增长的总体要求。

2)工资指导线水平的制定应密切结合当地的宏观经济状况,综合考虑地区年度经济增长率、社会劳动生产率、城镇居民消费价格指数、城镇就业状况、劳动力市场价格、人工成本水平和对外贸易状况等相关因素制定。

3)制定工资指导线实行协商原则。

24. 工资指导线的主要内容

工资指导线有三条线：上线(预警线)、基准线、下线。工资指导线上线也称预警线，是对工资增长较快、工资水平较高企业提出的预警和提示。工资指导线基准线是年度货币工资平均增长目标，是对生产经营正常、有经济效益的企业合理的工资增长水平。工资指导线的下线主要适用于经济效益较差或亏损企业，这类企业的货币平均工资增长在工资指导线适用的年度内允许零增长或负增长。

25. 工资集体协商的程序

①工资集体协商代表的确定；②工资集体协商的实施步骤；③工资协商的审查；④明确工资协议期限。

26. 工资集体协商代表的确定

1)工资集体协商代表应依照法定程序产生。雇员一方由工会代表，未建立工会的企业，由雇员民主推举代表，并得到半数以上雇员同意。雇主一方代表由企业法定代表人和法定代表人指定的其他人员担任。

2)雇员一方的首席代表应当由工会主席担任。雇主一方的首席代表应当由法定代表人担任。

3)协商双方均可书面委托本企业以外的专业人士作为本方协商代表，但委托人数不得超过本方代表的1/3。

4)协商双方享有平等的建议权、否决权和陈述权。

27. 工资集体协商的实施步骤

1)提出方应事先向另一方提出书面的协商意向书，明确协商的时间、地点、内容等；另一方接到协商意向书后，应于20日内予以书面答复，并与提出方共同进行工资集体协商。

2)在不违反有关法律、法规的前提下，协商双方有义务按照对方的要求，在协商开始前5日内，提供与工资集体协商有关的真实情况和资料。

3)协商形成的工资协议草案，应提交职工代表大会或职工大会讨论审议。

4)协商双方达成一致意见后，由企业行政方制作正式工资协议文本，经双方首席代表签字盖章后成立。

28. 工资协商的审查

1)工资协议签订后10日内，由企业将工资协议一式三份及说明，报送当地(县级以上)劳动保障行政部门审查。

2)劳动保障行政部门应在收到工资协议15日内，对协商双方代表资格、工资协议条款内容和签订程序进行审查。若对工资协议无异议，应及时向协商双方送达《工资协议审查意见书》，工资协议即行生效；如对工资协议有修改意见，则应将意见在《工资协议审查意见书》中通知协商双方，双方应就修改意见及时协商，修改工资协议，并重新报送劳动行政部门。

3)工资协议报送15日后，协商双方未收到劳动保障行政部门的《工资协议审查意见书》，视为劳动保障行政部门同意，该工资协议即行生效。

4)在接到已经生效的工资协议后，协商双方应于5日内，以适当形式向双方人员公布。

29. 劳动力市场工资指导价位的制定程序

①信息采集；②价位制定：坚持市场取向，坚持实事求是原则；③公开发布。

第三节　劳动安全卫生管理(3分)

30. 安全生产责任制度

安全生产责任制度是从企业组织体系上规定企业各类人员的劳动安全卫生责任,使各个层次的安全卫生责任与管理责任、生产责任统一起来。其中,企业法定代表人对本单位安全卫生负全面责任,分管安全卫生的负责人和专职人员对安全卫生负直接责任,总工程师负安全卫生技术领导责任,各职能部门、各级生产组织负责人在各自分管的工作范围内对安全卫生负责,工人在各自的岗位上承担严格遵守劳动安全卫生技术规程的义务。

31. 重大事故隐患管理制度的要点

①重大事故隐患分类;②重大事故隐患报告;③重大事故隐患预防与整改措施;④劳动行政部门、企业主管部门对重大事故隐患整改的完成情况的检查验收。

32. 伤亡事故报告和处理制度

包括以下内容:①企业职工伤亡事故分类;②伤亡事故报告;③伤亡事故调查;④伤亡事故处理。

33. 劳动者健康检查制度

健康检查制度包括以下两类制度:①员工招聘健康检查;②企业员工的定期体检,发现疾病及时治疗以及预防职业病的发生。

34. 职业安全卫生保护费用分类

劳动安全卫生保护费用的类别主要是以下各类:①劳动安全卫生保护设施建设费用;②劳动安全卫生保护设施更新改造费用;③个人劳动安全卫生防护用品费用;④劳动安全卫生教育培训经费;⑤健康检查和职业病防治费用;⑥有毒有害作业场所定期检测费用;⑦工伤保险费;⑧工伤认定、评残费用等。

35. 营造劳动安全卫生观念环境

1)安全第一是处理生产与安全两者之间关系的基本准则。

2)预防为主,防重于治,是处理职业危害的预防与治理关系应遵循的原则。

3)安全第一、预防为主、以人为本成为企业所有员工在劳动安全卫生保护工作中的职业道德行为准则。

36. 营造劳动安全卫生制度环境

1)建立健全的劳动安全卫生管理制度。

2)严格执行各项劳动安全卫生规程。

3)奖惩分明。

37. 劳动工作场所优化

应做到:①科学装备、布置工作地;②保持工作场所的正常秩序和良好的工作环境;③正确组织工作场所的供应和服务;④劳动环境优化等。

38. 劳动组织优化

主要包括:①不同工种、工艺阶段合理组织;②准备性工作和执行性工作合理组织;③作业班组合理组织;④工作时间合理组织等。

第四节　企业劳动争议处理(6～7分)

39. 劳动争议的概念

劳动争议亦称劳动纠纷,是指劳动关系双方当事人之间因劳动权利和劳动义务的认定与实现所发生的纠纷。劳动争议实质上是劳动关系当事人之间利益矛盾、利益冲突的表现。

40. 劳动争议的特征

1)劳动争议的当事人是特定的。

2)劳动争议的内容是特定的。

3)劳动争议有特定的表现形式。

41. 劳动争议的分类

1)按照劳动争议的主体划分:①个别争议,职工一方当事人人数为10人以下,有共同争议理由的;②集体争议,职工一方当事人人数为10人以上,有共同争议理由的;③团体争议,工会与用人单位因签订或履行集体合同发生的争议。

2)按照劳动争议的性质划分:①权利争议;②利益争议。

3)按照劳动争议的标的划分:①劳动合同争议;②关于劳动安全卫生、工作时间、休息休假、保险福利而发生的争议;③关于劳动报酬、培训、奖惩等因适用条件的不同理解与实施而发生的争议。

42. 劳动争议处理制度

一般地说,劳动争议的解决机制包括四种方式:

1)自力救济。所谓自力救济是指劳动争议的当事人在没有争议主体以外的第三方的介入或帮助下,依靠当事人自身的力量解决纠纷。自力救济的特征为自治性、争议主体的合意性和非严格的规范性。

2)社会救济。

3)公力救济。

4)社会救济和公力救济相结合。

43. 劳动争议产生的原因

1)劳动争议的内容只能是以劳动权利义务为标的。

2)市场经济的物质利益原则的作用,使得劳动关系当事人之间,既有共同的利益和合作的基础,又有利益的差别和冲突。

44. 劳动争议处理的原则

①在查清事实的基础上依法处理;②当事人在适用法律上一律平等;③及时处理,着重调解。

45. 企业劳动争议调解委员会对劳动争议的调解特点

①群众性;②自治性;③非强制性。

46. 调解委员会调解与劳动争议仲裁委员会、人民法院处理劳动争议时的调解的区别

①在劳动争议处理中的地位不同;②主持调解的主体不同;③调解案件的范围不同;④调解的效力不同。

47. 调解委员会的构成

调解委员会由劳动者代表和企业代表组成,人数由双方协商确定,双方人数应当对等。

48. 调解委员会调解劳动争议的原则

1)申请自愿,此项原则包括的内容为:申请调解自愿,调解过程自愿,履行协议自愿。

2)尊重当事人申请仲裁和诉讼的权利。

49. 劳动争议仲裁的含义

劳动争议仲裁是劳动争议仲裁机构根据劳动争议当事人一方或双方的申请,依法就劳动争议的事实和当事人应承担的责任做出判断和裁决的活动。

50. 劳动争议仲裁的特征

①仲裁主体具有特定性;②仲裁对象具有特定性;③仲裁施行强制原则;④劳动争议仲裁施行仲裁前置、裁审衔接制。

51. 劳动争议仲裁委员会

劳动争议仲裁委员会是国家授权、依法独立处理劳动争议案件的专门机构,是劳动行政范畴内的一种特殊执法机构。

52. 劳动争议仲裁组织机构

1)劳动争议仲裁委员会的构成:①劳动行政部门代表;②同级工会代表;③用人单位方面的代表。

2)仲裁委员会的办事机构。劳动行政主管部门的劳动争议处理机构是劳动争议仲裁委员会的办事机构。

53. 劳动争议仲裁的基本制度

①仲裁庭制度;②一次裁决制度;③合议制度;④回避制度;⑤管辖制度;⑥区分举证责任制度。

54. 应当由合议仲裁庭审理的争议案件

①10人以上集体劳动争议;②有重大影响的劳动争议;③仲裁委员会认为应当由合议仲裁庭处理的其他案件。

55. 仲裁的时效制度的含义

劳动争议仲裁时效是指当事人因劳动争议要求保护其合法权利,必须在法定的期限内向劳动争议仲裁委员会提出仲裁申请,在法定期限内不行使权利,即丧失胜诉权的制度。

56. 仲裁的时效制度的特征

①仲裁时效具有消灭时效的性质;②仲裁时效只发生消灭胜诉权的后果,并不发生消灭实体权利的后果;③仲裁时效具有强行性;④仲裁时效具有特殊性。

57. 仲裁的时效制度的意义

①维护劳动关系的稳定;②督促权利人及时行使权利;③有利于正确处理劳动争议案件。

58. 仲裁的时效制度的内容

1)仲裁时效期间为一年。

2)仲裁时效期间的计算。根据规定,仲裁时效期间从当事人知道或者应当知道其权利被侵害之日起计算。

3)仲裁时效的中断。仲裁时效中断的法定事由有三种情形:①向对方当事人主张权利;②向有关部门请求权利救济;③对方当事人同意履行义务。

4)仲裁时效的中止。仲裁时效的中止,是指在仲裁时效进行中的某一阶段,因发生法定事由致使权利人不能行使请求权,暂停计算仲裁时效,待阻碍时效进行的事由消除后,继续进行仲裁时效期间的计算。

5)劳动报酬争议仲裁的特别时效。

59. 当事人的含义

劳动争议中的当事人，是指因劳动权利义务发生争议，以自己的名义提请仲裁，请求劳动争议仲裁委员会行使仲裁权的人。劳动争议中的当事人，有狭义和广义之分。狭义上的当事人，仅指申请人和被申请人。广义上的当事人，除申请人和被申请人以外，还包括共同当事人、第三人。

60. 劳动争议当事人的权利

1)当事人有提起仲裁申请、答辩、变更申诉请求、撤诉、要求劳动争议仲裁委员会公正调解和裁决的权利。

2)当事人有委托代理人参加仲裁活动的权利。

3)当事人有申请回避的权利。

4)当事人有提出主张、提供证据的权利。

5)当事人有自行和解的权利。

6)当事人有不服仲裁裁决向人民法院起诉的权利。

7)当事人有申请执行的权利。

61. 劳动争议当事人的义务

1)当事人有正当行使权利的义务。

2)当事人有遵守仲裁庭纪律和程序的义务。

3)当事人有如实陈述案情、提供证据、回答仲裁员提问的义务。

4)当事人有尊重对方当事人和其他仲裁参加人的义务。

5)当事人有自觉履行发生效力的仲裁调解书和仲裁书的义务。

6)当事人有按规定交纳仲裁费的义务。

62. 劳动争议处理的基本程序

1)根据我国劳动立法的有关规定，当发生劳动争议时，争议双方应协商解决。

2)当事人不愿协商、协商不成或者达成和解协议后不履行的，可以向调解组织申请调解。

3)不愿调解、调解不成或者达成调解协议后不履行的，可以向劳动争议仲裁委员会申请仲裁。

4)对仲裁裁决不服的，除法律规定的终局裁决外，当事人一方或双方则可申诉到人民法院，由人民法院依法审理并做出最终判决。

63. 调解委员会调解的程序

1)申请和受理。调解委员会接到调解申请后，应当在3个工作日内受理。

2)调查和调解。调解委员会调解劳动争议一般不公开进行。

3)调解协议书。

4)与协商、调解相关的时效规定。

5)人民法院的支付令。

64. 申请仲裁的条件

劳动争议当事人申请仲裁应当符合下列条件：

1)申请人与本案有直接利害关系。

2)有明确的被申请人。

3)有具体的仲裁请求以及所依据的事实、理由。

4)申请仲裁的劳动争议属于仲裁委员会的受理范围和受理仲裁委员会的管辖。

5)申请时间符合申请仲裁的时效规定。

65. 仲裁申请书

仲裁申请书应当载明下列事项：

1)劳动者的姓名、性别、年龄、职业、工作单位和场所,用人单位的名称、住所和法定代表人或者主要负责人的姓名、职务。

2)仲裁请求和所根据的事实、理由。

3)证据和证据来源、证人姓名和住所。

66. 仲裁申请的效力

1)启动仲裁程序。

2)申请人不得以同一仲裁请求向其他劳动争议仲裁委员会申请仲裁。

3)申请仲裁时效中断。

67. 受理的含义

受理是指劳动争议仲裁委员会收到仲裁申请后,经审查认定符合申请仲裁的条件,决定予以接受并开始组织实施仲裁活动的行为。

68. 仲裁申请的审查

1)申请人是否与本案有直接利害关系。

2)申请仲裁的争议是否属于劳动争议。

3)申请仲裁的劳动争议是否属于仲裁委员会的受理内容。

4)该劳动争议是否属于本仲裁委员会管辖。

5)申请书及有关材料是否齐备并符合要求。

6)申请时间是否符合申请仲裁的时效规定。

69. 集体劳动争议处理的程序

集体劳动争议是指有共同请求,劳动者一方当事人在10人以上的劳动争议。其相关规定主要是下述方面：

1)劳动者一方在10人以上的争议,或者因履行集体合同发生的劳动争议,仲裁委员会可优先立案,优先审理。

2)因履行集体合同发生的劳动争议,经协商解决不成的,工会可以依法申请仲裁。

3)劳动者一方在10人以上集体争议,劳动者可以推举3～5名代表人参加仲裁活动。

4)法院审理。对仲裁裁决不服的,当事人可以自收到裁决书之日起15日内向法院提起诉讼,通过法院审理使争议得到解决。

第七章 基础知识(10 分)

第一节 劳动经济学(3～4 分)

1. 劳动资源的稀缺性

劳动资源的稀缺性具有的属性:①劳动资源的稀缺性是相对于社会和个人的无限需要和愿望而言,是相对的稀缺性;②劳动资源的稀缺性又具有绝对的属性;③在市场经济中,劳动资源稀缺性的本质表现是消费劳动资源的支付能力、支付手段的稀缺性。

2. 劳动力供给

劳动力供给是指在一定的市场工资率的条件下,劳动力供给的决策主体(家庭或个人)愿意并且能够提供的劳动时间。

3. 劳动力供给弹性

劳动力供给的工资弹性简称劳动力供给弹性,是指劳动力供给量变动对工资率变动的反应程度。

4. 劳动力供给弹性的类别

劳动力供给弹性分为五类:①供给无弹性,即 $E_S=0$;②供给有无限弹性,即 $E_S \to \infty$;③单位供给弹性,即 $E_S=1$;④供给富有弹性,即 $E_S>1$;⑤供给缺乏弹性,即 $E_S<1$。

5. 经济周期

经济周期是指经济运行过程中繁荣与衰退的周期性交替。

6. 劳动力需求

劳动力需求是指企业在某一特定时期内,在某种工资率下愿意并能够雇用的劳动量。

7. 劳动力需求的自身工资弹性

劳动力需求的自身工资弹性是劳动力需求量变动对工资率变动的反应程度。

8. 劳动力需求弹性的类别

劳动力需求的工资弹性分为五类:①需求无弹性,即 $E_d=0$;②需求有无限弹性,即 $E_d \to \infty$;③单位需求弹性,即 $E_d=1$;④需求富有弹性,即 $E_d>1$;⑤需求缺乏弹性,即 $E_d<1$。

9. 劳动力市场均衡的意义

劳动力市场均衡的意义:①劳动力资源的最优分配。在完全竞争的市场结构中,劳动力市场实现均衡,劳动力资源就能达到最有效率的分配。②同质的劳动力获得同样的工资。不存在任何职业的、行业的和地区的工资差别。③充分就业。

10. 工资形式

生产要素分为四类:土地、劳动、资本和企业家才能。上述四类生产要素的所有者提供要素服务分别得到各自的报酬,分别对应为地租、工资、利息和利润。

11. 货币工资

货币工资是指工人单位时间的货币所得。它受到三个主要因素的影响:货币工资率、工作时间长度、相关的工资制度安排。实际工资=货币工资÷价格指数。

12. 福利

福利是工资的转化形式和劳动力价格的重要构成部分。福利的支付方式大体划分为两类：

①实物支付，包括各种免费或打折的工作餐、折价或优惠的商品和服务；②延期支付，包括各类保险支付，如退休金、失业保险等。

13. 福利的特征

福利无论以何种具体方式表现，实质上都是由工人自己的劳动支付的。福利具有以下特征：①福利支付以劳动为基础；②法定性；③企业自定性和灵活性。

14. 失业的类型

失业类型：①摩擦性失业，是一种正常性失业，即使劳动力市场处于劳动力供求均衡状态时也会存在这种类型的失业。它是动态性市场经济的一个自然特征。②技术性失业，解决技术性失业最有效的办法是推行积极的劳动力市场政策，强化职业培训，普遍地实施职业技能开发。③结构性失业，缓解结构性失业最有效的对策是推行积极的劳动力市场政策，包括超前的职业指导和职业预测、广泛的职业技术培训，以及低费用的人力资本投资计划等。④季节性失业。

15. 失业的代价

失业的负面影响(代价)：①失业造成家庭生活困难；②失业是劳动力资源浪费的典型形式；③失业直接影响劳动者精神需要的满足程度。

16. 影响就业的宏观调控政策

对就业总量影响最大的宏观调控政策，是财政政策、货币政策和收入政策。

17. 财政政策的类型

财政政策因其目标的不同，可以分为两种类型：扩张性的财政政策，是通过采取扩大政府购买、增加政府转移支付、降低税率等措施来刺激消费和投资，增加总需求，以提高就业水平的宏观经济政策；紧缩性的财政政策，是通过采取减少政府购买和转移支付、提高税率等措施来削弱消费与投资，减少总需求，以稳定物价的宏观经济政策。

18. 货币政策的定义

货币政策是指政府以控制货币供应量为手段，通过调节利率来调节总需求水平，以促进充分就业、稳定物价和经济增长的一种宏观经济管理对策。

19. 货币政策的类型

货币政策包括：扩张性的货币政策和紧缩性的货币政策。

20. 收入政策的作用

收入政策在社会经济中的作用：①有利于宏观经济的稳定；②有利于资源的合理配置；③有利于缩小不合理的收入差距。

21. 基尼系数

基尼系数是意大利经济学家基尼依据洛伦茨曲线创制的用来判断某种收入分配平等程度的一种尺度。

22. 基尼系数的量值

从世界各国情况看，基尼系数小于0.2时，表示收入差距非常小，基尼系数在0.4以上，则表示收入差距比较大；通常的基尼系数在0.2～0.4之间。

23. 收入政策措施

1)调控收入与物价关系的措施。①制定工资—物价指导线,作为微观经济单位——企业增长工资的参照标准;②在物价和工资增长过快、影响宏观经济稳定的情况下,对物价和工资进行管制以至于冻结;③实施以税收为基础的收入控制政策,约束企业工资发放过度的行为。

2)收入平等化措施。①实行个人收入所得税制度,并且在实施中采取累进税率制;②对遗产、赠予、财产(即土地、房产等不动产)、高消费征税;③发展社会保障事业,解决失业保险、医疗保险、养老保险、未成年子女的家庭补贴、低于贫困线的家庭与个人的救济等方面的支出,这是财政的“转移支付”部分;④对失业者,特别是其中的贫困者,提供就业机会与就业培训;⑤发展教育事业,这有利于从根本上消除贫困,扩大社会平等;⑥改善居民住房条件,向低收入阶层提供廉价住房或住房补贴。

第二节　劳动法(1～2分)

24. 劳动法的首要原则

保障劳动者的劳动权是劳动法的首要原则。

25. 劳动权的核心

平等的就业权和自由择业权是劳动权的核心。

26. 劳动权保障的具体表现

劳动权受到国家的保障,这种劳动权保障具体地体现为基本保护、全面保护和优先保护等方面。

27. 习惯法

习惯法是以法律共同体的长期实践(习惯)为前提,以法律共同体的普遍的法律确信为基础。

28. 法官法

法官法是指大陆法系中,最高法院或终审法院的裁决中所创立并适用的,而在制定法或成文法中不存在的规则。

29. 劳动法体系

劳动法体系由以下劳动法律制度构成:①促进就业法律制度;②劳动合同和集体合同制度;③劳动标准制度;④职业培训制度;⑤社会保险和福利制度;⑥劳动争议处理制度;⑦工会和职工民主管理制度;⑧劳动法的监督检查制度。

30. 劳动法律关系的种类

劳动法律关系主要包括以下几类:①劳动合同关系,即雇员与雇主在劳动过程中的权利义务关系。劳动合同关系为劳动法律关系的主要形态。其他劳动法律关系的存在与运行是以劳动合同法律关系为目的。通常所说的法律关系一般为劳动合同关系。②劳动行政法律关系,是劳动行政主体与劳动行政相对人之间,为实现和保障劳动关系的运行而依据劳动法律规范和有关行政法律规范所形成的权利义务关系。劳动行政主体包括劳动行政机关、兼有劳动行政职能的其他行政机关以及经授权具有劳动行政职能的机构,劳动行政相对人主要为劳动者和用人单位。例如,由于劳动法的监督检查而存在的劳动行政机关与用人单位的法律关系等。③劳动服务法律关系。例如职业培训机构与劳动关系当事人的培训服务关系,工会组织为保障劳动者合法权益提供法律服务而产生的关系等。

第三节 现代企业管理(1～2分)

31. 经营环境的宏观分析

经营环境的宏观分析包括政治法律环境、经济环境、技术环境、社会文化环境。

32. SWOT分析法

企业内部条件和外部环境的综合分析,主要采用SWOT分析方法。所谓S是指企业内部优势;W是指企业内部劣势;O是指企业外部环境的机会;T是指外部环境的威胁。

33. 企业的总体战略

企业的总体战略有进入战略(购并战略、内部创业战略、合资战略),发展战略,稳定战略和撤退战略。

34. 撤退战略

企业主要的撤退方式有:特许经营、分包、卖断、管理层与杠杆收购、拆产为股/分拆、资产互换与战略贸易。

35. 风险型决策方法

风险型决策方法:收益矩阵、决策树、敏感性分析。

36. 收益期望值的计算

$$各方案收益期望值=\frac{最乐观值+最可能值\times 4+最保守值}{6}$$

37. 影响消费者购买行为的因素

影响消费者购买行为的主要因素:文化因素、社会因素、个人因素、心理因素。

38. 市场营销管理过程的步骤

市场营销管理过程步骤:①分析市场机会;②选择目标市场;③设计市场营销组合;④执行和控制市场营销计划。

39. 市场机会

分析市场机会:①发现市场机会,就是未满足的需要;②评价市场机会。所谓企业营销机会就是对本企业的营销具有吸引力的、能享受竞争优势的市场机会。

40. 市场细分

市场细分是指企业通过市场调研,根据顾客对产品不同的需要和欲望,不同的购买行为与购买习惯,把某一产品的整体市场分割成需要不同的若干子市场的分类过程。

41. 市场定位

市场定位就是根据所选定目标市场上的竞争者现有产品所处的位置和企业自身的条件,从各方面为企业产品创造一定的特色,塑造并树立一定的市场形象,以求在目标顾客心目中形成一种特殊的偏好。

42. 销售渠道

销售渠道是指产品由企业(生产者)向最终顾客(消费者)移动过程中所经过的各个环节,或企业通过中间商(转卖者)到最终顾客的全部市场营销结构。

43. 影响销售渠道的因素

影响销售渠道选择的因素:产品因素、市场因素、企业因素。

44. 促销策略

促销包括广告、人员推销、营业推广、公共关系等方式。

第四节　管理心理与组织行为(1～2 分)

45. 态度

态度是人对某种事物或特定对象所持有的一种肯定或否定的心理倾向。

46. 态度的内涵

态度直接显示出个体的中心价值和自我意向。态度很重要,因为它会影响到行为。

47. 工作满意度

工作满意度是指员工对自己的工作所抱有的一般性的满足与否的态度。

48. 影响工作满意度的因素

一般而言,员工工作满意度来源于以下几个方面:富有挑战性的工作、公平的报酬、支持性的工作环境、融洽的人际关系、个人特征与工作的匹配。

49. 工作满意度与绩效和行为的关系

工作满意度与绩效和行为的关系:当员工的行为不受外在因素的限制时,工作满意才可能导致生产效率的提高。

50. 组织承诺的三种形式

组织承诺的三种形式:感情承诺、继续承诺、规范承诺。

51. 社会知觉

社会知觉是指个体对其他个体的知觉,即我们如何认识他人。

52. 社会知觉的效应

社会知觉的效应:①首因效应,也是人们常说的“第一印象作用”;②光环效应;③投射效应;④对比效应;⑤刻板印象。

53. 归因

归因就是利用有关的信息资料对人的行为进行分析,从而推论其原因的过程。行为的原因可以分为内因和外因,也可以分为稳因和非稳因。

54. 工作动机

心理学家并没有就各种动机分类达成一致,但是他们都承认有一些需要和动机是非习得的;此外,还有一些完全是通过学习获得的,即社会性的心理动机,如成就、权力、亲和、安全和地位的需要和动机。

55. 团队过程

团队过程的主要范畴是沟通、影响、任务和维护的职能、决策、冲突、氛围和情绪问题。

56. 人际关系与沟通

通常在建立人际关系时会经过五个阶段:选择或定向阶段、试验和探索阶段、加强阶段、融合阶段、盟约阶段。

57. 周哈利窗模型

周哈利窗模型:隐藏区的信息是自己知道而别人不知道的信息;盲区是对方知道但自己却不知道的信息。

58. 沟通风格

根据周哈利窗，把个体的沟通风格划分成四种类型：自我克制型(不暴露不反馈，双盲式)；自我保护型(反馈高，暴露低)；自我暴露型(多暴露少反馈)；自我实现型(平衡地暴露和反馈，达到最有效的人际沟通)。

59. 费德勒的权变模型

费德勒分离了三个情境因素：领导者与被领导者的关系(双方的信任程度，被领导者对领导者的忠诚、尊重和追随程度)；任务结构(工作是常规的还是非常规的，工作范围明确与否)；领导者的职权(领导者是否拥有权力，对下属是否能直接控制，被上级和组织的支持程度)。

60. 领导情境理论

领导情境理论同其他领导行为理论一样，也把领导的行为方式按“关心人”和“关心工作”两个维度划分成四种类型的领导方式：高关系—低工作的参与式，低关系—高工作的命令式，高关系—高工作的推销式，低关系—低工作的授权式。

61. 被领导者的成熟度

被领导者的成熟度：①工作成熟度(知识越丰富，技能越高强)；②心理成熟度(工作兴趣和自觉性越高，越不需外力推动)。

62. 领导技能和职业发展计划

领导技能和职业发展计划方法：加速站、辅导、按需培训、确定领导技能的范畴。

63. 信度

信度，又称稳定性或可信性，指一个人在同一心理测量中几次测量结果的一致性。

第五节　人力资源开发与管理(1～2分)

64. 人性假设

存在四种人性假设：经济人、社会人、自我实现人、复杂人。

65. 人本管理的原则

企业进行以人为本的管理，必须遵循一定的标准、要求和原则：①人的管理第一；②满足人的需要，实施激励；③优化教育培训，完善人、开发人、发展人；④以人为本，以人为中心构建企业的组织形态和机构；⑤和谐的人际关系；⑥员工个人与组织共同发展。

66. 和谐的人际关系作用

和谐人际关系的作用：①人际关系影响企业的凝聚力；②人际关系影响人的身心健康；③人际关系影响个体行为；④人际关系影响企业工作效率和企业发展。

67. 人力资本

人力资本是指通过费用支出(投资)于人力资源，而形成和凝结于人力资源体中，并能带来价值增值的智力、知识、技能及体能的总和。

68. 人力资本投资

人力资本投资是指投资者通过对人进行一定的资本投入(货币资本或实物)，增加或提高人的智能和体能，这种劳动能力的提高最终反映在劳动产出增加上的一种投资行为。

69. 教育投资成本支出

一般来说，决策者总是从投资的直接成本和间接成本、私人成本和社会成本方面来加以对比。

教育投资的私人成本包括：直接成本和间接成本。直接成本包括学费、书籍费等直接教育费用，以及因受教育而产生的额外支出。

70. 影响人力资源创新能力的因素

影响人力资源创新能力的因素：天赋、知识和技能、个人努力、文化、经济条件。

71. 管理开发的基本手段

管理开发的基本手段包括：法律手段、行政手段、经济手段、宣传教育手段、目标管理手段。

72. 现代人力资源管理的特征

现代人力资源管理与传统的劳动人事管理的主要区别是：

1）在管理内容上，传统的劳动人事管理以事为中心；现代人力资源管理以人为中心。

2）在管理形式上，传统的劳动人事管理属于静态管理；现代人力资源管理属于动态管理。

3）在管理方式上，传统的劳动人事管理主要采取制度控制和物质刺激手段；现代人力资源管理采取人性化管理。

4）在管理策略上，传统的劳动人事管理侧重于近期或当前人事工作；现代人力资源管理不仅注重近期或当前具体事宜的解决，更注重人力资源的整体开发、预测与规划。

5）在管理技术上，传统的劳动人事管理照章办事，机械呆板；现代人力资源管理追求科学性和艺术性。

6）在管理体制上，传统的劳动人事管理多为被动反应型，按部就班；现代人力资源管理多为主动开发型，有计划、有目标地开展工作。

7）在管理手段上，传统的劳动人事管理手段单一，以人工为主，很难保证及时、准确；现代人力资源管理的软件系统、信息检索、报表制作、核算、测评、招聘等均由计算机自动生成结果，及时准确地提供决策依据。

8）在管理层次上，传统的劳动人事管理部门往往只是上级的执行部门，很少参与决策；现代人力资源管理部门则处于决策层，直接参与单位的计划与决策，为单位最重要的高层决策部门之一。

73. 现代人力资源管理的三大基石

现代人力资源管理更加强调以下三个方面的基础工作：定编定岗定员定额、员工的绩效管理、员工技能开发。

74. 员工的绩效管理

绩效管理是指为实现组织发展战略和生产经营的目标，采用科学的方法，通过对员工的行为表现、劳动态度和工作业绩，以及综合素质（能力）的全面监测、分析和考核评估，充分调动员工的积极性、主动性和创造性，不断改善组织与员工行为，提高员工素质和挖掘其潜力的活动过程。

绩效管理的目标是不断改善组织氛围，提高组织与员工的效率。

绩效管理的范围覆盖组织中所有人员的所有活动，它是企业全员、全面和全过程的立体管理。从宏观上讲，绩效管理是一个将公司与部门、员工个人目标紧密地联系在一起，运用科学的考核方法，从目标、程序导向到愿景、行为、效果导向，从事前策划到过程监测，从事后考评到绩效改进的动态过程。

75. 绩效管理的作用

绩效管理之所以被称为人力资源管理的一大基石，其根本原因在于对组织来说具有以下作用:①绩效管理是企业人事决策的重要依据和基础;②绩效管理是组织诊断、组织变革和组织发展的有力措施;③绩效管理是显示和监测公司领导方式、工作方法、工时制度、劳动环境、生产条件、设备配置状况的重要手段;④绩效管理是实现"效率优先、兼顾公平、按劳付酬"分配制度的基本依据;⑤绩效管理是制订和修改公司员工技能培训开发计划的主要前提;⑥绩效管理是监测和提高企业整体生产效率和经济效益的主要途径。

76. 现代人力资源管理的两种测量技术

现代人力资源管理的两种测量技术:工作岗位研究、人员素质测评。

77. 岗位研究

岗位研究是岗位调查、岗位分析、岗位评价与岗位分类分级等项活动的总称。

第二部分

题 库 演 练

学习方法和流程

国家职业资格考试与平常的学习和练习不同，考试的内容会在知识点处以不同的题型出现，以考查考生的掌握程度。因此，在对第一部分基础必备的知识点系统掌握以后，进行有针对性的题库训练势在必行。第二部分题库演练按照《教程》和《基础知识》的 7 大章（模块）分为理论知识题库和专业技能题库。该部分为考生提供了超大容量的题库，考生可通过对每章题库的训练来快速提升对知识点掌握的水平，并通过题库演练最终通过考试。

学习计划书（第二阶段）

时 间	项 目	任 务	执行情况	目 标
月 日～月 日（1～1.5 周）	第二轮 规划、招聘	做题，并对照教材纠正		通过做题，找到复习、学习中不懂、遗漏的地方
月 日～月 日（1～1.5 周）	第二轮 培训、绩效	做题，并对照教材纠正		
月 日～月 日（1～1.5 周）	第二轮 薪酬、关系	做题，并对照教材纠正		

题 库1

第一章 人力资源规划

理论知识练习题

一、单项选择题

1. 以下关于组织理论与组织设计理论的说法不正确的是(　　)。
A. 从逻辑上说组织理论应该包括组织设计理论
B. 组织理论与组织设计理论在外延上是相同的
C. 动态的组织设计理论包含静态的组织设计理论
D. 组织设计理论将企业环境、战略、技术等作为组织结构设计的影响因素
2. 从管理形式上看,现代组织理论是(　　)。
A. 静态管理　　B. 动态管理　　C. 权变管理　　D. 权威管理
3. 为了贯彻专业分工与协作的组织设计原则,企业不必采取的措施是(　　)。
A. 实行系统管理　　B. 创建学习型的组织
C. 创造协调环境　　D. 设立必要的委员会
4. 以下关于组织设计理论的说法不正确的是(　　)。
A. 组织设计理论有动态与静态之分
B. 动态组织理论包含静态组织理论的内容
C. 组织设计理论又被称为广义的组织理论
D. 静态组织理论是组织设计的核心内容
5. 静态的组织设计理论研究的内容不包括(　　)。
A. 权责结构　　B. 组织规则　　C. 组织激励制度　　D. 组织机构
6. (　　)不属于静态的组织设计理论的研究内容。
A. 管理行为规范　　B. 权责结构
C. 组织信息控制　　D. 部门划分的形式和结构
7. 在动态组织设计理论中,(　　)所研究的内容占有主导地位。
A. 静态组织设计理论　　B. 现代组织设计理论
C. 古典组织设计理论　　D. 近代组织设计理论
8. (　　)是组织设计的最基本原则。
A. 专业分工与协作原则　　B. 任务与目标原则
C. 有效管理幅度原则　　D. 集权与分权原则
9. 企业为了贯彻专业分工与协作的原则,可以采取的措施不包括(　　)。
A. 实行系统管理　　B. 鼓励创建学习型的组织
C. 创造协调环境　　D. 设立一些必要的委员会

10. 多维立体组织按照职能划分的不同而成立不同的参谋机构，即成立各种(　　)。

A. 地区利润中心　B. 地区成本中心　C. 产品利润中心　D. 专业成本中心

11. 进行组织结构设计时，要选择不同的部门结构模式，以下不属于部门结构模式的是(　　)。

A. 直线职能制　B. 常设机构　C. 超事业部制　D. 事业部制

12. 以(　　)为中心设计的部门结构包括事业部制和模拟分权制。

A. 成果　B. 工作　C. 关系　D. 任务

13. (　　)是在岗位现有工作的基础上，通过充实工作内容，增加岗位的技术和技能的含量，使岗位的工作多样化、充实化。

A. 工作丰富化　B. 工作扩大化　C. 横向扩大化　D. 纵向扩大化

14. (　　)不属于组织结构分析的内容。

A. 各种职能的性质及类别　B. 员工与岗位之间是否匹配

C. 决定企业经营的关键性职能　D. 内部环境变化对企业组织职能的影响

15. 企业在分析决策应该归属于哪一管理层次和部门时，无需考虑的因素是(　　)。

A. 决策的性质　B. 决策者所需具备的能力

C. 决策的环境　D. 决策对各职能的影响面

16. 企业组织结构的整合属于(　　)组织结构变革。

A. 爆破式　B. 计划式　C. 扩张式　D. 改良式

17. 企业组织结构变革的方式不包括(　　)。

A. 改良式　B. 爆破式　C. 计划式　D. 渐进式

18. 在企业中组织结构变革时需分析组织关系，其中不需要分析的内容是(　　)。

A. 某个单位应同哪些单位和个人发生联系

B. 某个单位要求别人给予何种配合和服务

C. 某个单位的工作效率和员工的士气如何

D. 某个单位应该为别的单位提供哪些服务

19. 相较于组织结构变革的其他方式，(　　)是企业较为常用的方式。

A. 改良式变革　B. 爆破式变革　C. 组织结构整合　D. 突发式变革

20. 以下关于企业组织结构整合的说法不正确的是(　　)。

A. 是一种改良式变革

B. 是组织设计中的第二步工作

C. 是企业最常用的组织结构变革方式

D. 主要解决结构分化时出现的分散倾向和实现相互协调的要求

21. (　　)是企业最常用的组织结构变革方式。

A. 扩张式变革　B. 爆破式变革　C. 组织结构整合　D. 突发式变革

22. 企业组织结构整合的过程包括：①控制阶段；②互动阶段；③拟定目标阶段；④规划阶段。排序正确的是(　　)。

A. ③②①④　B. ④③②①　C. ③①②④　D. ③④②①

23. 以下关于企业人力资源规划的说法不正确的是(　　)。

A. 人员补充计划与人员晋升计划相联系

B. 人员晋升计划最直接的作用是激励员工
C. 狭义的人力资源规划特指企业人员规划
D. 一般来说,三年以上的计划可称为规划

24. 一般来说,人员晋升计划的内容不包括( )。

A. 晋升条件　B. 晋升比率　C. 晋升时间　D. 晋升制度

25. 人员培训开发计划的具体内容不包括( )。

A. 培训的目标　B. 培训费用的预算
C. 培训的内容　D. 培训人员的资格

26. 人员晋升计划的内容不包括( )。

A. 晋升预案　B. 晋升比率　C. 晋升条件　D. 晋升时间

27. 企业制定人员晋升计划时,一般不包括( )指标。

A. 晋升条件　B. 晋升比率　C. 晋升时间　D. 晋升路径

28. 以下不属于员工薪酬激励计划作用的是( )。

A. 充分发挥薪酬的激励功能
B. 对未来的薪酬总额进行预测
C. 提高企业在市场上的竞争力
D. 保证人工成本与企业经营状况之间恰当的比例关系

29. 影响企业人力资源规划的人口环境因素不包括( )。

A. 人口的性别比例　B. 劳动力队伍的数量
C. 劳动力队伍的质量　D. 劳动力队伍的结构

30. ( )不属于影响企业人力资源活动的法律因素。

A. 质量管理制度　B. 最低工资标准　C. 户籍制度　D. 社会保障制度

31. 企业人员供给计划不包括( )。

A. 招聘计划　B. 培训计划　C. 内部调动计划　D. 晋升计划

32. 以下关于企业人员规划的说法不正确的是( )。

A. 人员规划是人力资源预测的一部分
B. 在实现组织目标的同时,也要满足个人的利益
C. 保证人力资源与未来组织发展各阶段的动态适应
D. 要求企业人力资源的数量、质量和结构符合其特定的要求

33. 编制人力资源规划的核心与前提是( )。

A. 人力资源的需求预测　B. 人力资源管理系统的设计
C. 人力资源的供给预测　D. 人力资源供给平衡和协调

34. 以下关于企业人力资源预测的说法不正确的是( )。

A. 人力资源预测是人员规划的一部分
B. 人力资源预测是人员规划中定量分析最多的部分
C. 人力资源的增量预测,即预测劳动力市场中的过度供给
D. 人力资源的存量预测,即预测企业人力资源的自然消耗和自然流动

35. 以下关于人员规划的说法不正确的是( )。

A. 人员规划是人力资源预测的一部分

B. 人员规划在实现组织目标的同时，也要满足个人的利益
C. 人员规划要保证人力资源与未来组织发展各阶段的动态适应
D. 人员规划要保证企业人力资源数量、质量和结构符合特定的生产技术要求

36. 人力资源需求预测的内容不包括(　　)。

A. 未来人力资源需求预测　　B. 现实人力资源预测
C. 过去人力资源流动分析　　D. 未来流失人力资源预测

37. 以下关于人力资源预测的说法不正确的是(　　)。

A. 不会受预测者知识水平的限制　　B. 要求预测者具有高度的想象力
C. 有利于提高组织环境适应能力　　D. 能够引导员工的职业生涯规划

38. SWOT 分析法中，W 代表(　　)。

A. 优势　B. 机会　C. 劣势　D. 威胁

39. 竞争分析模型是由(　　)提出的。

A. 迈克尔・波特　B. 杰克・韦尔奇　C. 彼得・德鲁克　D. 彼得・圣吉

40. 人力资源需求预测所依据的一般原理不包括(　　)。

A. 惯性原理　B. 相关性原理　C. 聚类原理　D. 相似性原理

41. 企业人力资源需求预测依据的原理不包括(　　)。

A. 惯性原理　B. 相关性原理　C. 趋势原理　D. 相似性原理

42. 人力资源需求预测的定量方法不包括(　　)。

A. 趋势外推法　B. 经验预测法　C. 回归分析法　D. 马尔可夫分析法

43. 以下关于人力资源预测方法的说法不正确的是(　　)。

A. 德尔菲法适用于人力资源需求的长期趋势预测
B. 转换比率法假定企业的劳动生产率是可变的
C. 转换比率法无法说明不同类别员工需求的差异
D. 德尔菲法可用于企业整体人力资源需求的预测

44. 以下关于德尔菲法的描述不正确的是(　　)。

A. 可用于企业整体人力资源的需求预测
B. 可用于预测企业某部门人力资源要求
C. 适用于人力资源需求的长期趋势预测
D. 是一种定性与定量相结合的预测方法

45. 合理分权的作用不包括(　　)

A. 有利于企业统一指挥和领导　　B. 有利于调动下级的积极主动性
C. 有利于基层迅速正确地做出决策　　D. 有利于领导集中力量抓重大问题

46. (　　)一般采用问卷调查的方法，听取专家的分析评估，经多次重复后达成一致意见。

A. 经验预测法　B. 描述法　C. 转换比率法　D. 德尔菲法

47. 以下关于企业人力资源预测方法的说法不正确的是(　　)。

A. 描述法适用于长期预测
B. 可以分为定量和定性两大类
C. 德尔菲法是一种定性预测方法
D. 经验预测法可以采用“自上而下”和“自下而上”两种方式

48. 企业人员需求预测方法中,(　　)不属于量化分析方法。

A. 德尔菲预测法　B. 趋势外推法　C. 马尔科夫分析法　D. 转换比率法

49. 以下关于企业人力资源预测方法的说法不正确的是(　　)。

A. 回归分析法本质上是经济计量模型法

B. 经济计量模型法实际上是一种转移概率矩阵

C. 马尔可夫分析法可预测企业人力资源需求

D. 灰色预测模型能对含有已知的、未知或非确定信息的系统进行预测

50. (　　)利用惯性原理,对企业人力资源需求总量进行预测。

A. 趋势外推法　B. 人员比率法　C. 回归分析法　D. 经济计量模型法

51. 以下属于人力资源需求预测定量方法的是(　　)。

A. 经验预测法　B. 描述法　C. 转换比率法　D. 德尔菲法

52. 作为企业人力资源需求预测的一种方法,定员定额分析法不包括(　　)。

A. 工作定额分析法　B. 比例定员法

C. 劳动效率定员法　D. 人员比率法

53. 在人力资源需求预测的定量方法中,(　　)是先将公司的员工需求量与影响需求量主要因素之间的关系用数学模型表示出来,依此模型及主要因素变量,来预测公司的员工需求。

A. 计算机模拟法　B. 马尔可夫分析法

C. 定员定额分析法　D. 经济计量模型法

54. (　　)不属于定员定额分析法。

A. 工作定额分析法　B. 比例定员法

C. 劳动效率定员法　D. 人员比率法

55. 人力资源内部供给预测的方法不包括(　　)。

A. 人力资源信息库　B. 马尔科夫模型

C. 管理人员接替模型　D. 回归分析法

56. 企业人力资源供不应求,会导致(　　)。

A. 生产效率低下　B. 组织内部人浮于事

C. 企业设备闲置　D. 固定资产利用率高

57. 多维立体组织结构的主要管理组织机构系统不包括(　　)。

A. 地区利润中心　B. 专业成本中心

C. 产品利润中心　D. 地区成本中心

58. 以下不属于静态的组织设计理论的是(　　)

A. 组织的规章　B. 组织的体制　C. 组织的机制　D. 组织的协调

59. 企业实施组织结构变革时,为保证改革的顺利进行,事先采取的措施不包括(　　)

A. 给员工增加福利津贴

B. 让员工参与组织变革的调查、诊断和计划

C. 大力推行与组织变革相适应的人员培训计划

D. 大胆起用年富力强和具有开拓创新精神的人才

60. 狭义的人力资源规划不包括(　　)

A. 人员配备计划　B. 人员晋升计划　C. 人员补充计划　D. 人员培训计划

二、多项选择题

1. 下列关于组织结构设计的说法,正确的有( )。

A. 以企业组织结构为核心　B. 是企业管理的基本前提
C. 是企业总体设计的重要组成部分　D. 是一项理论性强,操作性弱的工作
E. 要在企业人事管理理论的指导下进行

2. 有效管理幅度不是一个固定值,它受( )等条件的影响。

A. 职务性质　B. 人员素质　C. 管理风格
D. 管理层次　E. 职能机构健全程度

3. 以工作和任务为中心的部门结构形式包括( )。

A. 矩阵结构　B. 直线制　C. 事业部制
D. 分权制　E. 直线职能制

4. 动作经济原理可以分为( )。

A. 人体利用　B. 工作地布置　C. 工作条件的改善
D. 工具和设备的设计　E. 工业工程研究

5. 企业不同的组织结构形式对应着不同的组织发展战略,下列选项中,相匹配的"战略一组织结构"组合是( )。

A. 多种经营战略一矩阵制结构　B. 扩大地区战略一职能制结构
C. 增大数量战略一简单组织结构　D. 人才培养战略一矩阵制结构
E. 纵向整合战略一事业部制结构

6. 组织结构分析时要分析各种职能的性质及类别,即( )。

A. 支援性职能　B. 产生成果的职能　C. 附属性业务
D. 培训开发的职能　E. 高层领导工作

7. 企业进行组织决策分析时,需考虑的因素有( )。

A. 决策的常规性　B. 决策者所需具备的能力
C. 决策的层次性　D. 决策对各职能的影响面
E. 决策影响的时间

8. 企业外部人力资源供给的主要渠道有( )。

A. 复员转业军人　B. 流动人员　C. 其他组织在职人员
D. 失业人员　E. 大中专院校在读生

9. 在进行组织结构诊断时要分析组织关系,应当弄清( )。

A. 某个单位应同哪些单位和个人发生联系
B. 某个单位要求别人给予何种配合和服务
C. 某个单位考虑如何才能成为行业的领头
D. 某个单位应当为别的单位提供哪些服务
E. 内外环境变化引起企业哪些经营战略改变

10. 组织结构变革常招致各方面的抵制和反对,人们反对变革的根本原因在于( )。

A. 改革的方式太过激烈　B. 生产经营情况更加恶化
C. 改革使他们失去了工作安全感　D. 一部分员工与领导因循守旧
E. 改革冲击他们已习惯的工作方法

11. 狭义的人力资源规划,包括的年度计划有(　　)。

A. 人员配备计划　B. 人员培训计划　C. 人员补充计划

D. 人员晋升计划　E. 薪酬激励计划

12. 狭义的人力资源规划包括人员(　　)。

A. 培训计划　B. 补充计划　C. 配备计划

D. 薪酬计划　E. 晋升计划

13. 影响企业人力资源规划的经济环境因素包括(　　)。

A. 经济形势　B. 人口总量　C. 科技水平

D. 物价指数　E. 劳动力市场供求关系

14. 以下不属于企业人员内部供给预测方法的是(　　)。

A. 生产函数模型法　B. 经验推断法　C. 人力资源信息库

D. 定员分析法　E. 管理人员接替模型

15. (　　)属于人力资源规划的外部环境。

A. 组织环境　B. 科技环境　C. 人口环境

D. 经济环境　E. 法律环境

16. 人力资源需求预测的内容有(　　)。

A. 企业人力资源需求预测　B. 企业人力资源存量与增量预测

C. 企业人力资源结构预测　D. 企业特种人力资源预测

E. 企业人力资源质量预测

17. 下列选项中属于方法研究具体应用技术的是(　　)。

A. 作业程序图　B. 流程图　C. 操作人程序图

D. 动作研究　E. 工业工程

18. 制定企业人员规划的基本原则包括(　　)。

A. 确保人力资源需求的原则　B. 与战略目标相适应的原则

C. 与内外环境相适应的原则　D. 与企业员工开发相适应的原则

E. 保持适度流动性的原则

19. 解决企业人力资源过剩的常用方法有(　　)。

A. 减少员工的工作时间　B. 鼓励提前退休或内退

C. 鼓励部分员工自谋职业　D. 合并和关闭某些臃肿的机构

E. 制定聘用全日制临时用工计划

20. 人力资源规划的核心内容有(　　)。

A. 人力资源费用的控制　B. 人力资源需求预测

C. 人力资源信息的收集　D. 人力资源供给预测

E. 人力资源供需综合平衡

21. 企业人员供给计划主要包括(　　)。

A. 人员招聘计划　B. 人员晋升计划　C. 人员费用计划

D. 人员培训计划　E. 人员内部调动计划

22. 人力资源规划可以通过对风险的(　　)等一系列活动防范风险。

A. 识别　B. 对比　C. 估计

D. 盘点　　E. 监控

23. (　　)应列入人力资源费用计划预算范围。

A. 招聘费用　　B. 调配费用　　C. 奖励费用

D. 员工薪酬　　E. 福利津贴

24. 以下关于企业人力资源预测的说法正确的有(　　)。

A. 预测的结果不是绝对的,可进行调整

B. 预测的基本原理是根据过去推测未来

C. 人力资源需求预测要注意需求与净需求的区别

D. 人力资源供给预测是人力资源规划的核心和前提

E. 人力资源供给预测须考虑组织内外部供给的因素

25. 特种人力资源与现代高科技发展紧密相连,在(　　)方面起决定作用。

A. 提高竞争力　　B. 支柱产业形成　　C. 提高科技含量

D. 产业结构调整　　E. 新兴行业发展

26. 人力资源预测的局限性,主要表现在(　　)。

A. 预测方法不精密　B. 企业内部的抵制

C. 预测的成本高昂　D. 知识水平的限制

E. 环境的不确定性

27. (　　)是影响人力资源需求预测的一般因素。

A. 顾客需求变化　　B. 生产需求　　C. 劳动力成本趋势

D. 追加培训需求　　E. 生产率变化趋势

28. 影响人力资源需求预测的一般因素包括(　　)。

A. 市场需求　　B. 企业文化　　C. 企业总产值

D. 工作时间　　E. 政府方针政策

29. 人力资源需求预测时要进行环境与影响因素分析,以下属于竞争五要素分析法要分析的内容的是(　　)。

A. 对顾客群的分析　　B. 对新加入竞争者的分析

C. 对市场环境的分析　　D. 对企业优劣势的分析

E. 对竞争策略的分析

30. 影响企业内部人力资源供给的因素有(　　)。

A. 择业心理偏好　　B. 企业人员的自然流失

C. 社会就业意识　　D. 内部流动　　E. 跳槽

31. 编制人员需求计划时,企业的生产部门应根据(　　)来确定人员的需求量。

A. 生产任务总量　　B. 劳动生产率

C. 计划劳动定额　　D. 定员的标准

E. 组织机构设置

32. 以下组织结构变革的方式中,属于改良式变革的是(　　)。

A. 新设一个职位　　B. 两家企业合并

C. 企业组织结构的整合　　D. 局部改革某个科室的职能

E. 从职能制结构改为事业部制结构

33. 人力资源需求预测依据的原理有(　　)。

A. 相关性原理　B. 惯性原理　C. 相似性原理

D. 趋势原理　E. 一致性原理

34. 企业人力资源需求预测的依据指标包括(　　)。

A. 企业管理水平　B. 企业员工总数

C. 企业技术水平　D. 当地劳动力市场工资水平

E. 当地劳动力总体素质

35. 人力资源预测的内容包括(　　)。

A. 企业人力资源需求预测　B. 企业人力资源供给预测

C. 企业人力资源结构预测　D. 企业特种人力资源预测

E. 企业人力资源存量与增量预测

36. 人力资源需求预测的定性方法包括(　　)。

A. 转换比率法　B. 描述法　C. 回归分析法

D. 德尔菲法　E. 经验预测法

37. 以下关于人力资源预测方法的说法正确的是(　　)。

A. 马尔可夫法可以预测企业的人力资源需求

B. 经济计量模型法其实是一种转移概率矩阵

C. 马尔可夫法可以预测企业的人力资源供给

D. 趋势外推法与回归分析法本质上都是经济计量模型法

E. 灰色预测模型能对含有未知或非确定信息的系统进行预测

38. 在计算某工种定员人数时,通常要按公式核算出(　　)等指标数值。

A. 劳动力供给人数　B. 出勤率

C. 工时利用率　D. 作业率　E. 定额完成率

39. 企业外部人力资源供给的主要渠道有(　　)。

A. 复员转业军人　B. 流动人员

C. 其他组织在职人员　D. 失业人员

E. 大中专院校在读生

40. 影响企业外部劳动力供给的地域性因素包括(　　)。

A. 劳动力市场完善程度

B. 企业所在地的人力资源现状

C. 企业所在地对人才的吸引程度

D. 企业所在地薪酬对人才的吸引程度

E. 社会就业意识和择业心理偏好

专业技能练习题

一、简答题

1. 企业组织结构内部不协调主要有哪些表现?可采取哪些组织结构整合的对策?

2. 企业解决人力资源过剩的常用方法有哪些?

3. SWOT分析法和竞争五要素分析法的主要内容有哪些?

二、综合题

1. LHB公司是一家国际食品和家庭及个人卫生用品集团，该公司在21世纪初彻底进行了重组。在过去，该公司是高度分权化的，各国的子公司均享有高度的自治权。在20世纪90年代后期，该公司开始引入新的创新和战略流程，同时整合其核心业务。

直到2000年，由H国和B国的董事长以及他们的代表组成的一个特别委员会和一个包括职能、产品和地区经理等在内的15个董事一直独揽着公司的决策大权，整个结构是矩阵式的，其特点是加强了横向联系，组织的机动性得到加强，集权和分权相结合，专业人员潜能得到发挥，能培养各种人才。然而，矩阵制的缺点是成员位置不固定，有临时观念，有时责任心不够强；员工受双重领导，有时不易分清责任，一份"我们需要明确的目标和角色，董事会使自己过多地卷入了运营，从而对战略领导造成了损害"的内部报告也表明公司的组织结构存在一定的问题。

然而，2001年启动的"杰出绩效塑造计划"带来了公司结构的实质性改变。该计划废除了特别委员会和地区经理这一层级，代之以一个由7人组成的董事会，由董事长及职能和大类产品（即食品、家庭及个人卫生用品）的经理组成。向他们报告的是12位负有明确盈利责任的业务集团总裁，后者在特定地区对其管理的产品利润负有完全的责任，全球战略领导被明确的置于执委会一级，运营绩效则是业务集团的直接责任。

在这种正式结构调整之后，国际协调是由许多正式和半正式的网络协助完成的。研究和发展的工作由国际网络创新中心负责实施，其领导责任通常归属于中心的专家而不是H国或者B国的总部机构。产品和品牌网络（国际业务小组）负责在全球范围内协调品牌和营销。同时，职能网络也开展一系列计划，以便就一些关键问题（如录用和组织效能）实现全球协调。所有这些网络均大大依赖于非正式的领导和社会过程，同时也依赖于电子邮件和内部网络科技投入的支持。是否参与这种协调在很大程度上是由业务集团而非公司总部确定并资助。这里所谓的企业网络组织，是指以某一具有核心能力的组织为中心，利用一定的手段，针对一定的目标，将一些相关的组织连接起来，形成一个互相支持、互相合作、互相依存的企业组织群体。在这个组织群体中，每个组织作为网络组织群体的成员又是相对独立的，通过长期契约和信任，与核心组织群体结合在一起成为命运共同体而共同发展。网络型组织能够不断地适应企业的外部环境。网络型组织结构具有以下重要特征：极大的灵活性、虚拟性、动态协作性、组织柔性、信息交互性、无边界性、多元化和结构的扁平化。

请结合本案例，回答以下问题：

(1)实施新的组织变革计划后，该公司组织结构发生了哪些新的变化？

(2)该公司顺利完成了组织结构的变革，对我们有哪些重要的启示？

2. 某大型国有机械制造企业集团（公司）下设5个分公司，8个加工厂，以及研究所、试验基地等20个附属单位，现有员工16 000多人。随着企业生产经营规模的不断扩大，技术装备水平的迅速提高，该企业对人力资源的需求不但在总量上发生了变化，而且在结构上也出现了根本性的变化。但人事部主任一直对计划主管的工作不甚满意，认为企业的人员计划明显滞后，缺乏前瞻性和完整性，对人员招聘、配置、培训等工作起不到积极的作用。

如果让您来编制企业的人员计划，您认为：

(1)应当编制哪些人员计划才能满足企业人力资源管理的需求？

(2)这些人员计划之间存在着何种关系？

(3)如何确保上述计划的实施?

3. 某公司的组织结构如图1所示,总经理直接负责财务部、办公室和党群工作部,并直接管理家电、电信及机械控制产品等3个部门,下设副总经理两名,一名负责企业的行政部、人力资源部,另一名负责技术研发部、质量安全部、销售部。随着公司规模的扩大,公司领导感到现行的组织结构严重制约企业的发展,许多新的问题开始显露,如产品品种和质量无法满足客户的需要,产品销售出现了明显的下滑趋势;管理人员人浮于事、工作效率低下;各个部门特别是生产部门与职能部门之间的矛盾与冲突时有发生。公司决策层在咨询了管理专家的意见之后,决定推行"事业部制"组织结构模式,对公司的组织结构进行必要调整和变革。

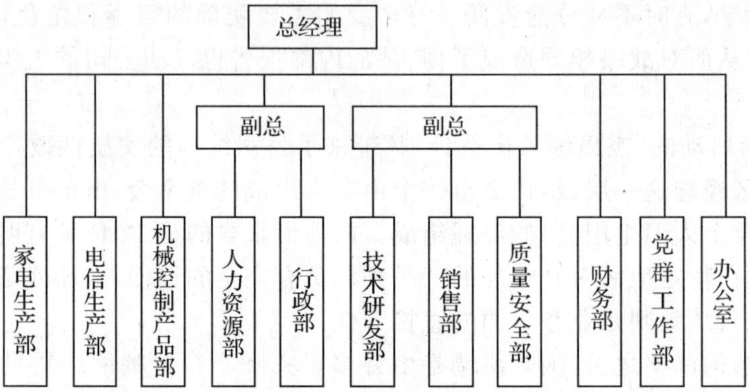

图1

请结合本案例回答以下问题:

(1)该公司现有组织结构存在哪些问题?

(2)该公司组织结构应进行哪些调整?

(3)该公司可以采取哪些措施推进组织变革?

答案与解析

理论知识练习题

一、单项选择题

1. 答案:B(P1)　组织理论与组织设计理论在外延上是不等的,从逻辑上说,组织理论应该包括组织设计理论。

2. 答案:C(P2)　现代组织理论是从行为科学中分离出来的,主要是以权变管理理论为依据。

3. 答案:B(P3)　专业分工和协作的主要措施有:①实行系统管理;②设立一些必要的委员会及会议来实现协调;③创造协调的环境。

4. 答案:C(P1)　本题考查的是组织设计理论的内涵。组织理论被称为广义的组织理论或大组织理论。

5. 答案:C(P2)　静态的组织设计理论主要研究组织的体制(权、责结构)、机构(部门划分的形式和结构)和规章(管理行为规范)。

6. 答案:C(P2)　组织信息控制属于动态组织设计理论。

7. 答案:A(P2)　在动态组织设计理论中,静态设计理论所研究的内容依然占主导地位。

8. 答案:B(P2)　本题考查的是组织设计的最基本原则。

9. 答案:B(P3)　本题考查的是企业为了贯彻专业分工与协作的原则,可以采取的措施。

10. 答案:D(P6)　多维立体组织按照职能划分的专业参谋机构,即专业成本中心。

11. 答案:B(P21)　常设机构只是一种部门。

12. 答案:A(P21)　以成果为中心设计的部门机构包括事业部制和模拟分权制等模式。

13. 答案:A(P35)　本题考查的是工作丰富化的含义。

14. 答案:B(P26)　组织结构分析主要有三方面:①内外环境变化引起的企业经营战略和目标的改变;②明确关键性职能后应置于组织结构的中心地位;③分析各种职能的性质及类别。

15. 答案:C(P26)　在分析决策应当放在哪个层次或部门时,要考虑的因素有:①决策影响的时间。②决策对各职能的影响面。③决策者所需具备的能力。④决策的性质。

16. 答案:B(P27)　企业组织结构的整合是一种计划式变革。

17. 答案:D(P27)　企业组织结构变革的方式有:①改良式变革。②爆破式变革。③计划式变革。

18. 答案:C(P27)　组织关系分析包括:分析某个单位应同哪些单位和个人发生联系?要求别人给予何种配合和服务?它应对别的单位提供什么协作和服务。

19. 答案:C(P28)　组织结构整合是企业最常用的组织结构变革方式,是一种计划式变革。

20. 答案:A(P28)　组织结构整合是企业最常用的组织结构变革方式,是一种计划式变革。

21. 答案:C(P28)　组织结构整合是企业最常用的组织结构变革方式。

22. 答案:D(P29)　企业结构整合的过程:①拟定目标阶段。②规划阶段。③互动阶段。④控制阶段。

23. 答案:D(P46)　一般来说,五年以上的计划可以称之为规划。

24. 答案:D(P47)　晋升计划的内容一般由晋升条件、晋升比率、晋升时间等指标组成。

25. 答案:D(P47)　人员培训计划的具体内容包括:受训人员的数量、培训目标、培训的方式方法、培训的内容、培训费用的预算等。

26. 答案:A(P47)　晋升计划的内容一般由晋升条件、晋升比率、晋升时间等指标组成。

27. 答案:D(P47)　晋升计划的内容一般由晋升条件、晋升比率、晋升时间等指标组成。

28. 答案:C(P47)　员工薪酬激励计划一方面是为了保证企业人工成本与企业经营状况之间恰当的比例关系,另一方面是为了充分发挥薪酬的激励功能。企业通过薪酬激励计划,可以在预测企业发展的基础上,对未来的薪酬总额进行预测,并设计、制定、实施未来一段时期的激励措施。

29. 答案:A(P49)　人口环境因素主要包括:社会或本地区的人口规模,劳动力队伍的数量、结构和质量等特征。

30. 答案:A(P49)　影响人力资源活动的法律因素有:政府有关的劳动就业制度、工时制度、最低工资标准、职业卫生、劳动保护、安全生产等规定,以及户籍制度、住房制度、社会保障制度等。

31. 答案:B(P52)　企业人员供给计划主要包括招聘计划、人员晋升计划和人员内部调动计划。

32. 答案:A(P55) 本题考查的是人力资源预测与人员规划的关系。人力资源预测是人员规划的一部分。

33. 答案:A(P54) 人力资源需求预测就是估算组织未来需要的员工数量和能力组合,它是公司编制人力资源规划的核心和前提,其直接依据是公司发展规划和年度预算。

34. 答案:C(P55) 人力资源增量主要是指,随着企业规模扩大、行业调整等发展变化带来的人力资源上的新的需求。

35. 答案:A(P55) 人力资源预测是人员规划的一部分。

36. 答案:C(P57) 人力资源需求预测包括现实人力资源预测、未来人力资源需求预测、未来流失人力资源预测分析。

37. 答案:A(P57) 人力资源预测会受到知识水平的限制。

38. 答案:C(P58) 本题考查的是SWOT分析法的含义。

39. 答案:A(P58) 竞争五要素分析法是美国人迈克尔·波特提出的一种分析模型。

40. 答案:C(P63) 本题考查的是人力资源需求预测所依据的一般原理。

41. 答案:C(P63) 人力资源需求预测的原理:惯性原理、相关性原理、相似性原理。

42. 答案:B(P66~71) 人力资源需求预测的定量方法包括:转换比率法、人员比率法、趋势外推法、回归分析法、经济计量模型法、灰色预测模型法、生产模型法、马尔可夫分析法、定员定额分析法、计算机模拟法。

43. 答案:B(P66) 本题考查的是人力资源需求预测的方法。

44. 答案:D(P65) 德尔菲法是人力资源需求预测的一种定性方法。

45. 答案:A(P3) 合理分权有利于基层根据实际情况迅速而正确地做出决策,也有利于上层领导摆脱日常事务,集中精力抓重大问题。

46. 答案:D(P65) 德尔菲法又叫专家评估法,一般采用问卷调查的方式,听取专家对企业未来人力资源需求量的分析评估,并通过多次重复,最终达成一致意见。

47. 答案:A(P65) 本题考查的是企业人力资源需求预测的方法。描述法不适用于长期预测,因为时间跨度越长,对环境变化的各种不确定因素就越难以进行描述和假设。

48. 答案:A(P65) 德尔菲法是一种定性预测方法。

49. 答案:B(P66~70) 本题考查的是人力资源需求预测的几种定量方法。

50. 答案:A(P67) 趋势外推法又称为时间序列法,其实质是根据人力资源历史的和现有的资料,随时间变化的趋势具有连续性的原理,运用数学工具对该序列加以引申,即从过去延伸将来,从而达到对人力资源的未来发展状况进行预测的目的。

51. 答案:C(P66) 其他方法属于定性方法。

52. 答案:D(P67) 人员比率法是和定员定额分析法平级的方法,而不是下属于它。

53. 答案:D(P69) 本题考查的是经济计量模型法的概念。

54. 答案:D(P70) 本题考查的是定员定额分析法的类型。

55. 答案:D(P89~92) 人力资源内部供给预测的方法主要包括:人力资源信息库,马尔科夫模型,管理人员接替模型。

56. 答案:C(P95) 本题考查的是企业人力资源供不应求,会导致的后果。

57. 答案:D(P6) 多维立体组织结构的主要管理组织机构系统包括产品利润中心、专业成本中心、地区利润中心。

58. 答案:D(P2)　静态的组织设计理论主要研究组织的体制(权、责结构)、机构(部门划分的形式和结构)和规章(管理行为规范)。

59. 答案:A(P27～28)　为保证变革顺利进行,应事先研究并采取以下相应措施:①让员工参加组织变革的调查、诊断和计划,使他们充分认识变革的必要性和变革的责任感。②大力推行与组织变革相适应的人员培训计划,使员工掌握新的业务知识和技能,适应变革后的工作岗位。③大胆起用年富力强和具有开拓创新精神的人才。

60. 答案:D(P46)　人员培训计划属于广义的人力资源规划。

二、多项选择题

1. 答案:ABC(P1)　企业组织结构设计是指以企业组织结构为核心的组织系统的整体设计工作。它是企业总体设计的重要组成部分,也是企业管理的基本前提。组织设计是一项操作性较强的工作,是在企业组织理论的指导下进行的。

2. 答案:ABE(P3)　有效管理幅度不是一个固定值,它受职务的性质、人员的素质、职能机构健全与否等条件的影响。

3. 答案:ABE(P21)　以工作和任务为中心设计部门组合方式,包括:直线制、直线职能制、矩阵结构(任务小组)等模式,也就是广义的职能制组织结构模式。

4. 答案:ABCD(P39)　本题考查的是动作经济原理的内涵。

5. 答案:ABCE(P23)　本题考查的是企业战略与组织结构的关系。

6. 答案:ABCE(P26)　组织结构分析时要分析各种职能的性质及类别,即支援性职能、产生成果的职能、附属性业务、高层领导工作。

7. 答案:BDE(P26)　企业进行组织决策分析时,需考虑的因素有:决策影响的时间、决策对各职能的影响面、决策者所需具备的能力、决策的性质。

8. 答案:ABCD(P88～89)　本题考查的是企业外部人力资源供给的主要渠道。

9. 答案:ABD(P27)　组织关系分析:分析某个单位应同哪些单位和个人发生联系?要求别人给予何种配合和服务?它应对别的单位提供什么协作和服务?

10. 答案:CDE(P27)　改革使他们失去了工作安全感、一部分员工与领导因循守旧,改革冲击他们已习惯的工作方法。

11. 答案:ACD(P46)　狭义的人力资源规划,按照年度编制的计划主要有:人员配备计划、人员补充计划、人员晋升计划。

12. 答案:BCE(P46)　本题考查的是狭义的人力资源规划的组成。

13. 答案:AE(P48)　影响企业人力资源规划的经济环境因素包括:经济形势、劳动力市场供求关系。

14. 答案:ABD(P89～92)　内部供给预测的方法有:人力资源信息库、管理人员接替模型、马尔可夫模型。

15. 答案:BCDE(P48～49)　组织环境属于企业的内部环境。

16. 答案:ABCD(P55)　人力资源需求预测的内容:①企业人力资源需求预测。②企业人力资源存量与增量预测。③企业人力资源结构预测。④企业特种人力资源预测。

17. 答案:ABCD(P37～39)　工业工程是岗位设计的基本方法之一,和方法研究并列,而不是下属于方法研究。

18. 答案:ABCE(P50)　制定企业人员规划的基本原则包括:①确保人力资源需求的原

则。②与战略目标相适应的原则。③与内外环境相适应的原则。④保持适度流动性的原则。

19. 答案:ABCD(P95~96) 本题考查的是解决企业人力资源过剩的方法。

20. 答案:BDE(P51) 人力资源规划即企业的各类人员规划,其核心部分包括:人力资源需求预测、人力资源供给预测及供需综合平衡三项工作。

21. 答案:ABE(P52) 企业人员供给计划主要包括:人员招聘计划、人员晋升计划、人员内部调动计划。

22. 答案:ACE(P53) 风险分析与策略的制定就是通过风险识别、估计、监控等一系列的活动来防范风险的发生。

23. 答案:ABC(P53) 本题考查的是人力资源费用计划。

24. 答案:ABCE(P55) 本题考查的是人力资源预测的内容。

25. 答案:ABCDE(P55) 特种人力资源是指企业需要的特殊人才资源,这种人才往往与现代高科技发展紧密相连,在产业结构调整、新兴行业发展、支柱产业形成、提高科技含量和竞争力方面起着决定性作用。

26. 答案:BCDE(P56~57) 本题考查的是人力资源预测的局限性。

27. 答案:ABCDE(P57) 本题考查的是影响人力资源需求预测的一般因素。

28. 答案:ACDE(P57) 影响人力资源需求预测的一般因素包括:市场需求、企业总产值、工资状况、劳动生产率的变化趋势、追加培训的需求、工作时间、政府方针政策、退休年龄的变化、社会安全福利保障等。

29. 答案:ABE(P59) 竞争五要素分析法。企业要进行以下五项分析:对新加入竞争者的分析、对竞争策略的分析、对自己产品替代品的分析、对顾客群的分析、对供应商的分析。

30. 答案:BDE(P88) 企业内部人力资源供给量必须考虑:企业内部人员的自然流失、内部流动、跳槽等。

31. 答案:ABCD(P62) 企业的生产性部门是根据生产任务总量和劳动生产率、计划劳动定额以及有关定员标准来确定人员的需要量。

32. 答案:AD(P27) 改良式变革,即日常的小改小革,修修补补。如局部改变某个科室的职能,新设立一个职位等。

33. 答案:ABC(P63) 人力资源需求预测的原理:惯性原理、相关性原理、相似性原理。

34. 答案:ABC(P63) 本题考查的是企业人力资源需求预测的依据指标。

35. 答案:ACDE(P55) 人力资源预测的内容包括:企业人力资源需求预测、企业人力资源存量与增量预测、企业人力资源结构预测、企业特种人力资源预测。

36. 答案:BDE(P64~65) A、C两项是定量的人力资源预测方法。

37. 答案:ACDE(69~P70) 马尔可夫模型方法实际上是一种转移概率矩阵,而不是经济计量模型。

38. 答案:BCDE(P78) 要计算某个工种定员人数时,通常要按公式核算出定额完成率、实作工时总数、工时利用率、出勤率、作业率等指标数值。

39. 答案:ABCD(P88~89) 本题考查的是企业外部人力资源供给的主要渠道。

40. 答案:BCDE(P88) 本题考查的是影响企业外部劳动力供给的因素。

专业技能练习题

一、简答题

1. 参考答案：(P28)

(1)企业组织机构内部不协调主要有以下几方面的表现：

1)各部门间经常出现冲突。

2)存在过多的委员会。

3)高层管理部门屡屡充当下属部门冲突时的裁判和调解者。

4)组织机构本身失去了相互协调的机能，全靠某个有特殊地位的人或权威来协调。

(2)组织结构整合的具体对策有：

1)如果上述现象不是十分明显或不很严重，整合可以在原有机构分解的基础上进行，或对原有机构分解仅作局部调整，重点放在协调措施的改进上。

2)如果上述现象非常严重，则应按机构分解的基本原则和要求重新分解机构，在此基础上再作整合。

2. 参考答案：(P95～96)

解决企业人力资源过剩的常用方法有：

1)辞退某些劳动态度差，技术水平低，劳动纪律观念差的员工。

2)合并和关闭某些臃肿的机构。

3)有条件的企业鼓励内退。

4)提高员工整体素质，为企业扩大再生产准备人力资本。

5)加强培训工作，使员工掌握多种技能，增强他们的竞争力。

6)鼓励部分员工自谋职业。

7)减少员工的工作时间，随之降低工资水平。

8)由多个员工分担以前只需一个或少数几个人就可完成的工作和任务，企业按工作任务完成量来计发工资。

3. 参考答案：(P58～59)

SWOT分析实际上是对企业内外部条件各方面内容进行综合概括，分析企业组织的优劣势、面临的机会和威胁的一种方法，它包括：①优势(Strength)分析；②劣势(Weakness)分析；③机会(Opportunity)分析；④威胁(Threat)分析。

其中，优劣势分析主要是着眼于企业自身的实力及其与竞争对手的比较，而将对机会和威胁分析的注意力放在外部环境的变化及对企业的可能影响上。

竞争五要素分析法是一种分析模型。在这个模型中，企业要进行以下五项分析：对新加入竞争者的分析、对竞争策略的分析、对自己产品替代品的分析、对顾客群的分析、对供应商的分析。

二、综合题

1. 参考答案：

(1)该公司组织结构发生的新变化如下：

1)在组织结构模式上进行了变革，以新型的企业网络组织，取代了原有的矩阵式的组织结构,从而克服了矩阵制存在的种种缺点,例如,成员位置不固定,有临时观念,有时责任心不够强;人员受双重领导,有时不易分清责任等。

2)新的企业网络型组织结构使公司组织结构更加充满活力,即具有更大的灵活性、虚拟性、动态协作性、组织柔性、信息交互性、无边界性、多元化和结构扁平化。

3)减少了管理层次,精简了组织人员,如撤销了特别委员会和地区经理这一层级。同时,减少了董事会的名额,从15人压缩到7人。

4)明确了各个层级职责和权限,由12位业务集团总裁在特定地区对其管理的产品负有完全的利润责任,即全球战略领导被明确地置于执委会一级,运营绩效则是业务集团的直接责任,从根本上解决了董事会管得过宽,“使自己过多地卷入了运营”,而不能集中精力研究企业发展的战略问题。

5)进一步健全并完善该公司的组织机构,例如,建立了国际网络创新中心,由中心的专家负责集团的研究和发展工作;设置了产品和品牌网络(国际业务小组),负责在全球范围内协调品牌和营销。

(2)启示如下:

1)企业组织结构是完成企业目标的基石,科学合理的组织结构能够将企业一切可供利用的资源整合起来,对其进行优化分配,从而发挥资源利用的整体优势,实现价值的最大化。因此,企业要想在激烈市场竞争中克敌制胜,就必须高度重视企业组织结构变革。

2)“现代社会唯一不变的就是变化”,一个企业组织结构设置好之后并不是一成不变的。处在经济全球化快速变革的时代,企业必须根据所处的外部环境和内部条件,适时地进行组织结构的变革,才能适应市场环境的剧烈变化,应对竞争对手的挑战。

3)该公司采用较为稳妥的“计划式”组织变革模式,提出了“杰出绩效塑造计划”,采取“网络型组织结构”的新模式,有计划、分阶段、循序渐进地完成了组织结构的变革。现代组织设计理论主张尽量采用计划式的组织变革模式。

4)实践证明,在市场经济条件下,采用以工作和任务为中心设计部门结构的方法(如矩阵制),其适用范围十分狭小;而采用以成果一利润为中心设计部门结构的方法,具有更强适应性,如企业网络型组织。

2. 参考答案:(P52～53)

(1)为了满足企业人力资源管理的需求,应当编制以下人员计划:①人员配置计划;②人员需求计划。③人员供给计划。④人员培训计划。⑤人力资源费用计划。⑥人力资源政策调整计划。

(2)上述计划的关系是:①企业的人员配置计划要根据企业的发展战略,结合企业的工作岗位分析所制作的工作岗位说明书和企业人力资源盘点的情况来编制。②人员需求预测计划的形成必须参考人员配置计划。③人员供给计划是人员需求计划的对策性计划。④人员供给计划的实现需要人员培训计划的支持。⑤人力资源费用计划的编写要以其他人员计划为基础。

(3)为了确保上述计划的有效实施,应当:①编制人力资源政策调整计划。②对执行上述计划的风险进行评估并提出对策。

3. 参考答案:

(1)该公司组织结构存在的主要问题是:

1)三个高层管理者分权不当,如两个副总之间的工作分工不尽合理,总经理直接分管三个产品部、四个职能部门,不能集中精力考虑企业管理的战略问题。

2)党群工作部、行政部、办公室等部门的工作性质相似,职能易有重叠之处。

3)权力过于集中于上层领导,各生产部门缺乏必要的生产经营自主权。

4)产品设计、生产与销售由职能部门和生产部门分别承担,职能与业务部门缺乏合理分工与协作,难以根据市场的需求有效地进行产品研发、生产和销售。

(2)组织结构应进行如下调整:

1)权力放下。参照模拟分权制组织机构形式,在原有的三个产品部的基础上,按产品组建三个相对独立的事业部,总公司高层管理者主要负责重大问题的决策,并通过利润指标对各事业部进行控制。

2)精简总部机构。将某些职能及相关人员转移到各事业部中,各事业部可根据自己的产品及市场特点,设置产品研发、生产、销售部门。

3)可以将党群工作部、办公室、行政部等部门进行合并,成立新的行政办公室。

4)明确规定各个职能和业务部门的职能范围、业务分工和权限,保证各事业部实行高度专业化经营。

(3)顺利推进组织变革的主题措施包括:

1)让员工参加组织变革的计划、调查和诊断等项活动,使他们充分认识变革的必要性,增强参与变革的责任感。

2)大力推行与组织变革相应的人力培训计划,使员工掌握新的业务知识和专业技能,适应组织变革之后岗位的新要求。

3)完善各项基础工作,健全各项规章制度,明确岗位责任与权限,正确规范岗位人员的工作活动。

4)培养和选拔中层技术和管理骨干,大胆起用年富力强、具有开拓创新精神的人才,从人事方面减少变革的阻力。

第二章 招聘与配置

理论知识练习题

一、单项选择题

1. 下列关于人事测评的说法不正确的是(　　)。

A. 人的素质是有差异的　　B. 先天因素可以造成素质差异

C. 测评的内容是心理素质　　D. 后天因素可以造成素质差异

2. 下列关于选拔性素质测评的表述,正确的是(　　)。

A. 测评标准无区分功能　　B. 强调定性描述测评结果

C. 测评标准应具有弹性　　D. 测评标准要尽可能精确

3. (　　)作为测量"人"的尺度,在员工与岗位之间架起了桥梁。

A. 岗位分析　　B. 员工素质测评　　C. 岗位评价　　D. 员工绩效评价

4. (　　)素质测评可以鉴定一个人是否具备某种素质以及具备的程度。

A. 选拔性　　B. 考核性　　C. 开发性　　D. 诊断性

5. 以摸清情况,了解测评对象的优势和不足为目的的员工素质测评类型是(　　)。

A. 选拔性测评　　B. 考核性测评　　C. 开发性测评　　D. 诊断性测评

6. 某公司要给管理人员做培训,培训前先做一个综合素质测试,这属于(　　)测试。

A. 开发性　　B. 诊断性　　C. 考核性　　D. 选拔性

7. 反映被测者素质性质的员工素质测评方法是(　　)。

A. 定性测评　　B. 定量测评　　C. 静态测评　　D. 动态测评

8. 便于横向比较员工素质的测评方式是(　　)。

A. 表面测评　　B. 形式测评　　C. 静态测评　　D. 动态测评

9. (　　)是员工测评与选拔活动的中心与纽带。

A. 设计测评表　　B. 确定测评者

C. 选定测评方法　　D. 设计测评与选拔标准体系

10. 员工素质测评的(　　)采用"优、良、中、差"的刻度形式。

A. 量词式标度　　B. 数量式标度　　C. 定义式标度　　D. 等级式标度

11. 下列关于心理素质的说法不正确的是(　　)。

A. 心理素质控制和调节人的能力发挥

B. 心理素质属于结构性素质测评体系要素

C. 心理素质包括智能素质、品德素质和文化素质

D. 心理素质从动态的角度反映了人的素质及其功能

12. 用"民主型""专制型""中介型"衡量一个管理者的风格的素质测评量化形式是(　　)。

A. 等距量化　　B. 当量量化　　C. 类别量化　　D. 模糊量化

13. 员工素质测评体系的横向结构不包括(　　)。

A. 结构性要素　　B. 行为环境要素　　C. 测评指标要素　　D. 工作绩效要素

14. 测评试题的含义模糊不清、似是而非的测评技术是(　　)。

A. 访谈技术　B. FRC 技术　C. 投射技术　D. 问卷技术

15. 美国教育学家布卢姆将教育认知目标由低到高分为多个层次，最低层次是(　　)。

A. 理解　B. 应用　C. 记忆　D. 分析

16. (　　)是起源于临床心理和精神病治疗的品德测评方法。

A. 心理测试　B. 品德测评　C. 投射技术　D. 问卷测评

17. 测评学习能力的最简单有效的方法是(　　)。

A. 心理测验　B. 面试法　C. 投射技术　D. 情境测验

18. 学习能力测评的方式不包括(　　)。

A. 面试　B. 投射测试　C. 心理测试　D. 情境测验

19. (　　)的对象一般具有明显的数量关系，量化后的数据直接提示了测评对象的实际特征。

A. 一次量化　B. 二次量化　C. 模糊量化　D. 类别量化

20. 作为员工素质测评量化的主要形式，类别量化与模糊量化都可以看作是(　　)。

A. 当量量化　B. 二次量化　C. 等距量化　D. 比例量化

21. 可以对不同类别、不同质的素质测评对象进行量化的方法是(　　)。

A. 等距量化　B. 当量量化　C. 类别量化　D. 模糊量化

22. (　　)是指测评所指向的具体对象与范围。

A. 测评内容　B. 测评目标　C. 测评指标　D. 测评结果

23. 企业员工素质测评的准备阶段包括以下步骤：①制定测评方案；②组织强有力的测评小组；③收集必要的资料。正确的排序是(　　)。

A. ③②①　B. ②③①　C. ②①③　D. ③①②

24. 若选用集中方式对员工进行素质测评，则测评时间应该选在(　　)。

A. 星期一　B. 星期三　C. 星期五　D. 周末

25. 以近期记忆代替整个测评时期的全部表现，这属于员工素质测评的(　　)。

A. 晕轮效应　B. 感情效应　C. 近因误差　D. 离散误差

26. 员工测评的(　　)是指测评人员以被测对象近期的表现代替整个测评时期的全部实际表现，导致测评结果产生的误差。

A. 晕轮效应　B. 感情效应　C. 近因误差　D. 离散误差

27. 在相关分析中，$r=-1.00$ 表示两组测评数据(　　)。

A. 完全负相关　B. 零相关　C. 完全正相关　D. 无法确定相关关系

28. 下列关于集中量数的说法不正确的是(　　)。

A. 它是描述数据集中趋势的指标　B. 算数平均数和标准差都属于集中量数

C. 它可以说明一组数据的某项特征　D. 可以用它说明几组数据间的比较

29. 在素质能力测评中，最常使用的差异量数是(　　)。

A. 平均数　B. 中位数　C. 标准误　D. 标准差

30. 处理员工素质测评结果的常用数据统计方法不包括(　　)。

A. 集中趋势分析　B. 综合分析　C. 离散趋势分析　D. 相关分析

31. 作为员工素质测评结果分析的一种方法，要素分析法不包括(　　)。

A. 结构分析法　　B. 归纳分析法　　C. 对比分析法　　D. 曲线分析法

32.(　　)是当前人员招聘面试发展的主流。

A. 结构化面试　　B. 非结构化面试　　C. 单独面试　　D. 一次性面试

33.(　　)又称为序列化面试。

A. 单独面试　　B. 小组面试　　C. 一次性面试　　D. 情景面试

34.(　　)是促使面试顺利进行的指导方针。

A. 面试问题　　B. 面试评估　　C. 面试指南　　D. 面试结果

35. 面试考官应提一些应聘者一般有所准备的、比较熟悉的题目的面试实施阶段是(　　)。

A. 结束阶段　　B. 导入阶段　　C. 核心阶段　　D. 确认阶段

36."您还有什么事项需要补充说明的?"这类题目一般用于面试实施过程的(　　)。

A. 结束阶段　　B. 导入阶段　　C. 核心阶段　　D. 确认阶段

37. 应聘者一进入面试现场,面试考官就觉得他不错,这种面试偏见属于(　　)。

A. 晕轮效应　　B. 首因效应　　C. 对比效应　　D. 录用压力

38. 面试考官过分强调应聘者的不利因素,以致不能全面了解应聘者,这属于面试考官偏见中的(　　)。

A. 第一印象　　B. 对比效应　　C. 晕轮效应　　D. 感情效应

39. 面试考官根据面试阶段的感受对应聘者做出主观评价,这属于(　　)。

A. 第一印象　　B. 对比效应　　C. 晕轮效应　　D. 录用压力

40. 在面试过程中,面试考官应(　　)。

A. 多听多说　　B. 多听少说　　C. 少听多说　　D. 少听少说

41. 在面试过程中,面试考官不恰当的行为是(　　)。

A. 向应聘者澄清一些疑问　　B. 就某一问题充分发表自己的意见

C. 向应聘者提问,时间不宜过长　　D. 向应聘者提供企业和岗位的信息

42."您在什么类型的企业工作过?"属于结构化面试中的(　　)问题。

A. 经验性　　B. 情境性　　C. 压力性　　D. 背景性

43."假如现在让你做公司的财务总监,你会怎么做",这类面试问题属于(　　)。

A. 背景性问题　　B. 情境性问题　　C. 思维性问题　　D. 经验性问题

44."你认为一个人成功的标准有哪些?"这类问题属于(　　)。

A. 背景性问题　　B. 知识性问题　　C. 思维性问题　　D. 经验性问题

45."你怎么连这么简单的问题都不懂?",这个问题属于(　　)。

A. 压力性问题　　B. 知识性问题　　C. 思维性问题　　D. 经验性问题

46."你好像不适合我们这里的工作,你看呢?"这属于结构化面试中的(　　)。

A. 背景性问题　　B. 知识性问题　　C. 思维性问题　　D. 压力性问题

47. 在招聘人事专员的过程中,关于劳动人事制度和法令的面试题属于(　　)问题。

A. 背景性　　B. 知识性　　C. 思维性　　D. 经验性

48. 关于应聘者过去所做过的事情的问题属于(　　)。

A. 背景性问题　　B. 知识性问题　　C. 思维性问题　　D. 经验性问题

49. 在员工招聘中通常使用的群体决策法,其特点不包括(　　)。

A. 决策人员的来源广泛　　B. 提高了决策的主动性

C. 决策人员不是唯一的　　D. 运用了运筹学的原理

50. 作为一种招聘决策方法，群体决策法的特点不包括(　　)。

A. 决策人员来源广泛　　B. 运用运筹学的原理

C. 决策的客观性较高　　D. 运用相关分析的方法

51. (　　)方法被认为是当代人力资源管理中识别有才能管理者的最有效工具。

A. 评价中心　　B. 面试　　C. 心理测验　　D. 笔试

52. 评价中心方法不包括(　　)。

A. 公文筐测试　　B. 管理游戏　　C. 无领导小组讨论　　D. 心理测评

53. 在选拔具有较高人际沟通能力的员工时，宜采用(　　)的方法。

A. 案例分析　　B. 公文筐测验　　C. 闭卷笔试　　D. 无领导小组讨论

54. 评价中心方法不包括(　　)。

A. 案例分析　　B. 公文筐测试法　　C. 无领导小组讨论　　D. 结构化面试法

55. 无领导小组讨论中，一组被评人的数量为(　　)。

A. 3～5人　　B. 6～9人　　C. 5～15人　　D. 5～10人

56. 不属于无领导小组讨论类型的是(　　)。

A. 无情境性讨论　　B. 指定角色的讨论

C. 情境性的讨论　　D. 指定主持人的讨论

57. 以下方法中，适合为那些经常需要人际沟通的岗位选拔员工的是(　　)。

A. 案例分析　　B. 公文筐测验　　C. 管理游戏　　D. 无领导小组讨论

58. 下列关于无领导小组讨论的说法不正确的是(　　)。

A. 对评价者和测评标准的要求较高　　B. 题目的质量影响测评的质量

C. 应聘者的表现易受同组成员影响　　D. 被评价者的行为没有伪装的可能

59. (　　)最不适合用无领导小组讨论的方法进行选拔。

A. 人力资源主管　　B. 财务管理人员　　C. 销售部门经理　　D. 公关部门经理

60. 以下对无领导小组场地选定的表述不正确的是(　　)。

A. 座次安排无主次之分　　B. 考场布置要求庄重，使人产生压力感

C. 桌子排成圆形或方形　　D. 环境要满足安静、宽敞、明亮等条件

二、多项选择题

1. 员工素质测评的基本原理包括(　　)。

A. 个体差异原理　　B. 企业差异原理　　C. 人岗匹配原理

D. 行业趋同原理　　E. 工作差异原理

2. 员工素质测评的基本原理不包括(　　)。

A. 个体差异原理　　B. 同素异构原理　　C. 工作差异原理

D. 目标导向原理　　E. 人岗匹配原理

3. 关于无领导小组讨论的说法正确的有(　　)。

A. 考桌一般排成圆形或方形　　B. 座位的安排无主次之分

C. 评价指标不能太多、太复杂　　D. 测评的指标应该具有针对性

E. 被评价者行为没有伪装的可能

4. 人岗匹配包括(　　)。

A. 岗位与岗位之间相匹配　　B. 员工与员工之间相匹配
C. 工作报酬与员工贡献相匹配　　D. 工作要求与员工素质相匹配
E. 工作报酬与员工学历相匹配

5. 员工素质测评方法的类型包括(　　)。

A. 选拔性测评　　B. 补偿性测评　　C. 开发性测评
D. 考核性测评　　E. 诊断性测评

6. 选拔性员工素质测评的主要特点包括(　　)。

A. 强调测评的区分功能　　B. 测评的过程强调客观性
C. 测评指标具有灵活性　　D. 结果体现为分数或等级
E. 测评标准具有机动性

7. 无领导小组讨论中,评分者的观察要点包括(　　)。

A. 发言内容　　B. 发言的形式　　C. 发言情态
D. 发言的影响　　E. 发言时间

8. 下列关于员工素质诊断性测评的说法正确的有(　　)。

A. 测评的结果不公开　　B. 测评指标较灵活
C. 具有较强的系统性　　D. 强调测评的区分功能
E. 测评的内容十分精细

9. 员工素质测评标准表示的形式包括(　　)。

A. 评语短句式　　B. 客观语句式　　C. 方向指示式
D. 主观提问式　　E. 设问提示式

10. 下面符合当量量化的描述是(　　)。

A. 当量量化实际上是近似的等值技术
B. 选择一个中介变量,对不同质的素质测评对象进行统一性的转化
C. 要求素质测评的排列有顺序等距关系,而且还要存在倍数关系
D. 当量量化是一种客观量化形式
E. 当量量化是一种主观量化形式

11. 员工素质测评指标的标度形式有(　　)。

A. 量词式　　B. 等级式　　C. 测定式
D. 定义式　　E. 综合式

12. 员工测评标准体系的结构性要素包括(　　)。

A. 身体素质　　B. 智能素质　　C. 技能素质
D. 品德素质　　E. 文化素质

13. 员工测评标准体系的行为环境要素包括员工的(　　)。

A. 工作表现　　B. 所处环境　　C. 身体素质
D. 心理素质　　E. 工作业绩

14. 素质测评标准体系横向结构包括(　　)。

A. 测评内容　　B. 行为环境要素　　C. 测评目标
D. 工作绩效要素　　E. 结构性要素

15. 品德测评法包括(　　)。

A. 问卷法　　B. 抽样法　　C. 投射技术
D. 访谈法　　E. FRC测评法

16. 员工素质测评中的能力测评一般包括(　　)。

A. 一般能力测评　　B. 特殊能力测评　　C. 思维能力测评
D. 学习能力测评　　E. 创造力测评

17. 特殊能力测评按照测验方式的不同分为(　　)。

A. 个别能力测验　　B. 操作能力测验　　C. 机械能力测验
D. 团体能力测评　　E. 文书能力测验

18. 员工素质测评中,能力测试的类型主要有(　　)。

A. 创造力测试　　B. 特殊能力测评　　C. 学习能力测评
D. 综合能力测评　　E. 一般能力测评

19. 员工素质测评前的准备工作包括(　　)。

A. 制定测评方案　　B. 组织测评小组　　C. 选择测评环境
D. 动员测评对象　　E. 收集必要资料

20. 员工素质测评指导语的内容主要包括(　　)。

A. 阐明测评与一般测验无差异　　B. 员工素质测评的目的
C. 填表前准备工作与填表要求　　D. 举例说明填写的要求
E. 测评结果保密、处理及反馈

21. 员工素质测评指导语的内容应包括(　　)。

A. 素质测评的目的　　B. 强调测评与测验考试的不同
C. 举例说明填写要求　　D. 填表前的准备工作和填表要求
E. 测评结果的保密和处理

22. 各类测评方法中效度评价较高的有(　　)。

A. 智力测验　　B. 面谈　　C. 工作模拟
D. 评价中心　　E. 情景练习

23. 对员工素质测评结果进行文字描述,所需材料包括(　　)。

A. 测评手册　　B. 标准说明　　C. 测评示范
D. 测评理论　　E. 影响因素分析

24. 在素质测评中,对员工进行分类的常用标准有(　　)。

A. 道德分类标准　　B. 调查分类标准　　C. 数学分类标准
D. 性别分类标准　　E. 能力分类标准

25. 员工素质测评中,常用测评结果的分析方法有(　　)。

A. 要素分析法　　B. 相关分析法　　C. 综合分析法
D. 曲线分析法　　E. 直线分析法

26. 面试的发展趋势有(　　)。

A. 提问刚性化　　B. 面试考官的专业化
C. 面试的形式丰富多样　　D. 测评的内容不断扩展
E. 非结构化面试成为面试的主流

27. 面试中常见的问题有(　　)。

A. 面试目的不明确
B. 面试标准不具体
C. 面试缺乏系统性
D. 问题设计不合理
E. 面试考官存在偏见

28. 面试教官应掌握的面试实施技巧包括(　　)。

A. 不带个人偏见
B. 灵活提问
C. 可以发表结论性意见
D. 充分准备
E. 拒绝回答应聘者提出的问题

29. 在面试过程中要理解肢体语言的含义,其中目光接触的典型含义包括(　　)。

A. 友好
B. 紧张
C. 真诚
D. 自信
E. 冷淡

30. 下列企业员工招聘的观点或行为,正确的有(　　)。

A. 简历能代表应聘者的素质
B. 学历比工作经历更重要
C. 要给应聘者更多的表现机会
D. 不要忽视求职者的个性特征
E. 要让应聘者更多地了解企业

31. 行为描述面试的假设前提为(　　)。

A. 属于一种特殊的结构化面试
B. 面试的问题都是行为性问题
C. 过去行为最能预示未来行为
D. 说和做是截然不同的两码事
E. 用以识别关键性的工作要求

32. 结构化面试要求面试考官(　　)。

A. 了解组织状况和岗位要求
B. 有丰富的社会工作经验
C. 掌握相关的人事测评技术
D. 具备丰富的心理学知识
E. 具有良好的个人品德修养

33. 结构化面试的开发不包括(　　)。

A. 测评标准的开发
B. 面试问题的设计
C. 参考答案的确定
D. 面试流程的优化
E. 面试方法的选择

34. 招聘团队应由(　　)组成。

A. 企业高层管理人员
B. 专业人力资源管理人员
C. 用人部门经理
D. 用人部门经验丰富的员工代表
E. 优秀员工代表

35. 评价中心技术主要包括(　　)。

A. 公文筐测验
B. 案例分析
C. 控制力测验
D. 管理游戏
E. 无领导小组讨论

36. 无领导小组讨论的特点包括(　　)。

A. 具有生动的人际互动效应
B. 组织的成本较大,效率较低
C. 讨论过程真实,易于客观评价
D. 被评价者难以掩饰自己的特点
E. 无法在被评价者之间产生互动

37. 下列关于无领导小组讨论的说法,正确的有(　　)。

A. 对评价者和测评标准的要求较高

B. 题目的质量影响到测评的质量

C. 被评价者的表现易受同组成员的影响

D. 被评价者无法掩饰自己的不足

E. 题目的数量对测评质量有显著影响

38. 无领导小组讨论的题目应具备(　　)等特性。

A. 科学性　　B. 实用性　　C. 可评性

D. 易评性　　E. 复杂性

39. 关于无领导小组讨论评分表的设计,以下说法正确的有(　　)。

A. 应从岗位分析中提取评价指标　　B. 评价指标不能太多

C. 以确定测评品德指标为重点　　D. 测评指标具有针对性

E. 对每一测评指标制定量化标准

40. 无领导小组讨论的前期准备工作包括(　　)。

A. 编制题目　　B. 设计评分表　　C. 确定讨论小组

D. 编制计时表　　E. 选定设备器具

专业技能练习题

一、简答题

1. 在面试的实施过程中,一般可分为几个工作阶段?每个阶段的主要任务是什么?

2. 在设计无领导小组讨论试题时,应当聘请哪些专家进行评审?并咨询哪些问题?

3. 简述测评指标设计的原则?

二、综合题

1. 某地一家知名电子科技研发公司,每年都要从高等院校的 MBA 毕业生中选拔一批后备的管理人才。经过认真的研究,公司人力资源部决定通过资格审查和笔试等办法,按照一定比例进行人员筛选,然后采用无领导小组讨论的方式进行精选,最终挑选出符合岗位要求的候选人。人力资源部经理安排招聘主管先提出一个具体的实施方案,并做好各项准备工作。

请结合本案例,回答以下问题:

(1)在组织无领导小组讨论前应做好哪些准备工作?

(2)在编制无领导小组讨论的题目时应当注意哪些问题?

2. 某知名家用电器公司每年都要招聘一定数量的应届毕业生,该公司选拔人才时,通常用笔试与面试两种方式。第一轮面试采取一对一的方式,面试考官由具有一定经验并受过面试培训的部门经理担任。第二轮面试是 30 分钟的复试,面试考官由用人部门高层经理组成。面试过程中,面试考官按照预定的方案向应聘者提问,应聘者按要求作答。随着讨论问题的减少,面试进入尾声,这时面试考官会给应聘者一定时间,由应聘者提几个自己关心的问题。面试结束后,面试考官会立即整理记录,根据应聘者回答问题的情况及总体印象做出最终评定。在复试过程中,面试考官通常提出以下 5 个题目:

1)请问您在哪些单位实习过?

2)您认为职业成功的评价标准是什么?

3)我们发现您的知识与技能结构不太适合我们公司的要求,您怎么看这个问题?

4)如果您的上司给您一项任务,您必须去寻找相关的信息才能完成,您会怎么做?

5)请举一个例子,说明您如何兑现对他人的承诺。

请根据本案例回答下列问题:

(1)该公司在复试阶段,采用了哪种类型的面试?

(2)该公司在复试中提出的5个问题各属于哪种类型的面试题?

(3)上述提问方式具有哪些优点?

3. 某计算机网络技术有限公司拟为下属分公司客户服务部招聘5名主要负责公司网络产品的市场推广和客户服务工作的客户经理。人力资源专家通过对现有客户经理绩优者的素质分析,得到了客户经理的胜任能力模型(见表1)。

表1 客户经理的胜任能力模型

能力指标	指标解释
沟通能力	口头语言准确,能简洁地表达自己的思想;能根据表述内容和沟通对象的特点采取适当表达方式;在人际交往中,能通过各种途径和线索准确地把握和理解对方的意图,并使别人接纳自己的建议和想法
应变能力	在有压力的情境下(如发生没有预料到的、不利于目标实现的事件)能够随机应变,及时做出正确的判断和处理
影响力	能够通过引导、劝诱、说服等方式影响他人,以赢得他人的支持
成就动机	富有挑战精神,能够为自己树立新的目标,并坚持不懈地采取一定的行动去实现目标

该公司人力资源部准备采用面试方法对应聘者进行甄选。面试分两轮进行,第一轮初试,由一位HR招聘专员对求职者进行面试,每人面试时间不超过20分钟,评价的内容包括仪表、言谈举止、亲和力、语言表达、性格气质、逻辑条理性等;第二轮复试采用结构化面试方法,考官根据求职者的应答表现,对其相关胜任素质做出相应的评价。

请结合本案例回答下列问题:

(1)在实施面试过程中,面试考官应当注意掌握哪些技巧?

(2)为"应变能力"指标设计情境性面试问题和参考答案,填写在表2中。

表2 "应变能力"指标的情境性问题和参考答案

<table>
<tr><td colspan="4">情境性问题:</td></tr>
<tr><td>等级</td><td>参考答案</td><td>分值</td><td>评定结果</td></tr>
<tr><td>A级(优)</td><td></td><td></td><td></td></tr>
<tr><td>B级(良)</td><td></td><td></td><td></td></tr>
<tr><td>C级(中)</td><td></td><td></td><td></td></tr>
<tr><td>D级(差)</td><td></td><td></td><td></td></tr>
<tr><td colspan="3">总分</td><td></td></tr>
</table>

答案与解析

理论知识练习题

一、单项选择题

1. 答案:C(P109) 本题考查的是人事测评的知识点。

2. 答案:D(P110) 本题考查的是选拔性素质测评的知识点。

3. 答案:B(P110) 员工素质测评作为测量"人"的尺度,在员工与岗位之间架起了桥梁。

4. 答案:B(P111) 本题考查的是员工素质测评的类型。考核性测评又称鉴定性测评,是指以鉴定或验证某种素质是否具备以及具备程度为目的的测评。

5. 答案:C(P111) 本题考查的是开发性测评的特点。

6. 答案:A(P111) 本题考查的是开发性测评的定义。

7. 答案:A(P112) 定性测评就是采取经验判断与观察的方法,侧重从行为的性质方面对素质进行测评,反映了素质的性质特点。

8. 答案:C(P112) 本题考查的是静态测评的特点。静态测评的优点是便于横向比较。

9. 答案:D(P113) 测评与选拔标准体系设计是员工测评与选拔活动的中心与纽带。

10. 答案:D(P114) 本题考查的是等级式标度的表现形式。

11 答案:D(P115) 心理素质属于结构性素质测评体系要素,是从静态的角度反映人的素质及其功能。

12. 答案:D(P122) 模糊量化则要求把素质测评对象同时划分到事先确定的每个类别中去,根据该对象的隶属程度分别赋值。例如,可以把管理者的风格划分为"民主型""专制型""中介型"。

13. 答案:C(P117) 测评指标要素属于测评标准体系的纵向结构。

14. 答案:C(P119) 本题考查的是投射技术的特点。

15. 答案:C(P119) 本题考查的是美国教育学家布卢姆关于教育认知目标的分层内容。

16. 答案:C(P119) 本题考查的是投射技术的特点。

17. 答案:A(P120) 对于学习能力测评最简单有效的是心理测验,具体的应用形式是笔试。

18. 答案:B(P120) 投射测试是与能力测评平级的测评方法。

19. 答案:A(P121) 本题考查的是一次量化的概念。

20. 答案:B(P122) 类别量化与模糊量化都可以看作是二次量化。

21. 答案:B(P123) 本题考查的是当量量化方法的含义。

22. 答案:A(P116) 测评内容是指测评所指向的具体对象与范围。测评内容的确定步骤一般是分析被测评对象的结构,找出所有值得测评的因素。然后根据测评目的与职位要求进行筛选。

23. 答案:A(P127~128) 本题考查的是企业员工素质测评的准备阶段的步骤。

24. 答案:B(P130) 若选用集中测评方式,则测评时间应该选在一周的中间,并在上午9:00左右进行。

25. 答案:C(P131) 本题考查的是引起测评结果误差的原因。近因误差是以近期的记忆代替整个测评时期的全部表现而导致的测评结果的误差。

26. 答案:C(P131) 本题考查的是近因误差的含义。

27. 答案:A(P132) 本题考查的是相关分析法的完全负相关表现形式。

28. 答案:B(P132) 本题考查的是集中量数的知识点。

29. 答案:D(P132) 在素质能力测评中,最常使用的差异量数是标准差。

30. 答案:B(P132) 测评结果处理的常用分析方法有集中趋势分析、离散趋势分析、相关分析和因素分析。

31. 答案:D(P134) 要素分析法和曲线分析法是平级的。

32. 答案:A(P151) 本题考查的是面试的发展趋势。结构化面试成为面试的主流。

33. 答案:A(P151) 单独面试又称序列化面试。

34. 答案:C(P152) 面试指南是促使面试顺利进行的指导方针。

35. 答案:B(P155) 本题考查的是面试的基本程序。

36. 答案:A(P156) 结束阶段——在面试结束之前,面试考官完成了所有预计的提问之后,应该给应聘者一个机会,询问应聘者是否还有问题要问,是否还有什么事项需要加以补充说明。

37. 答案:B(P159) 本题考查的是第一印象的特点。

38. 答案:C(P159) 本题考查的是面试考官的偏见表现方式。晕轮效应就是“以点带面”,从某一优点或缺陷出发去评价应聘者其他方面。如过分强调应聘者的不利因素,以致不能全面了解这个人。

39. 答案:A(P159) 本题考查的是第一印象的特点。

40. 答案:B(P160) 本题考查的是面试的实施技巧。在面试过程中,面试考官应多听少说。

41. 答案:B(P160) 本题考查的是面试的实施技巧及员工招聘时应注意的问题。

42. 答案:D(P164) 本题考查的是结构化面试试题类型中的背景性问题。

43. 答案:B(P164) 本题考查的是结构化面试试题类型中的情境性问题。

44. 答案:C(P164) 本题考查的是结构化面试问题的类型。思维性问题旨在考察应聘者的理解、分析、辨别、综合、评价和推断的能力。

45. 答案:A(P164) 本题考查的是结构化面试试题类型中的压力性问题。

46. 答案:D(P164) 本题考查的是结构化面试试题类型中的压力性问题。

47. 答案:B(P164) 本题考查的是结构化面试试题类型中的知识性问题。

48. 答案:D(P164) 本题考查的是结构化面试试题类型中的经验性问题。

49. 答案:B(P173～174) 本题考查的是群体决策法的特点。

50. 答案:D(P173～174) 本题考查的是群体决策法的特点。

51. 答案:A(P176) 评价中心方法被认为是当代人力资源管理中识别有才能管理者的最有效工具。

52. 答案:D(P177) 评价中心方法主要包括无领导小组讨论、公文筐测试、案例分析、管理游戏等。

53. 答案:D(P177) 无领导小组讨论的评价者通过被评人在讨论中的语言及行为的观察评价被评人的领导能力、人际沟通技巧、主动性、口头表达能力、说服力、自信心等能力。

54. 答案:D(P177)　评价中心方法主要包括无领导小组讨论、公文筐测验、案例分析、管理游戏等。

55. 答案:B(P177)　本题考查的是无领导小组讨论的概念。

56. 答案:D(P177)　本题考查的是无领导小组讨论法的类型。

57. 答案:D(P178)　本题考查的是无领导小组讨论的优点。无领导小组讨论具有生动的人际互动效应。

58. 答案:D(P179)　本题考查的是无领导小组讨论的优缺点。

59. 答案:D(P178)　无领导小组讨论中,应聘者分别被赋予一个固定的角色,如财务经理、销售经理、人事经理、生产经理等职务。

60. 答案:B(P181～182)　无领导小组讨论的考场环境要满足安静、宽敞、明亮等条件。考场布置整体要求得体庄重、朴素大方,不能让人产生压迫感。

二、多项选择题

1. 答案:ACE(P109～110)　员工素质测评的基本原理包括:个体差异原理、工作差异原理、人岗匹配原理。

2. 答案:BD(P109～110)　员工素质测评的基本原理包括:个体差异原理、工作差异原理、人岗匹配原理。

3. 答案:ABCD(P179～182)　被评价者的行为仍然有伪装的可能性。

4. 答案:ABCD(P110)　人岗匹配包括:工作要求与员工素质相匹配;工作报酬与员工贡献相匹配;员工与员工之间相匹配;岗位与岗位之间相匹配。

5. 答案:ACDE(P110～111)　员工素质测评方法的类型包括:选拔性测评、开发性测评、考核性测评、诊断性测评。

6. 答案:ABCD(P110～111)　本题考查的是选拔性素质测评的主要特点。

7. 答案:ABD(P183)　发言的内容、发言的形式和发言的影响是观察的主要方面。

8. 答案:ACE(P111)　本题考查的是员工素质诊断性测评的特点。

9. 答案:ACE(P113)　员工素质测评标准表示的形式包括:评语短句式、设问提示式和方向提示式。

10. 答案:ABE(P123)　当量量化就是先选择一个中介变量,对不同质的素质测评对象进行统一性的转化。当量量化实际上是近似的等值技术,是一种主观量化形式。

11. 答案:ABDE(P114)　测评指标的标度形式大致有量词式、等级式、数量式、定义式、综合式等。

12. 答案:ABDE(P115)　本题考查的是员工测评标准体系的结构性要素。

13. 答案:AB(P115)　行为环境要素是从动态角度来反映员工素质及其功能行为特征,主要是考察员工的实际工作表现及所处的环境条件。

14. 答案:BDE(P115～116)　测评内容和测评目标属于纵向结构。

15. 答案:ACE(P118～119)　本题考查的是品德测评法的类型。

16. 答案:ABDE(P120)　本题考查的是员工素质测评中能力测试的类型。

17. 答案:BCE(P120)　特殊能力测评主要包括文书能力测验、操作能力测评和机械能力测评。

18. 答案:ABCE(P120)　本题考查的是员工素质测评中能力测试的类型。

19. 答案:BE(P127) 本题考查的是企业员工素质测评具体实施过程中准备工作的内容。

20. 答案:BCDE(P130) 本题考查的是测评指导语的主要内容。

21. 答案:ABCDE(P130) 本题考查的是员工素质测评指导语的内容。

22. 答案:CD(P128) 见教材表2-9。

23. 答案:ABCE(P133) 本题考查的是对员工素质测评结果进行文字描述所需材料(见教材表2-11)。

24. 答案:BC(P134) 对员工进行分类的常用标准有两种:调查分类标准和数学分类标准。

25. 答案:ACD(P134) 本题考查的是测评结果分析法的种类。

26. 答案:BCD(P151) 本题考查的是面试的发展趋势。

27. 答案:ABCDE(P158～159) 本题考查的是面试中的常见问题。

28. 答案:ABD(P159～161) 面试教官应掌握的面试实施技巧包括:充分准备、灵活提问、多听少说、善于提取要点、进行阶段性总结、排除各种干扰、不带有个人偏见、在倾听时注意思考、注意肢体语言沟通。

29. 答案:ACD(P161) 本题考查的是肢体语言信息的含义。目光接触的典型含义包括友好、真诚、自信、果断(见教材表2-29)。

30. 答案:CDE(P162～163) 本题考查的是员工招聘时应注意的问题。

31. 答案:CD(P165) 行为描述面试的假设前提:一个人的过去行为最能预示其未来的行为、说和做是截然不同的两码事。

32. 答案:ABCE(P168) 本题考查的是结构化面试对考官的要求。

33. 答案:DE(P169) 结构化面试的开发包括:测评标准的开发、结构化面试问题的设计、参考答案的确定。

34. 答案:ABC(P174) 招聘团队应由企业高层管理人员、人力资源管理人员、用人部门经理、用人部门的直接主管。

35. 答案:ABDE(P177) 控制力测试不属于评价中心技术。

36. 答案:ACD(P178～179) 本题考查的是无领导小组讨论的优缺点。

37. 答案:ABC(P179) 本题考查的是无领导小组讨论的优缺点。

38. 答案:ABCD(P180) 本题考查的是无领导小组讨论的题目应具备的特性。

39. 答案:ABDE(P180～181) 本题考查的是无领导小组讨论评分表的设计。

40. 答案:ABCD(P180～182) 无领导小组讨论的前期准备工作包括:编制讨论题目、设计评分表、编制计时表、对考官的培训、选定场地、确定讨论小组。

专业技能练习题

一、简答题

1. 参考答案:(P154～156)

面试的实施过程一般包括关系建立阶段、导入阶段、核心阶段、确认阶段和结束阶段等5个阶段。

每个阶段都有各自不同的任务:

1)关系建立阶段。在这一阶段,面试考官应从应聘者可以预料到的问题开始发问,如工作经历、文化程度等,以消除应聘者的紧张情绪,创造轻松、友好的氛围,为下一步的面试沟通做好准备。

2)导入阶段。在这一阶段,面试考官应提问一些应聘者一般有所准备的、比较熟悉的题目,如让应聘者介绍一下自己的经历、自己过去的工作等,以进一步缓解应聘者的紧张情绪,为进一步的面试做准备。

3)核心阶段。在这一阶段,面试考官通常要求应聘者讲述一些关于核心胜任力的事例,面试考官将基于这些事实做出基本的判断,对应聘者的各项核心胜任能力做出评价,为最终的录用决策提供重要的依据。

4)确认阶段。在这一阶段,面试考官应进一步对核心阶段所获得的信息进行确认。

5)结束阶段。在面试结束之前,面试考官完成了所有预计的提问之后,应该给应聘者一个机会,询问应聘者是否还有问题要问。不管录用还是不录用,均应在友好的气氛中结束面试。当对某一对象是否录用有分歧意见时,不必急于下结论,还可安排第二次面试。同时,整理好面试记录表。

2. 参考答案:(P191)

在进行试测之前,应该把方案提请有关专家进行初审,专家的人选一般是心理学家或者测评专家,还可以是企业的部门主管。心理学家或者测评专家侧重审核选择的案例或者话题是否能够考察出需要考察的素质,部门主管侧重审核案例或者话题是不是在某种程度上和实际工作相关。

主要咨询以下内容:

1)题目是否与实际工作相联系,能否考察出被评价者的能力。

2)如果是资源争夺型问题或两难式问题,案例是否能均衡。

3)题目是否需要继续修改、完善。

3. 参考答案:(P117～118)

1)与测评对象同质原则:测评指标与标志特征同所测评的对象特征相一致。

2)可测行原则:设立的指标应该可以辨别、可以比较、可以测评。

3)普遍性原则:设立的指标从内容到形式,能适合所有测评对象,有足够的代表性。

4)独立性原则:建立的指标在同一层次上应相互独立,没有交叉。

5)完备性原则:要能全面反映测评对象的主要特征。

6)结构性原则:测评指标体系在总体上要有条件、过程和结果三个方面的指标。

二、综合题

1. 参考答案:(P180～182)

(1)组织无领导小组讨论的前期准备工作包括:①编制讨论题目。②设计评分表。③编制计时表。④对考官进行培训。⑤选定场地。⑥确定讨论小组。

(2)在编制讨论题目时,应当注意以下问题:①首先要对所招聘岗位进行工作分析,了解拟任岗位所需员工应该具备的特点、技能。②讨论题目须具有争论性,题材要为大家所熟悉,且题目不会诱发被测评人的防御心理。③如果采用案例型题目,应筛选出难度适中、内容合适、典型性和现实性均好的案例。④对所编制出的备选答案进行甄别、筛选,确定出最符合本岗位工作特点的题目。

2. 参考答案:(P164)

(1)该公司采用的是结构化面试。

(2)面试题目的类型:

1)第一个问题属于背景性问题。

2)第二个问题属于思维性问题。

3)第三个问题属于压力性问题。

4)第四个问题属于情境性问题。

5)第五个问题属于经验性问题。

(3)上述提问方式的优点是:

1)有利于预测应聘者的素质状况,有较高的效度。

2)让应聘者无法事先编造或者掩饰,更能反映应聘者的真实情况。

3. 参考答案:(P159~162)

(1)在实施面试过程中应当注意掌握以下技巧:

1)充分准备。

2)灵活提问。

3)多听少说。

4)善于提取要点。

5)进行阶段性总结。

6)排除各种干扰。

7)不要带有个人偏见。

8)在倾听时注意思考。

9)注意肢体语言信息。

(2)参考答案:

1)设计出情境性问题。

2)设计出具有等级性的参考答案。

3)设计出具有差距性特征的分值。

4)参考示例见表3:

表3 "应变能力"指标的情境性问题和参考答案

情境性问题:你有个朋友生病在家,你带着礼物前去看望,偏巧在楼道里遇见了你领导的爱人,对方以为你是来看你的领导,接下礼物并连连道谢。这时你如何向对方说明你的真正来意,又不伤害对方的面子?

等级	参考答案	分值	评定结果
A级(优)	回答者情绪极为平稳,思维敏捷机智灵活,处理得十分圆满	10	
B级(良)	回答者情绪较为平稳,反应较为灵活,处理得较为圆满	8	
C级(中)	回答者情绪基本平稳,反应比较迟缓、紧张,处理得不够得体	6	
D级(差)	回答者不知所措,非常窘迫、紧张,或言行很不得体,甚至让对方下不了台	4	
	总分		

第三章 培训与开发

理论知识练习题

一、单项选择题

1. 以下关于员工培训规划的说法不正确的是( )。

A. 建立在培训需求分析的基础上 B. 需从企业总体发展战略出发

C. 需考虑企业培训资源配置情况 D. 对培训与技能开发起辅导作用

2. 从规划的( )上看,企业员工培训规划可以分为长期、中期和短期计划。

A. 内容 B. 对象 C. 目的 D. 期限

3. 以下关于培训费用的说法错误的是( )。

A. 指企业在员工培训过程中所发生的一切费用之和

B. 间接培训成本是企业在培训实施过程之外支付的一切费用总和

C. 由培训之前的准备工作和培训实施过程中各项活动的费用构成

D. 直接培训成本是在培训实施过程中培训者与受训者的一切费用总和

4. ( )属于企业培训的直接成本。

A. 培训教室租赁费 B. 培训项目设计费

C. 培训项目管理费 D. 培训主管的工资

5. ( )指由公司内部提供的培训项目,培训部负责与培训师合作开发培训课程,协调培训时间安排和人员安排。

A. 内部培训 B. 外部培训 C. 网络培训 D. 课堂培训

6. 以下属于员工培训直接培训成本的是( )。

A. 培训项目的设计费用 B. 教材印发购置的费用

C. 培训项目的评估费用 D. 培训项目的管理费用

7. ( )不属于员工培训的直接培训成本。

A. 教室设备的租赁费用 B. 培训教师的课酬

C. 培训项目的管理费用 D. 教材印发购置费用

8. 员工培训规划的( ),是指规划必须体现可靠性、针对性、相关性和高效性等。

A. 系统性 B. 标准化 C. 有效性 D. 普遍性

9. ( )主要用于描述设计文件的用途、设计者的名称、起草日期、审查人员的姓名以及他们的签字栏。

A. 导言 B. 附件 C. 大纲 D. 封面

10. 企业设置培训课程应体现的基本原则不包括( )。

A. 要符合企业和学员的需求 B. 应尽可能紧跟当前行业发展趋势

C. 应符合成年人的认知规律 D. 应体现企业培训功能的基本目标

11. 企业培训课程设计的原则是( )。

A. 流行什么,就培训什么 B. 最前沿是什么,就培训什么

C. 需要什么,就培训什么　　D. 员工需求培训什么,就培训什么

12. 培训课程的各要素中,(　　)是指学习活动的安排和教学方法的选择。

A. 教学模式　B. 教学组织　C. 教学策略　D. 教学安排

13. 教学计划是实施培训的执行性计划,它的内容不包括(　　)。

A. 教师选定　B. 教学目标　C. 教学形式　D. 课程设置

14. 在培训项目计划中,课程系列计划以(　　)为导向,将看似独立的相关课程联系在一起。

A. 目标　B. 过程　C. 方法　D. 结果

15. 培训项目的课程系列计划以(　　)为导向。

A. 培训目标　B. 培训过程　C. 培训方法　D. 培训结果

16. 在培训课程设计文件中,内容大纲不包括(　　)。

A. 课程时间长度　　B. 资料的结构

C. 课程目标和内容　　D. 教学顺序和活动

17. 在培训课程设计文件中,内容大纲不包括(　　)。

A. 教学资源　B. 交付时间　C. 资料结构　D. 课程评估

18. 培训的印刷材料中,岗位指南的作用不包括(　　)。

A. 节约培训成本　B. 提高学习效果　C. 明确培训目标　D. 掌握操作规程

19. 关于"岗位指南"这种培训材料的说法,正确的是(　　)。

A. 岗位指南就是岗位说明书

B. 岗位指南必须像技术手册那样精确

C. 岗位指南使包含许多复杂步骤的任务简单化

D. 岗位指南无法替代培训,它增加了培训成本

20. 培训的印刷材料中,(　　)是培训中的指导和参考材料。

A. 工作任务表　B. 岗位指南　C. 培训者指南　D. 学员手册

21. (　　)不属于外部聘请师资的优点。

A. 选择范围较大　B. 带来全新理念　C. 提高培训档次　D. 培训易于控制

22. 下列关于企业外部培训师的说法,正确的是(　　)。

A. 可以从大中专院校聘请　　B. 培训师对企业了解,降低了培训风险

C. 培训成本比较低　　D. 有丰富实践经验,不易导致"纸上谈兵"

23. (　　)不属于外部聘请培训师的优点。

A. 选择范围较大　B. 带来全新理念　C. 提高培训档次　D. 师资费用较低

24. 不同的培训课程需要利用不同的培训方法,以下最适用于态度培训的方法是(　　)。

A. 课堂讲授　B. 情景模拟　C. 示范模拟　D. 角色扮演

25. 对于基层管理人员而言,(　　)是最重要的。

A. 专业技能　B. 人文技能　C. 理念技能　D. 协调技能

26. (　　)是组织中的主导力量。

A. 管理人员　B. 技术人员　C. 操作人员　D. 杂务人员

27. 不属于培训师选择案例条件的是(　　)。

A. 真实性　B. 启发性　C. 结合性　D. 理想性

28. 管理技能开发的模式中，替补训练的优点不包括(　　)。

A. 训练周密　　B. 管理人员能全力以赴进行学习

C. 极大增强开发者的积极性　　D. 极大增强开发者的主动性

29. 在培训效果的评估体系中，(　　)是第四级评估。

A. 行为评估　　B. 学习评估　　C. 反应评估　　D. 结果评估

30. 企业培训前评估的内容不包括(　　)。

A. 培训环境评估　　B. 培训需求整体评估

C. 培训计划评估　　D. 培训对象知识水平评估

31. 在培训效果评估的层级体系中，反应评估的评估内容是(　　)。

A. 受训者在工作过程中行为方式的变化和改进等

B. 受训者在技能、态度、行为方式等方面的收获

C. 受训者取得的生产经营或技术管理方面的业绩

D. 受训者对培训项目的主观感觉或满意程度如何

32. 在培训效果评估的层级体系中，第三级评估是(　　)。

A. 行为评估　　B. 学习评估　　C. 反应评估　　D. 结果评估

33. 对培训效果进行学习评估时不宜采用的评估方法是(　　)。

A. 笔试法　　B. 心得报告　　C. 提问法　　D. 行为观察

34. 对培训结果进行评估，评估单位应为(　　)

A. 培训单位　　B. 学员的单位主管　C. 培训教师　　D. 学员的直接主管

35. 对培训效果进行结果评估的时间应为(　　)。

A. 课程进行时　　B. 三个月或半年以后

C. 课程结束时　　D. 半年或一年以后

36. 对培训效果进行反应评估的方法不包括(　　)。

A. 访谈法　　B. 综合座谈　　C. 笔试法　　D. 电话调查

37. 在培训效果的层级体系中，反应评估的内容是(　　)。

A. 受训者在工作过程中行为方式的改变

B. 受训者取得的生产经营或技术方面的业绩

C. 受训者在技能、态度、行为方式等方面的收获

D. 受训者对培训项目的主观感觉或满意程度

38. 利用(　　)无法进行培训效果的反应评估。

A. 访谈法　　B. 电话调查法　　C. 心得报告法　　D. 综合座谈法

39. 对培训效果进行行为评估的时间应为(　　)。

A. 课程开始时　　B. 培训结束三个月或半年以后

C. 课程结束时　　D. 培训结束半年或一年以后

40. (　　)主要指教学程序的选择和教学资源的利用，它与学习活动密切相关，是学习活动的一个组成部分。

A. 课程教材　　B. 教学策略　　C. 课程评价　　D. 课程内容

41. 对培训效果进行行为评估，评估者应为(　　)。

A. 培训单位　　B. 学员的直接主管

C. 培训教师　　　　　　　　　　D. 学员的单位主管

42. 员工培训认知成果的测量方法不包括(　　)。

A. 工作抽样　　B. 笔试　　C. 现场观察　　D. 访谈

43. (　　)是在员工培训中开展各种教学活动所要达到的标准和要求,如通过教学活动使受训者掌握某一层次或级别的专业知识或技能。

A. 教学目标　　B. 课程设置　　C. 教学形式　　D. 教学环节

44. (　　)不属于培训情感成果的评估标准。

A. 质量标准　　B. 行为方式　　C. 工作态度　　D. 对培训的满意度

45. 某企业通过员工培训降低了事故发生率,节约了生产成本,这属于培训的(　　)。

A. 认知成果　　B. 技能成果　　C. 情感成果　　D. 绩效成果

46. 培训的五大类成果中,(　　)的评估标准是工作态度、行为方式和对培训的满意度。

A. 技能成果　　B. 认知成果　　C. 情感成果　　D. 绩效成果

47. 下列关于培训非正式评估的说法不正确的是(　　)。

A. 不会给受训者造成太大压力　　　　B. 评估时需要大量的事实与数据

C. 评估过程较为方便,成本较低　　　D. 建立在评估者主管看法之上

48. 以下关于培训效果正式评估的说法不正确的是(　　)。

A. 完全排除评估者主观因素的影响

B. 对评估者的自身素质要求降低了

C. 容易将评估的结论用书面的形式表现出来

D. 有详细的评估方案、测试工具和评判标准

49. 下列关于培训效果正式评估的说法不正确的是(　　)。

A. 无法将评估结论与最初计划相比较

B. 对评估者自身素质的要求降低了

C. 在数据和事实的基础上做出评判

D. 有详细的评估方案、测试工具和评判标准

50. (　　)是在培训结束时,对受训者的学习效果和培训项目本身的有效性进行评估。

A. 正式评估　　B. 建设性评估　　C. 非正式评估　　D. 总结性评估

51. 在培训效果评估过程中,(　　)是以改进而不是以是否保留培训项目为目的的评估。

A. 建设性评估　　B. 正式的评估　　C. 非正式评估　　D. 总结性评估

52. 属于培训后评估内容的是(　　)。

A. 培训目标的达成情况　　　　B. 培训需求的整体评估

C. 培训计划的可行性评估　　　D. 培训机构和培训人员的评估

53. 行为观察法是一种培训效果评估方法,对其论述不正确的是(　　)。

A. 能够向学员当场反馈学习的进展　　B. 能够考核培训后学员的能力进步

C. 能够检验培训项目设置是否合理　　D. 能够测量和评价学员的行为变化

54. 企业设置培训课程应体现的基本原则不包括(　　)。

A. 要符合企业和学员的需求　　　　B. 应尽可能紧跟当前行业发展的趋势

C. 应符合成年人的认知规律　　　　D. 应体现企业培训功能的基本目标

55. (　　)是指学习的方向和学习过程中各个阶段应达到的标准,应根据环境的需求来

确定。

A. 课程目标 B. 课程内容 C. 课程评价 D. 课程空间

56. 培训的印刷材料中,( )是培训中的指导和参考材料。

A. 工作任务表 B. 岗位指南 C. 培训者指南 D. 学员手册

57. ( )是使管理者在不同的部门的不同管理或者非管理岗位上轮流工作,以使其全面了解整个企业的不同工作内容,得到各种不同的体验,为今后在较高层次上任职做准备。

A. 职务轮换 B. 设立副职 C. 临时提升 D. 替补训练

58. 在培训效果的层级体系中,行为评估的评估内容是( )。

A. 受训者在工作中、行为方式的变化和改进

B. 受训者在技能、态度、行为方式等方面的收获

C. 受训者取得的生产经营或技术管理方面的业绩

D. 受训者对培训项目的主观感觉或满意程度如何

59. ( )是指评估者依据自己的主观判断,而不是用事实和数字加以证明。

A. 正式评估 B. 非正式评估 C. 建设性评估 D. 总结性评估

60. ( )可以用于整个培训过程,具有较高的表面效度。

A. 笔试法 B. 操作性测验 C. 行为观察法 D. 内省法

二、多项选择题

1. 在企业培训规划中,培训目标是结合培训资源配置的情况,将培训目的( )。

A. 具体化 B. 指标化 C. 数量化

D. 标准化 E. 专业化

2. 以下不属于企业直接培训成本的是( )。

A. 教室设备的租赁费用 B. 培训教师的费用

C. 培训项目的设计费用 D. 学员的交通费用

E. 培训对象受训期间的工资福利

3. 制定培训规划的有效性就是要求制定过程必须体现出( )。

A. 可靠性 B. 相关性 C. 针对性

D. 普遍性 E. 高效性

4. 制定培训规划的过程必须达到( )的要求。

A. 标准化 B. 系统性 C. 普遍性

D. 同一化 E. 有效性

5. 在制定培训规划时,必须保证培训规划的( )。

A. 普遍性 B. 有效性 C. 标准化

D. 多样性 E. 系统性

6. 在制定培训规划时,应进行综合平衡,即平衡( )。

A. 培训项目与培训完成期限 B. 员工培训需求与师资来源

C. 企业正常生产与培训项目 D. 培训费用与员工培训意愿

E. 员工培训与职业生涯规划

7. 在制定培训规划时,应在( )之间进行综合平衡。

A. 培训项目与培训完成期限 B. 培训费用与企业人工成本

C. 企业正常生产与培训项目　　D. 培训费用与员工培训意愿
E. 员工培训与个人职业生涯规划

8. 培训教学计划的基本内容包括(　　)。

A. 教学形式　B. 教学目标　C. 教师配备情况
D. 教学环节　E. 教学时间安排

9. 在企业员工培训活动过程中,教学形式受(　　)因素的影响。

A. 教师　B. 学员　C. 教材
D. 课程　E. 教案

10. 培训课程计划的内容主要包括(　　)。

A. 培训目标的选择　　B. 培训范围的确定
C. 开发时间的估算　　D. 主要课题的界定
E. 课程开发费用的初步预算

11. 制作培训课程内容时的注意事项包括(　　)。

A. 应该将课外阅读资料与课堂教材分开
B. 应该尽量涵盖教师讲授、表达的内容
C. 教材应该简洁直观,按统一的格式和版式制作
D. 教材内容不能多而杂,以防分散学员的注意力
E. 教材以提示重点、要点、强化受训者认知为重要功能

12. 作为企业培训过程中的重要印刷材料,工作任务表的作用包括(　　)。

A. 强调课程重点　B. 提高学习效果　C. 关注信息反馈
D. 明确操作规程　E. 节约培训成本

13. 在培训所使用的各种媒体中,岗位指南的优点包括(　　)。

A. 查阅快捷　B. 重点突出　C. 使用简易
D. 记忆方便　E. 复杂全面

14. 在企业内部开发培训师的缺点有(　　)。

A. 开发成本高　　B. 培训过程较难控制
C. 内部教师不易于在学员中树立威望
D. 选择范围较小,不易开发出高质量的教师队伍
E. 受环境限制,内部教师很难上升到新的高度来看待问题

15. 开发企业内部的培训师,其优点包括(　　)。

A. 培训交流顺畅　　B. 培训更具有针对性
C. 培训易于控制　　D. 内部开发成本较低
E. 易于营造气氛

16. 以下关于培训教材开发的说法正确的有(　　)。

A. 应切合学员的实际需要
B. 设计视听教材增加趣味
C. 可采用建设"教材资料包"的方法来组织
D. 利用一切可开发的学习资源组成活的教材
E. 尽可能使用国外比较先进的原版培训教材

17. 培训教师的选聘标准包括(　　)。

A. 对培训所涉及的内容有实际工作经验

B. 具有良好的交流沟通能力

C. 尽量从企业内部培养以节约培训成本

D. 拥有培训热情和教学愿望

E. 能够熟练运用培训教材和培训工具

18. 与高层和基层管理人员相比,中层管理人员更应具备的能力有(　　)。

A. 目标设定能力　B. 业绩考核能力　C. 教练与咨询能力

D. 表达能力　E. 决策能力

19. 继任者胜任力包括(　　)。

A. 认同企业文化和发展战略　B. 具备组织领导才能和成就动机

C. 擅长人际协调和化解冲突　D. 拥有核心知识技能和优秀业绩

E. 持续的自我开发能力

20. 属于培训中评估内容的是(　　)。

A. 培训环境评估　B. 培训内容评估

C. 培训活动参与状况评估　D. 培训计划的可行性评估

E. 培训主管工作绩效评估

21. 一般来说,基层管理人员培训的重点内容包括(　　)。

A. 管理理念　B. 管理前沿理论

C. 管理知识技巧　D. 管理工作的实施技能

E. 企业管理面临的内外部环境

22. 属于培训成果四级评估体系的是(　　)。

A. 反应评估　B. 学习评估　C. 行为评估

D. 结果评估　E. 过程评估

23. 关于结果评估的缺点说法正确的是(　　)。

A. 需要时间较长

B. 相关经验很少,评估技术不完善

C. 必须取得管理层合作

D. 多因多果,简单的对比数字意义不大

E. 需要的时间较短

24. 培训前效果评估的作用包括(　　)。

A. 确保培训计划与实际需求合理衔接　B. 保证培训需求确认的科学性

C. 帮助实现培训资源的合理配置　D. 保证培训效果测定的科学性

E. 找出不足,发展新的培训需要

25. 下列选项中属于培训评估方法定性分析法的是(　　)。

A. 综合评估法　B. 收益评估法　C. 动态评估法

D. 关键人物评估法　E. 目标评估法

26. 培训中效果评估的作用包括(　　)。

A. 保证培训活动按照计划去进行　B. 有助于科学解释培训的实际效果

C. 帮助实现培训资源的合理配置　D. 培训执行情况的反馈和培训计划的调整
E. 找出不足,发现新的培训需求

27. 培训后效果评估的作用包括(　　)。

A. 可以检查出培训的费用效益　B. 可以客观评价培训者的工作
C. 可以为管理者决策提供所需的信息　D. 可以对培训效果进行正确合理的判断
E. 可以找出不足,发现新的培训需要

28. 适合运用访谈法的情况是(　　)。

A. 了解学员对培训方案和学习方法的反应
B. 帮助受训者设立个人的发展目标
C. 为下一步的问卷调查做准备
D. 比较组织战略和培训之间的一致性
E. 检查受训者将培训内容在工作中的应用程度

29. 培训评估结果应及时反馈给(　　)。

A. 人力资源培训专员　B. 外部客户
C. 管理层　D. 受训员工
E. 受训员工的直接上级

30. 对培训进行结果评估的具体方法有(　　)。

A. 360度评估　B. 离职率分析　C. 电话访谈法
D. 缺勤率分析　E. 成本效益分析

31. 对培训效果进行学习评估的时间应为(　　)。

A. 半年或一年以后　B. 课程结束时
C. 三个月或半年以后　D. 课程进行时
E. 公司进行绩效评估时

32. 在设定培训评价标准时,应当注重评估指标和标准的(　　)。

A. 相关度　B. 前沿性　C. 区分度
D. 可行性　E. 动态性

33. 培训效果行为评估的具体方法有(　　)。

A. 访谈法　B. 绩效评估　C. 提问法
D. 行为观察　E. 笔试法

34. 开发培训教材的方法有(　　)。

A. 向政府购买　B. 资料包的使用
C. 开发可利用的信息资源　D. 设计视听资料
E. 利用可开发的学习资源组成活的教材

35. (　　)可以测量员工培训的技能成果。

A. 工作抽样　B. 原始记录　C. 现场观察
D. 统计日报　E. 态度调查

36. 在进行操作性测验时,应注意达到的要求有(　　)。

A. 对测验进行标准化管理
B. 测验过程中,依次只能测一步

C. 根据需要尽可能使测验环境和工作环境相似
D. 应对学员和教师样本进行测试
E. 为学员编写说明书，清楚说明他们应完成的事项

37. 培训效果非正式评估的优点包括(　　)。
A. 方便易行
B. 几乎不需要耗费额外的时间和资源
C. 容易将评估的结论用书面的形式表现出来
D. 减少了一般评估给受训者带来的紧张不安
E. 增强了信息资料的真实性和评估结论的客观性

38. 对培训效果进行定性评估的优点包括(　　)。
A. 简单易行　B. 需要的数据资料少
C. 综合性强　D. 可充分利用评估者的经验
E. 结果真实

39. 撰写培训效果评估报告时，概述评估实施的过程部分要交代清楚评估方案的(　　)。
A. 设计方法　B. 抽样统计方法　C. 原始数据
D. 资料收集方法　E. 量度指标

40. 属于管理技能培训开发的一般方法的是(　　)。
A. 替补训练　B. 敏感性训练　C. 职务轮换
D. 设立副职　E. 临时提升

专业技能练习题

一、简答题

简述撰写培训评估报告的步骤。

二、综合题

1. K(中国)公司深刻地认识到：先进的管理只有依靠优秀的人才才能实现，人才培训则是造就优秀人才的必要途径。18年来，该公司已经累计培训员工20万人次，基本培训资金投入超过2.4亿元。作为世界最大的餐饮连锁企业，该公司不仅给中国带来了异国风味的美味食品，上万个就业机会，还提供了一套全新的具有国际化标准的人员培训和管理系统。从每一个新员工踏进公司大门的那一刻起，公司就根据未来发展和运营的需要，为他们量身订制了培训与发展计划，而且设计了多方面、多层次的培训开发课程。例如，新进公司的每个餐厅服务员都会有一个平均200小时的“新员工培训计划”；餐厅管理人员不但要学习入门的分区管理手册，还要接受公司的高级知识技能培训，并会被送往国外考察进修，接受新观念以开拓思路；由于餐厅经理是直接面对顾客的最重要管理人员，公司会安排其参加各种有趣的竞赛和活动，如每年的“餐厅经理年会”“餐厅经理擂台赛”等，使餐厅经理们既有机会交流学习，同时也具有昂扬积极向上的风貌。从最基本的人际关系管理技巧，到岗位基础技能培训、分区管理技巧乃至高级知识技能培训，该公司设计的每项课程都具有很强的针对性，从而起到事半功倍的作用。

餐厅是K(中国)公司的基本业务单位，因此针对餐厅管理人员的“教育培训系统”是该公

司人力资源培训战略的重要环节，这套系统被某些业内人士称为“制造核心竞争力的永动车”。1996年，公司专门建立了对餐厅管理人员进行训练的专业基地——教育发展中心，每年为来自全国各地2 000多名该公司餐厅管理人员提供上千次的培训课程，使他们从一个丝毫不了解餐饮行业，不了解餐厅管理的外行人，发展到餐厅经理中的精英。在这个过程中，企业提供的不同培训课程以及量身订制的长远规划功不可没。

请您结合本案例，回答以下问题：

(1)K(中国)公司的员工培训开发系统具有哪些特点？

(2)K(中国)公司的员工培训制度对我们有哪些启示？

2. 某大型超市为了减少顾客在收银台结账排队的等待时间，调整了收银台通道的整体布局，使通道总数由原来的16个增加到了24个，并新招聘了一批收银员。人力资源部对收银员的入职培训以及入职后的技能培训非常重视。为了保证收银员的培训能够切实达到预期效果，人力资源部决定加大培训评估工作，要求培训主管尽快设计出收银员培训的技能成果评估方案。

请结合本案例回答下问题：

(1)收银员培训的技能成果评估应包括哪些内容？试举例说明。

(2)培训的技能成果可采用哪些方法进行评估？

答案与解析

理论知识练习题

一、单项选择题

1. 答案：D(P211)　本题考查的是关于员工培训规划的基本知识。

2. 答案：D(P212)　本题考查的是企业员工培训规划的分类。

3. 答案：C(P214)　培训费用是指企业在员工培训的过程中所发生的一切费用，包括培训之前的准备工作，培训的实施过程，以及培训结束之后的效果评估等各种与之相关活动的各种费用的总和。

4. 答案：A(P214)　本题考查的是企业培训的直接成本。

5. 答案：A(P246)　本题考查的是内部培训的内涵。

6. 答案：B(P214)　员工培训的直接培训成本是指在培训组织实施过程中培训者与受训者的一切费用总和，如培训教师的费用，学员的往来交通、食宿费用，教室设备的租借费用，教材印发购置的费用，以及培训实施过程中的其他各项花费等。

7. 答案：C(P214)　本题考查的是员工培训的直接培训成本的内容。

8. 答案：C(P215)　有效性就是要求员工培训规划的制定必须体现出可靠性、针对性、相关性和高效性等四个方面的基本特点。

9. 答案：D(P248)　本题考查的是封面上的内容。

10. 答案：B(P239)　尽可能紧跟当前行业发展趋势并不是企业设置培训课程的基本原则。

11. 答案：D(P239)　本题考查的是企业培训课程设计的原则。

12. 答案：A(P240)　本题考查的是培训课程的构成要素。教学模式是指学习活动的安排和教学方法的选择。

13. 答案:A(P241)　本题考查的是教学计划的内容。

14. 答案:A(P248)　课程系列计划是指按一定的顺序组合起来的目标一致的课程组合。课程系列计划以目标为导向,将看似独立的相关课程联系在一起。

15. 答案:A(P248)　培训课程系列计划以目标为导向。

16. 答案:A(P249)　内容大纲主要包括:教学资源、资料的结构、课程目标和绩效目标、教学顺序和活动、内容、交付时间。

17. 答案:D(P249)　在课程设计文件中,内容大纲包括:①教学资源;②资料的结构;③课程目标和绩效目标;④教学顺序和活动;⑤内容;⑥交付时间。

18. 答案:B(P256)　本题考查的是岗位指南的作用。

19. 答案:C(P256)　本题考查的是岗位指南的知识点。

20. 答案:D(P256)　学员手册是培训中的指导和参考材料。

21. 答案:D(P257)　本题考查的是外部聘请师资的优点。

22. 答案:A(P257)　本题考查的是聘请企业外部培训师的优缺点及外部培训资源的开发途径。

23. 答案:D(P257)　本题考查的是外部聘请师资的优缺点。外部聘请教师成本较高。

24. 答案:B(P258)　态度培训以情景模拟、测量工具和个人及小组成长等方法为主。

25. 答案:A(P271)　对于基层管理人员而言,专业技能是最重要的。

26. 答案:A(P270)　本题考查的是管理人员在组织中的作用。

27. 答案:D(P275)　本题考查的是培训师选择案例的条件。

28. 答案:B(P274)　本题考查的是管理技能开发的基本模式的优点。管理人员能全力以赴进行学习是短期学习的优点。

29. 答案:D(P293)　四级评估分别为:反应评估、学习评估、行为评估和结果评估。

30. 答案:A(P288)　企业培训前评估的内容包括:培训需求的整体评估、培训对象的知识、技能和工作态度评估,培训对象的工作成效及其行为评估,培训计划的可行性评估。

31. 答案:D(P292)　反映评估即在课程刚结束时,了解学员对培训项目的主观感觉或满意程度。

32. 答案:A(P293)　四级评估分别为:反应评估、学习评估、行为评估和结果评估。

33. 答案:D(P294)　见教材表3-15。

34. 答案:A(P241)　本题考查的是培训效果四个评估层级的主要特点。见教材表3-15。

35. 答案:D(P294)　本题考查的是培训效果四个评估层级的主要特点。

36. 答案:C(P294)　见教材表3-15。

37. 答案:D(P292)　本题考查的是培训效果评估四个层级。反应评估的内容是受训者对培训的满意程度。

38. 答案:C(P294)　本题考查的是培训效果四个评估层级的主要特点。见教材表3-15。

39. 答案:B(P294)　见教材表3-15。

40. 答案:B(P240)　本题考查的是教学策略的定义。

41. 答案:B(P294)　见教材表3-15。

42. 答案:C(P296)　员工培训认知成果一般可以采用笔试或者口试的方法来评判。

43. 答案:A(P241) 本题考查的是教学目标的定义。

44. 答案:A(P297) 本题考查的是培训评估的标准与方法。

45. 答案:D(P298) 本题考查的是绩效成果的作用。

46. 答案:C(P297) 本题考查的是情感成果评估的定义。

47. 答案:B(P299) 本题考查的是培训的非正式评估的相关内容。

48. 答案:A(P300) 本题考查的是培训效果正式评估的相关知识点。

49. 答案:A(P300) 本题考查的是培训效果正式评估的相关知识点。

50. 答案:D(P300) 本题考查的是总结性评估的含义。

51. 答案:A(P300) 建设性评估就是在培训过程中以改进而不是以是否保留培训项目为目的的评估。

52. 答案:A(P288) 本题考查的是培训后评估的内容。

53. 答案:C(P310) 本题考查的是行为观察法的相关知识点。

54. 答案:B(P239) 培训课程设计的基本原则有:①培训课程设计的根本任务是满足企业与学习者的需求。②培训课程设计的基本要求是应体现成年人的认知规律。③培训课程设计的主要依据是现代系统理论的基本原理。

55. 答案:A(P240) 本题考查的是课程目标的基本含义。

56. 答案:D(P256) 学员手册是培训中的指导和参考材料。

57. 答案:A(P274) 本题考查的是职务轮换的定义。

58. 答案:A(P293) 本题考查的是行为评估的内容。

59. 答案:B(P299) 本题考查的是非正式评估的定义。

60. 答案:B(P309) 操作性测验是指通过对实际操作过程的观察和评价来进行评估测验的方法,它可应用于整个培训过程,具有较高的表面效度。

二、多项选择题

1. 答案:ABCD(P213) 在企业培训规划中没有要求将培训目的专业化。

2. 答案:CE(P214) 本题考查的是企业培训的直接成本。

3. 答案:ABCE(P215) 制定培训规划的有效性就是要求制定过程必须体现出可靠性、针对性、相关性和高效性等四个方面的基本特点。

4. 答案:ABCE(P215～216) 制定培训规划的过程必须达到标准化、系统性、普遍性、有效性的要求。

5. 答案:ABCE(P215～216) 培训规划作为实现企业人力资源开发的目标,满足员工培训需求的活动实施方案,其制定过程必须达到以下要求:系统性、标准化、有效性、普遍性。

6. 答案:BCE(P222) 本题考查的是在制定培训规划时的综合平衡要求。

7. 答案:CE(P222) 本题考查的是在制定培训规划时的综合平衡要求。

8. 答案:ABDE(P241) 培训教学计划的基本内容包括:教学形式、教学目标、教学环节、教学时间安排、课程设置。

9. 答案:ACDE(P242) 本题考查的是影响教学形式的因素。

10. 答案:BCDE(P248) 本题考查的是培训课程计划的内容。

11. 答案:ACDE(P255～256) 本题考查的是在制定培训规划时的注意事项。

12. 答案:ABC(P256)　本题考查的是工作任务表的作用。

13. 答案:ABCD(P256)　本题考查的是岗位指南在培训中的作用。

14. 答案:CDE(P258)　本题考查的是企业内部开发培训师的缺点。

15. 答案:ABCD(P258)　本题考查的是开发企业内部培训师的优点。

16. 答案:ABCD(P259)　本题考查的是开发培训教材的方法。

17. 答案:ABDE(P260)　本题考查的是培训教师的选聘标准。

18. 答案:ABC(P271)　本题考查的是不同管理层次应具备的能力,见教材表3-10。

19. 答案:ABCDE(P278～279)　各选项均为继任者胜任力。

20. 答案:ABC(P288)　本题考查的是培训中评估的内容。计划的可行性评估属于培训前评估,主观的工作绩效属于培训后评估。

21. 答案:CD(P273)　本题考查的是基层管理人员培训的内容。见教材表3-12。

22. 答案:ABCD(P292)　过程评估不属于培训成果的四级评估体系。

23. 答案:ABCD(P293)　本题考查的是结果评估的缺点,结果评估需要较长的时间,因为培训成果的转化不是一朝一夕就能完成的。

24. 答案:ABCD(P284～285)　培训前效果评估的作用包括:保证培训需求确认的科学性,确保培训计划与实际需求合理衔接,帮助实现培训资源的合理配置,保证培训效果测定的科学性。

25. 答案:CDE(P301～302)　定性评估法包括:目标评估法、关键人物评估法、比较评估法、动态评估法、访谈法、座谈法。

26. 答案:AD(P285)　本题考查的是培训中效果评估的作用。

27. 答案:ABCD(P285)　本题考查的是培训后效果评估的作用。

28. 答案:ABCDE(P302)　本题考查的是访谈法的应用范围。

29. 答案:ACDE(P291)　培训评估结果应及时反馈给人力资源管理专员、管理层、学员的上司、学员本人。

30. 答案:BDE(P294)　本题考查的是培训效果中结果评估的具体方法,见教材表3-15。

31. 答案:BD(P294)　对培训效果进行学习评估的时间应为课程进行时、课程结束时。见教材表3-15。

32. 答案:ACD(P294)　在设定培训评价标准时,应当注重评估指标和标准的相关度、信度、区分度和可行性。

33. 答案:ABD(P294)　本题考查的是培训效果中行为评估的具体方法。

34. 答案:BCDE(P259)　向政府购买不是开发教材的方法。

35. 答案:AC(P296)　本题考查的是培训评估的标准与方法。

36. 答案:ABCDE(P310)　选项中各项均为在进行操作性测验时,应注意达到的要求。

37. 答案:ABDE(P299)　本题考查的是分正式评估的特点。

38. 答案:ABCD(P300)　本题考查的是对培训效果进行定性评估的特点。

39. 答案:ABDE(P316)　概述评估实施的过程部分要交代清楚评估方案的设计方法、抽样及统计方法、资料收集方法和评估所依据的量度指标。

40. 答案:AB(P274)　职务轮换、设立副职和临时提升属于在职管理人员的培训方法。

专业技能练习题

一、简答题

参考答案:(P316~317)

1)撰写导言,介绍评估实施的背景、目的和性质,说明评估方案以往的实施情况。

2)概述评估实施的过程,交代清楚评估方案的设计方法、抽样及统计方法、资料收集方法和评估所依据的量度指标。

3)阐明评估结果(应与方法论密切相关)。

4)解释、评论评估结果并提供参考意见。

5)撰写附录,包括收集和分析资料用的图表、问卷、部分原始资料等。

6)撰写报告提要,帮助读者迅速掌握报告要点。

二、综合题

1. 参考答案:

(1)该员工培训开发系统的特点如下:

1)该公司高度重视人力资本投资。18年来,累计培训员工20万人次,基本培训资金投入超过2.4亿元。

2)该公司构建了具有国际化标准的人力资源培训开发体系,为企业人才的培养奠定了基础。

3)根据不同培训对象的培训需求,制定了详尽的多方面、多层次的员工培训规划,并设计了具有很强针对性的培训课程。

4)提高核心竞争力,强调培训的动态性。该公司为员工设计了富有激励效应的阶梯形职业发展道路,营造了全新的人性化的管理模式。将员工个人的愿景与公司发展目标相结合,不但帮助新员工量身定制个人培训发展计划,还能根据员工不同的发展阶段,有针对性地对其进行岗位管理技能培训,不断地提高员工队伍的素质。

5)该公司设计的培训体系内容新颖,方式方法灵活多样,生动活泼。该培训体系不仅具有传统的专业知识、管理技能的培训,还组织员工参加各种有趣的竞赛和活动,如"餐厅经理年会"和"餐厅经理擂台赛",对具备条件的员工还派往国外进修实习。

(2)该公司的员工培训制度对我们的启示如下:

1)企业要发展壮大,就应当始终将员工培训开发放在企业发展战略的高度上来认识。该公司的成功之处,首先就在于它具有正确的培训价值观,他们把培训不仅看成提高员工基本技能的手段,而且使其成为公司创造智力资本的基本途径,并努力将企业构建成一个有利于员工与企业共同发展的学习型组织。

2)"识人"环节重要,"育人"的环节更为重要。该公司的实践充分证明:有竞争力的培训越来越成为企业吸引、留住人才的重要前提。重视培训,不仅可以更好地满足企业长远的战略发展需求,还可以满足员工的职业生涯发展需要,有效地留住人才。

3)应当高度重视员工培训需求的分析。如前所述,该公司的培训体系具有很强的针对性,正是因为它是建立在对各类培训对象进行全面培训需求分析的基础之上的。

4)应当重视对企业培训资源进行必要评估和全面整合。一个良好的培训开发体系,需要有一定人力、物力和财力等物质基础的支持。在制定员工培训开发中远期规划时，必须考虑充分开发利用各种教学资源，只有统筹规划培训经费，组建培训师队伍，改善培训场地和设施，搭建培训所必需的人、财、物的平台，才能最终实现企业培训规划的目标。

5)应当对各类员工培训课程进行精心设计，使培训课程体系目标明确、重点突出、不断创新。该公司培训开发体系之所以在员工队伍素质建设中发挥了重要的作用，这是与他们所开设培训课程具有很强的实用性、适应性、导向性和科学性密切相关的。

6)成功的培训需要建立严格的培训评估体系。为了提高员工培训投资的效益，企业必须建立培训评估的跟踪系统，对培训的全过程进行监督控制，以确保实现培训目标。

2. 参考答案：(P292～294)

(1)技能成果可以用来评价受训者对培训项目中所强调的操作技巧、技术或技能以及行为方式等所达到的水准，主要表现在技能学习与技能转换两个方面，因此收银员培训的技能成果评估应当包括：①学习评估，即评估学员在知识、技能、态度的收获，如设计考卷考查受训人员对收银员作业守则的熟悉程度和退货等的流程。②行为评估，主要评估学员在工作中的行为方式有多大程度的改变。这是收银员培训评估中的重点评估部分。例如，现场上机操作收银设备，看其对改口令、条码输入、刷卡、点钞、验钞等基本操作是否熟练；观察其工作中是否注意使用礼貌用语，着装与仪表是否符合规范。

举例略。

(2)培训的技能成果可采用以下方法进行评估：

1)书面考试。往往在培训之后或之中进行，由教师或培训辅导员实施。

2)现场观察。

3)工作抽样。现场观察和工作抽样既可用来评判受训者掌握技能的真实水平，也可以用来评判员工所掌握的技能实际应用的程度。

4)专家评定。专家包括该部门的主管或负责收银培训的教师。

5)客户评价。以客户评价的满意度分数作为依据。

6)同事评价。

第四章 绩效管理

理论知识练习题

一、单项选择题

1.( )一般作为生产性组织的主要绩效考评指标。

A. 工作效率 B. 成本控制 C. 工作过程 D. 工作成果

2. 对于科技性组织的绩效考评,主要考评的指标应为( )。

A. 工作成果 B. 工作过程 C. 工作方式 D. 工作过程与工作成果

3. 有关绩效考评指标的作用说法错误的是( )。

A. 绩效考评指标有助于战略的落实和达成

B. 有效的绩效指标有助于改善组织的内部管理

C. 有效的绩效指标有助于指引员工的行为朝向组织正确的方向上来

D. 有效的考评指标有助于员工薪酬的提高

4.( )的绩效考评指标体系是以反映和体现被考评者的兴趣爱好、应变能力、人际关系等指标为主体构成的考评体系。

A. 行为过程型 B. 品质特征型 C. 工作结果型 D. 工作方式型

5.( )绩效指标体系应能够反映员工在劳动过程中的行为表现。

A. 品质特征型 B. 工作结果型 C. 行为过程型 D. 劳动态度型

6.“客户投诉率”属于( )的绩效考评指标。

A. 行为过程型 B. 品质特征型 C. 工作结果型 D. 工作方式型

7.“产品合格率”属于( )绩效考评指标。

A. 行为过程型 B. 品质特征型 C. 工作结果型 D. 工作方式型

8.( )是绩效考评要素选择的前提和基础。

A. 岗位分析 B. 工作描述 C. 员工面谈 D. 岗位评价

9.( )的目的是寻求新的和异想天开的解决所面临难题的途径与方法。

A. 关键事件法 B. 要素图示法 C. 个案研究法 D. 头脑风暴法

10. 设计绩效考评指标体系的程序包括:①理论验证;②工作分析;⑧指标调查;④修改调整。正确的顺序是( )。

A. ②③①④ B. ③①②④ C. ②①③④ D. ①②③④

11. 在确定绩效考评标准时应做到“定量准确”,其衡量标准不包括( )。

A. 考评标准越多越好 B. 各标准间的差距要合理

C. 标准的含义要明确 D. 标准的等级数量

12. 没有绝对的零点,只能做加减运算,不好做乘除运算的绩效考评标准量表是( )。

A. 比率量表 B. 等距量表 C. 等级量表 D. 名称量表

13. 建立战略导向 KPI 体系的意义不包括( )。

A. 有助于员工的自我实现 B. 对战略导向起牵引作用

C. 最大限度地激发员工斗志　　D. 强调对员工行为的激励

14. 以下关于战略导向KPI体系的说法不正确的是(　　)。

A. KPI体系以控制为中心　　B. 财务与非财务指标相结合

C. 战略目标自上而下分解　　D. 短期指标与长期指标结合

15. 与战略导向的KPI体系相比，一般绩效评价体系的考评目的以(　　)为中心。

A. 目标　　B. 控制　　C. 激励　　D. 战略

16. (　　)表现为考评者按照自己对标准的理解进行评价，或按照自己认为恰当的标准进行评价因而偏离了评价标准。

A. 后继效应　　B. 自我中心效应　　C. 个人偏见　　D. 晕轮误差

17. 在KPI指标和指标值的设定上，不可以选择的参照企业是(　　)。

A. 本行业领先的最佳企业　　B. 世界500强企业

C. 行业内中等水平的企业　　D. 中国500强企业

18. 提取KPI的程序包括：①分析工作产出；②审核指标和标准；③修改和完善；④设定考评标准；⑤提取和设定绩效考评指标。排序正确的是(　　)。

A. ①④③⑤②　　B. ①⑤②③④　　C. ①④②⑤③　　D. ①⑤④②③

19. 以下不属于关键绩效指标的是(　　)。

A. 数量指标　　B. 客户指标　　C. 质量指标　　D. 成本指标

20. KPI标准水平的分类不包括(　　)。

A. 先进的标准水平　　B. 预期的标准水平

C. 平均的标准水平　　D. 基本的标准水平

21. 在设定关键绩效指标时，(　　)不适合用来解决工作产出项目过多问题。

A. 设置更为全面的指标体系

B. 比较产出结果对组织的贡献率

C. 删除与工作目标不符合的产出项目

D. 合并同类项，将增值贡献率的项目归到一个更高的类别

22. 加权选择量表法属于(　　)绩效考评方法。

A. 品质导向型　　B. 结果导向型　　C. 行为导向型　　D. 综合导向型

23. (　　)对人际接触和交往频繁的工作岗位尤其重要。

A. 结果性效标　　B. 特征性效标　　C. 行为性效标　　D. 品质性效标

24. "医师的诊断水平和医术"的效标属于(　　)绩效考评效标。

A. 行为性　　B. 特征性　　C. 结果性　　D. 品质性

25. (　　)效标更适用于评价人际交往频繁的工作岗位。

A. 行为性　　B. 结果性　　C. 特征性　　D. 综合性

26. 考量员工个人特质的效标属于(　　)。

A. 行为性效标　　B. 特征性效标　　C. 结果性效标　　D. 素质性效标

27. 以下不属于行为导向型考评方法的是(　　)。

A. 强制分配法　　B. 强迫选择法　　C. 成对比较法　　D. 直接指标法

28. 考评过程中出现(　　)，不利于个人绩效的改进，容易使业绩优秀的员工受到伤害。

A. 苛严误差　　B. 中间倾向　　C. 宽厚误差　　D. 晕轮误差

29. 绩效考评的(　　)容易增加工作压力,降低工作满意度,不利于调动业务骨干的积极性、主动性和创造性。

A. 苛严误差　B. 中间倾向　C. 宽厚误差　D. 晕轮误差

30. (　　)不属于绩效考评结果的分布误差。

A. 宽厚误差　B. 苛严误差　C. 中间倾向　D. 相似偏差

31. 考评的(　　)是指评定结果呈负偏态分布,大多数员工被评为优良。

A. 偏紧误差　B. 中间倾向　C. 宽松误差　D. 标准误差

32. 绩效考评的(　　)不是由考评者的主观性带来的。

A. 晕轮误差　B. 自我中心效应　C. 分布误差　D. 评价标准误差

33. 下列行为或意图中(　　)不会产生考评的苛严误差。

A. 考评标准过低　B. 惩罚一些不服管理的员工

C. 压缩提薪人员的比例　D. 为裁员提供有说服力的证据

34. (　　)是指考评者仅凭下属最初的绩效信息,对考评期内的全部表现做出总评价。

A. 优先效应　B. 首因效应　C. 后继效应　D. 近期效应

35. 被考评者上一考评期内的评价结果对本期评价产生影响,这种考评误差属于(　　)。

A. 后继效应　B. 晕轮误差　C. 个人偏见　D. 优先效应

36. 对员工进行考评时,如果前一名被考评者甲被认为是表现“差”,即使被考评者乙的表现一般,考评者仍然会给出较高的评分。这种误差被称为是考评的(　　)。

A. 相似偏差　B. 后继效应　C. 对比偏差　D. 晕轮效应

37. 绩效考评工具失常的主要客观原因是(　　)。

A. 绩效目标不明确　B. 考评指标设计不规范

C. 工作分析不到位　D. 绩效考评标准不明确

38. (　　)不是由考评者的主观性带来的。

A. 对比偏差　B. 自我中心效应

C. 分布误差　D. 评价标准误差

39. 下列关于360度考评的说法不正确的是(　　)。

A. 具有全方位、多维度特点　B. 不考评胜任特征指标

C. 一般采取匿名的方式进行　D. 有利于促进员工发展

40. (　　)即考评者按照自己的标准寻找被考评者与其不同的方面进行评定。

A. 对比偏差　B. 相似偏差　C. 后继效应　D. 晕轮效应

41. (　　)即考评者按照自己的标准寻找被考评者与其相同的方面进行考评。

A. 对比偏差　B. 相似偏差　C. 后继效应　D. 晕轮效应

42. 360度考评宜采用(　　)的评价方式。

A. 记名　B. 公开　C. 匿名　D. 自愿

43. (　　)是基于胜任特征的考评方法,使用这种方法得出的结果更全面、深刻。

A. 平衡计分卡　B. 行为定位法　C. 评级中心法　D. 360度考评

44. (　　)是指评价员工绩效的指标及标准,为了实现组织目标,对个人或集体的绩效应当达到的水平要求。

A. 校标　B. 效度　C. 效果　D. 标度

45. 特征性效标考量员工是怎样一个人,其侧重点是(　　)。

A. 员工如何工作　　B. 个人特质

C. 工作成效如何　　D. 员工如何完成工作

46. 行为主导型的绩效考评方法适用于(　　)。

A. 销售行业　　B. IT 行业　　C. 行政人员　　D. 研究行业

47. 结果主导型的绩效考评方法适用于(　　)。

A. IT 行业　　B. 管理人员　　C. 流水线工人　　D. 销售人员

48. 经济性特别好的绩效考评方法是(　　)。

A. 选择排列法　　B. 合成考评法　　C. 目标管理法　　D. 加权选择法

49. 可行性特别好的绩效考评方法是(　　)。

A. 强制分布法　　B. 短文法　　C. 图解式评价量表法　　D. 合成考评法

50. 有效性特别好的绩效考评方法是(　　)。

A. 排列法　　B. 成对比较法　　C. 强制分布法　　D. 劳动定额法

51. 开发性特别好的绩效考评方法是(　　)。

A. 短文法　　B. 直接指标法　　C. 目标管理法　　D. 强迫选择法

52. 宽厚误差即评定结果呈(　　)分布。

A. 正态　　B. 负态　　C. 负偏态　　D. 正偏态

53. (　　)又称记录效应,即被考评者在上一个考评期内评价结果的记录,对考评者在本考评期内的评价所产生的作用和影响。

A. 对比偏差　　B. 相似偏差　　C. 后继效应　　D. 晕轮效应

54. 在绩效管理系统总体评估的内容中属于对管理制度的评估的是(　　)。

A. 绩效管理体系在运行中存在哪些问题

B. 各个子系统之间健全完善的程度如何

C. 绩效考评指标体系是否完整

D. 绩效管理制度存在着哪些地方需要进行修改调整

55. 关于头脑风暴法正确的是(　　)。

A. 思想越激进越好　　B. 思想越平淡越好

C. 可以随意批评别人　　D. 对别人的想法进行打击

56. 可以做加减运算但不可以做乘除运算的量表是(　　)。

A. 等级量表　　B. 名称量表　　C. 等距量表　　D. 比率量表

57. 既可以做加减运算又可以做乘除运算的量表是(　　)。

A. 等级量表　　B. 名称量表　　C. 等距量表　　D. 比率量表

58. 不可以比较大小顺序的量表是(　　)。

A. 等级量表　　B. 名称量表　　C. 等距量表　　D. 比率量表

59. (　　)就是通过图示的方式显示某一团队或员工个体对组织内部和外部客户的工作产出。

A. 客户关系图　　B. 客户购买欲　　C. 职工关系图　　D. 职工和谐程度

60. 属于技术岗位的是(　　)。

A. 车工　　B. 磨工　　C. 设计　　D. 钳工

二、多项选择题

1. 针对管理型组织和服务性组织,考评的重点主要集中在(　　)等几个方面。

A. 整体素质　B. 工作效率　C. 工作方式
D. 组织气氛　E. 工作成果

2. 按岗位在企业生产过程中的地位和作用不同,可以将其分为(　　)。

A. 生产岗位　B. 服务岗位　C. 技术岗位
D. 管理岗位　E. 基层岗位

3. 运用头脑风暴法进行集体讨论时,应遵循的原则有(　　)。

A. 鼓励别人改进想法　B. 强调想法的数量
C. 不批评别人的想法　D. 强调想法的质量
E. 思想愈激进愈开放愈好

4. 属于自我中心效应的是(　　)。

A. 对比偏差　B. 相似偏差　C. 后继效应
D. 个人偏见　E. 苛严误差

5. 适用于行为主导型绩效考评方法的行业或者职业是(　　)。

A. 管理人员　B. 行政人员　C. 流水线工人
D. IT 行业　E. 销售人员

6. 以下关于等距量表的说法正确的有(　　)。

A. 有绝对零点　B. 数量差距相同
C. 数量差距以相同的比例变化　D. 没有绝对零点
E. 在一个变量上对事物进行分类

7. 等距量表是一种绩效考评标准量表,以下说法正确的有(　　)。

A. 有绝对零点　B. 数量差距在量表的阶梯上相同
C. 数量差距以相同的比例变化　D. 没有绝对零点
E. 在一个变量上对事物进行分类

8. 从实验心理学和测量学的角度看,按照测量水平的不同,考评量表可以分为(　　)。

A. 类别量表　B. 等距量表　C. 位次量表
D. 等比量表　E. 比率量表

9. 根据内容的不同,效标可以分为(　　)。

A. 特征性效标　B. 行为性效标　C. 结果性效标
D. 过程性效标　E. 品质性效标

10. 战略导向 KPI 体系的意义体现在(　　)。

A. 具有战略导向的牵引作用　B. 是实施企业战略规划的重要工具
C. 能够最大限度地激发员工的斗志　D. 是激励员工行为的一种新型机制
E. 能调动全员的积极性、主动性和创造性

11. 战略导向的 KPI 体系的特点包括(　　)。

A. 自下而上汇总目标　B. 以控制为中心
C. 自上而下分解目标　D. 以战略为中心
E. 考评指标以财务指标为主

12. 提取关键绩效指标的方法包括(　　)。

A. 综合指标法　B. 关键分析法　C. 目标分解法

D. 岗位分析法　E. 标杆基准法

13. KPI 必须具有可测性,也就是说(　　)。

A. 指标要易于获取　B. 数据资料要准确可靠

C. 数据资料要体现增值性　D. 各指标标准要有明确的界定

E. 各指标要有简便易行的计算方法

14. 在 KPI 指标和指标值的设定上,可以作为参考标杆的企业有(　　)。

A. 本行业中领先的最佳企业　B. 国内平均水平企业

C. 国内领先地位的最优企业　D. 当地平均水平企业

E. 世界领先地位的顶尖企业

15. 利用客户关系图来提取 KPI,能够(　　)。

A. 分析客户的满意度标准　B. 了解企业的内外客户

C. 掌握为客户所提供的具体产出　D. 了解企业的市场占有率

E. 设定考评标准来衡量团队或个人绩效

16. 客户关系分析图法可用于提取关键绩效指标,该方法的特点包括(　　)。

A. 应用范围广　B. 可用于个人的工作产出分析

C. 适用于各种工作岗位　D. 可用于团队的工作产出评估

E. 可分析企业下属的各个部门

17. 制定 KPI 要遵循 SMART 原则。SMART 由五个英文单词的首字母组成,下列“字母一单词”的组合,相匹配的是(　　)。

A. S——Specific　B. M——Measurable

C. A——Attainable　D. R—Reasonable

E. T——Technical

18. 审核关键绩效指标的要点包括(　　)。

A. 是否具有可操作性　B. 是否留有可以超越的空间

C. 工作产出是否为最终产品　D. 多个考评者参与,结果是否可靠、准确

E. KPI 能否解释被考评者 50%以上的工作目标

19. 行为导向的主观考评方法主要有(　　)。

A. 关键事件法　B. 选择排列法　C. 成对比较法

D. 强制分配法　E. 行为定位法

20. 结果导向型的绩效考评方法包括(　　)。

A. 关键事件法　B. 短文法　C. 劳动定额法

D. 目标管理法　E. 直接指标法

21. 绩效考评效标是指评价员工绩效的指标及标准,具体包括(　　)。

A. 卓越性效标　B. 特征性效标　C. 结果性效标

D. 行为性效标　E. 一般性效标

22. 造成宽厚误差的原因主要有(　　)。

A. 考评标准和方法主观性强　B. 评价标准过低

C. 压缩提薪或奖励人数比例　　D. 评价标准过高
E. 在考评中曾与被考评者反复进行沟通

23. 制约和影响绩效考评的正确性、可靠性和有效性的问题主要有(　　)。
A. 个人偏见　　B. 评价指标对考评的影响
C. 自我中心效应　　D. 评价标准对考评的影响
E. 员工绩效的分布误差

24. 制约和影响绩效考评的正确性、可靠性和有效性的因素主要有(　　)。
A. 后继效应　　B. 评价指标对考评的影响
C. 自我中心效应　　D. 评价标准对考评的影响
E. 员工绩效的分布误差

25. 绩效考评方法在实际应用中可能出现的偏误有(　　)。
A. 分布误差　　B. 自我中心效应　　C. 个人偏见
D. 优先和近期效应　　E. 标准误差

26. 绩效考评指标体系的设计原则有(　　)。
A. 简洁性原则　　B. 科学性原则　　C. 经济性原则
D. 明确性原则　　E. 针对性原则

27. 关于目标分解法的说法正确的是(　　)。
A. 目标分解法采用的是平衡计分卡设定目标的方法
B. 需要确定战略的总目标和分目标
C. 进行业务价值树的决策分析
D. 各项业务关键驱动因素分析
E. 目标分析法又称关键分析法

28. 关于战略导向的 KPI 体系与一般绩效考评体系的区别,说法正确的是(　　)。
A. 战略导向的 KPI 以战略为中心　　B. 一般绩效考评体系以战略为中心
C. 它们的指标来源相同　　D. 它们的考评指标的构成相同
E. 战略导向的 KPI 以控制为中心

29. 关键绩效指标的可测性是指(　　)。
A. 数据资料要准确可靠　　B. 数据资料具有公正性
C. 数据资料要易于采集　　D. 各指标标准有明确的界定
E. 各指标标准有简便易行的计算方法

30. 属于绩效沟通方式的是(　　)。
A. 正式的书面报告　　B. 定期会面
C. 非正式的绩效沟通　　D. 正式的绩效沟通
E. 团队会谈

31. 关于绩效沟通的技巧说法正确的是(　　)。
A. 沟通应及时　　B. 沟通应具有建设性
C. 注意倾听　　D. 多说少听
E. 沟通时态度应诚恳

32. 不属于绩效考评指标体系设计原则的是(　　)。

A. 针对性原则　　B. 关键性原则　　C. 特殊性原则
D. 普遍性原则　　E. 定性原则

33. 绩效考评结果过于苛刻，对组织和个体来说（　　）。

A. 有利于激发员工们的斗志　　B. 容易增加工作压力
C. 容易造成紧张的组织气氛　　D. 降低工作的满意度
E. 有利于调动员工的创造性

34. 按照岗位在企业生产过程中的地位和作用可以把岗位分为（　　）。

A. 生产岗位　　B. 技术岗位　　C. 管理岗位
D. 服务岗位　　E. 杂务岗位

35. 减少晕轮误差的方式有（　　）。

A. 建立严谨的工作记录制度　　B. 考评标准要详细
C. 对考评者进行相应的培训　　D. 考评标准要简略
E. 应给考评者足够的自由

36. 属于绩效考评结果应用范围的是（　　）。

A. 用于招募与甄选　　B. 用于人员调配
C. 用于确定和调整员工薪酬　　D. 用于人员培训与开发决策
E. 用于改善人们的生活条件

37. 为了检查和评估企业绩效管理系统的有效性，通常可以采用（　　）。

A. 座谈法　　B. 问卷调查法　　C. 查看工作记录法
D. 总体评价法　　E. 头脑风暴法

38. 关于 360 度考评法说法正确的是（　　）。

A. 360 度考评具有全方位、多角度的特点
B. 360 度考评充分尊重组织成员的意见
C. 360 度考评有助于强化企业的核心价值观
D. 有助于促进员工个人发展
E. 采用匿名考核方式

39. 关于结果主导型的绩效考评法说法正确的是（　　）。

A. 实施成本低廉　　B. 短期效应比较强
C. 实施成本较高　　D. 长期效应比较强
E. 受主观影响大

40. 关于行为主导型的绩效考评法说法正确的是（　　）。

A. 开发成本小　　B. 受主观影响大
C. 具有较强的连贯性　　D. 反馈功能好
E. 适用于变化剧烈的行业

专业技能练习题

一、简答题

1. 简要说明提取关键绩效指标的程序和步骤。

2. 简述设定关键绩效指标时常见的问题以及纠正方法。

二、综合题

1. 某知名家具公司的产品销售一直采用代理商模式。随着竞争环境的变化，公司高层领导决定在保留原有营销方式的同时，组建一支属于自己的专职营销队伍。去年公司正式组建了销售部，招聘了20名推销员。经过一年多的努力，这些人员给公司带来了较好的销售业绩，但是对这些推销员的考评工作却未走上正轨。人力资源部经理经过近一个月的时间为推销员设计了一套包含20多项指标的绩效考核体系。在征询意见时，销售部经理认为，这套体系所包含的指标过多过杂，需要进行认真的推敲与修改。

请结合本案例回答以下问题：

(1)在设计推销员绩效指标体系时，可采用哪些具体方法？

(2)在确定推销员绩效指标时，一般可包括哪些工作步骤？

(3)该公司推销员的绩效指标太多，该如何进行调整？

(4)虽然需要调整该公司推销员的绩效指标，但是有些指标是必不可少的，请列举至少四项适用于推销员的KPI？

2. 某公司由于出现效率低下、管理混乱、人浮于事、产品成本上升等一系列问题，总经理决定以绩效考核为突破口，对公司的管理体系进行梳理，并将“末位淘汰法”作为绩效考核制度的一项重要改革。新的绩效考核制度规定，每年年底由部门负责人对下属员工进行百分制考核，各部门得分排名最后的两名员工将被淘汰。

实行末位淘汰制之初，效果很明显，员工积极性有了很大的提高，公司在市场上的表现也大有起色。但随着时间推移，一系列问题开始显现。首先，干活越多的人，出错率越大；越坚持原则的人，得罪的人越多。结果是这两类人的绩效得分都很低，按照公司的规定，他们将被淘汰。企业很多中层主管对此意见很大，认为如果这样的员工都会流失，将没有人干活和敢说真话了。其次，公司产品项目部在激烈的市场竞争中取得了非常好的业绩，很难从中选出最差的两个人。由于淘汰最后两名员工是绩效考核的核心内容，这让很多部门领导处于左右为难的境地。

请结合本案例，回答以下问题：

(1)该公司的“末位淘汰制”主要存在哪些问题？

(2)请对该公司“末位淘汰制”进行综合评析，并提出改进的建议。

3. 某知名科技公司对员工绩效考评制度进行了调整，取消了七个等级(A、B、C、D、E、F、G)的评价方式，取而代之是四级(1、2、3、4)评等方式。员工如果被评定为1等，则说明该员工超越了原定目标；如果被评为4等，则说明该员工业绩很差。数据显示，被评为4等的员工所占比例很小，大部分员工都被评为2等。

新的绩效考评制度规定，除了由各级主管做年终绩效考评外，员工还可以另外寻找6位同事，以匿名的方式对他们进行考评，称之为“360度反馈”。

每年年初，员工都要在充分理解公司业绩目标和本部门KPI的基础上，在主管的指导下制订自己的绩效计划，并列出自己“实现业绩目标、执行方案和团队合作”这三个方面所需要采取的具体行动，这相当于员工与公司签订了一份绩效合同。

请您结合本案例，回答以下问题：

(1)采取定性表述，为该公司设计绩效考评结果1～4级的等级标准，填入表1。

(2)对该公司新的绩效考评制度进行剖析，说明其优点和不足。

表1　绩效考评等级标准表

考评等级	评等标准
1	
2	
3	
4	

答案与解析

理论知识练习题

一、单项选择题

1. 答案:D(P319)　对于生产性组织,它一般有客观的物质产出,因此对其考评一般应以最终的工作成果,如生产数量、生产质量等作为主要考评指标。

2. 答案:D(P319)　对科技性组织的绩效考评,其考评指标主要为工作过程和工作结果。

3. 答案:D(P323)　本题考查的是绩效考评指标的作用。

4. 答案:B(P320)　本题考查的是品质特征型的定义。

5. 答案:C(P321)　行为过程型的绩效考评指标体系是以反映员工在劳动工作过程中的行为表现的各种指标为主体构成的指标体系。

6. 答案:C(P323)　本题考查的是工作结果型的绩效考评指标体系。

7. 答案:C(P323)　本题考查的是工作结果型的绩效考评指标体系。

8. 答案:A(P326)　工作岗位分析是绩效考评要素的选择的前提和基础。

9. 答案:D(P328)　本题考查的是头脑风暴法的含义。

10. 答案:C(P329)　绩效考评指标体系的设计程序包括:①工作分析;②理论检验;③进行指标调查;④进行必要的修改和调整。

11. 答案:A(P333)　"定量准确"一是指各指标的考评标准的起止水平应是合理确定的;二是指各标准的含义、相互间的差距应当是明确合理的,评分尽可能采用等距式量表;三是指选择的等级档次数量要合理,不宜过多或过少,控制在3～9级为宜。

12. 答案:B(P334)　等距量表没有绝对的零点,只能做加减的运算,不好做乘除的运算。

13. 答案:A(P336～337)　本题考查的是建立战略导向KPI体系的意义。

14. 答案:A(P337)　本题考查的是战略导向的KPI体系与一般绩效评价体系的区别。

15. 答案:B(P337)　本题考查的是战略导向的KPI和一般绩效评价体系的区别。

16. 答案:B(P364)　本题考查的是自我中心效应的内涵。

17. 答案:C(P340) 本题考查的是在KPI指标和指标值的设定上应选择的参照企业类型。

18. 答案:D(P341～345) 本题考查的是提取关键绩效指标的程序与步骤。

19. 答案:B(P343) 关键绩效指标主要可以区分为数量指标、质量指标、成本指标和时限指标四种类型。

20. 答案:B(P344) 本题考查的是KPI标准水平的分类。

21. 答案:A(P346) 本题考查的是设定关键绩效指标常见问题及解决方法。见教材表4-9。

22. 答案:C(P359) 本题考查的是绩效考评方法的种类。

23. 答案:C(P359) 行为性效标对人际接触和交往频繁的工作岗位尤其重要。

24. 答案:C(P359) 本题考查的是绩效考评效标的分类及表现形式。

25. 答案:A(P359) 本题考查的是绩效考评效标的类别。

26. 答案:B(P359) 本题考查的是特征性效标的含义。

27. 答案:ABCD(P339～340) 本题考查的是目标分析法的相关知识。

28. 答案:C(P362) 本题考查的是宽厚误差的影响。

29. 答案:A(P362～363) 苛严误差的考评结果对个体来说,容易增加工作压力,降低工作满意度,不利于调动业务骨干的积极性、主动性和创造性。

30. 答案:D(P362) 本题考查的是绩效考评结果的分布误差类别。

31. 答案:C(P362) 本题考查的是考评的宽松误差的定义。

32. 答案:D(P365) 本题考查的是绩效考评的误差。见教材中图4-5。

33. 答案:A(P362) 本题考查的是苛严误差的相关知识点。

34. 答案:A(P364) 本题考查的是优先效应的含义。

35. 答案:A(P364) 后继效应又称记录效应,即被考评者在上一个考评期内的评价结果的记录,对考评者在本考评期内的评价所产生的作用和影响。

36. 答案:C(P364) 本题考查的是自我中心效应的具体表现,包括对比偏差、相似偏差。

37. 答案:D(P365) 本题考查的是评价标准对考评结果的影响。

38. 答案:D(P365) 评价标准的不明确是影响考评结果的客观原因。

39. 答案:B(P373) 本题考查的是360度考评方法的特点。

40. 答案:A(P364) 本题考查的是对比偏差的含义。

41. 答案:B(P364) 本题考查的是相似偏差的含义。

42. 答案:C(P373) 360度考评宜采用匿名的评价方式。

43. 答案:D(P373) 本题考查的是360度考评方法的优点。

44. 答案:A(P359) 本题考查的是效标的含义。

45. 答案:B(P359) 特征性效标考量一个人的特质。

46. 答案:C(P360) 见教材表4-10。

47. 答案:D(P360) 见教材表4-10。

48. 答案:A(P361) 见教材表4-11。

49. 答案:A(P361) 见教材表4-11。

50. 答案:D(P361) 见教材表4-11。

51. 答案:C(P361)　见教材表4-11。

52. 答案:C(P362)　宽厚误差即评定结果是负偏态分布,也就是大多数员工被评为优良。

53. 答案:C(P364)　本题考查的是后继效应的内涵。

54. 答案:D(P386)　本题考查的是绩效管理系统总体评估的内容。

55. 答案:A(P328)　本题考查的是头脑风暴法应遵循的基本原则:①任何时候都不批评别人的想法。②思想越激进越开放越好。③强调产生想法的数量。④鼓励别人改进想法。

56. 答案:C(P334)　本题考查的是等距量表的特点。

57. 答案:D(P335)　本题考查的是比率量表的特点。

58. 答案:B(P335)　名称量表只是一个代号,没有其他含义。

59. 答案:A(P341)　本题考查的是客户关系图的含义,其他选项均为干扰项。

60. 答案:C(P320)　车工、磨工和钳工均为生产岗位。

二、多项选择题

1. 答案:ABCD(P319)　本题考查的是对不同性质的组织其不同的考评重点。

2. 答案:ABCD(P320)　按岗位在企业生产过程中的地位和作用可划分为:生产岗位、技术岗位、管理岗位和服务岗位。

3. 答案:ACDE(P328)　本题考查的是在进行头脑风暴法时应遵循的原则。

4. 答案:AB(P364)　本题考查的是自我中心效应的类别。

5. 答案:ABC(P360)　见教材表4-10。

6. 答案:BD(P334)　本题考查的是等距量表的特点。

7. 答案:BD(P334)　本题考查的是等距量表的相关知识点。

8. 答案:ABCE(P334～335)　从实验心理学和测量学的角度看,按照测量水平的不同,考评量表可以分为类别量表(名称量表)、等级量表(位次量表)、等距量表、比率量表。

9. 答案:ABC(P359)　本题考查的是效标的分类。校标主要的可以分为三类。

10. 答案:ABCDE(P336～337)　本题考查的是建立战略导向的KPI体系的意义。

11. 答案:CD(P337)　本题考查的是战略导向的KPI的特点。

12. 答案:BCE(P339～340)　提取关键绩效指标的方法包括:目标分解法、关键分析法、标杆基准法。

13. 答案:ABDE(P339)　KPI指标标准体系必须具有可测性,不但各个指标标准有明确的界定和简便易行的计算方法,还能够有利于管理人员采集获取和处理,以保障相关数据资料的可靠性、公正性和准确性。

14. 答案:ACE(P340)　在KPI指标和指标值的设定上,可以选择的参考企业至少有三种:本行业中领先的最佳企业、居于国内领先地位的最优企业及居于世界领先地位的顶尖企业。

15. 答案:ACE(P341)　本题考查的是客户关系图的作用。

16. 答案:ABCDE(P342)　本题考查的是客户关系分析图法的特点。

17. 答案:ABC(P343)　SMART方法——S代表具体(Specific);M代表可度量(Measurable);A代表可实现(Attainable);R代表相关性(Relevant);T代表有时限(Time—bound)。

18. 答案:ABCD(P344～345)　本题考查的是审核关键绩效指标的要点。

19. 答案:BCD(P359)　行为导向的主观考评方法,主要有:排列法、选择排列法、成对比较法、强制分配法和结构式叙述法。

20. 答案:BCDE(P359) 关键事件法属于行为导向型的客观考评方法。

21. 答案:BCD(P359) 本题考查的是绩效考评效标的类别。

22. 答案:ABE(P362) 本题考查的是造成宽厚误差的原因。

23. 答案:ACDE(P362～365) 制约和影响绩效考评的正确性、可靠性和有效性的问题主要有:分布误差、晕轮误差、个人偏见、优先和近期效应、自我中心效应、后继效应、评价标准对考评结果的影响。

24. 答案:ACDE(P362) 制约和影响绩效考评的正确性、可靠性和有效性的问题主要有:分布误差、晕轮误差、个人偏见、优先和近期效应、自我中心效应、后继效应、评价标准对考评结果的影响。

25. 答案:ABCD(P362) 本题考查的是绩效考评方法在应用中可能出现的偏误。

26. 答案:BDE(P324) 本题考查的是绩效考评指标体系设计的原则。

27. 答案:ABCD(P320) 本题考查的是企业岗位的分类。

28. 答案:AB(P337) 本题考查的是战略导向的KPI体系与一般绩效考评体系的区别。

29. 答案:ABCDE(P339) 本题考查的是关键绩效指标可测性的具体内涵。

30. 答案:ABCDE(P354～356) 选项中各项均为绩效沟通的方式。

31. 答案:ABCE(P358) 沟通时应该少说多听。

32. 答案:CDE(P325) 本题考查的是绩效考评指标体系的设计原则。

33. 答案:BCD(P362～363) 本题考查的是绩效考评结果过于苛刻带来的影响。

34. 答案:ABCD(P320) 本题考查的是岗位的分类。

35. 答案:ABC(P363) 本题考查的是减少晕轮误差的方式。

36. 答案:ABCD(P382～383) 本题考查的是绩效考评结果的应用范围。

37. 答案:ABCD(P388～389) 主要有四种方法:座谈法、问卷调查法、查看工作记录法和总体评价法。

38. 答案:ABCDE(P372～373) 本题考查的是360度考评的优缺点。

39. 答案:AB(P360) 见教材表4-10。

40. 答案:ABCD(P360) 见教材表4-10。

专业技能练习题

一、简答题

1. 参考答案:(P341～346)

提取关键绩效指标的程序和步骤是:

1)利用客户关系图分析工作产出。

2)提取和设定绩效考评的指标。

3)根据提取的关键指标设定考评标准。

4)审核关键绩效指标和标准。

5)修改和完善关键绩效指标和标准。

2. 参考答案:(P346)

1)设定关键绩效指标时常见的问题有:①工作的产出项目过多。②绩效指标不够全面。③对绩效指标的跟踪和监控耗时过多。④绩效标准缺乏超越的空间

2)上述问题的具体纠正方法是：

①第一种问题的纠正方法有：删除与工作目标不符合的产出项目；比较产出结果对组织的贡献率；合并同类项，将增值贡献率的产出轨道一个更高的类别。

②第二种问题的纠正方法是：设定针对性强的更全面、更深入的绩效考评指标。

③第三种问题的纠正方法是：将跟踪"正确率"指标改为跟踪"错误率"指标。

④第四种问题的纠正方法是：如果正确的绩效标准确实必须达到100%，那么就将其保留；如果不是必须达到的，就修改绩效标准，以预留出超越标准的空间。

二、综合题

1. 参考答案：

(1)设计销售员绩效考评指标体系时，可采用以下方法：要素图示法、问卷调查法、个案研究法、面谈法、经验总结法、头脑风暴法等。

(2)确定销售员的绩效考评指标体系，一般可分为以下四个步骤：

1)对销售人员进行工作岗位分析，初步确定绩效考评指标。

2)理论验证。

3)进行指标调查，确定指标体系。

4)进行必要的修改和调整。

(3)可采取以下方法解决和纠正：

1)删除与销售人员工作目标不符合的指标。

2)比较各指标与销售业绩的贡献度，删除贡献度小的指标。

3)合并同类项，将增值贡献率的指标划归到更高的类别指标。

(4)推销员的KPI可以是：销售额、销售额增长率、销售费用、服务态度、客户投诉率、合同履行率等。

2. 参考答案：

(1)该公司的"末位淘汰制"主要存在以下问题：

1)没有对不同的部门进行区别对待，搞"一刀切"，产品项目部就是一个典型事例。

2)没有建立一套科学合理的绩效考评体系，考核的人为因素影响过大。

3)没有建立相关的配套制度，如培训制度、晋升制度、薪酬制度等。

4)没有根据企业不同发展阶段的变化及时进行调整。

(2)对"末位淘汰制"的评析：

1)末位淘汰制在实施之初，针对人浮于事等问题的改善较为有效，但公司管理步入正轨后，并不一定会取得较好的效果。

2)末位淘汰制的基础是客观公正的绩效考核，否则考核缺乏激励机制。

3)末位淘汰制的实施前提是假设员工绩效符合正态分布，具有一定的局限性。

4)末位淘汰制的持续和不当使用，有可能使员工产生不公平感和危机感，容易产生抵触情绪，影响绩效水平的提高。

建议从以下几个方面加以改进：

1)健全完善各项基础工作(如定编定岗定员定额、工作分析等工作)，建立一套科学合理的考核评价体系。

2)采用多种管理模式，如KPI法、360度考评方式，鼓励员工积极参与，进行全员性的绩效考评,尽量减少绩效考评中各种人为因素的干扰。

3)建立完善的内部员工流动制度,强化培训,提高后进员工的岗位技能水平。

3. 参考答案:

(1)考评等级标准见下表

绩效考评等级标准表

考评等级	评等标准
1	超出所有的要求:出色完成任务,员工所取得的成果远远超出所设目标的要求,并对公司目标的达成做出重大贡献
2	达到所有要求:员工完成或部分超过了承诺的要求
3	没有达到所有的要求:员工达到了多数目标要求,但仍然需要增加相应的经验并改善其原有的结果
4	结果不满意:员工离既定目标相去甚远,需通过相应的努力来提高,如在既定的期限内没有改善将导致离职

(2)主要优点:

1)简化了评定等级,更突出了对大多数员工的激励。

2)员工自始至终参与绩效计划的制订过程,增强了员工的自主性,提高了年度绩效计划的科学性和可行性。

3)使员工进一步明确了公司、部门以及自己在本年度内所应当达成的目标要求以及努力的方向。

4)突出了“行动”的重要性,积极倡导注重团队建设的个人承诺的企业文化。

5)根据管理人员的特殊性,采取了具有针对性的绩效管理新模式,通过有效的绩效管理,最大限度地调动各级主管的积极性和主动性。

6)新的绩效管理模式更有利于促进各级员工的成长和发展。

主要不足:

1)该考评法实质上是目标管理法的进一步发展,由于计划目标是根据具体情况确定的,各个部门乃至各个岗位员工的绩效水平难以横向进行比较。

2)容易造成分配上的不公平,即除非有例外情况,绝大多数员工都能得到2等,这让绩效优异的部门会认为不公,因为部门主管会认为本部门得到2等的人数应该多一些;而绩效差的部门也拿到同样比例的2等,会造成分配上的不公平。

3)从考评者的角度看,以各级主管考评为主是科学合理的,而由员工自己另外寻找6位同事,进行所谓的“360度反馈”,这种做法具有片面性和盲目性,会直接影响考评结果的信度和绩效。

第五章　薪 酬 管 理

理论知识练习题

一、单项选择题

1. 美国劳工统计局每年都要进行三类薪酬方面的调查，这属于(　　)。

A. 非专业性薪酬调查　B. 商业性薪酬调查　C. 政府薪酬调查　D. 专业性薪酬调查

2. 在选择薪酬调查的对象中，一定要遵循(　　)。

A. 可比性原则　B. 最优原则　C. 公平性原则　D. 趋中原则

3. 下列关于企业薪酬调查数据的说法不正确的是(　　)。

A. 可以忽略历史薪酬数据的收集　B. 要收集货币薪酬数据

C. 尽可能做到全面、深入、准确　D. 要收集非货币薪酬数据

4. 具有"快、准、全"特点的薪酬调查方式是(　　)。

A. 企业之间相互调查　B. 问卷调查

C. 采集社会公开信息　D. 委托中介机构进行调查

5. 处于新兴行业的企业更适合采取的薪酬调查方式是(　　)。

A. 企业之间相互调查　B. 问卷调查

C. 委托中介机构调查　D. 访谈调查

6. 可以在"快、准、全"三个方面满足客户要求的薪酬调查方式是(　　)。

A. 企业之间相互调查　B. 问卷调查

C. 委托中介机构调查　D. 访谈调查

7. 社会公开的薪酬调查数据源不包括(　　)。

A. 各种每日公布的薪酬数据　B. 各种民间组织提供的薪酬数据

C. 政府部门公布的薪酬数据资料　D. 委托中介机构进行调查获得的薪酬数据

8. 如果被调查单位没有给出某类岗位完整的工资数据，只能采集到平均工资数据，在进行工资调查数据分析时，可采用(　　)。

A. 数据排列法　B. 离散分析　C. 频率分析法　D. 趋中趋势分析

9. 百分位法将岗位的所有薪酬调查数据从低到高排列，分为(　　)。

A. 2 组　B. 5 组　C. 10 组　D. 20 组

10. 企业薪酬调查报告的内容不包括(　　)。

A. 薪酬数据分析　B. 薪酬与绩效的相关性分析

C. 薪酬水平调查建议　D. 薪酬状况与市场状况比较

11. 薪酬调查分析报告的内容不包括(　　)。

A. 调查实施情况分析　B. 薪酬政策分析

C. 薪酬水平调整建议　D. 薪酬满意度分析

12. 薪酬满意度调查的步骤包括：①设计并发放调查表；②回收并处理调查表；③确定调查方式；④确定调查对象；⑤反馈调查结果；⑥确定调查内容。正确的排序是(　　)。

A. ④③⑥①②⑤　　B. ⑥④③①②⑤　　C. ④⑥③①②⑤　　D. ⑥③④①②⑤

13. 具有"对事不对人"这一特点的工作分类是(　　)。

A. 岗位分级　　B. 岗位分类　　C. 品位分级　　D. 品位分类

14. (　　)是指在同一职系中要素相同或相近的工作岗位的集合。

A. 职级　　B. 岗级　　C. 职等　　D. 岗等

15. (　　)是岗位横向分类的最后一步。

A. 职级的划分　　B. 职门的划分　　C. 职系的划分　　D. 职组的划分

16. (　　)是指由工作性质和特征相似的若干职系所构成的岗位群。

A. 职系　　B. 职组　　C. 职门　　D. 职等

17. (　　)显示了不同职系之间的相同相似岗位等级的比较和平衡关系。

A. 职组　　B. 职门　　C. 岗级　　D. 岗等

18. (　　)是按照岗位的工作性质和特点所进行的横向分类。

A. 职组　　B. 职等　　C. 岗级　　D. 岗等

19. (　　)将企事业单位的所有岗位纳入由职组、职系、岗级和岗等构成的体系之中。

A. 岗位评价　　B. 岗位调查　　C. 岗位分级　　D. 岗位分类

20. (　　)是以人为标准、人在事先、以人择事的工作分类标准。

A. 职务分类　　B. 岗位分类　　C. 职位分类　　D. 品位分类

21. (　　)的最大特点是薪酬的给予"对岗不对人"。

A. 岗位薪酬制　　B. 一岗一薪制　　C. 技能薪酬制　　D. 绩效薪酬制

22. 岗位评价要素的特征不包括(　　)。

A. 共通性　　B. 显著性　　C. 可观察性　　D. 可衡量性

23. 岗位评价要素的特点不包括(　　)。

A. 重复性　　B. 可观察性　　C. 共通性　　D. 可衡量性

24. 对技术工种和熟练工种进行岗等划分,不宜采用的方法是(　　)。

A. 倒推比较法　　B. 基本点数换算法　　C. 经验判断法　　D. 交叉岗位换算法

25. 通常来说,制造型企业从基层岗位到总经理的岗等不超过(　　)。

A. 5个　　B. 8个　　C. 10个　　D. 15个

26. 下列关于岗位薪酬制的说法不正确的是(　　)。

A. 薪酬给付的主观性较强　　B. 以岗位分析为基础

C. 根据岗位性质给付工资　　D. 有利于贯彻同工同酬原则

27. (　　)适用于岗位划分较粗、岗位之间存在工作差别、岗位内部的员工之间存在技术熟练程度差异的企业或部门。

A. 一岗一薪制　　B. 技能薪酬制　　C. 一岗多薪制　　D. 提成制

28. 薪酬分配直接与企业效益和员工的工作业绩相联系的薪酬制度为(　　)。

A. 一岗一薪制　　B. 薪点薪酬制　　C. 一岗多薪制　　D. 提成制

29. 岗位薪点数的构成不包括(　　)。

A. 部门薪点　　B. 岗位薪点　　C. 个人薪点　　D. 加分薪点

30. (　　)的薪酬标准不以金额表示。

A. 一岗一薪制　　B. 薪点薪酬制　　C. 一岗多薪制　　D. 提成制

31. 要求员工必须加强单位或部门的团队合作，有利于提高团队的协作精神的薪酬制度是（　　）。

A. 一岗一薪制　　B. 薪点薪酬制　　C. 一岗多薪制　　D. 提成制

32. 实行（　　）时，必须将薪酬计划和培训计划结合在一起。

A. 岗位薪酬制　　B. 技能薪酬制　　C. 绩效薪酬制　　D. 年薪制

33. 薪酬标准比较抽象，且与具体的岗位联系不大的薪酬形式为（　　）。

A. 能力薪酬　　B. 提成工资　　C. 组合薪酬　　D. 岗位薪酬

34. 销售提成制属于（　　）薪酬制。

A. 能力　　B. 绩效　　C. 技术　　D. 奖励

35.（　　）以员工的工作业绩为基础支付工资。

A. 薪点薪酬制　　B. 绩效薪酬制　　C. 技术薪酬制　　D. 岗位薪酬制

36.（　　）能够鼓励员工发展各项技能，提高业绩表现，增强参与意识。

A. 绩效薪酬　　B. 提成工资　　C. 技术薪酬　　D. 岗位薪酬

37. 反馈的频率不是很高，反馈的方向大部分是单方向的薪酬形式是（　　）。

A. 能力薪酬　　B. 绩效薪酬　　C. 技术薪酬　　D. 岗位薪酬

38.（　　）容易使营销人员与企业之间产生较大的离心力。

A. 计件工资制　　B. 提成制　　C. 技能薪酬制　　D. 岗位薪酬制

39. 现代企业主要的绩效薪酬形式不包括（　　）。

A. 计件工资制　　B. 佣金制　　C. 薪点薪酬制　　D. 提成制

40. 当下企业经营者的薪酬制度通常是（　　）。

A. 绩效薪酬制　　B. 年薪制　　C. 技能薪酬制　　D. 岗位薪酬制

41. 年薪制的基本薪酬的发放周期为（　　）。

A. 周　　B. 月　　C. 季度　　D. 年

42. 企业要实行经营者年薪制的前提条件，不包括（　　）。

A. 完善有效的高官甄选和晋升制度

B. 明确的经营者业绩考核指标体系

C. 健全的经营者人才市场，完善的竞争机制

D. 健全的职工代表大会制度，完善的群众监督机制

43. 应该使员工间的薪酬差距最小化的工作团队类型为（　　）。

A. 平行团队　　B. 交叉团队　　C. 流程团队　　D. 项目团队

44. 给员工支付相同的激励性薪酬的工作团队类型是（　　）。

A. 平行团队　　B. 交叉团队　　C. 流程团队　　D. 项目团队

45.（　　）依据员工的绩效、技术和培训水平、职务、年龄和工龄等因素确定工资额。

A. 绩效薪酬制　　B. 岗位薪酬制　　C. 技能薪酬制　　D. 综合薪酬制

46.（　　）的薪酬结构有利于激励员工重视培训学习，以提高职业能力。

A. 以绩效为导向　　B. 以行为为导向　　C. 以工作为导向　　D. 以技能为导向

47.（　　）的薪酬结构比较适用于各工作之间的责、权、利明确的企业。

A. 以绩效为导向　　B. 以行为为导向　　C. 以工作为导向　　D. 以技能为导向

48.（　　）的薪酬结构主要根据员工所具备的工作能力与潜力来确定员工薪酬。

A. 以绩效为导向　B. 以行为为导向　C. 以工作为导向　D. 以技能为导向

49. 企业进行的工资市场调查就是要保证工资的(　　)。

A. 内部竞争性　B. 外部竞争性　C. 内部　D. 外部公平性

50. 一般来说,工资水平对外具有竞争性的企业,工资应比行业平均水平高(　　),这样既能保证工资水平的竞争性,也能保证企业没有太大的经济负担。

A. 5%　B. 15%　C. 30%　D. 50%

51. 薪酬结构具有高稳定性的薪酬制度为(　　)。

A. 岗位薪酬制　B. 考核工资制　C. 技能薪酬制　D. 年功序列薪酬制

52. (　　)的目的是确定各个岗位的价值,并建立起岗位间的相对价值关系。

A. 岗位分析　B. 岗位评价　C. 薪酬调查　D. 岗位分类

53. 员工的(　　)同时与企业的经济效益、部门业绩考核结果和个人业绩考核结果挂钩。

A. 浮动薪酬　B. 固定薪酬　C. 基本薪酬　D. 岗位薪酬

54. (　　)将薪酬计划和培训计划结合在一起。

A. 年薪制　B. 技能薪酬制　C. 绩效薪酬制　D. 岗位薪酬制

55. 工资的(　　)把员工的资历和经验当作一种能力和效率予以奖励。

A. 物价性调整　B. 工龄性调整　C. 奖励性调整　D. 效益性调整

56. 绩效每达到一定的合格次数即可以提升薪酬档次的薪酬调整方法是(　　)。

A. 物价性调整　B. 工龄性调整　C. 奖励性调整　D. 考核性调整

57. 企业经营业绩提高,对全体员工给予等比例奖励的薪酬调整方法是(　　)。

A. 物价性调整　B. 工龄性调整　C. 奖励性调整　D. 效益性调整

58. 采用(　　)制定薪酬计划,可以控制总体的薪酬成本,但缺乏灵活性。

A. 从下而上法　B. 从上而下法　C. 由内到外法　D. 由外到内法

59. 在企业年金缴费中,企业缴费在工资总额(　　)以内的部分,可以从成本中列支。

A. 4%　B. 5%　C. 6%　D. 7%

60. (　　)是企业及其员工在依法参加基本养老保险的基础上,自愿建立的补充养老制度。

A. 企业公积金　B. 企业年薪　C. 企业附加福利　D. 企业年金

二、多项选择题

1. 从调查的组织者来看,正式薪酬调查可以分为(　　)。

A. 区域薪酬调查　B. 商业性薪酬调查　C. 公众薪酬调查
D. 专业性薪酬调查　E. 政府薪酬调查

2. 薪酬调查的结果可以为(　　)提供参考依据。

A. 整体薪酬水平的调整　B. 具体岗位薪酬的调整
C. 薪酬晋升政策的调整　D. 岗位评价指标的调整
E. 薪酬差距水平的调整

3. 企业进行薪酬调查可选择的企业类型包括(　　)。

A. 在全国同行业中的龙头企业　B. 同行业中同类型的其他企业
C. 与本企业构成人力资源竞争的企业　D. 其他行业中有相似相近工作岗位的企业

E. 在本地区同一劳动力市场上招聘员工的企业

4. 一般来说,企业可以选取(　　)作为薪酬调查对象。

A. 同行业同类型企业 B. 全国 500 强企业 C. 其他行业有类似岗位的企业

D. 世界 500 强企业 E. 本地区同一劳动力市场招聘同类型员工的企业

5. 在薪酬调查时,被调查岗位应在(　　)等方面与本企业所需调查的岗位具有可比性。

A. 工作权限 B. 岗位职责 C. 劳动强度

D. 技术条件 E. 工作范围

6. 确定薪酬调查的范围,即确定(　　)。

A. 调查的岗位 B. 调查的目的 C. 调查的企业

D. 调查的步骤 E. 调查的薪酬信息

7. 薪酬调查时,被调查岗位应在(　　)等方面与本企业岗位具有可比性。

A. 工作性质 B. 岗位职责 C. 薪酬水平

D. 任职资格 E. 工作年限

8. 企业进行薪酬调查要了解的信息包括(　　)。

A. 家庭人口 B. 奖金福利 C. 长期奖励

D. 加班时间 E. 企业薪酬总额

9. 在不同的企业中,工作内容基本相同的岗位若薪酬存在较大差距,其原因可能是(　　)。

A. 不同行业有不同的惯例 B. 管理理念和薪酬策略不同

C. 不同企业所处的地理位置不同 D. 对企业的价值或贡献大小不同

E. 在职者在该岗位上工作时间的长短不同

10. 常用的薪酬数据统计分析方法有(　　)。

A. 离散分析 B. 数据排列法 C. 频率分析法

D. 相关分析法 E. 图标分解法

11. 对薪酬调查数据进行离散分析,具体办法有(　　)。

A. 四分位法 B. 简单平均法 C. 百分位法

D. 加权平均法 E. 中位数法

12. 采用回归分析法对市场薪酬调查数据进行分析时,主要是对(　　)发展趋势进行预测。

A. 薪酬水平 B. 薪酬差距 C. 薪酬结构

D. 薪酬制度 E. 薪酬体系

13. 薪酬调查分析报告的内容包括(　　)。

A. 组织实施情况分析 B. 政策分析 C. 最低工资变动分析

D. 趋势分析 E. 宽带薪酬实施情况

14. 下面关于设计薪酬调查问卷的说法正确的是(　　)。

A. 把相关的问题分开,分散收集信息 B. 调查问卷语言规范,问题简单明确

C. 充分考虑信息处理的简便性和正确性 D. 确保表格中的每个调查项目都是必要的

E. 先明确薪酬调查问卷的主要内容,再设计调查表

15. 薪酬满意度调查的内容包括员工对(　　)的满意度。

A. 薪酬水平 B. 薪酬差距 C. 薪酬发放形式

D. 工作环境　E. 薪酬决定因素

16. 岗位薪酬制的特点包括(　　)。

A. 对人不对岗　B. 对岗不对人

C. 根据岗位支付工资　D. 工资支付的主观性较强

E. 以岗位分析为基础

17. 技能薪酬的种类包括(　　)。

A. 技术薪酬　B. 能力薪酬　C. 提成工资

D. 薪点薪酬　E. 效益工资

18. (　　)属于绩效薪酬制。

A. 佣金制　B. 计件工资制　C. 岗位技能薪酬制

D. 计时工资制　E. 销售提成工资制

19. 提成工资制中提成比例的确定需要考虑的因素包括(　　)。

A. 产品生产成本控制情况　B. 一定的销量中包含的利润

C. 企业产品销售的主要门路　D. 一定的销售收入中包含的利润

E. 企业产品与相关企业产品的竞争强度

20. 实行经营者年薪制应当具备的条件包括(　　)。

A. 完善的群众监督机制　B. 完善的竞争体制

C. 健全的经营者人才市场　D. 完善的组织机制

E. 明确的经营者业绩考核指标体系

21. 年薪制中基本工资的决定因素有(　　)。

A. 市场工资水平　B. 员工平均工资水平　C. 企业经济效益

D. 员工绩效考评结果　E. 生产经营规模

22. 一般来说,可将团队划分为(　　)等不同的类型。

A. 核心团队　B. 项目团队　C. 平行团队

D. 流程团队　E. 虚拟团队

23. 宽带薪酬的设计原则是(　　)。

A. 战略匹配原则　B. 文化适应原则　C. 全面激励原则

D. 单一原则　E. 程度原则

24. 影响企业工资水平的外部因素包括(　　)。

A. 市场因素　B. 所属行业　C. 生活费用

D. 企业规模　E. 物价水平

25. 影响企业工资水平的内部因素包括(　　)。

A. 政府颁布的法律法规　B. 企业的规模

C. 企业所处的发展阶段　D. 企业所属行业性质

E. 领导班子对工资问题的重视程度

26. 企业的发展阶段一般包括(　　)。

A. 创业期　B. 起步期　C. 成长期

D. 成熟期　E. 衰退期

27. (　　)属于以绩效为导向的薪酬结构。

A. 计件工资 B. 提成工资 C. 效益工资
D. 岗位薪酬 E. 技能薪酬

28.（ ）属于以技能为导向的薪酬结构。

A. 职务薪酬 B. 能力资格薪酬 C. 效益薪酬
D. 技术等级薪酬 E. 岗位薪酬

29.（ ）属于组合薪酬结构。

A. 岗位技能薪酬 B. 能力资格薪酬 C. 岗位效益薪酬
D. 技术等级薪酬 E. 薪点薪酬

30. 企业薪酬制度设计的基本原则包括（ ）。

A. 互动性原则 B. 等级化原则 C. 竞争性原则
D. 经济性原则 E. 合法性原则

31. 从性质上看，员工薪酬结构的类型可以分为（ ）。

A. 高弹性类 B. 低弹性类 C. 高风险类
D. 高稳定类 E. 折中类

32. 选项中说法正确的是（ ）。

A. 薪酬战略是企业根据外部环境存在的机会与威胁及自身的条件所作出的具有总体性、长期性、关键性的薪酬决策

B. 薪酬基础是指确定薪酬的依据与条件，即员工的薪酬由什么来确定

C. 薪酬文化是指组织的薪酬战略所贯穿的思想理念，它从思想理念上对组织的薪酬战略起引导作用

D. 岗位分类为员工提供了明确的晋升路线选择和个人在组织中发展的阶梯

E. 实行岗位分类，为企业合理的定编定岗定员工作提供了依据

33. 常用的薪酬调查方式有（ ）。

A. 企业之间的相互调查 B. 委托中介机构进行调查
C. 采集社会公开信息 D. 调查问卷 E. 自我调查

34. 宽带薪酬结构的特点有（ ）。

A. 不利于工作绩效改进 B. 支持扁平型组织结构
C. 不利于工作岗位变动 D. 不利于员工自我发展
E. 有利于管理人员的角色转变

35. 薪酬调整的具体类型包括（ ）。

A. 物价性调整 B. 工龄性调整 C. 定期性调整
D. 效益性调整 E. 考核性调整

36. 制订薪酬计划应了解企业的财务状况，具体包括（ ）。

A. 新招聘员工工资总额 B. 企业薪酬支付能力
C. 企业预计的效益状况 D. 股东要求的回报率
E. 企业上一年度经济效益状况

37. 制订薪酬计划所需要的员工基本资料包括（ ）。

A. 当前薪酬水平 B. 所在岗位 C. 上次调薪情况
D. 当前的工资级别 E. 所在工资级别的最高工资

38. 企业在制订薪酬计划时,应掌握计划期内人力资源规划的资料有(　　)。

A. 预计晋升职务的员工人数　　B. 企业现有的员工人数
C. 预计岗位轮换的员工人数　　D. 预计休假的员工人数
E. 企业过去的各类员工人数

39. 企业年金方案的主要内容包括(　　)。

A. 终止缴费的条件　　B. 计发办法　　C. 支付企业年金待遇的条件
D. 支付方式　　E. 员工企业年金个人账户管理方式

40. 企业年金基金是由(　　)等项目组成的。

A. 员工个人缴费　　B. 企业缴费　　C. 保险机构缴费
D. 政府缴费　　E. 企业年金基金投资运营收益

专业技能练习题

一、简答题

1. 对薪酬调查数据进行统计分析的方法有哪些?
2. 简述薪酬对企业的功能?
3. 简述薪酬管理的内容?

二、综合题

1. HS是一家具有60多年历史的大型国有企业,主营业务为工程机械产品制造,人员规模2 000余人,主要面对华北和西北市场。由于中国工程机械市场在2001年爆发性增长,企业销售规模增长迅速,在2002年到2005年之间,销售收入从16亿增长到30亿左右,成为行业内领先品牌。然而,在风光的销售业绩的背后,企业内部存在着管理问题,其中最突出的就是薪酬问题。该企业目前有几种适用于不同类型岗位的薪酬制度。例如,①职能部门采用的是以岗位薪酬为主导的薪酬制度,即在每月发放的工资中,岗位薪酬约占80%,绩效薪酬占20%左右;②技术部门实行的是组合薪酬制,它由基本薪酬、岗位薪酬和项目奖金三部分组成;③车间工人采用的是计件工资加奖金的薪酬制度。

随着企业发展,高学历、高素质的员工越来越多,企业对产品研发、市场销售人员以及一线的生产工人的操作技能和专业能力要求越来越高。于是,分管人力资源管理工作的副总经理张彬先生开始关注薪酬制度的改革问题,并考虑在企业推行技能薪酬制度的可能性,试图通过构建技能和能力薪酬体系,调动员工提升个人能力素质的主动性,从而促进学习型组织的建立。

请结合本案例,说明企业推行技能薪酬制应当注意哪些问题?

2. 某公司设有9个职能部门和8个分公司,据不完全统计有200多种岗位。为了推进全新的薪酬管理制度,公司欲对所有岗位进行再设计,重新调整劳动分工与协作的关系,使组织结构和岗位的设置更加科学合理。公司的组织结构图如图1所示。

请结合本案例,回答以下问题:

(1)应该按照怎样的步骤将该公司的岗位进行分类?

(2)按照岗位承担着的性质和特点,如何对全公司的岗位进行横向分类?

3. 某大型国有企业实行员工收入与岗位、技能、贡献和效益“四挂钩”的工资奖金分配制

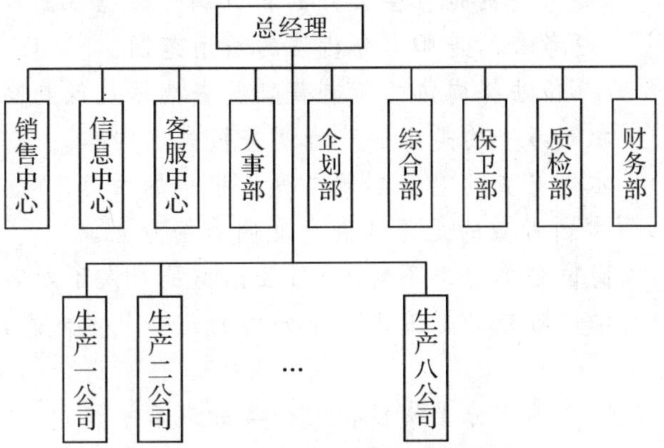

图1　某公司组织结构图

度。其具体内容如下：

一是以实现劳动价值为依据，确定岗位等级和分配标准。该企业将全部岗位划分为科研、管理和生产三大类，每类又细分出10～12个等级，每个等级都有相应的工资和奖金分配标准。为了推进技术领先的发展战略，在倡导公平竞争的前提下，该企业对科研人员实行职称聘任制，每3年一聘。科研人员实行职称薪酬制，管理人员实行职务薪酬制，工人实行岗位技能薪酬制。科研岗位的平均工资是管理岗位的2倍，是生产岗位的4倍。

二是以岗位性质、任务完成情况和企业效益为依据，确定奖金分配数额。该企业每年都对科研、管理和生产工作中有突出贡献的人员给予重奖，最高的可达到10万元。总体上看，奖金是岗位薪酬的1～3倍。这种加大奖金分配力度的做法进一步拉开了工资分配的差距。

请结合本案例回答以下问题：

(1)该企业推行的“四挂钩”工资奖金分配制度有哪些优点？

(2)您对完善该企业的工资奖金分配制度还有哪些更好的建议？

答案与解析

理论知识练习题

一、单项选择题

1. 答案：C(P399)　本题考查的是市场薪酬调查的种类。

2. 答案：A(P405)　在选择薪酬调查的对象中，一定要坚持可比性的原则。

3. 答案：A(P409)　薪酬调查的信息要尽可能做到全面、深入和准确，还要掌握企业同类岗位过去三年以上的数据资料。

4. 答案：D(P411)　委托中介机构进行调查可以在快、准、全三个方面满足客户企业的要求。

5. 答案：C(P410)　委托调查是指委托商业性、专业性的人力资源咨询公司进行调查。尤其是当企业需要确定薪酬水平的岗位难以在类似企业中找到对等的岗位时，或者该企业属于新兴行业时。

6. 答案：C(P411)　本题考查的是委托中介机构调查的特点。

7. 答案:D(P411)　本题考查的是社会公开的薪酬调查数据源。

8. 答案:C(P412)　本题考查的是频率分析法的适用范围。

9. 答案:C(P414)　百分位法将岗位的所有薪酬调查数据从低到高排列,划分为10组。

10. 答案:B(P418)　本题考查的是企业薪酬调查报告的内容。

11. 答案:D(P420)　本题考查的是薪酬调查分析报告的内容。

12. 答案:A(P422)　本题考查的是薪酬满意度调查的步骤。

13. 答案:B(P429)　岗位分类对事不对人,品位分类是对人不对事。

14. 答案:B(P427)　本题考查的是工作岗位分类的几个基本概念,区分职系、职组、职门、岗级、岗等。

15. 答案:C(P433)　职系的划分是岗位横向分类的最后一步。

16. 答案:B(P427)　本题考查的是工作岗位分类的几个基本概念,区分职系、职组、职门、岗级、岗等。

17. 答案:D(P427)　岗等显示了不同职系之间的相同相似岗位等级的比较和平衡关系。

18. 答案:A(P426)　职组是按照工作岗位性质和特点对岗位所进行的横向分类。

19. 答案:C(P426)　岗位分级的最终结果,是将企事业单位的所有岗位纳入由职组、职系、岗级和岗等构成的体系之中。

20. 答案:D(P428)　岗位分类是以事为标准,事在人先,以事择人;而品味分类则以人为标准,人在事先,以人择事。

21. 答案:A(P443)　本题考查的是岗位薪酬制的特点。

22. 答案:B(P436～437)　选择岗位评价要素应具有共通性,各因素也必须是可观察到的,可以衡量的。

23. 答案:A(P436～437)　本题考查的是岗位评价要素的特点。

24. 答案:A(P439)　对生产性岗位中的岗级统一列等,可以采取的方法包括:经验判断法、基本点数换算法、交叉岗位换算法。

25. 答案:C(P442)　通常来说,制造型企业从基层岗位到总经理的岗等以不超过10个为原则。

26. 答案:A(P443～444)　本题考查的是岗位薪酬制的特点。

27. 答案:C(P445)　本题考查的是一岗多薪制的适用范围。

28. 答案:B(P445)　岗位薪点薪酬制使薪酬分配直接与企业效益和员工的工作业绩相联系。

29. 答案:A(P445)　岗位薪点数的构成包括:岗位薪点、个人薪点、加分薪点数。

30. 答案:B(P445)　薪点薪酬制是在岗位评价的基础上,用点数和点值来确定员工薪酬的薪酬制度。岗位薪点薪酬制的主要特点是薪酬标准不是以金额表示的,而是用薪点表示的。

31. 答案:B(P446)　本题考察的是薪点工资制的特点和适用范围。

32. 答案:B(P447)　实行技能薪酬制时,必须将薪酬计划与培训计划相结合。

33. 答案:A(P447)　能力薪酬给予的标准比较抽象,而且与具体的岗位联系不大。

34. 答案:B(P450)　本题考查的是绩效薪酬制的概念。

35. 答案:B(P448)　绩效薪酬制是以员工的工作业绩为基础支付工资。

36. 答案:C(P447)　本题考查的是技术薪酬的特点和含义。

37. 答案:B(P448)　本题考查的是绩效薪酬的特点和含义。

38. 答案:B(P451)　本题考查的是提成薪酬制的缺点。

39. 答案:C(P450)　本题考查的是现代企业主要的绩效薪酬形式。

40. 答案:B(P451)　本题考查的是经营者年薪制。

41. 答案:B(P452)　年薪制的基本工资总额确定后,按月预付。

42. 答案:A(P452)　本题考查的是企业要实行经营者年薪制的前提条件。

43. 答案:C(P453)　流程团队成员的任务可能会有不同,但是应该使员工间的工资差距最小化。

44. 答案:C(P453)　本题考查的是流程团队的特点和含义。

45. 答案:D(P457)　综合薪酬制(组合薪酬制)是依据员工的绩效、技术和培训水平、岗位、年龄和工龄等因素确定薪酬额。

46. 答案:D(P457)　以技能为导向的工资结构(技能薪酬制)的优点是有利于激励员工提高技术、能力。

47. 答案:C(P457)　本题考查的是以工作为导向的工资结构的适用范围。

48. 答案:D(P457)　以技能为导向的薪酬结构(技能薪酬制),其特点是员工的薪酬主要根据员工所具备的工作能力与潜力来确定。

49. 答案:D(P460)　企业进行的工资市场调查是保证工资的外部公平性的一个重要工具。

50. 答案:B(P460)　一般来说,工资水平对外具有竞争性的企业,工资应比行业平均水平高15%,这样既能保证工资水平的竞争性,也能保证企业没有太大的经济负担。

51. 答案:D(P461)　本题考查的是年功序列薪酬制度的特点。

52. 答案:B(P462)　岗位评价的目的在于通过量度企业内部各个岗位的价值并建立起岗位间的相对价值关系。

53. 答案:A(P466)　员工的浮动薪酬不仅要与企业经济效益、部门业绩考核结果挂钩浮动,还必须与个人业绩考核结果挂钩。

54. 答案:B(P447)　本题考查的是技能薪酬制。

55. 答案:B(P481)　工龄性调整把员工的资历和经验当做一种能力和效率予以奖励。

56. 答案:D(P481～482)　考核性调整是根据员工的绩效考核结果,每达到一定的合格次数即可以提升一个薪酬档次的调整薪酬的方法。

57. 答案:D(P481)　本题考查的是效益性调整的含义。

58. 答案:B(P490)　采用从上而下法制定薪酬计划,可以控制总体的薪酬成本,但缺乏灵活性,而且确定薪酬总额时主观因素过多,降低了计划的准确性,不利于调动员工的积极性。

59. 答案:A(P492)　相关文件规定。

60. 答案:D(P492)　企业年金,是指企业及其员工在依法参加基本养老保险的基础上,自愿建立的补充养老保险制度。

二、多项选择题

1. 答案:BDE(P399)　本题考查的是正式薪酬调查的分类。

2. 答案:ABCE(P405)　本题考查的是薪酬调查结果的用途。

3. 答案:BCDE(P405)　企业进行薪酬调查可选择的企业类型包括同行业中同类型的其他企业、其他行业中有相似相近工作岗位的企业、与本企业构成人力资源竞争的企业、在本地区同一劳动力市场上招聘员工的企业、经营策略等指标均合乎一般标准的企业。

4. 答案:ACE(P405) 本题考查的是企业可选择的作为薪酬调查的企业类型。

5. 答案:ABC(P405) 本题考查的是被调查岗位的选择。

6. 答案:ACE(P405～409) 确定薪酬调查的范围,即确定调查的企业、调查的岗位、调查的薪酬信息、调查的时间段。

7. 答案:ABD(P407) 选择确定被调查的岗位,应在工作性质、难易复杂程度、岗位职责、工作权限、任职资格、能力要求、劳动强度、环境条件等方面与本企业需调查的岗位具有可比性。

8. 答案:BCDE(P407～409) 本题考查的是企业在进行薪酬调查时要了解的信息。

9. 答案:ABCDE(P411～412) 本题考查的是在不同企业中工作内容基本相同的岗位薪酬存在较大差异的原因。

10. 答案:ABC(P412～416) 薪酬调查数据统计分析方法有:数据排列法、频率分析法、趋中趋势法、离散分析、回归分析法、图表分析法。

11. 答案:AC(P414) 本题考查的是离散分析的具体方法。

12. 答案:ABC(P415) 本题考查的是回归分析方法的含义。

13. 答案:ABD(P418) 本题考查的是薪酬调查分析报告应包含的内容。

14. 答案:BCDE(P420) 本题考查的是设计薪酬调查问卷的注意事项。

15. 答案:ABCDE(P421) 薪酬满意度调查的内容包括:员工对薪酬福利水平、薪酬福利结构和比例、薪酬福利差距、薪酬福利的决定因素、薪酬福利的调整、薪酬福利的发放方式等的满意度(见教材表5-8)。

16. 答案:BCE(P443～444) 本题考查的是岗位薪酬制的特点。

17. 答案:AB(P447) 技能薪酬主要包括技术薪酬和能力薪酬。

18. 答案:AB(P450) 现在企业主要的绩效工资形式:计件薪酬制;佣金制(提成制) 。

19. 答案:BCDE(P450～451) 提成工资制中提成比例的确定需要考虑的因素较多,主要有:一定的销量或一定的销售收入中包含的利润、企业产品销售的主要门路、企业产品与相关企业产品的竞争强度等。

20. 答案:ABCE(P452) 实行经营者年薪制应具备的条件:健全的经营者人才市场,完善的竞争机制;明确的经营者业绩考核指标体系;健全的职工代表大会制度,完善的群众监督制度。

21. 答案:ABCE(P452) 本题考查的是决定年薪制的因素。

22. 答案:BCD(P453) 一般来说,可将团队分为平行团队、流程团队、项目团队等。

23. 答案:ABC(P469) 单一原则和程度原则是岗位横向分类应遵循的原则。

24. 答案:ACE(P454～455) 企业规模和所属行业属于影响企业工资水平的内部因素。

25. 答案:BCDE(P455～456) 影响企业薪酬水平的内部因素包括企业自身特征和企业决策层的薪酬态度。其中企业自身特征主要包括企业所属的行业、企业规模、企业所处的发展阶段等。

26. 答案:BCDE(P456) 企业的发展阶段主要分为:起步期、成长期、成熟期、衰退期。

27. 答案:ABC(P456～457) 计件工资、销售提成制、效益薪酬属于以绩效为导向的薪酬结构。

28. 答案:BD(P457) 职能薪酬、能力资格薪酬及我国过去工人实行的技术等级薪酬制度的薪酬结构都属于以技能为导向的薪酬结构。

29. 答案：ACE(P457)　岗位技能薪酬、薪点薪酬制、岗位效益薪酬等都属于组合薪酬结构。

30. 答案：CDE(P459～461)　本题考查的是企业薪酬制度设计的原则。

31. 答案：ADE(P461)　本题考查的是员工薪酬结构的类型。

32. 答案：ABCDE(P429～430、P485～487)　选项中各项均是正确的。

33. 答案：ABCD(P410)　本题考查的是企业薪酬调查的常用方式。

34. 答案：BE(P467～468)　本题考查的是宽带薪酬结构的特点。

35. 答案：ABDE(P480～481)　本题考查的是薪酬调整的类型。

36. 答案：BCDE(P489)　本题考查的是企业在制订薪酬计划时应了解的企业财务状况(见教材表5-27)。

37. 答案：ACDE(P489)　本题考查的是制订薪酬计划所需资料。员工薪酬的基本资料包括：岗位名称；当前薪酬水平；当前的工资级别；所在工资级别的最高工资、中位工资、最低工资；上次调资的时间、额度、调资类型(见教材表5-27)。

38. 答案：ACD(P489)　本题考查的是制订薪酬计划所需资料(见教材表5-27)。

39. 答案：ABCDE(P492)　本题考查的是企业年金方案的内容。

40. 答案：ABE(P492)　企业年金基金由下列各项组成：企业缴费、员工个人缴费、企业年金基金投资运营收益。

专业技能练习题

一、简答题

1. 参考答案：(P412～417)

对薪酬调查数据进行分析可采用以下方法：

1)数据排列法。

2)频率分析法。

3)趋中趋势分析法，具体包括简单平均法、加权平均法、中位数法。

4)离散分析法，具体包括百分位法、四分位法。

5)回归分析法。

6)图表分析法。

2. 参考答案：(P395～396)

1)增值功能。薪酬是能够为企业和投资者带来预期收益的资本。

2)控制企业成本。由于企业所支付的薪酬水平高低会直接影响到企业在劳动力市场上的竞争力，企业保持一种相对较高的薪酬水平对吸引和保留员工来说无疑是有利的。但是，较高的薪酬水平又会对企业产生成本上的压力，从而对企业在市场上的竞争产生不利的影响。因此，有效地控制薪酬成本支出对于大多数企业的经营来说具有重大的意义。

3)改善经营绩效。薪酬实际上是企业向员工传递的一种特别强烈的信息，即什么样的行为和态度受到鼓励，什么业绩是对企业有贡献的，从而引导员工的工作行为和态度以及最终的绩效朝着企业期望的方向发展。

4)塑造企业文化。合理和富有激励性的薪酬制度会有助于企业塑造良好的企业文化，或者对已存在的企业文化起到积极的强化作用。

5)支持企业改革。薪酬可以通过作用于员工个人、工作团队和企业整体来创造出与变革相适应的内部和外部环境,从而有效推动企业变革。

6)配置功能。薪酬是企业合理配置劳动力并提高企业效率的杠杆。

7)导向功能。企业可以将战略目标、目标和计划,通过薪酬战略和薪酬计划表达出来。薪酬不仅是企业当前管理的有效工具,也是未来管理的导向器。

3. 参考答案:(P397～398)

1)企业员工工资总额管理:

工资总额=计件工资+计时工资+奖金+津贴和补贴+加班加点工资+特殊情况支付的工资。

2)员工薪酬水平控制。企业要明确界定各类员工的薪酬水平,以实现劳动力和企业公平的价值交换,这是薪酬管理的重要内容。哪类员工对公司贡献大,工资就高。还必须根据劳动力市场供求关系以及社会消费水平的变化及时进行调整。

3)企业薪酬制度设计与完善。企业薪酬制度设计完善是企业薪酬管理的一项重要任务,包括工资结构设计完善,以及各种薪酬项目所占的比例,还包括工资等级标准设计、薪酬支付形式设计。

4)日常薪酬管理工作。日常的薪酬管理工作包括:开展薪酬的市场调查,统计分析调查结果,写出调查分析报告;制订年度员工薪酬激励计划,对薪酬计划执行情况进行统计分析;深入调查了解各类员工的薪酬状况,进行必要的员工满意度调查;对报告期内人工成本进行核算,核查人工成本计划的执行情况;根据企业薪酬制度的要求,结合各部门绩效目标的实现情况,对员工的薪酬进行必要调整。

二、综合题

1. 参考答案:(P446～448)

1)首先,应当明确技能薪酬制的特点、种类及其适用范围:

①技能薪酬制度是一种以员工的技术和能力为基础的工资。它强调根据员工的个人能力提供工资,而且只有确定员工达到了某种技术能力标准以后,才能对员工提供与这种能力相对应的工资。

②它可以区分以下两种具体的薪酬制度:

a. 技术薪酬制。以应用知识和操作技能水平为基础的工资,主要应用于生产制造性质的企业中的"蓝领"员工。

b. 能力薪酬制。包括以基础能力和特殊能力为基础的两部分工资。它主要适用于企业的专业技术人员和管理人员,属于"白领"工资。

③技能薪酬制在鼓励员工掌握各项新知识、新技能,提高业绩表现,增强参与意识等方面,尤其在那些提倡员工参与管理的企业,具有明显的优势。但是,这种薪酬方式在给企业带来技术进步、生产率提高等好的变化的同时,可能会使工资费用日益增加。

2)推行技能薪酬制必须具备以下前提:

①企业在推行技能薪酬制时,必须考察自身的生产经营情况、管理体制环境,尤其是企业文化这一因素,技能薪酬制要求企业要有一种比较开放的、有利于员工参与的企业文化,这样才能保证企业充分利用员工获得的新技术和新知识。

②必须建立健全相关工作岗位的技能要求和能力标准体系。

③必须制定实施与技能薪酬制度配套的员工技能考核评估体系。

④必须构建完整的员工培训开发体系，将工资计划与员工培训计划有机地结合起来，为员工提高技能等方面素质提供机会，创造条件。

3)必须关注企业人力资源成本的核算。推行技能薪酬制会引起人力资源成本增长。

4)必须注意薪酬制度自身的配套性。我国机械制造企业工资改革的长期实践证明，如果实行单一的技能薪酬制，往往弊大利小，难以全面体现效率与公平的薪酬原则。因此，采用以技能薪酬制为主体的组合薪酬制更为合适。

2. 参考答案：

(1)可以按照以下步骤对该公司岗位进行分类：

1)岗位的横向分类，即根据岗位的工作性质及特征，将它们划分为若干类别。

2)岗位的纵向分级，即根据每一岗位的繁简难易程度、责任轻重以及所需学识、技能、经验水平等因素，将它们归入一定的档次级别。

3)根据岗位分类的结果，制定各类岗位的岗位规范即岗位说明书，并以此作为各项人力资源管理工作的依据。

4)建立公司岗位分类图表，说明各类岗位分布及配置状况，为员工分类管理提供依据。

(2)按照岗位承担者的性质和特点，对公司的岗位进行横向划分，可按如下步骤：

1)将公司全部岗位分为生产岗位和管理岗位两大类。

2)按照劳动分工的特点，将这两大类划分为若干中类或小类。例如，可以将管理岗位分为以下几个小类：生产管理类、市场营销类、财务审计类、技术管理类、人事管理类、质量管理、综合管理类及其他；可以将生产岗位划分为3个小类：基本生产岗位、辅助生产岗位、生产生活服务等。

3. 参考答案：

(1)该企业工资奖金分配制度的主要优点是：

1)“四挂钩”工资奖金分配制度，同时考虑了岗位特点、员工技能水平、员工贡献和企业效益四个方面，是一种综合平衡性的工资奖金分配体系。

2)将企业全部岗位划分为科研、管理和生产三大类，有利于对不同岗位的员工工资奖金进行分类管理。

3)将每类岗位细分为10～12等级，每个等级都有相应的工资和奖金分配标准，能充分体现各类岗位的劳动差别和员工的实际贡献。

4)该企业工资奖金分配制度重点突出，偏重于科技人员，使关键技术人才的工资水平高于一般可替代性强的员工工资水平，在市场中具有更强的竞争力。

5)采用加大奖金分配力度的做法拉开工资分配的差距，有利于激励员工不断提高自身的贡献率，从而促进企业效益的增长。

6)鼓励公平竞争，对科技人员实施聘任制，促进了薪资制度的动态化管理。

(2)对完善该企业工资奖金分配制度的建议。

1)掌握市场同类企业薪资水平的新变化，及时调整收入水平，提高薪资的外部竞争力。

2)不断完善绩效管理制度，为薪资制度的运行提供依据，保证薪资对内公平性。

3)在贯彻薪资制度的过程中会遇到各种问题，因此需要建立并完善沟通平台，不断发现问题，提出对策，逐步加以完善。

4)注意长期激励与短期激励相结合，对高层管理者、核心技术人员和有突出贡献的员工推行长期激励，如年薪制、期权和股权计划等。

第六章　劳动关系管理

理论知识练习题

一、单项选择题

1. 在劳务派遣中,(　　)的关系属于有"劳动"没"关系"的实际劳动关系。

A. 雇主与雇员　　B. 劳务派遣单位与被派遣劳动者

C. 劳务派遣单位与劳务派遣接受单位　　D. 劳务派遣接受单位与被派遣劳动者

2. 劳务派遣协议使派遣单位与接受单位双方建立起(　　)。

A. 实际劳动关系　　B. 劳务派遣关系　　C. 形式劳动关系　　D. 民事法律关系

3. 在劳务派遣中,劳务派遣单位与被派遣劳动者应当订立(　　)。

A. 劳动合同　　B. 劳务派遣协议　　C. 劳务合同　　D. 劳务派遣合同

4. (　　)有义务向被派遣劳动者支付工资、缴纳社会保险、提供福利待遇。

A. 形式上的雇主　　B. 接受单位　　C. 劳动行政部门　　D. 劳务派遣单位

5. 劳务派遣单位与接受单位双方所确立的权利义务关系,属于(　　)。

A. 实际劳动关系　　B. 劳动法律关系　　C. 形式劳动关系　　D. 民事法律关系

6. 被派遣劳动者与用工单位的劳动争议由(　　)所在地劳动争议仲裁委员会管辖。

A. 劳务派遣单位　　B. 被派遣劳动者　　C. 用工单位　　D. 劳动合同约定

7. 处理异地劳动争议时,被派遣劳动者与派遣机构的劳动争议由(　　)所在地管辖。

A. 派遣机构　　B. 被派遣劳动者　　C. 接受单位　　D. 劳动合同约定

8. 劳务派遣单位的注册资本不得低于(　　)万元。

A. 30　　B. 200　　C. 80　　D. 100

9. (　　)作为劳动力这一生产要素的均衡价格是连接雇主与雇员的桥梁。

A. 工资　　B. 劳动关系　　C. 劳动法律关系　　D. 事实劳动关系

10. 下列关于劳动派遣的说法错误的是(　　)。

A. 劳务派遣单位可以向被派遣劳动者收取费用

B. 劳务派遣单位有义务将派遣内容告知劳动者

C. 劳务派遣单位对劳动者的合法权益承担保护义务

D. 被派遣劳动者管理的特殊性主要在于避免可能出现的劳动歧视问题

11. (　　)是劳动关系的法律形式。

A. 劳动关系　　B. 劳务关系　　C. 劳动法律关系　　D. 事实劳动关系

12. 以下关于被派遣劳动者的管理,不正确的表述是(　　)。

A. 被派遣劳动者应与用工单位订立劳动合同

B. 被派遣劳动者的派遣期限应当在劳动合同中载明

C. 被派遣劳动者与正式雇员享有平等的法定劳动权利

D. 同一岗位使用的被派遣劳动者与正式雇员同岗同酬

13. 下列关于劳务派遣的说法,正确的是(　　)。

A. 被派遣劳动者的派遣期限到期应当提前告知

B. 被派遣劳动者不得与劳务派遣单位解除劳动合同

C. 实际用工单位可以将被派遣劳动者派遣到其他用人单位

D. 用人单位可以将连续用工期限分割，订立数个短期劳务派遣协议

14. 工资集体协商的内容不包括(　　)。

A. 最低工资标准　　B. 工资协议的终止条件与违约责任

C. 职工年度平均工资水平及其调整幅度

D. 工资分配制度、工资标准和工资分配形式

15. 随着市场经济体制的深入发展与完善，国家对企业工资分配的宏观调控已经由计划经济体制时期的直接控制转向间接调控，由调控工资总量转变为(　　)。

A. 调控工资水平　　B. 调控薪酬水平

C. 调控市场经济　　D. 调控劳动市场指导价位

16. 企业工资集体协商内容不包括(　　)。

A. 工资指导线　　B. 工资分配制度　　C. 工资分配形式　　D. 工资收入水平

17. 以下关于工资指导线的说法不正确的是(　　)。

A. 有利于企业自觉控制人工成本水平

B. 反映整个社会经济发展与雇员工资增长的关系

C. 为企业集体协商确定年度工资增长水平提供依据

D. 所有企业都应该按照指导线的水平给雇员增加工资

18. 工资指导线(　　)主要适用于经济效益较差或亏损企业。

A. 上线　　B. 基准线　　C. 下线　　D. 标准线

19 工资指导线的(　　)是年度货币工资平均增长目标，是对于生产经营正常、有经济效益的企业来说较为合理的工资增长水平。

A. 上线　　B. 基准线　　C. 下线　　D. 预警线

20. 工资集体协商代表的确定程序与集体协商代表的确定程序是(　　)。

A. 不一致的　　B. 一致的　　C. 单独制定的　　D. 集体协商裁定的

21. 工资指导线上线也称预警线，是对(　　)的企业提出的警示和提示。

A. 生产经营不正常、亏损较大　　B. 工资增长较慢、经济效益较差

C. 生产经营正常、有经济效益　　D. 工资增长较快、工资水平较高

22. 工资集体协商的双方可书面委托本企业外的专业人士作为本方协商代表，但委托人数不得超过本方代表的(　　)。

A. 1/2　　B. 1/3　　C. 1/4　　D. 1/5

23. 劳务关系是由两个或两个以上的平等的主体，通过(　　)建立的一种民事权利义务关系。

A. 劳务合同　　B. 劳动合同　　C. 契约　　D. 口头协定

24. 集体工资协议报送(　　)后，协商双方未收到劳动保障行政部门的《工资协议审查意见书》，视为劳动保障行政部门同意，该工资协议即行生效。

A. 10日　　B. 15日　　C. 20日　　D. 30日

25. 以下关于劳动力市场工资指导价位信息采集的说法错误的是(　　)。

A. 两次调查时间间隔为两年　　B. 主要是通过抽样调查方法取得
C. 调查范围包括城市行政区域内的各行业所有城镇企业
D. 调查内容为上一年度企业中有关职业在岗职工全年收入及有关情况

26. 制定劳动力市场工资指导价位要采集相关数据，下列说法不正确的是(　　)。
A. 要以随机抽样的方式收集数据　　B. 收集的数据要有可比性
C. 应按照国家相关政策规定进行　　D. 收集数据的范围是城镇企业

27. 在劳动力市场工资指导价位的制定过程中需要采集信息，下列说法错误的是(　　)。
A. 两次调查时间间隔为两年　　B. 主要是通过抽样调查方法取得
C. 调查范围包括城市行政区域内的各行业所有城镇企业
D. 调查内容为上一年度企业中有关职业在岗职工全年工资收入的情况

28. 在安全生产责任制中，对本单位安全卫生技术负领导责任的是(　　)。
A. 工人　　B. 企业法定代表人
C. 总工程师　　D. 分管安全卫生的负责人

29. 劳动部门、产业主管部门、用人单位、工会组织对劳动安全卫生法律、法规、制度的实施依法进行监督检查，由此形成(　　)。
A. 安全生产责任制度　　B. 安全生产教育制度
C. 安全生产检查制度　　D. 安全卫生认证制度

30. 企业安全技术措施计划管理制度的内容不包括(　　)。
A. 安全技术措施　　B. 劳动卫生措施
C. 辅助性设施建设　　D. 重大事故隐患分类

31. (　　)是指劳动关系双方当事人之间因劳动权利和劳动义务的认定和实现所发生的纠纷。
A. 劳动争议　　B. 劳动调解　　C. 劳动关系　　D. 劳动维权

32. 企业法定代表人对本单位的安全卫生负有(　　)。
A. 全面责任　　B. 安全技术卫生领导责任
C. 直接责任　　D. 安全技术卫生监督责任

33. 安全卫生认证制度不包括(　　)。
A. 重大事故隐患认证　　B. 有关人员资格认证
C. 有关单位、机构的劳动安全卫生资格认证
D. 与劳动安全卫生联系特别密切的物质技术产品的质量认证

34. 伤亡事故报告和处理制度的内容不包括(　　)。
A. 伤亡事故报告　　B. 伤亡事故调查　　C. 工伤事故预防　　D. 伤亡事故处理

35. (　　)是指劳动争议的当事人在没有争议主体以外的第三人的介入和帮助下，依靠当事人自身力量解决纠纷。
A. 自力救济　　B. 社会救济　　C. 公力救济　　D. 自我救济

36. (　　)不属于劳动安全卫生保护费用。
A. 医疗保险费　　B. 劳动安全卫生教育培训经费
C. 工伤保险费　　D. 健康检查和职业病防治费用

37. 企业员工在劳动安全卫生保护工作中的职业道德行为准则不包括(　　)。

A. 安全第一 B. 注重效率 C. 预防为主 D. 以人为本

38. ( )不属于企业劳动争议调解委员会对劳动争议的调解特点。

A. 群众性 B. 自治性 C. 强制性 D. 非强制性

39. ( )不属于劳动组织优化的内容。

A. 劳动环境优化 B. 作业班组合理组织

C. 不同工艺阶段合理组织 D. 工作时间合理组织

40. 关于劳动争议处理的原则说法错误的是( )。

A. 在查清事实的基础上依法处理 B. 当事人在适用法律上一律平等

C. 及时处理,着重调解 D. 及时处理,全面调解

41. 当事人因主张有待确定的权利和义务所发生的争议属于( )。

A. 个别争议 B. 集体争议 C. 利益争议 D. 权利争议

42. ( )是用人单位除了非全日制用工形式外无书面劳动合同或无有效的书面劳动合同形成的劳动法律关系。

A. 事实劳动关系 B. 劳动法律关系 C. 劳动关系 D. 劳务关系

43. ( )不是企业调解委员会对劳动争议进行调解的特点。

A. 群众性 B. 系统性 C. 自治性 D. 非强制性

44. 劳动争议的( )贯穿于劳动争议处理的各个程序。

A. 受理 B. 调解 C. 仲裁 D. 判决

45. 在劳动争议的处理程序中必须坚持先行( )。

A. 协商 B. 调解 C. 仲裁 D. 诉讼

46. 调解委员会调解劳动争议应遵循自愿的原则,但不包括( )。

A. 申请调解自愿 B. 举证自愿原则 C. 调解过程自愿 D. 履行协议自愿

47. 关于劳动争议仲裁说法错误的是( )。

A. 仲裁主体具有特定性 B. 仲裁程序具有特定性

C. 仲裁对象具有特定性 D. 仲裁实施强制的原则

48. 劳动争议仲裁委员会的构成不包括( )。

A. 上级工会代表 B. 劳动行政部门代表

C. 同级工会代表 D. 用人单位方面的代表

49. 劳动争议仲裁的基本制度不包括( )。

A. 合议制度 B. 强制制度 C. 回避制度 D. 证据制度

50. 下列关于劳动争议仲裁的说法不正确的是( )。

A. 仲裁要遵循回避原则 B. 仲裁遵循非强制性原则

C. 仲裁对象具有特定性 D. 仲裁主体具有特定性

51. 劳动争议仲裁委员会的构成不包括( )。

A. 员工代表 B. 同级工会代表

C. 用人单位方面的代表 D. 劳动行政部门代表

52. 劳动争议仲裁实行一个裁级( )裁决制度。

A. 一次 B. 两次 C. 三次 D. 多次

53. 不属于调解劳动争议的原则的是( )。

A. 申请自愿　　B. 尊重当事人申请仲裁和诉讼的权力
C. 申请调解自愿　　D. 申请仲裁自愿

54. (　　)是由两个或者两个以上的平等主体,通过劳务合同建立的一种民事权利义务关系。

A. 事实劳动关系　B. 劳动法律关系　C. 劳动关系　D. 劳务关系

55. 相对于正规就业而言,(　　)是一种典型的非正规就业,亦是一种新型用工方式。

A. 劳务派遣　B. 法律派遣　C. 业务派遣　D. 个体就业

56. 劳动争议仲裁的被申请人收到仲裁申请书副本后,应在(　　)内提交答辩书。

A. 5日　B. 10日　C. 15日　D. 30日

57. 劳动争议仲裁庭应当于开庭的(　　)前将开庭时间、地点的书面通知送达当事人。

A. 5日　B. 7日　C. 15日　D. 30日

58. 关于劳动争议仲裁的特点,说法错误的是(　　)。

A. 仲裁主体具有特定性　　B. 仲裁对象具有特定性
C. 仲裁施行非强制原则　　D. 劳动争议仲裁施行仲裁前置、裁审衔接制

59. 劳动争议仲裁委员会的构成不包括(　　)。

A. 劳动行政部门代表　　B. 同级工会代表
C. 用人单位方面的代表　　D. 客户方面代表

60. 仲裁庭裁决劳动争议案件,应当自劳动争议仲裁委员会受理仲裁申请之日起(　　)日内结束。

A. 5　B. 15　C. 25　D. 45

二、多项选择题

1. 下列不属于劳务派遣现象的术语的是(　　)。

A. 人才租赁　B. 劳动力派遣　C. 劳动租赁
D. 劳务派遣　E. 劳动输出

2. 劳动争议仲裁委员会的构成包括(　　)。

A. 劳动行政部门代表　B. 同级工会代表　C. 用人单位方面的代表
D. 客户方面代表　E. 行业协会代表

3. 劳务派遣单位的职责包括(　　)。

A. 向被派遣者支付工资　　B. 为被派遣者提供福利待遇
C. 为被派遣者缴纳社会保险费　　D. 监督管理被派遣者的具体工作
E. 为被派遣者提供实现劳动给付的工作岗位

4. 以下对劳务派遣的表述正确的是(　　)。

A. 劳务派遣单位是实际劳动关系的主体之一
B. 劳务派遣单位是形式劳动关系的主体之一
C. 被派遣劳动者的接受单位是形式劳动关系的主体之一
D. 被派遣劳动者的接受单位是实际劳动关系的主体之一
E. 派遣单位与被派遣单位的劳动者之间建立的不是劳动关系

5. 关于劳动争议仲裁的特点说法正确的是(　　)。

A. 仲裁主体具有特定性　　B. 仲裁对象具有特定性

C. 仲裁施行非强制原则　　D. 劳动争议仲裁施行仲裁前置、裁审衔接制
E. 仲裁实行强制性原则

6. ( )属于工资集体协商的内容。

A. 工资标准　　B. 福利待遇标准　　C. 工资分配形式
D. 工资支付办法　　E. 工资协议违约责任

7. 属于工资集体协商的内容有( )。

A. 工资协议的期限　　B. 工资分配制度、工资标准和工资分配形式
C. 工资支付办法　　D. 工资协议的起始条件
E. 工资协议的违约责任

8. 下列关于制定工资指导线的说法正确的有( )。

A. 应当实行协商原则　　B. 只需符合企业的需求
C. 应密切关注国际经济发展状况
D. 应坚持平均工资的增长低于劳动生产率增长的原则
E. 应符合国家宏观经济政策和对工资增长的总体要求

9. 政府在工资宏观调控方面的总原则包括( )。

A. 平均工资的增长低于劳动生产率的增长
B. 平均工资的增长高于劳动生产率的增长
C. 在工资的调控上由总量控制向水平控制转变
D. 在工资的调控上由水平控制向重点控制转变
E. 实施企业工资总额的增长低于经济效益的增长

10. 工资指导线对企业的薪酬水平有约束作用,可分为( )。

A. 上线　　B. 增长线　　C. 中线
D. 基准线　　E. 下线

11. 随着市场经济体制的深入与完善,国家对企业工资分配的宏观调控( )。

A. 由直接调控转变为调控工资总量　　B. 由间接调控转向直接控制
C. 由调控工资水平转变为调控工资总量　　D. 由直接调控转向间接调控
E. 由调控工资总量转变为调控工资水平

12. 关于仲裁时效制度的特征,说法正确的是( )。

A. 仲裁时效具有消灭时效的特征　　B. 仲裁时效只发生消灭胜诉权的后果
C. 仲裁时效具有强制性　　D. 仲裁时效具有特殊性
E. 仲裁时效具有非强制性

13. 劳动力市场工资指导价位分年工资收入和月工资收入两种形式,按( )标准来反映平均水平。

A. 高位数　　B. 中位数　　C. 低位数
D. 奇位数　　E. 偶位数

14. 关于工资集体协商的雇主代表,正确的说法有( )。

A. 可由雇员推举产生　　B. 可由当地劳动行政部门指定
C. 可由企业法定代表人担任　　D. 可由股东大会选出的代表担任
E. 可由企业法定代表人指定的其他人担任

15. 工资集体协商期间,雇员一方的首席代表(　　)。

A. 可由工会主席担任 B. 可由工会推举 C. 可由企业高层决定

D. 可由董事会任命 E. 可由工会主席书面委托的其他雇员代表担任

16. 工资集体协商时,协商确定职工年度工资水平应考虑的因素有(　　)。

A. 企业劳动生产率和经济效益 B. 本地区城镇居民消费价格指数

C. 地区、行业职工平均工资水平 D. 地区、行业、企业的人工成本水平

E. 上年度企业职工工资总额和职工平均工资水平

17. 我国劳动力市场工资指导价位制度的具体目标包括(　　)。

A. 建立规范化的信息采集制度 B. 建立现代化的信息发布手段

C. 控制垄断行业工资水平盲目增长 D. 建立科学化的工资指导价位制定方法

E. 保证工资指导价位能真实反映劳动力价格

18. 制定劳动力市场工资指导价位时,应(　　)。

A. 坚持市场取向 B. 优先考虑企业 C. 定期公开发布

D. 优先保护劳动者 E. 科学地考虑指导价位差别的因素

19. 关于企业安全生产责任制度的表述,正确的是(　　)。

A. 总工程师负安全卫生技术领导责任

B. 企业法定代表人对本单位的安全卫生负全面责任

C. 工程技术人员和生产工人对安全生产负直接责任

D. 分管安全卫生的负责人和专职人员对安全卫生负直接责任

E. 工人在各自岗位上承担严格遵守劳动安全技术规程的义务

20. 重大事故隐患管理制度的要点包括(　　)。

A. 重大事故隐患分类 B. 重大事故隐患报告 C. 重大事故隐患处理

D. 重大事故隐患预防 E. 重大事故隐患整改措施

21. 劳动者健康检查制度包括(　　)。

A. 伤亡事故报告 B. 员工招聘健康检查 C. 职业病防护制度

D. 有关人员资格认证 E. 企业员工的定期体检

22. 企业伤亡事故报告和处理制度的内容包括(　　)。

A. 伤亡事故报告 B. 伤亡事故调查 C. 重大事故隐患报告

D. 伤亡事故处理 E. 企业职工伤亡事故分类

23. 劳动安全卫生保护费用的类别主要有(　　)。

A. 劳动安全卫生教育培训经费 B. 有毒有害作业场所定期检测费用

C. 个人劳动安全卫生防护用品费用 D. 劳动安全卫生保护设施建设费用

E. 劳动安全卫生设施更新改造费用

24. 以下属于劳动安全卫生保护费用的有(　　)。

A. 教育培训费 B. 劳动安全卫生保护设施建设费用

C. 工伤保险费 D. 有毒有害作业场所定期检测费用

E. 人工成本费

25. 伤亡事故报告和处理制度的内容包括(　　)。

A. 伤亡事故报告 B. 企业职工伤亡事故分类

C. 伤亡事故调查　D. 伤亡事故赔偿支付标准
E. 伤亡事故处理

26. 劳动争议仲裁委员会是(　　)构成的。

A. 劳动行政部门代表　B. 同级工会代表　C. 用人单位方面的代表
D. 中介代表　E. 委员会代表

27. 劳动组织优化主要包括(　　)等活动。

A. 以劳务关系取代劳动关系　B. 工作时间合理组织
C. 不同工种、工艺阶段合理组织　D. 工作场地供应服务
E. 准备性和执行性工作合理组织

28. 按照劳动争议标的的不同,可以把劳动争议划分为(　　)。

A. 权利争议　B. 利益争议　C. 由于劳动条件而发生的争议
D. 劳动合同争议　E. 由于劳动报酬而发生的争议

29. 按照劳动争议性质的不同,可由把劳动争议划分为(　　)。

A. 权利争议　B. 利益争议　C. 个别争议
D. 集体争议　E. 团体争议

30. 按照劳动争议主体的不同,可以把劳动争议划分为(　　)。

A. 权利争议　B. 利益争议　C. 个别争议
D. 集体争议　E. 团体争议

31. (　　)属于根据劳动争议标的划分的劳动争议范畴。

A. 关于劳动权利的争议　B. 关于工作时间的争议
C. 关于休息休假的争议　D. 关于保险福利的争议
E. 关于劳动利益的争议

32. 劳动争议调解委员会职责包括(　　)。

A. 宣传劳动保障法律、法规和政策　B. 聘任、解聘和管理调解员
C. 对本企业发生的劳动争议进行调解　D. 监督和解协议、调解协议的履行
E. 参与协调履行劳动合同、集体合同

33. 劳动争议仲裁的基本制度包括(　　)。

A. 合议制度　B. 强制制度　C. 一次裁决制度
D. 回避制度　E. 区分举证责任制度

34. 按照劳动争议的标的划分,可以把劳动争议划分为(　　)。

A. 权利争议　B. 劳动合同争议　C. 经济利益争议
D. 关于劳动安全卫生、工作时间、休息休假、保险福利而发生的争议
E. 当事人在适用法律上一律平等的原则

35. 下列关于劳动争议仲裁强制原则的说法,正确的是(　　)。

A. 劳动争议双方当事人必须都同意仲裁,仲裁委员会才能受理
B. 劳动争议当事人只要有一方申请仲裁,仲裁委员会即可受理
C. 仲裁庭对劳动争议调解不成,必须征得当事人同意,才可行使裁决权
D. 仲裁庭对劳动争议调解不成,无需征得当事人同意,可直接行使裁决权
E. 对发生法律效力的仲裁裁定,一方当事人不履行,另一方当事人可申请人民法院强制执行

36. 劳动争议处理原则应贯穿于(　　)的全过程。

A. 劳动争议的和议　　B. 劳动争议的调解程序

C. 劳动争议的仲裁程序　　D. 劳动争议的审判程序

E. 劳动争议的终审程序

37. 劳动争议仲裁申请书应当载明的内容有(　　)。

A. 仲裁请求及事实和理由　　B. 委托的律师及相关资料

C. 证据,证人的姓名、住址　　D. 员工当事人的姓名、职业、住址和工作单位

E. 用人单位的名称、地址,法定代表人的姓名、职务

38. 按照承担法律责任要件对劳动争议案例进行分析,其思维结构包括(　　)。

A. 确定劳动争议的标的　　B. 分析确定意思表示的意志内容

C. 确定引起劳动争议的事实和结果　　D. 根据差异当事人做出判断和选择

E. 确定行为模式标准与当事人所实施行为的差异

39. 属于时效中断的法定事由的情形的是(　　)。

A. 向对方当事人主张权利　　B. 向有关部门请求权利救济

C. 对方当事人同意履行义务　　D. 发生不可抗事件

E. 对方当事人拒绝履行义务

40. 因签订集体合同发生争议时,当事人承担的和平义务包括(　　)。

A. 不得采取罢工等行为　　B. 当事人应当平等协商

C. 不得向境外媒体泄漏争议产生的原因

D. 在申请协调处理期间,企业不得解除职工代表的劳动关系

E. 对协商不能解决的问题,应通过正常程序向公安机关申请协调处理

专业技能练习题

一、简答题

1. 简要说明职业安全卫生预算的编制审核程序。

2. 简述企业如何积极营造劳动安全卫生环境。

3. 简述工资集体协商的主要内容。

二、综合题

1. ABC公司是某经济开发区一家民营的大型家具制造企业,现有员工2 000人。长期以来,该公司为了提高产品的市场占有率,尽可能地压低人工成本,一线员工的工资一直维持在略高于本地区最低工资标准的水平。员工为了增加收入,只有依靠加班加点,而频繁的加班加点,连续的紧张劳作,导致员工身心疲惫,工伤事故频发。当地工会组织、人力资源社会保障部门会同区总工会深入公司进行了为期半个月的调查,最终提出了“在ABC公司内部全面推行工资协商制度”的意见。

请结合本案例,回答以下问题:

在推行工资集体协商制度时,集体协商代表应当如何确定？有何具体的要求？

2. 张先生于1999年1月11日与某物流公司签订了为期一年的临时工聘用合同,并被安排在物流公司下设的分公司工作,工资由分公司发放。2000年6月,物流公司根据上级指示

“清退”了张先生，但未办理任何手续。张先生在同年7月又继续在物流公司的分公司上班，按月领取劳动报酬，但是未签订劳动合同，一直到2008年底。2008年12月31日，分公司口头传达了物流公司领导的指示，不准张先生再到分公司上班，张先生被迫离开了分公司。2009年1月，张先生到当地劳动争议仲裁委员会，以物流公司为被申请人申请仲裁，要求物流公司与其补签无固定期限劳动合同，补缴其工作期间的各项社会保险费，并支付2008年1月至12月的双倍工资，但物流公司否认双方存有劳动关系，认为张先生只是分公司的临时工，并出具了公司全体人员的花名册及工资表，花名册和工资表中的确没有张先生的名字。

请结合本案例，依据我国劳动法律法规，阐述当地劳动争议仲裁机构应如何做出裁决？

3. 2013年1月，美国一家酒店管理公司委派以安德鲁为首的管理团队进军A市，准备在短时间内使第一家五星级酒店开业。公司要求安德鲁必须在2个月内完成副经理以下管理人员及全部辅助人员的招聘工作。安德鲁感觉工作非常棘手，于是与A市一家从事中高端人力资源派遣业务的公司签订协议，由该派遣公司在45日内完成酒店要求的人员招聘，并负责完成劳动合同签订、社会保险登记与缴纳、个税处理等一系列的人力资源手续。2013年6月，这家五星级酒店刚正式营业，酒店的经营团队就遇到一个管理难题，即如何管理好这种庞大的被派遣员工队伍。

请结合我国《劳动合同法》的相关规定，阐述以安德鲁为首的管理团队应当从哪些方面入手，管理好这支员工队伍。

答案与解析

理论知识练习题

一、单项选择题

1. 答案：D(P508)　劳务派遣接受单位与被派遣劳动者的关系属于有“劳动”没“关系”的实际劳动关系，是不完整的劳动关系。

2. 答案：D(P508)　劳务派遣协议规定劳务派遣单位与接受单位双方的权利义务，从而使劳务派遣机构与接受单位建立起民事法律关系。

3. 答案：A(P508)　劳务派遣单位与被派遣劳动者应当订立劳动合同。

4. 答案：D(P508)　劳务派遣单位的职责是派遣劳动者的招聘、甄选、考核和录用，将劳务派遣到接受单位，支付工资、提供福利待遇、为被派遣劳动者缴纳社会保险等。

5. 答案：D(P508)　劳务派遣单位与接受单位双方所确立的权利义务关系属于民事法律关系。

6. 答案：C(P509)　被派遣劳动者与用工单位的劳动争议由用工单位所在地劳动争议仲裁委员会管辖。

7. 答案：A(P509)　处理异地劳动争议时，被派遣劳动者与劳务派遣机构的劳动争议由劳务派遣机构所在地管辖。

8. 答案：B(P510)　本题考查的是劳务派遣单位的注册资格。

9. 答案：A(P499)　本题考查的是连接雇主与雇员的桥梁。

10. 答案：A(P511)　劳务派遣单位和接受单位不得向被派遣劳动者收取费用。

11. 答案：C(P501)　劳动法律关系是劳动关系的法律形式。

12. 答案:B(P511) 本题考查的是被派遣劳动者的管理。

13. 答案:A(P512) 本题考查的是被派遣劳动者的管理。

14. 答案:A(P520~521) 本题考察的是工资集体协商的内容。

15. 答案:A(P524) 随着市场经济体制的深入发展与完善,国家对企业工资分配的宏观调控已经由计划经济体制时期的直接控制转向间接调控,由调控工资总量转变为调控工资水平。

16. 答案:A(P520~521) 本题考查的是企业工资集体协商内容。

17. 答案:D(P523) 本题考查的是工资指导线的作用。

18. 答案:C(P524) 工资指导线的下线主要适用于经济效益较差或亏损企业。

19. 答案:B(P524) 本题考查的是工资指导线的基准线的含义。

20. 答案:B(P526) 工资集体协商代表的确定程序与集体协商代表的确定程序是一致的。

21. 答案:D(P524) 本题考查的是工资指导线上线的作用。

22. 答案:B(P526) 工资集体协商会涉及一系列宏观和微观经济形势分析,法律、法规和政策以及协商谈判的技能技巧等专业问题,协商双方均可书面委托本企业以外的专业人士作为本方协商代表,但委托人数不得超过本方代表的1/3。

23. 答案:A(P505) 本题考查的是劳务关系的含义。

24. 答案:B(P527) 本题考查的是工资协议的审查时间要求。

25. 答案:A(P531) 调查时间为每年一次。

26. 答案:A(P531) 信息采集采取等距抽样办法抽取企业,调查范围包括城市行政区域内的各行业所有城镇企业。

27. 答案:A(P531) 本题考查的是劳动力市场工资指导价位的制定程序。

28. 答案:C(P533) 本题考查的是安全生产责任制的责任分担。

29. 答案:C(P533) 劳动部门、产业主管部门、用人单位、工会组织对劳动安全卫生法律、法规、制度的实施依法进行监督检查,由此形成安全生产检查制度。

30. 答案:D(P533) 企业安全技术措施计划管理制度的内容主要包括:安全技术措施,劳动卫生措施,辅助性设施建设、改善措施及劳动安全卫生宣传教育措施等。

31. 答案:A(P541) 本题考查的是劳动争议的定义。

32. 答案:A(P533) 本题考查的是安全生产责任制的责任分担。

33. 答案:A(P534) 重大事故隐患认证属于重大事故隐患管理制度。

34. 答案:C(P534) 本题考查的是伤亡事故报告和处理制度的内容。

35. 答案:A(P542) 本题考查的是自力救济的定义。

36. 答案:A(P535) 劳动安全卫生保护费用主要分为以下各类:①劳动安全卫生保护设施建设费用;②劳动安全卫生保护设施更新改造费用;③个人劳动安全卫生防护用品费用;④劳动安全卫生教育培训经费;⑤健康检查和职业病防治费用;⑥有毒有害作业场所定期检测费用;⑦工伤保险费;⑧工伤认定、评残费用等。

37. 答案:B(P536) 本题考查的是企业员工在劳动安全卫生保护工作中的职业道德行为准则。

38. 答案:C(P544) 企业劳动争议调解委员会对劳动争议的调解特点:群众性、自治性、非强制性。

39. 答案:A(P537) 本题考查的是劳动组织优化的内容。

40. 答案:D(P544) 本题考查的是劳动争议处理的原则。

41. 答案:C(P542) 本题考查的是利益争议的含义。

42. 答案:A(P502) 本题考查的是事实劳动关系的含义。

43. 答案:B(P544) 本题考查的是劳动争议调解的特点。

44. 答案:B(P544) 劳动争议的调解贯穿于劳动争议处理的各个程序。

45. 答案:B(P544) 劳动争议的处理程序都必须坚持先行调解。

46. 答案:B(P546) 调解委员会调解劳动争议遵循自愿的原则包括:申请调解自愿、调解过程自愿、履行协议自愿。

47. 答案:B(P547) 劳动争议仲裁的特征为:仲裁主体具有特定性,仲裁对象具有特定性,仲裁实行强制原则,劳动争议仲裁施行仲裁前置、裁审衔接制。

48. 答案:A(P547) 劳动争议仲裁委员会的构成:①劳动行政部门代表;②同级工会代表;③用人单位方面的代表。

49. 答案:D(P547～549) 本题考查的是劳动争议仲裁的基本制度。

50. 答案:B(P547) 本题考查的是劳动争议仲裁的原则和特点。

51. 答案:A(P547) 本题考查的是劳动争议仲裁委员会的构成。

52. 答案:A(P548) 本题考查的是一次裁决制度。

53. 答案:D(P546) 本题考查的是调解劳动争议的原则。

54. 答案:D(P505) 本题考查的是劳务关系的含义。

55. 答案:A(P507) 本题考查的是劳务派遣的性质。

56. 答案:B(P560) 被申请人收到仲裁申请书副本后,应当在10日内向劳动争议仲裁委员会提交答辩书。

57. 答案:A(P561) 本题考查的是案件仲裁准备的时间限制要求。

58. 答案:C(P547) 本题考查的是劳动争议仲裁的特点,仲裁施行的是强制原则。

59. 答案:D(P547) 劳动争议仲裁委员会主要有三部分人组成:劳动行政部门代表、同级工会代表、用人单位方面的代表。

60. 答案:D(P562) 本题考查的是法律法规相应规定。

二、多项选择题

1. 答案:CE(P507) 本题考查的是劳动派遣现象基本概念。

2. 答案:ABC(P547) 劳动争议委员会主要有三部分人组成:劳动行政部门代表、同级工会代表、用人单位方面的代表。

3. 答案:ABC(P508) 本题考查的是劳务派遣单位的职责。

4. 答案:BD(P508) 本题考查的是对劳务派遣的基本知识。

5. 答案:ABDE(P547～549) 本题考查的是劳动争议仲裁的特点,仲裁施行的是强制原则。

6. 答案:ACE(P520) 本题考查的是工资集体协商的内容。

7. 答案:ABCE(P520) 工资集体协商的内容:工资协议的期限;工资分配制度;工资标准和工资分配形式;工资支付办法、工资协议的违约责任等。

8. 答案:ADE(P523) 本题考查的是制定工资指导线的原则。

9. 答案:ACE(P523) 政府在工资的宏观调控方面,总的原则是实施企业工资总额的增长低于经济效益的增长,平均工资的增长低于劳动生产率的增长,同时在工资的调控上由总量控制向水平控制转变。

10. 答案:ADE(P524) 工资指导线有三条:上线(预警线)、基准线、下线。

11. 答案:DE(P524) 随着市场经济体制的深入发展与完善,国家对企业工资分配的宏观调控已经由计划经济体制时期的直接控制转向间接调控,由调控工资总量转变为调控工资水平。

12. 答案:ABCD(P550) 法律关于仲裁时效的规定,属于强制性规范,当事人不得协议排除对仲裁时效的适用,也不得协议变更仲裁时效期间。

13. 答案:ABC(P524) 劳动力市场工资指导价位分年工资收入和月工资收入两种形式,按高位数、中位数、低位数标准来反映平均水平。

14. 答案:CE(P526) 雇主一方代表由企业法定代表人和法定代表人指定的其他人员担任。

15. 答案:AE(P526) 雇员一方的首席代表应当由工会主席担任,工会主席也可以书面委托其他雇员方面的代表作为首席代表。

16. 答案:ABCDE(P527) 本题考查的是工资集体协商职工年度工资水平综合参考的因素。

17. 答案:ABDE(P532) 我国劳动力市场工资指导价位制度的具体目标包括:①建立规范化的信息采集制度;②建立科学化的工资指导价位制定方法,保证工资指导价位能真实反映劳动力价格,并体现政府宏观指导意图;③建立现代化的信息发布手段。

18. 答案:ACE(P532) 本题考查的是制定劳动力市场工资指导价位时应注意的事项。

19. 答案:ABDE(P533) 本题考查的是安全生产责任制度。

20. 答案:ABDE(P533～534) 重大事故隐患管理制度的要点包括:重大事故隐患分类;重大事故隐患报告;重大事故隐患预防与整改措施;劳动行政部门、企业主管部门对重大事故隐患整改的完成情况的检查验收。

21. 答案:BE(P534) 劳动者健康检查制度包括:员工招聘健康检查;企业员工的定期体检,发现疾病及时治疗以及预防职业病的发生。

22. 答案:ABDE(P534) 本题考查的是伤亡事故报告和处理制度的内容。

23. 答案:ABCDE(P535) 劳动安全卫生保护费用的类别主要有:劳动安全卫生教育培训经费、有毒有害作业场所定期检测费用、个人劳动安全卫生防护用品费用、劳动安全卫生保护设施建设费用、劳动安全卫生设施更新改造费用等。

24. 答案:ABCD(P534) 本题考查的是劳动安全卫生保护费用的类别。

25. 答案:ABCE(P534) 伤亡事故赔偿支付标准不属于伤亡事故报告和处理制度。

26. 答案:ABC(P547) 本题考查的是劳动争议委员会的构成。

27. 答案:BCE(P537) 本题考查的是劳动组织优化的内容。

28. 答案:DE(P542) 本题考查的是劳动争议的类别。

29. 答案:AB(P541) 本题考查的是劳动争议制度的分类,根据不同的标准可以把劳动制度划分为不同的种类。

30. 答案:CDE(P541)　按照劳动争议的主体划分,可将劳动争议分为个别争议、集体争议和团体争议。

31. 答案:BCD(P542)　本题考查的是劳动争议的分类。

32. 答案:ABCDE(P545)　本题考查的是劳动争议调解委员会的职责。

33. 答案:ACDE(P548～549)　本题考查的是劳动争议仲裁的基本制度。

34. 答案:BD(P542)　按照劳动争议的标的划分,可以把劳动争议划分为劳动合同争议;关于劳动安全卫生、工作时间、休息休假和保险福利发生的争议;关于劳动报酬、培训、奖惩等因适用条件的不同理解与实施而发生的争议等。

35. 答案:BDE(P547)　本题考查的是劳动争议仲裁的原则。

36. 答案:BC(P544)　劳动争议处理的原则应该穿于劳动争议处理的全过程,即劳动争议的调解程序、仲裁程序都要遵循。

37. 答案:ACDE(P559)　本题考查的是劳动争议仲裁申请书应包含的内容。

38. 答案:CDE(P566)　按照承担法律责任要件对劳动争议案例进行分析,其思维结构可以归纳为:①确定引起劳动争议的事实和结果;②确定行为模式标准与当事人所实施行为的差异;③根据差异当事人做出判断和选择。

39. 答案:ABC(P552)　仲裁时效中断的法定事由有三,即选项中的A、B、C三项。

40. 答案:BD(P565)　因签订集体合同发生争议时,当事人承担的和平义务包括:平等协商;在申请协调处理期间,企业不得解除职工代表的劳动关系等。

专业技能练习题

一、简答题

1. 参考答案:(P535)

职业安全卫生预算的编制审核程序是:

1)企业最高决策部门决定企业劳动安全卫生管理的总体目标和任务,并应提前下达到中层和基层单位。

2)劳动安全卫生管理职能部门根据企业总体目标的要求制定具体目标,提出本单位的自编预算。

3)自编预算在部门内部协调平衡,上报企业预算委员会。

4)企业预算委员会经过审核、协调平衡,汇总成为企业全面预算,并应在预算期前下达相关部门执行。

5)编制费用预算。

6)编制直接人工预算。

7)根据企业管理费用预算表、制造费用预算表及产品制造成本预算表的相关预算项目对职业安全卫生预算进行审核。

2. 参考答案:(P536～537)

企业营造劳动安全卫生环境是预防劳动安全卫生事故的基本对策,它包括:

1)营造劳动安全卫生观念环境。树立安全第一、预防为主的劳动安全卫生观念;建立以人为本的劳动安全卫生的价值观念。

2)营造劳动安全卫生制度环境。具体内容包括:建立健全的劳动安全卫生管理制度;

严格执行各项劳动安全卫生规程;严格执行相关制度规范的应当奖励,违反相关制度的应当惩罚。

3)营造劳动安全卫生技术环境。内容包括:

①直接使用安全技术和无害装置、无害工艺,从基础上避免劳动安全卫生事故。

②完善劳动场所设计,实现工作场所优化。

③劳动组织优化。主要包括:不同工种、工艺阶段合理组织;准备性工作和执行性工作合理组织;作业班组合理组织;工作时间合理组织等。

3. 参考答案:(P520～521)

工资集体协商的主要内容包括:

1)工资协议的期限。

2)工资分配制度、工资标准和工资分配形式。

3)职工年度平均工资水平及其调整幅度。

4)奖金、津贴、补贴等分配办法。

5)工资支付办法。

6)变更、解除工资协议的程序。

7)工资协议的终止条件。

8)工资协议的违约责任。

9)双方认为应当协商约定的其他事项。

二、综合题

1. 参考答案:(P526～527)

1)工资集体协商代表应依照法定程序产生。

2)雇员一方由工会代表,未建立工会的企业,由雇员民主推举代表,并得到半数以上雇员同意。

3)雇主一方代表由企业法定代表人和法定代表人指定的其他人员担任。

4)协商双方应各自确定一名首席代表,在协商期间轮流担任协商会议执行主席,负责工资集体协商有关的组织工作,并对协商过程中发生的问题提出处理建议。

5)雇员一方的首席代表应当由工会主席担任,工会主席也可以书面委托其他雇员方面的代表作为首席代表;未成立工会的,由雇员集体协商代表推举。

6)雇主一方的首席代表应当由法定代表人担任,法定代表人也可以书面委托其他雇主方面的代表作为首席代表。

7)协商双方均可书面委托本企业以外的专业人士作为本方协商代表,但委托人数不得超过本方代表的1/3。

8)协商双方享有平等的建议权、否决权和陈述权。

9)雇员协商代表的合法权益受法律保护,雇主不得对其采取歧视性行为,不得违法解除或变更其劳动合同。

10)由企业内部产生的协商代表参加工资集体协商活动,应视为提供了正常劳动,原来所享受的工资、奖金、津贴、补贴、保险福利待遇不变。

11)协商代表应遵守双方确定的协商规则,并负有保守企业商业秘密的责任。

12)协商代表任何一方不得采取过激、威胁、收买、欺骗等行为。

13)协商代表应了解和掌握工资分配的有关情况,广泛征求各方面的意见,接受本方人员对工资集体协商有关问题的质询。

2. 参考答案:

1)这是一起因非法解除劳动关系而引发的劳动争议。

2)双方争议的焦点:双方是否存在劳动关系。

3)《中华人民共和国劳动法》2008 年 1 月 1 日颁布后,已不再使用“临时工”这个称谓,只有全日制、非全日制用工。

4)劳动关系是可以确定的。

①张先生与物流公司存在事实劳动关系。事实劳动关系中主体一方必定是劳动者,另一方是用人单位。事实上劳动者与用人单位两者之间已构成劳动者已成为该用人单位的成员,用人单位向劳动者支付工资等劳动报酬的劳务关系。该劳务关系是即时结清的关系,不采用工资形式。劳务关系的解决,由民法和合同法解决,也不由仲裁机构解决。

②对于花名册和工资表中没有张先生的名字,可以通过考勤记录、人员证明、工资发放账号等方式获得与物流公司存在事实劳动关系的举证。

5)本案中双方签订了 1999 年 1 月 11 日～2000 年 1 月 10 日一年期固定期限合同,该合同期满后未再续签劳动或非全日制用工合同。《劳动合同法》新法规定:用人单位自用工之日起超过一个月不满一年未与劳动者订立书面劳动合同的,即视为签订无固定期合同。

6)根据《劳动合同法》第 10 条、第 82 条规定,未签订劳动合同,用人单位支付 2 倍工资。因此,物流公司需赔偿张先生 12 个月(即 2008 年 1 月～12 月)的 2 倍工资。

7)因事实劳动关系的存在,物流公司应当补缴张先生工作期间的各项社会保险费。

8)对于花名册中没有张先生的名字,该单位应该给予必要调查、解释,如果确实属于失误,应该给张先生最起码的道歉。

3. 参考答案:

按照我国《劳动合同法》的相关规定,安德鲁管理团队应当做好以下工作。

1)安德鲁管理的酒店应与 A 市劳务派遣公司签订劳务派遣协议。主要内容包括:①劳务派遣公司与用工单位应订立劳务派遣协议。②协议中应当约定派遣岗位和人员数量;派遣期限、劳动报酬和社会保险费的数额与支付方式以及违反协议的责任。③用工单位应当根据工作岗位的实际需要与劳务派遣公司确定派遣期限,不得将连续用工期限分割及订立数个短期劳务派遣协议。

2)了解 A 市劳务派遣公母应与被招聘劳动者订立的劳动合同。主要内容包括:①劳动合同中应当载明用工单位、派遣期限、工作岗位等。②劳务派遣公司与劳动者应签订 2 年以上的固定期限劳动合同,按月支付劳动报酬。③被派遣劳动者在无工作期间,劳务派遣公司应当按照所在地人民政府规定的最低工资标准向其按月支付报酬。

3)明确劳务派遣公司的法定义务。主要内容包括:①应当将劳务派遣协议的内容告知被派遣劳动者。②不得克扣用工单位按照劳务派遣协议支付给被派遣劳动者的劳动报酬。③不得向被派遣劳动者收取费用。④在跨地区派遣劳动者时,劳务派遣公司应当保证被派遣劳动者享有的劳动报酬和劳动条件符合用工单位所在地规定的标准。⑤因劳务派遣公司存在违法行为给被派遣劳动者造成损害的,劳务派遣公司与用工单位承担连带赔偿责任。⑥劳务派遣公司不得以非全日制形式招用被派遣劳动者。

4)明确用工单位的法定义务。主要内容包括:①不得向被派遣劳动者收取费用。②执行国家劳动标准,提供相应的劳动条件和劳动保护。③告知被派遣劳动者的工作要求和劳动报酬。④支付加班费、绩效奖金,提供与工作岗位相关的福利待遇。⑤对在岗被派遣劳动者进行与其工作岗位相关的必要的培训。⑥连续用工的,实行正常的工资调整机制。⑦不得将被派遣劳动者再派遣到其他用人单位。

5)明确用人单位解除劳动合同的相关规定。《劳动合同法》第三十九条规定,劳动者有下列情形之一的,用人单位可以解除劳动合同:①在试用期间被证明不符合录用条件的。②严重违反用人单位的规章制度的。③严重失职,营私舞弊,给用人单位造成重大损害的。④劳动者同时与其他用人单位建立劳动关系,不能完成本单位的工作任务,且经用人单位提出,拒不改正的。⑤被依法追究刑事责任的。

第七章 基础知识

理论知识练习题

一、单项选择题

1. 资源的有限性称为( )的稀缺性。

A. 消费 B. 物质 C. 需求 D. 资源

2. 在市场经济中，支付能力是生产出来的，是生产的结果，生产力等于( )。

A. 劳动结果 B. 支付能力 C. 支付手段 D. 劳动能力

3. 一定社会发展阶段所能够拥有的( )就是消费的支付能力。

A. 劳动能力 B. 劳动手段 C. 劳动量 D. 劳动资料

4. 利润定义为企业生产经营的总收入减去( )的差额部分。

A. 生产费用 B. 总费用 C. 原材料费用 D. 人工费用

5. ( )，是指在一定的市场工资率的条件下，劳动力供给的决策主体(家庭或个人)愿意并且能够提供的劳动时间。

A. 劳动力供给 B. 劳动力总量 C. 劳动力需求 D. 劳动力市场

6. 劳动力供给量变动对工资率变动的反应程度被定义为劳动力供给的工资弹性，简称为( )。

A. 供给无弹性 B. 劳动力供给弹性 C. 供给缺乏弹性 D. 供给富有弹性

7. 劳动力参与率是衡量、测度( )程度的指标。

A. 人口密度 B. 社会劳动强度

C. 人口参与社会劳动 D. 参加工作人口比例

8. 劳动力供给富有弹性表示为( )。

A. $E_S<0$ B. $E_S>0$ C. $E_S<1$ D. $E_S>1$

9. 劳动力供给的工资弹性 E_S 表示为( ).

A. $(\Delta S/S)/(\Delta W/W)$ B. $(\Delta W/W)/(\Delta S/S)$

C. $(\Delta W/S)/(\Delta S/W)$ D. $(\Delta S/W)/(\Delta W/S)$

10. 劳动力需求的自身工资弹性是( )变动对工资率变动的反应程度。

A. 劳动力需求 B. 劳动力供给 C. 劳动力需求量 D. 劳动力供给量

11. 在完全竞争条件下，短期企业劳动力需求决定的原则是( )。

A. $MRP=VMP$ B. $MRP=MP$ C. $VMP=MP$ D. $MP=MC$

12. ( )的劳动力市场是广义的劳动力市场交换关系的外在表现，是实现劳动资源配置的有效途径。

A. 劳动要素 B. 狭义 C. 劳动关系 D. 劳动机制

13. 劳动法的基本原则是指调整劳动关系以及与劳动关系密切联系的其他一些社会关系时必须遵循的( )。

A. 基本规范 B. 指导思想 C. 基本准则 D. 基本原则

14. 社会保险作为物质帮助权实现的主要方式所具有的特征有社会性、互济性和(　　)。

A. 规范性　B. 保障性　C. 补偿性　D. 抗风险性

15. 劳动关系法、劳动标准法、劳动保障法和劳动监督检查法构成(　　)。

A. 劳动合同法　B. 劳动权利法　C. 劳动法体系　D. 劳动保障体系

16. 劳动法律事实包括劳动法律行为和(　　)。

A. 劳动法律事件　B. 劳动法律关系　C. 劳动法律效力　D. 劳动法律后果

17. 劳动法的首要原则是(　　)。

A. 保障劳动者的劳动权　B. 保障劳动者的物质帮助权

C. 保障劳动者的报酬权　D. 保障劳动者的休息休假权

18. (　　)是劳动权的核心。

A. 择业权和劳动报酬权　B. 平等就业权和自由择业权

C. 休息休假权和劳动保护权　D. 劳动保护权和职业培训权

19. 政府制定或调整重大劳动关系标准时应当贯彻"三方原则",即政府、工会、(　　)共同参与决定。

A. 企业　B. 员工　C. 员工代表　D. 企业家协会

20. (　　)在国家的法律体系中具有最高法律效力。

A. 劳动法律　B. 宪法

C. 国务院劳动行政法规　D. 劳动规章

21. 劳动和社会保障部发布的规范性文件称为(　　)。

A. 国务院劳动行政法规　B. 宪法

C. 劳动法律　D. 劳动规章

22. (　　)是雇员与雇主确定劳动关系、明确双方权利义务的协议。

A. 劳动合同　B. 雇用规则　C. 司法解释　D. 集体合同

23. (　　)是通过工会与雇主或雇主协会按照合法的程序,经过集体谈判达成的关于一般劳动条件的协议。

A. 劳动合同　B. 雇用规则　C. 司法解释　D. 集体合同

24. (　　)是以法律共同体的长期实践为前提,以法律共同体的普遍的法律确信为基础。

A. 法官法　B. 判例法　C. 习惯法　D. 成文法

25. 决策树的分析程序包括:①剪枝决策;②计算期望值;③绘制树形图。按照分析程序的顺序排列正确的是(　　)。

A. ①②③　B. ③②①　C. ③①②　D. ①③②

26. PDCA **循环法是将①计划;②执行;③检查;④处理四个阶段周而复始地循环进行计划管理的一种方式,将四个阶段按顺序排列正确的是(　　)。**

A. ①②③④　B. ③②①④　C. ③①④②　D. ④①③②

27. (　　)是指某一品牌或产品大类内由尺码、价格、外观及其他属性来区别的具体产品。

A. 产品组合　B. 产品大类　C. 产品项目　D. 产品线

28. 产品组合的(　　)是指产品大类中每种产品有多少花色、品种和规格。

A. 宽度　B. 长度　C. 关联性　D. 深度

29. (　　)是指已经获得专用权并受法律保护的一个品牌或一个品牌的一部分。

A. 品牌名称 B. 商标 C. 品牌标志 D. 记号

30. 下列不属于投入期产品生命周期策略的是(　　)。

A. 改善产品策略 B. 快速掠取策略 C. 快速渗透策略 D. 缓慢掠取策略

31. 下列不属于售前服务的是(　　)。

A. 提供咨询 B. 协助选购 C. 提供零件 D. 提供资料

32. 所谓销售渠道是指产品由(　　)向最终顾客移动过程中所经过的各个环节,或企业通过(　　)到最终顾客的全部市场营销结构。

A. 中间商,企业 B. 专卖者,消费者 C. 消费者,中间商 D. 企业,中间商

33. 渠道的(　　)就是产品在从生产者流向最终顾客的整个过程中所经过的中间层次或环节。

A. 长度 B. 宽度 C. 层次数目 D. 多重性

34. 在复杂的购买行为中,购买者的购买决策过程包括:①引起需要;②收集信息;③评价方案;④决定购买;⑤买后行为。将以上过程排序正确的为(　　)。

A. ①②③④⑤ B. ③②①④⑤ C. ③①④②⑤ D. ④①③②⑤

35. (　　)是指企业的采购部门根据过去和许多供应商打交道的经验,从供应商名单中选择供货企业,并直接重新订购过去采购过的同类产业用品。

A. 修正重购 B. 直接重购 C. 新购 D. 间接重购

36. 所谓(　　)就是对本企业的营销具有吸引力的、能享受竞争优势的市场机会。

A. 企业营销机会 B. 企业竞争机会 C. 企业优势机会 D. 企业实践机会

37. (　　)是人对某种事物或特定对象所持有的一种肯定或否定的心理倾向。

A. 认知 B. 态度 C. 智慧 D. 谦虚

38. (　　)是指员工对自己的工作所抱有的一般性的满足与否的态度。

A. 工作成就 B. 工作绩效 C. 工作满意度 D. 工作态度

39. 最早提出组织承诺的是(　　)。

A. 科特 B. 梅耶 C. 阿伦 D. 贝克尔

40. (　　)与缺勤率和流动率成负相关。

A. 组织效率 B. 组织承诺 C. 工作绩效 D. 工作分析

41(　　)是指个体对其他个体的知觉。

A. 个体知觉 B. 社会知觉 C. 归因 D. 群体知觉

42. (　　)是指最先的印象对人的知觉所产生的强烈影响。

A. 光环效应 B. 投射效应 C. 首因效应 D. 刻板印象

43. (　　)是指当对一个人的某些特性形成好或坏的印象之后,人们就倾向于据此推论其他方面的特性。

A. 光环效应 B. 投射效应 C. 首因效应 D. 刻板印象

44. (　　)是指对某个群体形成一种概括而固定的看法后,会据此去推断这个群体的每个成员的特征。

A. 首因效应 B. 光环效应 C. 投射效应 D. 刻板印象

45. (　　)就是利用有关的信息资料对人的行为进行分析,从而推论其原因的过程。

A. 内因 B. 外因 C. 归因 D. 知觉

46. 第一个对学习中的强化做出理论分析的是(　　)。

A. 弗洛姆　B. 莱文泽尔　C. 爱德华·桑代克　D. 赫兹伯格

47. (　　)是指团队生存、改进和适应变化着的环境的能力。

A. 绩效　B. 成员满意度　C. 团队学习　D. 外人的满意度

48. 帮助团队成员设定团队议事日程,让团队始终瞄准目标,做出高效决策和提出解决问题的替代方案的是(　　)。

A. 团队任务职能　B. 团队维护职能　C. 团队沟通职能　D. 团队决策

49. 关注于人际关系,它让团队成员们结合在一起,使大家能够继续相处甚至有某种乐趣的是(　　)。

A. 团队沟通职能　B. 团队任务职能　C. 团队维护职能　D. 团队决策

50. 认知能力测验成绩与工作绩效之间的相关系数在(　　)之间。

A. 0.00～0.20　B. 0.20～0.30　C. 0.20～0.40　D. 0.10～0.15

51. 对人力资本的理解不正确的是(　　)。

A. 人力资本是活的资本　B. 人力资本凝结于劳动者体内

C. 人力资本是有形资本　D. 人力资本内含一定的经济关系

52. (　　)不属于人力资本投资支出的形式。

A. 教育支出　B. 管理费用　C. 培训支出　D. 流动支出

53. (　　)不属于人力资源创新能力运营体系。

A. 创新能力开发体系　B. 创新能力激励体系

C. 创新能力结构体系　D. 创新能力配置体系

54. 在管理内容上,现代人力资源管理(　　)。

A. 以事为中心　B. 以企业为中心　C. 以人为中心　D. 以社会为中心

55. 在管理形式上,现代人力资源管理是(　　)。

A. 静态管理　B. 权变管理　C. 动态管理　D. 权威管理

56. (　　)不属于现代人力资源管理的三大基石。

A. 定编定岗定员定额　B. 员工的绩效管理　C. 员工的引进与培养　D. 员工的技能开发

57. 人的积极性、创造性的发挥,人的全面发展,受到(　　)的重要影响与制约。

A. 保障制度　B. 环境优化　C. 环境　D. 人际关系

58. 个人要有效地管理自己的职业,关键在于及早采取行动,成为一名有效的(　　)。

A. 选择者　B. 开发者　C. 劳动者　D. 诊断者

59. 人力资源的三大基石与(　　)之间相互依存,又相互影响、相互促进,在现代企业管理中发挥着极其重要的作用。

A. 技术技能　B. 能力　C. 理想　D. 两种技术

60. 所谓人力资本,是指通过费用支出(投资)于(　　),而形成和凝结于人力资源体中,并能带来(　　)的知识、技能及体能的总和。

A. 劳动力,劳动资本　B. 人力资源,价值增值

C. 价值,人力资本　D. 人力资源,职能

二、多项选择题

1. 在现代市场经济中,市场运作的主体是(　　)。

A. 企业　B. 供给者　C. 个人
D. 需求者　E. 政府

2. 利润最大化的含义就是(　　)。

A. "差额"是正值,则越大越好　B. "差额"如果是负值,则越小越好
C. 利润最大化不过是效益最大化的变形　D. 利润最大化不过是效用的变化
E. 利润最大化是货币收入的变化

3. 劳动力市场上,(　　)分别是劳动力的供给方和需求方。

A. 居民户　B. 企业　C. 劳动者
D. 公司　E. 政府

4. 劳动力供给弹性分为(　　)。

A. 供给无弹性　B. 供给有无限弹性　C. 单位供给弹性
D. 供给富有弹性　E. 供给缺乏弹性

5. 女性劳参率呈上升趋势的主要原因是(　　)。

A. 女性教育水平普遍提高　B. 制度劳动时间缩短
C. 人口出生率下降　D. 科学技术进步　E. 经济结构升高

6. 劳动力市场的性质是(　　)。

A. 劳动力市场是社会生产得以进行的前提条件
B. 劳动力与工资的交换行为是一种等价交换
C. 劳动力市场的劳动交换决定了劳动力的市场价值
D. 通过劳动力市场的交换,实现劳动要素与非劳动生产要素的最佳结合
E. 消耗最低费用中劳动的交换体现

7. 均衡分析分为局部均衡分析和一般均衡分析,它们两者之间的区别是(　　)。

A. 揭示经济变量之间的关系　B. 分析单个市场均衡的实现与变动
C. 说明实现均衡的条件　D. 研究任何一种特定商品的欲求关系
E. 研究任何一种特定商品的供求和价格关系

8. 我国人口、资本存量与均衡工资率,包括(　　)。

A. 人口对劳动力供给的影响　B. 人口年龄结构组合的供给影响
C. 人口城乡结构　D. 资本存量对劳动力需求的影响
E. 人口、资本存量与劳动力市场均衡

9. 所谓工资就是(　　)。

A. 劳动力作为生产要素的均衡价格
B. 劳动力的需求价格与供给价格相一致的价格
C. 由需求价格决定的
D. 具有与劳动的净产品不相等的趋势
E. 最终取决于劳动的边际生产率

10. 工资率,是指单位时间的劳动价格。根据单位时间标准的不同可分为(　　)。

A. 小时工资率　B. 日工资率　C. 基本工资率
D. 加班工资率　E. 计时工资率

11. 福利的基本构成包括(　　)。

A. 各类保险　B. 工作餐　C. 优惠的商品
D. 失业保险　E. 折价的商品

12. 具备(　　)可以称为就业。

A. 劳动就业的主体是有劳动能力和就业要求的人
B. 所参加的劳动属于社会劳动　C. 所参加的劳动对社会有益
D. 所从事的劳动为有酬劳动　E. 从有酬劳动中获得的可以是经营收入

13. 从劳动经济学的视角考察我国最重要的失业类型有(　　)失业。

A. 摩擦性　B. 技术性　C. 结构性
D. 季节性　E. 需求不足性

14. 请说出现代就业与失业状态的过程(　　)。

A. 就业状态→失业状态　B. 就业状态→非劳动力
C. 失业状态→就业状态　D. 失业状态→非劳动力
E. 非劳动力→就业状态,非劳动力→失业状态

15. 劳动法的基本原则具有的特点是(　　)。

A. 劳动法的基本原则是劳动法律部门中指导性、纲领性的法律规范
B. 不同的法律部门有着不同的基本原则
C. 劳动法的基本原则有着高度的稳定性
D. 基本原则具有高度的权威性
E. 劳动法基本原则是调整劳动关系的基本准则

16. 劳动法基本原则的作用是(　　)。

A. 指导劳动法的制定、修改和废止　B. 指导劳动法的实施
C. 劳动法的基本原则有助于劳动法的理解、解释
D. 劳动法的基本原则可以直接使用
E. 劳动法具有高度的可操作性

17. 劳动法的基本原则是(　　)。

A. 保障劳动者劳动权的原则
B. 使生产受到影响也要坚持安全第一的原则　C. 劳动关系民主化原则
D. 物质帮助权原则　E. 依法行使的基本原则

18. 劳动关系民主化原则体现在(　　)。

A. 劳动者有依据法律的规定享有参加和组织工会的权利
B. 劳动关系当事人双方享有集体协商权和共同决定权
C. 政府制定或调整重大劳动关系标准应当贯彻“三方原则”
D. 用人单位对劳动者进行重大处罚等事项应当通过一定形式听取工会意见
E. 在劳动关系领域的其他方面,工会享有广泛的参与权、知情权和咨询权

19. 劳动法律渊源的类别包括(　　)。

A. 宪法中关于劳动问题的规定　B. 劳动法律
C. 国务院劳动行政法规　D. 劳动规章　E. 地方性劳动法规

20. 劳动法的体系包括(　　)。

A. 促进就业法律制度　B. 劳动合同和集体合同制度

C. 劳动标准和职业培训制度 D. 社会保险和福利制度
E. 工会和职工民主管理制度

21. 劳动法律关系的种类包括( )。

A. 劳动合同关系 B. 劳动行政法律关系
C. 劳动服务法律关系 D. 岗前培训法律关系
E. 保障安全生产法律关系

22. 劳动法律关系的特征是( )。

A. 劳动法律关系是劳动关系的实现形态
B. 提供了劳动法律的当事人行为模式标准及其行为准则
C. 劳动法律关系的内容是权利和义务
D. 劳动法律关系的双务关系
E. 劳动法律关系具有国家强制性

23. 企业战略的实质是实现( )之间的动态平衡。

A. 外部环境 B. 内部环境 C. 企业实力
D. 战略目标 E. 长远发展

24. 企业外部调研的方法主要包括( )。

A. 获取口头信息 B. 获取书面信息 C. 外部环境预测
D. 获取电话信息 E. 专题性调研

25. 影响企业经营活动效率的因素很多,主要包括( )。

A. 客户对服务的满意程度 B. 生产率
C. 各种投入要素的成本 D. 工艺设计水平
E. 产能的利用程度

26. 企业的总体战略有( )。

A. 进入战略 B. 发展战略 C. 稳定战略
D. 撤退战略 E. 购并战略

27. 企业采取撤退战略的主要方式有( )。

A. 特许经营 B. 分包和卖断 C. 管理层与杠杆收购
D. 拆产为股/分拆 E. 资产互换与战略贸易

28. 决策科学化的要求包括( )。

A. 合理的决策标准 B. 有效的信息系统 C. 系统的决策观念
D. 科学的决策程序 E. 决策方法科学化

29. 决策树的构成要素包括( )。

A. 概率收益值 B. 决策点 C. 方案枝
D. 决策节点 E. 概率枝

30. 现代企业计划职能的作用包括( )。

A. 使决策目标具体化 B. 有利于提高企业的工作效率
C. 为控制提供标准 D. 科学的决策程序
E. 决策方法科学化

31. 目标管理的特点主要包括( )。

A. 系统化的管理模式　B. 明确完整的目标体系
C. 更富于参与性　D. 强调自我控制
E. 重视员工的培训和能力开发

32. 根据参与者的介入程度与品牌间的差异程度,可将消费者的购买行为分为(　　)。
A. 习惯性购买行为　B. 化解不协调的购买行为
C. 寻求多样化的购买行为　D. 和谐的购买行为
E. 复杂的购买行为

33. 影响工作满意度的因素有(　　)。
A. 富有挑战性的工作　B. 公平的报酬　C. 支持性的工作环境
D. 融洽的人际关系　E. 个人特征与工作的匹配

34. 社会知觉包括的类型有(　　)。
A. 首因效应　B. 光环效应　C. 投射效应
D. 对比效应　E. 刻板印象

35. 组织公正与报酬分配的原则有(　　)。
A. 分配公平　B. 程序公平　C. 互动公平
D. 法律公平　E. 组织公平

36. 组织行为矫正模型被认为是有效的行为绩效管理的系统性方法之一,其具体步骤有(　　)。
A. 要识别和确认对绩效有重大影响的关键行为
B. 惩罚原则　C. 要对这些关键行为进行基线测量
D. 功能性分析　E. 干预行为

37. 对人力资本的理解正确的是(　　)。
A. 人力资本具有创造性　B. 人力资本具有时效性
C. 人力资本具有累积性　D. 人力资本具有收益性
E. 人力资本具有个体差异性

38. (　　)属于人力资源开发的主要内容。
A. 人才发现　B. 人才培养　C. 人才教育
D. 人才调剂　E. 人才培训

39. (　　)说明了人力资源开发目标的多元性。
A. 社会发展需要的多元性　B. 不同员工的发展需求不同
C. 个体发展需要的多元性　D. 员工的发展需求可能改变
E. 现有培训机构的多元化

40. (　　)属于现代人力资源管理的基本测量技术。
A. 工作岗位研究　B. KPI 技术　C. 关键事件访谈
D. BSC 技术　E. 人员素质测评

答案与解析

一、单项选择题

1. 答案:D(基础知识 P1)　资源的有限性称为资源的稀缺性。

2. 答案：B(基础知识 P1)　在市场经济中，支付能力是生产出来的，是生产的结果，生产力等于支付能力。

3. 答案：C(基础知识 P1)　一定社会发展阶段所能够拥有的劳动量就是消费的支付能力。

4. 答案：B(基础知识 P2)　利润是企业生产经营的总收入减去总费用的差额部分。

5. 答案：A(基础知识 P5～6)　劳动力供给是指在一定的市场工资率的条件下，劳动力供给的决策主体(家庭或个人)愿意并且能够提供的劳动时间。

6. 答案：B(基础知识 P6)　劳动力供给量变动对工资率变动的反应程度被定义为劳动力供给的工资弹性，简称劳动力供给弹性。

7. 答案：C(基础知识 P5)　劳动力参与率是衡量、测度人口参与社会劳动程度的指标。

8. 答案：D(基础知识 P6)　劳动力供给富有弹性表示为 $E_S>1$。

9. 答案：A(基础知识 P6)　劳动力供给的工资弹性 E_S 表示为 $(\Delta S/S)/(\Delta W/W)$。

10. 答案：C(基础知识 P8)　劳动力需求的自身工资弹性是劳动力需求量变动对工资率变动的反应程度。

11. 答案：A(基础知识 P11)　在完全竞争条件下，短期企业劳动力需求决定的原则是：$MRP=VMP=MP\cdot P=MC=W$。

12. 答案：B(基础知识 P11)　狭义的劳动力市场是广义的劳动力市场交换关系的外在表现，是实现劳动资源配置的有效途径。

13. 答案：C(基础知识 P28)　劳动法的基本原则是指调整劳动关系以及与劳动关系密切联系的其他一些社会关系时必须遵循的基本准则。

14. 答案：C(基础知识 P32)　社会保险作为物质帮助权实现的主要方式所具有的特征有社会性、互济性和补偿性。

15. 答案：C(基础知识 P39)　劳动关系法、劳动标准法、劳动保障法和劳动监督检查法构成劳动法体系。

16. 答案：A(基础知识 P44)　劳动法律事实包括劳动法律行为和劳动法律事件。

17. 答案：A(基础知识 P30)　保障劳动者的劳动权是劳动法的首要原则。

18. 答案：B(基础知识 P30)　平等的就业权和自由择业权是劳动权的核心。

19. 答案：D(基础知识 P31)　政府制定或调整重大劳动关系标准应当贯彻“三方原则”，即政府、工会和企业家协会(雇主协会)共同参与决定。

20. 答案：B(基础知识 P33)　宪法在国家的法律体系中具有最高法律效力。

21. 答案：D(基础知识 P34)　劳动和社会保障部发布的规范性文件称为劳动规章。

22. 答案：A(基础知识 P35)　劳动(雇佣)合同是雇员与雇主确立劳动关系、明确双方权利义务的协议。

23. 答案：D(基础知识 P36)　集体合同是通过工会与雇主或雇主协会按照合法的程序，经过集体谈判达成的关于一般劳动条件的协议。

24. 答案：C(基础知识 P36)　习惯法是以法律共同体的长期实践(习惯)为前提，以法律共同体的普遍的法律确信为基础。

25. 答案：B(基础知识 P68)　决策树的分析程序如下：第一步，绘制树形图；第二步，计算期望值；第三步，剪枝决策。

26. 答案:A(基础知识 P71) PDCA循环法,就是按照计划(plan)、执行(do)、检查(check)和处理(action)四个阶段的顺序,周而复始地循环进行计划管理的一种工作方法。

27. 答案:C(基础知识 P84~85) 产品项目是指某一品牌或产品大类内由尺码、价格、外观及其他属性来区别的具体产品。

28. 答案:D(基础知识 P85) 产品组合的深度是指产品大类中每种产品有多少花色、品种和规格。

29. 答案:B(基础知识 P85) 商标是指已获得专用权并受法律保护的一个品牌或一个品牌的一部分。

30. 答案:A(基础知识 P87) 投入期企业的营销重点是提高新产品的生命力,具有以下几种营销策略:①快速掠取策略;②缓慢掠取策略;③快速渗透策略;④缓慢渗透策略。

31. 答案:C(基础知识 P89) 售前服务包括:提供咨询、协助选购、提供资料。

32. 答案:D(基础知识 P93) 销售渠道是指产品由企业(生产者)向最终顾客(消费者)移动过程中所经过的各个环节,或企业通过中间商(转卖者)到最终顾客的全部市场营销结构。

33. 答案:A(基础知识 P93) 渠道的长度就是产品从生产者流向最终顾客的整个过程中所经过的中间层次或环节。

34. 答案:A(基础知识 P77) 在复杂的购买行为中,购买者的购买决策过程由引起需要、收集信息、评价方案、决定购买和买后行为五个阶段构成。

35. 答案:B(基础知识 P79) 直接重购,即企业的采购部门根据过去和许多供应商打交道的经验,从供应商名单中选样供货企业,并直接重新订购过去采购过的同类产业用品。

36. 答案:A(基础知识 P80) 企业营销机会就是对本企业的营销具有吸引力的、能享受竞争优势的市场机会。

37. 答案:B(基础知识 P99) 态度是人对某种事物或特定对象所持有的一种肯定或否定的心理倾向。

38. 答案:C(基础知识 P100) 工作满意度,指员工对自己的工作所抱有的一般性的满足与否的态度。

39. 答案:D(基础知识 P101) 最早提出组织承诺的是贝克尔。

40. 答案:B(基础知识 P101) 组织承诺与缺勤率和流动率成负相关。

41. 答案:B(基础知识 P102) 社会知觉是指个体对其他个体的知觉,即我们如何认识他人。

42. 答案:C(基础知识 P102) 首因效应是指最先的印象对人的知觉产生的强烈影响。

43. 答案:A(基础知识 P102) 光环效应是指当对一个人的某些特性形成好或坏的印象之后,人们就倾向于据此推论其他方面的特性。

44. 答案:D(基础知识 P103) 刻板印象是指对某个群体形成一种概括而固定的看法后,会据此去推断这个群体的每个成员的特征。

45. 答案:C(基础知识 P103) 归因就是利用有关的信息资料对人的行为进行分析,从而推论其原因的过程。

46. 答案:C(基础知识 P109) 第一个对学习中的强化做出理论分析的是心理学家爱德华·桑代克。

47. 答案:C(基础知识 P114) 团队学习,指团队生存、改进和适应变化着的环境的能力。

48. 答案:A(基础知识 P115)　团队的任务职能帮助团队成员设定团队议事日程,让团队始终瞄准目标,做出高效决策和提出解决问题的替代方案。

49. 答案:C(基础知识 P115)　团队维护的职能关注于人际关系,它让团队成员们结合在一起,使大家能够继续相处甚至有某种乐趣。

50. 答案:B(基础知识 P97)　认知能力测验成绩与工作绩效之间的相关系数在0.20～0.30之间。

51. 答案:C(基础知识 P151)　人力资本概念包括以下几方面的含义:①人力资本是活的资本,它凝结于劳动者体内;②人力资本直接由投资费用转化而来;③人力资本独特的本质功能是,与物质资源要素相结合,转移价值、创造价值并产生新的价值增值;④人力资本内含一定的经济关系。

52. 答案:B(基础知识 P154)　人力资本投资支出分为三类,其中第一类为实际支出或直接支出,包括学杂费(教育投资)、流动支出(迁移)、培训支出等。

53. 答案:C(基础知识 P170)　人力资源创新能力运营体系可分为三个部分:创新能力开发体系、创新能力激励体系和创新能力配置体系。

54. 答案:C(基础知识 P183)　在管理内容上,现代人力资源管理以人为中心。

55. 答案:C(基础知识 P183)　在管理形式上,现代人力资源管理属于动态管理。

56. 答案:C(基础知识 P192～195)　人力资源管理的三大基石为:①定编定岗定员定额;②员工的绩效管理;③员工技能开发。

57. 答案:C(基础知识 P149)　人的积极性、创造性的发挥,人的全面发展,受到环境的重要影响与制约。

58. 答案:D(基础知识 P175)　个人要有效地管理自己的职业,关键在于及早采取行动,成为一名有效的诊断者,识别问题,洞察自我,学会从多种选择中做出适当的反应或寻求负责的职业咨询机构给予指导和帮助。

59. 答案:D(基础知识 P198)　人力资源管理的三大基石与两种技术之间既相互依存,又相互影响、相互促进,在现代企业管理中发挥着极其重要的作用。

60. 答案:B(基础知识 P151)　人力资本是指通过费用支出(投资)于人力资源,而形成和凝结于人力资源体中,并能带来价值增值的智力、知识、技能及体能的总和。

二、多项选择题

1. 答案:AC(基础知识 P2)　在现代市场经济中,市场运作的主体是企业和个人。

2. 答案:ABC(基础知识 P2)　利润最大化的含义是:"差额"是正值,则越大越好;"差额"如果是负值,则越小越好。利润最大化不过是效益最大化的变形。

3. 答案:AB(基础知识 P2)　在生产要素市场,居民户是生产要素的供给者,企业是生产要素的需求者。

4. 答案:ABCDE(基础知识 P6)　劳动力供给弹性分为五大类:供给无弹性;供给有无限弹性;单位供给弹性;供给富有弹性;供给缺乏弹性。

5. 答案:ABCD(基础知识 P6)　女性劳参率水平显著提高,主要原因是:①女性教育水平普遍提高;②制度劳动时间缩短;③人口出生率下降;④科学技术进步。

6. 答案:ABCD(基础知识 P12)　劳动力市场的性质:①劳动力市场是社会生产得以进行的前提条件。②劳动力与工资的交换行为,使交换双方各自得到所需要的使用价值,实现各自的效用;其交换只能是一种等价交换。③劳动力市场的劳动交换决定了劳动力的市场价值。④通过劳动力市场的交换,实现劳动要素与非劳动生产要素的最佳结合。

7. 答案:BE(基础知识 P12) 均衡分析分为局部均衡分析和一般均衡分析,局部均衡分析,就是假定其他情况不变,分析单个市场均衡的实现与变动。一般均衡分析方法的主旨是,研究任何一种特定商品的供求和价格关系。

8. 答案:ADE(基础知识 P13～14) 我国人口、资本存量与均衡工资率包括:人口对劳动力供给的影响;资本存量对劳动力需求的影响;人口、资本存量与劳动力市场均衡。

9. 答案:AB(基础知识 P15) 所谓工资就是劳动力作为生产要素的均衡价格,即劳动力的需求价格与供给价格相一致的价格。

10. 答案:AB(基础知识 P15) 工资率是指单位时间的劳动价格。根据单位时间标准的不同,可分为小时工资率、日工资率等。

11. 答案:ACDE(基础知识 P17) 福利的支付方式大体划分为两类:①实物支付,包括各种免费或折价的工作餐、折价或优惠的商品和服务;②延期支付,包括各类保险支付,如退休金、失业保险等。

12. 答案:ABD(基础知识 P18) 就业包含三层含义:①劳动就业的主体是有劳动能力和就业要求的人;②所参加的劳动属于社会劳动;③所从事的劳动为有酬劳动。

13. 答案:ABCD(基础知识 P20～21) 从劳动经济学的视角考察,我国最重要的失业类型有:摩擦性失业;技术性失业;结构性失业;季节性失业。

14. 答案:ABCDE(基础知识 P22) 三种状态的相互转换,会发生六种变换:就业状态→失业状态;就业状态→非劳动力;失业状态→就业状态;失业状态→非劳动力;非劳动力→就业状态;非劳动力→失业状态。

15. 答案:ABCD(基础知识 P29) 劳动法的基本原则有以下特点:①劳动法的基本原则是劳动法律部门中具有指导性、纲领性的法律规范;②不同的法律部门有着不同的基本原则;③劳动法的基本原则有着高度的稳定性;④基本原则具有高度的权威性。

16. 答案:ABC(基础知识 P29) 劳动法基本原则的作用是:①指导劳动法的制定、修改和废止,保证各项劳动法律制度的统一、协调;②指导劳动法的实施,正确适用法律,防止出现偏差;③劳动法的基本原则有助于劳动法的理解、解释。

17. 答案:ACD(基础知识 P30～31) 劳动法的基本原则是:①保障劳动者劳动权的原则;②劳动关系民主化原则;③物质帮助权原则。

18. 答案:ABCDE(基础知识 P31) 劳动关系民主化原则的具体内容是:①劳动者有依据法律的规定享有参加和组织工会的权利;②劳动关系当事人双方有就劳动关系事务和生产经营事务进行平等协商的权利;③劳动关系当事人双方享有集体协商权和共同决定权;④政府制定或调整重大劳动关系标准应当贯彻“三方原则”;⑤用人单位对劳动者进行重大处罚等事项应当通过一定形式听取工会意见;⑥劳动争议仲裁委员会的组成应当贯彻“三方原则”;⑦在劳动关系领域的其他方面,工会享有广泛的参与权、知情权和咨询权。

19. 答案:ABCDE(基础知识 P32～34) 劳动法律渊源的类别包括:宪法中关于劳动问题的规定;劳动法律;国务院劳动行政法规;劳动规章;地方性劳动法规;我国立法机关批准的相关国际公约;正式解释。

20. 答案:ABCDE(基础知识 P36～38) 劳动法的体系包括:促进就业法律制度;劳动合

同和集体合同制度；劳动标准制度；职业培训制度；社会保险和福利制度；劳动争议处理制度；工会和职工民主管理制度；劳动法的监督检查制度。

21. 答案：ABC（基础知识 P40）　劳动法律关系的种类包括：劳动合同关系；劳动行政法律关系；劳动服务法律关系。

22. 答案：ACDE（基础知识 P41～42）　劳动法律关系的特征是：劳动法律关系是劳动关系的现实形态；劳动法律关系的内容是权利和义务；劳动法律关系的双务关系；劳动法律关系具有国家强制性。

23. 答案：ACD（基础知识 P45）　企业战略的实质是实现外部环境、企业实力和战略目标三者之间的动态平衡。

24. 答案：ABE（基础知识 P46～47）　企业外部环境调研的方法主要包括：获取口头信息；获取书面信息；专题性调研。

25. 答案：BCDE（基础知识 P52）　影响企业经营活动效率的因素很多，主要包括各种投入要素的成本、生产率、工艺设计水平、产能的利用程度。

26. 答案：ABCD（基础知识 P54）　企业总体战略：进入战略、发展战略、稳定战略和撤退战略。

27. 答案：ABCDE（基础知识 P56）　撤退战略的主要方式有：特许经营；分包；卖断；管理层与杠杆收购；拆产为股/分拆；资产互换与战略贸易。

28. 答案：ABCDE（基础知识 P62～63）　决策科学化包括以下几点：合理的决策标准；有效的信息系统；系统的决策观念；科学的决策程序；决策方法科学化。

29. 答案：BCDE（基础知识 P68）　决策树的构成有四个要素：决策点、方案枝、决策节点、概率枝。

30. 答案：ABC（基础知识 P70）　现代企业计划职能具有以下作用：使决策目标具体化；有利于提高企业的工作效率；为控制提供标准。

31. 答案：ABCDE（基础知识 P72～73）　目标管理的特点主要包括：它是一种系统化的管理模式；要求有明确完整的目标体系；更富于参与性；强调自我控制；重视员工的培训和能力开发。

32. 答案：ABCE（基础知识 P76～77）　消费者购买行为可分为四种：习惯性购买行为；化解不协调的购买行为；寻求多样化的购买行为；复杂的购买行为。

33. 答案：ABCDE（基础知识 P100）　员工工作满意度来源于以下几个方面：富有挑战性的工作；公平的报酬；支持性的工作环境；融洽的人际关系；个人特征与工作的匹配。

34. 答案：ABCDE（基础知识 P102～103）　社会知觉包括的类型有：首因效应；光环效应；投射效应；对比效应；刻板印象。

35. 答案：ABC（基础知识 P106～107）　组织公正与报酬分配的原则有：分配公平；程序公平；互动公平。

36. 答案：ACDE（基础知识 P111～112）　组织行为矫正模型被认为是有效的行为绩效管理的系统性方法之一，其具体步骤是：①识别和确认对绩效有重大影响的关键行为；②对这些关键行为进行基线测量；③功能性分析；④干预行为。

37. 答案：ABCDE（基础知识 P152）　人力资本具有以下特征：①人力资本存在于人体之中，它与人体不可分离；②人力资本以一种无形的形式存在；③人力资本具有时效性；④人力资本具有收益性;⑤人力资本具有累积性;⑥人力资本具有个体差异性;⑦人力资本具有无限的潜在创造性。

38. 答案:ABCDE(基础知识 P163) 人力资源开发包括人力资源的教育、培训以及人才的发现、培养、使用和调剂等诸多管理活动。

39. 答案:AC(基础知识 P163～164) 人力资源开发目标的多元性:人力资源开发目标社会发展需要多元性;人力资源开发目标个体发展需要的多元性。

40. 答案:AE(基础知识 P196) 现代人力资源管理的两种测量技术为工作岗位研究和人员素质测评。

题　库　2

第一章　人力资源规划

理论知识练习题

一、单项选择题

1. 以行政组织理论为依据，强调组织的刚性结构的组织理论是(　　)。

A. 古典组织理论　B. 近代组织理论　C. 现代组织理论　D. 组织行为理论

2. 以下关于组织理论与组织设计理论的说法不正确的是(　　)。

A. 组织理论研究组织运行的全部问题

B. 逻辑上组织理论应该包括组织设计理论

C. 组织设计理论主要研究企业组织结构设计

D. 组织理论与组织设计理论在外延上是相同的

3. (　　)表明，一个领导者能够有效领导的直属下级人数是有一定限度的。

A. 任务与目标原则　B. 集权与分权结合原则

C. 有效管理幅度原则　D. 稳定性与适应性相结合原则

4. 以下措施不属于专业分工和协作原则的是(　　)。

A. 实行系统管理　B. 设立委员会实现协调

C. 创造协调环境　D. 进行岗位再设计

5. 在动态组织设计理论中，(　　)所研究的内容占有主导地位。

A. 静态组织设计理论　B. 动态组织设计理论

C. 古典组织设计理论　D. 近代组织设计理论

6. 对于静态组织设计理论主要研究内容，说法不正确的是(　　)。

A. 组织体制　B. 机构　C. 规章　D. 绩效管理

7. 合理分权的作用不包括(　　)。

A. 有利于企业统一指挥和领导　B. 有利于基层迅速正确地做出决策

C. 有利于调动下级的积极主动性　D. 有利于领导集中力量抓重大问题

8. (　　)是指人力资源计划人员可以通过对本企业组织在未来某一时期的有关因素的变化进行描述或假设。

A. 描述法　B. 德尔菲法　C. 经验预测法　D. 人员比率法

9. 管理学家(　　)系统地归纳了古典学派的观点并提出了 8 条指导原则。

A. 孔茨　B. 厄威克　C. 钱德勒　D. 赫兹伯格

10. 管理幅度与管理层次之间呈(　　)关系。

A. 正相关　B. 负相关　C. 正比例　D. 反比例

11. 以下关于有效管理幅度的影响因素，表述不正确的是(　　)。

A. 职务性质　B. 个人爱好　C. 人员素质　D. 职能机构

12. 合理集权的作用不包括(　　)。

A. 是企业大生产的客观要求

B. 有利于企业统一领导和指挥

C. 有利于企业调动下级的积极性和主动性

D. 有利于企业人力、物力、财力的合理分配和使用

13. 下列对多维立体组织描述错误的是(　　)。

A. 按产品划分的事业部是组织的产品利润中心

B. 按职能划分的专业参谋机构属于组织的专业成本中心

C. 按地区划分的管理机构属于组织的地区利润中心

D. 此种组织适合生产经营活动边界性很强的大型联合企业

14. 在企业组织结构变革时需分析组织关系,不属于其内容的是(　　)。

A. 某个单位应同哪些单位和个人发生联系　B. 某个单位要求别人给予何种配合和服务

C. 某个单位的工作效率和员工的士气如何　D. 某个单位应该为别的单位提供哪些服务

15. (　　)方法是根据企业某一类岗位人员与另一类岗位人员比例依存关系,对某一类岗位人员进行需求预测的一种方法。

A. 比例定员法　B. 劳动定额分析法　C. 人员比率法　D. 转换比率法

16. (　　)是组织内部分工协作的基本形式或框架。

A. 组织流程　B. 组织结构　C. 组织规模　D. 组织变革

17. 以(　　)为中心设计的部门结构包括事业部制和模拟分权制等模式。

A. 成果　B. 工作　C. 关系　D. 人员

18. (　　)是将已经确定的职能按照一定的逻辑关系,逐步进行细化,将总职能分解为若干相对独立的易于操作的具体业务活动。

A. 职能分析　B. 职能调整　C. 职能分解　D. 职能合并

19. 当一个大型企业的不同组成部分在生产、技术、经营业务方面有紧密联系时,(　　)比较适用。

A. 以工作和任务为中心　B. 模拟分权结构模式

C. 以关系为中心　D. 以利润为中心

20. 在行业增长阶段后期,为减少竞争压力,企业会采取(　　)。

A. 增大数量战略　B. 扩大地区战略　C. 纵向整合战略　D. 多种经营战略

21. (　　)的目的是从宏观的角度确定组织需要的基本职能,明确企业的关键职能和基本职能。

A. 职能分析　B. 职能分解　C. 职能合并　D. 职能调整

22. 企业在运行(　　)时适合采用事业部制的组织结构。

A. 增大数量战略　B. 扩大地区战略　C. 纵向整合战略　D. 多种经营战略

23. 企业战略与组织结构的关系是(　　)。

A. 战略滞后于组织结构的变革　B. 增大数量战略适用于成熟期的组织结构

C. 纵向整合战略适用于发展期的组织结构　D. 组织结构服从战略

24. 关于组织变革的征兆,不正确的有(　　)。

A. 企业经营业绩下滑　B. 企业利润有较大的提高

C. 组织结构决策迟缓　　D. 员工士气低落

25. 短期内完成组织结构的重大以至于根本性变革的是(　　)。

A. 改良式　B. 计划式　C. 爆破式　D. 循序渐进式

26. 保证改革顺利进行应采取的措施不包括(　　)。

A. 员工参与　　B. 推行与变革相适应的培训

C. 起用具有创新精神的人才　　D. 对不赞成改革的人采取惩罚为主的方式

27. 组织结构变革常招致各方面的抵制和反对,以下不属于该表现的是(　　)。

A. 生产经营情况恶化　　B. 工作效率降低

C. 要求离职的人员增多　　D. 市场占有率缩小

28. 组织结构整合式企业最常用的组织结构变革方式是一种(　　)。

A. 计划式变革　B. 爆破式变革　C. 改良式变革　D. 常用性变革

29. 广义的人力资源规划不包括(　　)。

A. 人员培训开发计划　B. 员工薪酬激励计划　C. 员工职业生涯规划　D. 人员晋升计划

30. (　　)是企业最常用的组织结构变革方式。

A. 改良式变革　B. 爆破式变革　C. 组织结构整合　D. 突发式变革

31. 让岗位上的员工定期地、有计划地流动,以提高知识技能,使之成为复合型人才。此项工作适用于(　　)。

A. 员工职业生涯规划　B. 员工培训开发计划　C. 人员配备计划　D. 人员晋升计划

32. 企业人力资源规划的外部环境不包括(　　)。

A. 经济形势　B. 人口环境　C. 企业行业特征　D. 文化法律等因素

33. 企业人力资源规划的内部环境不包括(　　)。

A. 企业发展战略　B. 企业行业特征　C. 企业文化　D. 文化法律等因素

34. 不属于制定企业人员规划基本原则的是(　　)。

A. 确保人力资源需求的原则　　B. 与内外环境相适应的原则

C. 与战略目标相适应的原则　　D. 稳定性与流动性相结合的原则

35. (　　)是人员规划中应解决的核心问题。

A. 人员匹配　　B. 人员晋升

C. 人力资源组织结构　　D. 人力资源的供给保障

36. 人员规划中应解决的核心问题是(　　)。

A. 人力资源的需求问题　　B. 人力资源的地域差异问题

C. 人力资源的供给保障问题　　D. 人力资源的成本问题

37. 进行人力资源需求预测必须考虑的影响因素不包括(　　)。

A. 企业文化　　B. 管理风格

C. 企业面临的现实环境　　D. 能获得的数据

38. (　　)不是影响人力资源需求预测的一般因素。

A. 顾客需求的变化　B. 生产需求　C. 组织变革的需求　D. 追加培训的需求

39. 以下不属于人力资源需求预测内容的是(　　)。

A. 现实人力资源预测　　B. 未来人力资源需求预测

C. 现实人力资源需求预测　　D. 未来流失人力资源预测分析

40. 人力资源预测的作用不包括(　　)。

A. 提高组织的竞争力　B. 有助于开拓市场空间

C. 有助于调动员工的积极性　D. 是实施人力资源管理的重要依据

41. 环境与影响因素分析中的SWOT法中"O"代表(　　)。

A. 劣势　B. 优势　C. 机会　D. 威胁

42. 环境与影响因素分析中的SWOT法中"T"代表(　　)。

A. 劣势　B. 优势　C. 机会　D. 威胁

43. 下列关于人力资源需求预测的原理表述不正确的是(　　)。

A. 惯性原理　B. 相关性原理　C. 相似性原理　D. 系统原理

44. 以下关于人力资源预测方法的说法不正确的是(　　)。

A. 德尔菲法适用于对人力需求的长期趋势预测

B. 转换比率法假定企业的劳动生产率是可变的

C. 转换比率法没能说明不同类别员工需求的差异

D. 德尔菲法可用于企业整体人力资源需求量的预测

45. 人力资源需求预测的定性方法是(　　)。

A. 转换比率法　B. 德尔菲法　C. 人员比率法　D. 回归分析法

46. 企业实施组织结构变革时,为保证变革的顺利进行,事先采取的措施不包括(　　)。

A. 给员工增加福利津贴

B. 让员工参与组织变革的调查、诊断和计划

C. 大力推行与组织变革相适应的人员培训计划

D. 大胆起用年富力强和具有开拓创新精神的人才

47. 企业组织结构整合的程序包括:①控制阶段;②互动阶段;③拟定目标阶段④规划阶段。排序正确的是(　　)。

A. ③②①④　B. ④③②①　C. ③②④①　D. ③④②①

48. 从内容上讲,狭义人力资源规划主要包括人员晋升计划、人员补充计划和(　　)。

A. 职业生涯规划　B. 人员培训计划　C. 薪酬福利计划　D. 人员配备计划

49. 人力资源需求预测的定量方法是(　　)。

A. 经验预测法　B. 人员比率法　C. 德尔菲法　D. 描述法

50. 某企业计划期任务总工时为6 060小时,定额工时为60小时,计划期劳动生产率变动系数为0.01,运用工作定额分析法测定的企业人力资源需求为(　　)人。

A. 60　B. 100　C. 160　D. 200

51. 人员晋升计划的内容不包括(　　)。

A. 晋升意向　B. 晋升比率　C. 晋升条件　D. 晋升时间

52. 定员定额分析法不包括(　　)。

A. 工作定额分析法　B. 比例定员法　C. 劳动效率定员法　D. 人员比率法

53. 以下不属于影响企业人力资源活动法律因素的是(　　)。

A. 质量管理　B. 劳动保护的规定　C. 户籍制度　D. 安全生产的规定

54. 人力资源需求预测的方法中,(　　)的主要思路是通过观察历年企业内部人数的变化,找出组织过去人事变动的规律,来推断未来的人事变动趋势和状态。

A. 经济计量模型法　B. 计算机模拟法　C. 马尔可夫分析法　D. 定员定额分析法

55. 企业内部人力资源供给量的考虑因素不包括(　　)。

A. 内部人员自然流失　B. 内部流动　C. 解聘　D. 择业偏好

56. 企业人力资源内部供给预测的方法不包括(　　)。

A. 人力资源信息库　B. 马尔可夫模型　C. 管理人员接替模型　D. 回归分析模型

57. 编制人力资源规划的核心与前提是(　　)。

A. 人力资源的需求预测　B. 人力资源管理系统的设计

C. 人力资源的供给预测　D. 人力资源供求平衡和协调

58. 机构臃肿、人浮于事、生产率下降具体表现为(　　)。

A. 人力资源供求平衡　B. 人力资源供大于求

C. 人力资源供不应求　D. 人力资源供求失衡

59. (　　)是人员规划活动的落脚点和归宿。

A. 人力资源供求协调平衡　B. 人力资源的需求预测问题

C. 人力资源的供给预测问题　D. 人力资源的系统设计问题

60. 下列不属于企业人力资源供不应求解决办法的是(　　)。

A. 依据《劳动法》等有关法规,制订延长工时适当增加报酬的计划

B. 提高工人的劳动生产率　C. 提高员工整体素质

D. 返聘已退休者,或聘用小时工

二、多项选择题

1. 在贯彻专业分工与协作原则中,要十分重视横向协调的问题,主要的措施有(　　)。

A. 实行系统管理,部门归类

B. 设立必要的协调处理部门

C. 建立完善的绩效管理系统

D. 成立各个管理子系统,由副总经理或部长担任负责人

E. 创建协调的环境,提高管理人员的全局观,增进相互沟通

2. 目前模拟分权组织结构主要是(　　)在运用。

A. 中国石油化工集团公司　B. 星巴克咖啡

C. 渣打银行　D. 三一重工集团　E. 中国科学院空间研究所

3. 关于流程型组织的特点说法正确的是(　　)。

A. 管理者的职权很大　B. 纵向管理链较短　C. 纵向管理链较长

D. 业务流程较长　E. 业务流程较短

4. 流程型组织结构和传统组织结构相比,具有的优点是(　　)。

A. 以顾客和市场为导向　B. 业务流程以产出和顾客为中心

C. 组织结构的扁平化　D. 流程团队是流程型组织的基本构成单位

E. 组织结构的灵活性不断增强

5. (　　)构成了组织结构诊断程序图。

A. 组织结构分析　B. 组织结构调查　C. 组织结构评价

D. 组织决策分析　E. 组织关系分析

6. 属于组织结构调查的内容有(　　)。

A. 工作岗位说明书　B. 组织体系图　C. 管理业务流程图
D. 组织战略　E. 领导方式

7. 以成果为中心设计的部门组合方式包括(　　)。

A. 事业部制　B. 超事业部制　C. 模拟分权制
D. 职能制　E. 直线职能制

8. 属于企业变革征兆的是(　　)。

A. 企业营业业绩下降　B. 企业营业业绩上升
C. 员工士气低落　D. 组织结构本身病症显露
E. 员工的旷工率上升

9. 晋升计划的内容一般由(　　)组成。

A. 晋升条件　B. 晋升人员　C. 晋升比率
D. 晋升时间　E. 晋升目标

10. 下列关于企业人力资源规划及其作用表述正确的是(　　)。

A. 促进企业人力资源管理的开展
B. 企业人力资源规划是指企业根据既定的目标对未来一段时间内企业内部和外部各类人力资源补充来源情况的分析预测
C. 协调人力资源管理的各项计划
D. 人力资源需求预测是公司编制人力资源规划的核心和前提
E. 提高企业人力资源的使用效率

11. 制定企业人员规划的基本原则应遵循(　　)。

A. 确保人力资源需求的原则　B. 定量准确的原则
C. 与内外环境相适应的原则　D. 岗位分类的层次宜少不宜多的原则
E. 保持适度流动性的原则

12. 下列选项中影响人力资源活动的法律因素有(　　)。

A. 工时制度　B. 劳动保护　C. 职业卫生
D. 住房制度　E. 户籍制度

13. 企业的发展战略,如(　　),都会造成企业人力资源结构的调整。

A. 扩大再生产　B. 产业结构升级　C. 引进新技术
D. 加强企业文化建设　E. 新的薪酬激励制度

14. 企业各类人员计划的编制包括(　　)。

A. 人员配置计划　B. 人员需求计划　C. 人员供给计划
D. 人员培训计划　E. 风险评估对策

15. 以下属于企业人员供给计划内容的有(　　)。

A. 人员的培训　B. 人员晋升计划　C. 人员内部调动
D. 人员的需求预测　E. 人员的招聘

16. 制定企业人员规划的基本原则包括(　　)。

A. 确保人力资源需求　B. 保持人员固定性　C. 与战略目标相适应
D. 保持适度流动性　E. 与内外环境相适应

17. 人力资源预测对组织的贡献主要有(　　)。

A. 满足组织发展要求　　B. 提高组织竞争力
C. 人力资源预测是人力资源部门与其他部门进行良好沟通的基础
D. 人力资源预测是实施人力资源管理的重要依据
E. 有助于调动员工积极性

18. 人力资源预测存在的问题表现在(　　)。
A. 环境的不确定性　B. 企业内部的抵制　C. 预测的代价高昂
D. 知识水平的限制　E. 企业文化的不统一

19. 人力资源预测中,环境的不确定性指的是(　　)。
A. 金融风暴　B. 政府政策变动　C. 预测的代价高昂
D. 知识水平的限制　E. 关键人员的离职

20. 影响人力资源需求预测的一般因素有(　　)。
A. 市场需求　B. 生产需求　C. 劳动力成本
D. 劳动生产率的变化趋势　E. 追加培训的需求

21. 下列(　　)构成了人力资源的需求预测系统。
A. 企业总体战略发展预测系统　B. 企业总体经济发展预测系统
C. 企业人力资源总量与结构预测系统　D. 企业人力资源预测模型与评估系统
E. 企业员工职业生涯管理系统

22. 竞争五要素分析法包括(　　)。
A. 对新加入竞争者的分析　B. 对竞争策略的分析
C. 对自己产品替代品的分析　D. 对顾客群的分析
E. 对供应商的分析

23. 经验预测法的方式包括(　　)。
A. 自上而下　B. 自下而上　C. 描述假设
D. 分析综合　E. 调查问卷

24. 适用于生产率不变的定量预测法包括(　　)。
A. 转换比率法　B. 回归模型预测法　C. 人员比率法
D. 灰色预测法　E. 定员定额分析法

25. 属于企业人力资源规划外部环境的是(　　)。
A. 经济环境　B. 人口环境　C. 科技环境
D. 文化法律环境　E. 企业的行业特征

26. 以下属于影响企业专门技能人员需求的参数有(　　)。
A. 企业战略、组织结构　B. 产值产量、总资产(净资产)
C. 劳动生产率、出勤率　D. 能源消耗情况
E. 定额工时、作业率和废品率

27. 以下选项中不是影响经营管理人员需求的参数有(　　)。
A. 科研项目、科研经费　B. 生产技术水平、能源消耗情况
C. 企业管理幅度、企业信息化程度　D. 信息传送速度、决策速度
E. 企业其他各类人员的数量

28. 对于经营管理人员而言,若没有发生组织结构变革,那么其人员数量与(　　)趋于

稳定。

A. 专门技能人员　B. 销售人员　C. 后勤人员
D. 维修工人　E. 装配工

29. 影响企业外部劳动力供给的因素有(　　)。

A. 地域性因素　B. 人口政策　C. 人口现状
D. 劳动力市场发育程度　E. 社会就业意识

30. 企业编制人员需求计划时,生产性部门应依据(　　)来确定人员的需求量。

A. 生产任务总量　B. 劳动生产率　C. 计划劳动定额
D. 定员的标准　E. 组织机构设置

31. 企业外部人力资源供给的主要渠道有(　　)。

A. 大中专毕业生　B. 复转军人　C. 失业人员
D. 流动人员　E. 其他组织在职人员

32. 企业内部人员的自然流失包括(　　)。

A. 伤残　B. 退休　C. 辞职
D. 死亡　E. 解聘

33. 不属于制定人力资源管理制度的基本要求的是(　　)。

A. 从企业的具体情况出发　B. 满足企业的实际需求
C. 符合法律和道德规范　D. 满足企业的理想状况
E. 可以不顾及道德规范,合法即可

34. 人力资源信息库中属于管理才能清单的有(　　)。

A. 技术能力　B. 管理的总预算　C. 下属的职责
D. 工作经验　E. 管理的幅度范围

35. (　　)是内部供给预测的方法。

A. 马尔可夫模型　B. 人力资源信息库　C. 管理人员接替模型
D. 灰色预测模型法　E. 回归分析法

36. 企业人力资源技能库主要包括(　　)。

A. 管理才能清单　B. 管理技能清单　C. 技能清单
D. 管理人员接替图　E. 马尔可夫模型

37. 对通过管理人员接替模型分析出的提升受阻的人,应做到(　　)。

A. 进行“一对一”面谈　B. 提供更加宽松的发展空间
C. 适当扩大工作范围　D. 在可能的情况下提高薪资等级
E. 不让他们承担更多的责任

38. 下列选项中属于企业人力资源供求关系的是(　　)。

A. 人力资源供求平衡　B. 人力资源供大于求　C. 人力资源供小于求
D. 人力资源结构平衡　E. 人力资源质量平衡

39. 人力资源供不应求的解决方法有(　　)。

A. 将符合条件,处于相对富裕状态的人员调往空缺岗位
B. 拟订培训和晋升计划　C. 延长工时并适当增加报酬
D. 提高工人的劳动生产率　E. 制订聘用非全日制临时用工计划

40. 人力资源供大于求的解决方法有(　　)。

A. 永久性辞退劳动态度差、技术水平低的员工

B. 合并和关闭某些臃肿的机构

C. 鼓励提前退休和内退

D. 提高员工整体素质

E. 制订聘用非全日制临时用工计划

专业技能练习题

一、简答题

1. 简述企业战略与组织结构的关系。

2. 简述编制企业人力资源规划的基本程序。

3. 列举并简述你所知道的人力资源需求预测的分析方法。

二、综合题

1. 某高新技术企业按业务的分类，成立了3个针对不同产品的事业部，各事业部下设销售团队、技术支持团队和研发团队。各部门的业务收入和成本都是独立核算的，但需要平摊后勤部门(行政部、人力资源部、财务部)所产生的成本。目前，公司共有员工134人，其中3个事业部104人，后勤部门30人，高层领导4人。由于公司成立时间不到3年，客户资源还不够稳定，所承接的业务量波动较大。因此在工作任务繁重时有些员工，尤其是研发和技术人员，会抱怨压力过大，各事业部经理也会抱怨合格人手太少，招聘来的人不能立即适应项目的工作需要；但在工作任务相对较少的时期，经理们又会抱怨本部门的人力成本太高，导致利润率下降。

请回答以下问题：

(1)绘制该公司的组织结构图。

(2)该公司在人员供需状况上遇到了什么问题？请为该公司提供解决问题的建议。

2. 某公司是一家实力雄厚的汽车制造企业。根据该公司未来五年的总体发展规划，企业将达到年产200万辆汽车的生产规模。人力资源部正在讨论2010～2014年度企业人力资源总体规划问题，负责起草该规划的是人力资源部副经理王平，她对规划起草小组成员小章交代，在进行企业人力资源外部供给预测之前，先组织一次全面深入的调查，尽可能多地采集相关的数据资料，为人力资源内部供给预测做好准备。

请根据本案例，回答以下问题：

(1)该公司在进行人力资源内部供给预测时，可以采取哪些方法？

(2)当预测到企业人力资源在未来的几年内可能发生短缺时，可以采取哪些措施解决人力资源供不应求的问题？

3. 某公司的组织结构如下图所示。总经理直接负责财务部和办公室的工作，并直接管理家电、电信及机械控制产品等3个生产部门。下设副总经理两名，一名负责企业的行政部、人力资源部的工作；另一名负责研发部、销售部的工作。随着企业的发展壮大，高层管理者感到现行的组织结构严重制约了企业的发展，许多新的问题开始显露。例如：产品品种的质量无法满足客户的需要，产品销售量明显下滑；管理人员人浮于事、工作效率低下；各部门之间，尤其生产部门与职能部门之间的矛盾与冲突时有发生。

在管理咨询专家的建议下，企业领导决定采取事业部制，对现有组织结构进行调整和改革，以提高管理效率，增强企业竞争力。

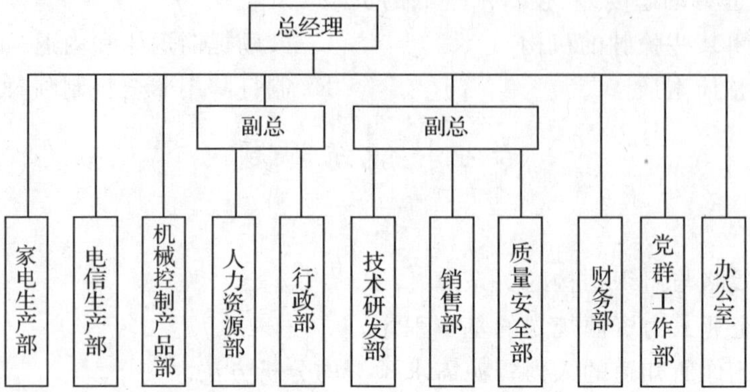

请根据本案例回答以下问题：

(1)该公司现有组织结构存在哪些问题？

(2)该公司的组织结构应如何进行调整？请重新设计新的组织结构图。

(3)为了顺利推进组织变革，公司应采取哪些具体措施？

答案与解析

理论知识练习题

一、单项选择题

1. 答案:A(P1～2)　古典组织理论主要是以韦伯(Max Weber)、法约尔(Henri Fayol)等人的行政组织理论为依据的，强调组织的刚性结构；近代组织理论则是以行为科学为理论依据，它着重强调人的因素，从组织行为的角度来研究组织结构；现代组织理论则是从行为科学中分离出来，主要以权变管理理论为依据的。

2. 答案:D(P1)　组织理论包括了组织运行的全部问题，而组织设计理论主要研究企业组结构的设计，由此可见，组织理论与组织设计理论在外延上是不同的。

3. 答案:C(P3)　有效管理幅度原则。由于受个人精力、知识、经验条件的限制，一名领导者能够有效领导的直属下级人数是一定限度的。

4. 答案:D(P3)　本题考查的是专业分工和协作的原则。

5. 答案:A(P2)　在动态组织设计理论中，静态组织设计理论所研究的内容占有主导地位。

6. 答案:D(P2)　组织设计理论又被分为静态的组织设计理论和动态的组织设计理论。静态的组织设计理论主要研究组织的体制、机构和规章。动态理论除了包含以上内容外，还加进了人的因素，加进了组织结构设计，以及组织在运行过程中的各种问题，诸如协调、信息控制、绩效管理、激励制度、人员配备及培训等。

7. 答案:A(P3)　集权有利于保证企业的统一领导和指挥。合理分权有利于基层根据实际情况迅速而正确的做出决策，也有利于上层摆脱日常事务，集中精力抓重大问题。

8. 答案:A(P65)　本题考查的是描述的内涵。

9. 答案:B(P2)　管理学家厄威克系统归纳了古典管理学派泰罗、法约尔、韦伯等人的观点,提出了 8 条指导原则:目标原则、相符原则、职责原则、组织阶层原则、管理幅度原则、专业化原则、协调原则和明确性原则。

10. 答案:D(P3)　管理幅度的大小同管理层次的多少呈反比例关系。

11. 答案:B(P3)　有效管理幅度不是一个固定值,它受职务的性质、人员的素质、职能机构健全与否等条件的影响。

12. 答案:C(P3)　集权是企业大生产的客观要求,有利于企业统一领导和指挥,有利于企业人力、物力、财力的合理分配和使用。

13. 答案:D(P6)　多维立体组织又称多维组织、立体组织或多维立体矩阵制等,它把矩阵组织结构形式与事业部制组织结构形式有机地结合在一起,形成了一种全新的管理组织结构模式。多维立体组织结构综合考虑了产品、地区与职能参谋机构,形成了三类主要的管理组织结构系统,一是按产品划分的事业部,即产品利润中心;二是按职能(如市场研究、生产、调查、财务、人事、质量控制等)划分的专业参谋机构,即专业成本中心;三是按地区划分的管理机构,即地区利润中心。

14. 答案:C(P27)　本题考查的是组织关系分析。

15. 答案:A(P71)　本题考查的是比例定员法的内涵。

16. 答案:B(P1)　本题考查的是组织结构的基本内涵。

17. 答案:A(P21)　以成果为中心设计的部门组合方式,包括事业部制、超事业部制和模拟分权制等模式。事业部制一般在大型企业中采用。模拟分权制结构中的各个部门和单位有自己的管理机构。

18. 答案:C(P15)　本题考查的是职能分解的内涵。

19. 答案:B(P21)　以成果为中心设计的部门组合方式,包括事业部制、超事业部制和模拟分权制等模式。当一个大型企业的不同组成部分在生产、技术、经营业务方面有紧密联系时,模拟分权结构模式比较适用。

20. 答案:C(P23)　在行业增长阶段后期,为减少竞争压力,企业会采取纵向整合战略。

21. 答案:A(P14)　本题考查的是职能分析的内涵。

22. 答案:C(P23)　在行业增长阶段后期,竞争更加激烈,为了减少竞争的压力,企业会采取纵向整合战略。此时,组织应选择事业部制结构。

23. 答案:D(P23)　著名管理学家钱德勒有句名言:组织结构服从战略。

24. 答案:B(P27)　变革的征兆有企业经营业绩下降、组织结构决策迟缓、员工士气低落。

25. 答案:C(P27)　改良式变革:即日常的小改小革,修修补补。爆破式变革:短期内完成组织结构的重大的以至根本性变革。计划式变革:对改革方案经过系统研究,制定全面规划,然后有计划、分阶段地实施,现代组织设计理论主张尽量采用这种方式。

26. 答案:D(P27～28)　为保证变革顺利进行,应事先研究并采取以下相应措施:①让员工参加组织变革的调查、诊断和计划;②大力推行与组织变革相适应的人员培训计划;③大胆起用年富力强和具有开拓创新精神的人才。

27. 答案:D(P27)　表现为生产经营情况恶化,工作效率下降,要求调职与离职的人数增加,发生争吵与敌对行为,提出各种似是而非的反对变革的理由等。

28. 答案:A(P27)　组织结构整合式企业最常用的组织结构变革方式,是一种计划式变革。

29. 答案:D(P46～47)　人力资源规划有广义和狭义之分。广义的人力资源规划泛指各种类型人力资源规划,而狭义的人力资源规划是特指企业人员规划。

狭义的人力资源规划包括:人员配备计划、人员补充计划、人员晋升计划。广义的人力资源规划除了狭义的人力资源规划以外,还包括:人员培训开发计划、员工薪酬计划、员工职业生涯规划、其他计划。

30. 答案:A(P27)　改良式变革是企业最常用的组织结构变革方式。

31. 答案:C(P46)　本题考查的是人员配备计划。

32. 答案:C(P48～49)　企业人力资源规划的外部环境包括:①经济形势;②人口环境;③科技环境;④文化法律等社会因素。

33. 答案:D(P49～50)　企业人力资源规划的内部环境包括:①企业的行业特征;②企业的发展战略;③企业文化;④企业自身的人力资源及人力资源管理系统。

34. 答案:D(P50)　制定企业人员规划的基本原则:①确保人力资源需求的原则;②与内外环境相适应的原则;③与战略目标相适应的原则;④保持适度流动性的原则。

35. 答案:D(P50)　人力资源的供给保障问题是人员规划中应解决的核心问题。

36. 答案:A(P54)　人力资源需求预测是估算组织未来需要的员工数量和能力组合,它是公司编制人力资源规划的核心和前提,其直接依据是公司发展规划和年度预算。

37. 答案:A(P54)　进行预测必须考虑到具体企业面临的现实环境、能获得的数据、管理风格等。

38. 答案:C(P57)　影响人力资源需求预测的一般因素包括:①顾客的需求变化(市场需求);②生产需求(或企业总产值);③劳动力成本趋势(工资情况);④劳动生产率的变化趋势;⑤追加培训的需求;⑥每个工种员工的移动情况;⑦员工的出勤率;⑧政府的方针政策的影响;⑨工作小时的变化;⑩退休年龄的变化;⑪社会安全福利保障。

39. 答案:A(P55)　人力资源需求预测的内容包括:①企业人力资源需求预测;②企业人力资源存量与增量预测;③企业人力资源结构预测;④企业特种人力资源预测。

40. 答案:B(P55～56)　人力资源预测的作用主要表现在以下两方面:①对组织方面的贡献,包括:满足组织生存发展过程中对人力资源的需求;提高组织竞争力;是部门间沟通的基础。②对人力资源管理的贡献,如是实施人力资源管理的重要依据及有助于调动员工积极性。

41. 答案:C(P58)　SWOT分析法中,S代表优势(Strength),W代表劣势(Weakness),O代表机会(Opportunity),T代表威胁(Threats)。SWOT分析实际上是对企业内外部条件各方面内容进行综合概括。

42. 答案:D(P58)　SWOT分析法中,S代表优势(Strength),W代表劣势(Weakness),O代表机会(Opportunity),T代表威胁(Threats)。SWOT分析实际上是对企业内外部条件各方面内容进行综合概括。

43. 答案:D(P63)　人力资源需求预测的原理包括:惯性原理、相关性原理、相似性原理。

44. 答案:B(P66)　转换比率法假定组织的劳动生产率是不变的。

45. 答案:B(P63)　人力资源定性预测法有经验预测法、描述法和德尔菲法。

46. 答案:A(P27～28)　为保证变革顺利进行,应采取如下相应措施:①让员工参与组织变革的调查、诊断和计划；②大力推行与组织变革相适应的人员培训计划；③大胆起用年富力强和具有开拓创新精神的人才。

47. 答案:D(P29)　企业结构整合的过程：①拟定目标阶段；②规划阶段；③互动阶段；④控制阶段。

48. 答案:D(P46)　狭义的人力资源规划主要包括员晋升计划、人员补充计划和人员配备计划。

49. 答案:B(P66～71)　人力资源需求预测的定量方法有：转换比率法、人员比率法、趋势外推法、回归分析法、经济计量模型法、灰色预测模型法、生产模型法、马尔可夫分析法、定员定额分析法、计算机模拟法。

50. 答案:B(P70)　人员需求量等于总任务量除以企业定额标准与(1+变动系数)的乘积。

51. 答案:A(P47)　人员晋升计划的内容一般由晋升条件、晋升比率、晋升时间等指标组成。

52. 答案:D(P70)　定员定额分析法包括：劳动定额分析法、设备看管定额定员法、劳动效率定员法、比例定员法。

53. 答案:A(P49)　影响人力资源活动的法律因素有：政府有关的劳动就业制度、工时制度、最低工资标准、职业卫生、劳动保护、安全生产等规定，以及户籍制度、住房制度、社会保障制度等。

54. 答案:C(P70)　人力资源需求预测的方法中，马尔可夫分析法的主要思路是通过观察历年企业内部人数的变化，找出组织过去人事变动的规律，来推断未来的人事变动趋势和状态。

55. 答案:D(P88)　企业内部人力资源供给量必须考虑下述因素：企业内部人员的自然流失(伤残、退休、死亡等)、内部流动(晋升、降职、平调等)、跳槽(辞职、解聘)等。

56. 答案:D(P89～92)　人力资源内部供给预测的方法包括人力资源信息库、管理人员接替模型、马尔可夫模型。

57. 答案:A(P54)　人力资源需求预测就是估算组织未来需要的员工数量和能力组合，它是公司编制人力资源规划的核心和前提。

58. 答案:B(P95)　人力资源供大于求，结果是导致企业内部人浮于事，内耗严重，生产或工作效率低下。

59. 答案:A(P95)　企业人力资源供求平衡是人力资源规划的目的。

60. 答案:C(P95)　企业人力资源供不应求的解决办法是：①将符合条件而又处于相对富余状态的人调往空缺职位；②如果高技术人员出现短缺，应拟定培训和晋升计划；③如果短缺现象不严重，且本企业员工又愿延长工作时间，可制订延长工时适当增加报酬的计划；④提高企业资本技术有机构成，提高工人的劳动生产率；⑤制订聘用非全日制临时用工计划；⑥制订聘用全日制临时用工计划。

二、多项选择题

1. 答案:ABDE(P3)　专业分工和协作的原则的主要措施有：①实行系统管理，部门归类，成立各个管理子系统，分别由各副总经理(副厂长、部长等)负责管辖；②设立必要的委员会及会议来实现协调；③创建协调的环境，提高管理人员的全局观念，增进相互沟通。

2. 答案:AD(P8) 模拟分权组织亦称模拟分权制或模拟分散管理组织。20世纪80年代以来,我国一些化学工业企业、大型钢铁联合企业、铝业企业及某些原材料工业企业,在汲取国外企业组织结构设计有益经验的基础上,采取的一种新型组织结构模式。

3. 答案:ABD(P8～9) 本题考查的是流程型组织的特点。

4. 答案:ABCDE(P9～11) 本题考查的是流程型组织结构与传统型组织结构相比较的优点。

5. 答案:ABDE(P25) 见教材图1-7组织结构诊断程序图。

6. 答案:ABC(P25～26) 组织结构调查的内容有工作岗位说明书、组织体系图、管理业务流程图。

7. 答案:ABC(P21) 本题考查的是以成果为中心设计的部门结合方式包括哪些模式。

8. 答案:ACDE(P27) 本题考查的是企业变革的征兆。

9. 答案:ACD(P47) 人员晋升计划的内容一般由晋升条件、晋升比率、晋升时间等指标组成。

10. 答案:ACE(P48) 企业人力资源规划的作用是:①满足企业总体战略发展的要求;②促进企业人力资源管理的开展;③协调人力资源管理的各项计划;④提高企业人力资源的利用效率;⑤使组织和个人发展目标相一致。

11. 答案:ACE(P50) 制定企业人员规划的基本原则应遵循:确保人力资源需求的原则、与内外环境相适应的原则、与战略目标相适应的原则、保持适度流动性的原则。

12. 答案:ABCDE(P49) 影响人力资源活动的法律因素有:政府有关的劳动就业制度、工时制度、最低工资标准、职业卫生、劳动保护、安全生产等规定,以及户籍制度、住房制度、社会保障制度等。

13. 答案:ABC(P49～50) 企业在确定发展战略目标时,就要制定相应的措施来保证企业发展目标的实现,如企业生产规模的扩大、产品结构的调整或升级、采用新生产工艺等,会造成企业人力资源结构的调整。

14. 答案:ABCDE(P52～53) 企业各类人员计划的编制包括:①人员配置计划;②人员需求计划;③人员供给计划;④人员培训计划;⑤人力资源费用计划;⑥人力资源政策调整计划;⑦对风险进行评估并提出对策。

15. 答案:BCE(P52) 人员供给计划主要包括人员招聘计划、人员晋升计划和人员内部调动计划等。

16 答案 ACDE(P50) 本题考查的是制定企业人员规划的基本原则。

17. 答案:ABC(P55) 人力资源预测的作用对组织方面的贡献有:①满足组织在生存发展过程中对人力资源的需求;②提高组织的竞争力;③人力资源预测是人力资源部门与其他直线部门进行良好沟通的基础。

18. 答案:ABCD(P56～57) 人力资源预测的局限性有:①环境可能与预期的情况不同;②企业内部的抵制;③预测的代价高昂;④知识水平的限制。

19. 答案:ABE(P56) 企业的生存环境充满了复杂性和不确定性,如政府提高最低工资限度、企业关键人员离职、金融风暴、合同突然取消等。

20. 答案:ABCDE(P57) 影响人力资源需求预测的一般因素有:①顾客需求的变化(市场需求);②生产需求(或企业总产值);③劳动力成本趋势(工资情况);④劳动生产率的变化趋

势；⑤追加培训的需求；⑥每个工种员工的移动情况；⑦员工的出勤率；⑧政府的方针政策的影响；⑨工作小时的变化；⑩退休年龄的变化；⑪社会安全福利保障。

21. 答案：BCD(P58)　人力资源需求预测系统由企业总体经济发展预测系统、企业人力资源总量与结构预测系统和人力资源预测模型与评估系统三个子系统构成。

22. 答案：ABCDE(P58～59)　竞争五要素分析法包括：对新加入竞争者的分析、对竞争策略的分析、对自己产品替代品的分析、对顾客群的分析、对供应商的分析。

23. 答案：AB(P64)　经验预测法的方式包括自上而下和自下而上。

24. 答案：AC(P66～67)　转换比率法和人员比率法以假定组织生产率不变为前提。

25. 答案：ABCD(P48～49)　企业的行业特征属于内部环境。

26. 答案：ABCDE(P72)　影响企业专门技能人员需求的参数有：企业战略、组织结构、销售收入、产值产量、总资产（净资产）、总成本、追加投资、人工成本、劳动生产率、出勤率、能源消耗情况、定额工时、作业率和废品率等。

27. 答案：AB(P72)　影响经营管理人员需求的参数有：企业战略、组织结构、销售收入、产值产量、总资产、总成本、追加投资、人工成本、劳动生产率、出勤率、能源消耗情况、企业管理幅度、企业信息化程度、信息传送速度、决策速度，以及企业其他各类人员的数量等。

28. 答案：ABCDE(P85)　若没有发生企业组织结构变革，其人员数量与基层人员（如专门技能人员、销售人员、后勤人员等）呈稳定的比例关系。

29. 答案：ABCDE(P88)　影响企业外部劳动力供给的因素有：①地域性因素；②人口政策及人口现状；③劳动力市场发育程度；④社会就业意识和择业心理偏好。

30. 答案：ABCD(P62)　企业的生产性部门是根据生产任务总量和劳动生产率、计划劳动定额以及有关定员标准来确定人员的需要量。

31. 答案：ABCDE(P88～89)　企业外部人力资源供给的主要渠道有：①大中专院校应届毕业生；②复员转业军人；③失业人员、流动人员；④其他组织在职人员。

32. 答案：ABD(P88)　企业内部人力资源供给量必须考虑下述因素：企业内部人员的自然流失（伤残、退休、死亡等）、内部流动（晋升、降职、平调等）、跳槽（辞职、解聘）等。

33. 答案：DE(P105)　本题考查的是制定人力资源资源管理制度的基本要求。

34. 答案：BCE(P90)　管理才能清单主要内容包括：管理幅度范围、管理的总预算、下属的职责、管理对象的类型、受到的管理培训、当前的管理业绩等。

35. 答案：ABC(P89～92)　内部供给预测的方法有人力资源信息库、管理人员接替模型、马尔可夫模型。

36. 答案：AC(P90)　管理才能清单和技能清单是企业人力资源技能库的主要内容。

37. 答案：ABCD(P91～92)　对提升受阻人员应做好以下工作：进行一次"一对一"的面谈，就有关升迁问题深入交换意见，鼓励他们继续努力工作和学习，全面提高自身素质；为他们提供更加宽松的发展空间，为他们提供更多的培训或深造的机会；给他们压"重担"，适当扩大他们的工作范围，让其承担更多更重要的责任，在可能的情况下，即使不升职也可以提高他们薪资等级等。

38. 答案：ABC(P95)　企业人力资源供求关系有三种情况：①人力资源供求平衡；②人力资源供大于求，结果是导致企业内部人浮于事，内耗严重，生产或工作效率低下；③人力资源供小于求，企业设备闲置，固定资产利用率低，也是一种浪费。

39. 答案:ABCDE(P95) 人力资源供不应求的解决方法有:①将符合条件,而又处于相对富余状态的人调往空缺职位;②如果高技术人员出现短缺,应拟定培训和晋升计划;③如果短缺现象不严重,且本企业员工又愿延长工作时间,可制订延长工时适当增加报酬的计划;④提高企业资本技术有机构成,提高工人的劳动生产率;⑤制订聘用非全日制临时用工计划;⑥制订聘用全日制临时用工计划。

40. 答案:ABCD(P95～96) 人力资源供大于求的解决方法有:①永久性辞退某些劳动态度差、技术水平低、劳动纪律观念差的员工;②合并和关闭某些臃肿机构;③鼓励提前退休或内退;④提高员工整体素质;⑤加强培训工作,使员工掌握多种技能,增强他们的竞争力,鼓励部分员工自谋职业或者企业开办第三产业;⑥减少员工的工作时间,随之降低工作水平;⑦采用由多个员工分担以前只需一个或少数几个人就可完成的工作和任务,企业按工作任务完成量来计发工资的办法。

专业技能练习题

一、简答题

1. 参考答案:(P23～24)

1)组织结构的功能在于分工和协调,是保证战略实施的必要手段。组织结构服从战略。

2)企业发展到一定阶段,其规模、产品和市场都发生了变化,这时,企业应采用适合的组织发展战略,对组织结构做出相应的调整。主要战略有:①增大数量战略。在行业处于发展阶段,只需采用简单的结构或形式。②扩大地区战略。随着行业进一步发展,要求企业将产品或服务扩展到其他地区。为了协调这些产品和服务,企业组织要求建立职能部门结构。③纵向整合战略。在行业增长阶段后期,为了减少竞争压力,企业会采取纵向整合战略。此时,组织应选择事业部制结构。④多种经营战略。在行业进入成熟期,企业往往选择多种经营战略,根据规模和市场情况,分别采用矩阵结构或经营单位结构。

2. 参考答案:(P50～52)

企业各类人员规划的基本程序是:

1)调查、收集和整理涉及企业战略决策和经营环境的各种信息。

2)根据企业或部门的实际情况确定其人员规划期限,了解企业现有人力资源状况,为预测工作准备精确而翔实的资料。

3)在分析人力资源需求和供给的影响因素的基础上,采用定性和定量相结合,以定量为主的各种科学预测方法对企业未来的人力资源供求进行预测。

4)制定人力资源供求协调平衡的总计划和各项业务计划,提出各项具体调整、供求不平衡时的政策措施。

5)人员规划评价和修正。

3. 参考答案:(P63～71)

人力资源需求预测的分析方法有:

1)经验预测法:利用现有的情报和资料,根据有关人员的经验,结合本公司的特点,对公司的人员需求加以预测。

2)描述法:通过对本企业组织在未来某一时期的有关因素的变化进行描述和假设,从描述、假设、分析和综合中提出企业未来的人力资源需求预测。

3)德尔菲法:采取问卷调查的方式,听取专家对企业未来人力资源需求量的分析评估,并通过多次重复,最终达成一致意见。

4)转换比率法:根据企业生产任务估计组织所需要的一线生产人员的数量,然后根据这一数量来估计辅助人员的数量。

5)人员比率法:先计算出企业历史上关键业务指标的比例,然后根据可预见的变量,计算出所需要的各类人员数量。

6)趋势外推法:根据人力资源历史和现有资料,随时间变化的趋势具有连续性的原理,运用数学工具对该序列加以引申。即从过运去延伸将来,从而达到对人力资源的未来发展状况进行预测的目的。

7)回归分析法:依据事物发展变化的因果关系来预测事物未来的发展趋势。

8)经济计量模型法:先将公司的员工需求量与影响需求量的主要因素之间的关系用数学模型的形式表示出来,依此模型及主要因素变量来预测公司的员工需求。

9)灰色预测模型法:对既含有已知信息,又含有未知或未确定信息的系统进行预测。

10)生产模型法:根据企业的产出水平和资本总额来进行预测。

11)马尔可夫分析法:通过观察历年企业内部人数的变化,找出组织过去人事变动的规律,由此推断未来的人事变动趋势和状态。

12)定员定额分析法:通过对工作定额分析、岗位定员、设备看管定员定额、劳动效率定员、比例定员等方式来进行预测。

13)计算机模拟法:在计算机中运用各种复杂的数学模式,对各种情况下企业组织人数和配置运转情况进行模拟测试,从模拟测试中预测人力资源需求。

二、综合题

1. 参考答案:

(1)

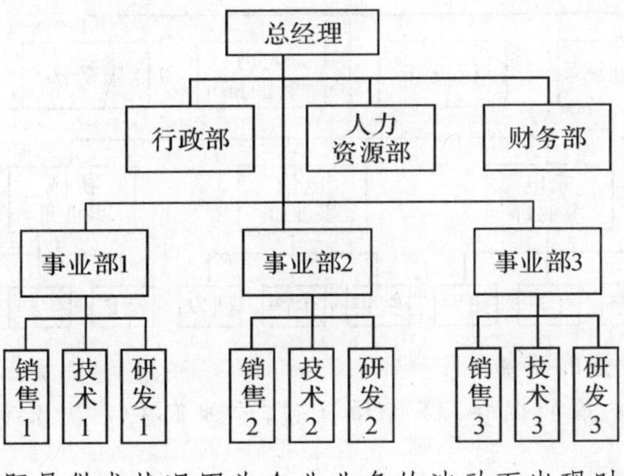

(2)该公司遇到的问题是供求状况因为企业业务的波动而出现时间段上的不平衡,人力资源规划没有完全与企业发展相配合。

解决办法是:从人员结构上看,后勤部门的数量相对充分,可能出现员工工作不饱满,可以在一线部门紧张的时间段做必要支持;制订全员培训计划和招聘计划;培训富余人员、入职人员、绩效差人员;招聘急需技术、研发人员并进行必要培训;通过供需预测,得出人力资源流失率、保有率和晋升率,根据公司财务状况,制定人力资源规划和费用测算。

2. 参考答案:(P89～94)

(1)该公司在进行人力资源内部供给预测时可采取以下方法:

1)人力资源信息库。人力资源信息库针对企业不同人员,又可以分为:①技能清单;②管理才能清单。

2)管理人员接替模型。

3)马尔可夫模型。

(2)应对企业人力资源短缺的措施是:

1)将符合条件,而又处于相对富余状态的人调往空缺职位。

2)如果高科技人员出现短缺,应拟订培训和晋升计划,在企业内部无法满足要求时,应拟定外部招聘计划。

3)如果短缺现象不严重,且本企业的员工又愿延长工作时间,则可以根据《劳动法》等有关法规,制订延长工时适当增加报酬的计划,这只是一种短期应急措施。

4)提高企业资本技术有机构成,提高劳动生产率,形成机器替代人力的格局。

5)制订聘用非全日制临时用工计划,如返聘已退休者,或聘用小时工等。

6)制订聘用全日制临时用工计划。

3. 参考答案:(P27～28)

(1)原有组织结构的主要问题是:缺乏弹性;组织内部缺乏横向交流;缺乏专业化分工,不利于管理水平的提高;经营管理事务仅依赖于少数几个人。要求企业领导人必须是经营管理人才,这是很难做到的,尤其是在企业规模扩大时,管理工作会超过个人能力所能承受的限度,不利于集中精力研究企业管理的重大问题。因此,直线制组织结构的适用范围是有限的,它只适用于那些规模较小或业务简单、稳定的企业。

(2)组织结构设计如下图所示:

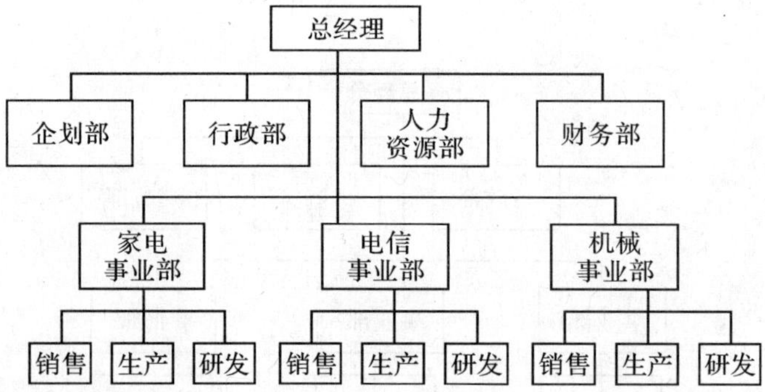

(3)促进变革顺利实施的措施有:

1)让员工参加组织变革的调查、诊断和计划,使他们充分认识变革的必要性和变革的责任感。

2)大力推行与组织变革相适应的人员培训计划,使员工掌握新的业务知识和技能,适应变革后的工作岗位。

3)大胆起用年富力强和具有开拓创新精神的人才,从组织方面减少变革的阻力。

第二章 招聘与配置

理论知识练习题

一、单项选择题

1.“闻道有先后,术业有专攻”中“术业有专攻”是指( )。

A. 工作差异原理 B. 性别差异原理 C. 职位差异原理 D. 权责差异原理

2. 刘师傅喜欢把钱存银行,而王老师喜欢拿工资买基金,这体现了( )。

A. 个体差异原理 B. 工作差异原理 C. 人岗匹配原理 D. 环境差异原理

3. 选拔性测评是以选拔( )为目的的测评。

A. 普通员工 B. 特殊员工 C. 最优员工 D. 优秀员工

4. ( )应遵循人适其事、事宜其人的原则。

A. 工作差异原理 B. 个体差异原理 C. 人岗匹配原理 D. 人员开发原理

5. 选拔性测评的主要特点为( )。

A. 测评过程强调客观性 B. 测评过程有较强的系统性
C. 结果不公开 D. 测评内容十分精细

6. 结果不公开的测评是( )。

A. 选拔性测评 B. 开发性测评 C. 诊断性测评 D. 考核性测评

7. 某公司的销售主管王女士在对销售人员做培训之前,先做了一个综合素质测评,这属于( )测评的类型。

A. 考核性 B. 诊断性 C. 开发性 D. 选拔性

8. ( )又称鉴定性测评,是指以鉴定或验证某种素质是否具备以及具备的程度为目的的测评。

A. 选拔性测评 B. 开发性测评 C. 诊断性测评 D. 考核性测评

9. 静态测评的优点是便于( )。

A. 横向比较 B. 纵向比较 C. 前后比较 D. 综合比较

10. 对素质测评的对象进行直接的定量刻画的量化形式,称为( )。

A. 一次量化 B. 二次量化 C. 类别量化 D. 模糊量化

11. 所谓类别量化就是把( )对象划分到事先确定的几个类别中去,然后给每个类别赋予不同的数字。

A. 绩效测评 B. 素质测评 C. 定性测评 D. 综合测评

12. 员工素质测评标准体系的构成要素不包括( )。

A. 结构性要素 B. 行为环境要素 C. 时间性要素 D. 工作绩效要素

13. 先依据某一素质特征或标准,将所有的素质测评对象两两比较排成序列,然后给每个测评对象一一赋予相应的顺序数值是( )。

A. 序数或基数量化 B. 类别量化 C. 顺序量化 D. 当量量化

14. ( )是先选择某一中介变量,把各种不同类别或并不同质的素质测评对象进行统一

性的转化,对它们进行近似同质同类的量化。

A. 序数或基数量化　B. 类别量化　C. 顺序量化　D. 当量量化

15. 能比较素质测评量化对象之间差距大小的量化形式是(　　)。

A. 一次量化　B. 顺序量化　C. 等距量化　D. 当量量化

16. 素质测评标准体系对测评对象的数量与质量的测评起着(　　)作用。

A. 标准　B. 标度　C. 标尺　D. 标记

17. "语言表达能力"指标中的"用词准确性"是(　　)的标准。

A. 描述式　B. 方向指示式　C. 评语式　D. 设问式

18. 所谓(　　),即对标准的外在形式划分,常常表现为对素质行为特征或表现的范围、强度和频率的规定。

A. 标度　B. 标记　C. 标准　D. 刻度

19. 形式为"较多、多、一般、少"的员工素质测评标度为(　　)。

A. 量词式标度　B. 数量式标度　C. 定义式标度　D. 等级式标度

20. 智能素质、品德素质和文化素质属于测评标准体系中的(　　)。

A. 结构性要素　B. 行为环境要素　C. 工作绩效要素　D. 内部环境要素

21. 工作绩效是一个人的素质与(　　)的综合表现。

A. 行为品质　B. 能力水平　C. 工作行为　D. 工作数量

22. (　　)可以将不同类别、不同质的素质测评对象进行比较。

A. 等距量化　B. 当量量化　C. 类别量化　D. 模糊量化

23. 测评标准体系的类型包括(　　)和常模参照性指标体系。

A. 效标参照性标准体系　B. 效度参照性标准体系

C. 效能参照性标准体系　D. 效用参照性标准体系

24. 飞行员选拔标准来自于飞机驾驶工作本身直接描述,这种选拔标准为(　　)。

A. 效能参照性标准体系　B. 效用参照性标准体系

C. 效标参照性标准体系　D. 品德标准内容体系

25. 事实报告计算机辅助分析的考核性品德测评方法是(　　)。

A. 问卷法　B. 投射技术　C. FRC 品德测评法　D. 德尔菲法

26. 借助计算机分析技术,对个体品德结构要素进行考核的方法是(　　)。

A. 问卷法　B. FRC 法　C. 投射技术　D. OEC 法

27. 投射技术的特点不包括(　　)。

A. 测评结果的明确性　B. 测评目的的隐蔽性

C. 内容的非结构性与开放性　D. 反应的自由性

28. 结合我国知识测评实践,提出的知识测评的三个层次,即记忆、理解和(　　)。

A. 分析　B. 应用　C. 综合　D. 评价

29. (　　)是一般能力测评的方式。

A. 文书能力测评　B. 创造力测评　C. 个别智力测评　D. 操作能力测评

30. 人事测评方法通常采用四个指标,即效度、公平程度、实用性和(　　)。

A. 测评时间　B. 近因误差　C. 相关分析　D. 成本

31. 测评者以近期记忆代替整个测评时期的全部实际表现而做出片面的判断,这是(　　)。

A. 晕轮效应 B. 感情效应 C. 近因误差 D. 首因效应

32. 相关分析法是描述两组测评数据之间相互关系的方法。( )表示完全正相关，( )表示零相关。

A. $r>1.00$；$r=1.00$ B. $r=1$；$r=0$ C. $r=0$；$r>1.00$ D. $r=1.00$；$r=0$

33. ( )是对测评内容筛选后综合后的产物。

A. 测评目标 B. 测评指标 C. 测评内容 D. 测评效度

34. 下面不属于面试的特点的是( )。

A. 以说话和观察为工具

B. 面试考官与应聘者在面试过程中地位是平等的

C. 双向沟通 D. 具有明确的目的性

35. 以下根据面试的进程来划分的面试类型是( )。

A. 结构化面试和经验型面试 B. 小组面试和无领导小组讨论

C. 经验性面试和情境性面试 D. 分阶段面试和一次性面试

36. 以下不是面试发展趋势的是( )。

A. 面试考官专业化 B. 无领导小组讨论成为主流

C. 面试形式丰富多样 D. 提问的弹性化

37. 以下不属于面试测评内容的是( )。

A. 思维能力和面试环境 B. 心理成熟度和反应能力

C. 知识和仪表 D. 求职动机和进取精神

38. 面试的实施阶段包括①导入阶段；②关系建立阶段；③核心阶段；④结束阶段；⑤确认阶段。顺序正确的是( )。

A. ①②③④⑤ B. ③④①②⑤ C. ②①③⑤④ D. ①③⑤②④

39. 先用开放式问题提问，再用行为性的问题将话题引入关键事件上，这是面试的( )。

A. 确认阶段 B. 核心阶段 C. 关系建立阶段 D. 导入阶段

40. "当你与用人部门主管对在某一岗位的用人要求出现分歧时，你怎样处理?"这样的问题是面试中的( )。

A. 导入阶段 B. 核心阶段 C. 关系建立阶段 D. 确认阶段

41. 面试官常把注意力集中在应试者如何成功的问题上，这种面试常见的问题指的是( )。

A. 目的不明确 B. 缺乏系统性 C. 标准不具体 D. 问题设计不合理

42. "刚才你讲到你的主要工作职责有三项：一是……二是……三是……"是面试中的( )技巧。

A. 灵活提问 B. 察言观色 C. 善于提取要点 D. 进行阶段性总结

43. 企业人力资源部门在招聘员工时，有很多应该去注意的问题，以下答案中说法错误的是( )。

A. 让应聘者更多地了解组织

B. 面试考官要注意自身的形象

C. 慎重做决定

D. 不要在他第一次来面试的时候给他过多表现机会

44. 以下不是结构化面试问题类型的是(　　)。

A. 背景性问题　　B. 常识性问题　　C. 知识性问题　　D. 经验性问题

45. 面试时考官问:"你可能不太适合我们这里的工作,你觉得呢?"此问题属于结构化面试类型中的(　　)。

A. 背景性问题　　B. 压力性问题　　C. 经验性问题　　D. 行为性问题

46. 下列不属于行为描述面试实质的是(　　)。

A. 用过去的行为预测未来的行为　　B. 识别客观性的工作需要

C. 探测行为样本　　D. 识别关键性的工作要求

47. 在进行行为描述面试时,面试考官应把握住的关键要素是(　　)。

A. 情境、目标、行动、结果　　B. 情景、目标、行动、结果

C. 计划、目标、行动、结果　　D. 目标、行动、结果、规划

48. (　　)不属于为提高结构化面试的信度和效度,对面试考官培训的内容。

A. 要求面试考官有丰富的人际关系　　B. 要求面试考官掌握完整的评选规则

C. 要求面试考官有丰富的职业技能知识　　D. 要求面试考官有丰富的社会经验

49. 在群体决策法中,决策人员的来源广泛,其中包括企业的高层管理者,负责从战略角度协调相关部门的(　　)和(　　)。

A. 联系;资源　　B. 关系;内容　　C. 关系;资源　　D. 联系;内容

50. 评价中心方法被认为是当代人力资源管理中识别有才能的(　　)最有效的工具。

A. 统治者　　B. 技术人员　　C. 管理者　　D. 基层员工

51. 从多角度对个体行为进行标准化评估的是(　　)。

A. 评价中心　　B. 无领导小组讨论法　　C. 品德测试法　　D. 能力测试法

52. 无领导小组讨论中,(　　)是不需要必须设定的。

A. 被评价者　　B. 评价者　　C. 主持人　　D. 录像

53. 不属于评价中心主要作用的是(　　)。

A. 用于选拔员工,重点挑选具有胜任岗位所必需的能力或潜力的员工

B. 用于培训诊断,重点分析员工优劣势,明确员工需要加强的方面,为培训提供参考依据

C. 用于绩效考核,重点分析员工的工作效率与工作成果,为考核工作提供依据

D. 用于员工技能发展,在培训诊断的基础上,改善提高其能力

54. (　　)具有生动的人际互动效应。

A. 公文筐测试　　B. 非结构化面试　　C. 思维性问题　　D. 无领导小组讨论

55. 不属于评价中心方法的是(　　)。

A. 结构化面试　　B. 案例分析　　C. 无领导小组讨论　　D. 公文筐测验

56. 无领导小组讨论运用松散的讨论形式,快速诱发人们的特定行为,并通过这些行为的(　　)来判断被评价者的个性特征。

①定性描述　②定量分析　③人际互动　④人际比较

A. ①②③　　B. ①②④　　C. ①③④　　D. ②③④

57. 下面各项中不是无领导小组讨论的缺点的是(　　)。

A. 题目的质量影响测评的质量　　B. 对测评者和测评标准的要求较高

C. 应聘者表现不易受同组其他成员影响　　D. 被评价者的行为有伪装的可能性

58. 如果无领导小组讨论的题目为“在企业中，管理者应重视制度，还是更重视效率？”，则这是一道（ ）。

A. 两难式题目 B. 资源争夺型题目 C. 开放式题目 D. 排序选择型题目

59.（ ）是指一个问题有若干个备选答案，让被评价者对其进行排序，或者从中选择符合某种条件的选项。

A. 两难式题目 B. 资源争夺型题目 C. 开放式题目 D. 排序选择型题目

60.（ ）被企业看成是能有效完成任务的基本要素。

A. 信息收集能力 B. 市场环境分析 C. 团队合作能力 D. 创新能力

二、多项选择题

1. 通过工作分析对不同的岗位进行描述可以明确（ ）。

A. 工作要求 B. 工作报酬 C. 工作环境
D. 工作内容 E. 工作职责

2. 通过员工素质测评对个体进行测量和评价，可以明确（ ）。

A. 个体素质结构 B. 素质水平 C. 素质差异
D. 人力资本存量 E. 工作匹配度

3. 对于选拔性测评，说法正确的有（ ）。

A. 强调测评的区分功能 B. 测评标准刚性强
C. 测评注重客观性 D. 测评指标有灵活性
E. 结果体现为分数或等级

4. 诊断性测评的特点有（ ）。

A. 结果不公开 B. 查找原因时，测评内容精细
C. 有较强的系统性 D. 了解现状时，测评内容全面
E. 过程强调客观性

5. 考核性测评的主要特点是（ ）。

A. 结果不公开 B. 系统性强 C. 测评标准刚性强
D. 概括性较强 E. 有较高的信度与效度

6.（ ）属于动态的员工素质测评，有利于激发被测评者的进取精神。

A. 心理测评 B. 面试 C. 评价中心
D. 观察评定 E. 个性测试

7. 属于静态的员工素质测评的有（ ）。

A. 考试 B. 问卷调查 C. 心理测验
D. 行为观察 E. 面试

8. 属于员工素质测评二次量化的有（ ）。

A. 类别量化 B. 模糊量化 C. 当量量化
D. 顺序量化 E. 等距量化

9. 对（ ）的量化属于一次量化。

A. 违纪次数 B. 出勤频率 C. 身高
D. 体重 E. 产品数量

10. 员工测评指标的标度有（ ）等几类。

A. 数量式　　B. 等级式　　C. 定义式
D. 量词式　　E. 综合式

11. 测评标准体系的横向结构注重测评素质的(　　)。

A. 完备性　　B. 针对性　　C. 表达性
D. 明确性　　E. 独立性

12. 工作绩效要素包括(　　)。

A. 工作数量　　B. 工作效率　　C. 群众威信
D. 工作质量　　E. 人才培养

13. 行为环境要素的外部环境包括(　　)。

A. 工作难度　　B. 工作性质　　C. 群体素质
D. 组织状况　　E. 工作质量

14. 测评目标的选择不能任意指定,一般采用(　　)相结合比较好。

A. 德尔菲咨询　　B. 心理测验　　C. 层次分析
D. 问卷分析　　E. 多元分析

15. 美国教育学家布鲁姆提出了"教育认知目标分类学",将认知目标由低到高分为若干个层次,其中包括(　　)。

A. 理解　　B. 应用　　C. 分析
D. 综合　　E. 评价

16. 员工的品德可以用(　　)方法进行测评。

A. 思想道德笔试　　B. 时事政治测验　　C. FRC法
D. 个性问卷法　　E. 投射技术

17. 员工素质测评中,能力测试一般包括(　　)。

A. 创造力测评　　B. 特殊能力测试　　C. 学习能力测评
D. 综合能力测评　　E. 一般能力测评

18. 在员工素质测评的具体实施过程中,以下在准备阶段要做得工作是(　　)。

A. 收集必要的资料　　B. 组织强有力的测评小组
C. 测评方案的制定　　D. 报告测评指导语　　E. 动员测评对象

19. 人事测评通常采用的四个指标是(　　)。

A. 效度　　B. 公平程度　　C. 实用性
D. 成本　　E. 素质

20. 员工素质测评指导语的内容有(　　)。

A. 测评目的　　B. 举例说明填写要求
C. 强调测评与测验考试的不同　　D. 填表前的准备工作和填表要求
E. 测评结果保密和处理,测评结果反馈

21. 引起素质测评结果误差的原因有(　　)。

A. 晕轮效应　　B. 感情效应　　C. 对比效应
D. 参评人员训练不足　　E. 测评人员的偏见

22. 员工素质测评的文字分析所需材料包括(　　)。

A. 测评手册　　B. 测评说明　　C. 测评示范

D. 标准说明　　E. 专家资格

23. 下列测评方法的效度比较，说法正确的有(　　)。

A. 同行评定＞学业成绩　　B. 工作样品＞推荐信

C. 面谈＞专家评定　　D. 一般智力测定＞身体能力

E. 自我介绍＞学业成绩

24. 文件筐测验能够测量的能力是(　　)。

A. 分析式思考　　B. 团队管理能力　　C. 领导技能

D. 市场意识　　E. 自我管理能力

25. 以下各项中属于面试特点的有(　　)。

A. 以谈话和观察为主要工具　　B. 面试是一个双向沟通的过程

C. 面试具有明确的目的性　　D. 面试是按照预先设定的程序进行的

E. 面试者与考官在面试过程中的地位是平等的

26. 根据面试的标准化程度，面试可分为(　　)。

A. 结构化面试　　B. 阶段性面试　　C. 非结构化面试

D. 序列化面试　　E. 半结构化面试

27. 面试的发展趋势有(　　)。

A. 提问的弹性化　　B. 理论和方法不断发展

C. 形式丰富多样　　D. 测评的内容不断扩展

E. 结构化面试成为面试的主流

28. 面试的实施阶段包括(　　)。

A. 关系建立阶段　　B. 导入阶段　　C. 核心阶段

D. 确认阶段　　E. 结束阶段

29. 面试中常见的问题包括(　　)。

A. 面试目的不明确　　B. 面试标准不具体　　C. 面试缺乏系统性

D. 面试问题设计不合理　　E. 面试考官的偏见

30. 面试的实施技巧包括(　　)。

A. 灵活提问　　B. 少听多说　　C. 善于提取要点

D. 进行阶段性总结　　E. 排除各种干扰

31. 关于行为描述面试说法正确的是(　　)。

A. 其实质是识别关键性工作　　B. 简称 BD 面试

C. 用过去的行为预测未来的行为　　D. 其实质是探测行为样本

E. 用个人的行为预测集体行为

32. 行为描述面试的假设前提有(　　)。

A. 一个人过去的行为最能预示其未来的行为

B. 说和做是不同的　　C. 识别关键性的工作要求

D. 探测行为样本　　E. 基于关键胜任特征

33. 结构化面试的开发包括(　　)。

A. 测评标准的开发　　B. 结构化面试问题的设计　　C. 评分标准的确定

D. 选拔性素质模型的构建　　E. 参考答案的选择

34. 结构化面试的开发不包括(　　)。

A. 测评标准的开发　B. 面试问题的设计　C. 评分标准的确定

D. 面试流程的优化　E. 面试方法的选择

35. 评价中心的主要作用有(　　)。

A. 用于选拔员工　B. 用于评价企业竞争力

C. 用于员工培训诊断　D. 用于员工技能发展

E. 用于人力资源预测

36. 无领导小组讨论的优点包括(　　)。

A. 具有生动的人际互动效应　B. 题目的质量影响测评的质量

C. 讨论过程真实,易于评价　D. 被评价者难以掩饰自己的特点

E. 对评价者和评价标准的要求较高

37. 无领导小组讨论的缺点是(　　)。

A. 题目的质量影响测评的质量　B. 对评价者和测评标准的要求较高

C. 应聘者表现易受其他成员影响　D. 被评价者行为没有伪装的可能

E. 被评价者行为仍然有伪装的可能性

38. 评价无领导小组讨论时,考官应该着重评估被评价者(　　)的表现。

A. 在团队工作中与他人的人际关系　B. 处理问题时的分析思维能力

C. 个性特征　D. 行为风格　E. 创造能力

39. 以下无领导小组讨论题目易引起评论者争论、辩论的有(　　)。

A. 开放式问题　B. 两难式问题　C. 排序选择型问题

D. 资源争夺型题目　E. 实际操作型题目

40. "洋葱模型"将人的素质归纳为(　　)。

A. 态度和动机　B. 主见和作风　C. 价值观

D. 外在行为　E. 知识和技能

专业技能练习题

一、简答题

1. 简述结构化面试的类型、实施程序和开发模式。

2. 简述员工素质测评的准备、实施、结果调整和综合分析的步骤和方法。

3. 简述面试的常见问题。

二、综合题

1. 表1是企业人员招聘中A、B、C三位求职者的职业人格测试结果分析表,各类型人格按照1～10分等级评分。表2是职业人格类型说明表。

表1　职业人格测试结果分析表

被试	常规型	现实型	研究型	管理型	社会型	艺术型
A	7	8	4	2	2	3
B	2	3	5	8	4	2
C	3	4	2	8	7	6

表 2　职业人格类型说明表

人格类型	高分者的人格特征	高分者的职业特征
现实型	非社交的、物质的、遵守规则的、实际的、安定的、缺乏洞察力的、敏感性不丰富的、不善与人交往等特征	需要进行明确的，具体的，按一定程序要求的技术性、技能性工作，如驾驶员、电工等
研究型	分析的、内省的、独立的、好奇心强烈的、慎重的、敏感的、喜好智力活动和抽象推理等特征	通过观察、科学分析而进行的系统型的创造性活动，研究对象侧重于自然科学，如系统分析员、网络工程师、市场研究人员、管理咨询人员等
艺术型	想象力丰富的、理想的、直觉的、冲动的、独创的，但是秩序性较少的、感情丰富、缺乏事务性办事能力等特征	通过系统化的、自由的活动进行艺术表现，但精细的操作能力较差。相应的职业有网页设计、美工编辑等
社会型	助人的、易于合作的、社交的、有洞察力的、重友谊的、有说服力的、责任感强的、比较关心社会问题等特征	从事更多时间与人交往的说服、教育和治疗工作，如公关、市场策划、推广、人力资源等
管理型	支配的、乐观的、冒险的、冲动的、自我显示的、自信的、精力旺盛的、好发表意见和见解的，但有时是不易被人支配的、喜欢管理和控制别人的等特征	从事需要胆略、冒风险且承担责任的活动，主要指管理、决策方面的工作，如中高层管理人员
常规型	自我抑制的、顺从的、防卫的、缺乏想象力的、持续稳定的、实际的、有秩序的、回避创造性活动等特征	严格按照固定的规则、方法进行重复性、习惯的活动，希望较快地见到劳动成果，有自控能力。相应职业有前台接待、办公室秘书、图书馆员等

(1)请结合表 2 提供的职业人格类型说明，分析表 1 中 A、B、C 三位求职者各有什么职业人格特征，如果录用，建议安排在什么类型岗位？

(2)怎样看待这些测试结果？

2. 某公司随着业务的拓展，规模不断壮大，需要进一步招聘新的员工。员工招聘范围为重点高校的应届毕业生，目的是想从优秀学生中选拔适合企业岗位的人员。招聘分笔试、面试两部分进行。笔试分专业技术、英语、道德三部分进行考核。面试分为两次，第 1 次先在公司分部完成，由经过培训的部门主管对应聘人员进行面试；第 2 次面试在总部进行，面试地点定在总部附近的 4 星级酒店，初试通过的人员由单位出钱去总部参加面试，整个面试过程的费用也都由单位出。在开始面试前，招聘考官都会用很轻松的话题引入来开始面试。面试时长为 50 多分钟。

在第 2 次面试中考官提出了若干问题，例如：

1)请问你在哪些单位实习过？

2)你认为职业成功的评价标准是什么？

3)如果你的上司分配给你一项任务，你必须去查询相关的信息才能完成，你会怎么做？

4)请你举例说明你曾对完成一项计划起到了重要作用的一项有创意的建议。

问题：

(1)该公司人员选拔方法有哪些优点?

(2)该公司采取的是什么复试方法?第2次面试中提出的4个问题分别属于哪种类型的问题?

3. PS计算机网络技术有限公司是一家专门从事软件开发、电子商务、系统集成、计算机产品代理销售的IT高新企业。最近,PS公司准备招聘客户经理,主要从事网络产品的推广,工作中需要与客户进行沟通。该公司准备采用面试方法对应聘者进行甄选。面试分两轮进行,第一轮初试,由一位HR招聘专员对求职者进行面试,每人面试时间为10～15分钟,测评指标如下:仪表良好,言谈举止得体,具有亲和力,普通话标准,性格开朗,对岗位了解,逻辑条理清晰;第二轮复试,采用结构化面试方法,考官根据求职者的应答表现,对其相关胜任素质做出相应的评价。该职位有一项重要的能力指标为沟通能力,该指标的定义见表1。

表1 沟通能力指标说明

能力指标	指标说明
沟通能力	语言简洁,能准确地表达自己的思想;能根据表述内容和沟通对象的特点采取适当的表达方式,在人际交往中,能通过各种途径和线索准确地把握和理解对方的意图,并使别人接纳自己的建议和想法

(1)在面试实施过程中应注意掌握哪些技巧?

(2)根据上述资料,为"沟通能力"指标设计一个面试提问和参考答案。

答案与解析

理论知识练习题

一、单项选择题

1. 答案:A(P109～110) 工作差异原理。正所谓术业有专攻,人类知识的大量积累使一个有着有限精力的人,只能在某些方面具有高质量完成工作需要的素质。

2. 答案:A(P109) 个体差异原理。人的素质是不一样的,这是由他们的认识和倾向不同造成的。

3. 答案:D(P110) 选拔性测评是指以选拔优秀员工为目的的测评。

4. 答案:C(P110) 所谓人岗匹配就是按照人适其事、事宜其人的原则,根据个体间不同的素质和要求,将其安排在各自最合适的岗位上,从而做到人尽其才、物尽其用。人岗匹配包括:工作要求与员工素质相匹配;工作报酬与员工贡献相匹配;员工与员工之间相匹配;岗位与岗位之间相匹配。

5. 答案:A(P110～111) 选拔性测评的主要特点是:强调测评的区分功能;测评标准刚性强;测评过程强调客观性;测评指标具有灵活性;结果表现为分数或等级。

6. 答案:C(P111) 诊断性测评的主要特点是:内容广泛或精细,结果不公开,系统性较强。

7. 答案:C(P111) 开发性测评是指以开发员工素质为目的的测评。这类测评主要是为了摸清情况。

8. 答案:D(P111) 考核性测评又称鉴定性测评,是指以鉴定或验证某种素质是否具备以及具备的程度为目的的测评。其特点是:①概括性;②结果要求有较高的信度与效度。

9. 答案:A(P112)　静态测评是指对被测评者已形成的素质水平的分析评判，不考虑素质前后的变化。静态测评的优点是便于横向比较。

10. 答案:A(P121)　当“一”与“二”作序数词解释时：一次量化是指对素质测评的对象进行直接的定量刻画；二次量化即指对素质测评的对象进行间接的定量刻画，即先定性描述后再定量刻画的量化形式。当“一”与“二”作基数词解释时，一次量化是指素质测评的量化过程可以一次性完成；二次量化则不然，它是指整个素质测评量化过程要分两次计算才能完成。

11. 答案:B(P122)　类别量化就是把素质测评对象划分到事先确定的几个类别中去，然后给每个类别赋予不同的数字。

12. 答案:C(P115～116)　员工素质测评标准体系的构成要素包括：①结构性要素；②行为环境要素；③工作绩效要素。

13. 答案:C(P122)　顺序量化一般是先依据某一素质特征或标准，将所有的素质测评对象两两比较排成序列，然后给每个测评对象一一赋予相应的顺序数值。

14. 答案:D(P123)　所谓当量量化，就是先选择某一中介变量，把各种不同类别或并不同质的素质测评对象进行统一性的转化，对它们进行近似同类同质的量化。

15. 答案:C(P122)　等距量化可以使素质测评对象进行差距大小的比较。

16. 答案:C(P113)　测评与选拔标准体系是员工测评与选拔活动的中心与纽带。它把测评与选拔主体、客体、对象、方法和结果联为一体，同时也成为整个测评与选拔工作指向的中心。测评与选拔标准体系对测评对象的数量和质量的测评起着“标尺”作用。

17. 答案:C(P113)　如果从标准表示的形式来看，则有评语短句式、设问提示式与方向指示式三种。例如面试中，“语言表达能力”指标中的“用词准确性”属于评语短句式。

18. 答案:A(P114)　所谓标度，即对标准的外在形式划分，常常表现为对素质行为特征或表现的范围、强度和频率的规定。测评指标的标度大致有量词式、等级式、数量式、定义式、综合式等。

19. 答案:A(P114)　量词式标度是用一些带有程度差异的形容词、副词、名词等修饰的词组刻画与揭示有关测评标志状态、水平变化与分布的情形。例如“多”“较多”“一般”“较少”“少”等。

20. 答案:A(P115)　测评标准体系的横向结构包括结构性要素(身心要素)、行为环境要素和工作绩效要素。结构性要素包括身体素质和心理素质。心理素质主要包括智能素质、品德素质、文化素质等。

21. 答案:B(P116)　工作绩效是一个人的素质与能力水平的综合表现，主要包括一个人的工作数量、工作质量、工作效率、工作成果、群众威信、人才培养等要素。

22. 答案:B(P123)　本题考查的是当量量化的含义。

23. 答案:A(P118)　测评标准体系的类型包括效标参照性标准体系和常模参照性指标体系。

24. 答案:C(P118)　效标参照性标准体系是依据测评内容和测评目的而形成的测评标准体系，一般是对测评对象内涵的直接描述或诠释。例如，飞行员选拔性标准来自于对飞机驾驶工作本身的直接描述。

25. 答案:C(P118)　FRC品德测评法是事实报告计算机辅助分析的考核性品德测评方法。

26. 答案:B(P118) 本题考查的是FRC品德测评法。

27. 答案:A(P119) 投射技术的特点包括:测评目的的隐蔽性;内容的非结构性与开放性;反应的自由性。

28. 答案:B(P119~120) 知识测评实际是对人们掌握的知识量、知识结构与知识水平的测量与评定。知识测评可以从不同的层次进行。我国测评专家结合实践提出了三个层次,即记忆、理解、应用。

29. 答案:C(P120) 能力测评包括一般能力测评、特殊能力测评、创造能力测评和学习能力测评。一般能力测评,即通常所说的智力测验。特殊能力测评,主要指对于某些行业、组织与岗位特定能力的测评。创造力测评,在人才选拔尤其是选拔高层管理人才和技术型人才时,创新能力的高低更是一个重要的考虑因素。对于学习能力测评最简单有效的是心理测验,具体的应用形式是笔试。

30. 答案:D(P128) 人事测评方法通常采用四个指标,即效度、公平程度、实用性和成本。

31. 答案:C(P131) 近因误差,测评者以近期记忆代替整个测评时期的全部实际表现。

32. 答案:D(P132) 相关分析法是描述两组测评数据之间相互关系的方法。相关的情况有三种:正相关、负相关和零相关。相关系数的取值范围限于$-1.00 \leqslant r \leqslant 1.00$,$r=1.00$表示完全正相关,$r=-1.00$表示完全负相关,$r=0$表示零相关。

33. 答案:A(P117) 本题考查的是测评目标的内涵。有的测评目标是测评内容点的直接筛选结果,有的是测评内容点的综合。

34. 答案:B(P150) 面试是指在特定的时间和地点,由面试考官与应聘者按照预先设计好的目的和程序,进行面谈、相互观察、相互沟通的过程。面试的特点包括:①以谈话和观察为主要工具;②面试是一个双向沟通的过程;③面试具有明确的目的性;④面试是按照预先设计的程序进行的;⑤面试考官与应聘者在面试过程中的地位是不平等的。

35. 答案:D(P150~151) 根据面试的标准化程度,面试可分为结构化面试、非结构化面试和半结构化面试;根据面试实施的方式,面试可分为单独面试和小组面试;根据面试的进程,面试可分为一次性面试与分阶段面试;根据面试题目的内容,面试可分为情景性面试和经验性面试。

36. 答案:B(P151) 面试的发展趋势为:①面试形式丰富多样;②结构化面试成为面试的主流;③提问的弹性化;④面试测评的内容不断扩展;⑤面试考官的专业化;⑥面试的理论和方法不断发展。

37. 答案:A(P151) 面试测评的内容不仅包括知识和仪表,而且包括思维能力、反应能力、心理成熟度、求职动机和进取精神等,是对应聘者的全方位考察。

38. 答案:C(P154) 面试的实施过程一般包括五个阶段:①关系建立阶段;②导入阶段;③核心阶段;④确认阶段:;⑤结束阶段。

39. 答案:B(P155) 核心阶段可以用一个开放性的问题引出一个话题,然后用行为性的问题将该话题聚焦在一个关键的行为事件上。

40. 答案:B(P154) 同39题。

41. 答案:C(P158~159) 面试中的常见问题有:①面试目的不明确;②面试标准不具体,如许多主持面试的人把重点放在问一些能使他们洞悉应试者能否成功的问题,可是在很多情况下,对于究竟是什么原因能使他们获得成功并不明确;③面试缺乏系统性;④面试问题设计不合理；⑤面试考官的偏见：包括第一印象、对比效应、晕轮效应、录用压力。

42. 答案：D(P159～160)　面试的实施技巧有：①充分准备；②灵活提问；③多听少说；④善于提取要点；⑤进行阶段性总结；⑥排除各种干扰；⑦不要带有个人偏见。

43. 答案：D(P162～163)　员工招聘时应注意的问题：①简历并不能代表本人；②工作经历比学历更重要；③不要忽视求职者的个性特征；④让应聘者更多地了解组织；⑤给应聘者更多的表现机会；⑥注意不忠诚和欠缺诚意的应聘者；⑦关注特殊员工(经历坎坷或者能力超强的应聘者)；⑧慎重做决定；⑨面试考官要注意自身的形象。

44. 答案：B(P164)　结构化面试问题具体分为情境性问题、行为性问题、知识性问题、思维性问题、经验性问题、背景性问题、压力性问题七种类型。

45. 答案：B(P164)　将应聘者置于一个充满压力的情境中，观察其反应，以对其情绪稳定性、应变能力等进行观察。

46. 答案：B(P165)　行为描述面试的实质如下：①用过去的行为预测未来的行为；②识别关键性的工作要求；③探测行为样本。

47. 答案：A(P165)　在进行行为描述面试时，面试考官应把握住四个关键的要素：①情境(Situation)；②目标(Target)；③行动(Action)；④结果(Result)。

48. 答案：A(P168)　考查培训结构化面试考官，提高结构化面试的信度和效度方面的内容。

49. 答案：C(P173)　群体决策法的特点如下：(1)决策人员的来源广泛；(2)决策人员不唯一；(3)群体决策法运用了运筹学群体决策法的原理。

50. 答案：C(P176)　评价中心方法被认为是当代人力资源管理中识别有才能的管理者最有效的工具。

51. 答案：A(P176)　评价中心是从多角度对个体行为进行的标准化评估。它使用多种测评技术，通过多名测评师对个体在特定的测评情境中表现出的行为做出判断，然后将所有测评师的意见通过讨论或统计的方法进行汇总，从而得出对个体的综合评估。

52. 答案：C(P177)　无领导小组讨论，并不指定小组的领导者或者主持人。

53. 答案：C(P177)　评价中心的主要作用是：①用于选拔员工；②用于培训诊断；③用于员工技能发展。

54. 答案：D(P178～179)　无领导小组讨论的优点是：①具有生动的人际互动效应；②能在被评价者之间产生互动；③讨论过程真实，易于客观评价；④被评价者难以掩饰自己的特点；⑤测评效率高。

55. 答案：A(P177)　评价中心方法主要包括无领导小组讨论、公文筐测验、案例分析、管理游戏等。

56. 答案：B(P177)　无领导小组讨论运用松散的讨论形式，快速诱发人们的特定行为，并通过这些行为的定性描述、定量分析和人际比较来判断被评价者的个性特征。

57. 答案：C(P179)　无领导小组讨论的缺点是：①题目的质量影响测评的质量；②对评价者和测评标准的要求较高；③应聘者表现易受同组其他成员影响；④被评价者的行为仍然有伪装的可能性。

58. 答案：A(P188～189)　无领导小组讨论题目的类型包括：①开放式问题；②两难式问题；③排序选择型问题；④资源争夺型题目；⑤实际操作型题目。其中，两难式问题是指让被测评者在两种互有利弊的选项中选择其中的一种。

59. 答案:D(P188) 排序选择型问题指一个问题有若干个备选答案,让被评价者对其进行排序,或者从中选择符合某种条件的选项。

60. 答案:C(P190) 具有团队精神是任何一个企业所反复强调的,被看成是能有效完成任务的基本要素。

二、多项选择题

1. 答案:ACDE(P110) 通过工作分析对不同的岗位进行描述可以明确工作环境、工作内容、工作职责和对人的要求。

2. 答案:ABE(P110) 通过员工素质测评对个体素质进行测量和评价,则可以明确个体素质结构、素质水平和各自适宜的工作。

3. 答案:ABCDE(P110～111) 选拔性测评的特点有:强调测评的区分功能;测评标准刚性强;测评过程强调客观性;测评指标有灵活性;结果体现为分数或等级。

4. 答案:ABC(P111) 诊断性测评的特点是:测评内容精细;结果不公开;有较强的系统性。

5. 答案:DE(P111) 考核性测评的主要特点是:概括性;结果要求有较高的信度与效度。

6. 答案:BCD(P112) 评价中心、面试与观察评定具有动态性。

7. 答案:ABC(P112) 心理测验一般是静态的。素质测评既要问卷、考试等统一的静态形式,又要采取评价中心、面试等动态的方法来测评人的素质。

8. 答案:ABDE(P120～122) 员工素质测评的量化形式包括:一次量化、二次量化、类别量化、模糊量化、顺序量化、等距量化、比例量化与当量量化,其中类别量化、模糊量化、顺序量化、等距量化与比例量化,都可以看作是二次量化。

9. 答案:ABCDE(P121) 一次性量化是指对素质测评对象进行直接的定量刻画,例如,违纪次数、出勤频数、身高、体重、产品数量,等等。

10. 答案:ABCDE(P114) 本题考查的是员工测评指标标度的种类。

11. 答案:ADE(P115) 测评标准体系的横向结构注重测评素质的完备性、明确性和独立性。

12. 答案:ABCDE(P116) 工作绩效要素包括一个人的工作数量、工作质量、工作效率、工作成果、群众威信、人才培养等。

13. 答案:ABCD(P116) 外部环境包括工作性质和组织背景两方面。工作性质指工作难度、工作责任、工作周期、工作范围、工作地位等;组织背景包括人际关系、群体素质、领导因素、组织状况等。

14. 答案:ACE(P117) 测评目标的选择要通过定性定量的方法来实现,不能任意指定,一般采用德尔菲咨询、问卷调查和层次分析、多元分析相结合的方法。

15. 答案:ABCDE(P119～120) 知识测评包括六个层次:记忆、理解、应用、分析、综合、评价。

16. 答案:CDE(P118～119) 品德测评的方法有:FRC品德测评法、问卷法、投射技术。

17. 答案:ABCE(P120) 本题考查的是员工素质测评中能力测试的类型。

18. 答案:ABC(P127～128) 员工素质测评准备阶段的工作有:收集必要的资料;组织强有力的测评小组;测评方案的制定。

19. 答案:ABCD(P128) 人事测评通常采用效度、公平程度、实用性、成本四个指标。

20. 答案:ABCDE(P130) 员工素质测评指导语的内容包括:员工素质测评的目的;举例说明填写要求;强调测评与测验考试的不同;填表前的准备工作和填表要求;测评结果保密和处理,测评结果反馈。

21. 答案:ABD(P131～132) 引起素质测评结果误差的原因有:测评的指标体系和参照标准不够明确;晕轮效应;近因误差;感情效应;参评人员训练不足。

22. 答案:ABCD(P133) 本题考查的是员工素质测评的文字分析所需材料,见教材表2-11。

23. 答案:ABCDE(P129) 见教材表2-10。

24. 答案:AB(P139) 见教材表2-22。

25. 答案:ABCD(P150) 面试的特点有:以谈话和观察为主要工具;面试是一个双向沟通的过程;面试具有明确的目的性;面试是按照预先设定的程序进行的;面试者与考官在面试过程中的地位是不平等的。

26. 答案:ACE(P150) 根据面试的标准化程度,面试可分为结构化面试、非结构化面试和半结构化面试。

27. 答案:ABCDE(P151) 面试的发展趋势有:提问的弹性化;面试形式丰富多样;测评的内容不断扩展;结构化面试成为面试的主流;理论和方法不断发展;考官的专业化。

28. 答案:ABCDE(P154) 面试的实施阶段包括:关系建立阶段、导入阶段、核心阶段、确认阶段、结束阶段。

29. 答案:ABCDE(P158～159) 面试中常见的问题包括:面试目的不明确;面试标准不具体;面试缺乏系统性;面试问题设计不合理;面试考官的偏见。

30. 答案:ACDE(P159) 面试的实施技巧包括:充分准备;灵活提问;善于提取要点;多听少说;进行阶段性总结;排除各种干扰;不要带有个人偏见;倾听时注意思考;注意肢体语言沟通。

31. 答案:ABCD(P165) 行为描述面试简称BD面试,其实质是:识别关键的工作要求;用过去的行为预测未来的行为;探测行为样本。

32. 答案:AB(P165) 行为描述面试的假设前提是:一个人过去的行为最能预示其未来的行为;说和做是不同的。

33. 答案:ABCD(P169) 结构化面试的开发包括:测评标准的开发,即选拔性素质模型的构建;结构化面试问题的设计;评分标准的确定。

34. 答案:DE(P169) 结构化面试的开发包括:测评标准的开发;结构化面试问题的设计;评分标准的确定。

35. 答案:ACD(P177) 评价中心的主要作用:用于选拔员工;用于培训诊断;用于员工技能发展。

36. 答案:ACD(P178～179) 无领导小组讨论的优点是:具有生动的人际互动效应;讨论过程真实,易于客观评价;能在评价者之间产生互动;被评价者难以掩饰自己特点;测评效率高。

37. 答案:ABCE(P179) 无领导小组讨论的缺点是:题目的质量影响测评的质量;对评价者和测评标准的要求较高;应聘者表现易受同组其他成员影响;被评价者行为仍然有伪装的

可能性。

38. 答案:ABCD(P180)　一般进行无领导小组讨论可以获得应试者的能力有:在团队工作中与他人发生关系时所表现出来的能力;处理问题时的分析思维能力;个性特征和行为风格。

39. 答案:BCD(P188～189)　无领导小组题目中,易引起评论者争论、辩论的为:两难式问题、排序选择型问题、资源争夺型题目。

40. 答案:DE(P187)　"洋葱模型"把人的素质从里到外划分为内在素质、知识和技能、外在行为三部分。

专业技能练习题

一、简答题

1. 参考答案:(P164～169)

结构化面试试题的类型有:①背景性问题;②知识性问题;③思维性问题;④经验性问题;⑤情境性问题;⑥压力性问题;⑦行为行问题。

结构化面试的实施程序有:①构建选拔性素质模型;②设计结构化面试提纲;③制定评分标准及等级评分表;④培训结构化面试考官,提高结构化面试的信度和效度;⑤结构化面试及评分;⑥决策。

结构化面试的开发。由于企业外部环境的变化和企业本身的发展,企业对任职者的要求发生变化,需要对选拔性素质模型进行调整,对结构化面试进行开发。结构化面试的开发包括:测评标准的开发,即选拔性素质模型的构建;结构化面试问题的设计;评分标准的确定。

2. 参考答案:(P127～134)

员工素质测评的准备阶段包括:①收集必要的资料;②组织强有力的测评小组;③测评方案的制定。

员工素质测评的实施阶段包括:①测评前的动员;②测评时间和环境的选择;③测评操作程序;

员工素质测评的结果调整包括:①引起测评结果误差的原因(测评指标体系和参照标准不够明确、晕轮效应、近因误差、感情效应、参评人员训练不足);②测评结果处理的常用分析方法(集中趋势分析、离散趋势分析、相关分析、因素分析);③测评数据处理。

综合分析测评结果包括:①测评结果的描述;②员工分类(调查分类标准、数学分类标准);③测评结果分析方法:要素分析法(结构分析法、归纳分析法、对比分析法)、综合分析法、曲线分析法。

3. 参考答案:(P158～159)

面试的常见问题包括:①面试目的不明确;②面试标准不具体;③面试缺乏系统性;④面试问题设计不合理(直接让应聘者描述自己的能力、特点、个性的问题,多项选择式的问题);⑤面试考官的偏见(第一印象、对比效应、晕论效应、与我相似心理、录用压力)。

二、综合题

1. 参考答案:

(1)由表1知,A:现实8,常规7,原则性强建议安排常规事物性工作,如质检员;B:管理8,

建议安排初、中级管理职位；C：管理8，社会7，艺术6，建议安排高级管理职位，如销售、经营等经理、主管，经培训可胜任总监等职位。

(2)通过职业性向的检测，可以最大限度做到人事合理配置；科学的测评方法可以降低人事不符及录用后离职的成本；可以为员工职业生涯规划、培训开发规划提供依据。

2. 参考答案：

(1)该公司人员选拔方法具有以下优点：①选拔过程完整；②测试内容全面；③面试考官经过了培训；④面试环境安排合理；⑤面试过程设计科学；⑥面试题目灵活多样。

(2)该公司采取了结构化面试的方法。

第2次面试中考官提出的4个问题分别属于以下4种类型：

1)"请问你在哪些单位实习过?"属于背景性问题。

2)"你认为职业成功的评价标准是什么?"属于思维性问题。

3)"如果你的上司分配给你一项任务，你必须去查询相关的信息才能完成，你会怎么做?"属于情境性问题。

4)"请你举例说明你曾对完成一项计划起到了重要作用的一项有创意的建议。"属于行为性问题。

3. 参考答案：(P159～161)

(1)面试的实施技巧包括：①充分准备；②灵活提问；③少听多说；④善于提取要点；⑤进行阶段性总结；⑥排除各种干扰；⑦不要带有个人偏见；⑧在倾听时注意思考；⑨注意肢体语言沟通。另外人的面部表情、肢体语言也是验证和判断的对象。

(2)考察"沟通能力"需注意以下几点：

1)提出的问题是行为性的问题。

2)所设计的问题内容应针对沟通能力，与指标说明内容密切相关。

3)所设计的评分标准应针对沟通能力的指标内容，评分等级数量不少于3个。

4)各评分等级之间有明显的区别，易于评定。

5)每个评分等级要有相应的分值。

6)有回答问题的时间限定。

提问与参考答案举例见下表。

问题：在与他人的交往中，你遇到过令你非常尴尬的事情吗？你通常如何处理？回答时间5分钟		
等　级	参　考　答　案	分　值
A级	例子真实，处理得当，化尴尬于无形，沟通能力优秀	10
B级	例子真实，勉强处理好，沟通能力良好	8
C级	善于避免尴尬环境，沟通能力一般	6
D级	难以处理该事情，沟通能力弱	4

第三章 培训与开发

理论知识练习题

一、单项选择题

1. 作为企业人力资源开发的重要组成部分,(　　)在企业培训管理活动中具有极其重要的地位和作用。

A. 员工培训规划　B. 员工培训课程　C. 员工培训设计　D. 员工课程辅导

2. (　　)的缺失会导致培训规划的目标出现偏差。

A. 系统性　B. 标准化　C. 有效性　D. 普遍性

3. (　　)要求员工培训规划的制定必须体现出可靠性、针对性和高效性。

A. 系统性　B. 标准化　C. 有效性　D. 普遍性

4. 以下不属于企业员工培训范围的是(　　)。

A. 个人　B. 基层　C. 企业　D. 客户

5. 以下关于培训费用的说法错误的是(　　)。

A. 培训费就是培训成本

B. 间接培训成本是指在培训组织实施过程之外企业所支付的费用

C. 培训费用由培训之前的准备工作和培训实施过程中各项活动的费用构成

D. 直接培训成本是在培训组织实施过程中培训者与受训者的一切费用总和

6. 下列属于企业间接培训成本的是(　　)。

A. 培训项目的管理费用　B. 教材印发购置的费用

C. 培训教师的费用　D. 学院的交通、食宿费用

7. 受训者往来交通费用、食宿和教室租借费用(　　)。

A. 属于直接培训成本　B. 不计入培训成本

C. 属于间接培训成本　D. 不能确定属于哪种培训成本

8. 高层培训宜采用(　　)的培训方式。

A. 集中的方式　B. 边实践边学习的方式

C. 培训的方式　D. 分散的方式

9. 企业制定员工培训规划的基本前提是(　　)。

A. 工作岗位说明　B. 培训需求分析　C. 工作任务分析　D. 设计培训内容

10. (　　)主要说明员工为什么要进行培训。

A. 培训的目的　B. 培训的目标　C. 培训的对象　D. 培训的范围

11. 下列不属于制定培训总体目标主要依据的是(　　)。

A. 企业的总体战略目标　B. 企业人力资源的总体规划

C. 企业培训需求分析　D. 企业员工职业生涯规划

12. 企业在培训工作中,(　　)是员工教学计划的核心。

A. 教学目标　B. 课程设置和组合方式

C. 教学形式　　D. 教学环节

13. 教学计划中受教师、课程、教材、教案等因素影响的是(　　)。

A. 教学目标　B. 课程设置　C. 教学环节　D. 教学形式

14. (　　)是早期培训教学实际模型中最为简洁明确的一种模式,主要优势是将学员特点、学习内容和开展教学设计所涉及的辅助服务加以综合考虑,统筹安排。

A. 迪克和凯里的教学设计程序　　B. 肯普的教学设计程序

C. 加涅和布里格斯的教学设计程序　　D. 我国常用的教学实际程序

15. 美国佛罗里达州立大学的迪克和凯里教授提出的偏重于行为模式的教学设计程序是以(　　)为中心。

A. 教学目标　B. 学员　C. 教材　D. 任务

16. 在国外有一种偏重于行为模式的教学设计程序,是美国的(　　)提出的。

A. 肯普　B. 迪克和凯里　C. 加涅和布里格斯　D. 柯克帕特里克

17. (　　)是指课程内容在垂直方向的组织,它要求课程内容的安排符合学员的逻辑思维和学习习惯。

A. 范围　B. 顺序　C. 程序　D. 步骤

18. (　　)是指学习的方向和学习过程中各个阶段应达到的标准,应根据环境的需求来确定。

A. 课程目标　B. 课程内容　C. 课程评价　D. 课程空间

19. 课程内容的组织就是确定课程内容的范围和顺序,其中顺序是指课程内容在(　　)方向上的组织,范围是指课程内容在(　　)方向上的组织。

A. 纵向;横向　B. 横向;纵向　C. 水平;垂直　D. 垂直;水平

20. (　　)是培训课程的主体,他们不但是课程的接受者,同时也是一种可利用的学习资源。

A. 学员　B. 培训教师　C. 教学组织　D. 教育

21. 教师分析学员学习进展情况会普遍运用的策略是(　　)。

A. 评价—指令—判断　　B. 判断—指令—评价

C. 指令—判断—评价　　D. 判断—评价—指令

22. (　　)是指将员工现时的工作能力与达到业绩标准的素质要求进行比较,发现两者之间是否存在差距。

A. 任务分析　B. 人员分析　C. 组织分析　D. 企业战略分析

23. 在课程设计文件中,以下不属于大纲部分的内容的是(　　)。

A. 教学资源　B. 交付要求　C. 资料结构　D. 课程评估

24. 课程设计的导言包括(　　)。

A. 起草日期　B. 开发要求　C. 课时长度　D. 资料的结构

25. 培训课程项目系列是有效实施培训课程的基础,它不包括(　　)。

A. 企业培训计划　B. 培训课程计划　C. 课程系列计划　D. 培训评估计划

26. 课程系列计划是以(　　)为导向,将看似独立的相关课程联系在一起。

A. 标准　B. 条件　C. 培训　D. 目标

27. (　　)通过确定重要任务以及需要具备的知识、技能、行为方式等,以帮助员工胜任本

职岗位的工作任务。

A. 组织分析　B. 人员分析　C. 任务分析　D. 企业战略分析

28. (　　)指的是公司经营战略的条件下,确定企业范围内的培训需求,决定相应的培训,为培训提供可利用的资源及管理者和同事对培训活动的支持,以保证企业培训的内容符合企业整体目标和战略要求。

A. 组织分析　B. 战略分析　C. 人员分析　D. 任务分析

29. (　　)是指对培训项目所取得的成效进行测试时,其测量结果的长期稳定程度。

A. 相关度　B. 信度　C. 区分度　D. 效度

30. 企业员工培训规划制定的要求中普遍性是指(　　)。

A. 要求培训规划的制定必须适应不同的工作任务、不同的培训对象和不同的培训需求

B. 必须可靠　C. 必须具有针对性　D. 具有高效性

31. 课程内容选择的基本要求中,(　　)既是课程内容存在的前提,也是培训课程开发的内在动力。

A. 价值性　B. 有效性　C. 相关性　D. 系统性

32. 培训内容的有效性是判断培训水平高低的一个重要标准。以下(　　)忽视了培训内容的有效性要求。

A. 习惯导向　B. 标新立异导向　C. 领导导向　D. 员工导向

33. 课程内容的基本要求中,(　　)是判断培训水平高低的一个重要标准。

A. 价值性　B. 针对性　C. 相关性　D. 有效性

34. 在企业发展的(　　)应集中力量建设企业文化。

A. 衰退期　B. 发展期　C. 成熟期　D. 创业初期

35. 企业在(　　)应集中力量提高中层管理人员的管理能力,如培养并影响他们的管理风格和思维习惯,使之适应企业的要求等。

A. 创业初期　B. 发展期　C. 成熟期　D. 衰退期

36. (　　)是对最常用最关键的任务描述,使包含许多复杂步骤的任务简单化。

A. 培训者指南　B. 工作任务表　C. 岗位指南　D. 学员手册

37. 以下不属于工作任务表作用的是(　　)。

A. 强调课程重点　B. 提高学习的效果　C. 明确培训的目标　D. 关注信息反馈

38. 以下各项中不属于培训中使用的印刷材料的是(　　)。

A. 工作任务表　B. 岗位指南　C. 学员指南　D. 培训者指南

39. 在培训的过程中可以印刷一些书面材料,其中包括课程大纲、思考题和学员问卷调查表等,这种印刷材料称之为(　　)。

A. 学员手册　B. 岗位指南　C. 培训者指南　D. 工作任务表

40. 从企业内部开发培训资源的优点不包括(　　)。

A. 教师水平较高　B. 培训成本较低

C. 教师与学员易于交流　D. 培训易于控制

41. (　　)就是把有关的人和故事放到培训的整个过程中去进行检测评估,根据其原有基础,观察目前状况及其发展的潜力和趋势。

A. 访谈法　B. 动态评估法　C. 目标评估法　D. 比较评估法

42. 下列各项中不是外部培训资源开发途径的是(　　)。

A. 聘请专职的培训师　　B. 大中专院校聘请教师

C. 从本企业人力资源部培训师挑选　　D. 从顾问公司聘请培训顾问

43. (　　)是提高管理人员的管理水平和理论水平的一种主要方法。

A. 事件过程法　　B. 大学管理学习班　　C. 阅读训练　　D. 理论培训

44. 属于培训中评估作用的是(　　)

A. 保证培训活动按照计划进行　　B. 保证培训需求确认的科学性

C. 保证培训效果测定的科学性　　D. 帮助实现培训资源的合理配置

45. 属于培训后评估作用的是(　　)

A. 可以为管理者决策提供所需的信息　　B. 保证培训需求确认的科学性

C. 保证培训效果测定的科学性　　D. 帮助实现培训资源的合理配置

46. 管理者一般应具备三种最主要的技能,不是其中之一的是(　　)。

A. 业务技能　　B. 人际技能　　C. 概念技能　　D. 操作技能

47. 以下说法中有误的是(　　)。

A. 高层管理者应具备较强的概念技能　　B. 基层管理者应具备较强的业务技能

C. 所有管理者都应具备人际沟通技能　　D. 高层管理者应具备较强的业务技能

48. 中层管理人员所应具备的能力不包括(　　)。

A. 判断能力　　B. 决策能力　　C. 沟通能力　　D. 目标设定能力

49. 判断能力是(　　)应具备的能力。

A. 高层管理人员　　B. 中层管理人员　　C. 基层管理人员　　D. 人力资源经理

50. 高层管理人员的层次分析能力和决策能力占(　　)%。

A. 52　　B. 38　　C. 10　　D. 20

51. 中层管理人员的计划组织实施能力占其能力要求的(　　)%。

A. 38　　B. 42　　C. 20　　D. 80

52. (　　)的主要任务是开发参训者的潜能。

A. 心理培训　　B. 观念培训　　C. 技能培训　　D. 思维培训

53. (　　)的主要任务是使参训者持有的与外界环境不适应的观念得到改变。

A. 心理培训　　B. 思维培训　　C. 观念培训　　D. 知识培训

54. 企业培训工作最后的也是极为重要的一个阶段是(　　)。

A. 员工培训效果评估　　B. 员工绩效评估

C. 员工工作考核　　D. 员工培训进度评估

55. (　　)的主要任务是对参训者所拥有的知识进行更新。

A. 心理培训　　B. 思维培训　　C. 观念培训　　D. 知识培训

56. (　　)的主要任务是对参训者所具有的能力加以补充。

A. 心理培训　　B. 思维培训　　C. 技能培训　　D. 知识培训

57. 能够减少评估给培训对象带来的紧张不安,在培训效果评估的形式中应是(　　)评估。

A. 自然　　B. 非正式　　C. 正式　　D. 主管

58. 培训效果的正式评估的优点不包括(　　)。

A. 在数据和事实的基础上做出判断　　B. 可将评估结论与最初计划比较
C. 容易将评估结论用书面形式表现　　D. 不会给受训者带来太大的压力

59. 常用的软数据可以归纳为(　　)。

A. 工作习惯、氛围、新技术、发展、满意度和主动性
B. 工作习惯、氛围、新技能、发展、满意度和主动性
C. 工作习惯、环境、新技术、发展、满意度和主动性
D. 工作氛围、环境、新技术、发展、满意度和主动性

60. 在培训效果的层级体系中,结果评估的评估内容是(　　)。

A. 受训者在工作过程中行为方式的变化和改进等
B. 受训者取得的生产经营或技术管理方面的业绩
C. 受训者在技能、态度、行为方式等方面的收获
D. 受训者对培训项目的主观感觉或满意程度如何

二、多项选择题

1. 在加涅和布里格斯的教学设计程序中,系统B级包括(　　)

A. 教师方面的准备　B. 形成性性价　C. 现场试验及修改
D. 总结性评价　E. 系统的建立和推广

2. 制定培训规划的要求包括(　　)。

A. 系统性　B. 标准性　C. 有效性
D. 普遍性　E. 多样性

3. 制定培训规划中的普遍性就是要求培训规划制定必须(　　)。

A. 适应不同的工作任务　B. 适应不同的员工要求
C. 适应不同的培训对象　D. 适应不同的培训范围
E. 适应不同的培训需要

4. 培训规划的主要内容是(　　)。

A. 培训目的　B. 培训规模　C. 培训目标
D. 培训时间　E. 培训对象

5. 下列属于间接培训成本的是(　　)。

A. 培训项目设计费用　B. 培训项目管理费用　C. 培训教师费用
D. 培训项目评估费用　E. 教室设备租借费用

6. 以下培训费用中,属于直接培训成本的是(　　)。

A. 学员的往来交通　B. 食宿费用　C. 培训项目的设计费用
D. 教室设备的租借费用　E. 教材印发购置的费用

7. 以下不属于员工培训的直接培训成本的是(　　)。

A. 教室设备的租赁费用　B. 培训教师的费用
C. 培训项目的设计费用　D. 学员的往来交通
E. 培训对象受训期间的工资福利

8. 在加涅和布里格斯的教学设计程序中,课堂级包括(　　)

A. 确定行为目标　B. 制订课堂教学计划　C. 选择教学媒体和手段
D. 评价学员的行为　E. 系统的建立和推广

9. 在加涅和布里格斯的教学设计程序中，系统 A 级包括(　　)

A. 教师方面的准备　B. 形成性性价　C. 现场试验及修改

D. 确定课程范围和顺序，设计传递系统

E. 分析教学资源和约束条件以及可选择的传递系统

10. 制定培训规划时应注意(　　)进行综合平衡。

A. 在培训投资与人力资源规划之间　B. 在企业正常生产与培训项目之间

C. 在员工培训需求与师资来源之间　D. 在员工培训与个人职业生涯规划之间

E. 在培训项目与培训完成期限之间

11. 起草培训规划时，应做好(　　)工作。

A. 制定培训的总体目标　B. 确定具体项目的子目标

C. 分配培训资源　D. 进行综合平衡　E. 描述培训目标

12. 在加涅和布里格斯的教学设计程序中，课程级包括(　　)。

A. 确定某一门课的结构和顺序　B. 分析一门课的目标

C. 现场试验及修改　D. 总结性评价　E. 系统的建立和推广

13. 加涅和布里格斯把教学设计程序分为(　　)步骤。

A. 系统 A 级　B. 非系统级　C. 课程级

D. 课堂级　E. 系统 B 级

14. 国外常见的教学计划设计程序模式包括(　　)。

A. 肯普的教学设计程序　B. 罗斯的教学设计程序

C. 迪克和凯里的教学设计程序　D. 加涅和布里格斯的教学设计程序

E. 加利福尼亚大学的教学设计程序

15. 加涅和布里格斯的教学设计程序包括(　　)。

A. 系统 A 级　B. 系统 B 级　C. 系统 C 级

D. 课程级　E. 课堂级

16. 肯普教学设计解决的问题是(　　)。

A. 学习什么，达到怎样的熟练程度

B. 教学程序、教材和人员如何组合才能达到最佳的实现目标

C. 使用什么手段来评价学习结果　D. 开发教学课件　E. 开发教学策略

17. 培训课程的要素组成包括(　　)。

A. 课程目标与内容　B. 课程教材与教学模式

C. 教学策略与课程评价　D. 教学组织与课程时间

E. 培训教师和学员

18. 我国常用的教学设计程序主要步骤有(　　)。

A. 确定教学目的　B. 阐明教学目标　C. 分析教学对象的特征

D. 选择教学策略　E. 选择教学方法及媒体

19. 设计员工培训评估方案时，应注意的基本要求是(　　)。

A. 操作简单，易于实施　B. 考虑不同类型培训项目的评估要求

C. 考虑评估成本　D. 不需考虑评估成本

E. 不需考虑不同类型培训项目的评估要求

20. 课程设计文件导言部分包括的内容是(　　)。

A. 项目名称　B. 项目范围　C. 项目的组成部分
D. 学员　E. 课件意图

21. 课程设计文件的格式包括(　　)。

A. 封面和导言　B. 引言　C. 内容大纲
D. 结论　E. 开发、交付、产出要求

22. 传统的培训需求分析包括(　　)。

A. 组织分析　B. 任务分析　C. 人员分析
D. 企业战略分析　E. 员工职业生涯分析

23. 以战略为导向的培训需求分析包括(　　)。

A. 组织分析　B. 任务分析　C. 人员分析
D. 企业战略分析　E. 员工职业生涯分析

24. 组织分析的具体内容包括(　　)。

A. 工作分析　B. 责任分析　C. 任职条件分析
D. 组织文化分析　E. 督导与组织关系分析

25. 下列选项中属于影响培训规模的是(　　)。

A. 人数　B. 场所　C. 培训的性质
D. 工具　E. 费用

26. 企业培训应当以(　　)为中心，培训的管理工作应以(　　)为主导。

A. 员工　B. 管理层　C. 教师
D. 执行层　E. 操作层

27. 企业员工培训规划制定的有效性要求的特点是(　　)。

A. 系统性　B. 可靠性　C. 针对性
D. 高效性　E. 相关性

28. 选项中适合采用集中培训方式的是(　　)。

A. 高层培训　B. 管理培训　C. 员工文化培训
D. 基本技能培训　E. 专业技能培训

29. 属于培训中直接成本的是(　　)。

A. 培训教师的费用　B. 学员的往来交通　C. 食宿费用
D. 教室设备的租赁费用　E. 教材的印发费用

30. 属于培训费用间接成本的是(　　)。

A. 学员的交通费　B. 食宿费用　C. 培训项目的设计费用
D. 培训项目的管理费用　E. 培训项目的评估费用

31. 课程内容选择的基本要求是(　　)。

A. 相关性　B. 有效性　C. 效果性
D. 价值性　E. 普遍性

32. 在培训所使用的各种媒体中，岗位指南的优点包括(　　)。

A. 查阅快捷　B. 重点突出　C. 使用简易
D. 记忆方便　E. 翔实全面

33. 下列对于岗位指南描述正确的是(　　)。

A. 迫使有关专家对理想的操作做出界定，进一步明确培训的目标

B. 有助于记忆在培训中学到的操作规程，也便于在以后工作中随时查阅

C. 有时可以替代培训或减少培训时间，节约成本

D. 具有重点突出、使用简易、查阅快捷、记忆方便的优点

E. 关注信息的反馈

34. 课程需求调查需要回答的主要问题为(　　)。

A. 课程设置要达到什么目的

B. 通过课程教学要使学员的哪些具体行为得到改进

C. 课程的可行性如何

D. 实施课程教学的资源和手段是否可以实现

E. 课程效果如何考核和评价

35. “角色扮演”是目前常用的一种管理人员开发方法，具体步骤包括(　　)。

A. 把一组主管人员集合在一起　　B. 选取某种情境

C. 从主管人员中选出两个人，即兴模仿上述情境，其他成员在一旁观摩、思考和进行评论

D. 轮换其他成员参与扮演　　E. 组织全体讨论

36. 反应层面的评估主要评估(　　)。

A. 培训师　　B. 方法　　C. 材料

D. 设施　　E. 报名程序

37. 在职管理人员的培训方法主要包括(　　)。

A. 替补训练　　B. 敏感性训练　　C. 职务轮换

D. 临时提升　　E. 设立副职

38. 培训前评估的内容包括(　　)。

A. 培训需求整体评估　　B. 培训对象知识、技能和工作态度评估

C. 培训对象工作成效及行为评估　　D. 培训计划评估

E. 保证培训活动按照计划进行

39. 培训后评估的作用是(　　)。

A. 了解某一项目是否达到原定的目标和要求

B. 受训人知识技术能力的提高　　C. 可以检查出培训的费用效益

D. 可以较客观地评价培训者的工作　　E. 可以为管理者决策提供所需的信息

40. 培训评估方式方法的分类包括(　　)。

A. 非正式评估和正式评估　　B. 主观评估和客观评估

C. 口头评估和书面评估　　D. 建设性评估和总结性评估

E. 反应评估和学习评估

专业技能练习题

一、简答题

1. 简述内聘与外聘培训教师的异同。

2. 请简要说明员工制定培训规划的步骤。

二、综合题

1. M企业是一较少给中层干部做培训的企业,因为有人认为培训中层干部,使之成为具有高级管理者的素质,会影响高层管理的权力,你怎样认为?倘若你是一个刚上任的高级管理者,你将给中层干部采取什么样的培训?

2. 国内某公司与英国某大学签订了一项培训协议,每年选派2～3名管理人员到该校攻读管理硕士学位。学业完成后,员工必须回公司服务5年,服务期满方可调离。2007年5月,销售部助理小张经过公司几轮挑选,终于与其他两位同事一起获得了推荐。但小张早有预谋,在此之前已获取了英国另一所学院管理硕士的通知书。虽然该校的学费较高,但其声誉好,教学质量高,还能帮助学生申请到数额可观的助学贷款。经过公司人事部的同意,小张用公司提供的奖学金交了学费,又申请了3万美金的助学贷款,以解决和妻子在英国的生活费。按照目前小张收入水平,需要8年时间才能还清贷款,如果他在一家外资公司工作,不到4年便可还清贷款。行期将近,公司人事部多次催促与其签订培训合同书,一直到离开公司的前一天小张才在协议书上签了字。

2008年9月末,小张学成归国,并马上回到公司报到。不过,10月初,他便向公司人事部递交了辞呈,并按合同还清了公司为其支付的英语培训考试费、赴英签证费、学费等一切费用。不久,他便在一家美国大公司得到一个年收入30万元以上的职位。

根据本案例,请回答下列问题:

(1)该公司在选派员工出国培训的工作中主要存在哪些问题?

(2)该公司采取哪些措施才能确立更有效的培训体系,以防止此类的事件发生?

(3)请为该公司起草一份员工培训协议书。

3. 在为SH物流公司举行的一次培训课的课堂上,培训师时而在长篇大论的讲述,时而在白板上书写着,但是讲台下面却很混乱。中间下课休息时,学员聚集在一起议论,仓储主管小李说:"你们觉得这位老师如何?我可是耐着性子听了这两天半的课了,本以为他可能会讲些实用的内容,可是这三天的培训课快完了,我也没听到与我工作相关的内容!"而货运主管小齐大声说道:"主管在培训前可是发话啦,受训完回岗可是有任务的!我是做运输的,我想知道如何解决运输中突发事故,比如遇到发错货了、途中遭劫或货物被人做手脚了等问题时应该如何处理,结果听了半天,还没有摸到门道!""这可不行啊,我们可是花了大价钱请他来上课的!平常,工作这么忙,能坐到这里听课多不容易啊!要不是看他斯斯文文的样子,我早就提议大家将他赶下台了!"检验员小杨也急切地插话。仓储主管小李又接着说:"我们抱怨也没用啊,还是快想想办法吧。要不我们将这些情况向HR经理反映一下。"货运主管小齐说:"对!对!我们花钱并不是坐在这里听听课就行了,他虽然讲的都没错,但对我们没有用啊!这些想法一定要讲出来,一定要讲出来!"

在企业人力资源管理活动过程中,这种令人失望的事并不少见,只是程度不同而已。

请结合本案例,回答以下问题:

(1)请分析说明是什么原因导致上述教学质量问题的发生?

(2)为了提高培训师的教学质量和效果,应当重点抓好哪些工作?

4. 李娜是北京某医疗器械公司的人力资源部经理。公司最近招了一名销售员李勇,在经过面谈后,李娜认为李勇在销售方面具有很大的潜力,具备公司要找的销售人员条件。可是,两星期后销售部经理却告诉她,李勇提出离开公司。李娜把李勇叫到办公室,就他提出辞职一事进行面谈。

李娜:李勇,我想和你谈谈,希望你能改变你的主意。

李勇:我不这样认为。

李娜:那么请你告诉我,为什么你想走,是别的企业给你的薪水更高吗?

李勇:不是。实际上我还没有其他工作。

李娜:你没有新工作就提出辞职?

李勇:是的,我不想在这里待了,我觉得这里不适合我。

李娜:能够告诉我为什么吗?

李勇:在我上班的第一天,别人告诉我,正式的产品培训要一个月后才进行。他们给我一本销售手册,让我在这段时间里阅读学习。第二天,有人告诉我在徐汇区有一个展览,要我去公关部帮忙一周。第三周,又让我整理公司的图书。在产品培训课程开课的前一天,有人通知我说,由于某些原因课程要推迟半个月,安慰我不要着急,说安排公司的销售骨干胡斌先给我做一些在职培训,并让我陪胡斌一起访问客户。所以我觉得这里不适合我。

李娜:李勇,在我们这种行业里,每个新员工前几个月都是这样的,其他地方也一样。其实你的境况比我好多了,你看看我前几个月都做了些什么。

请结合本案例,回答以下问题:

(1)你认为这家公司新员工培训存在哪些问题?

(2)针对此案例,结合相关工作经验,就如何避免上述问题提出你的建议。

答案与解析

理论知识练习题

一、单项选择题

1. 答案:D(P211)　本题考查的是员工培训规划的重要地位。

2. 答案:B(P215)　如果培训规划仅凭个人经验或依赖少数人的决断,那么培训规划就会受到影响,导致培训规划的目标出现偏差。

3. 答案:C(P215)　有效性就是要求员工培训规划的制定必须体现出可靠性、针对性、相关性和高效性。

4. 答案:D(P214)　企业员工培训的范围一般都包括四个层次,即个人、基层、部门和企业。

5. 答案:C(P214)　培训费用即培训成本,它是指企业在员工培训的过程中所发生的一切费用,包括培训之前的准备工作,培训的实施过程,以及培训结束之后的效果评估等各种与之相关活动的各种费用的总和。培训费用由直接培训成本和间接培训成本构成。直接培训成本是指培训组织实施过程中培训者与受训者的一切费用总和。间接培训成本是指在培训组织实施过程之外企业所支付的一切费用总和。

6. 答案:A(P214)　企业间接培训成本,如培训项目的设计费用、培训项目的管理费用、培训对象受训期间的工资福利、培训项目的评估费用等。

7. 答案:A(P214)　直接培训成本,如培训教师的费用,学员的往来交通、食宿费用,教室设备的租赁费用等。

8. 答案:A(P214～215)　高层的培训宜采用集中的培训方式。

9. 答案:B(P221) 制定培训规划的每一个步骤都有侧重点,虽然培训需求分析并不属于培训规划设计的范畴,但它是企业制定员工培训规划的基本前提。

10. 答案:A(P213) 培训的目的主要说明员工为什么要进行培训。

11. 答案:D(P221) 总体目标制定的主要依据:企业的总体战略目标,企业人力资源的总体规则,企业培训需求分析。

12. 答案:B(P241) 课程设置和组合方式是员工教学计划的核心。

13. 答案:D(P242) 教学形式主要受到教师、课程、教材、教案等各种因素的影响。

14. 答案:B(P250～251) 肯普的教学设计程序是早期培训教学实际模型中最为简洁明确的一种模式,主要优势是将学员特点、学习内容和开展教学设计所涉及的辅助服务加以综合考虑,统筹安排。

15. 答案:B(P251) 美国佛罗里达州立大学的迪克和凯里教授提出了一种偏重于行为模式的教学设计程序,该程序更加注重对学习内容的分析和鉴别,强调从学员的角度收集数据以修改教学。

16. 答案:B(P251) 迪克和凯里提出了一种偏重于行为模式的教学设计程序。

17. 答案:B(P240) 顺序是指课程内容在垂直方向的组织,它要求课程内容的安排符合学员的逻辑思维和学习习惯。

18. 答案:A(P240) 课程目标是指学习的方向和学习过程中各个阶段应达到的标准,应根据环境的需求来确定。

19. 答案:D(P240) 课程内容的组织就是确定课程内容的范围和顺。顺序是指课程内容在垂直方向上的组织,它要求课程内容安排符合学员的逻辑思维和学习习惯;范围是指课程内容在水平方向上的安排,它要求课程内容尽可能地对学员有意义,并具有综合性和及时性。

20. 答案:A(P241) 学员是培训课程的主体,他们不但是课程的接受者,同时也是一种可利用的学习资源。

21. 答案:B(P240) 教学策略主要指教学程序的选择和教学资源的利用,它与学习活动密切相关,是学习活动的一个组成部门。例如,一个被普遍运用的策略是"判断—指令—评价"。

22. 答案:B(P218) 本题考查的是人员分析的定义。

23. 答案:D(P249) 课程设计文件内容大纲包括:教学资源,资料的结构,课程目标和绩效目标,教学顺序和活动,内容,交付时间。

24. 答案:C(P248) 课程设计导言包括:项目名称,项目范围,项目的组成部分,班级规模,课程时间长度,学员的必备条件,学员,课件意图,课程评估。

25. 答案:D(P248) 培训课程项目系列包括:企业培训课程大纲,培训课程系列计划,员工培训课程计划。

26. 答案:D(P248) 课程系列计划以目标为导向,将看似独立的相关课程联系在一起,即把所有的课程目标都集中到一个学习方向上。

27. 答案:C(P217) 本题考查的是任务分析的定义。

28. 答案:A(P217) 本题考查的是组织分析的定义。

29. 答案:B(P295) 本题考查的是信度的概念。信度是指对培训项目所取得的成效进行测试时，其测量结果的长期稳定程度。

30. 答案：A(P213) 本题考查的是普遍性的具体内涵。

31. 答案：C(P255) 相关性既是课程内容存在的前提，也是培训课程开发的内在动力。

32. 答案：B(P255) 培训内容的有效性是判断培训水平高低的一个重要标准，在培训课程建设中，要杜绝忽视培训内容有效性的现象，如"习惯导向""领导导向""员工导向"。

33. 答案：D(P255) 有效性是判断培训水平高低的一个重要标准。

34. 答案：C(P238) 企业应集中力量建设企业文化，将企业长期发展必需的观念、规则和态度传播到每一个员工中去，并提升员工对企业目标的认同、对企业的归属感。

35. 答案：B(P238) 在发展期，企业应集中力量提高中层管理人员的管理能力，如培养并影响他们的管理风格和思维习惯，使之适应企业的要求。

36. 答案：C(P256) 岗位指南是对最常用最关键的任务的描述，使包含许多复杂步骤的任务简单化。

37. 答案：C(P256) 工作任务表的作用：强调课程的重点，提高学习的效果，关注信息的反馈。

38. 答案：C(P256) 培训中使用的印刷材料有：工作任务表、岗位指南、学员手册、培训者指南和测验试卷。

39. 答案：A(P256) 学员手册是培训中的指导和参考材料，如测试题、调查问卷等。

40. 答案：A(P258) 内部开发培训师优点是：①内部培训师对各方面比较了解，培训针对性强，有利于提高培训的效果；②与学员相互熟识，能保证培训中交流顺畅；③培训相对易于控制；④教师资源成本低。

41. 答案：B(P302) 本题考查的是动态评估法的定义和内涵。

42. 答案：C(P257) 外部培训资源的开发途径有：从大中专院校聘请教师；聘请专职的培训师；从顾问公司聘请培训顾问；聘请本专业的专家、学者；在网络上寻找并联系培训教师。

43. 答案：D(P276) 本题考查的是理论培训的内涵和定义。

44. 答案：A(P285) 本题考查的是培训中评估的作用。B、C、D三项均为培训前评估的作用。

45. 答案：A(P285) 本题考查的是培训后评估的作用。B、C、D三项均为培训前评估的作用。

46. 答案：D(P271) 本题考查的是作为管理者应该具备的基本技能。

47. 答案：D(P271) 高层管理者应具备较强的概念技能。

48. 答案：B(P271) 中层管理人员所应具备的能力包括判断能力、沟通能力、目标设定能力等(见教材表3-10)。

49. 答案：B(P271) 中层管理人员所应具备的能力包括判断能力、沟通能力、目标设定能力等(见教材表3-10)。

50. 答案：A(P271) 见教材表3-9。

51. 答案：B(P271) 见教材表3-9。

52. 答案：A(P245) 本题考查的是心理培训的内涵定义。

53. 答案：C(P245) 本题考查的是观念培训的主要任务。

54. 答案:A(P282) 员工培训效果评估是企业培训工作最后的也是极为重要的一个阶段。

55. 答案:D(P244) 本题考查的是知识培训的主要任务。

56. 答案:C(P245) 本题考查的是技能培训的主要任务。

57. 答案:B(P299) 非正式评估减少了一般评估给培训对象带来的紧张不安。

58. 答案:D(P300) 正式评估的优点是在数据和事实的基础上作出判断,使评估结论更有说服力;更容易将评估结论用书面形式表现出来;可将评估结论与最初计划比较核对。

59. 答案:A(P289) 常用的软数据可以归纳为工作习惯、氛围、新技术、发展、满意度和主动性。

60. 答案:B(P293) 结果评估是第四级评估,通过对质量、数量、安全、销售额、成本、利润、投资回报率等企业或学员上司关注的并且可量度的指标进行考查,与培训前进行对照,判断培训成果的转化情况。

二、多项选择题

1. 答案:ABCDE(P251) 本题考查的是加涅和布里格斯的教学程序的相关知识。

2. 答案:ABCD(P215~216) 制定培训规划的要求包括:系统性、标准化、有效性、普遍性。

3. 答案:ABE(P216) 制定培训规划中的普遍性就是要求培训规划制定必须:适应不同的工作任务;适应不同的对象;适应不同的培训需要。

4. 答案:ABCDE(P213~215) 培训规划的主要内容是:培训目的、培训规模、培训目标、培训时间、培训对象和内容等。

5. 答案:ABD(P214) 间接培训成本包括:培训项目的设计费用、培训项目的管理费用、培训对象受训期间的工资福利,以及培训项目的评估费用等。

6. 答案:ABDE(P214) 直接培训成本包括:培训教师的费用,学员的往来交通、食宿费用,教室设备的租借费用,教材印发购置的费用等。

7. 答案:CE(P214) 直接培训成本包括:培训教师的费用,学员的往来交通、食宿费用,教室设备的租借费用,教材印发购置的费用等。

8. 答案:ABCD(P251) 本题考查的是加涅和布里格斯的教学程序的相关知识。

9. 答案:DE(P251) 本题考查的是加涅和布里格斯的教学程序的相关知识。

10. 答案:ABC(P222) 制定培训规划时应注意在企业正常生产与培训项目之间,员工培训需求与师资来源之间、培训投资和人力资源规划之间、员工培训与个人职业生涯规划之间四个方面进行综合平衡。

11. 答案:ABCD(P221~222) 起草培训规划时应做好以下工作:制定培训的总体目标;确定具体项目的子目标;分配培训资源;进行综合平衡。

12. 答案:AB(P251) 本题考查的是加涅和布里格斯的教学程序的相关知识。

13. 答案:ACDE(P251) 加涅和布里格斯把教学设计程序分为以下步骤:系统A级、课程级、课堂级、系统B级。

14. 答案:ACD(P250~251) 国外常见的培训教学设计程序模式包括:肯普的教学设计程序、迪克和凯里的教学设计程序、加涅和布里格斯的教学设计程序。

15. 答案:ABDE(P251) 加涅和布里格斯的教学设计程序:系统A级、系统B级、课程级、课堂级。

16. 答案:ABC(P250)　肯普教学设计解决的问题是:学习什么,达到怎样的熟练程度;教学程序、教材和人员如何组合才能最佳地实现培训目标;使用什么手段来评价学习结果。

17. 答案:ABCDE(P240～241)　培训课程的构成要素包括:课程目标、课程内容、课程教材、教学模式、教学策略、课程评价、教学组织、课程时间、培训教师和学员。

18. 答案:ABCDE(P252)　我国常用的教学设计程序主要步骤有:确定教学目的;阐明教学目标;分析教学对象的特征;选择教学策略;选择教学方法及媒体等。

19. 答案:ABC(P291～292)　本题考查的是设计培训评估方案时,应注意的事项。

20. 答案:ABCDE(P248～249)　课程设计文件导言部分包括:项目名称、项目范围、项目的组成部分、学员、课件意图等。

21. 答案:ACE(P248)　课程设计文件的格式包括:封面、导言、内容大纲、开发要求、交付要求、产出要求。

22. 答案:ABC(P216)　本题考查的是传统的培训需求分析的内容。

23. 答案:ABCDE(P216)　本题考查的是以战略为导向的培训需求分析的内容。

24. 答案:ABCDE(P217)　本题考查的是组织分析的具体内容,选项中各项均为组织分析的内容。

25. 答案:ABCDE(P214)　本题考查的是影响培训规模的因素。

26. 答案:AC(P215)　员工作为受训者在整个培训活动中占有中心位置。

27. 答案:BCDE(P215)　本题考查的是企业员工培训规划制定有效性的要求。

28. 答案:ABCD(P214～215)　本题考查的是培训方法的选择。

29. 答案:ABCDE(P214)　本题考查的是培训费用的相关知识。

30. 答案:CDE(P214)　本题考查的是培训费用的相关知识。

31. 答案:ABD(P255)　课程内容选择的基本要求是相关性、有效性、价值性。

32. 答案:ABCD(P256)　在培训所使用的各种媒体中,岗位指南的优点包括查阅快捷、重点突出、使用简易、记忆方便。

33. 答案:ABCD(P256)　岗位指南在培训中的作用是:①迫使有关专家对理想的操作做出界定,进一步明确培训的目标;②有助于记忆在培训中学到的操作规程,也便于在以后工作中随时查阅;③有时可以替代培训或减少培训时间,节约成本。岗位指南的优点包括查阅快捷,重点突出,使用简易,记忆方便。

34. 答案:ABCDE(P242)　本题考查的是课程需求调查的内容。

35. 答案:ABCE(P277)　“角色扮演”是目前常用的一种管理人员开发方法,具体步骤包括把一组主管人员集合在一起,选取某种情境,从主管人员中选出两个人,即兴模仿上述情境,其他成员在一旁观摩、思考和进行评论,组织全体讨论。

36. 答案:ABCDE(P292)　反应层面的评估包括以下几个方面:内容、培训师、方法、材料、设施、场地、报名程序等。

37. 答案:CDE(P274)　本题考查的是在职管理人员培训的方法。

38. 答案:ABCD(P288)　培训前评估的内容包括:培训需求的整体评估;培训对象的知识、技能和工作态度评估;培训对象的工作成效及行为评估;培训计划的评估。

39. 答案:ABCDE(P285)　培训后评估的作用是:了解某一项目是否达到原定的目标和

要求;受训人知识技术能力的提高;可以检查出培训的费用效益;可以较客观地评价培训者的工作;可以为管理者决策提供所需的信息。

40. 答案:AD(P299~300) 培训评估方式方法的分类包括:非正式评估和正式评估、建设性评估和总结性评估、定性评估与定量评估。

专业技能练习题

一、简答题

1. 参考答案:(P257~258)

1)聘请企业外部培训师。优点:选择范围大,可获取到高质量的培训教师资源;可带来许多全新的理念;对学员具有较大的吸引力;可提高培训档次,引起企业各方面的重视;容易营造气氛,获得良好的培训效果。缺点:企业与其之间缺乏了解,加大了培训风险;外部教师对企业以及学员缺乏了解,可能使培训适用性降低(针对性差);学校教师可能会由于缺乏实际工作经验,导致培训只是"纸上谈兵";外部聘请教师成本较高。

2)开发企业内部的培训师。优点:对各方面比较了解,更具有针对性;与学员相互熟识,能保证培训中交流顺畅;培训相对易于控制;内部开发教师资源成本低。缺点:不易于在学员中树立威望;选择范围较小;受环境决定,不易上升新的高度(观念陈旧)。

3)开发途径:外部培训教师可以从大中专院校聘请教师,聘请专职的培训师,从顾问公司聘请培训顾问,聘请本专业的专家、学者,在网络上寻找并联系培训教师。而内部培训教师一般是从管理层或者熟练的老员工中选择业绩优秀者。

2. 参考答案:

制定员工培训规划的基本步骤包括:

1)培训需求分析。明确员工现有技能水平和理想状态之间的差距。

2)工作岗位说明。收集有关新岗位与现有岗位要求的数据。

3)工作任务分析。明确岗位对于培训的要求,预测培训的潜在困难。

4)培训内容安排。排定各项培训内容或议题的先后次序。

5)描述培训目标。编制目标手册。

6)确定培训内容。根据培训目标确立培训的具体项目与内容。

7)选择培训方法。根据培训项目的内容选择培训方式方法。

8)设计评估标准。选项测评的工具,明确评估的指标和标准。

9)试验验证。对培训规划进行评析,发现其不足,并进行改进。

二、综合题

1. 参考答案:

1)企业应该站在战略的高度来评价培训中层干部。中层干部是联系高层管理者和基层干部的桥梁。培训中层干部,使之成为具有高级管理者的素质,并不会影响高层管理者的权力。中层干部具备高级管理者的素质,能在完成自身工作的同时,为高层管理者出谋划策,更好地协助高层管理者处理一些问题,也锻炼了自己能力。从这点看,这些都没有影响反而恰恰增强了高层管理者的权利。

2)假如我是一刚上任的高级管理者。我会先花一定的时间来对中层干部进行集中的考察。考察的手段可以灵活多样，例如采用"工作轮换法"，借此可发现哪些中层干部对企业的各个环节工作都是了解的，做到心中有数。接下来在发现了的一系列的问题之后，采取适当的培训是很有必要的。作为高级管理者或中层干部，都应当能认识到"能力胜任"是在企业经营战略明确的条件下，企业管理人员必须具备的素质。管理者的胜任能力应包含三个方面：通用胜任能力、业务胜任能力和专业胜任能力。在前一阶段观察的基础之上，对中层干部能力进行准确评估，并对评估结果进行及时的沟通，以达成共识并制订具体的培训开发计划，以各种手段提高个人和组织整体的专业能力。

2. 参考答案：

(1)该公司在组织员工出国培训方面主要存在的问题有：①未进行必要的培训需求分析，选派员工出国培训的目的不明确。②未选择适宜的培训方式，应当根据具体的培训目的和要求，选择投入较少，收益较大的培训方式，对员工进行有针对性培训。③没有确立有效的人才选拔机制。如出国培训这样高投入具有一定风险的培训项目，为了增强培训效果，应当选派那些有很高忠诚度和很强事业心的员工作为培养的对象。④没有建立规避培训风险机制，如培训合同管理不够健全完善，协议书约定条款缺乏合理性，对违约责任没有明确的规定。

(2)可以采取的措施有：①建立培训需求分析系统，明确公司培训目标，制定公司的中长期培训规划。②确立公司培训评估系统，选择适合的培训方式方法，增强培训效果。③完善各类培训对象的选拔机制，注重对后备人才的甄选，确保人才选拔的可靠性。④建立培训风险防范机制，完善培训合同管理，运用多种手段制止违约行为。⑤采取多种渠道、手段和方法有效激励员工，避免优秀人才的流失。如加强企业文化建设，与员工之间确立遵守承诺的互信机制，构建公正公平的薪酬福利制度，等等。

(3)员工培训协议书的内容应包括：①明确协议双方。②培训期限及方式。③培训地点。④培训内容。⑤双方在培训期间的权利与义务。⑥培训费用的负担。⑦违约责任。⑧培训后的服务期限。⑨服务期限与劳动合同的合同期限冲突的处理。⑩双方的有效法律文件签署。

培训合同(示例)

甲方：×××公司人力资源部

乙方：所在部门：职务：

培训时间：自　　　　年　　月　　日至　　　　年　　月　　日

培训地点：

培训内容：

培训费用：

甲乙双方经友好协商，就下列事宜达成一致：

第一条　乙方接受培训，考核成绩达到培训要求后，甲方为乙方承担全部培训费用；如乙方未达到培训要求，视情况甲方不负担或部分负担培训费用。

第二条　乙方在接受培训后，如违约提出终止或解除劳动合同，或由于乙方具有下列情形之一：

(1)在试用期被证明不符合录用条件；(2)严重违反劳动纪律或甲方规章制度；(3)严重失职、营私舞弊或泄露甲方商业秘密，已给甲方造成损失；(4)被依法追究刑事责任或被劳动教养而由甲方解除劳动合同的，乙方须按以下计算方法向甲方赔偿培训费：

$$赔偿金=\frac{合同期满日与合同终止(解除)日之差(天数)}{合同期满日与培训结束日之差(天数)}\times培训费$$

第三条　乙方接受一次以上培训的，按每次培训合同分别计算费用，合并执行。

第四条　乙方培训后应整理出学习资料及时交于甲方，不得截留。

第五条　乙方在接受培训后需将所学用于实践工作，为甲方创造相应效益。

第六条　乙方应按照甲方要求承担相应的内部培训工作。

第七条　本合同未尽事宜，由甲乙双方协商解决。

第八条　本合同一式两份，甲乙双方各执一份，经双方签字盖章后自即日起生效。

甲方：(签章)乙方：(签字)日期：

3. 参考答案：

(1)造成教学质量问题发生的主要原因有：①首先，培训师不具备聘任的资格和条件，在培训师的选配上出现严重失误。②其次，培训主管事前没有与培训师进行深入沟通，说明培训的内容，提出具体的要求。③培训课程的设计可能存在着一些问题和不足，使培训内容缺乏实用性和适应性。④即使上述的几个方面都做得很好，但当培训师在教学过程中出现偏离教案等一些不良情况时，培训主管没能够及时地指出，并予以纠正。

(2)为了提高培训师的教学质量和效果，应重点抓好以下工作：①在进行培训需求分析的基础上，根据企业员工培训开发规划的要求，聘请企业外部或者内部的专家进行培训课程的设计，从根本上保证课程教学的质量。②按照培训师的聘任条件和标准严格把关，精心选拔聘用培训师。③培训课程实施计划如果是由培训公司或者本企业培训主管设计的，应当将设计方案出示给培训师，要求培训师提出具体的课堂教学实施方案；如果是由培训师设计的，培训主管应当对其进行审定，经过审批后才能执行。④应在培训1～2周之前，围绕培训的内容、目标、方式、方法、要求，以及学员的基本情况与培训师进行充分的沟通，使其做好培训前的各种准备工作。⑤在培训过程中，培训主管应对培训师及其教学质量进行全面评估，发现问题及时纠正，如发放调查问卷，召开座谈会等，听取学员的意见，并及时反馈给培训师，要求其取长补短，改进教学。⑥定期开展对培训师的培训，不断提高培训师的素质，并建立奖勤罚懒、优胜劣汰的教师聘任制度。如果企业不具备条件，亦可聘请资质合格的培训公司，通过合作协议等方式，切实保证培训质量和效果。⑦建立多层次的培训效果评估体系，高度重视培训前、培训中乃至培训后的质量和效果的评估，发现问题及时纠正。

4. 参考答案：

(1)这家公司的培训工作没有做好，存在的问题如下：

1)新员工上岗培训工作管理混乱，没有计划性。

2)培训方式不科学，培训内容不完善，应包括企业文化、公司管理制度、相关政策、员工行为守则等内容。

(2)要做好公司的培训工作，应该注意以下问题：

1)设立相应的员工培训部门或培训专员，负责员工的培训工作。

2)制订科学的新员工上岗培训方案，内容应全面，如包括产品介绍、公司相关政策、企业文化、公司管理制度、员工行为守则、产品推销要点、行业与竞争对手情况、销售技巧、人际关系技巧、自我激励等。

3)培训方式要科学合理，可采用分散与集中相结合、课堂学习与在职实践相结合的方式。

如可以采用报告、研讨、授课、在岗实习、集训等方式对员工进行上岗培训。销售培训的内容应包括公司产品及生产流程、销售政策、产品推销要点、行业与竞争对手情况、销售技巧、人际关系技巧、自我激励等。

4)培训结束后，由受训员工的上司督促受训员工，固化他们在培训中学到的技巧。

5)采取角色模拟、考试、竞赛等手段抓好培训质量，对培训效果进行评估、培训过程进行改进。

6)定期给公司的管理者和销售人员做相关的培训，以提高管理和业务水平。

第四章　绩效管理

理论知识练习题

一、单项选择题

1. 效标是指评价员工(　　)的指标。

A. 态度　　B. 品质　　C. 绩效　　D. 能力

2. 领导技能、沟通能力等指的是(　　)。

A. 行为性效标　　B. 结果性效标　　C. 特征性效标　　D. 考评性效标

3. 当企业文化较为抽象时,可以采用(　　)进行弥补。

A. 行为性效标　　B. 结果性效标　　C. 特征性效标　　D. 考评性效标

4. 若干质化指标难以量化是(　　)的常见问题。

A. 行为性效标　　B. 结果性效标　　C. 特征性效标　　D. 考评性效标

5. (　　)是通过对员工现时工作行为和表现剖析,说明哪些行为是正确的、有效的,哪些行为是错误的、无效的。

A. 单向劝导式面谈　　B. 双向倾听式面谈

C. 解决问题式面谈　　D. 综合式面谈

6. (　　)形式为下属提供了一次参与考评以及与上级主管进行交流的机会。

A. 单向劝导式面谈　　B. 双向倾听式面谈

C. 解决问题式面谈　　D. 综合式面谈

7. (　　)就是通过多方面信息的采集和处理,寻求一个企业成功的关键点,弄清到底是什么原因导致企业克敌制胜的。

A. 关键分析法　　B. 标杆基准法　　C. 目标分解法　　D. 目标综合法

8. (　　)采用的是平衡计分卡设定目标的方法,即通过建立包括财务指标与非财务指标的综合指标体系对企业的绩效水平进行监控。

A. 关键分析法　　B. 标杆基准法　　C. 目标分解法　　D. 目标综合法

9. (　　)就是将某类人员的绩效特征,用图表描绘出来,然后加以分析研究,确定需要考评的绩效要素。

A. 绩效要素图示法　　B. 问卷调查法

C. 个案研究法　　D. 面谈法

10. (　　)就是通过选取若干具有代表性的典型人物、事件或岗位的绩效特征进行分析研究,来确定绩效考评指标和考评要素体系。

A. 绩效要素图示法　　B. 问卷调查法

C. 个案研究法　　D. 面谈法

11. 不属于绩效沟通内容的是(　　)。

A. 绩效计划沟通　　B. 绩效辅导沟通　　C. 绩效反馈沟通　　D. 绩效成果沟通

12. 苛严误差亦称严格、偏紧误差,即评定结果是呈(　　)。

A. 正态分布　B. 正偏态分布　C. 负偏态分布　D. 负态分布

13. “以近代远”的绩效考评偏差属于(　　)。

A. 优先效应　B. 首因效应　C. 后继效应　D. 近期效应

14. (　　)不是由考评者的主观性带来的。

A. 晕轮误差　B. 自我中心效应　C. 分布误差　D. 评价标准误差

15. 以下不属于行为导向型的考评方法的是(　　)。

A. 强制分配法　B. 强迫选择法　C. 成对比较法　D. 直接指标法

16. (　　)不属于结果导向型考评方法。

A. 成绩记录法　B. 排列法　C. 劳动定额法　D. 短文法

17. 语言表达能力属于(　　)。

A. 行为过程型的绩效考评指标　B. 品质特征型的绩效考评指标

C. 工作结果型的绩效考评指标　D. 工作方式型的绩效考评指标

18. (　　)直接反映潜在的劳动结果,是劳动的固化和凝结的指标体系。

A. 行为过程型的绩效考评指标　B. 品质特征型的绩效考评指标

C. 工作结果型的绩效考评指标　D. 工作方式型的绩效考评指标

19. 对于绩效评价指标体系的设计应遵循的原则,表述不正确的是(　　)。

A. 针对性　B. 科学性　C. 明确性　D. 公开性

20. 将某类人员的绩效特征用图表描绘出来,然后加以分析研究,确定绩效评价要素的方法是(　　)。

A. 评价中心技术　B. 要素图示法　C. 图解式量表法　D. 工作图示法

21. 通过选取若干具有代表性的典型人物、事件或岗位的绩效特征进行分析研究来确定绩效评价要素的方法是(　　)。

A. 评价中心技术　B. 个案研究法　C. 经验总结法　D. 头脑风暴法

22. 下列不属于头脑风暴法应遵守的原则的是(　　)。

A. 思想愈激进愈开放愈好　B. 鼓励别人改进想法

C. 强调产生想法的数量　D. 任何时候都批评别人的想法

23. 设计绩效考评指标体系的程序包括:①理论验证;②工作分析;③指标调查;④修改调整。其正确顺序是(　　)。

A. ②③①④　B. ③①②④　C. ②①③④　D. ①②③④

24. 以下不是绩效考评标准设计原则的是(　　)。

A. 定量准确　B. 时间限制　C. 先进合理　D. 简明扼要

25. 通过(　　),才能使绩效目标考核思想深入人心,考核结果令人信服。

A. 沟通　B. 考核　C. 对比　D. 效率

26. 下列不属于关键绩效指标原则的是(　　)。

A. 整体性　B. 可控性　C. 可测性　D. 可预性

27. 可使不同的考评者对同一绩效指标进行评价时有一致的评价标准的绩效指标的是指(　　)。

A. 可靠性、真实性　B. 可靠性、准确性　C. 可靠性、操作性　D. 可靠性、正确性

28. 克服分布误差的最佳方法是(　　)。

A. 目标管理法　B. 配对比较法　C. 强迫分布法　D. 合成考评法

29. (　　)即指评价员工绩效的指标及标准，为了实现组织的目标，对个人或集体的绩效应当达到的水平要求。

A. 效果　B. 效标　C. 成果　D. 标准

30. (　　)最常见的问题是若干质化指标较难以量化。

A. 效标　B. 特征性效标　C. 行为性效标　D. 结果性效标

31. (　　)其侧重点是考量员工如何执行上级命令，这类效标对人际接触和交往频繁的工作岗位尤为重要。

A. 效标　B. 特征性效标　C. 行为性效标　D. 结果性效标

32. 不是提取关键绩效指标的方法的是(　　)。

A. 目标分析法　B. 关键分析法　C. 标杆基准法　D. 行为定位法

33. 业务价值树是对(　　)进行分析和评价的工具。

A. 工作岗位说明书　B. 关键绩效

C. 企业的价值体系　D. 企业的战略方案

34. 提取和设定绩效考评指标的"S"是(　　)。

A. 可度量的　B. 可实现的　C. 现实的　D. 具体的

35. 提取和设定绩效考评指标的"M"是(　　)。

A. 可衡量的　B. 可实现的　C. 现实的　D. 具体的

36. 提取和设定绩效考评指标的"A"是(　　)。

A. 可度量的　B. 可实现的　C. 现实的　D. 具体的

37. 提取和设定绩效考评指标的"R"是(　　)。

A. 可度量的　B. 可实现的　C. 相关性　D. 具体的

38. 提取和设定绩效考评指标的"T"是(　　)。

A. 可度量的　B. 可实现的　C. 现实的　D. 有时限的

39. 下列不是关键绩效指标的是(　　)。

A. 数量指标　B. 质量指标　C. 成本指标　D. 效率指标

40. 关键绩效指标包括数量指标、质量指标、成本指标和(　　)。

A. 时间指标　B. 时限指标　C. 利润指标　D. 收益率指标

41. 对于(　　)的绩效指标，设定的考评标准通常是一个范围。

A. 数量化　B. 质量化　C. 描述性　D. 目标化

42. 切中目标，适度细化，随情境环境变化是指SMART原则要求里的(　　)。

A. Speed　B. Spirit　C. Special　D. Specific

43. 下列不是KPI标准水平的是(　　)。

A. 先进的标准水平　B. 平均的标准水平

C. 特殊的标准水平　D. 基本的标准水平

44. (　　)的选择是绩效评价的重点和难点，也是绩效管理中一个技术性很强的问题。

A. 绩效考评方法　B. 绩效考评标准

C. 绩效考评过程　D. 绩效考评结果

45. 品质主导型的绩效考评的优点是(　　)。

A. 操作简单，能够激励员工提高技能　　B. 开发成本小
C. 实施成本低廉　　D. 反馈功能好

46. 最初被运用于军方设立的评价中心，评价部队战斗能力及选拔士兵的考评办法是(　　)。

A. 关键绩效指标法　　B. KPI
C. 360度　　D. 平衡计分卡

47. 行为主导型的绩效考评的优点是(　　)。

A. 操作简单，能够激励员工提高技能　　B. 开发成本小
C. 实施成本低廉　　D. 短期效应比较强

48. 结果主导型的绩效考评的优点是(　　)。

A. 操作简单，能够激励员工提高技能　　B. 开发成本小
C. 实施成本低廉　　D. 反馈功能好

49. 360度考评方法又称为(　　)。

A. 全方位考评方法　　B. 多角度考评方法
C. 全视角考评方法　　D. 深层次考评方法

50. 具有全方位、多角度特点的绩效考核方法是(　　)。

A. 关键绩效指标法　　B. KPI
C. 平衡计分卡　　D. 360度考评方法

51. 以下属于360考评方法内涵的是(　　)。

A. 客观评价　　B. 主观评价　　C. 自我评价　　D. 工作评价

52. 品质主导型绩效考评方法的缺点是(　　)。

A. 主观性强　　B. 需要经常关注员工的行为
C. 短期效应明显　　D. 实施成本昂贵

53. 行为主导型的绩效考评方法的缺点是(　　)。

A. 主观性强　　B. 需要经常关注员工的行为
C. 短期效应明显　　D. 实施成本昂贵

54. 结果导向型的绩效考评方法的缺点是(　　)。

A. 主观性强　　B. 需要经常关注员工的行为
C. 短期效应比较强　　D. 实施成本昂贵

55. 360度考评有许多优点，例如(　　)。

A. 信息来源广　　B. 侧重综合评价　　C. 促进个人发展　　D. 优化结构调整

56. 关于360度考评方法存在的问题，表述正确的是(　　)。

A. 节省评价成本　　B. 信息安全性隐患
C. 保持评价过程适时性　　D. 不能集中评价

57. (　　)即评定结果是负偏态分布，也就是大多数员工被评为优良。

A. 宽厚误差　　B. 苛严误差　　C. 集中趋势　　D. 中间倾向

58. (　　)即评定结果是正偏态分布，也就是大多数员工被评为不合格或勉强合格。

A. 宽厚误差　　B. 苛严误差　　C. 集中趋势　　D. 中间倾向

59. 以下不需要把360度考评贯彻到企业员工整体发展计划的实施过程中的考评是(　　)。

A. 管理人员能力提高　　B. 员工个人培养

C. 团队建设　　D. 绩效评价

60. 实施360度考评的程序顺序正确的是(　　)。

①统计评价信息并报告结果 ②对被考评人进行考评培训 ③实施考评 ④制订改善绩效计划

A. ①②③④　　B. ③④②①　　C. ③①②④　　D. ②③①④

二、多项选择题

1. 绩效考评的效标主要包括(　　)。

A. 行为性效标　　B. 优越性效标　　C. 特征性效标

D. 一般性效标　　E. 结果性效标

2. 综合性绩效考评方法主要包括(　　)。

A. 图解式评价量表法　　B. 合成考评法

C. 日清日结法　　D. 评价中心

E. 目标管理法

3. 属于分布误差的是(　　)。

A. 宽厚误差　　B. 苛严误差　　C. 集中趋势

D. 中间倾向　　E. 晕轮误差

4. 头脑风暴法应该遵循的基本原则包括(　　)。

A. 鼓励别人改进想法　　B. 依靠个人的冷静思考

C. 思想愈激进愈开放愈好　　D. 强调产生想法的数量

E. 任何时候都不批评别人的想法

5. 关于避免考评误差的方法，说法正确的是(　　)。

A. 可以采用360度的考评方式

B. 考评者自身的素质和绩效管理水平对绩效考评工作影响很大

C. 尽可能建立以行为和结果为导向的考评体系

D. 绩效考评的侧重点应当放在绩效行为和产出结果上

E. 尽可能建立以品质为导向的考评体系

6. 考评者培训的内容主要包括(　　)。

A. 考评者误区培训　　B. 绩效考评指标培训

C. 考评方法培训　　D. 关于如何确定绩效标准的培训

E. 绩效反馈培训

7. 考评者培训的时间一般在(　　)。

A. 修改绩效考评办法后　　B. 进行绩效考评前

C. 管理者刚卸任时　　D. 管理者刚到任时

E. 在进行日常管理技能培训的同时

8. 对于苛严误差的理解正确的有(　　)。

A. 造成紧张的组织气氛　　B. 增加工作压力

C. 涣散员工的士气和斗志　　D. 降低工作满意度

E. 提高业务骨干的积极性、主动性和创造性

9. 绩效考评方法在应用中的偏差有(　　)。

A. 分布误差　　B. 自我中心效应
C. 个人偏见　　D. 优先和近期效应
E. 晕轮误差

10. 下面属于行为导向型考评方法的是(　　)。

A. 选择排列法　　B. 强制分配法
C. 加权选择量表法　　D. 合成考评法
E. 关键事件法

11. 下列属于结果导向型绩效考评方法的是(　　)。

A. 目标管理法　　B. 绩效标准法　　C. 短文法
D. 劳动定额法　　E. 成绩记录法

12. 综合型绩效考评方法中的合成考评法在(　　)方面表现得特别好。

A. 可行性　　B. 准确性　　C. 功能性
D. 开发性　　E. 有效性

13. 下列属于品质特征型的绩效考评指标体系的有(　　)。

A. 组织管理能力　　B. 应变能力　　C. 进取精神
D. 人际关系　　E. 自学能力

14. 以下属于品质特征性考评指标的是(　　)。

A. 性格特征　　B. 兴趣爱好
C. 语言表达能力　　D. 责任感、成就感
E. 举止

15. 进取精神可以理解为(　　)。

A. 使命感　　B. 灵活性　　C. 成就感
D. 竞争意识　　E. 风度

16. 以下属于结果性考评指标的是(　　)。

A. 产品产量　　B. 商品一次开机合格率
C. 产品返修率　　D. 科研成果的水平
E. 获得专利权的项目数

17. 以下属于绩效考评指标体系设计原则的是(　　)。

A. 针对性原则　　B. 科学性原则　　C. 明确性原则
D. 先进性原则　　E. 普遍性原则

18. 绩效考评指标体系的设计方法有(　　)。

A. 要素图示法　　B. 问卷调查法　　C. 个案研究法
D. 面谈法　　E. 经验总结法

19. 下列关于头脑风暴法，描述正确的有(　　)。

A. 本方法更加强调团队合作的精神和发挥集体的力量
B. 头脑风暴法是由亚历克·奥斯本提出的
C. 在选择确定中层管理岗位人员绩效考评指标的过程中，可以应用头脑风暴法
D. 寻求新的和异想天开的解决自己所面临难题的途径与方法
E. 应遵守思想愈激进愈开放愈好的原则

20. 对于头脑风暴法的表述,理解正确的有(　　)。

A. 任何时候都不批评别人的想法　　B. 思想愈激进愈开放愈好

C. 强调产生创意的数量　　D. 鼓励别人改进想法

E. 背靠背的进行不见面的沟通

21. 以下属于绩效考评指标体系设计方法中面谈法具体形式的是(　　)。

A. 座谈讨论法　　B. 个别面谈法　　C. 结构化技术

D. 绩效辅导法　　E. 压力面谈法

22. 绩效考评标准的设计要遵循以下(　　)。

A. 突出不同岗位及不同岗位员工的特点的原则

B. 灵活掌握分寸,能定性不定量的原则

C. 对于标准,要尽量有详细的说明的原则

D. 不但要能反映企业目前的生产、管理水平,还要有一定的先进性的原则

E. 简明扼要原则

23. 360度考评方法的考评者包括(　　)。

A. 被考评者上级　　B. 被考评者下级　　C. 被考评者本人

D. 客户　　E. 同事

24. 战略导向的KPI体系与一般绩效评价体系的区别主要有(　　)。

A. 前者以战略为中心,后者以控制为中心

B. 前者结合财务指标和非财务指标,后者以财务指标为主

C. 前者有助于形成团队合作精神,后者有助于控制管理成本

D. 前者来源于组织的战略目标的需要,后者与组织战略的相关度不高

E. 前者是组织内部自上而下对战略目标的层层分解,后者根据以往的绩效产生

25. KPI体系的意义是(　　)。

A. 约束企业员工行为的新型机制　　B. 有效诠释与传播企业的总体发展战略

C. 实施企业战略规划的重要工具　　D. 彻底转变传统的以控制为中心的管理理念

E. 调动全员的积极性

26. 选择关键绩效指标的原则是(　　)。

A. 整体性　　B. 增值性　　C. 可测性

D. 可控性　　E. 关联性

27. 关于360度考评说法正确的是(　　)。

A. 有助于强化企业的核心价值观　　B. 充分尊重组织成员的意见

C. 定量评价比重比较大　　D. 定性评价比重比较大

E. 促进员工的个人发展

28. 提取关键绩效指标的方法有(　　)。

A. 目标分解法　　B. 关键分析法　　C. 标杆基准法

D. 平衡计分卡　　E. KPI体系

29. 基于信息化绩效考评的优势为(　　)。

A. 克服地域差异给绩效考评者带来的问题

B. 大大降低了考评成本

C. 增加了考评绩效的保密性
D. 保持了整个考评过程的适时性和动态性
E. 降低了考评过程的复杂性

30. 目标分解法包括(　　)。

A. 确定战略的总目标和分目标　　B. 进行业务价值树的决策分析
C. 利用客户关系力分析工作产出　　D. 各项业务关键驱动因素分析
E. 提炼出导致成功的关键绩效模块

31. 标杆基准法的参照标准包括(　　)。

A. 本行业领先的最佳企业　　B. 国内领先的最优企业
C. 世界领先的顶尖企业　　D. 未来预期领先的新星企业
E. 本市领先的龙头企业

32. 在 KPI 指标和指标值的设定上,可选择的参考企业至少存在着三种情况,分别是(　　)。

A. 本行业领先的最佳企业　　B. 居于国内领先地位的最优企业
C. 居于世界领先地位的顶尖企业　　D. 在行业内部有特殊表现的企业
E. 取得市场领先地位的关键因素

33. SMART 这五个字母代表的含义是(　　)。

A. 具体的　　B. 可衡量的　　C. 可实现的
D. 相关性　　E. 有时限的

34. 审核关键绩效指标的要点包括(　　)。

A. 是否具有可操作性　　B. 是否留有可以超越的空间
C. 工作产出是否为最终产品　　D. 多个考评者参与,结果是否可靠、正确
E. KPI 能否解释被考评者 50%以上的工作目标

35. KPI 的标准水平表述正确的是(　　)。

A. 先进的标准水平　　B. 平均的标准水平
C. 基本的标准水平　　D. 本行业的先进和平均水平
E. 期望被考评者达到的水平

36. 设定关键绩效指标常见的问题有(　　)。

A. 工作产出项目过多　　B. 绩效指标设置多样化
C. 绩效指标不够全面　　D. 跟踪和监控关键绩效指标的耗时过多
E. 绩效标准缺乏超越的空间

37. 以下指标可说明该考评指标体系缺乏超越空间的是(　　)。

A. 零错误率　　B. 100%合格品
C. 从不出现不合格品　　D. 所有的产品质量均为合格品
E. 产品遵守 6 西格玛原则

38. 360 度考评中包括以下(　　)考评者。

A. 上级　　B. 本人　　C. 下级
D. 同级　　E. 客户

39. 绩效考评结果的效标作用体现在(　　)。

A. 用于计算人员选拔的预测效度　　B. 用于进行培训评估

C. 用于计算人员选拔的信度　　D. 用于进行培训考核
E. 用于绩效考评

40. 为了检查和评估企业绩效管理系统的有效性,通常可以采用(　　)。

A. 座谈法　　B. 问卷调查法
C. 查看工作记录法　　D. 总体评价法
E. 头脑风暴法

专业技能练习题

一、简答题

1. 简述战略导向KPI绩效评价体系与一般的绩效评价体系的区别和联系。

2. 简述在考评中出现宽厚误差、苛严误差的原因和解决办法。

3. 简述选择关键绩效指标的原则。

二、综合题

1. A公司是一家大型商场,公司包括管理人员和员工共有500多人。由于大家齐心努力,公司销售额不断上升。到了年底,A公司又开始了一年一度的绩效考评,因为每年年底的绩效考评与奖金挂钩,大家都非常重视。人力资源部又将一些考评表发放到各个部门的经理,部门经理要在规定的时间内填完表格,再交回人力资源部。

老张是营业部的经理,他拿到人力资源部送来的考评表格,却不知该怎么办。表格主要包括了对员工工作业绩和工作态度的评价。其中,工作业绩一栏分为五档,每一档只有简短的评语,如超额完成工作任务,基本完成工作任务等等。由于年初种种原因,老张并没有将员工的业绩目标清楚地确定下来,因此在业绩考评时,无法判断谁超额完成任务,谁没有完成任务。工作态度就更难填写了,由于平时没有收集和记录员工的工作表现,到了年底,仅对近一两个月的事情有一点记忆。

由于人力资源部催得紧,老张只好在这些考评表上勾勾圈圈,再加一些轻描淡写的评语,将考评表交给了人力资源部。想到这些绩效考评要与奖金挂钩,老张感到如此做有些不妥,他决定向人力资源部建议重新设计本部门营业人员的考评方法。老张在考虑,为营业人员设计考评方法应该注意哪些问题呢?

请回答下列问题:

(1)该公司绩效管理存在的哪些问题有待于改进和加强?

(2)如何改进绩效管理中存在的问题?

2. 事件一:在全体员工的大会上,领导们说:“我们是新成立的公司,许多地方还很不完善,希望每一位员工都把这份工作看成自己的事业,有什么新想法就提出来,公司一定会重奖的”。有几个“热血青年”的热情受到了鼓舞,纷纷向公司递上了自己的建议书。然而,很多建议书不但石沉大海,甚至还招来了上司的冷嘲热讽:“你如果把写建议书的精力用来多见几个客户的话,你的销售业绩也就不会这么差了”。

事件二:公司表彰了一批员工,可其中有相当一部分人在大多数的员工看来是不应该上这个光荣榜的,因为他们的工作表现一般,无论是业绩还是态度都只能算中等。经过分析,大家得出了比较一致的观点:和领导走得近一点,私人关系好一点,比工作干得卖力点更为重要。

事件三：B 从一名普通员工很快升到总经理秘书，从公司组织结构图来看，她的地位和副总是一样的。总经理也总是人前人后地夸她："B 是公司最勤奋的人了，每天总是最后一个离开公司"。此后，公司加班的人逐渐多了起来，可其中真正干活的却没几个。大家上网玩游戏的有之，聊天的亦有之。总之，公司里的"人气"倒是旺了不少。

请你谈谈对三个事件的看法，对企业人力资源管理有何建议？

3. DS 公司的员工考核主要分为两个方面：一方面是员工的行为（Behaviors）；另一个是工作结果（Performance/Outcome）。每个员工在年初就要和主管定下当年最主要的工作目标是什么。以前 DS 公司是每年订一次目标，现发展的速度变快，市场的变化也加剧，所以 DS 公司对员工的考核是随时的，经常会对已定的目标进行调整。每个员工除了和自己的老板订目标，还有可能与其他部门一起合作项目，许多人都会参加到同一个项目里。所以一个员工的业绩考核不是一个人说了算，不是一个方面能反映，而是很多方面的反馈，除了自己的主管外，还有很多共事的人及手下的人对你所评价。

对员工的行为和结果的考核因为是经常性的，员工在工作中出现什么不足，会从周围人和主管那里获得信息，所以一般不会出现到了年终总结时，考核结果会让员工非常惊讶（Surprise）的情况，最多是有些不同看法。主管会与员工进行沟通，力求评估能够让员工获得非常积极的认识。DS 公司许多不同级别的领导层都是在评估中发现的，通过评估发现员工的潜能，员工就有可能被选入发展下一代领导的计划。

DS 公司评估的整个过程通常要花两个月的时间。大家都非常认真对待评估，因为这既是对自己负责，也是对别人负责。评估虽然跟员工的薪水挂钩，但是员工的工资并不完全取决于评估。员工的工资除了看个人对公司的贡献，还要看整体人力市场情况。用薪金奖励进步员工只是一种比较简单的手段，留住优秀人才，物质奖励只是一个临时方式，随着时间的推移，员工的物质生活水平提高了，薪金的激励作用就会慢慢地降低。这就是所谓薪金和劳动生产率不是绝对成正比的关系。对员工进行发展规划，帮助员工制定他的职业计划，才会更加激励员工进步。

DS 公司在激励员工方面更注重员工的职业发展，如让员工轮岗（Job Rotation），使他们能够有机会发展。"我们是一个关怀员工（caring）的公司，我们鼓励相互支持，老板和员工之间非常支持。老板有发展员工的责任，员工也有积极参与的责任。"DS 公司称主管为"People Manager"，他们将很大一部分精力投入在有效管理和激发员工的潜能上。

绩效考评结果是员工升职的一个参考条件。DS 公司对每个升职员工都会有特定的考虑，包括该员工一直以来的表现，以及他的潜能。

DS 公司认为一个管理者的潜能包括四个方面：一是学习的能力，认为一名管理者的学习能力比他的知识和经验更重要，因为市场在发生快速变化，知识在不断更新，学习的速度和能力是作为一名管理者非常关键的素质；二是取得工作成绩的能力，管理者不但要善于计划，而且要能够取得成绩，这也是重要方面；三是带动影响别人的能力，这是管理者的基本素质，每个管理者都要有帮助别人发展的能力；四是对公司业绩的贡献。

提拔一名员工，往往会对该员工有两年的高绩效要求，这个要求包括他的工作业绩和行为表现（Outcome/Behavior）。DS 公司对员工升职的考核非常严格和科学，目的是让员工走上管理岗位就一定能够成功。该公司对升职人选还要进行一次高层评估，即通过公司里更高级别的经理们和他们交流，来考察这个员工各方面的情况。

请回答下列问题：

(1)DS公司的绩效评估体系，主要采用的什么方法？

(2)DS公司的绩效考核是不是只关注员工的工作业绩？

(3)轮岗制对培养领导者有什么好处？

答案与解析

理论知识练习题

一、单项选择题

1. 答案:C(P359) 效标即指评价员工绩效的指标及标准。

2. 答案:C(P359) 特征性效标有忠诚性、可靠度、沟通能力、领导技巧等。

3. 答案:A(P359) 企业采取“以多元化的价值观为中心”的企业文化时，由于企业文化的内涵是一种抽象的概念，很难有具体的指标可以衡量主管与下属的绩效，这时，采用行为性效标也可以弥补其不足。

4. 答案:B(P359) 结果性效标最常见的问题是若干质化指标较难量化。

5. 答案:A(P381) 本题考查的是单项劝导式面谈的含义。

6. 答案:B(P381) 本题考查的是双向倾听式面谈的含义。

7. 答案:A(P340) 本题考查的是关键分析法的定义和内涵。

8. 答案:C(P339) 本题考查的是目标分解法的定义和内涵。

9. 答案:A(P326) 本题考查的是绩效要素图示法的定义。

10. 答案:C(P328) 本题考查的是个案研究法的定义。

11. 答案:D(P350～351) 本题考查的是绩效沟通的内容。

12. 答案:B(P362) 苛严误差亦称严格、偏紧误差，即评定结果是呈正偏态分布。

13. 答案:D(P363) 近期效应是指考评者根据下属最近的绩效信息，对其考评期内的全部表现做出的总评价，以近期的部分信息替代全期的全部信息，从而出现了“以近代远”的考评偏差。

14. 答案:D(P365) 评价标准的不明确是影响考评结果的客观原因。

15. 答案:D(P359) 直接指标法属于结果导向型的考评方法。

16. 答案:B(P359) 排列法属于行为导向型的主观考评方法。

17. 答案:B(P320) 品质特征的考证指标主要有：性格特征、兴趣爱好、举止(含仪表、风度和气质等)、记忆能力、语言表达能力、思维判断能力、理解想象能力等。

18. 答案:C(P323) 工作结果型的绩效指标体系，是潜在劳动的结果，是劳动的固化和凝结。

19. 答案:D(P324～325) 绩效评价指标体系的设计原则有针对性原则、科学性原则、明确性原则等。

20. 答案:B(P326) 要素图示法是将某类人员的绩效特征用图表描绘出来，然后加以分析研究，确定需考评的绩效要素。

21. 答案:B(P328) 个案研究法是通过选取若干具有代表性的典型人物、事件或岗位的绩效特征进行分析研究，来确定绩效考评指标和考评要素体系。

22. 答案:D(P328) 头脑风暴法应遵守四个基本原则：①任何时候都不批评别人的想

法；②思想愈激进愈开放愈好；③鼓励别人改进想法；④强调产生想法的数量。

23. 答案:C(P329)　设计绩效考评指标体系的步骤为：工作分析；理论验证；进行指标调查，确定指标体系；进行必要的修改和调整。

24. 答案:B(P333～334)　绩效考评标准在编制时要遵循如下原则：定量准确、先进合理、简明扼要、突出特点。

25. 答案:A(P353)　本题考查的是沟通的功能。

26. 答案:D(P338～339)　选择关键绩效指标的原则是：整体性、增值性、可控性、可测性、关联性。

27. 答案:B(P339)　KPI指标标准体系必须具有可测性，对各个指标标准有明确的界定和简便易行的计算方法，以保障相关数据资料的可靠性、准确性和公正性。

28. 答案:C(P363)　克服分布误差的最佳方法是"强迫分布法"，即将全体员工从优到劣依次排列，然后按各分数段的理论次数分布分别给予相应的评分。

29. 答案:B(P359)　本题考查的是效标的定义。

30. 答案:D(P359)　本题考查的是结果性效标的含义和特点。

31. 答案:C(P359)　本题考查的是行为性效标的含义和特点。

32. 答案:D(P339～340)　提取关键绩效指标的方法有：目标分解法、关键分析法、标杆基准法。

33. 答案:D(P340)　战略目标确定后，就要利用业务价值树进行决策分析，对战略方案和计划进行评价。

34. 答案:D(P343)　SMART方法是5个英文单词第一个字母的结合，其中"S"指具体的，"M"指可以衡量的，"A"指可实现的，"R"指相关性，"T"指有时限的。

35. 答案:A(P343)　SMART方法是5个英文单词第一个字母的结合，其中"S"指具体的，"M"指可以衡量的，"A"指可实现的，"R"指相关性，"T"指有时限的。

36. 答案:B(P343)　SMART方法是5个英文单词第一个字母的结合，其中"S"指具体的，"M"指可以衡量的，"A"指可实现的，"R"指相关性，"T"指有时限的。

37. 答案:C(P343)　SMART方法是5个英文单词第一个字母的结合，其中"S"指具体的，"M"指可以衡量的，"A"指可实现的，"R"指相关性，"T"指有时限的。

38. 答案:D(P343)　SMART方法是5个英文单词第一个字母的结合，其中"S"指具体的，"M"指可以衡量的，"A"指可实现的，"R"指相关性，"T"指有时限的。

39. 答案:D(P343)　关键绩效指标包括数量指标、质量指标、成本指标和时限指标。

40. 答案:B(P343)　关键绩效指标包括数量指标、质量指标、成本指标和时限指标。

41. 答案:A(P344)　对于数量化的绩效指标，设定的考评标准通常是一个范围。

42. 答案:D(P343)　见教材表4-8。

43. 答案:C(P344)　KPI的标准水平包括：先进的标准水平、平均的标准水平、基本的标准水平。

44. 答案:A(P360)　本题考查的是绩效考评方法选择的重要性。只有正确地选择并恰当地运用绩效考评方法，才可以得到公正、客观的评价结果。

45. 答案:A(P360)　见教材表4-10。

46. 答案:C(P371)　360度考评方法产生于20世纪40年代，最初被运用于英国军方所设立的评价中心,在评价部队战斗能力以及选拔士兵等活动中发挥了重要作用。

47. 答案:B(P360) 见教材表4-10。

48. 答案:C(P360) 见教材表4-10。

49. 答案:C(P372) 360度考评方法又称为全视角考评方法。

50. 答案:D(P372) 360度考评具有全方位、多角度的特点。

51. 答案:C(P372) 360度考评方法的内涵:它是指由被考评者的上级、同事、下级和客户以及被考评者本人担任考评者,从多个角度对被考评者进行360度的全方位评价,再通过反馈程序,达到改变行为、提高绩效等目的的考评方法。

52. 答案:A(P360) 见教材表4-10。

53. 答案:B(P360) 见教材表4-10。

54. 答案:C(P360) 见教材表4-10。

55. 答案:C(P372) 360度考评方法的优点包括:具有全方位、多角度的特点;考虑深层次的胜任特征;有助于强化企业的核心价值观;采用匿名考评方式;充分尊重组织成员的意见;加强了管理者与组织员工的双向交流;促进员工个人发展。

56. 答案:B(P373) 360度考评方法的缺点有:定性评价比重较大;不同渠道得来的信息并非总是一致的;增加了收集和处理数据的成本;考评过程中可能会造成组织内部紧张气氛。

57. 答案:A(P362) 本题考查的是宽厚误差的内涵。

58. 答案:B(P362) 本题考查的是苛严误差的内涵,和宽厚误差正好相反。

59. 答案:D(P375) 如果360度考评的方法是用于管理人员能力提高、员工个人培养、同伴指导和团队建设,则应把360度考评贯彻到企业员工整体发展计划的实施过程中。

60. 答案:C(P374) 实施360度考评的方法是:①实施考评;②统计评价信息并报告结果;③对被考评人员进行如何接受他人评价信息的培训;④企业管理部门应针对考评的结果所反映出来的问题,制订改善绩效的行动计划。

二、多项选择题

1. 答案:ACE(P359) 绩效考评的效标主要包括:行为性效标、特征性效标、结果性效标。

2. 答案:AB(P360) 综合性绩效考评方法主要包括:图解式评价量表法、合成考评法。

3. 答案:ABCD(P363) 本题考查的是分布误差的内涵,晕轮误差不属于分布误差。

4. 答案:ACDE(P328) 头脑风暴法应该遵循的基本原则是:任何时候都不批评别人的想法;思想愈激进愈开放愈好;强调产生想法的数量;鼓励别人改进想法。

5. 答案:ABCD(P366) 本题考查的是避免考评误差的方法。应尽可能建立以行为和结果为导向的考评体系。

6. 答案:ABCDE(P368~369) 本题考查的是考评者培训的内容,一共六项,除去选项中的五项外,还有关于绩效信息收集方法的培训。

7. 答案:ABDE(P369~370) 本题考查的是考评者培训时间的选择。教材中一共列举了四个进行考评的时机。

8. 答案:ABCD(P362) 苛严误差对组织来说,容易造成紧张的组织氛围;对个体来说,容易增加工作压力,涣散员工的士气,降低工作的满意度。

9. 答案:ABCDE(P362~365) 绩效考评方法在应用中的偏差有:分布误差、自我中心效应、个人偏见、晕轮误差、优先和近期效应等。

10. 答案:ABCE(P359)　行为导向型的考评方法有:选择排列法、强制分配法、加权选择量表法、关键事件法等。

11. 答案:ABCDE(P359)　结果导向型的绩效考评方法有:目标管理法、绩效标准法、短文法、劳动定额法、成绩记录法等。

12. 答案:ABCDE(P361)　见教材表4-11。

13. 答案:ABCDE(P320)　品质特征型的绩效考评指标体系有:组织管理能力、应变能力、进取精神、人际关系、自学能力等。

14. 答案:ABCDE(P320)　品质特征性的绩效考评指标有:性格特征、兴趣爱好、语言表达能力、责任感、成就感、举止等。

15. 答案:ACD(P320)　进取精神(含事业进取心、责任感、成就感、使命感、竞争意识等)。

16. 答案:ABCDE(P323)　工作结果性的绩效考评指标,如产品产量、商品销售量、劳动定额完成情况、商品一次开机合格率、产品返修率、科研成果的水平、获得专利权的项目数等。

17. 答案:ABC(P324～325)　绩效考评指标体系的设计原则包括:针对性原则、科学性原则、明确性原则等。

18. 答案:ABCDE(P325～328)　绩效考评指标体系的设计方法包括:要素图示法、问卷调查法、个案研究法、面谈法、经验总结法、头脑风暴法。

19. 答案:ABCDE(P328～329)　头脑风暴法是由亚历克·奥斯本提出的,目的是寻求新的和异想天开的解决自己所面临难题的途径与方法。本方法更加强调团队合作的精神和发挥集体的力量。在选择确定一些特殊岗位人员绩效考评指标的过程中,可以应用头脑风暴法。在使用"头脑风暴法"进行集体讨论时,应遵守以下原则:任何时候都不批评别人的想法;思想愈激进愈开放愈好;强调产生创意的数量;鼓励别人改进想法。

20. 答案:ABCD(P328)　在使用"头脑风暴法"进行集体讨论时,应遵守以下原则:任何时候都不批评别人的想法;思想愈激进愈开放愈好;强调产生想法的数量;鼓励别人改进想法。

21. 答案:AB(P328)　面谈法有两种具体形式:座谈讨论法和个别面谈法。

22. 答案:ADE(P333～334)　绩效考评标准的设计要遵循如下原则:定量准确的原则;先进合理的原则;突出特点的原则;简明扼要的原则。

23. 答案:ABCDE(P372)　360度考评是全方位的考评,选项中各项都可以作为考评者。

24. 答案:ABDE(P337)　战略导向的KPI体系与一般绩效考评体系的主要区别是:①从绩效考评的目的来看,前者是以战略为中心,指标体系的设计与运用都是为战略目标服务的;而后者是以控制为中心,指标体系的设计与运用来源于控制的意图,为了更有效地控制员工个人的行为。②从考评指标产生的过程来看,前者是在组织内部自上而下对战略目标进行层层分解产生;而后者通常是自下而上根据个人以往的绩效与目标产生的。③从考评指标的构成上看,前者是通过财务与非财务指标相结合,体现关注短期效益,兼顾长期发展的原则;指标本身不仅传达了结果,也传递了产生结果的过程,而后者是以财务指标为主,非财务指标为辅,注重对过去绩效的考评,且指导绩效改进的出发点是过去绩效存在的问题,绩效改进行动与战略需要脱钩。④从指标的来源看,前者是源于组织的战略目标与竞争的需要,有助于推进组织战略的实施;而后者与组织战略的相关程度不高,来源于特定的程序,即对过去行为与绩效的修正,与个人绩效的好坏密切相关。

25. 答案:ABCDE(P336～337)　KPI体系的意义是:约束企业员工行为的新型机制;有

效地诠释与传播企业的总体发展战略,是实施企业战略规划的重要工具;彻底转变传统的以控制为中心的管理理念,调动全员的积极性、主动性和创造性。

26. 答案:ABCDE(P338～339) 选择关键绩效指标的原则是:整体性、增值性、可测性、可控性、关联性。

27. 答案:ABDE(P373) 本题考查的是360度考评的特点。360度考评主要是定性的考评。

28. 答案:ABC(P339～340) 提取关键绩效指标的方法有:目标分解法、关键分析法、标杆基准法

29. 答案:ABCDE(P377) 本题考查的是基于信息化考评的优点。

30. 答案:ABD(P339～340) 目标分解法包括:①确定战略的总目标和分目标;②进行业务价值树的决策分析;③各项业务关键驱动因素分析。

31. 答案:ABC(P340) 使用标杆基准法可以选择的参考企业至少存在三种情况:本行业领先的最佳企业;居于国内领先地位的最优企业;居于世界领先地位的顶尖企业。

32. 答案:ABC(P340) 可选择的参考企业至少存在着三种情况:本行业领先的最佳企业;居于国内领先地位的最优企业;居于世界领先地位的顶尖企业。

33. 答案:ABCDE(P343) SMART这五个字母代表的含义是:具体的、可衡量的、可实现的、相关性、有时限的。

34. 答案:ABCD(P344～345) 审核关键绩效指标的要点包括:是否具有可操作性;是否留有可以超越的空间;工作产出是否为最终产品;多个考评者参与,结果是否可靠、正确;KPI能否解释被考评者80%以上的工作目标。

35. 答案:ABCDE(P344) KPI的标准水平可分为三类:先进的标准水平,包括本行业先进水平;平均的标准水平,包括本行业平均水平;基本的标准水平,指期望被考评者达到的水平。

36. 答案:ACDE(P346) 见教材表4-9。

37. 答案:ABCD(P346) 绩效标准缺乏超越空间的问题的表现形式是:零错误率、100%合格品、从不出现不合格品、所有的产品质量均为合格品(见教材表4-9)。

38. 答案:ABCDE(P372) 360度考评中考评者包括:上级、同级、下级、本人、客户。

39. 答案:AB(P383) 本题考查的是绩效考评结果的效标作用,主要体现在两个方面:用于计算人员选拔的预测效度、用于进行培训评估。

40. 答案:ABCD(P388) 检查和评估企业绩效管理系统的有效与否,宜采用座谈法、问卷调查法、查看工作记录法和头脑风暴法。

专业技能练习题

一、简答题

1. 参考答案:(P337)

1)从绩效考评的目的来看,前者以战略为中心,后者以控制为中心。

2)从考评指标产生的过程来看,前者在组织内部自上而下分解战略产生,后者自下而上根据个人以往的绩效与目标产生。

3)从考评的构成上看,前者通过财务与非财务指标相结合,后者以财务指标为主,非财务

指标为辅。

4)从指标的来源看,前者来源于组织的战略目标与竞争的需要,后者与组织战略的相关程度不高。

2. 参考答案:(P362)

宽厚误差亦称宽松误差,即评定结果是负偏态分布,也就是大多数员工被评为优良。原因如下:①因为评价标准过低造成的;②主管为了缓和关系、避免冲突和对抗,给下属过高的评价;③采用了主观性很强的考评标准和方法;④在考评中曾与被考评者反复多次进行沟通;⑤"护短"心理,为了避免本单位不光彩事情的扩展,担心如不良记录人员过多,会"砸牌子",影响本部门的声誉;⑥对那些已经付出很大努力的员工进行鼓励,或希望提高那些薪资水平低的员工的薪酬待遇;⑦"水至清则无鱼,人至察则无徒",认为考评过于严格和精确,不利于激励员工;⑧尽量避免产生长久的、消极的影响,如怕影响员工今后的提升;⑨对那些一贯优秀的业务骨干,即使他们有一定的失误,也要予以保护。

苛严误差亦称严格、偏紧误差,即评定结果是正偏态分布,也就是大多数员工被评为不合格或勉强合格。原因如下:①可能是因为评定标准过高造成的;②惩罚那些难以对付不服管理的人;③迫使某些有问题的员工辞职或为有计划的减员提供有说服力的证据;④压缩提薪或奖励人数的比例;⑤自认为应当严格执行上级对优秀者的评估标准。

解决上述误差的最佳方法就是"强制分布法"。

3. 参考答案:(P338~339)

选择关键绩效指标的原则有以下几种:①整体性原则:它应当是一个完整的用于管理被考评者绩效的定量化、行为化的指标和标准体系;②增值性原则:应当对企业的发展、整体价值和业务重点产生重要的影响,使组织目标不断增值;③可测性原则:各指标有明确的界定和简便易行的计算方法,有利于管理者采集获取和处理;④可控性原则:关键绩效指标体系的结构和内容应当在相关岗位人员可以控制的范围之内,同时数值和先进程度控制在员工通过努力能够达到的水平上;⑤关联性原则:绩效指标之间只有在时间和空间上具有相互依存性,有利于考评、沟通和落实,才能促进组织和员工的绩效水平的不断提高。

二、综合题

1. 参考答案:

(1)该公司存在的绩效管理问题如下:

1)考核目的不明确。绩效评估的目的是发现员工工作的长处与不足,改进员工以及组织的整体绩效,促进员工与组织的提高与发展,而不是为了考评而考评。

2)绩效目标不清楚。考评者和被考评者对于被考评者的绩效目标竟然模糊,使得考核没有了对比标准。

3)平常的工作过程中忽视关于员工工作行为的记录,使得考评时缺乏证据性资料,使得考评结果的可靠性降低。

4)在考核过程中,考评者以被考评者近期的绩效表现代表其整个考核期的表现,这种"以近概全"的方式使得考评结果的正确性降低。

5)考核周期设置不当。营业部门的业绩考核周期过长,不利于发现、解决问题,也不利于平时收集员工的绩效信息。

(2)提高绩效管理的措施如下:

1)明确考核的目的。

2)重新设计考核周期并缩短考核周期。

3)有利于员工平时绩效考核信息的收集。

4)重视绩效面谈的作用。

5)制订绩效改进计划,为员工的绩效改进作必要的指导。

6)考核指标进一步量化。

7)加强管理者关于绩效考核的培训。

8)考评体系中加入对员工能力的考评。

2. 参考答案:

1)事件一中该公司领导随意许以承诺却没有兑现,会使该公司的员工对公司的奖惩制度产生怀疑和不解,造成公司绩效考评制度运作的混乱,最终严重地打击了员工的积极性。作为一个新公司,应该尤其注重发挥员工的积极性和创造性,这样才能保持应有的活力,而该公司的做法,必然导致公司创新能力的下降。

2)事件二表明该公司的绩效考评不科学,对员工的奖励主要甚至完全是取决于领导的主观感受,造成了考评结果不能正确反映出员工本身的品德、能力、态度和业绩。科学的绩效考评应该是能比较客观地反映出该员工各方面的品质,因此会是量化或行为化的指标,而且是有多角度的,并且根据具体情况,各角度最终所占的比重也有所不同的,而不应该完全由领导来评判。

3)事件三中员工职位的升迁没有相应的绩效考评制度支持,这样会造成员工职位升迁难以服众,而有关领导的某些话语又会暗示员工做出某些表现,但这些表现未必对公司会有利。如果有科学的升迁考评制度,则一方面可以引领和鼓励员工更好地为公司工作,另一方面可以为公司内部职位的升降提供依据,用以服众。

4)公司奖励什么行为就是鼓励员工多发生类似的行为,惩罚什么行为也就是希望在员工中抑制甚至杜绝类似行为的发生。从以上几个事件可以看出,该公司不能鼓励员工参与公司决策,而是鼓励了听话、和领导保持"密切"关系的员工,或是仅会做表面文章,看似"埋头苦干",但不能给公司带来任何效益的行为。对于一个新成立的公司,它实际上这样的奖励和惩罚行为都和它的发展战略背道而驰,长此以往,员工的精力都放在了和领导建立私人关系上,而长时间的"工作"身心俱疲,怎么可能为公司带来效益。企业真正应当塑造的行为,应当是正当的、真正有利于公司和个人发展的行为,而不是这些错误的行为。按照人力资源管理学的理念,对于任何企业来说,绩效考评制度是极其重要的,因为它涉及公司的创新机制、员工的奖惩和职位变动,所以说没有考核就等于没有管理。因此,该公司急需要建立起科学合理的绩效考评制度,并且在此基础上建立合理的薪酬奖惩和职位升降制度。

3. 参考答案:

(1)该公司采用的是目标管理法和360度评估两种方法。

(2)该公司不是只关注员工的工作业绩及其行为和潜能。

(3)轮岗制对培养领导者的好处是:①能丰富受训者的工作经验,增加其对企业工作的了解;②使受训者明确自己的长处和弱点,找到自己适合的位置;③改善部门间的合作,使管理者能更好地了解部门间的问题。

不足之处是:此法鼓励"通才化",适合于一般直线管理人员的培训,不适用于职能管理人员的培训。

第五章　薪酬管理

理论知识练习题

一、单项选择题

1. 国内外绝大多数的企业在确定自己员工的薪酬水平时，都非常重视的是(　　)。

A. 薪酬调查的分析　　B. 薪酬调查的数据采集和分析
C. 薪酬水平的确定方法　　D. 薪酬市场调查

2. 在劳动力市场竞争过程中，(　　)的高低表现为用人单位与劳动者之间的博弈。

A. 薪酬的确定　B. 薪酬调查　C. 薪酬水平　D. 薪酬分析

3. 通过(　　)能够获得劳动力市场各类员工薪酬水平及其结构等方面的真实信息。

A. 薪酬决策　B. 薪酬采集　C. 薪酬的分析　D. 薪酬的市场调查

4. 企业采用科学的方法，通过各种途径，采集有关企业各类人员的工资福利待遇以及支付状况的信息，并进行必要处理分析的过程是指(　　)。

A. 市场调查　B. 需求调查　C. 薪酬调查　D. 福利调查

5. 薪酬水平都是在直接或间接进行的薪酬调查的基础上确定的是(　　)。

A. 岗位薪酬　B. 职位薪酬　C. 特定岗位薪酬　D. 专业岗位薪酬

6. (　　)是员工为企业提供劳动而得到的各种货币与实物报酬的总和。

A. 工资　B. 薪酬　C. 社会保险　D. 红利

7. 薪酬调查中，借助咨询公司的力量来完成的是(　　)。

A. 商业性薪酬调查　　B. 政府薪酬调查
C. 专业性薪酬调查　　D. 特殊人群体薪酬调查

8. 由国家劳动、人事、统计等部门进行的薪酬调查是(　　)。

A. 政府薪酬调查　B. 专业性调查　C. 商业性调查　D. 市场性调查

9. 从调查的组织者来看，以下不是正式薪酬调查的是(　　)。

A. 薪酬满意度调查　　B. 商业性薪酬调查
C. 专业性薪酬调查　　D. 政府薪酬调查

10. 薪酬是能够为企业和投资者带来预期收益的资本，体现了薪酬的(　　)功能。

A. 增值　B. 控制成本　C. 塑造企业文化　D. 改善经营绩效

11. 薪酬是企业合理配置劳动力并提高企业效率的杠杆，体现了薪酬的(　　)功能。

A. 增值功能　B. 导向功能　C. 配置功能　D. 支持企业变革

12. 在进行薪酬市场调查中，确定调查的企业、岗位、数据和时间段是属于(　　)。

A. 确定调查目的　B. 确定调查范围　C. 选择调查方式　D. 统计分析调查数据

13. 薪酬调查过程中，确定被调查的岗位时应当遵循(　　)的原则。

A. 相关性　B. 可比性　C. 区别性　D. 对比性

14. 在选定被调查的岗位时，调查者必须掌握最新的(　　)。

A. 市场环境资料　　B. 竞争对手资料

C. 工作岗位说明书　　D. 企业经营战略部署

15. 从岗位描述的详细程度上来看,在理想情况下(　　)。

A. 岗位描述要简述　　B. 岗位描述要明确

C. 岗位描述要简化　　D. 岗位描述不宜冗长

16. (　　)是薪酬的主要功能。

A. 保障　　B. 消费　　C. 激励　　D. 交换

17. 常见的薪酬调查中,到有关行业协会采集公布的数据的方法属于(　　)。

A. 企业之间相互调查　　B. 问卷调查

C. 采集社会公开的信息　　D. 委托中介机构

18. 在薪酬调查数据的统计分析中,如果被调查单位没有给出某类岗位完整的工资数据,只能采集到某类岗位的平均工资数据,所应采取的分析方法应为(　　)。

A. 数据排列法　　B. 频率分析法　　C. 回归分析法　　D. 简单平均法

19. 先将调查的同一类数据由高到低排列,再计算出数据排列中的中间数据,即25%、50%、75%点的统计分析方法是(　　)。

A. 频率分析法　　B. 趋势分析法　　C. 离散分析法　　D. 数据排列法

20. 记录在各工资额度内各类企业岗位平均工资水平出现的频率,从而了解某类岗位人员工资水平的方法是(　　)。

A. 趋势分析法　　B. 频率分析法　　C. 离散分析法　　D. 数据排列法

21. 下列方法中不用于薪酬调查数据统计分析的是(　　)。

A. 数据排列　　B. 频率分析　　C. 差异检验　　D. 回归分析

22. 薪酬水平低的企业应注意(　　)点处的薪酬水平。

A. 50%　　B. 25%　　C. 90%　　D. 75%

23. 岗位分类中的细类是(　　)。

A. 职门　　B. 职组　　C. 职系　　D. 岗级

24. 职门、职组、职系中最大的是(　　)。

A. 职门　　B. 职组　　C. 职系　　D. 岗级

25. 由工作性质和基本特征相似相近,而任务轻重、责任大小、繁简难易程度和要求不同的岗位所构成的岗位序列称为(　　)。

A. 职组　　B. 职门　　C. 岗级　　D. 职系

26. 工作性质和特征相近的若干职系构成的岗位群是(　　)。

A. 职组　　B. 职门　　C. 岗级　　D. 职系

27. 我们常常提到的"一级教师"是指工作岗位分类中的(　　)。

A. 职组　　B. 职门　　C. 岗级　　D. 职系

28. 同一职系中,工作内容、难易程度、责任大小、所需资格皆很相似的职位的集合是(　　)。

A. 职组　　B. 职门　　C. 岗级　　D. 职系

29. 工作性质不同或主要职务不同,但其困难程度、职责大小、工作所需资格等条件充分相同的不同职系的岗位同一级别的是(　　)。

A. 职组　　B. 职门　　C. 岗级　　D. 岗等

30. 概括来说,薪酬管理包括(　　)两个方面。

A. 薪酬体系设计和薪酬日常管理 B. 薪酬结构管理和薪酬日常管理
C. 薪酬体系设计和薪酬结构管理 D. 薪酬总额管理和薪酬结构管理

31. ( )是以员工在生产经营工作中的岗位为基础确定薪酬等级和薪酬标准，进行薪酬支付的薪酬制度。

A. 岗位薪酬制 B. 技能薪酬制 C. 能力薪酬制 D. 绩效薪酬制

32. 具有“对人不对事”这一特点的工作分类是( )。

A. 岗位分级 B. 岗位分类 C. 品位分级 D. 品位分类

33. ( )是指在一个岗位内设置几个薪酬标准以反映岗位内部员工之间的劳动差别的岗位薪酬制度。

A. 一岗一薪制 B. 一岗多薪制
C. 岗位薪点薪酬制 D. 技能薪酬制

34. 岗位薪酬制的最大特点就是薪酬的给予( )。

A. 对人不对岗 B. 对岗不对人 C. 人岗同对 D. 既不对人也不对岗

35. 薪点值中由部门的生产经营状况决定的部分称为( )。

A. 标准值 B. 固定值 C. 浮动值 D. 基本值

36. ( )的主要特点是薪酬标准不是以金额表示的，而是用薪点表示的，而且点值的大小由企业或部门的经济效益确定。

A. 一岗一薪制 B. 一岗多薪制
C. 岗位薪点薪酬制 D. 技能薪酬制

37. 能够鼓励员工发展各项技能，提高业绩表现，增强参与意识的薪酬种类是( )。

A. 能力薪酬 B. 提成工资 C. 技术薪酬 D. 岗位薪酬

38. 能力薪酬主要适用于企业的( )。

A. 金领 B. 白领 C. 蓝领 D. 灰领

39. ( )是以员工的技术和能力为基础的薪酬。

A. 技能薪酬制 B. 岗位薪酬制 C. 绩效薪酬制 D. 经营者年薪制

40. 以应用知识为基础的薪酬是( )。

A. 岗位薪酬 B. 绩效薪酬 C. 技术薪酬 D. 技能薪酬

41. 关于绩效薪酬说法错误的是( )。

A. 佣金制不属于绩效薪酬形式 B. 绩效薪酬过于强调个人的绩效
C. 计件工资属于绩效薪酬形式 D. 绩效薪酬的基础缺乏公平性

42. 技术薪酬是以应用知识为基础的薪酬，主要应用于( )员工。

A. 白领 B. 蓝领 C. 绿领 D. 红领

43. 能力薪酬主要适用于企业的专家人员和主管人员，属于( )薪酬。

A. 白领 B. 蓝领 C. 绿领 D. 红领

44. 激励性薪酬更适用于( )。

A. 平行团队薪酬制度 B. 流程团队薪酬制度
C. 垂直团队薪酬制度 D. 项目团队薪酬制度

45. 不同薪酬等级之间工资相差的幅度是( )。

A. 薪酬级差 B. 薪酬浮动幅度 C. 薪酬档次 D. 薪酬等级

46. 同一薪酬等级中,最高档次的薪酬水平和最低档次之间的薪酬差距是(   )。

A. 薪酬级差　B. 薪酬浮动幅度　C. 薪酬档次　D. 薪酬等级

47. 各个薪酬等级工资浮动的幅度越大,等级重叠度就越(   )。

A. 高　B. 低　C. 完全对等　D. 没有明显趋势

48. 各个相邻的薪酬等级浮动幅度在数值上的交叉程度是(   )。

A. 薪酬级差　B. 浮动幅度　C. 等级重叠　D. 薪酬等级

49. 关于绩效薪酬制的说法错误的是(   )。

A. 绩效薪酬制的基础缺乏公平性　B. 绩效薪酬过于强调个人绩效

C. 注重个人绩效差异的评定　D. 绩效薪酬的基础相对来说是公平的

50. (   )是根据员工生产合格产品的数量或完成的作业量,按照预先规定的计件单价支付的劳动报酬。

A. 计件薪酬制　B. 提成制　C. 经营者年薪制　D. 佣金制

51. 宽带薪酬结构能引导员工(   )。

A. 能力提高　B. 工作效率提高　C. 自我提高　D. 技能提高

52. 保证工资正常运行和调整的重要组成部分是(   )。

A. 薪酬管理　B. 绩效考核　C. 奖励机制　D. 薪酬调整

53. (   )是指各个相邻的薪酬等级浮动幅度在数值上交叉程度。

A. 浮动幅度　B. 等级重叠　C. 级差重叠　D. 档次重叠

54. 效益性调整是一种当企业效益提高时,对(   )给予等比例奖励的薪酬调整方法。

A. 全体员工　B. 销售部门　C. 管理人员　D. 基层员工

55. 员工取得比现有等级高一等级的有效学历证书,一般从取得高一等级证书之月起晋升薪酬档次是薪酬标准档次调整的(   )。

A."技变"晋档　B."学变"晋档　C."龄变"晋档　D."考核"晋档

56. (   )是指不同等级之间薪酬相差的幅度,即企业内部最高等级与最低等级的薪酬比例关系以及其他各等级之间的薪酬比例关系。

A. 薪酬级差　B. 薪酬幅度　C. 薪酬档次　D. 薪酬重叠

57.《企业年金试行办法》(劳动和社会保障部令第20号)是自(   )起开始施行的。

A. 2005年4月1日　B. 2005年1月1日

C. 2004年5月1日　D. 2006年1月1日

58. 以下关于企业年金表述正确的是(   )。

A. 企业年金是所有企业必须建立的制度

B. 企业年金可以替代企业基本养老保险

C. 企业年金不适用于试用期内的员工

D. 企业年金的缴费全部都可以从成本列支

59. 根据我国企业年金的相关规定,企业缴费在工资总额(   )以内的部分可以从成本中列支。

A. 5%　B. 4%　C. 6%　D. 8%

60. 企业年金是指企业及员工在依法参加(   )的基础上,自愿建立的(   )制度。

A. 基本养老保险;补充养老保险　B. 医疗保险;补充医疗保险

C. 失业保险；补充失业保险　　D. 大额互助保险；补充保险

61. 企业年金的企业缴费每年不超过本企业上年度员工工资总额的(　　)。

A. 1/6　　B. 1/14　　C. 1/12　　D. 1/10

二、多项选择题

1. 薪酬调查的作用有(　　)。

A. 为企业调整员工薪酬水平提供依据

B. 为企业调整员工薪酬制度奠定基础

C. 有助于掌握薪酬管理的新变化与新趋势

D. 有利于控制劳动力成本，增强企业竞争力

E. 为企业薪酬等级设计提供基本依据和前提

2. 从主持薪酬调查的主体来看，薪酬调查可以分为(　　)。

A. 政府的调查　　B. 专业协会的调查

C. 行业的调查　　D. 咨询公司的调查

E. 企业家联合会的调查

3. 关于绩效薪酬制的特点说法正确的是(　　)。

A. 注重个人薪酬差异的评定　　B. 反馈的效率不是很高

C. 绩效薪酬制的基础缺乏公平性　　D. 绩效薪酬过于强调个人的绩效

E. 绩效薪酬不强调个人的绩效

4. 实行技能薪酬制的前提是(　　)。

A. 企业要有比较开放的、有利于员工参与的企业文化

B. 明确对员工的要求

C. 制定实施与技能薪酬制度配套的技能评估体系

D. 将薪酬计划和培训计划相结合

E. 即基础能力为基础

5. 薪酬调查的结果可以为(　　)提供依据。

A. 整体薪酬水平的调整　　B. 薪酬差距的调整

C. 绩效管理制度的调整　　D. 薪酬晋升政策的调整

E. 岗位薪酬水平的调整

6. 属于设计薪酬调查问卷具体要求的是(　　)。

A. 明确薪酬调查问卷要调查的内容，再设计表格

B. 尽量采取选择判断式提问

C. 充分考虑信息处理的简便性和正确性

D. 分散相关问题

E. 使用复杂的打印样式，以确保问卷的美观性

7. 属于薪酬满意度调查程序的有(　　)。

A. 确定调查对象　　B. 确定调查方式

C. 确定调查内容　　D. 统计分析调查数据

E. 确定调查目的

8. 关于岗位薪酬制的说法正确的是(　　)。

A. 根据岗位支付薪酬　　B. 以岗位分析为基础
C. 以岗位评价为基础　　D. 客观性强
E. 主观性强

9. 薪酬市场调查中对薪酬信息的调查,理解正确的有(　　)。

A. 与员工基本工资相关的信息
B. 与奖金相关的信息
C. 股票期权或影子股票计划等长期激励计划
D. 与企业各种福利计划相关的信息
E. 与薪酬政策诸方面有关的信息

10. 以下是薪酬调查数据的统计分析方法的有(　　)。

A. 频率分析法　B. 百分位法　C. 离散分析
D. 数据排列法　E. 百分比系数法

11. 岗级与岗等是按照(　　)进行划分的。

A. 责任大小　B. 技能要求　C. 劳动强度
D. 劳动环境　E. 工作性质

12. 员工薪点数是以员工所在的(　　)的三项点数之和。

A. 岗位薪点　　B. 员工个人表现薪点
C. 部门预先设定的增加薪点　　D. 岗级薪点
E. 级别薪点

13. 影响企业薪酬水平的外部因素为(　　)。

A. 市场因素　B. 生活费用　C. 企业自身特征
D. 地域影响　E. 政府的法规

14. 岗位分级与岗位分类在具体实施上存在差别,表现在(　　)。

A. 岗位分类适用于国家各级政府及其职能部门和机构
B. 岗位分级适用于实行岗位分类法以外的各种企事业单位
C. 岗位分类作为一种人事制度,是国家公务员人事管理的基础环节
D. 企事业单位的岗位分级由其主管部门负责组织
E. 两者的实施难度不同

15. 岗位分级和品位分类的主要区别有(　　)。

A. 分类标准不同　B. 分类依据不同　C. 适用范围不同
D. 适用岗位不同　E. 适用资格不同

16. 下列属于岗位分类步骤说法正确的是(　　)。

A. 纵向分级　　B. 横向分类
C. 制定岗位说明书　　D. 建立岗位分类图
E. 横向分级

17. 对生产性岗位中的熟练工种与技术工种岗级统一列等,可采用(　　)方法。

A. 经验判断法　　B. 基本点数换算法
C. 交叉岗位换算法　　D. 经验法
E. 岗位换算法

18. 岗位薪酬制的特点包括(　　)。

A. 对人不对岗　　B. 根据岗位支付工资
C. 同岗不同酬　　D. 以岗位分析为基础
E. 客观性较强

19. 下列属于技能薪酬的种类有(　　)。

A. 技术薪酬　　B. 能力薪酬　　C. 基础能力薪酬
D. 特殊能力薪酬　　E. 绩效薪酬

20. 经营者年薪制的组成形式包括(　　)。

A. 基本薪酬加风险收入　　B. 福利与津贴
C. 年薪加年终奖金　　D. 奖金加红利
E. 绩效薪酬

21. 在团队工资制度中,组成要素主要有(　　)。

A. 基本薪酬　　B. 激励性薪酬　　C. 绩效认可奖励
D. 补贴　　E. 技术薪酬

22. 下列薪酬制度中属于团队薪酬制的有(　　)。

A. 核心团队　　B. 项目团队　　C. 平行团队
D. 流程团队　　E. 虚拟团队

23. 影响企业工资水平的外部因素包括(　　)。

A. 市场因素　　B. 所属行业　　C. 生活费用
D. 企业规模　　E. 物价水平

24. 项目团队薪酬制度中不适合采用激励性薪酬的原因有(　　)。

A. 市场因素　　B. 工作难以量化
C. 项目可变因素较多　　D. 地域的影响
E. 政府的法律、法规

25. 一个合理的薪酬结构应该包括(　　)。

A. 固定薪酬　　B. 浮动薪酬　　C. 特殊津贴
D. 提成工资　　E. 特殊福利

26. 下列属于组合薪酬结构的有(　　)。

A. 岗位技能薪酬　　B. 能力资格薪酬　　C. 岗位效益薪酬
D. 技术等级薪酬　　E. 薪点薪酬

27. 企业薪酬制度设计的原则是(　　)。

A. 公平性　　B. 激励性　　C. 竞争性
D. 经济性　　E. 合法性

28. 组合薪酬制的薪酬结构一般包括(　　)。

A. 工龄工资　　B. 绩效薪酬　　C. 岗位薪酬
D. 基础薪酬　　E. 奖金

29. 员工的浮动薪酬主要与以下(　　)因素相挂钩。

A. 企业的经济效益　　B. 部门业绩考核结果
C. 他人业绩考核结果　　D. 个人业绩考核结果

E. 个人绩效考核结果

30. 薪酬定级性调整包括(　　)。

A. 对试用期或没有试用期但办完入职手续的新员工的薪酬定级

B. 对已工作过但借调入企业的员工的薪酬定级

C. 对在职员工的薪酬等级重新定级

D. 对原来没有的岗位或没有在企业中聘任的军队转业人员的薪酬定级

E. 对已工作过但新调入企业的员工的薪酬定级

31. 员工薪酬定级时应考虑的因素包括(　　)。

A. 员工的生活费用　　B. 新员工的实际工作能力

C. 同地区同行业相同或相似岗位的劳动力的市场工资水平

D. 内部公平　　E. 物价调整

32. 薪酬调整的项目包括(　　)。

A. 薪酬定级性调整　　B. 物价性调整

C. 工龄性调整　　D. 奖励性调整

E. 效益性调整

33. 员工薪酬标准属于"阳光普照"式的调整有(　　)。

A. 薪酬定级性调整　　B. 物价性调整

C. 工龄性调整　　D. 奖励性调整

E. 效益性调整

34. 薪酬标准档次的调整,包括(　　)。

A."技变"晋档　B."学变"晋档　C."龄变"晋档

D."考核"变档　E."物价"晋档

35. 整体调整薪酬标准综合了以下(　　)因素。

A. 居民消费价格增长　　B. 社会和本企业劳动生产率增长

C. 员工生活水平的提高　　D. 员工技能提高

E. 员工工作绩效的提高

36. 业绩薪酬要发挥出作用,必须要做到(　　)。

A. 对薪酬进行全面系统的管理　　B. 对员工的思想进行根本性转变

C. 提高绩效考评的精确性　　D. 在整个绩效水平区间区分不同的薪酬增幅

E. 对正确业绩支付足够的薪酬

37. 制订薪酬计划的准备工作中所需要搜集的资料有(　　)。

A. 物价、市场薪酬水平　　B. 员工薪酬的基本资料

C. 企业人力资源规划资料　　D. 企业薪酬支付能力资料

E. 国家薪酬、税收政策的变动资料

38. 企业员工薪酬的基本资料应包括(　　)。

A. 岗位名称

B. 当前薪酬水平和工资级别

C. 企业现有的员工人数

D. 所在工资级别的最高工资、中位工资和最低工资

E. 上一次调资的时间、额度和调资类型

39. 以下关于“从上而下法”制订薪酬计划的说法正确的有（　　）。

A. 可以控制总体薪酬成本　　B. 比较实际、灵活，可行性较高

C. 确定薪酬总额时主观因素过多，降低了计划的准确性

D. 不利于调动员工的积极性　　E. 缺乏灵活性

40. 企业年金所需费用由（　　）共同缴纳。

A. 企业　　B. 个人　　C. 国家

D. 地方政府　　E. 行业协会

41. 企业建立企业年金应具备的条件包括（　　）。

A. 依法参加基本养老保险并按时足额缴费

B. 生产经营比较稳定，经济效益较好

C. 企业内部管理制度健全

D. 企业建立起集体协商机制

E. 参加商业养老保险并按时足额缴费

42. 企业年金方案的主要内容包括（　　）。

A. 参加人员范围、资金筹集方式、员工企业年金个人账户管理方式

B. 基金管理方式

C. 计发办法和支付方式、支付企业年金待遇的条件

D. 组织管理和监督方式、终止缴费的条件

E. 双方约定的其他事项

43. 以下企业年金领取的说法正确的有（　　）。

A. 员工在达到国家规定的退休年龄时，可以从本企业年金个人账户中一次性领取企业年金

B. 员工在未达到国家规定的退休年龄时，可以定期领取企业年金

C. 员工或退休人员死亡后，其企业年金个人账户余额由其指定的受益人或法定继承人一次性领取

D. 出境定居的人员的企业年金个人账户资金，可根据本人要求一次性支付给本人

E. 员工未达到国家规定的退休年龄的，不得从个人账户中提前提取资金

44. 企业年金基金的构成包括（　　）。

A. 企业缴费　　B. 员工个人缴费

C. 企业年金基金投资运营收益　　D. 企业定期分红

E. 员工年终奖金

专业技能练习题

一、简答题

1. 简述薪酬调查的过程。

2. 简述企业薪酬制度设计的主要内容。

二、综合题

1. 某皮鞋厂成立于1995年，是一家民营企业。企业创立之初，规模不大，是典型的直线

制企业。总经理聘请了自己的几个亲友负责管理生产、销售、技术及后勤业务。这几名管理人员的分工并不明确,但都非常敬业,忠诚度很高,在企业的发展初期起了很大的作用。目前生产线上的员工实行的是计划工资制;销售人员只有提成工资;其他员工实行的是固定底薪,到年底按企业当年的效益发奖金,奖金的多少由总经理决定。

企业的经济实力和业务规模近几年有了很大的提高,但也遇到很多发展中的问题,如企业的管理工作日趋繁重,员工反映管理人员方法生硬;产品缺乏创新,导致一部分固定客户的流失;有些生产和销售的骨干被同行高薪挖走;人才的引进工作也不顺利,好不容易招聘到的几个技术人才不到半年就纷纷离开了。为了改变这些困境,企业进行了一系列改革,如将企业的组织结构调整为直线职能制,明确了各部门的职责;在原有基础上对所有岗位的薪资按比例进行了调整;为了避嫌,免除了原有管理人员的职位,对这些人员在工作安排和薪酬发放上与一般员工一视同仁;为了提高管理水平,面向社会进行了重新招聘,并规定应聘人员的学历一律不能低于大学本科。

请回答以下问题:

(1)企业改革之前存在哪些问题?

(2)请对企业采取的改革措施做出评价?

(3)请对企业的薪酬制度提出改革建议。

2. 某公司是一家中国目前最重要的特殊玻璃生产销售厂商之一,目前有员工500余人,在全国有21个办事处。随着销售额的不断上升和人员规模的不断扩大,企业整体管理水平也需要提升。公司在人力资源管理方面起步较晚,原有的基础比较薄弱,尚未形成科学的体系,尤其是薪酬福利方面的问题比较突出。公司成立初期,人员较少,单凭领导一双眼、一支笔倒还可以分清楚给谁多少工资,但随着人员的激增,只靠过去的老办法显然不灵,这样做带有很大的个人色彩。随着该行业的发展,企业之间的竞争日趋激烈,尤其是人才竞争,公司领导认识到人才、创新、提高工作效率的重要性。经调查,企业目前存在产品老化、工作流程过于繁杂、市场反应速度慢等不足之处。员工对目前的公司薪酬水平、员工之间的薪酬差距也不甚满意。由于其他人力资源管理职能不健全,所以目前公司薪酬分配的依据不足,难以反映员工之间真正的能力差别、岗位价值差别、贡献差别。现在,该公司要重新设计工资方案,您认为怎样才能正确地确定员工薪酬的基本原则,并制定出一个合理的薪酬管理制度?

3. 老沈是一家电厂的人事处长,以往每年年初不断有方方面面的人开始打招呼、递条子,要求他帮忙安排高校毕业生进厂。厂里收入不高,但好歹也是旱涝保收。可那年头进人指标由上面政府管着,不该进的人他拦不住,企业真正想要的人他也没办法进,有本事进来的人不是没用就是拿企业作跳板。工作难做,上级领导、协作单位、亲朋好友倒是得罪了不少。今年,企业人事管理有了重大改革,权力下放,企业自主,老沈心想终于可以进几个满意的人了。正好厂里要求进一两个计算机方面的人,老沈心想名牌大学的学生肯定是不会来的,所以他安排下属在毕业生交流大会上找了几个普通学校的农村籍学生,经过材料审核、面试,选了两个签了协议,他还特意带他们在厂里转了两天。可没想到,一个学生回去后就说不来了,另一个索性从此杳无音信。老沈觉着不可思议,这两小子水平也不怎么样,出去找一份工作工资也高不到哪里去,还随时会被辞退,怎么就不肯来?更糟糕的是,厂里原来所剩无几的本科生又有几个辞职走了。一天,老沈跟同僚谈起此事,其中一个人听了哈哈大笑:来这儿一点奔头没有,谁敢来?

电厂的计算机人员职位结构如下:公司高层—计划处长—计算机组长—计算机员(此次招聘职位)。

员工工资结构如下:技能工资(原基本工资)+浮动工资(原一年长两级,现已停止增长)+补贴(按市政府文件执行,无差别)+误餐补贴(固定)+岗位奖金[最高系数4.0分,中层干部3.0分,一般工人2.4分,计算机员(包括组长)2.2分]。

问题:请分析这家电厂人力资源体系存在什么问题?为什么招不到人?

答案与解析

理论知识练习题

一、单项选择题

1. 答案:B(P398)　国内外绝大多数的企业在确定自己员工的薪酬水平时,为了赢得人才竞争优势,都非常重视的是市场薪酬调查数据的采集和分析。

2. 答案:C(P398)　在劳动力市场竞争过程中,薪酬水平的高低表现为用人单位与劳动者之间的博弈。

3. 答案:D(P399)　通过薪酬的市场调查能够获得劳动力市场各类员工薪酬水平及其结构等方面的真实信息。

4. 答案:C(P398)　薪酬调查是指企业采用科学的方法,通过各种途径,采集有关企业各类人员的工资福利待遇以及支付状况的信息,并进行必要处理分析的过程。

5. 答案:C(P399)　对多数企业来说,特定岗位的薪酬水平都是在直接或间接进行的薪酬调查的基础上确定的。

6. 答案:B(P394)　本题考查的是薪酬的定义。

7. 答案:A(P399)　商业性薪酬调查一般是由咨询公司完成的。

8. 答案:A(P399)　政府薪酬调查是由国家劳动、人事、统计等部门进行的薪酬调查。

9. 答案:A(P399)　从调查的组织者来看,正式调查可分为商业性薪酬调查、专业性薪酬调查和政府薪酬调查。

10. 答案:A(P395)　本题考查的是薪酬的增值功能的内涵。

11. 答案:C(P396)　本题考查的是薪酬的配置功能的内涵。

12. 答案:B(P405)　见教材图5-2。

13. 答案:B(P407)　薪酬调查过程中,确定被调查的岗位时应当遵循可比性原则。

14. 答案:C(P407)　在选定被调查岗位时,调查者必须掌握最新的工作岗位说明书。

15. 答案:D(P407)　从岗位描述的详细程度上来看,在理想情况下,岗位描述不宜冗长,否则容易分散被调查企业的注意力。

16. 答案:D(P396)　交换是薪酬的主要功能。

17. 答案:C(P411)　采集社会公开的信息是指各级政府部门公布的数据资料,有关的行业协会、专业学会或学术团体提供的薪酬调查数据等。

18. 答案:B(P412)　在薪酬调查数据的统计分析中,如果被调查单位没有给出某类岗位完整的工资数据,只能采集到某类岗位的平均工资数据,可以采取频率分析法。

19. 答案:D(P412)　薪酬调查数据的统计分析的方法常用数据排列法,先将调查的同一类数据由高到低排列,再计算出数据排列中的中间数据,即25%点处、50%点处和75%点处。

20. 答案:B(P412~413) 频率分析法是记录在各工资额度内各类企业岗位平均工资水平出现的频率,从而了解某类岗位人员工资一般水平的方法。

21. 答案:C(P412~417) 薪酬调查数据的统计分析可选取以下方法:数据排列法、频率分析法、趋中趋势分析、离散分析、回归分析法和图表分析法。

22. 答案:B(P412) 薪酬水平高的企业应注意75%点处,薪酬水平低的企业应注意25%点处。

23. 答案:C(P427) 一个职系就相当于一种专门职业,职系是岗位分类中的细类。

24. 答案:A(P427) 职系是岗位分类中的细类,职组是岗位分类中的中小类,职门是岗位分类中的大类。

25. 答案:D(P427) 职系是由工作性质和基本特征相似相近,而任务轻重、责任大小、繁简难易程度和要求不同的岗位所构成的岗位序列。

26. 答案:A(P427) 职组是由工作性质和特征相似相近的若干职系构成的岗位群。

27. 答案:C(P427) 例如,中学教师是一个职系,而其中的一级、二级、三级、四级教师分别是这个职系中的四个岗级。

28. 答案:C(P427) 岗级是同一职系中,工作岗位性质、任务轻重、繁简难易程度、责任大小以及所需人员资格条件相同或近似的工作岗位的集合。

29. 答案:D(P427) 岗等是由工作性质不同,但繁简难程度、责任大小以及所需资格条件相同或相近组成的集合。

30. 答案:A(P397) 本题考查的是薪酬管理的主要构成部分。

31. 答案:A(P443) 本题考查的是岗位薪酬制的定义。

32. 答案:D(P429) 具有"对人不对事"这一特点的工作分类是品位分类。

33. 答案:B(P444) 本题考查的是一岗多薪制的定义。

34. 答案:B(P443) 岗位薪酬制的最大特点就是薪酬的给予"对岗不对人",薪酬水平的差异来源于员工岗位的不同。

35. 答案:C(P445) 薪点薪酬值中的基值由企业的整体效益确定,浮动值由部门的生产经营状况决定。

36. 答案:C(P445) 本题考查的是岗位薪点薪酬制的特点。

37. 答案:C(P447) 技术薪酬制度能够鼓励员工发展各项技能,提高业绩表现,增强参与意识。

38. 答案:B(P447) 能力薪酬主要适用于企业的专家和主管人员,属于"白领"薪酬。

39. 答案:A(P446) 本题考查的是技能薪酬制的定义和内涵。

40. 答案:C(P447) 技术薪酬是以应用知识为基础的薪酬,主要应用于"蓝领"员工。

41. 答案:A(P448) 绩效薪酬是以员工的工作业绩为基础支付的薪酬,支付的唯一根据或主要根据是工作成绩和劳动效率,但在实际中除了计件薪酬和提成制(佣金制)外,更多的依据员工的绩效而进行的基本薪酬调整以及增发的奖励性薪酬。

42. 答案:B(P447) 技术薪酬制主要应用于蓝领。

43. 答案:A(P447) 能力薪酬一般应用于"白领"。

44. 答案:B(P454) 对流程团队的薪酬制度设计来说,预先确定的激励性薪酬是薪酬工作中的一个重要环节。

45. 答案:A(P458)　薪酬级差是指不同等级之间薪酬相差的幅度。

46. 答案:B(P458)　浮动幅度是指在同一薪酬等级中,最高档次的薪酬水平和最低档次之间的薪酬差距。

47. 答案:A(P458)　各个薪酬等级薪酬浮动的幅度越大,等级重叠度也就越高,反之依然。

48. 答案:C(P458)　各个相邻的薪酬等级浮动幅度在数值上的交叉程度称为等级重叠。

49. 答案:D(P450)　本题考查的是绩效薪酬的特点和不足。绩效薪酬的基础缺乏公平性。

50. 答案:A(P450)　本题考查的是计件薪酬制的定义和内涵。

51. 答案:C(P467)　宽带薪酬能引导员工重视个人技能的增长和能力的提高。

52. 答案:D(P480)　薪酬调整是保证薪酬正常运行和调整的一个重要组成部分,也是薪酬能增能减的调整机制的具体体现。

53. 答案:B(P458)　本题考查的是等级重叠的内涵和定义。

54. 答案:A(P481)　效益性调整是一种当企业效益提高时,对全体员工给予等比例奖励的薪酬调整方法。

55. 答案:B(P482)　员工取得比现有等级高一等级的有效学历证书,一般从取得高一等级证书之月起晋升薪酬档次,是薪酬标准档次调整中的"学变"晋档。

56. 答案:A(P458)　本题考查的是薪酬级差的内涵和定义。

57. 答案:C(P492)　《企业年金试行办法》(劳动和社会保障部令第20号)是自2004年5月1日起开始施行的。

58. 答案:C(P492)　企业年金适用于企业试用期满的员工。

59. 答案:B(P492)　企业缴费在工资总额4%以内的部分可以从成本中列支。

60. 答案:A(P492)　企业年金是指企业及其员工在依法参加基本养老保险的基础上,自愿建立的补充养老保险制度。

61. 答案:C(P493)　企业年金的企业缴费每年不超过本企业上年度员工工资总额的1/12。

二、多项选择题

1. 答案:ABCD(P399～400)　薪酬调查的作用有:①为企业调整员工薪酬水平提供依据;②为企业调整员工薪酬制度奠定基础;③有助于掌握薪酬管理的新变化与新趋势;④有利于控制劳动力成本,增强企业竞争力。

2. 答案:ABCDE(P399)　从进行薪酬调查的主体来看,薪酬调查可以分为政府的调查、专业协会或企业家联合会的调查、行业的调查、咨询公司的调查,以及企业自己组织的等多种形式的薪酬调查。

3. 答案:ABCD(P448～450)　本题考查的是绩效薪酬制的特点。

4. 答案:ABCD(P446)　本题考查的是企业实行技能薪酬制的前提条件。

5. 答案:ABDE(P405)　薪酬调查的结果可以为整体薪酬水平的调整、薪酬差距的调整、薪酬晋升政策的调整、岗位薪酬水平的调整等提供依据。

6. 答案:ABC(P420～421)　设计薪酬调查问卷的具体要求有:明确薪酬调查问卷要调查

的内容,再设计表格;确保表格中的各项都是必要的;倾听反馈意见;尽量采用选择判断式提问;把相关的问题放在一起;留有足够的填写空间;使用简单的打印样式以确保易于阅读;注明填表须知;充分考虑信息处理的简便性和正确性;可考虑表格带有复写纸;信息可以自动读入计算机等。

7. 答案:ABC(P422) 薪酬满意度调查的程序包括:确定调查对象、确定调查内容、确定调查方式。

8. 答案:ACD(P443) 本题考查的是岗位薪酬制的特点。岗位薪酬制是客观性比较强的。

9. 答案:ABCDE(P407～409) 薪酬市场调查中需要调查的薪酬信息包括:与员工基本工资相关信息、与奖金相关的信息、股票期权或影子股票计划等长期激励计划、与企业各种福利计划相关的信息、与薪酬政策诸方面有关的信息。

10. 答案:ABCD(P412～416) 薪酬调查数据的统计分析方法有:频率分析法、百分位法、离散分析、数据排列法等。

11. 答案:ABCD(P426～427) 岗级和岗等是按照岗位的责任大小、技能要求、劳动强度、劳动环境等要素指标对岗位所进行的纵向分级。

12. 答案:ABC(P445) 本题考查的是岗位薪点制的构成。

13. 答案:ABDE(P455) 企业自身特征属于企业内部的影响因素。

14. 答案:ABCDE(P428～429) 岗位分级与岗位分类在实施上存在差别,具体表现为:岗位分类适用于国家各级政府及其职能部门和机构,岗位分级适用于实行岗位分类法以外的各种企事业单位;岗位分类作为一种人事制度,是国家公务员人事管理的基础环节,企事业单位的岗位分级由其主管部门负责组织;两者的实施难度不同。

15. 答案:ABC(P429) 岗位分级与品位分类的主要区别有:分类标准不同、分类依据不同、适用范围不同。

16. 答案:BCD(P432) 岗位分类的主要步骤有:横向分类、纵向分类、制定岗位说明书、建立岗位分类图表。

17. 答案:ABC(P439) 对生产性岗位中的熟练工种与技术工种的岗级统一列等,可采用经验判断法、基本点数换算法、交叉岗位换算法。

18. 答案:BDE(P443～444) 岗位薪酬制的特点有:根据岗位支付薪酬、以岗位分析为基础、客观性较强。

19. 答案:AB(P447) 技能薪酬分两类:技术薪酬和能力薪酬。

20. 答案:AC(P452) 经营者年薪制的组成形式包括基本薪酬加风险收入、年薪加年终奖金。

21. 答案:ABC(P453) 团队薪酬制的组成要素有:基本薪酬、激励性薪酬、绩效认可奖励。

22. 答案:BCD(P453) 属于团队薪酬制的团队包括平行团队、流程团队、项目团队等。

23. 答案:ACE(P454～455) 企业薪酬水平的外部影响因素有:市场因素;生活费用和物价水平;地域的影响;政府的法律、法规。

24. 答案:BC(P454) 项目团队薪酬方案中采取激励性薪酬有两个弊端:一是项目团队的工作难以量化;二是项目团队工作中的可变因素较多。

25. 答案:AB(P456)　一个合理的薪酬结构包括固定薪酬和浮动薪酬。

26. 答案:ACE(P457)　岗位技能薪酬、岗位效益薪酬、薪点薪酬制等属于组合薪酬结构。

27. 答案:ABCDE(P459～461)　企业薪酬制度设计的原则包括:公平性原则、激励性原则、竞争性原则、经济性原则、合法性原则。

28. 答案:ACDE(P465)　见教材表5-22。

29. 答案:ABD(P466)　员工的浮动薪酬主要与个人业绩考核结果、企业的经济效益、部门业绩考核结果挂钩。

30. 答案:ADE(P480)　薪酬定级性调整包括:对试用期或没有试用期但办完入职手续的新员工的薪酬定级;对原来没有的岗位或没有在企业中聘任的军队转业人员的薪酬定级;对已工作过但新调入企业的员工的薪酬定级。

31. 答案:ABC(P480)　员工薪酬定级时应考虑的因素包括:员工的生活费用、新员工的实际工作能力、同地区同行业相同或相似岗位的劳动力市场薪酬水平。

32. 答案:ABCDE(P480～481)　薪酬调整的项目包括:薪酬定级性调整、物价性调整、工龄性调整、奖励性调整、效益性调整、考核性调整。

33. 答案:BCE(P481)　员工薪酬标准属于"阳光普照"式的调整有:物价性调整、工龄性调整、效益性调整。

34. 答案:ABCD(P482)　薪酬标准档次的调整包括:技变"晋档、"学变"晋档、"龄变"晋档、"考核"变档。

35. 答案:ABC(P482)　员工薪酬标准的整体调整,综合了居民消费价格增长、社会和本企业劳动生产率增长、员工生活水平的提高等多种因素。

36. 答案:ACDE(P483)　要使业绩薪酬发挥出潜力,必须对它进行全面系统的管理,提高绩效考评的精确性,对真正需要回报的业绩支付足够的业绩薪酬,并一定要在整个绩效水平区间区分出不同的业绩薪酬增幅。

37. 答案:ABCDE(P489)　制订薪酬计划的准备工作中所需要搜集的资料包括:物价,市场薪酬水平,员工薪酬的基本资料,企业人力资源规划资料,企业薪酬支付能力资料,国家薪酬、税收政策的变动资料等。

38. 答案:ABDE(P489)　见教材表5-27。

39. 答案:ACDE(P490)　从上而下法虽然可以控制总体的薪酬成本,但缺乏灵活性,确定薪酬总额时主观因素过多,降低了计划的准确性,不利于调动员工的积极性。

40. 答案:AB(P493)　本题考查的是企业年金资金的筹集方式。由个人和企业共同缴纳。

41. 答案:ABC(P492)　企业建立企业年金应具备的条件包括:依法参加基本养老保险并按时足额缴费;生产经营比较稳定,经济效益较好;企业内部管理制度健全。

42. 答案:ABCDE(P492)　企业年金方案的主要内容包括:参加人员范围、资金筹集方式、员工企业年金个人账户管理方式、基金管理方式、计发办法和支付方式、支付企业年金待遇的条件、组织管理和监督方式、终止缴费的条件、双方约定的其他事项。

43. 答案:ACDE(P493)　员工在达到国家规定的退休年龄时,可以从本人企业年金个人账户中一次性领取企业年金,员工未达到国家规定的退休年龄的,不得从个人账户中提前提取资金。员工或退休人员死亡后,其企业年金个人账户余额由其指定的受益人或法定继承人一次性领取。出境定居人员的企业年金个人账户资金,可根据本人要求一次性支付给本人。

44. 答案:ABC(P493) 企业年金基金的构成包括:企业缴费、员工个人缴费、企业年金基金投资运营收益。

专业技能练习题

一、简答题

1. 参考答案:(P405～418)

完整的薪酬调查过程包括确定调查目的、确定调查范围、选择调查方式、调查数据的统计分析和提交薪酬调查分析报告五个步骤。

1)确定调查目的一般分为:①整体薪酬水平的调整;②薪酬制度结构调整;③薪酬晋升政策调整;④岗位薪酬水平的调整。

2)确定调查的范围通常是:①确定调查的企业;②确定调查的岗位;③确定调查的数据;④确定调查的时间段。

3)选择调查方式主要有:①企业之间相互调查;②委托中介机构调查;③采集媒体公开信息;④问卷调查通信调查。

4)调查数据的统计分析一般采用的方法是:①数据排列法;②频率分析法;③趋中趋势分析;④离散分析;⑤回归分析法;⑥图表分析法。

5)提交报告包括:①组织实施的情况分析;②数据分析、政策分析、趋势分析;③企业薪酬状况与市场的对比分析;④薪酬水平制度的调整建议。

2. 参考答案:(P454～458)

薪酬制度设计的主要内容包括了薪酬水平及影响因素、薪酬结构及类型和薪酬等级。

1)薪酬水平是指企业一定时期内所有员工的平均工资。其影响因素既包括企业外部因素,如市场因素、生活费用、物价水平、地域和法律法规,也包括企业内部因素,如企业自身的特点和企业决策层的工资态度。

2)薪酬的结构是指员工薪酬的构成项目及各自所占的比例。其主要类型分为:以绩效为导向的绩效薪酬制,以工作为导向的岗位薪酬制,以技能为导向的技能薪酬制和组合薪酬制。

3)薪酬等级反映了不同岗位之间的薪酬结构差异,它可从薪酬等级、薪酬档次、薪酬级差、浮动幅度和等级重叠五个方面反映出来。

二、综合题

1. 参考答案:

(1)企业改革前存在的问题有:组织结构不适应业务的发展,生产线和销售人员的薪酬制度不合理,没有合理的绩效管理系统支持,部分岗位奖金的发放具有主观性,原有的管理人员素质不适应企业发展,生产销售骨干人员的薪酬水平低于市场薪酬水平,没有为人才提供良好的薪酬发展机会,缺乏对人才的引进和保留机制,需要优秀的产品研发设计人才。

(2)对企业采取的改革措施的评价是:直线职能制更适合企业的生产规模和组织条件。总经理意识到企业关键岗位薪酬较低,但按比例调整薪酬的方式存在问题,应根据岗位的不同特点制定不同的调整方案。对在企业创建初期为企业做出贡献的老员工的处理过于简单,在工作安排和薪酬上应考虑个人对企业的贡献和资历等因素。目前管理人员能力存在不足,但在招聘中缺乏对岗位要求的认识，没有明确的招聘标准，有高能低聘的情况。

(3)建议如下：对企业的岗位进行科学的岗位分析和岗位评价，确保薪酬的内部公平；确保招聘的标准合理、科学；对市场薪酬进行调查，确定各关键岗位的市场薪酬水平，使企业薪酬有竞争力；根据岗位的不同特点，设计不同的薪酬结构，同时注意维护薪酬的稳定性，如生产和销售人员的薪酬结构应包括固定薪酬部分，增加员工的安全感；在公司内部建立合理公平有效的绩效管理制度，员工奖金核算结果发放，体现对员工个人公平；为重要岗位上员工或要引进的专业人才设计特殊奖励计划，加强企业的吸引力；对曾经为企业做出过重大贡献的老员工，设置工龄贡献工资，体现对老员工的认同。

2. 参考答案：

1)对该行业、地区进行薪酬调查。

2)对企业的所有岗位进行深入的工作分析与评价。

3)了解行业劳动力供求关系。

4)了解企业战略。

5)了解企业价值观。

6)了解企业的支付能力，进行人工成本分析。

7)了解公司的生产经营特点。

8)制定薪酬管理原则：略高于市场工资水平；员工之间的工资差距体现能力、岗位、绩效的差别；薪酬与岗位评价、能力评价与绩效考核挂钩；奖励创造新产品和改进工作流程的员工等。

3. 参考答案：

1)错误的招聘策略。为了使组织能选聘到高素质的合格人才，组织的有关部门应科学地制定招聘策略。主要是要在招聘的渠道、人员的来源及招聘的公共关系策略上下功夫。本案例中，老沈在这一点上所犯的失误主要表现为：

第一，招聘标准有问题（即企业决定录用什么样的人）。招聘标准的设立是建立在职务分析的标准上的。企业应根据公平和唯才是用的原则挑选适宜于招聘职位的人才。本案中，老沈以主观的企业环境标准替代职位分析标准，将招聘人员限于一般学校的农村籍毕业生，这就无意中缩小了人才选择的渠道，使企业陷入选才的不利境地。

第二，招聘的公共关系策略有问题。在本案选才过程中，老沈一直忽略这一点。即没有营造“创造尊重人才，重视人才”的气氛，这样使应聘者感受不到自己是企业所需人才，必然会产生不利于自己长期发展的疑问。同时也没有宣传本企业的成就及发展前途。

2)不科学的薪酬体制。对于一个公司来说，薪酬方案是人力资源管理中的一个组成部分，精心设计的薪酬体制是帮助公司在竞争激烈的市场中取得胜利的战略措施。在本案例中，人力资源部门之所以招聘不到合适的人才，这种不科学的薪酬体制也带来了很大的负面影响。

从电厂的员工工资结构可知：

首先，这个工资结构整体上并没有体现出“按劳所得”的理念，没有根据员工的工作表现，或是其对与工作相关知识和技术的掌握而在薪酬上有所体现。大家干好干坏都一样，缺乏了激励的效用。

其次，我们看到在该电厂里实际上是一种权力距离的文化，这表现在工资制度上就是突出资历工资，即只要员工表现一般就可以加薪，贡献大的员工和其他贡献一般的员工的加薪幅度一样。很明显，这种制度不利于激励员工提高技术。

第三，综观整个工资结构，基本工资、浮动工资、补贴和误餐补贴并没有太大的差别，但是岗位奖金的系数却有着较大差别，一个技术工作者还没有普通工人的系数高，这样根本体现不出以人为本，从一个侧面也给人以该企业“不重视技术或科研”的暗示，由此会让应聘者得出没有发展前途的结论。

第四，这样的工资结构没有考虑业绩工资，造成员工并不清楚需要做什么才能增加业绩工资，以及如何表现会得到奖励。另外，也没有实行激励工资。

第五，在这个工资结构中缺乏边缘薪酬，即福利。传统的对人才的竞争手段主要是放在对基本工资的提高上，可是随着竞争的加剧和对成本的考量，现在很多公司会在福利上大做文章。而电厂的这份工资结构不能显示应聘者所关心的福利需要。

综上所述，电厂的这种基于计划经济时代的工资制度已经不能适应市场经济环境下的竞争要求，如果不能制定一套科学的薪酬制度，电厂招不到人的尴尬情况仍将继续。

第六章　劳动关系管理

理论知识练习题

一、单项选择题

1. 劳动派遣的本质特征是(　　)。

A. 雇佣和使用分离　　B. 组合劳动关系

C. 民事法律关系　　D. 行政关系

2. 在劳务派遣中,劳务派遣单位与被派遣劳动者之间依法订立(　　)。

A. 劳动合同　　B. 集体合同　　C. 派遣合同　　D. 人才租赁合同

3. 以下说法不正确的是(　　)。

A. 劳务派遣是一种典型的非正规就业方式,在我国亦是一种新型用工方式

B. 劳务派遣中劳务派遣单位与被派遣劳动者之间的关系是完整的劳动关系

C. 劳务派遣单位与被派遣劳动者的关系是形式劳动关系

D. 接受单位与被派遣劳动者的关系属于实际劳动关系

4. (　　)是指企业工会代表和企业代表依法就企业内部工资分配制度,工资分配形式,工资收入水平等事项进行平等协商,在协商一致的基础上签订协议的行为。

A. 工资集体协商　　B. 工资协商　　C. 工资个体协商　　D. 工资水平协商

5. 劳务派遣单位与被派遣劳动者的关系属于有“关系”没劳动的(　　)。接受单位与被派遣劳动者的关系属于有劳动没“关系”的(　　)。派遣单位与接受单位建立的是(　　)。

A. 实际劳动关系;民事法律关系;形式劳动关系

B. 形式劳动关系;实际劳动关系;民事法律关系

C. 形式劳动关系;实际劳动关系;组合劳动关系

D. 实际劳动关系;形式劳动关系;民事法律关系

6. 劳务派遣单位与接受单位之间发生的争议如果涉及被派遣劳动者的利益,则属于(　　)。

A. 民事纠纷　　B. 劳动争议　　C. 法人争议　　D. 行政争议

7. 被派遣劳动者的工资和社会保险由(　　)支付。

A. 形式上的雇主　　B. 接受单位　　C. 劳务派遣单位　　D. 劳动行政部门

8. (　　)是我国集体合同制度的重要组成部分,是调整劳动关系运行的重要机制。

A. 职工代表大会制度　　B. 工资集体协商制度

C. 民主决议制度　　D. 公平合理制度

9. 被派遣劳动者的管理具有特殊性,主要体现在(　　)。

A. 劳动者技能水平偏低　　B. 可能出现劳动歧视问题

C. 劳动者薪酬水平不稳定　　D. 可能出现劳动者频繁跳槽问题

10. (　　)制度的主要目的是调整、规范工资分配关系,逐步提高工资水平,保证所有的劳动者分享经济社会发展的成果,实现社会公平。

A. 工资集体协商制度　　B. 人民代表大会制度
C. 民族区域自治制度　　D. 工资指导线制度

11. (　　)又称预警线,是对工资增长较快,工资水平较高企业提出的预警和提示。
A. 工资指导线上线　　B. 工资指导线下线
C. 基准线　　D. 工资指导线

12. 企业工会(雇员)代表与企业(雇主)代表依法就企业内部工资分配制度、工资分配形式、工资收入水平等事项进行平等协商,在协商一致的基础上签订工资协议的行为是(　　)。
A. 工资集体协商　　B. 工资协议
C. 工资集体协商制度　　D. 集体合同

13. 工资集体协商的内容叙述错误的是(　　)。
A. 工资协议的期限
B. 工资分配制度、工资分配的标准和分配的形式
C. 调整劳动关系运行的重要机制
D. 工资协议的终止条件

14. 工资集体协商的当事人一方是企业,另一方是(　　)。
A. 劳动者个人　　B. 企业工会　　C. 企业法人　　D. 企业人事部门

15. 工资集体协商的内容不包括(　　)。
A. 最低工资标准的确定　　B. 年度平均工资水平及其调整幅度
C. 工资分配制度、工资标准和形式　　D. 工资协议的终止条件与违约责任

16. 工资指导线预警线是对工资增长较快、工资水平较高企业提出的预警和提示,它又被称为(　　)。
A. 基准线　　B. 下线　　C. 上线　　D. 均线

17. 劳动力市场工资指导价位分为(　　)。
A. 月工资收入和日工资收入两种
B. 年工资收入和月工资收入两种
C. 年工资收入、月工资收入和日工资收入三种
D. 年工资收入、月工资收入、日工资收入和小时工资收入四种

18. 工资集体协商代表中,雇员一方首席代表的担任人是(　　)。
A. 法定代表人　　B. 工会主席　　C. 工会代表　　D. 员工

19. 以下不属于工资集体协商中协商双方享有平等的权利是(　　)。
A. 建议权　　B. 表决权　　C. 否决权　　D. 陈述权

20. 工资指导线(　　)主要适用于经济效益较差或亏损企业。
A. 上线　　B. 基准线　　C. 下线　　D. 标准线

21. 工资集体协商,一般情况下(　　)进行一次。
A. 半年　　B. 一年　　C. 两年　　D. 三年

22. 在工资协商审查时,在接到已经生效的工资协议后,协商双方应以适当形式向双方人员公布的时间期限是(　　)。
A. 15日内　　B. 10日内　　C. 7日内　　D. 5日内

23. (　　)是年度货币工资平均增长目标,是对生产经营正常、有经济效益的企业合理的

工资增长水平。

A. 工资指导线上线　　B. 工资指导线下线

C. 工资指导线基准线　　D. 工资指导线

24. 在企业中，(　　)对本单位安全卫生负全面责任。

A. 工人　　B. 各级生产负责人

C. 总工程师　　D. 企业法定代表人

25. 在企业安全生产责任制度中，工人对本单位安全卫生(　　)。

A. 负全面责任　B. 负直接责任　C. 负安全卫生技术领导责任

D. 承担在各自的岗位上严格遵守劳动安全技术规程的义务

26. 在企业安全生产责任制度中，各职能部门、各级生产组织负责人对本单位安全卫生(　　)。

A. 负全面责任　　B. 负直接责任

C. 负安全卫生技术领导责任　　D. 在各自分管的工作范围内负责

27. 总工程师对本单位的安全生产(　　)。

A. 负全面责任　B. 负直接责任　C. 负安全卫生技术领导责任

D. 在各自的岗位上承担严格遵守劳动安全技术规程的义务

28. 企业在编制年度生产、技术、财务计划时，必须编制以改善劳动条件、防止和消除伤亡事故和职业病为目的的技术措施计划，该制度是指(　　)。

A. 安全生产责任制度　　B. 安全技术措施计划管理制度

C. 安全生产教育制度　　D. 重大事故隐患管理制度

29. 下面属于伤亡事故报告和处理制度的是(　　)。

A. 重大事故隐患报告　　B. 安全生产教育制度

C. 安全卫生认证制度　　D. 企业职工伤亡事故分类

30. 下列对职业危害描述错误的是(　　)。

A. 职业危害因素对劳动者人身造成有害后果

B. 既具有客观现实性，又具有可避免性

C. 表现为对劳动者的急性伤害、慢性伤害

D. 潜在职业危害不算职业危害

31. 企业所有员工在劳动安全卫生保护工作中的职业道德准则是(　　)。

A. 安全第一、预防为主、以人为本　　B. 安全卫生价值理念

C. 营造劳动安全卫生技术环境　　D. 劳动安全卫生管理制度

32. 处理生产与安全两者之间关系的基本准则是(　　)。

A. 安全第一　B. 预防为主　C. 以人为本　D. 防重于治

33. 以下不是劳动争议特征的是(　　)。

A. 当事人特定　　B. 内容特定

C. 有特定的表现形式　　D. 有特定的标的

34. 关于劳动争议的分类，按照劳动争议的主体划分，职工一方当事人人数在 10 人以上，有共同争议理由的，称为(　　)。

A. 个别争议　B. 团体争议　C. 集体争议　D. 小组争议

35. 按照(　　)划分,可以把劳动争议划分为个别争议、集体争议和团体争议。

A. 劳动争议的主体　　B. 劳动争议的性质

C. 劳动争议的客体　　D. 劳动争议的标的

36. 劳动关系当事人基于集体合同约定的权利和义务所发生的争议称为(　　)。

A. 集体争议　　B. 权利争议　　C. 利益争议　　D. 团体争议

37. 劳动关系当事人因主张有待确定的权利和义务所发生的争议称为(　　)。

A. 个别争议　　B. 团体争议　　C. 权利争议　　D. 利益争议

38. 企业员工在劳动安全卫生保护工作中的职业道德行为标准不包括(　　)。

A. 安全第一　　B. 效率优先　　C. 预防为主　　D. 以人为本

39. 群众性是(　　)的特点。

A. 和解　　B. 调解　　C. 仲裁　　D. 诉讼

40. 下列不属于劳动争议处理原则的是(　　)。

A. 着重调解及时处理的原则

B. 在查清事实的基础上依法处理原则

C. 当事人在使用法律上一律平等的原则

D. 强制性原则

41. 由于工作时间引发的劳动争议可归为(　　)。

A. 按劳动争议主体划分的争议　　B. 按劳动争议客体划分的争议

C. 按劳动争议性质划分的争议　　D. 按劳动争议的标的划分的争议

42. 当事人因主张有待确定的权利和义务所发生争议的属于(　　)。

A. 个别争议　　B. 集体争议　　C. 利益争议　　D. 权利争议

43. (　　)主要适用于经济效益较差或亏损的企业,这类企业的货币平均工资增长在工资指导线适用的年度内允许零增长或负增长。

A. 工资指导线上线　　B. 工资指导线下线

C. 工资指导线基准线　　D. 工资指导线

44. 工资协议签订后(　　)日内,由企业将工资协议一式三份及说明,报送当地劳动保障行政部门审查。

A. 5　　B. 10　　C. 15　　D. 30

45. 不属于调解委员会调解劳动争议自愿性原则的是(　　)。

A. 申请调解自愿　　B. 选择举证自愿　　C. 调解过程自愿　　D. 履行协议自愿

46. 劳动保障行政部门应在收到工资协议(　　)日内,对协商双方代表资格、工资协议条款内容和签订程序进行审查。

A. 15　　B. 30　　C. 45　　D. 60

47. 调解委员会调解劳动争议应遵循自愿原则,该原则的主要内容不包括(　　)。

A. 申请调解自愿　　B. 调解过程自愿　　C. 退出调解自愿　　D. 履行协议自愿

48. (　　)属于劳动争议仲裁的基本制度之一。

A. 平等自愿　　B. 一次裁决　　C. 公平公正　　D. 二次裁决

49. 对劳动争议处理的程序描述不正确的是(　　)。

A. 争议双方应协商解决

B. 当事人可以向调解组织申请调解

C. 当事人一方或双方不服仲裁裁定，可申诉到人民法院

D. 制作调解协议书或调解意见书

50. 在接到已经生效的工资协议后，协商双方应于（ ）日内，以适当的形式向双方人员公布。

A. 3 B. 5 C. 8 D. 10

51. 工资集体协商，一般情况下（ ）年进行一次。

A. 半 B. 一 C. 三 D. 五

52. 雇员和雇主双方均可以在原工资协议期满前（ ）日内，向对方书面提出协商意向书，进行下一轮的工资集体协商。

A. 30 B. 60 C. 90 D. 100

53. 信息采集主要通过（ ）方法获得。

A. 抽样调查 B. 访谈 C. 实地调查 D. 实地观察

54. 劳动争议仲裁实行一个裁级（ ）裁决制度。

A. 两次 B. 多次 C. 一次 D. 无限

55. 工资指导价位在每年的（ ）月发布，每年发布一次。

A. 1～2 B. 5～6 C. 6～7 D. 11～12

56.（ ）是处理生产和安全两者之间关系的基本准则。

A. 经济效益第一 B. 安全第一 C. 以人为本 D. 预防第一

57. 不属于团体劳动争议特点的是（ ）。

A. 争议主体的团体性 B. 争议内容的特点性

C. 影响的广泛性 D. 内容的复杂性

58. 集体劳动争议是争议一方的劳动者人数在（ ）人以上且具有共同争议理由的劳动争议。

A. 3 B. 5 C. 10 D. 30

59. 双方当时人收到（ ）后有15天的起诉期。

A. 仲裁调解书 B. 调解协议书 C. 仲裁裁决书 D. 调解意见书

60. 支付令具有的特征是（ ）。

A. 强制性 B. 非强制性 C. 保密性 D. 非保密性

二、多项选择题

1. 关于劳动法律关系说法正确的是（ ）。

A. 劳动法律关系是劳动关系的抽象形态

B. 劳动法律关系的内容是双反关系

C. 劳动法律关系是双务关系

D. 劳动法律关系具有国家强制性

E. 劳动法律关系不具有国家强制性

2. 属于用工单位应履行的义务的是（ ）。

A. 执行国家劳动标准，提供相应的劳动条件和劳动保护

B. 告知被派遣劳动者其工作要求和工作报酬

C. 支付加班费、绩效奖金

D. 对连续用工实行正常的工资调整机制

E. 对在岗被派遣劳动者进行工作岗位所必要的培训

3. 处理异地劳动争议的原则是(   )。

A. 被派遣劳动者与劳务派遣单位的劳动争议由劳务派遣单位所在地管辖

B. 被派遣劳动者与接受单位的劳动争议由接受单位所在地管辖

C. 被派遣劳动者与劳务派遣单位和接受单位的劳动争议,可由劳动合同或劳务派遣协议约定,由当事人选择劳务派遣单位所在地或接受单位所在地管辖

D. 被派遣劳动者与劳务派遣单位的劳动争议由接受单位所在地管辖

E. 被派遣劳动者与接受单位的劳动争议由劳务派遣单位所在地管辖

4. 关于被派遣劳动者与劳务派遣机构和接受单位的劳动争议的管辖权问题,叙述正确的是(   )。

A. 可由劳务派遣机构所在地管辖　　B. 可由人民法院立案庭指定

C. 可由接受单位所在地管理　　D. 可由劳动保障行政部门指定

E. 可由劳动合同或劳务派遣协议约定

5. 劳动力市场工资指导价位分为(   )两种形式。

A. 年工资收入　B. 季度工资收入　C. 月工资收入

D. 天工资收入　E. 半年工资收入

6. 属于劳动安全卫生保护费用的是(   )。

A. 工伤保险费　　B. 健康检查和职业病防治费用

C. 劳动安全卫生保护设施建设费用　　D. 劳动安全卫生教育培训费用

E. 个人劳动安全卫生防护品费用

7. 政府在工资宏观调控方面的总原则包括(   )。

A. 平均工资的增长低于劳动生产率的增长

B. 平均工资的增长高于劳动生产率的增长

C. 企业工资总额的增长低于经济效益的增长

D. 在工资的调控上由水平控制向重点控制转变

E. 在工资的调控上由总量控制向水平控制转变

8. 工资指导线的作用(   )。

A. 为企业年度工资增长水平提供依据　　B. 有利于企业形成正常的工资增长机制

C. 引导企业自觉控制人工成本水平　　D. 完善国家的工资宏观调控体系

E. 体现了市场经济条件下的“政企分开”。

9. 工资指导线的制定应密切结合当地的宏观经济情况,综合考虑地区年度(   )。

A. 经济增长率、社会劳动生产率　　B. 城镇居民消费价格指数、城镇就业状况

C. 劳动力市场价格　　D. 人工成本水平

E. 对外贸易状况

10. 工资指导线包括(   )。

A. 预警线　B. 下线　C. 基准线

D. 上线　E. 最低线

11. 有关工资指导线应遵循的原则说法正确的是(　　)。

A. 坚持企业工资总额的增长低于企业经济效益的增长

B. 坚持平均工资的增长低于劳动生产率的增长

C. 因差异化,我国不实行全国统一的工资指导线标准

D. 制定工资指导线实行协商原则

E. 工资指导线的制定可不符合国家宏观经济政策要求

12. 以下属于经济形势分析的是(　　)。

A. 国家宏观经济形势和宏观政策分析

B. 本地区上一年度经济增长、企业工资增长分析

C. 本年度经济增长预测以及与周边地区的比较分析

D. 对本年度经济效益分析

E. 对本地区经济增长、企业工资增长分析

13. 运用劳动力市场工资指导价位时,必须处理好指导价位与(　　)的关系。

A."两低于"原则　B. 年工资收入　C. 企业经济效益

D. 月工资收入　E. 企业短期货币工资决定方式

14. 工资集体协商双方享有平等的(　　)。

A. 选举权　B. 否决权　C. 建议权

D. 起诉权　E. 陈述权

15. 劳动力市场工资指导价位的制定应注意(　　)。

A. 坚持市场取向原则　B. 坚持实事求是原则

C. 工资幅度标准　D. 坚持劳动市场的公平原则

E. 定期公开发布

16. 同一职业(工种)劳动力市场工资价位水平的高、中、低之分,是由(　　)等因素决定的。

A. 企业经济效益　B. 企业规模

C. 企业经济类型　D. 不同层次劳动者

E. 就业状况

17. 工资指导价位每年公布一次,可能出现在(　　)。

A. 新闻广播　B. 电视台　C. 咨询单位

D. 报纸　E. 人才市场

18. 劳动安全卫生管理制度包括(　　)。

A. 安全生产责任制度　B. 安全技术措施计划管理制度

C. 安全生产教育制度　D. 重大事故隐患管理制度

E. 劳动安全卫生环境管理制度

19. 关于安全生产责任制度的表述,说法正确的是(　　)。

A. 总工程师负安全卫生技术领导责任

B. 企业法定代表人对本单位的安全卫生负全面责任

C. 分管安全卫生的负责人和专职人员对安全卫生负直接责任

D. 工人在各自岗位上承担严格遵守劳动安全技术规程的义务

E. 工程技术人员和生产工人在生产过程中，对各自的职务或职责范围内劳动安全卫生都负有相应的责任

20. 伤亡事故报告和处理制度应该包括(　　)。

A. 企业职工伤亡事故分类　　B. 伤亡事故报告

C. 伤亡事故调查　　D. 伤亡事故处理

E. 重大事故隐患报告

21. 健康检查制度包括(　　)。

A. 招工体检　　B. 定期体检

C. 不定期体检　　D. 发放体检卡作为福利

E. 职业病检查

22. 劳动安全卫生技术措施计划必须与(　　)同时编制。

A. 企业的生产计划　　B. 企业的技术计划

C. 企业的财务计划　　D. 企业的后勤保障计划

E. 企业的人力资源计划

23. 伤亡事故报告和处理制度的内容包括(　　)。

A. 伤亡事故报告　　B. 企业职工伤亡事故分类

C. 伤亡事故调查　　D. 伤亡事故赔偿支付标准

E. 伤亡事故处理

24. 劳动工作场所优化应做到(　　)。

A. 科学装备、布置工作地

B. 保持工作场所的正常秩序和良好的工作环境

C. 正确组织工作场所的供应和服务

D. 劳动环境优化

E. 工作时间合理组织

25. 企业所有员工在劳动安全卫生保护工作中应遵循的职业道德行为准则是(　　)。

A. 安全第一　　B. 质量第一　　C. 效率第一

D. 预防为主　　E. 以人为本

26. 造成劳动安全卫生事故发生的重要原因有(　　)。

A. 决策者违反客观规律的错误决策行为

B. 管理人员的违章管理行为

C. 劳动者的违章操作行为

D. 生产流程的错误设计

E. 机器设备陈旧老化

27. 营造劳动安全卫生技术环境应做到(　　)。

A. 直接使用安全技术和无害装置、无害工艺，从基础上避免劳动安全卫生事故

B. 完善劳动场所设计，实现工作场所优化

C. 劳动组织优化

D. 保持工作场所的正常秩序和良好的工作环境

E. 准备性工作和执行性工作合理组织

28. 劳动组织优化可以包括(　　)的合理组织。

A. 不同工种阶段　B. 不同工艺阶段　C. 工作场所

D. 作业班组　E. 工作时间

29. 工作场所优化的作用是(　　)。

A. 降低员工的作业疲劳　B. 降低劳动强度

C. 减少人员的心理疲劳　D. 减少员工的生理疲劳

E. 减少员工的工作时间

30. 劳动争议的特征是(　　)。

A. 劳动争议的内容是特定的

B. 劳动争议的当事人是特定的

C. 劳动争议有特定的表现形式

D. 劳动争议影响范围仅仅局限在争议主体之间

E. 有的劳动纠纷虽然涉及面很广,但劳动纠纷绝对不会造成国际性影响

31. 劳动争议的标的依据(　　)确定。

A. 劳动法律、法规　B. 劳动合同

C. 集体合同　D. 企业经营状况

E. 当事人特定条件

32. 重大劳动争议的表现包括(　　)。

A. 一般劳动关系纠纷　B. 消极怠工

C. 罢工　D. 示威

E. 请愿

33. 劳动权利义务的内容涉及(　　)。

A. 就业　B. 工资、工时　C. 民主管理

D. 劳动保护　E. 保险福利

34. 劳动争议仲裁的基本制度包括(　　)。

A. 合议制度　B. 自愿原则　C. 管辖制度

D. 隶属原则　E. 区分举证责任制度

35. 劳动争议按主体划分有(　　)。

A. 个别争议　B. 集体争议　C. 团体争议

D. 权利争议　E. 利益争议

36. 劳动组织优化主要包括(　　)。

A. 不同工种、工艺阶段合理组织　B. 准备性工作和执行性工作合理组织

C. 作业班组合理组织　D. 工作时间合理组织

E. 工资分配合理组织

37. 劳动争议的及时处理原则,对(　　)处理程序进行了时间限制。

A. 受理　B. 调解　C. 仲裁　D. 判决　E. 结案

38. 调解委员会调解与劳动争议仲裁委员会、人民法院处理劳动争议时的调解的区别是(　　)。

A. 在劳动争议处理中的地位不同　B. 主持调解的主体不同

C. 调解案件的范围不同　　D. 调解的效力不同
E. 程序不同

39. 调解的特点是(　　)。

A. 群众性　　B. 自治性　　C. 非强制性
D. 利益性　　E. 一次性

40. 劳动争议处理的原则有(　　)。

A. 着重调解　　B. 及时处理　　C. 依法、合法
D. 平等、公正　　E. 强制

专业技能练习题

一、简答题

1. 简述工资集体协商的步骤。

2. 简要说明劳务派遣的特点。

3. 在分析劳动争议案例时,应注意哪些要点?

二、综合题

1. 张某与某五金工具厂签订了5年期限的劳动合同,该厂收取了张某1 000元入厂风险抵押金。合同期满后,张某明确表示不愿续签劳动合同,要求企业办理终止劳动关系手续,并退还1 000元风险抵押金。该厂由于缺少人员,迟迟不予办理终止劳动合同手续,并声称只有到一个月后才能退1 000元风险抵押金。张某只好等到一个月后,又要求该厂办理终止劳动合同手续,并退还1 000元风险抵押金。可是,该厂声称终止合同日期已过,现已形成事实劳动关系,提出张某应该按原合同履行义务,并不退还收取的1 000元风险抵押金。为此,张某向当地劳动争议仲裁机构提出申诉,请求该厂办理终止劳动合同手续,并退还1 000元风险抵押金。仲裁机构裁决该厂自裁决书生效之日起5日内为张某办理终止劳动合同手续,并退还张某1 000元风险抵押金。

请回答以下问题:

(1)张某与某五金工具厂是否存在事实劳动关系。

(2)分析仲裁委员会的裁决意见。

2. 胡某于2000年6月12日进入某建材公司工作,双方约定合同期2年。2001年7月,公司安排胡某外出培训2个月,双方同时签订培训协议,约定培训后胡某须为公司服务5年,不满5年应按已履行协议年限逐年递减赔偿金。2002年5月8日胡某按合同约定提前1个月告知公司到期不再续签劳动合同,公司则要求胡某赔偿培训费,双方发生争执,公司没有发放胡某5月份工资。胡某为此以第二次公休假(即带薪年休假)和扣发工资的双重理由不再上班。公司在劳动合同即将到期的情况下提起申诉,要求胡某按培训协议返还培训费损失,胡某则提起反诉,要求公司支付克扣的工资。

公司认为,按企业的规章制度,公休假需填报请假单,并经主管批准,方可休假。胡某在未办理任何手续的情况下,擅自安排休假是违规行为,理应不能支持,并承担违规责任。胡某不愿意续签劳动合同,就不能在2年期的劳动合同期内享受两次公休假。另外,培训协议是双方

自愿签订的，按此协议规定培训后须为公司服务 5 年，不满 5 年的应按已履行协议年限逐年递减赔偿金，所以不发 5 月份工资是事出有因的。

胡某认为，在公休假前曾向主管口头提出，被允准后才休假的，且以前公休假也是这样办理的，应该无过错。再说，劳动合同即将到期，按本人公休假时间安排正好到合同期终止。公休假是国家规定的，理应享受，个人的合法权利应该得到保护。5 月份工资是本人劳动所得，享受公休假工资也是合法的，公司均无理由拖欠不发，且享受公休假后，劳动合同到了终止期，培训协议也是无效的。

通过审理，仲裁委根据胡某的实际履行期和培训协议约定服务期限，做出了胡某返还公司培训费和公司支付胡某 5 月份工资的裁决。

请回答以下问题：

(1)在劳动合同为期 2 年的情况下，能否享受第二次带薪年休假待遇？

(2)在劳动合同即将到期的情况下，双方曾经签订过的培训协议中约定的赔偿条款是否有效？

3. 2001 年 8 月 1 日，张先生与某工程设计院签订了 4 年期劳动合同，合同期限到 2005 年 7 月 30 日止，工作岗位为行政助理。2003 年 2 月变更劳动合同，张某任该院人力资源部人事主管。2003 年 2 月某工程设计院开始实施由员工大会通过的新的技术经济责任制，该制度规定设置设计提成奖、管理奖、出勤奖、开发奖、工程奖等奖项。其中设计部门奖金总额为全年完成合同额减去工程成本和基本定额再乘以 15%，基本定额为每名设计人员 10 万元；管理部门奖金以设计人员年平均奖金的 70% 为基数，再乘以各自岗位系数，人事主管岗位的系数为 0.8。

2004 年 10 月 15 日，张某认为该工程设计院未按照技术经济责任制的规定，足额支付其 2003 年及 2004 年 1 月至 9 月应得奖金，在与部门领导多次协商无果的情况下，向当地劳动争议仲裁机构提出申诉，请求该工程设计院按照办法的规定补发其应得奖金 67 180 元及经济补偿金 16 800 元。

本案的具体事实与理由如下：

首先，张先生提供的工资表表明：2003 年 5 月和 10 月两次累计预支张某奖金 2.6 万元，2004 年 5 月和 9 月份两次支付 2003 年及 2004 年 1 月至 9 月奖金共计 2.9 万元，这与制度规定应予支付的数额相去甚远。

其次，张先生提供的依据是：该工程设计院 2003 年全年完成合同额 2 150 万元，2004 年经营目标为 2 400 万元；2003 年工程成本为 58 万元，2004 年工程成本为 48 万元。而该工程设计院认为张某的主张缺乏依据，以 DD 会计师事务所依法关于该工程设计院全面会计审计报告为依据对张某的主张提出异议。2003 年实际完成合同额 2 000 万元，工程成本为 62 万元；2004 年数据仅为计划数据，实际发生情况与计划存在差距。

再次，张先生主张 2003 年全院设计人员为 22 人，2004 年全院设计人员为 36 人。而工程设计院提供了该院人员情况表，证明该院 2003 年与 2004 年设计及设计辅助人员分别为 25 人和 40 人。

最后，张某在申诉书中主张的数据均为其个人通过其职务工作所获得。

请根据本案情况指出劳动争议的焦点，并提出裁决意见及其理由。

答案与解析

理论知识练习题

一、单项选择题

1. 答案:A(P508) 劳动派遣的本质特征是雇佣和使用分离。

2. 答案:A(P508) 在劳务派遣中,劳务派遣机构与被派遣劳动者依法订立劳动合同,建立劳动关系。

3. 答案:B(P508) 劳务派遣中劳务派遣机构与接受单位(实际用人单位)对于被派遣劳动者两两之间的关系都是劳动关系,但是这两种劳动关系却都是不完整的劳动关系。

4. 答案:A(P520) 本题考查的是工资集体协商的含义。

5. 答案:B(P508) 劳务派遣单位与被派遣劳动者的关系属于有"关系"没劳动的形式劳动关系。接受单位与被派遣劳动者的关系属于有劳动没"关系"的实际劳动关系。劳务派遣单位与接受单位建立的是民事法律关系。

6. 答案:A(P509) 劳务派遣机构与接受单位之间发生的争议虽然也会涉及被派遣劳动者的利益,但不属于劳动争议,而是属于民事纠纷。

7. 答案:C(P508) 被派遣劳动者的工资和社会保险由劳务派遣单位支付。

8. 答案:B(P520) 本题考查的是工资集体协商制度的重要性。

9. 答案:B(P511) 被派遣劳动者管理的特殊性主要在于避免可能出现的劳动歧视问题,即单位的正式雇员与被派遣劳动者在地位、待遇等方面的差别对待。

10. 答案:D(P522) 本题考查的是工资指导线制度的主要目的。

11. 答案:A(P524) 本题考查的是工资指导线上线的含义。预警线是对增长较快企业提出的预警。

12. 答案:A(P520) 企业工会(雇员)代表与企业(雇主)代表依法就企业内部工资分配制度、工资分配形式、工资收入水平等事项进行平等协商,在协商一致的基础上签订工资协议的行为是工资集体协商。

13. 答案:C(P520～521) 工资集体协商的内容包括:①工资协议的期限;②工资分配制度、工资标准和工资分配形式;③职工年度平均工资水平及其调整幅度;④奖金、津贴、补贴等分配办法;⑤工资支付方法;⑥变更、解除工资协议的程序;⑦工资协议的终止条件;⑧工资协议的违约责任;⑨双方认为应当协商约定的其他事项。

14. 答案:B(P520) 工资集体协商的当事人一方是企业,另一方是企业工会。

15. 答案:A(P520～521) 本题考查的是工资集体协商的内容。

16. 答案:C(P524) 工资指导线预警线是对工资增长较快、工资水平较高企业提出的预警和提示,它又被称为上线。

17. 答案:B(P524) 劳动力市场工资指导价位分为年工资收入和月工资收入两种。

18. 答案:B(P526) 工资集体协商代表中,雇员一方首席代表的担任人是工会主席。

19. 答案:B(P526) 工资集体协商中协商双方享有平等的建议权、否决权和陈述权。

20. 答案:C(P524)　本题考查的是工资指导线下线的适用范围。

21. 答案:B(P527)　工资集体协商,一般情况下一年进行一次。

22. 答案:D(P527)　在工资协商审查时,在接到已经生效的工资协议后,协商双方应以适当形式向双方人员公布的时间期限是5日内。

23. 答案:C(P524)　本题考查的是工资指导线基准线的含义。

24. 答案:D(P533)　企业法定代表人对本单位安全卫生负全面责任,分管安全卫生的负责人和专职人员对安全卫生负直接责任,总工程师负安全卫生技术领导责任,各职能部门、各级生产组织负责人在各自分管的工作范围内对安全卫生负责,工人在各自的岗位上承担严格遵守劳动安全技术规程的义务。

25. 答案:D(P533)　在企业安全生产责任制度中,工人对本单位安全卫生承担在各自的岗位上严格遵守劳动安全技术规程的义务。

26. 答案:D(P533)　在企业安全生产责任制度中,各职能部门、各级生产组织负责人在各自分管的工作范围内对本单位安全卫生负责。

27. 答案:C(P533)　总工程师对本单位的安全生产负安全卫生技术领导责任。

28. 答案:B(P533)　安全技术措施计划管理制度是指企业在编制年度生产、技术、财务计划时,必须编制以改善劳动条件、防止和消除伤亡事故和职业病为目的的技术措施计划的管理制度。

29. 答案:D(P534)　伤亡事故报告和处理制度包括:企业职工伤亡事故分类、伤亡事故报告、伤亡事故调查、伤亡事故处理。

30. 答案:D(P535)　职业危害因素是劳动过程中各类物质因素以其固有的物理、化学或生物属性对人造成的危害性或危险性。此类危害因素的存在,仅仅表明劳动过程中存在着发生职业危害的可能性,但并非一定职业伤害。

31. 答案:A(P536)　安全第一、预防为主、以人为本是企业所有员工在劳动保护工作中的职业道德准则。

32. 答案:A(P536)　安全第一是处理生产与安全两者之间关系的基本准则。

33. 答案:D(P541)　劳动争议的特征是:当事人是特定的、内容是特定的、有特定的表现形式。

34. 答案:C(P541)　按照劳动争议的主体划分,职工一方当事人人数在10人以上,有共同争议理由的,称为集体争议。

35. 答案:A(P541)　按照劳动争议的主体划分,可以把劳动争议划分为个别争议、集体争议和团体争议。

36. 答案:D(P541)　工会与用人单位因签订或履行集体合同发生的争议称为团体争议。

37. 答案:D(P542)　当事人因主张有待确定的权利义务所发生的争议称为利益争议。

38. 答案:B(P536)　本题考查的是职业道德行为准则。

39. 答案:B(P544)　企业劳动争议调解委员会对劳动争议的调解特点有:群众性、自治性、非强制性。

40. 答案:D(P544)　劳动争议处理原则包括:及时处理,着重调解的原则;在查清事实的基础上依法处理原则;当事人在适用法律上一律平等的原则。

41. 答案:D(P542) 关于劳动安全卫生、工作时间、休息休假、保险福利而发生的争议是按照劳动争议的标的划分的。

42. 答案:C(P542) 利益争议是指当事人因主张有待确定的权利和义务所发生的争议。

43. 答案:B(P524) 本题考查的是工资指导线下线的含义。

44. 答案:B(P527) 本题考查的是关于工资协议的日期限制。

45. 答案:B(P546) 自愿原则包括:申请调解自愿、调解过程自愿、履行协议自愿。

46. 答案:A(P527) 本题考查的是关于工资协议审查的期限。

47. 答案:C(P546) 调解委员会调解劳动争议遵循自愿的原则,内容包括:申请调解自愿、调解过程自愿、履行协议自愿。

48. 答案:B(P547) 劳动争议仲裁的基本制度包括:仲裁庭制度、一次裁决制度、合议制度、回避制度、管辖制度、区分举证责任制度。

49. 答案:D(P554) 劳动争议处理的基本程序如下:根据我国劳动立法的有关规定,当发生劳动争议时,争议双方应协商解决;当事人不愿协商、协商不成或者达成和解协议后不履行的,可以向调解组织申请调解;不愿调解、调解不成或者达成调解协议后不履行的,可以向劳动争议仲裁委员会申请仲裁;对仲裁裁决不服的,除法律规定的终局裁决外,当事人一方或双方则可申诉到人民法院,由人民法院依法审理并做出最终判决。

50. 答案:B(P527) 本题考查的是工资协议生效后,公布的时间限制。

51. 答案:B(P527) 工资集体协商一般一年进行一次。

52. 答案:B(P527) 本题考查的是新旧工资协商衔接的日期。

53. 答案:A(P531) 本题考查的是信息采集的主要方法。

54. 答案:C(P548) 劳动争议仲裁实行一个裁级一次裁决制度。

55. 答案:C(P532) 本题考查的是工资指导价位的公布时间。

56. 答案:B(P536) 本题考查的是怎样处理安全和生产之间的关系。

57. 答案:D(P554) 本题考查的是团体劳动争议的特点。

58. 答案:C(P541) 集体劳动争议的人数在10人以上。

59. 答案:C(P563) 当事人对终局裁决以外的其他劳动争议案件的仲裁裁决不服的,可以自收到仲裁裁决书之日起15日内向人民法院提起诉讼;期满不起诉的,裁决书发生法律效力。

60. 答案:A(P557) 支付令具有强制性特征。

二、多项选择题

1. 答案:CD(P501～502) 本题考查的是劳动法律关系的特点。

2. 答案:ABCDE(P512) 选项中各项均为用工单位应履行的义务。

3. 答案:ABC(P509) 处理异地劳动争议的原则是:被派遣劳动者与劳务派遣单位的劳动争议由劳务派遣单位所在地管辖;被派遣劳动者与接受单位的劳动争议由接受单位所在地管辖;被派遣劳动者与劳务派遣单位和接受单位的劳动争议,可由劳动合同或劳务派遣协议约定,由当事人选择劳务派遣单位所在地或接受单位所在地管辖。

4. 答案:ACE(P509) 被派遣劳动者与劳务派遣机构的劳动争议的处理原则是:可由劳

务派遣机构所在地管辖；可由接受单位所在地管理；可由劳动合同或劳务派遣协议约定。

5. 答案：AC(P524)　本题考查的是工资指导价位的形式。

6. 答案：ABCDE(P535)　各项均为劳动安全卫生保护费用。

7. 答案：ACE(P523)　本题考查的是政府在工资宏观调控方面的原则。

8. 答案：ABCDE(P522～523)　工资指导线作用是：为企业年度工资增长水平提供依据，有利于企业形成正常的工资增长机制；引导企业自觉控制人工成本水平；完善国家的工资宏观调控体系，体现了市场经济条件下的“政企分开”。

9. 答案：ABCDE(P523)　工资指导线的制定应密切结合当地的宏观经济情况，综合考虑地区年度经济增长率、社会劳动生产率、城镇居民消费价格指数、城镇就业状况、劳动力市场价格、人工成本水平、对外贸易状况。

10. 答案：ABCD(P524)　工资指导线包括上线(预警线)、下线、基准线。

11. 答案：ABCD(P523)　工资指导线应遵循的原则包括：坚持企业工资总额的增长低于企业经济效益的增长，平均工资的增长低于劳动生产率的增长；因差异化，我国不实行全国统一的工资指导线标准；制定工资指导线实行协商原则。

12. 答案：ABC(P524)　经济形势分析包括：国家宏观经济形势和宏观政策分析；本地区上一年度经济增长、企业工资增长分析；本年度经济增长预测以及与周边地区的比较分析。

13. 答案：ACE(P525～526)　运用劳动力市场工资指导价位时，必须处理好指导价位与企业短期货币工资决定方式、企业经济效益、“两低于”原则的关系。

14. 答案：BCE(P526)　工资集体协商双方享有平等的否决权、建议权和陈述权。

15. 答案：AB(P532)　劳动力市场工资指导价位的制定，应坚持的原则有市场取向原则和坚持实事求是原则。

16. 答案：ABCD(P532)　同一职业(工种)劳动力市场工资价位水平的高、中、低之分，是由企业经济效益、企业规模、企业经济类型和不同层次的劳动者等因素决定的。

17. 答案：ABCD(P532)　工资指导价位每年公布一次，采用文件、资料等形式或通过新闻广播、电视台、咨询单位、报纸及其他媒体、渠道发布，要在公共职业介绍机构专项公布。

18. 答案：ABCD(P533～534)　劳动安全卫生管理制度中没有劳动安全卫生环境管理制度一项。

19. 答案：ABCD(P533)　安全生产责任制度中，总工程师负安全卫生技术领导责任，企业法定代表人对本单位的安全卫生负全面责任，分管安全卫生的负责人和专职人员对安全卫生负直接责任，工人在各自岗位上承担严格遵守劳动安全技术规程的义务。

20. 答案：ABCD(P534)　伤亡事故报告和处理制度包括：企业职工伤亡事故分类、伤亡事故报告、伤亡事故调查、伤亡事故处理。

21. 答案：AB(P534)　健康检查制度包括招工体检和定期体检。

22. 答案：ABC(P533)　劳动安全技术措施计划必须与企业的生产计划、技术计划和财务计划同时编制。

23. 答案：ABCE(P534)　本题考查的是伤亡事故报告和处理制度的内容。

24. 答案：ABCD(P537)　劳动工作场所优化应做到：科学装备、布置工作地；保持工作场所的正常秩序和良好的工作环境；正确组织工作场所的供应的服务；劳动环境优化等。

25. 答案:ADE(P536) 安全第一、预防为主、以人为本成为企业所有员工在劳动安全卫生保护工作中的职业道德行为准则。

26. 答案:ABC(P536) 劳动安全卫生事故的发生,重要原因是人的错误行为造成的:决策者违反客观规律的错误决策行为;管理人员的违章管理行为;劳动者的违章操作行为。

27. 答案:ABC(P537) 营造劳动安全卫生技术环境应做到:直接使用安全技术和无害装置、无害工艺,从基础上避免劳动安全卫生事故;完善劳动场所设计,实现工作场所优化;劳动组织优化。

28. 答案:ABDE(P537) 劳动组织优化主要包括:不同工种、工艺阶段合理组织;准备性工作与执行性工作合理组织;作业班组合理组织;工作时间合理组织。

29. 答案:ABCD(P537) 工作场所优化可降低员工作业疲劳,包括心理疲劳和生理疲劳,降低劳动强度。

30. 答案:ABC(P541) 劳动争议的特征有:劳动争议的内容是特定的;劳动争议的当事人是特定的;劳动争议有特定的表现形式。

31. 答案:ABC(P541) 劳动争议的标的是劳动权利和劳动义务,它是依据劳动法律和法规、劳动合同、集体合同等确定的。

32. 答案:ABCDE(P541) 重大劳动争议除可表现为一般劳动纠纷形式,还可表现为消极怠工、罢工、示威、请愿等形式。

33. 答案:ABE(P541) 劳动权利义务的内容涉及就业、工资、工时、劳动条件、保险福利、培训、奖惩等各个方面。

34. 答案:ACE(P547~549) 本题考查的是劳动争议仲裁的原则。

35. 答案:ABC(P541) 劳动争议按主体划分有个别争议、集体争议和团体争议。

36. 答案:ABCD(P537) 本题考查的是劳动组织优化的内容。

37. 答案:ABCDE(P544)劳动争议的及时处理原则强调各处理程序的时间限制:受理、调解、仲裁、判决、结案都应在法律法规的规定时限内完成。

38. 答案:ABCD(P544~545) 调解委员会调解与劳动争议仲裁委员会、人民法院处理劳动争议时的调解的区别是:①在劳动争议处理中的地位不同;②主持调解的主体不同;③调解案件的范围不同;④调解的效力不同。

39. 答案:ABC(P544) 调解的特点为群众性、自治性、非强制性。

40. 答案:ABCD(P544) 解决劳动争议,应当根据事实,遵循合法、公正、及时、着重调解的原则,依法保护当事人的合法权益。

专业技能练习题

一、简答题

1. 参考答案:(P527)

劳动关系双方的任何一方均可向对方提出工资集体协商的要求,其步骤如下:

1)提出方应事先向另一方提出书面的协商意向书,明确协商的时间、地点、内容等;另一方在接到意向书的20日内书面答复并进行协商。

2)在不违反法律、法规的前提下,双方应于协商开始前5日内,提供与工资协商相关的真实情况和资料。

3)协商形成的草案应提交职工代表大会或职工大会讨论审议。

4)协商双方达成一致意见后,由企业行政方制作正式的工资协议文本,经双方首席代表签字盖章后生效。

2. 参考答案:(P508～510)

劳务派遣的特点如下:

1)形式劳动关系的运行。劳务派遣机构是形式劳动关系的主体之一,其职责是被派遣劳动者的招聘、甄选、考核和录用,将被派遣劳动者派遣到接受单位,支付工资、提供福利待遇、为被派遣劳动者缴纳社会保险、督促被派遣劳动者的接受单位执行国家劳动标准和劳动条件,收取被派遣劳动者的接受单位支付的派遣服务费,行驶和履行与劳动者订立的以劳务派遣形式用工的劳动合同,以及与接受单位订立的劳务派遣协议约定的应由本方享有和承担的其他权利义务。

2)实际劳动关系的运行。被派遣劳动者的接受单位是实际劳动关系的主体之一。其职责是为被派遣劳动者提供工作岗位和其他劳动安全卫生条件,实施劳动安全卫生管理,向劳务派遣机构支付派遣服务费。

3)劳动争议处理。劳务派遣中的劳动争议,既可能发生于被派遣劳动者与劳务派遣机构之间,也可能发生于被派遣劳动者与接受单位之间;劳务派遣机构与接受单位之间发生的争议虽然也会涉及被派遣劳动者的利益,但不属于劳动争议,而是属于民事纠纷。

3. 参考答案:

1)按照劳动争议自身的规定性进行分析。此种分析方法的要点分别是:

①确定劳动争议的标的。

②分析确定意思表示的意志内容,其包括以下要素:行为人的意思表示必须包含一定的意图,即追求一定法律效果的意图;意思表示必须完整地表达追求该项意图的必须内容;行为人以一定的方式将内心的意图表示于外部,可以由他人客观地加以识别。

③分析确定意思表示所反映的意志内容是否符合劳动法律法规、集体合同、劳动合同、企业内部劳动管理规则的规定。

2)按照承担法律责任要件进行分析:

①分析确定劳动争议当事人所实施的行为。

②分析确定当事人的行为是否造成或足以造成一定的危害。

③分析确定当事人行为与危害结果之间是否存在直接的因果关系。

④分析确定行为人的行为是否有主观上的过错。

二、综合题

1. 参考答案:

(1)该工具厂故意拖延不办理劳动合同终止手续,在合同期满后不能视为形成事实劳动关系。所谓事实劳动关系是指双方当事人未按法定要求签订劳动合同,但双方都承认劳动关系存在,并相互享有权利和义务。而本案中,该工具厂在张某明确提出不续签合同后,故意拖延不办理终止合同手续,双方续有一段时间的劳动关系,是因为该厂声称一个月后才肯退还1 000元押金,并非劳动者自愿,职工张某不承认。

(2)这起因终止劳动合同发生的争议,企业的做法显然是违法的。

1)劳动合同期满后不办理终止合同手续违反法律规定。《劳动法》第23条规定,劳动合同期满或者当事人约定的劳动合同终止条件出现,劳动合同即行终止。如果一方当事人需要续订合同时,应当遵循《劳动法》第17条的规定,按照平等自愿、协商一致的原则,相互协商确定。当另一方当事人明确表示不再续订劳动合同时,应立即办理终止劳动合同的有关手续,任何拖延不办或采用欺骗、强制等手段要求对方续订合同都是非法的,所订合同也是无效的。

2)该工具厂签订劳动合同时收取风险抵押金是违法的,终止劳动关系时不予退还更是错误的。

2. 参考答案:

(1)《劳动法》第45条规定"劳动者连续工作1年以上,享受带薪年休假"。但劳动者应该正确理解《劳动法》第45条的精神。胡某在公司工作一年后已经享受了第一次年休假,在劳动合同为期2年的情况下,胡某想在终止合同前第二次享受带薪年休假,显然有悖于《劳动法》第45条的精神。以此推理,被诉人想要第二次享受带薪年休假,必须在申诉人处连续工作2年以后。另外,胡某在劳动合同即将到期的情况下,未经书面提出休假的请求,擅自实行休假,违反了公司的请假制度规定,理应不予支持。

(2)关于培训费依约赔偿一事,由于被诉人没有享受第二次年休假的条件,在劳动合同未到期的情况下,擅自休假变为擅自解除合同,这是一种违约行为。另外,虽然双方的劳动合同到期了,但根据培训协议的约定,胡某还应当有4年的服务期,公司并没有放弃要求胡某履行服务期义务的权利,因此,胡某提出不续签劳动合同后,公司当然有权要求胡某按培训协议约定赔偿培训费损失。

3. 参考答案:

1)这是一起双方当事人因劳动报酬问题发生的劳动争议案件。

2)本案争议的焦点:

①奖金计算办法和参数。

②劳动争议事实的举证责任。

3)根据劳动法的规定,员工大会通过的新的技术经济责任制度对企业所有员工和各管理部门均有约束力,劳动关系的当事人都应遵守。

在本案例中,争议双方均未对该办法提出异议,存在争议的事项仅为与奖金计算有关参数的认定上。

4)举证责任是指争议当事人对自己提出的诉求所依据的事实或反驳对方请求所依据的事实提供证据加以证明的责任。

没有证据或举证不能的,由负有举证责任的当事人承担不利后果。但由于劳动关系的特殊性,法律规划事关管理事务方面的举证责任由用人单位承担。

5)张某为主张自己的权利可以提出自己的证据,但是奖金计算参数(如完成合同额、工程成本、基本定额以及设计人员数量等证据)应由该工程设计院承担举证责任。

6)2003年经DD会计事务所依法关于该工程设计院全面会计审计报告数据完全应予以

采信而不应提出疑义。设计人员数量为企业经营管理权范畴，张某的数据不能采信。

7)2004年的计划完成合同额、工程成本等数据应采取公平合理的方法，将计划完成额、工程成本等项按照9/12进行折算，只计算到1月～9月为止。

8)依照上述方法计算，该工程设计院应补发张先生的奖金为：

①2003年奖金：[(2 000－62－10×25)×15%/25]×70%×0.8＝5.671 68(万元)

②2004年1月～9月奖金：[(2 004－48－10×40)×9/12×15%/40]×70%×0.8＝3.074 4(万元)

③应付奖金总额：5.671 68＋3.074 4＝8.746 08(万元)

④应补发奖金额：8.746 08－(2.6＋2.9)＝3.246 08(万元)

⑤院方因未按照规定按时足额支付张先生奖金，还应按照少发金额的25%，加发经济补偿金8 115.2元

第七章　基础知识

理论知识练习题

1. 满足权力需要的行为不包括(　　)。

A. 解决了复杂问题　　B. 控制他人和活动

C. 战胜对手或敌人　　D. 对资源进行控制

2. (　　)认为领导者的主要任务是提供必要的支持以帮助下属达到他们的目标,并确保他们的目标与群体和组织的目标相互配合、协调一致。

A. 参与模型　　B. 情境领导理论

C. 路径—目标理论　　D. 费德勒的权变模型

3. 心理测验按测验的内容可分为两大类:一类是人格测验,一类是(　　)。

A. 能力测验　　B. 成就测验　　C. 性向测验　　D. 情商测验

4. 人力资源的(　　)能力是企业竞争优势的根本。

A. 技术　　B. 创新　　C. 智力　　D. 管理

5. 在管理技术上,现代人力资源管理(　　)。

A. 照规章办事　　B. 追求科学性和艺术性

C. 以事为中心　　D. 追求精确性与科学性

6. 衡量收入差距最常用的指标是(　　)。

A. 国民收入　　B. 基尼系数　　C. 人均GDP　　D. 需求弹性

7. 劳动力市场的客体是(　　)。

A. 劳动力资源　　B. 劳动者的劳动力

C. 使用劳动者的企业　　D. 劳动者的所有者个体

8. 依据是否以当事人的主观意志为转移,劳动法律事实可分为劳动法律行为和(　　)。

A. 劳动法律结果　　B. 劳动法律后果　　C. 劳动法律体系　　D. 劳动法律事件

9. 对已经生效的劳动法律,(　　)不具有法律效力。

A. 立法解释　　B. 任意解释　　C. 司法解释　　D. 行政解释

10. 企业资源优势具有(　　),企业要不断投入以保持其资源优势。

A. 绝对性和时间性　　B. 相对性和时间性

C. 绝对性和暂时性　　D. 相对性和暂时性

11. 员工的组织承诺与缺勤率和流动率的关系是(　　)。

A. 正相关　　B. 负相关

C. 不相关　　D. 与缺勤率正相关,与流动率负相关

12. 现代人力资源管理的三大基石不包括(　　)。

A. 定编定岗定员定额　　B. 员工的绩效管理

C. 人才的引进与配置　　D. 员工的技能开发

13. 在生产要素市场,(　　)是生产要素的供给者。

A. 居民户　　B. 市场　　C. 政府　　D. 企业

14. 广义的(　　)是调整劳动关系以及与劳动关系密切联系的其他一些社会关系的法律规范。

A. 劳动法　　B. 劳动法律体系　　C. 劳动法学　　D. 劳动立法制度

15. (　　)是指具有法的效力作用和意义的法或法律的外在表现形式。

A. 法律渊源　　B. 劳动法　　C. 劳动合同　　D. 劳动关系

16. (　　)是影响企业战略决策的首要外部条件。

A. 经济环境　　B. 政治法律环境　　C. 技术环境　　D. 社会文化环境

17. (　　)是人对某种事物或特定对象所持有的一种肯定或否定的心理倾向。

A. 认知　　B. 态度　　C. 智慧　　D. 谦虚

18. 员工自我保护机制的特点不包括(　　)。

A. 它是一种动态表现

B. 其目的大多数是为了满足个人需求

C. 压力会使不同员工做出不同程度的反应

D. 在一定条件下增强了员工的自主自立性

19. 劳动力供给弹性(　　)变动对工资率变动的反应程度。

A. 劳动力需求量　　B. 劳动力需求增长量

C. 劳动力供给量　　D. 劳动力供给增长量

20. 收入差距的衡量指标是(　　)。

A. 国民收入　　B. 基尼系数　　C. 人均 GDP　　D. 需求弹性

21. (　　)不属于劳动关系法。

A. 促进就业法　　B. 集体合同法　　C. 劳动合同法　　D. 劳动争议处理法

22. 影响产业购买者购买决定的主要因素不包括(　　)。

A. 社会因素　　B. 环境因素　　C. 组织因素　　D. 人际因素

23. 第一个将期望理论运用于工作动机并将其公式化的是(　　)。

A. 赫兹伯格　　B. 亚当斯　　C. 莱文泽尔　　D. 弗洛姆

24. 典型的人力资本类型不包括(　　)人力资本。

A. 一般型　　B. 专业型　　C. 创新型　　D. 综合型

25. 下列关于劳动力市场的说法,不正确的是(　　)。

A. 企业是劳动力的供给方

B. 劳动力市场的功能与其他市场相似

C. 决定工资是劳动力市场的基本功能

D. 劳动力市场供求运动调节着劳动资源的配置

26. 劳动法的立法宗旨在于(　　)。

A. 规范企业的行为　　B. 规范劳动者行为

C. 保护劳动者的合法权益　　D. 规范劳动力市场

27. 企业从某个行业采取撤退战略的方式不包括(　　)。

A. 分包　　B. 特许经营　　C. 卖断　　D. 低成本

28. 阿伦和梅耶(N. J. Allen,J. P. Meyer)提出的组织承诺不包括(　　)。

A. 感情承诺　　B. 继续承诺　　C. 规范承诺　　D. 口头承诺

29. (　　)不属于森德斯罗姆和麦克英蒂尔(Sundstrom & McIntyre)提出的团队有效性的组成要素。

A. 团队规模　　B. 团队绩效　　C. 团队学习　　D. 团队成员满意度

30. 在管理策略上,现代人力资源管理属于(　　)的管理。

A. 战术性与战略性相结合　　B. 以战略为主

C. 静态与动态相结合　　D. 以动态为主

31. 劳动力供给的工资弹性 E_S 的计算公式为(　　)。

A. $(\Delta S/S)/(\Delta W/W)$　　B. $(\Delta W/W)/(\Delta S/S)$

C. $(\Delta W/S)/(\Delta S/W)$　　D. $(\Delta S/W)/(W/S)$

32. 劳动法律体系中的(　　)包括工作时间和休息休假制度、工资制度、劳动安全卫生制度以及女职工和未成年工特殊保护制度等。

A. 劳动标准制度　　B. 促进就业法律制度

C. 职业培训制度　　D. 社会保险和福利制度

33. 确定型决策方法不包括(　　)。

A. 微分法　　B. 量本利分析法　　C. 收益矩阵法　　D. 线性规划法

34. 社会知觉失真的表现不包括(　　)。

A. 蝴蝶效应　　B. 光环效应　　C. 投射效应　　D. 对比效应

35. (　　)是将人的智力、人格、兴趣、情绪等心理特征,按一定规则表示成数字,并赋予这些数字一定解释的过程。

A. 心理测量　　B. 素质测验　　C. 生理测量　　D. 人事测评

36. 为有效完成人力资源管理的基本职能,必须完善的基础工作不包括(　　)。

A. 健全的员工绩效管理体系　　B. 完善的劳动人事规章规划

C. 系统的工作岗位分析与评价制度　　D. 静态的员工教育培养和训练体制

37. 实际工资的计算公式是(　　)。

A. 实际工资=货币工资+价格　　B. 实际工资=货币工资÷价格指数

C. 实际工资=货币工资×价格　　D. 实际工资=货币工资×价格指数

38. 劳动法的最主要表现形式是(　　)。

A. 劳动规章　　B. 劳动法律

C. 国务院劳动行政法规　　D. 地方性劳动法规

39. 完全劳动行为能力人是指身体健康,有完全行为自由,(　　)。

A. 16~18周岁的劳动者　　B. 16周岁以上的劳动者

C. 18周岁以上的劳动者　　D. 18周岁以上的男性劳动者

40. 企业管理资源状况分析的内容不包括(　　)。

A. 企业文化　　B. 品牌知名度　　C. 领导风格　　D. 组织管理水平

41. (　　)是指员工对工作所抱有的一般性的满足与否的态度。

A. 薪酬满意度　　B. 工作绩效　　C. 工作满意度　　D. 工作成就

42. (　　)认为,创新就是"建立一种新的生产函数"。

A. 泰勒　　B. 法约尔　　C. 熊彼特　　D. 德鲁克

43. 下列劳动力需求曲线中,(　　)表示劳动力需求量变动相对于工资率变动富有弹性。

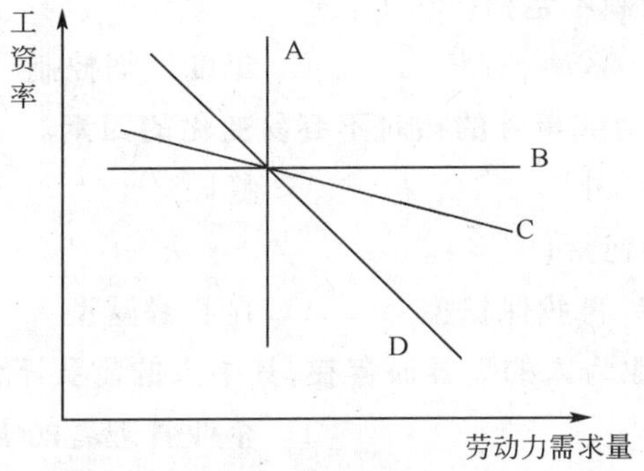

44. (　　)在国家的法律体系中具有最高法律效力。

A. 劳动法律　　B. 宪法

C. 国务院劳动行政法规　　D. 劳动规章

45. PDCA 循环法包括①执行;②处理;③检查;④计划。排序正确的是(　　)。

A. ④①③②　　B. ③②①④　　C. ③①④②　　D. ①②③④

46. (　　)是指当对一个人的某些特性形成好或坏的印象之后,就倾向于据此推论其他方面的特性。

A. 光环效应　　B. 投射效应　　C. 首因效应　　D. 刻板印象

47. 下列关于员工激励的说法,不正确的是(　　)。

A. 任何一种激励方法都不是万能的

B. 对员工的激励不一定达到满意效果

C. 员工对激励做出的反应需要一定时间

D. 对员工的激励一定会产生直接反应

48. 下列关于现代企业人力资源管理的说法,不正确的是(　　)。

A. 更加强调管理的系统化　　B. 更加强调管理手段的现代化

C. 更加强调管理的规范化　　D. 更加强调管理技术的静态化

49. (　　)模型揭示了劳动力市场的基本功能。

A. 收支循环　　B. 支出循环　　C. 供需循环　　D. 收入循环

50. 就业量所生产产品的总供给价格称为(　　)。

A. 最低收益　　B. 最低预期收益　　C. 最低成本　　D. 最低预期成本

51. 在处理劳动争议时,如果没有准确适用的法律条款,(　　)可以直接适用。

A. 劳动法的首要原则　　B. 劳动法律规范

C. 劳动法的基本原则　　D. 劳动纪律制度

52. 劳动法所规定的劳动标准,属于强行性法律规范,是(　　)。

A. 最低劳动标准　　B. 一般劳动标准　　C. 最高劳动标准　　D. 特殊劳动标准

53. 在现代社会,劳动关系是基于(　　)而建立的。

A. 劳动合同　B. 事实劳动关系　C. 集体合同　D. 形式劳动关系

54. 市场营销活动是企业经营管理的(　　)。

A. 起步环节　B. 中心环节　C. 结束环节　D. 中间环节

55. 市场营销计划的控制不包括(　　)。

A. 月度计划控制　B. 效率控制　C. 年度计划控制　D. 战略控制

56. (　　)是指导致行为或事件的相对不容易变化的因素。

A. 内因　B. 外因　C. 稳因　D. 非稳因

57. 个体的沟通风格不包括(　　)。

A. 自我完善型　B. 自我保护型　C. 自我暴露型　D. 自我实现型

58. 人本管理认为,企业为人的需要而存在,其中人的需要不包括(　　)。

A. 社会的人的需要　B. 企业管理者的需要

C. 企业投资者的需要　D. 企业全体员工的需要

59. 人力资源教育开发的重点是(　　)。

A. 职业教育　B. 专业培训　C. 技术教育　D. 技能培训

60. 绩效考评是绩效管理活动的(　　)。

A. 首要环节　B. 关键环节　C. 中心环节　D. 结束环节

二、多项选择题

1. 年失业率取决于(　　)。

A. 失业周数　B. 失业人数　C. 平均失业持续期

D. 就业人数　E. 失业人数占社会劳动力人数的比例

2. 选择风险型决策的前提包括(　　)。

A. 有一个明确的决策目标

B. 存在两个以上可供选择的方案

C. 可测算出种种自然状态发生的客观概率

D. 可测算不同方案在不同自然状态下的损益值

E. 存在着不以决策人意志为转移的各种自然状态

3. 满足成就需要的行为可以是(　　)。

A. 对资源进行控制　B. 比竞争者更出色

C. 发现和使用更好的方法完成工作　D. 实现或者超越一个难以达到的目标

E. 影响他人并改变他们的态度和行为

4. 创新能力的激励机制包括(　　)。

A. 团队激励机制　B. 个人激励机制　C. 市场激励机制

D. 社会激励机制　E. 企业激励机制

5. 人口年龄结构对劳动力供给的影响主要是通过(　　)的变动来实现的。

A. 劳动年龄人口占失业人口比重　B. 劳动年龄组内部年龄结构

C. 劳动年龄人口占人口总数比重　D. 劳动年龄人口平均年龄

E. 就业人口总量

6. 企业战略的实质是实现(　　)之间的动态平衡。

A. 外部环境　B. 内部环境　C. 企业实力

D. 战略目标　E. 长远发展

7. 影响工作满意度的因素有(　　)。

A. 富有挑战性的工作　B. 公平的报酬

C. 支持性的工作环境　D. 融洽的人际关系

E. 个人特征与工作的匹配

8. 现代化的人力资源管理在企业中的主要作用是(　　)。

A. 成为企业发展的内在动力　B. 促进企业社会化

C. 能使企业赢得人才制高点　D. 促进社会科学化

E. 能使员工随心所欲地工作

9. 从劳动力参与率的长期变动来看,描述正确的是(　　)。

A. 女性劳参率呈上升趋势　B. 老年人口劳参率呈下降趋势

C. 20～24 岁年龄组的人口劳参率下降　D. 15～19 岁年龄组的人口劳参率下降

E. 25～55 岁年龄段男性成年人口无显著的趋势性变化

10. 按照买方类型的不同,可将市场分为(　　)。

A. 商品市场　B. 服务市场　C. 组织市场

D. 金融市场　E. 消费者市场

11. 满足权力需要的行为可以是(　　)。

A. 比竞争者更出色　B. 影响他人并改变他们的态度和行为

C. 对资源进行控制　D. 占据一个高于别人的权威性的位置

E. 拥有舒适的轿车

12. 人的(　　)相互联系,相互影响,构成人的心理过程。

A. 思维活动　B. 记忆活动　C. 认知活动

D. 情感活动　E. 意志活动

13. 劳动经济学的研究对象包括(　　)。

A. 资本市场　B. 就业　C. 劳动力的市场现象

D. 失业　E. 劳动力市场运行规律

14. 关于"劳动法的基本原则"和"调整劳动关系的具体规定"的说法正确的是(　　)。

A. 前者的明确性高于后者　B. 前者所覆盖的事实状态小于后者

C. 前者的明确性低于后者　D. 前者所覆盖的事实状态大于后者

E. 前者的稳定性高于后者

15. 影响销售渠道选择的因素有(　　)。

A. 产品因素　B. 市场因素　C. 社会因素

D. 企业因素　E. 中间商的特性

16. 心理测验的技术标准包括(　　)。

A. 信度　B. 效度　C. 难度

D. 灵敏度　　E. 标准化

17. 以下关于劳动力市场的说法正确的是(　　)。

A. 劳动力市场是社会生产得以进行的前提条件

B. 劳动力与工资的交换行为只能是一种等价交换

C. 劳动力市场交换可以最高效率、消耗最低费用

D. 劳动力市场的劳动交换决定了劳动力的市场价值

E. 工资是实现和决定劳动力市场交换行为的必要手段

18. 职业培训制度规定了政府有关部门和用人单位在发展培训事业和开发劳动者职业技能方面的(　　)。

A. 法律法规　　B. 管理权限　　C. 通用标准

D. 职业分类　　E. 职业技能考核鉴定制度

19. 成熟期企业可以采取的营销策略有(　　)。

A. 市场改良　　B. 市场营销组合改良

C. 产品改良　　D. 销售渠道功效改良

E. 功能改良

20. 企业人际关系对(　　)产生极为重要的影响。

A. 企业整体行为　　B. 人的身心健康　　C. 企业工作效率

D. 企业的凝聚力　　E. 企业发展

21. 缓解结构性失业的有效对策包括(　　)。

A. 广泛的职业技术培训　　B. 超前的职业预测

C. 推行积极的劳动力市场政策　　D. 超前的职业指导

E. 较高费用的人力资本投资计划

22. 劳动法律体系中的劳动合同制度是指劳动合同(　　)的规则。

A. 订立　　B. 解除　　C. 履行

D. 终止　　E. 变更

23. 售后服务包括(　　)。

A. 技术培训　　B. 咨询产品　　C. 质量三包

D. 特种服务　　E. 提供零件

24. 人力资源开发理论体系包括(　　)。

A. 心理开发　　B. 环境开发　　C. 伦理开发

D. 技能开发　　E. 生理开发

25. 对国民经济就业总量影响最大的宏观调控政策有(　　)。

A. 财政政策　　B. 贸易政策　　C. 货币政策

D. 金融政策　　E. 收入政策

26. 满足亲和需要的行为可以是(　　)。

A. 参加社交活动　　B. 受到许多人的喜欢

C. 影响并改变他人的态度和行为　　D. 成为团队的一分子

E. 友好、合作地与同事一起工作

27. 影响群体决策的群体因素有( )。

A. 群体熟悉度 B. 群体多样性 C. 参与决策程度

D. 决策能力 E. 群体认知能力

28. 下列关于人的心理属性的说法,正确的有( )。

A. 是人性的本质

B. 是人性的重要构成部分

C. 由心理素质和心理状态两部分组成

D. 由个性心理特征和个人行为倾向两部分组成

E. 是人的感觉、知觉、记忆、思维等一切心理现象的总和

29. 劳动资源稀缺性的属性包括( )。

A. 具有普遍性 B. 仅存在于市场经济中

C. 是一种相对的稀缺性 D. 仅存在于当前社会

E. 可以表现为消费劳动资源的支付能力和支付手段的稀缺性

30. 劳动权的核心内容包括( )。

A. 平等就业权 B. 劳动报酬权 C. 休息休假权

D. 自由择业权 E. 职业培训权

31. 满足安全需要的行为可以是( )。

A. 免受失业和经济危机的威胁 B. 比竞争者更出色

C. 避免任务或者决策失败的风险 D. 免受疾病和残疾的威胁

E. 避免受到伤害或处于危险的环境

32. 人力资源的一般特点包括( )。

A. 时间性 B. 消费性 C. 地域性

D. 创造性 E. 主观能动性

33. 在经济运行过程中,阻碍互惠交换不能实现的主要障碍包括( )。

A. 信息障碍 B. 体制障碍 C. 市场缺陷

D. 人为障碍 E. 经济滞后

34. 对摩擦性失业表述正确的是( )。

A. 是一种非正常性失业 B. 是低效率利用劳动资源的需要

C. 是一种岗位变换之间的失业 D. 是动态性市场经济的一个自然特征

E. 表明劳动力经常处于流动过程之中

35. 政府制定或调整重大劳动关系标准应当贯彻“三方原则”,其中三方指的是( )。

A. 行业协会 B. 政府 C. 企业员工

D. 工会 E. 企业家协会

36. 企业战略的特点包括( )。

A. 前瞻性 B. 系统性 C. 动态性

D. 风险性 E. 抗争性

37. 企业目标管理的特点主要包括( )。

A. 是一种系统化的管理模式 B. 更富于参与性

C. 具有明确完整的目标体系　　D. 强调组织控制
E. 重视员工的培训和能力开发

38. 满足地位需要的行为可以是(　　)。

A. 具有执行官的特权　　B. 居住在合适的社区,参加俱乐部
C. 影响他人并改变他们的态度和行为　　D. 拥有舒适的轿车,合体的穿着
E. 为合适的公司工作,并拥有合适的职位

39. 亨利·明茨伯格认为管理者的角色主要有(　　)。

A. 计划类角色　　B. 人际关系类角色
C. 信息类角色　　D. 改革创新类角色
E. 决策类角色

40. 企业为赢得经营战略上的先机,要占领的制高点包括(　　)。

A. 政策制高点　　B. 资本制高点　　C. 技术制高点
D. 市场制高点　　E. 法律制高点

答案与解析

一、单项选择题

1. 答案:A(基础知识 P105)　见教材表4-2社会性动机及其驱动的行为。

2. 答案:C(基础知识 P126)　本题考查的是路径—目标理论的主要理论观点。

3. 答案:A(基础知识 P132)　本题考查的是心理测验的类型。

4. 答案:B(基础知识 P168)　人力资源的创新能力是企业竞争优势的根本。

5. 答案:B(基础知识 P183)　本题考查的是现代人力资源管理的特征。

6. 答案:B(基础知识 P26)　收入差距的衡量指标是基尼系数。

7. 答案:B(基础知识 P11)　劳动者市场的客体是劳动者的劳动力,即存在于劳动者身体之内的体力和智力的总和——劳动能力。

8. 答案:D(基础知识 P44)　本题考查的是劳动法律事实的分类。

9. 答案:B(基础知识 P34)　本题考查的是法律的正式解释。

10. 答案:B(基础知识 P50)　本题考查的是企业资源优势的特点。

11. 答案:B(基础知识 P101)　本题考查的是员工的组织承诺与缺勤率和流动率的关系。

12. 答案:C(基础知识 P192～195)　本题考查的是现代人力资源的三大基石。

13. 答案:A(基础知识 P2)　在生产要素市场,居民户是生产要素的供给者。

14. 答案:A(基础知识 P28)　广义的劳动法是调整劳动关系以及与劳动关系密切联系的其他一些社会关系的法律规范。

15. 答案:A(基础知识 P32)　法律渊源是指具有法的效力作用和意义的法或法律的外在表现形式。

16. 答案:B(基础知识 P49)　政治法律环境是影响企业战略决策的首要外部条件。

17. 答案:B(基础知识 P99)　态度是人对某种事物或特定对象所持有的一种肯定或否定的心理倾向。

18. 答案:D(基础知识 P191)　本题考查的是员工的自我保护机制。

19. 答案:C(基础知识 P6)　劳动力供给量变动对工资率变动的反应程度被定义为劳动力供给的工资弹性,简称劳动力供给弹性。

20. 答案:B(基础知识 P26)　收入差距的衡量指标是基尼系数。

21. 答案:A(基础知识 P39 表 2-1)　促进就业法属于劳动保障法。

22. 答案:A(基础知识 P79)　影响产业购买者购买决定的主要因素有环境因素、组织因素、人际因素、个人因素。

23. 答案:D(基础知识 P108)　第一个将期望理论运用于工作动机并将其公式化的是弗洛姆。

24. 答案:D(基础知识 P169)　典型的人力资本类型包括:一般型人力资本、专业型人力资本、创新型人力资本。

25. 答案:A(基础知识 P2)　在劳动力市场上,居民户是劳动力的供给方,企业是劳动力的需求方。

26. 答案:C(基础知识 P31)　劳动法的立法宗旨是保护劳动者的合法权益。

27. 答案:D(基础知识 P56)　企业主要的撤退方式有:特许经营、分包、卖断、管理层与杠杆收购、拆产为股/分拆、资产互换与战略贸易。

28. 答案:D(基础知识 P101)　阿伦和梅耶(N. J. Allen, J. P. Meyer)提出的组织承诺包括:感情承诺、继续承诺、规范承诺。

29. 答案:A(基础知识 P113～114)　森德斯罗姆和麦克英蒂尔(Sundstrom & McIntyre)提出的团队有效性的组成要素:绩效、成员满意度、团队学习、外人的满意度。

30. 答案:A(基础知识 P183)　在管理策略上,现代人力资源管理属于战术性与战略性相结合的管理。

31. 答案:A(基础知识 P6)。　设 E_S 为劳动力供给弹性,$\Delta S/S$ 表示供给量变动的百分比,$\Delta W/W$ 表示工资变动的百分比,则有:$E_S=(\Delta S/S)/(\Delta W/W)$。

32. 答案:A(基础知识 P37)　劳动标准制度包括工作时间和休息休假制度、工资制度、劳动安全卫生制度以及女职工和未成年工特殊保护制度等。

33. 答案:C(基础知识 P63～67)　确定型决策方法包括:量本利分析法、线性规划法、微分法。

34. 答案:A(基础知识 P102～103)　社会知觉失真的表现包括:首因效应、光环效应、投射效应、对比效应、刻板印象。

35. 答案:A(基础知识 P131)　心理测量就是将人的智力、人格、兴趣、情绪等心理特征按一定规则表示成数字,并赋予这些数字一定解释的过程。

36. 答案:D(基础知识 P191～192)　为有效地完成人力资源管理的基本职能,必须健全和完善企业人力资源管理的各项基础工作,如畅通的信息沟通渠道与管理信息系统;合理的劳动分工协作与定编定岗定员定额标准;系统的工作岗位分析与评价制度;完善的劳动人事规章规则;健全的员工绩效管理体系;动态的员工教育、培养和训练体制等。

37. 答案:B(基础知识 P16)　实际工资是指经价格指数修正过的货币工资,用以说明工资的实际购买能力,其计算公式是:实际工资=货币工资÷价格指数。

38. 答案:B(基础知识 P33) 劳动法律是劳动法的最主要的表现形式。

39. 答案:D(基础知识 P43) 本题考查的是完全劳动行为能力人的定义。

40. 答案:B(基础知识 P50) 企业管理资源状况分析的内容包括:组织管理水平、领导的风格、企业文化。品牌知名度属于无形资产状况分析的内容。

41. 答案:C(基础知识 P100) 本题考查的是工作满意度的定义。

42. 答案:C(基础知识 P168) 西方经济学家熊彼特在"创新理论"中提出,创新就是"建立一种新的生产函数"。

43. 答案:C(基础知识 P8) 本题考查的是劳动力需求曲线。

44. 答案:B(基础知识 P33) 本题考查的是《宪法》的地位。

45. 答案:A(基础知识 P71) 本题考查的是 PDCA 循环法。

46. 答案:A(基础知识 P102) 本题考查的是光环效应的概念。

47. 答案:D(基础知识 P190～191) 本题考查的是员工激励的相关知识。

48. 答案:D(基础知识 P182) 本题考查的是现代企业人力资源管理的相关知识。

49. 答案:D(基础知识 P2) 见教材图 1-1"收入循环模型"揭示劳动力市场的基本功能,它根据经济学的基本理论,描述一个最简单的经济系统的收入循环模型。

50. 答案:B(基础知识 P19) 最低预期收益就是就业量所生产产品的总供给价格。

51. 答案:C(基础知识 P29) 在处理劳动争议时,极有可能出现没有准确适用的法律条款,此时,劳动法的基本原则可以直接适用,补充劳动法律制度的不足等。

52. 答案:A(基础知识 P37) 劳动法所规定的劳动标准为最低劳动标准,一般属于强行性法律规范。

53. 答案:A(基础知识 P39) 在现代社会,劳动关系是基于劳动合同而建立的,劳动合同制度本身就是一种法律制度。

54. 答案:B(基础知识 P74) 市场营销活动不仅局限于生产与消费之间的流通领域,而且渗透到生产领域和消费领域之中,成为企业经营管理的中心环节。

55. 答案:A(基础知识 P83～84) 市场营销计划的控制包括年度计划控制、盈利能力控制、效率控制、战略控制。

56. 答案:C(基础知识 P103) 稳因即稳定原因,是指导致行为或事件的相对不容易变化的因素,如行为者的能力、人格、品质、工作难度、职业要求、法律、制度和规范等。

57. 答案:A(基础知识 P120) 个体的沟通风格划分为四种类型,包括自我克制型、自我保护型、自我暴露型、自我实现型。

58. 答案:B(基础知识 P145) 企业为人的需要而存在,人的需要有:社会的人的需要、企业投资者的需要、企业全体员工的需要。

59. 答案:A(基础知识 P171) 人力资源教育开发的重点是职业教育。

60. 答案:C(基础知识 P194) 绩效考评与评价是绩效管理活动的中心环节。

二、多项选择题

1. 答案:CE(基础知识 P21～22) 本题考查的是年失业率。

2. 答案:ABCDE(基础知识 P68) 本题考查的是选择风险决策的前提。

3. 答案:BCD(基础知识 P105)　本题考查的是满足成就需要的行为。

4. 答案:CDE(基础知识 P171)　本题考查的是创新能力的激励机制。

5. 答案:BC(基础知识 P13)　本题考查的是人口年龄结构的相关知识。

6. 答案:ACD(基础知识 P45)　本题考查的是企业战略的实质。

7. 答案:ABCDE(基础知识 P100)　本题考查的是影响工作满意度的因素。

8. 答案:AC(基础知识 P185)　本题考查的是人力资源管理在现代企业中的作用。

9. 答案:ABDE(基础知识 P6～7)　本题考查的是劳动力参与率的生命周期的长期变动趋势。

10. 答案:CE(基础知识 P75)　按照买方类型的不同,可将市场分为组织市场和消费者市场。

11. 答案:BCD(基础知识 P105)　本题考查的是教材表 4-2,社会性动机及其驱动的行为。

12. 答案:CDE(基础知识 P138)　人的认知活动、情感活动和意志活动相互联系和影响,构成人的心理过程。

13. 答案:CE(基础知识 P1)　劳动经济学是研究市场经济制度中的劳动力市场现象及劳动力市场运行规律的科学。

14. 答案:CDE(基础知识 P29)　本题考查的是劳动法的基本原则的特点。

15. 答案:ABDE(基础知识 P93)　本题考查的是影响销售渠道选择的因素。

16. 答案:ABCE(基础知识 P133～134)　心理测验的技术标准包括:信度、效度、难度、标准化。

17. 答案:ABCDE(基础知识 P12)　本题考查的是劳动力市场的性质。

18. 答案:BCDE(基础知识 P37)　职业培训制度规定政府有关部门和用人单位在发展培训事业和开发劳动者职业技能方面的职责、管理权限、职业分类、通用标准和职业技能考核鉴定制度。

19. 答案:ABC(基础知识 P88～89)　处于成熟期的产品,企业可以采取的营销策略:市场改良、产品改良、市场营销组合改良。

20. 答案:BCDE(基础知识 P147)　企业人际关系影响企业的凝聚力、人的身心健康、个体行为、企业工作效率和企业发展。

21. 答案:ABCD(基础知识 P20)　缓解结构性失业最有效的对策是推行积极的劳动力市场政策,包括超前的职业指导和职业预测、广泛的职业技术培训,以及低费用的人力资本投资计划等。

22. 答案:ABCDE(基础知识 P37)　劳动法律体系中的劳动合同制度是指劳动合同的订立、履行、变更、解除、终止的规则。

23. 答案:ACDE(基础知识 P89～90)　售后服务包括:安装调试、提供维修、提供零件、质量三包、技术培训、特种服务。

24. 答案:ABCDE(基础知识 P167)　人力资源开发的理论体系包括人力资源的心理开发、生理开发、伦理开发、智力开发、技能开发和环境开发。

25. 答案:ACE(基础知识 P24)　对就业总量影响最大的宏观调控政策是财政政策、货币政策和收入政策。

26. 答案:ABDE(基础知识 P105) 见教材表4-2社会性动机及其驱动的行为。

27. 答案:ABDE(基础知识 P117～118) 本题考查的是影响群体决策的群体因素。

28. 答案:ABE(基础知识 P137) 本题考查的是人的心理属性。

29. 答案:ACE(基础知识 P1) 本题考查的是劳动资源的稀缺性。

30. 答案:AD(基础知识 P30) 平等就业权和自由择业权是劳动权的核心。

31. 答案:ACDE(基础知识 P105) 见教材表4-2。

32. 答案:ABDE(基础知识 P180) 本题考查的是人力资源的特点。

33. 答案:ABC(基础知识 P4～5) 在经济运行过程中,阻碍互惠交换不能实现的主要障碍包括:信息障碍、体制障碍、市场缺陷。

34. 答案:CDE(基础知识 P20) 摩擦性失业是一种正常性失业,是高效率利用劳动资源的需要。

35. 答案:BDE(基础知识 P31) 政府制定或调整重大劳动关系标准应当贯彻"三方原则",即政府、工会和企业家协会(雇主协会)共同参与决定或听取工会和企业家协会的意见。

36. 答案:BDE(基础知识 P45) 企业战略具有全局性、系统性、长远性、风险性、抗争性的特征,离开这些特征就称不上经营战略。

37. 答案:ABCE(基础知识 P72～73) 企业目标管理的特点主要有:它是一种系统化的管理模式;要求有明确完整的目标体系;更富于参与性;强调自我控制;重视员工的培训和能力开发。

38. 答案:ABDE(基础知识 P105) 本题考查的是教材表4-2社会性动机及其驱动的行为。

39. 答案:BCE(基础知识 P122) 亨利·明茨伯格认为管理者的角色主要有:人际关系类角色;信息类角色;决策类角色。

40. 答案:BCD(基础知识 P185～186) 企业为了赢得经营战略上的先机,至少要占领五个制高点,即人才的制高点、资本的制高点、技术的制高点、产品的制高点和市场的制高点。

题　库　3

第一章　人力资源规划

理论知识练习题

一、单项选择题

1. 静态的组织设计理论不研究(　　)等方面的问题。

A. 行为规范　　B. 组织体制　　C. 信息控制　　D. 部门结构

2. 以下不属于静态的组织设计理论的是(　　)。

A. 组织的规章　　B. 组织的体制　　C. 组织的机构　　D. 组织的协调

3. 合理分权的作用不包括(　　)。

A. 有利于企业统一指挥和领导　　B. 有利于调动下级的积极主动性

C. 有利于基层迅速正确地做出决策　　D. 有利于领导集中力量抓重大问题

4. 适合采用超事业部的企业的特点是(　　)。

A. 企业规模比较小　　B. 产品品种较少

C. 所涉及的业务范围很窄　　D. 企业规模特别大

5. (　　)组织将矩阵组织结构形式与事业部组织结构形式有机地结合在一起。

A. 独立型　　B. 模拟分权制　　C. 依托型　　D. 多维立体

6. (　　)是以信息、通信技术为基础,依靠高度发达的网络,将供应、生产、销售企业和客户,乃至竞争对手等独立的企业或个体连接成的经济联合体。

A. 网络型组织　　B. 流程性组织　　C. 模拟分权组织　　D. 多维立体组织

7. 管理幅度是指主管人员有效地监督、管理其直接下属的(　　)。

A. 层级　　B. 人数　　C. 质量　　D. 效度

8. 关于有效管理幅度与管理层次的关系的说法正确的是(　　)。

A. 正比关系　　B. 反比关系　　C. 没有关系　　D. 递减关系

9. 下列选项中不属于企业部门结构横向设计方法的是(　　)。

A. 自上而下法　　B. 自下而上法　　C. 业务流程法　　D. 变量测评法

10. 进行组织结构设计时,要选择不同的部门结构模式,(　　)不属于部门结构模式。

A. 直线职能制　　B. 咨询机构　　C. 超事业部制　　D. 事业部制

11. 下列选项中属于以成果为中心设计的部门组合方式是(　　)。

A. 事业部制　　B. 直线制　　C. 矩阵制　　D. 直线职能制

12. 以下不属于部门结构设计原则的是(　　)。

A. 以关系为中心　　B. 以成果为中心

C. 以工作和任务为中心　　D. 以层次为中心

13. 选项中属于责权利一致要求的是(　　)。

A. 首脑负责制　　B. 直线——参谋制
C. 岗位责任制　　D. 一级管一级

14. 在行业增长阶段后期,为减少竞争压力,企业会采取(　　)。

A. 增大数量战略　B. 扩大地区战略　C. 纵向整合战略　D. 多种经营战略

15. 以下不属于组织结构分析的内容的是(　　)。

A. 各种职能的性质及类别
B. 员工与岗位之间是否匹配
C. 哪些是决定企业经营的关键性职能
D. 内外环境变化引起的企业经营战略和目标的改变

16. 在企业组织结构变革时需分析组织关系,不属于其内容的是(　　)。

A. 某个单位应同哪些单位和个人发生联系
B. 某个单位要求别人给予何种配合和服务
C. 某个单位的工作效率和员工的士气如何
D. 某个单位应该为别的单位提供哪些服务

17. 局部改变某个科室的职能属于企业组织结构变革的(　　)变革方式。

A. 改良式　B. 渐进式　C. 计划式　D. 爆破式

18. 两家企业合并属于企业组织结构变革的(　　)变革方式。

A. 改良式　B. 渐进式　C. 计划式　D. 爆破式

19. 企业结构整合的过程包括:①互动阶段;②拟定目标阶段;③控制阶段;④规划阶段。排序正确的是(　　)。

A. ①②④③　B. ②④①③　C. ②④③①　D. ④②①③

20. 选项中属于影响劳动环境的物质因素是(　　)。

A. 照明　B. 空气　C. 湿度　D. 噪声

21. 选项中不属于程序分析的分析工具是(　　)。

A. 多作业程序图　B. 动作研究　C. 线图　D. 流程图

22. (　　)是运用调查研究的实证方法,对现行的岗位活动的内容和步骤进行全面系统的观察、记录和分析,找出其中的不必要、不合理的部分,寻求建构更为安全经济、简单有效作业程序的一种专门技术。

A. 方法研究　B. 动作研究　C. 工业工程　D. 多作业程序图

23. 选项中不属于工业工程功能表现的是(　　)。

A. 规划　B. 设计　C. 创新　D. 激励

24. 选项中不属于岗位宽度扩大法的是(　　)。

A. 充实岗位工作内容　　B. 延长加工周期
C. 增加岗位的工作内容　　D. 包干负责

25. 选项中属于岗位深度扩大法的是(　　)。

A. 充实岗位工作内容　　B. 延长加工周期
C. 增加岗位的工作内容　　D. 包干负责

26. 狭义的人力资源规划不包括(　　)。

A. 人员配备计划 B. 人员晋升计划 C. 人员补充计划 D. 人员培训计划

27. 人员培训开发计划的具体内容不包括( )。

A. 受训人员的数量 B. 培训的方式方法

C. 培训费用的预算 D. 培训的奖励措施

28. 以下不属于影响企业人力资源活动法律因素的是( )。

A. 质量管理 B. 劳动保护的规定

C. 户籍制度 D. 安全生产的规定

29. 编制人员需求计划时，计划期内员工的补充需要量等于( )。

A. 计划期人员总需要量减去报告期期末人员总数，加上计划期自然减员人数

B. 计划期人员总需要量加上报告期期末人员总数，减去计划期自然减员人数

C. 计划期自然减员人数加上计划期人员总需要量，减去报告期期初人员总数

D. 报告期自然减员人数减去计划期人员总需要量，加上报告期期末人员总数

30. 以下不属于企业人员配置计划内容的是( )。

A. 企业每个岗位的人员素质 B. 人员的职务变动情况

C. 企业每个岗位的人员数量 D. 职务空缺的数量及填补方法

31. 下列关于人力资源预测的说法不正确的是( )。

A. 人力资源预测的方案和过程相对简单易行

B. 要求预测者具有高度的创造性和分析能力

C. 人力资源预测所面临的环境具有不确定性

D. 人力资源预测能够引导员工的职业生涯规划

32. 人力资源预测的作用不包括( )。

A. 提高组织的竞争力 B. 有助于调动员工的积极性

C. 有助于开拓市场空间 D. 是实施人力资源管理的重要依据

33. 以下说法不正确的是( )。

A. 人力资源预测能引导员工进行职业生涯设计

B. 动态的组织条件下，人力资源预测非常必要

C. 静态的组织条件下，人力资源预测并非必要

D. 现实生活中的组织既有静态的，也有动态的

34. 以下关于人力资源预测的说法不正确的是( )。

A. 不会受预测者知识水平的限制 B. 要求预测者具有高度的想象力

C. 有利于提高组织环境适应能力 D. 能够引导员工进行职业生涯规划

35. 以下说法不正确的是( )。

A. 人力资源预测能引导员工进行职业生涯设计

B. 动态的组织条件下，人力资源预测非常必要

C. 静态的组织条件下，人力资源预测并非必要

D. 现实生活中的组织既有静态的，也有动态的

36. 编制人员需求计划时，计划期内员工的补充需求量等于( )。

A. 计划期内人员总需求量减去报告期期末人员总数，加上计划期内自然减员人数

B. 计划期内人员总需求量加上报告期期末人员总数，减去计划期内自然减员人数
C. 计划期内自然减员人数加上计划期内人员总需量，减去报告期期初人员总数
D. 报告期内自然减员人数减去计划期内人员总需量，加上报告期期末人员总数

37. 以下不属于人力资源需求预测定量方法的是(　　)。

A. 灰色预测模型法　　B. 转换比率法
C. 马尔可夫分析法　　D. 经验预测法

38. 以下关于人力资源预测方法的说法不正确的是(　　)。

A. 德尔菲法适用于对人力需求的长期趋势预测
B. 转换比率法假定企业的劳动生产率是可变的
C. 转换比率法没能说明不同类别员工需求的差异
D. 德尔菲法可用于企业整体人力资源需求量的预测

39. 以下属于人力资源需求预测定性方法的是(　　)。

A. 马尔科夫分析法　　B. 综合分析法
C. 灰色预测模型法　　D. 经验预测法

40. (　　)依据失误发展变化的因果关系来预测事物未来的发展趋势，这种方法也可以进行人力资源需求预测。

A. 趋势外推法　　B. 人员比率法　　C. 回归分析法　　D. 转换比率法

41. 人力资源需求预测的方法中，依据事情发展变化的因果关系来预测事情未来发展趋势的方法是(　　)。

A. 趋势外推法　　B. 人员比率法　　C. 回归分析法　　D. 转换比率法

42. 下列关于人力资源预测方法的说法不正确的是(　　)。

A. 趋势外推法最简单，自变量只有一个
B. 回归分析法不考虑不同变量之间的影响
C. 趋势外推法与回归分析法本质上都是经济计量模型法
D. 经济计量模型一般只在管理基础较薄弱的小公司采用

43. 以下关于人力资源预测方法的说法不正确的是(　　)。

A. 趋势外推法最为简单，其自变量只有一个
B. 经济计量模型法不需考虑不同自变量之间的影响
C. 马尔可夫法可以预测企业人力资源供给的情况
D. 马尔可夫法可以预测企业人力资源需求的情况

44. 人力资源需求预测的方法中，(　　)的主要思路是通过观察历年企业内部人数的变化，找出组织过去人事变动的规律，来推断未来的人事变动趋势和状态。

A. 计量经济模型法　　B. 马尔可夫分析法
C. 计算机模拟法　　D. 定员定额分析法

45. 定员定额分析法不包括(　　)。

A. 结构定员法　　B. 设备看管定额定员分析法
C. 效率定员法　　D. 比例定员法

46. 以下参数中不影响企业专业技能人员需求总量的是(　　)。

A. 企业战略　B. 组织结构　C. 管理幅度　D. 人工成本

47. 关于人力资源预测的说法不正确的是(　　)。

A. 企业职位空缺不可能完全通过内部供给解决

B. 严格的户籍制度制约着企业外部人员的供给

C. 人员供给预测包括内部供给预测和外部供给预测

D. 企业人力资源需求满足应优先考虑外部人力资源供给

48. 以下类型中不属于制度规范类型的是(　　)。

A. 管理制度　B. 技术规范　C. 行为规范　D. 结构制度

49. 选项中不属于企业基本制度的是(　　)。

A. 企业章程　B. 董事会组织

C. 高层管理组织规范　D. 业务规范

50. 选项中不属于现代人力资源管理基本职能的是(　　)。

A. 考评　B. 保持　C. 录用　D. 战略制定

51. 人力资源管理制度规划的基本步骤是:①提出人力资源管理制度草案;②广泛征求意见,认真组织讨论;③逐步修改调整,充实完善。它们的排列顺序是(　　)。

A. ①②③　B. ③②①　C. ①③②　D. ②①③

52. 现代组织理论设计属于(　　)的组织理论设计。

A. 静态　B. 动态　C. 权变　D. 权威

53. (　　)以行为科学理论为依据,强调人的因素,从组织行为的角度来研究组织结构。

A. 古典组织理论　B. 近代组织理论　C. 现代组织理论　D. 当代组织理论

54. (　　)表明,一个领导者能够有效领导的直属下级人数是有一定限度的。

A. 任务与目标原则　B. 集权与分权相结合原则

C. 有效管理幅度原则　D. 稳定性与适应性相结合原则

55. 以(　　)为中心设计的部门结构包括事业部制和模拟分权制等模式

A. 成果　B. 工作　C. 关系　D. 人员

56. 不是企业组织结构变革前兆的是(　　)。

A. 新任领导上任　B. 企业经营业绩下降

C. 员工士气低落　D. 组织结构本身弊病显露

57. 从内容上讲,狭义人力资源规划主要包括人员晋升计划、人员补充计划和(　　)。

A. 职业生涯规划　B. 人员培训计划　C. 薪酬福利计划　D. 人员配备计划

58. 下列人员需求预测方法中,不属于量化分析方法的是(　　)。

A. 德尔菲法　B. 趋势外推法

C. 马尔可夫分析法　D. 人员比率法

59. 某企业计划期任务总工时为 6 060 小时,定额工时为 60 小时,计划期劳动生产率变动系数为 0.01,运用劳动定额分析法测定的企业人力资源需求为(　　)人。

A. 60　B. 100　C. 160　D. 200

60. (　　)具体表现为机构臃肿、人浮于事、生产效率下降。

A. 人力资源供求平衡　B. 人力资源供大于求

C. 人力资源供不应求　　D. 人力资源供求失衡

二、多项选择题

1. 属于超事业部制的优点的是(　　)。

A. 有利于为最高领导层培养出色的接班人

B. 加大企业协调沟通的工作量

C. 降低决策与执行的效率

D. 能够使公司总经理从繁杂的日常事务中解脱出来,将精力放在企业重大战略上

E. 可以加快产品的研制开发速度

2. 多维立体组织结构的缺点包括(　　)。

A. 员工面临三重职权关系,容易产生无所适从的情况

B. 需要频繁召开会议协调关系

C. 部门之间的横向协调困难

D. 主要应用于中小企业

E. 很难满足客户的要求

3. 流程型组织结构与传统型组织结构相比较,具有的优点是(　　)。

A. 以顾客或者市场为导向

B. 业务流程是以产出和顾客为中心,从而提高了组织的运行效率

C. 组织结构的扁平化

D. 企业组织的结构更具灵活性和适应性

E. 流程团队是流程型组织的基本构成单位

4. 根据组织成员的特征和相互关系,网络型组织可以分为四种基本类型,它们是(　　)。

A. 内部网络　　B. 垂直网络　　C. 机会网络

D. 市场网络　　E. 产品网络

5. 网络型组织和一般流程型组织相比,它具有的特点是(　　)。

A. 组织结构的扁平化　　B. 具有更大的灵活性

C. 企业规模小型化趋势更加明显　　D. 具有突出企业自身的核心能力

E. 要求有更完善的网络技术

6. 从企业总结构来看,部门结构的横向设计方法可以分为(　　)。

A. 自上而下法　　B. 自下而上法　　C. 业务流程法

D. 变量测评法　　E. 经验统计法

7. 选项中说法正确的是(　　)。

A. 企业组织机构的设置必须保证行政命令和生产经营指挥的集中统一

B. 管理部门的责权利必须对应一致

C. 执行和监督机构应当分设

D. 机构和人员应当精简

E. 执行部门应该容纳尽量多的员工

8. 某单位在进行组织结构诊断时要分析组织关系,即需要明确(　　)。

A. 应同哪些单位和个人发生联系
B. 要求别人给予何种配合和服务
C. 如何才能取得行业的领头位置
D. 应当为别的单位提供哪些服务
E. 内部环境变化如何引起战略和目标的改变

9. 以下属于企业组织结构变革征兆的是(　　)。

A. 成本增加
B. 合理化建议减少
C. 指挥不灵
D. 市场占有率缩小
E. 信息不畅

10. 企业组织结构整合的目的主要在于(　　)。

A. 实现组织间的相互协调
B. 实现组织管理的系统化
C. 解决部门内部的分工问题
D. 解决结构分化时的分散倾向
E. 保证企业生产经营活动的正常运行

11. 改进工作岗位设计的基本内容,可以从(　　)方面进行改进。

A. 岗位工作的扩大化与丰富化
B. 岗位工作的满负荷
C. 劳动环境的优化
D. 岗位的工时工作制
E. 员工职业生涯规划

12. 影响劳动环境的物质因素包括(　　)。

A. 工作地的组织
B. 照明与色彩
C. 设备和操纵器的配置
D. 空气
E. 湿度

13. 影响劳动环境的自然因素包括(　　)。

A. 噪声
B. 温度
C. 空气
D. 厂区绿化
E. 工作地的组织

14. 改进工作岗位设计的意义是(　　)。

A. 企业劳动分工与协作的需要
B. 企业不断提高生产效率,增加产出的需要
C. 劳动者在安全、健康、舒适的条件下从事劳动活动在生理上、心理上的需要
D. 增加劳动强度的需要
E. 提高产量的需要

15. 制定企业人员规划的基本原则包括(　　)。

A. 确保人力资源需求
B. 与企业战略目标相适应
C. 与内外环境相适应
D. 与企业绩效管理相适应
E. 保持适度流动性

16. 选项中属于岗位宽度扩大法的是(　　)。

A. 延长加工周期
B. 增加岗位的工作内容,如安排员工分担一些辅助工作
C. 采用包干负责制

D. 岗位工作轮换设计
E. 生产工人参与计划制定,自行决定生产目标

17. 选项中属于岗位深度扩大法形式的是(　　)。
A. 岗位工作纵向调整　　B. 充实岗位工作内容
C. 岗位工作连贯设计　　D. 岗位工作轮换设计
E. 岗位工作矩阵设计

18. 人员晋升计划是企业根据(　　)制定的员工职务提升方案。
A. 企业目标　B. 人员需要　C. 工作条件
D. 工资水平　E. 内部人员分布情况

19. 影响人力资源活动的法律因素有(　　)。
A. 工时制度　B. 劳动就业制度　C. 户籍制度
D. 住房制度　E. 社会保障制度

20. 企业晋升计划的内容一般由(　　)等指标组成。
A. 晋升时间　B. 晋升比率　C. 晋升条件
D. 晋升职位　E. 晋升人数

21. 人力资源需求预测的内容包括(　　)。
A. 企业人力资源需求预测　　B. 企业人力资源供给预测
C. 企业人力资源结构预测　　D. 企业特种人力资源预测
E. 企业人力资源存量与增量预测

22. 影响人力资源需求预测的一般因素包括(　　)。
A. 市场需求　B. 工资状况　C. 企业总产值
D. 工作时间　E. 政府的方针政策的影响

23. 下列关于人力资源预测方法的说法正确的有(　　)。
A. 马尔可夫分析法可以预测企业的人力资源需求
B. 经济计量模型法其实是一种转移概率矩阵
C. 马尔可夫分析法可以预测企业的人力资源供给
D. 趋势外推法与回归分析法本质上都是经济计量模型法
E. 灰色预测模型法仅能对含有未知或非确定信息的系统进行预测

24. 影响企业经营管理人员需求的参数有(　　)。
A. 出勤率　B. 总成本　C. 生产技术水平
D. 总资产　E. 企业管理制度

25. 预测企业内部人力资源供给量必须考虑的因素包括(　　)。
A. 替休　B. 退休　C. 平调
D. 晋升　E. 轮换

26. 影响企业外部劳动力供给的因素有(　　)。
A. 择业心理偏好　　B. 企业人员的自然流失
C. 社会就业意识　　D. 劳动力市场发育程度
E. 地域性因素

27. 若企业人力资源供不应求，可以采取的解决方法一般有(　　)。

A. 减少员工的工作时间　　B. 合并或关闭某些臃肿机构
C. 提高企业资本技术有机构成　　D. 将符合条件的富余人员调往空缺岗位
E. 制订聘用非全日制临时用工计划

28. 选项中属于制度化管理的优点的是(　　)。

A. 个人与权力相分离　　B. 理性精神合理化的体现
C. 适合现代化的大型企业组织　　D. 是感性管理的需要
E. 适用于创业初期的小企业

29. 下列选项中属于制度规范的类型的是(　　)。

A. 企业基本制度　　B. 管理制度
C. 技术规范　　D. 业务规范
E. 行为规范

30. 现代企业人力资源管理，是以组织中的人为对象的管理，它至少涉及的基本职能是(　　)。

A. 录用　　B. 保持　　C. 发展
D. 考评　　E. 调整

31. 人力资源管理制度规划的基本原则是(　　)。

A. 将员工与企业的利益紧密地结合在一起，促进员工与企业的共同发展，这是企业人力资源管理规划的基本原则

B. 从企业内外部环境和条件出发，建立适合企业特点的人力资源管理制度体系，使之更加充满活力

C. 企业人力资源管理制度体系应当在学习借鉴国外先进人力资源管理理论的同时，有所创新，有所进步

D. 企业人力资源管理制度规划与创新，必须在国家劳动人事法律、法规的大框架内进行

E. 企业人力资源管理制度规划必须与企业集体合同保持协调一致

32. 制定人力资源管理制度的基本要求是(　　)。

A. 从企业的具体的情况出发　　B. 满足企业的实际需求
C. 符合法律和道德规范　　D. 注重系统性和配套性
E. 保持合理性和先进性

33. 部门结构不同模式的组合原则包括(　　)。

A. 以产权为中心　　B. 以关系为中心
D. 以岗位为中心　　C. 以成果为中心
E. 以工作和任务为中心

34. 企业组织结构变革的方式包括(　　)。

A. 改良式变革　　B. 爆破式变革　　C. 计划式变革
D. 组织结构整合　　E. 反馈式变革

35. (　　)属于人力资源规划的内部环境。

A. 企业的行业特征　　B. 企业结构

C. 企业的发展战略　　D. 企业文化
E. 企业的人力资源管理系统

36. 人力资源预测的局限性包括(　)。

A. 预测方法不精密　　B. 企业内部的抵制
C. 预测的代价高昂　　D. 知识水平的限制
E. 环境的不确定性

37. 采用德尔菲法进行人力资源需求分析,应遵循下列原则:(　　)。

A. 向高层领导部门和决策人说明预测的益处,以争取支持
B. 尽量精确,让专家们说明预计数字的肯定程度
C. 尽量简化,不要问没有必要问的问题
D. 所问的问题应是被问者都能回答的问题
E. 保证所有专家能从同一角度去理解自己的定义

38. 人力资源需求预测的定量方法包括(　　)。

A. 转换比率法　　B. 马尔可夫分析法
C. 回归分析法　　D. 灰色预测模型法
E. 趋势外推法

39. 人力资源需求预测的方法分定性和定量预测两类,下列方法中(　　)属于定量方法。

A. 转换比率法　B. 人员比率法　C. 趋势外推法
D. 生产模型法　E. 经验预测法

40. 解决企业人力资源供大于求问题的方法有(　　)。

A. 合并某些臃肿的机构　　B. 制订聘用全日制临时用工计划
C. 提高企业资本技术的有机构成　　D. 制订延长工时适当增加报酬的计划
E. 鼓励提前退休

专业技能练习题

一、简答题

1. 企业人力资源需求预测的一般影响因素有哪些?
2. 简述工作岗位设计的基本原则?
3. 简述制度化管理的特征?

二、综合题

1. LHB公司是一家国际食品和家庭及个人卫生用品集团,该公司在21世纪初彻底进行了重组。在过去,该公司是高度分权化的,各国的子公司均享有高度的自治权。在20世纪90年代后期,该公司开始引入新的创新和战略流程,同时整合其核心业务。

直到2000年,由H国和8国的董事长以及他们的代表组成的一个特别委员会和一个包括职能、产品和地区经理等在内的15个董事一直独揽着公司的决策大权,整个结构是矩阵式的,其特点是加强了横向联系,组织的机动性加强,集权和分权相结合,专业人员潜能得到发挥,能培养各种人才。然而,矩阵制的缺点是成员位置不固定,有临时观念,有时责任心不够

强；员工受双重领导，有时不易分清责任，一份“我们需要明确的目标和角色，董事会使自己过多地卷入了运营，从而对战略领导造成了损害”的内部报告也表明公司的组织结构存在一定的问题。

然而，2001 年启动的“杰出绩效塑造计划”带来了公司结构的实质性改变。该计划废除了特别委员会和地区经理这一层级，代之以一个由 7 人组成的董事会，由董事长及职能和大类产品(即食品、家庭及个人卫生用品)的经理组成。向他们报告的是 12 位负有明确盈利责任的业务集团总裁，后者在特定地区对其管理的产品利润负有完全的责任，全球战略领导被明确地置于执委会一级，运营绩效则是业务集团的直接责任。

在这种正式结构调整之后，国际协调是由许多正式和半正式的网络协助完成的。研究和发展的工作由国际网络创新中心负责实施，其领导责任通常归属于中心的专家而不是 H 国或者 B 国的总部机构。产品和品牌网络国际业务小组负责在全球范围内协调品牌和营销。同时，职能网络也开展一系列计划，以便就一些关键问题(如录用和组织效能)实现全球协调。所有这些网络均大大依赖于非正式的领导和社会过程，同时也依赖于电子邮件和内部网络科技投入的支持。是否参与这种协调在很大程度上是由业务集团而非公司总部确定并资助的。这里所谓的企业网络组织，是指以某一具有核心能力的组织为中心，利用一定的手段，针对一定的目标，将一些相关的组织连接起来，形成一个互相支持、互相合作、互相依存的企业组织群体。在这个组织群体中，每个组织作为网络组织群体的成员，又是相对独立的，通过长期契约和信任，与核心组织群连接在一起成为命运共同体而共同发展。网络型组织能够不断地适应企业的外部环境。网络型组织结构具有以下重要特征：极大的灵活性、虚拟性、动态协作性、组织柔性、信息交互性、无边界性、多元化和结构的扁平化。

请结合本案例，回答以下问题：

(1)实施新的组织变革计划后，该公司组织结构发生了哪些新的变化？

(2)该公司顺利完成了组织结构的变革，对我们有哪些重要的启示？

2. W 公司是一家民营房地产企业。1996 年总经理贾先生创建 W 公司的时候仅有数百万元的资金和十几名员工，并设立了财务、项目开发、工程管理和行政人事 4 个部门。其中，财务部负责人刘女士是贾总的亲戚，仅持有初级会计上岗证书；负责项目开发的江先生是贾总多年的好友，初中毕业，曾经当过一家餐馆的老板。由于近几年房地产行业发展迅速，W 公司的规模迅速扩大，职能部门由过去原有的 4 个部门变成项目开发、市场策划、工程管理、质量控制、技术设计、财务、人力资源、物业和行政等 9 个部门，人员也由过去的十几个人发展到现在的 500 多人。人员增加，诸多的管理问题也频频出现。例如，虽然公司提出了明确的战略规划，但总是不能落实，贾总也发现，在追究责任的时候，好像大家都有责任，每次大家在一起自我批评一番后，下次的规划依旧不能落实。问题到底出现在哪里呢？让他颇为忧闷的还有，各部门的管理人员都经常各自为政，意见不一，相互扯皮。此外，W 公司在创业初期没有任何考评指标和标准，完全依靠家庭成员的自觉性进行工作，后来虽然组建了人力资源部，但也仅仅实行了直接主管考评法，并只对各级员工进行主观性考评，导致员工的抱怨越来越多。

目前，W 公司手中仍然有约 120 万平方米的待开发土地。让贾总犯难的是，别的家愁的是“无米下锅”，而他现在愁的是“怎么下锅”，企业目前的状况已经让他忙得焦头烂额，深感力不从心。

根据案例,回答下列问题:

(1)该公司在企业人力资源管理方面目前存在哪些问题?

(2)请根据该公司存在的主要问题,提出具体的解决方案。

3. 某公司决定起草《公司人力资源发展规划》,由规划专员小王负责预测公司的人力资源需求。该公司生产部门在过去几年中,技能操作人员、专业技术人员和管理人员的人数比例一直稳定在6∶3∶1。根据业务规划,生产部门计划明年补充技能操作人员60人,目前已经确定将会有15名专业技术人员和8名管理人员离职,5名管理人员调整到其他部门。

假设您是规划专员小王,请结合案例,回答以下问题:

(1)可采用哪些定性与定量方法进行人力资源需求预测?

(2)假设生产部门组织结构和生产率不变,请利用人员比率法确定该部门明年专业技术人员和管理人员的需求量。

答案与解析

理论知识练习题

一、单项选择题

1. 答案:C(P2) 信息控制属于动态组织设计理论研究的范围。

2. 答案:D(P2) 静态的组织设计理论主要研究组织的体制(权、责结构)、机构(部门划分的形式和结构)和规章(管理行为规范)。

3. 答案:A(P3) 合理分权有利于基层根据实际情况迅速而正确地做出决策,也有利于上层领导摆脱日常事务,集中精力抓重大问题。

4. 答案:D(P4) 企业规模特别巨大适合采用超事业部制。

5. 答案:D(P6) 多维立体制是矩阵组织的进一步发展,它把矩阵组织结构形式与事业部制组织结构形式有机地结合在一起。

6. 答案:A(P11) 本题考查的是网络型组织的概念

7. 答案:B(P13) 管理幅度是指主管人员有效地监督、管理其直接下属的人数。

8. 答案:B(P13～14) 有效管理幅度与管理层次是成反比关系的。

9. 答案:D(P19) 企业部门结构横向设计方法主要包括:自上而下法、自下而上法、业务流程法。变量测评法是设计管理幅度的一种方法。

10. 答案:B(P21) 咨询机构只是一种机构,而不是结构模式。

11. 答案:A(P21) 以成果为中心设计的部门组合方式包括事业部制、超事业部制和模拟分权制等模式。

12. 答案:D(P21～22) 部门结构设计的原则主要包括:以关系为中心、以成果为中心、以工作和任务为中心。

13. 答案:C(P22) 责权利一致的要求是:①建立岗位责任制;②赋予管理人员的责任和权力相对应;③责任制度的贯彻落实,还必须同相应的经济利益挂钩。

14. 答案:C(P23) 在行业增长阶段后期,竞争更加激烈,为了减少竞争的压力,企业会采取纵向整合战略。

15. 答案:B(P26)　组织结构分析主要有三方面:①内外环境变化引起的企业经营战略和目标的改变;②明确关键性职能后应置于组织结构的中心地位;③分析各种职能的性质及类别。

16. 答案:C(P27)　组织关系分析包括:分析某个单位应同哪些单位和个人发生联系?要求别人给予何种配合和服务?它应对别的单位提供什么协作和服务?

17. 答案:A(P27)　改良式变革,如局部改变某个科室的职能,新设一个职位等,这是企业中常用的方式。这种方式符合企业实际需要,局部变革,阻力较小。

18. 答案:D(P27)　爆破式变革。短期内完成组织结构重大的以至根本性变革。如两家企业合并,从职能制结构改为事业部制结构等,这种方式常因考虑不周,造成员工丧失安全感、阻力增大等的后果,必须十分谨慎地使用。

19. 答案:B(P29)　企业结构整合的过程包括:①拟定目标阶段;②规划阶段;③互动阶段;④控制阶段。

20. 答案:A(P36)　其余三项属于影响劳动环境的自然因素。

21. 答案:B(P37～38)　程序分析的分析工具主要包括:工作程序图、流程图、线图、人—机程序图、多作业程序图、操作人程序图。动作研究是一种传统的方法研究技术,和方法研究是并列的。

22. 答案:A(P37)　本题考查的是方法研究的概念。

23. 答案:D(P41)　工业工程的功能具体表现为规划、设计、评价、创新四个方面。

24. 答案:A(P42～43)　选项A属于岗位深度扩大法。

25. 答案:A(P43)　选项B、C、D属于岗位宽度扩大法。

26. 答案:D(P46)　人员培训计划属于广义的人力资源规划。

27. 答案:D(P47)　培训的奖励计划属于员工薪酬激励计划。

28. 答案:A(P49)　影响人力资源活动的法律因素有:政府有关的劳动就业制度、工时制度、最低工资标准、职业卫生、劳动保护、安全生产等规定,以及户籍制度、住房制度、社会保障制度等,因为这些制度、政策、规定会影响到人力资源管理工作的全过程,当然也会影响到企业的人员规划。

29. 答案:A(P62)　计划期内员工的补充需要量等于计划期人员总需要量减去报告期期末人员总数,加上计划期内自然减员人数。

30. 答案:A(P52)　阐明企业每个人员素质的计划属于编制人员需求计划。

31. 答案:A(P54)　人力资源预测的方案和过程并不容易。

32. 答案:C(P55～56)　人力资源预测的作用表现在以下两个方面:①对组织方面的贡献,内容包括:满足组织在生存发展过程中对人力资源的需求;提高组织的竞争力;人力资源预测是人力资源部门与其他直线部门进行良好沟通的基础。②对人力资源管理的贡献,内容包括:人力资源预测是实施人力资源管理的重要依据;有助于调动员工的积极性。

33. 答案:D(P56)　现实生活中组织都是动态的,而非静态的。

34. 答案:A(P56～57)　人力资源预测能引导员工进行职业生涯设计和职业生涯发展,对调动员工的积极性有很大的帮助。但是,人力资源预测也有其局限性,它受预测者知识水平的限制,因为人力资源预测与规划都是相当复杂的工作,它要求预测者具有高度的想象力、分析能力和独创性,不断提高预测能力。

35. 答案:D(P56)　现实生活中的组织都是动态的。

36. 答案:A(P62)　计划期内员工补充需求量=计划期内员工总需求量－报告期期末员工总数+计划期内自然减员员工总数。

37. 答案:D(P66～71)　经验预测法属于定性方法的一种。

38. 答案:B(P66)　转换比率法假定劳动生产率是不变的。

39. 答案:D(P64)　经验预测法属于定性的方法。

40. 答案:C(P68)　本题考查的是回归分析法的定义。

41. 答案:C(P68)　本题考查的是回归分析法的定义。

42. 答案:D(P69)　经济计量模型法一般只在大公司采用。

43. 答案:B(P69)　经济计量模型法需要考虑不同自变量之间的影响。

44. 答案:B(P70)　马尔可夫分析法的主要思路是通过观察历年企业内部人数的变化,找出组织过去人事变动的规律,由此推断未来的人事变动趋势和状态,既可以预测企业的人力资源需要,也可以预测企业内部的人员供给情况。

45. 答案:A(P70～71)　定员定额分析法包括:劳动定额分析法、设备看管定额定员分析法、效率定员法、比例定员法。

46. 答案:C(P72)　影响企业专门技能人员需求的参数有:企业战略、组织结构、销售收入、产值产量、总资产、总成本、追加投资、人工成本、劳动生产率、出勤率、能源消耗情况、定额工时、作业率和废品率等。

47. 答案:D(P88)　企业人力资源需求的满足,应优先考虑内部人力资源的供给。

48. 答案:D(P98)　依照制度规范涉及的层次和约束范围,可以分为以下五类:企业基本制度、管理制度、技术规范、业务规范、行为规范。

49. 答案:D(P98)　业务规范属于制度规范类型的一种,而不是企业的基本制度。

50. 答案:D(P100～101)　人力资源管理的基本职能是:录用、保持、发展、考评、调整。

51. 答案:A(P105～106)　人力资源管理制度规划的基本步骤是:①提出人力资源管理制度的草案;②广泛征求意见,认真组织讨论;③逐步修改调整,充实完善。

52. 答案:B(P2)　现代组织理论设计属于动态的组织理论设计。

53. 答案:B(P2)　近代组织理论以行为科学理论为依据,强调人的因素,从组织行为的角度来研究组织结构。

54. 答案:C(P3)　本题考查的是有效管理幅度的定义。

55. 答案:A(P21)　以成果为中心设计的部门结构包括事业部制和模拟分权模式。

56. 答案:A(P27)　新领导上任不是组织结构变革的前兆。

57. 答案:D(P47)　其余各项均为广义上的人力资源规划。

58. 答案:A(P66～71)　德尔菲法属于定性的分析方法。

59. 答案:B(P70)　经过计算为100人。

60. 答案:B(P95)　题干为人力资源供大于求时的表现。

二、多项选择题

1. **答案**:ADE(P4)　选项B、C属于超事业部制的缺点。

2. **答案**:ABC(P7)　多维立体组织结构的主要缺点是:①员工面临三重职权关系,容易产生无所适从的情况;②员工需要接受高强度的训练,具有良好人际关系等多种专业技能;③部门之间的横向协调困难,必须付出很大努力实现权力的平衡;④需要频繁召开会议协调关系,讨论解决冲突的方案,从而增加管理成本,影响决策效率。

3. **答案**:ABCDE(P9～11)　流程型组织结构与传统型组织结构相比,具有以下优点:以顾客或市场为导向;业务流程以产出和顾客为中心,提高了组织的运行效率;组织结构的扁平化;流程团队是流程型组织的基本构成单位;企业组织结构的灵活性和适应性不断增强。

4. **答案**:ABCD(P11～12)　网络型组织可以分为以下四种基本类型:内部网络、垂直网络、市场网络、机会网络。

5. **答案**:ABCDE(P12～13)　网络型组织与一般流程型组织相比,具有以下特点:具有更大的灵活性;组织结构的扁平化;要求有更为完善的网络技术;企业的核心能力得到最大限度的发挥;具有突出企业自身的核心能力;企业规模小型化趋势更为明显。

6. **答案**:ABC(P19)　选项D、E属于管理幅度设计的方法。

7. **答案**:ABCD(P22)　执行部门没有必要容纳尽量多的人,适量而止。

8. **答案**:ABD(P27)　组织关系分析包括:分析某个单位应同哪些单位和个人发生联系?要求别人给予何种配合和服务?它应对别的单位提供什么协作和服务?

9. **答案**:ABCDE(P27)　企业组织结构变革的征兆主要有:①企业经营业绩下降,如市场占有率缩小、成本增加;②组织结构本身病症的显露,如指挥不灵、信息不畅;③员工士气低落,合理化建议减少,员工的旷工率、病假率、离职率增高等。

10. **答案**:AD(P28)　组织结构整合的目的主要在于实现组织间的相互协调和解决结构分化时的分散倾向。

11. **答案**:ABCD(P34～36)　员工职业生涯规划不属于岗位设计。

12. **答案**:ABC(P36)　选项D、E属于影响劳动环境的自然因素。

13. **答案**:ABCD(P36)　选项E属于影响劳动环境的物质因素。

14. **答案**:ABCE(P36)　增加劳动强度显然不是改进工作岗位设计的需要。

15. **答案**:ABCE(P50)　本题考查的是制定企业人员规划的基本原则。

16. **答案**:ABC(P42～43)　选项D、E属于岗位深度扩大法。

17. **答案**:ABCDE(P43～44)　岗位深度扩大法包括:岗位工作纵向调整、充实岗位工作内容、岗位工作连贯设计、岗位工作轮换设计、岗位工作矩阵设计。

18. **答案**:ABE(P46)　本题考查的是人员晋升计划。

19. **答案**:ABCDE(P49)　本题考查的是影响人力资源活动的法律因素。

20. **答案**:ABC(P47)　晋升计划的内容一般由晋升条件、晋升比率、晋升时间等指标组成。

21. **答案**:ACDE(P55)　本题考查的是人力资源需求预测的内容。

22. **答案**:ABCDE(P57)　本题考查的是影响人力资源需求预测的一般因素。

23. 答案:AD(P69～70) 本题考查的是人力资源需求预测的定量方法中的马尔可夫分析法、经济计量模型法、灰色预测模型法等。

24. 答案:ABD(P72) 影响经营管理人员需求的参数有:企业战略、组织结构、销售收入、产值产量、总资产、总成本、追加投资、人工成本、劳动生产率、出勤率、企业管理幅度、企业信息化程度、信息传送速度、决策速度、企业其他各类人员的数量等。

25. 答案:BCD(P88) 企业内部人力资源供给量必须考虑下述因素:企业内部人员的自然流失、内部流动(晋升、降职、平调等)和跳槽。

26. 答案:ACDE(P88) 企业人员的自然流失属于影响企业内部劳动力供给因素。

27. 答案:CDE(P95) 减少员工的工作时间、合并或者关闭某些臃肿机构属于解决企业供大于求的办法。

28. 答案:ABC(P97) 制度化的优点是:个人与权力相分离;理性精神合理化的体现;适合现代大型企业组织的需要。

29. 答案:ABCDE(P98) 本题考查的是制度规范的类型。

30. 答案:ABCDE(P100～101) 现代企业人力资源管理,主要包括五个基本职能,即选项中各项。

31. 答案:ABCDE(P102～104) 以上各项都属于人力资源管理制度规划的基本原则。

32. 答案:ABCDE(P105) 制定人力资源管理制度的基本要求是:从企业的具体的情况出发;满足企业的实际需求;符合法律和道德规范;注重系统性和配套性;保持合理性和先进性。

33. 答案:BCE(P21～22) 产权和岗位不属于部门结构模式的组合原则。

34. 答案:ABC(P27) 企业组织结构变革的方式主要包括改良式、爆破式和计划式。

35. 答案:ACDE(P49～50) 企业结构不属于人力资源规划的内部环境。

36. 答案:BCDE(P56～57) 预测方法是设计的,不存在不精密之说。

37. 答案:ACDE(P65～66) 德尔菲法是一种定性的方法,不要求精确的数字。

38. 答案:ABCDE(P66～71)人力资源需求预测的定量方法包括:转换比率法、人员比率法、趋势外推法、回归分析法、经济计量模型法、灰色预测模型法、生产模型法、马尔可夫分析法、定员定额分析法、计算机模拟法。

39. 答案:ABCD(P66～71) 经验预测法属于定性的分析方法。

40. 答案:AE(P95～96) 其他选项属于解决求大于供问题的方法。

专业技能练习题

一、简答题

1. 参考答案:(P57)

影响人力资源需求预测的一般因素:

1)顾客需求的变化。

2)生产需求(企业总产值)。

3)劳动力成本趋势(工资状况)。

4)劳动生产率的变化趋势。

5)追加培训的需求。

6)每个工种员工的移动情况。

7)旷工趋向(或出勤率)。

8)政府的方针政策。

9)工作小时的变化。

10)退休年龄的变化。

11)社会安全福利保障。

2. 参考答案:(P33)

工作岗位设计的基本原则:

1)明确任务目标的原则。岗位的存在是为了实现特定的任务和目标服务的,岗位的增加、调整和合并都必须以是否有利于实现工作目标为衡量标准。

2)合理分工协作的原则。劳动分工是在科学分解生产过程的基础上所实现的劳动专业化,使许多员工从事不同的,但又相互联系的工作。而劳动协作就是采用适当的形式,将从事各种局部协作的劳动联系在一起,共同完成某种整体性的工作。

3)责权利相对应的原则。必须保证岗位的义务、权力与利益的对应性和一致性,不受责任制约的权力和利益,必然导致滥用权力,利益膨胀,滋生腐败。而不授予足够权力和利益的岗位责任,则难以保证岗位工作任务的完成和预期目标的实现。

3. 参考答案:(P97)

制度化管理的主要特征如下:

1)在劳动分工的基础上,明确规定每个岗位的权力和责任,并且把这些权力和责任作为明确规范而制度化。

2)按照各机构、各层次不同岗位权力的大小,确定其在企业中的地位,从而形成一个有序的指挥链或等级系统,并以制度形式巩固下来。

3)以文字形式规定岗位特性以及对人员应具有的素质、能力等要求,根据通过正式考试或者教育训练而获得的技术资格,来挑选组织中的所有成员。

4)在实行制度管理的企业中,所有权与管理权相分离。

5)管理人员在实施管理时有三个特点,即:因事设人;管理者拥有执行自己职能的权力;管理人员拥有的权力受到规章制度的限制。

6)管理者的职务是管理者的职业,他有固定的报酬,具有按资历、才干晋升的机会,他应忠于职守,而不是忠于某个人。

二、综合题

1. 参考答案:

(1)该公司组织结构发生的新变化有以下几个方面:①在组织结构模式上进行变革,以新型的企业网络组织取代了原有的矩阵式的组织结构,从而克服了矩阵制存在的种种缺点,如成员位置不固定,有临时观念,有时责任心不够强,人员受双重领导,有时不易分清责任,等等。②新的企业网络型组织结构更加充满活力,即具有更大的灵活性、虚拟性、动态协作性、组织柔性、信息交互性、无边界性、多元化和结构扁平化。③减少了管理层次,精简了组织人员,如撤销了特别委员会和地区经理这一层级。同时,减少了董事会的名额,从15人压缩到7人。④明确了各个层级的职责和权限,12位业务集团总裁在特定地区对其管理的产品负有完全的利润责任,而全球战略领导被明确地置于执委会一级,运营绩效则是业务集团的直接责任,从根本上解决了前期董事会管得过宽,“使自己过多地卷入了运营”,而不能集中精力研究企业发展战略等问题。⑤进一步健全并完善了该公司的组织结构,如建立了国际网络创新中心,由中心的专家负责集团的研究和发展工作;设置了产品和品牌网络(国际业务小组),负责在全球范围内协调品牌和营销。

(2)重要的启示是:

1)企业组织结构的功能在于分工和协调,是保证战略实施的必要手段。合适的组织结构可以发挥资源利用的整体优势,实现价值的最大化。因此,企业要想在激烈的市场竞争中克敌制胜,就必须高度重视企业组织结构变革。

2)处在经济全球化快速变革的时代,企业必须从所处的外部环境和内部条件出发,适时地进行组织结构的变革,才能适应市场环境的剧烈变化,应对竞争对手的挑战。

3)从案例中可以看出,该公司采用的是较为稳妥的“计划式”组织变革模式,有计划、分阶段、循序渐进地完成了组织结构的变革,没有产生大的动荡。现代组织设计理论主张尽量采用计划式的组织变革模式。

4)实践证明,在市场经济条件下,采用以工作和任务为中心设计部门结构的方法(如矩阵制),其适用范围十分狭小;而采用以成果—利润为中心设计部门结构的方法,具有更强适应性,如企业网络型组织。

2. 参考答案:

(1)该公司在人力资源管理方面目前存在的问题主要有:

1)公司组织内部的横向管理十分薄弱,每个部门各自为政,相互之间互相协调困难,一遇到交叉性问题就都“矛盾上交”,直接反映到总经理,使贾总感到越来越力不从心。

2)公司各个部门的职责不清,导致出现问题无法追究相应责任,制定的战略规划也不能贯彻执行。

3)公司原有管理人员的素质不符合公司的发展要求,但由于是亲戚和朋友关系,给管理层人员的调整和撤换带来了困难。

4)导致公司出现“有米无法下锅”困境,其根本原因在于:①公司没有对人力资源管理工作给予足够的重视;②没有根据公司总体发展战略的要求,对公司人力资源做出全面的规划;③没有对现有人员的素质和构成及时地进行分析、预测和调整。

5)缺乏合理的绩效考核体系,公司人力资源部门单纯依靠上级考评来对所有员工进行绩效考核,不能达到奖优劣汰的目的。

(2)针对该公司存在的主要问题,可采取的对策如下:

1)对公司的组织结构进行必要的调整,根据业务范围和职能的同类性和关联性,将公司原有职能部门划分为若干职能中心,如财务中心、人力资源中心、企业管理中心和技术中心等,每个中心由一名副总经理负责分管;适度归并职能部门,压缩决策层的管理幅度,缓解总经理的压力。

2)建立健全人力资源管理的各项制度,通过工作岗位分析,撰写部门和岗位工作说明书。在定编定岗定员定额的基础上,明确各部门的职责范围和业务分工,界定各个部门之间协作关系。

3)在完善公司总体发展战略规划的基础上,制定公司的人力资源规划,对现在人员的素质结构进行分析,对未来所需人员进行预测,制订出人员引进、替换、培养的计划,通过有效的规划来降低人工成本。

4)设计合理的绩效考核体系。根据现有的管理水平,采用更加科学合理的绩效考核与激励员工的管理模式,充分发挥绩效管理的基础性作用。

5)在上述各种工作健全完善的基础上,通过公司内、外部招聘等多种渠道,采用多种方法选拔和培养一批专门人才,逐步替代不合格的中高层业务主管,从而逐步建立起一支具有竞争优势的高素质的员工队伍。

3. 参考答案:(P63~70)

(1)人员需求预测的定性和定量方法有:

1)人力资源需求预测的定性方法主要有经验预测法、描述法和德尔菲法。

2)人力资源需求预测的定量方法有:转换比率法、人员比率法、趋势外推法、回归分析法、经济计量模型法、灰色预测模型法、生产模型法、马尔可夫分析法、定员定额分析法、计算机模拟法。

(2)预测明年专业技术人员和管理人员需求量具体做法如下:

1)生产效率不变、组织结构不变,说明该企业的技能操作人员、专业技术人员、管理人员的人数构成不变,还是6∶3∶1。

2)专业技术人员数=60×(3/6)=30(人),明年该企业需要补充的总的专业技术人员数=30+15=45(人)。

3)管理人员数=60×(1/6)=10(人),明年该企业需要补充的总的管理人员数=10+8+5=23(人)。

因此,该企业明年至少应招收45名专业技术人员和23名管理人员。

第二章　招聘与配置

理论知识练习题

一、单项选择题

1. 销售工作要求执行者能说、善于表达,会计工作要求执行者细心,这体现了(　　)。

A. 个体差异原理　B. 工作差异原理　C. 人岗匹配原理　D. 环境差异原理

2. (　　)是按照人适其事、事宜其人的原则的。

A. 工作差异　B. 个体差异　C. 人岗匹配　D. 人岗开发

3. 为了填补财务总监的空缺,对财务人员进行素质测评,这属于(　)素质测评。

A. 考核性　B. 诊断性　C. 开发性　D. 选拔性

4. 某公司的销售主管王女士在对销售人员做培训之前,先做了一个综合素质测评,这种测评的类型属于(　　)测评。

A. 考核性　B. 诊断性　C. 开发性　D. 选拔性

5. 以下不属于员工素质测评基本原理的是(　　)。

A. 个体差异原理　B. 同素异构原理　C. 工作差异原理　D. 人岗匹配原理

6. (　　)测评的目的是了解员工素质现状或查找问题根源。

A. 选拔性　B. 考核性　C. 开发性　D. 诊断性

7. 企业对员工的德、能、识、体的测评称为(　　)。

A. 素质测评　B. 能力测评　C. 心理测评　D. 能力实际测评

8. (　　)是把素质分解为一个个的项目分别独立地进行测评,然后将测评结果简单相加。

A. 定性测评　B. 静态测评　C. 分项测评　D. 素质测评

9. (　　)就是指测评标准体系的内在规定性,常常表现为各种素质规范化行为特征或表征的描述与规定。

A. 标度　B. 标准差　C. 标准　D. 误差

10. 形式为"优、良、中、差"的员工素质测评标度为(　　)。

A. 量词式标度　B. 数量式标度　C. 定义式标度　D. 等级式标度

11. 以下属于员工测评标准体系结构性要素的是(　　)。

A. 身体素质　B. 婚姻状况　C. 工作经验　D. 性别年龄

12. 在素质测评标准体系的设计中,(　　)是将需要测评的员工素质的要素进行分解,并列出相应的项目。

A. 平面结构　B. 立体结构　C. 横向结构　D. 纵向结构

13. (　　)是事实报告采用计算机辅助分析的考核性品德测评方法。

A. FRD 品德测评法　B. FRR 品德测评法

C. FCR 品德测评法　D. FRC 品德测评法

14. 对被测评者的回答或反应不做任何限制的品德测评技术是(　　)。

A. 心理技术　B. FRC技术　C. 投射技术　D. 问卷技术

15. 测评目的具有隐蔽的品德测评法是(　　)。

A. 访谈技术　B. FRC法　C. 投射技术　D. 问卷法

16. 对员工的学习能力进行测评,最简单有效地方式是(　　)。

A. 面试　B. 情景测验　C. 智力测验　D. 心理测验

17. (　　)的对象一般具有明显的数量关系,量化后的数据直接提示了测评对象的实际特征。

A. 一次量化　B. 二次量化　C. 类别量化　D. 模糊量化

18. 对素质测评的对象进行直接的定量刻画的量化形式,称为(　　)。

A. 一次量化　B. 二次量化　C. 类别量化　D. 模糊量化

19. 在对员工素质进行测评量化时,(　　)比顺序量化更进一步。

A. 等距量化　B. 模糊量化　C. 比例量化　D. 类别量化

20. (　　)是请专家背靠背反复填写对权重设置的意见,不断反馈信息,以期专家意见趋向一致,得到一个较为合理的权重分配方案。

A. 主观经验法　B. 德尔菲法　C. 层次分析法　D. 等量测评法

21. 在素质测评的结果处理中,最常用的集中趋势量数为(　　)。

A. 几何平均数和中位数　B. 算数平均数和中位数

C. 几何平均数和标准差　D. 算数平均数和标准差

22. 在员工素质测评结果的相关分析中,$r=0$表示两级测评数据(　　)。

A. 完全负相关　B. 零相关　C. 完全正相关　D. 不确定

23. (　　)不是员工素质测评结果的分析方法。

A. 要素分析法　B. 曲线分析法　C. 综合分析法　D. 岗位分析法

24. 笔试的(　　)就是笔试成绩的真实程度、稳定性程度和一致性程度。

A. 信度　B. 效度　C. 区分度　D. 难度

25. "若顾客向你投诉,说你的下属服务质量差,你将会怎么做?"这属于(　　)。

A. 经验性面试　B. 非结构化面试　C. 情境性面试　D. 半结构化面试

26. 面试考官提问:"如果公司派你出差,而这个时候你的母亲病危,你怎么处理?"这是什么类型的面试?(　　)。

A. 经验性面试　B. 投射性面试　C. 描述性面试　D. 情境性面试

27. 面试考官应消除应聘者的紧张情绪,创造轻松、友好氛围的面试实施阶段是(　　)。

A. 关系建立阶段　B. 导入阶段　C. 核心阶段　D. 确认阶段

28. 在面试实施的(　　),面试考官会进一步对核心阶段所获得的信息进行确认。

A. 结束阶段　B. 导入阶段　C. 提问阶段　D. 确认阶段

29. 综合面试结果、面试结果的反馈以及面试结果的存档是在(　　)阶段。

A. 面试结束　B. 面试评价　C. 面试评估　D. 面试总结

30. 面试考官衡量应聘者素质时,应考虑的前提因素是(　　)。

A. 公司岗位需求　B. 应聘者能力水平

C. 公司发展战略　　D. 应聘者发展潜力

31. 由于某人某方面的品质和特征特别明显,观察者容易产生清晰明显的错觉,忽略其他的品质和特征,从而做出片面的判断,这是(　　)带来的误差。

A. 晕轮效应　B. 感情效应　C. 近因效应　D. 首因效应

32. 以近期的记忆代替整个测评时期的全部实际表现,导致的测评结果误差是(　　)带来的。

A. 晕轮效应　B. 感情效应　C. 近因误差　D. 首因效应

33. 面试考官根据面试阶段的感受对应聘者做出主观评价,这属于(　　)。

A. 第一印象　B. 对比效应　C. 晕轮效应　D. 录用压力

34. 应聘者谈及自己的经历,正好与面试考官相似,面试考官这时会对面试者产生好感,造成心理偏差,这属于面试考官偏见的(　　)。

A. 第一印象　B. 对比效应　C. 晕轮效应　D. 与我相似心理

35. 招聘时,询问财务人员有关财务制度的问题属于(　　)。

A. 背景性问题　B. 知识性问题　C. 思维性问题　D. 经验性问题

36."你好像不太适合我们这里的工作,你看呢?"这类问题属于(　　)。

A. 压力性问题　B. 知识性问题　C. 思维性问题　D. 经验性问题

37. 行为描述面试的假设前提是(　　)。

A: 它是一种特殊的结构化面试　　B. 所有的提问都是行为性问题

C. 说和做是截然不同的两码事　　D. 实质是识别关键性工作要求

38. 招聘过程中经常用到群体决策法,关于这种方法的论述,不正确的是(　　)。

A. 需要组建决策团队　　B. 由不同背景的人进行评价

C. 增强了招聘的主观决策性　　D. 需要利用运筹学原理

39. (　　)方法被认为是当代人力资源管理中识别有才能的管理者最有效的工具。

A. 评价中心　B. 管理中心　C. 控制中心　D. 学习中心

40. (　　)是多角度对个体行为进行的标准化评估。

A. 评价中心　B. 管理中心　C. 控制中心　D. 学习中心

41. 以下最不适合用无领导小组讨论法进行人员选拔的岗位是(　　)。

A. 人力资源主管　B. 财务管理人员　C. 销售部门经理　D. 公关部门经理

42. 设计无领导小组讨论评分表时,评分指标应控制在(　　)以内。

A. 5个　B. 10个　C. 30个　D. 40个

43. 无领导小组讨论中,(　　)问题是指让被评价者在两种互有利弊的选项中选择其中的一种。

A. 排序选择型　B. 开放式　C. 资源争夺型　D. 两难式

44."在企业人事管理中,物质激励更重要,还是精神激励更重要?"属于(　　)面试题目。

A. 排序型　B. 双向式　C. 开放式　D. 两难式

45. 无领导小组讨论题目的设计流程包括:①聘请专家审查;②编写试题初稿;③进行试题复查;④组织进行试测;⑤选择题目类型;⑥反馈、修改和完善。排序正确的是(　　)。

A. ①⑤③②④⑥　　B. ⑤②③①④⑥

C. ①⑤②③⑥④ D. ⑤③②①⑥④

46. 初稿送请专家审阅之后,还需要进入一个关键步骤——( ),它关系到题目设计的成败。

A. 完善 B. 选择的重点 C. 适应人员 D. 试测

47. 试测结束后要搜集的意见不包括( )。

A. 参与者的意见 B. 测评者的意见

C. 监考人员的意见 D. 统计分析的结果

48. 销售工作要求执行者能说会道,秘书工作要求执行者细致周到,这体现了( )原理。

A. 个体差异 B. 工作差异 C. 人岗匹配 D. 环境差异

49. 关于诊断性测评的特点,说法错误的是( )。

A. 有较强的系统性 B. 结果不公开

C. 测评内容或者精细或者广泛 D. 结果公开

50. 反映被测者素质性质的员工素质测评方法是( )。

A. 定性测评 B. 定量测评 C. 静态测评 D. 动态测评

51. 在某一测量问卷中有这样一道题"擅长说服,善于赢得支持",其选项为"A. 精通;B. 善于;C. 尚可"。在这里,"精通""善于"是指( )。

A. 标准 B. 指标 C. 标记 D. 标度

52. 员工素质测评标准体系的构成要素不包括( )。

A. 结构性要素 B. 行为环境要素 C. 时间性要素 D. 工作绩效要素

53. 一般情况下,差异量数越小,集中量数的代表性就越( )。

A. 大 B. 无关 C. 小 D. 不确定

54. 员工素质测评结果的文字描述的主要内容不包括( )。

A. 基本素质 B. 技术水平 C. 业务能力 D. 健康状况

55. ( )是促使面试顺利进行的指导方针。

A. 面试问题 B. 面试评估 C. 面试指南 D. 面试结果

56. 在面试过程中,面试考官不恰当的行为是( )。

A. 向应聘者澄清一些疑问 B. 就某一问题充分发表自己的意见

C. 向应聘者提问,时间不宜过长 D. 向应聘者提供企业和岗位的信息

57. 看了应聘者的资料,就认为他不错,这是面试官犯了( )的偏见。

A. 晕轮效应 B. 首因效应 C. 录用压力 D. 比对效应

58. 在面试过程中,面试考官应( )。

A. 多听多说 B. 多听少说 C. 少听多说 D. 少听少说

59. "如果你的两个得力下属一直吵架,你会怎么处理?",这类问题属于( )。

A. 背景性问题 B. 情境性问题 C. 思维性问题 D. 经验性问题

60. 无领导小组讨论题目"在大学阶段,学习更重要,还是实践更重要?"是一个( )。

A. 排序型题目 B. 开放式题目

C. 资源争夺型题目 D. 两难式题目

二、多项选择题

1. 人岗匹配包括(　　)。

A. 工作要求与员工素质相匹配　　B. 工作报酬与员工贡献相匹配

C. 员工与员工之间相匹配　　D. 岗位与岗位之间相匹配

E. 部门与部门之间相匹配

2. 下列属于选拔性测评特点的是(　　)。

A. 强调区分功能　　B. 测评标准柔性强

C. 测评过程强调主观性　　D. 测评指标具有灵活性

E. 结果体现为分数或等级

3. 人岗匹配包括(　　)。

A. 岗位与岗位之间相匹配　　B. 员工与员工之间相匹配

C. 工作报酬与员工贡献相匹配　　D. 工作要求与员工素质相匹配

E. 工作报酬与员工学历相匹配

4. 考核性测评的主要特点是(　　)。

A. 结果不公开　　B. 系统性强　　C. 测评标准刚性强

D. 概括性较强　　E. 有较高的信度与效度

5. 员工素质诊断性测评的特点是(　　)。

A. 结果不公开　　B. 结果公开

C. 有较强的系统性　　D. 测评内容或者十分精细或者十分广泛

E. 测评结果强调客观性

6. 员工测评标准体系的构成包括(　　)。

A. 平面结构　　B. 立体结构　　C. 横向结构

D. 综合结构　　E. 纵向结构

7. 关于技术投射,说法正确的是(　　)。

A. 测评目的的隐蔽性　　B. 内容的非结构性与开放性

C. 反应的自由性　　D. 内容的结构性和封闭性

E. 反应的迟钝性

8. 能力测评包括(　　)。

A. 一般能力测评　　B. 特殊能力测评　　C. 学习能力测评

D. 创造力测评　　E. 综合能力测评

9. 工作分析是测评内容标准化的重要手段,在测评内容标准化的过程中具体表现为(　　)。

A. 工作目标分析法　　B. 工作内容分析法

C. 工作行为特征分析法　　D. 问卷法

E. 品德评价法

10. 确定测评指标权重的方法主要是(　　)。

A. 工作目标分析法　　B. 德尔菲法

C. 主观经验法　　D. 层次分析法

E. 工作内容分析法

11. 在使用主观经验法确定测评指标权重时应该注意(　　)。

A. 权重分配的合理性　　B. 权重分配的变通性

C. 权重数值的模糊性　　D. 权重数值的明确性

E. 权重数值的归一性

12. 测评方案的内容主要涉及(　　)。

A. 被测评的对象　　B. 测评方法选择

C. 参照标准设计的确立　　D. 测评人员的选择

E. 素质能力测评的指标体系

13. (　　)能够引起测评结果的误差。

A. 晕轮效应　　B. 感情效应

C. 参评人员训练不足　　D. 近因误差

E. 测评的指标体系和参照标准不够明确

14. 在素质测评中,常用的对员工进行分类的标准有(　　)。

A. 道德分类标准　B. 调查分类标准　C. 数学分类标准

D. 性别分类标准　E. 能力分类标准

15. 选项中属于笔试优点的是(　　)。

A. 可以同时对大批应聘者进行测试,成本低,效率高,费用少

B. 具有较高的信度和效度,科学性强

C. 试卷评判比较客观,体现出公平、准确的特点

D. 应聘者的心理压力比较小,易于水平的发挥

E. 测试内容多样,可以对应聘者进行多方面测试

16. 从表现形式上看,笔试试题主要包括(　　)。

A. 技术性笔试　B. 非技术性笔试　C. 填空题

D. 简答题　E. 综合分析题

17. 从试题内容上看,笔试试题主要包括(　　)。

A. 技术性笔试　B. 非技术性笔试　C. 填空题

D. 简答题　E. 综合分析题

18. 选项中属于岗位知识测验内容的是(　　)。

A. 基础知识测验　B. 专业知识测验　C. 外语考试

D. 面试　E. 结构化面试

19. 面对笔试中存在的问题,我们可以采取的对策是(　　)。

A. 增加阅卷老师的人数

B. 建立笔试命题的研究团队

C. 针对招聘岗位的级别以及选拔对象进行岗位的匹配能力分析

D. 根据岗位的级别与分类,实施针对性命题

E. 实施专家试卷整合与审核制度

20. 选项中属于客观题优点的是(　　)。

A. 题目分值小,适合大量出题,考点覆盖面广
B. 答案唯一,评判客观、科学
C. 方便电脑阅卷,效率高
D. 编些试卷难度大
E. 容易存在漏洞,降低考试的信度

21. 选项中属于客观题类型的是(　　)。
A. 填空题　B. 改错题　C. 分析题
D. 选择题　E. 判断题

22. 面试的发展趋势有(　　)。
A. 提问弹性化　B. 理论和方法不断发展
C. 形式丰富多样　D. 测评的内容不断扩展
E. 非结构化面试成为面试的主流

23. 由于面试考官的偏见而产生的误差包括(　　)。
A. 第一印象　B. 对比效应　C. 晕轮效应
D. 录用压力　E. 鲶鱼效应

24. 关于行为描述面试,说法正确的是(　　)。
A. 是一种特殊的结构化面试　B. 面试的问题都是行为性问题
C. 是一种特殊的非结构化面试　D. 面试的问题都是知识性问题
E. 实质是识别关键性的工作要求

25. 在进行行为描述面试时,面试考官应把握住的关键要素是(　　)。
A. 情境　B. 目标　C. 行动
D. 态度　E. 结果

26. 行为描述面试的实质是(　　)。
A. 属于特殊的结构化面试　B. 面试提问都是行为性问题
C. 识别关键性的工作要求　D. 用过去行为预测未来行为
E. 探测行为样本

27. 评价中心方法的主要作用包括(　　)。
A. 用于选拔员工　B. 用于绩效考核　C. 用于培训诊断
D. 用于人事任免　E. 用于员工技能发展

28. 无领导小组讨论包括(　　)等多种类型。
A. 无情境性讨论　B. 不定角色的讨论
C. 情境性的讨论　D. 指定角色的讨论
E. 无主题讨论

29. 无领导小组讨论的优点有哪些(　　)。
A. 具有生动的人际互动效应　B. 能在被评价者之间产生互动
C. 比较容易进行客观评价　D. 被评价者的表现几乎无法掩盖
E. 测评效率高

30. 以下关于无领导小组讨论,说法正确的是(　　)。

A. 测评指标应具有针对性
B. 面试场地的布置要肃穆,给人以压力感
C. 应从岗位分析中提取特定的评价指标
D. 考官和被评价者应该保持一定的距离
E. 被测评者以抽签的方式决定座位顺序

31. 在无领导小组讨论评价与总结时,考官应该着重评估被评者的表现包括(　　)。
A. 参与程度　B. 影响力　C. 决策程序
D. 任务完成情况　E. 团队氛围和成员共鸣感

32. 无领导小组讨论选择题目的类型有(　　)。
A. 开放式问题　B. 两难式问题
C. 排序选择型问题　D. 资源争夺型题目
E. 实际操作型题目

33. 下列选项中属于企业员工个体素质构成要素的是(　　)。
A. 年龄　B. 性别　C. 智力
D. 性格　E. 道德

34. 员工素质测评标准表示的形式包括(　　)。
A. 评语短句式　B. 客观语句式　C. 方向指示式
D. 主观提问式　E. 设问提示式

35. 员工素质测评指标的标度形式有(　　)。
A. 量词式　B. 等级式　C. 测定式
D. 定义式　E. 综合式

36. 在员工素质测评量化中,(　　)可以被看作二次量化。
A. 类别量化　B. 顺序量化　C. 实质量化
D. 等距量化　E. 模糊量化

37. 在员工素质测评的具体实施过程中,在准备阶段要做的工作是(　　)。
A. 收集必要的资料　B. 组织强有力的测评小组
C. 测评方案的制订　D. 选择合理的测评方法
E. 动员测评对象

38. 员工素质测评中,常采用的测评结果分析方法有(　　)。
A. 要素分析法　B. 相关分析法　C. 综合分析法
D. 曲线分析法　E. 直线分析法

39. 以下属于面试中背景性问题的是(　　)。
A. 个人兴趣　B. 家庭情况　C. 法律常识
D. 工作经历　E. 遗传病史

40. 关于行为描述面试,说法正确的是(　　)。
A. 其实质是识别关键性工作要求　B. 简称 BD 面试
C. 用过去的行为预测未来的行为　D. 其实质是探测行为样本
E. 用个人的行为预测集体的行为

专业技能练习题

一、简答题

1. 简述测评指标设计的原则?

2. 简述面对笔试存在的问题的主要对策?

3. 在员工素质测评准备阶段需要完成哪些具体的工作?

二、综合题

1. 某家电销售公司计划招聘3名地区经营部销售主管。人力资源部通过发布广告、简历筛选、资格审查、笔试等一系列工作,选拔出24名候选人。人力资源部将所有候选人分成3组,拟采用无领导小组讨论的方式,考察候选人的计划能力、决策能力、组织协调能力、人际影响力、团队合作能力和语言表达能力。

假如您是该公司人力资源部招聘主管,请结合本案例,回答以下问题:

(1)请为本次招聘设计一个资源争夺型的无领导小组讨论题目。

(2)请设计一份"无领导小组讨论评分表"。

2. 某家电公司拟招聘地区销售主管若干名。人力资源部决定用群体决策法进行面试并确定录用人选,为此成立了由销售副总经理、人力资源部经理、集团销售部经理、地区资深销售主管4人组成的面试小组。表1是面试小组对甲、乙、丙、丁、戊5名候选人的评定结果。

表1 评分结果汇总表

面试考官	候选人					权重(%)
	甲	乙	丙	丁	戊	
1)销售副总经理	80	80	75	75	85	20
2)人力资源部经理	85	80	80	75	85	25
3)集团销售部经理	90	85	85	85	80	30
4)地区资深销售主管	85	85	75	80	80	25
最终得分						

注:各位考官评分所占权重分别为:20%、25%、30%、25%。

根据上述资料,回答以下问题:

(1)什么是群体决策法?它具有哪些特点?

(2)请运用群体决策法从5名候选人中选出最适合录用的人选。

3. HS集团是一家以房地产为主产业链,跨地区、跨行业、跨国经营的产业集团。公司创建于1992年5月,历经十几年的拼搏,现已形成房地产开发、建筑施工、教育后勤、物业管理等于一体的锁链化、整体化、系统化全新规模产业,位居全国大型企业集团千强之列。集团现有资产50亿元,员工2万余人,在北京、上海、武汉及浙江等全国8个省、市已打造出一批堪称房产典范、建筑精品的标志性建筑。

该集团公司非常重视人才的选拔与培养,集团领导决定在公司内部建立一支培训队伍。人力资源部在公司内部发布公告后,马上就有50多名符合报名条件的人员报了名。如何从这

50名应聘者中选拔出符合条件的培训师？显然面试是不可或缺的。除了面试，是否还可以考虑其他的选拔方法呢？如笔试、无领导小组讨论等。这些问题一直在困扰着大家，特别是人力资源部主管招聘工作的王副经理。

请根据本案例，回答以下问题：

(1)企业选拔培训师的基本标准是什么？

(2)在组织面试中应该注意避免哪些常见问题？

(3)如果采用无领导小组讨论进行选拔，它具有哪些优势？

答案与解析

理论知识练习题

一、单项选择题

1. 答案：B(P110)　工作差异原理表现为不同的工作责任，对完成这些任务的人有着不同的要求。

2. 答案：C(P110)　所谓人岗匹配就是按照人适其事、事宜其人的原则，根据个体间不同的素质和要求，将其安排在各自最合适的岗位上，从而做到人尽其才、物尽其用。

3. 答案：D(P110)　选拔性测评是指以选拔优秀员工为目的的测评。为了填补财务总监的空缺，对财务人员进行素质测评属于选拔优秀员工的素质测评。

4. 答案：B(P111)　在培训前的测评主要是诊断性的，主要是为了发现不足。

5. 答案：B(P109～110)　员工素质测评的基本原理包括：个体差异原理、工作差异原理、人岗匹配原理。

6. 答案：D(P111)　本题考查的是诊断性测评的定义。

7. 答案：A(P112)　本题考查的是素质测评的定义。

8. 答案：C(P113)　所谓分项测评，是把素质分解为一个个的项目分别独立地进行测评，然后将测评结果简单相加。

9. 答案：C(P113)　所谓标准，就是指测评标准体系的内在规定性，从它揭示的内涵来看，有客观形式、主观评价、半客观半主观三种。如果从标准表示的形式来看，则有评语短句式、设问提示式与方向指示式三种。

10. 答案：D(P114)　等级式标度是用一些等级顺序明确的字词、字母或数字揭示测评标志状态、水平变化的刻度形式，如“优、良、中、差”。

11. 答案：A(P115)　结构性要素包括：①身体素质。员工的身体素质，主要包括生理方面的健康状况和体力状况两方面。②心理素质。心理素质主要包括智能素质、品德素质、文化素质等。

12. 答案：C(P115)　测评标准体系设计分为横向结构和纵向结构两个方面。横向结构是指将需要测评的员工素质的要素进行分解，并列出相应的项目；纵向结构是指将每一项素质用规范化的行为特征或表征进行描述与规定，并按层次细分。

13. 答案：D(P118)　本题考查的是FRC品德测评法的定义。这种方法是借助计算机分析技术，从个体品德结构要素中确定一些基本要素，再从基本要素中选择一些表征行为或事实，然后要求被测评者就自己是否具备这些表征行为与事实予以报告。

14. 答案:C(P119) 本题考查的是投射技术的特点。

15. 答案:C(P119) 隐蔽性是投射技术的特点之一。

16. 答案:D(P120) 对学习能力测评,最简单的方法是心理测验。

17. 答案:A(P121) 本题考查的是一次量化的特点。

18. 答案:A(P121) 一次量化是指对素质测评的对象进行直接的定量刻画。二次量化即指对素质测评的对象进行间接的定量刻画,即先定性描述后再定量刻画的量化形式。

19. 答案:A(P122) 等距量化则比顺序量化更进一步,它不但要求素质测评对象的排列有强弱、大小、先后等顺序的关系,而且要求任何两个素质测评对象间的差异相等,然后在此基础上才给每个测评对象一一赋值。

20. 答案:B(P125) 请专家背靠背反复填写对权重设置的意见,不断反馈信息,以期专家意见趋向一致,得到一个较为合理的权重分配方案,此即为德尔菲法。

21. 答案:B(P132) 在素质测评的结果处理中,最常用的集中趋势量数有算数平均数和中位数。

22. 答案:C(P132) $r=0$ 时表示零相关。

23. 答案:D(P134) 测评结果分析方法有要素分析法、综合分析法、曲线分析法。

24. 答案:A(P147) 笔试的信度就是笔试成绩的真实性程度、稳定性程度和一致性程度。笔试的效度包括两方面含义:一是笔试实际测试了他所要测试项目的精确程度;二是所要测试的项目反映笔试目标的准确程度。

25. 答案:C(P151) 情境性面试是给定一个情境,看应聘者在特定的情景中如何反应。

26. 答案:D(P151) 根据面试题目的内容,面试可分为情境性面试和经验性面试。从问题可以看出这是个假定的情境。

27. 答案:A(P154~155) 在关系建立阶段,面试考官应从应聘者可以预料到的问题开始发问,如工作经历、文化程度等,以消除应聘者的紧张情绪,创造轻松、友好的氛围,为下一步的面试沟通做好准备。

28. 答案:D(P156) 在确认阶段,面试考官进一步对核心阶段所获得的信息进行确认。在本阶段常用的是一些开放性问题,尽量避免使用封闭性问题,因为封闭性问题会对应聘者的回答产生导向性,应聘者会倾向于给出面试考官希望听到的答案。

29. 答案:D(P156) 在面试的总结阶段,面试结果的处理工作包括综合面试结果、面试结果的反馈以及面试结果的存档。

30. 答案:A(P157) 面试考官衡量应聘者的素质时,应以公司的岗位需求为前提。

31. 答案:A(P159) 晕轮效应,就是"以点带面",从某一优点或缺陷出发去评价应聘者其他方面。

32. 答案:C(P131) 近因误差是以近期的记忆代替整个测评时期的全部表现,导致测评结果的误差。

33. 答案:C(P159) 本题考查的是对晕轮效应概念的理解。

34. 答案:D(P159) 应聘者谈及自己的经历,正好与面试考官相似,面试考官这时会对面试者产生好感,造成心理偏差。此为与我相似心理。

35. 答案:B(P164) 知识性问题,即与应聘者的应聘岗位相关的知识。

36. 答案:A(P164) 压力性问题将应聘者置于一个充满压力的情境中,观察其反应,以对其情绪稳定性、应变能力进行考察。

37. 答案:C(P165)　行为描述面试的假设前提是:①一个人过去的行为最能预示其未来的行为;②说和做是截然不同的两码事。

38. 答案:C(P173)　群体决策并没有增强招聘的主观决策性。

39. 答案:A(P176)　评价中心是多角度对个体行为进行的标准化评估。它使用多种测评技术,通过多名测评师对个体在特定的测评情境中表现出的行为做出判断,然后将所有测评师的意见通过讨论或统计的方法进行汇总,从而得出对个体的综合评估。评价中心方法被认为是当代人力资源管理中识别有才能的管理者最有效的工具。

40. 答案:A(P176)　评价中心是多角度对个体行为进行的标准化评估。它使用多种测评技术,通过多名测评师对个体在特定的测评情境中表现出的行为做出判断,然后将所有测评师的意见通过讨论或统计的方法进行汇总,从而得出对个体的综合评估。

41. 答案:B(P178)　无领导小组讨论主要用于观察评价被评人人际沟通的技巧,而财务管理人员在各选项中和人打交道的机会相对较少。

42. 答案:B(P180)　评价指标不能太多、太复杂,通常应将评价指标控制在10个以内,否则测评者无法在短时间内准确给出评判。

43. 答案:D(P188)　两难式问题是指让被考评者在两种互有利弊的选项中选择其中的一种,并说明理由。

44. 答案:D(P188)　本题考查的是两难式问题。

45. 答案:B(P190～192)　本题考查的是无领导小组讨论题目的设计流程。

46. 答案:D(P191)　初稿送请专家审阅之后,还需要进入一个关键步骤——试测,试测的效果直接关系到题目设计的成败。选择好试测的对象以后,试测时要着重观测以下几个方面:①题目的难易度;②题目的平衡性。

47. 答案:C(P192)　试测结束后要收集的意见主要包括:参与者的意见、测评者的意见、统计分析的结果。

48. 答案:B(P109～110)　本题考查的是对工作差异原理的理解。

49. 答案:D(P111)　本题考查的是诊断性测评的特点。

50. 答案:A(P112)　本题考查的是对定性测评概念的理解。

51. 答案:D(P114)　本题考查的是对标度、标准和标记的区分。

52. 答案:C(P115～116)　时间性要素不是员工素质测评标准体系的构成要素。

53. 答案:A(P132)　差异量数越大,集中量数的代表性就越小;差异量数越小,则集中量数的代表性越大。

54. 答案:D(P133～134)　可用文字描述的员工素质测评结果是基本素质、技术水平、业务能力和工作成果。

55. 答案:C(P152)　面试指南是促使面试顺利进行的指导方针。

56. 答案:B(P158～159)　面试考官在面试过程中不应说过多的意见。

57. 答案:B(P159)　本题考查的是对首因效应的理解。

58. 答案:B(P160)　面试考官应该多听少说。

59. 答案:B(P164)　给出的是个情境性问题。

60. 答案:D(P188)　两难式问题是指让被测评者在两种互有利弊的选项中选择其中的

一种,并说明理由。

二、多项选择题

1. 答案:ABCD(P110) 人岗匹配包括:工作要求与员工素质相匹配;工作报酬与员工贡献相匹配;各类员工与员工之间相匹配;各类岗位与岗位之间相匹配。

2. 答案:ADE(P110~111) 选拔性测评是指以选拔优秀员工为目的的测评,其特点是:①强调测评的区分功能;②测评标准刚性强;③测评过程强调客观性;④测评指标具有灵活性;⑤结果体现为分数或等级。

3. 答案:ABCD(P110) 人岗匹配包括:工作要求与员工素质相匹配;工作报酬与员工贡献相匹配;员工与员工之间相匹配;岗位与岗位之间相匹配。

4. 答案:DE(P111) 考核性测评主要有两个特点:一是概况性;二是结果要求较高的信度和效度。

5. 答案:ACD(P111) 诊断性测评的特点是:测评内容或者十分精细,或者全面广泛;结果不公开;有较强的系统性。

6. 答案:CE(P115) 测评标准体系包括横向结构和纵向结构两个方面。

7. 答案:ABC(P119) 投射技术的特点包括:内容的非结构性与开放性、测评目的的隐蔽性、反应的自由性。

8. 答案:ABCD(P120) 能力测评包括一般能力测评、学习能力测评、特殊能力测评和创造力测评,而不包括综合能力测评。

9. 答案:ABC(P124) 工作分析是测评内容标准化的重要手段,在测评内容标准化的过程中具体表现为以下形式:工作目标因素分析法、工作内容因素分析法、工作行为特征分析法。

10. 答案:BCD(P125) A、E属于工作目标分析的方法。

11. 答案:ABCE(P125) 在使用主观经验法进行权重分配时应注意:权重分配的合理性,权重分配的变通性、权重数值的模糊性、权重数值的归一性。

12. 答案:ABCDE(P128) 测评方案的内容主要涉及被测评对象、素质能力测评的指标体系和参照标准设计的确立、测评员工的选择,以及测评方法的选择。

13. 答案:ABCDE(P131~132) 引起测评结果误差的原因包括:①测评的指标体系和参照标准不够明确;②晕轮效应(以点代面);③近因误差;④感情效应;⑤参评人员训练不足。

14. 答案:BC(P134)对员工进行分类的标准有两种:调查分类标准和数学分类标准。

15. 答案:ABCDE(P141) 各选项都属于其优点。

16. 答案:CDE(P141) 从表现形式上看,笔试可以采用多种选择题、是非题、匹配题、填空题、简答题、综合分析题等多种试题形式。

17. 答案:A(P141) 从笔试内容上看,笔试试题主要包括技术性笔试和非技术性笔试两大类。

18. 答案:ABC(P142) 岗位知识测验的主要内容主要包括:基础知识测验、专业知识测验、外语考试。

19. 答案:BCDE(P144~145) 增加阅卷老师的人数是解决不了问题的。

20. 答案:ABC(P149) 选项D、E属于其缺点。

21. 答案:ABDE(P149) 选项C为主观题型。

22. 答案:ABCD(P151) 结构化面试成为面试的主流。

23. 答案:ABCD(P159)　面试考官的偏见包括:①第一印象;②对比效应;③晕轮效应;④录用压力;⑤与我相似心理。

24. 答案:ABE(P165)　行为描述面试是种结构化面试,面试问题为行为性问题,行为描述面试的实质之一是识别关键性的工作要求。

25. 答案:ABCE(P165)　考官应把握的四个关键要素是情景、目标、行动和结果,而不包括态度。

26. 答案:CDE(P165)　行为描述面试的实质如下:①用过去的行为预测未来的行为;②识别关键性的工作要求;③探测行为样本。

27. 答案:ACE(P176)　评价中心方法的主要作用是:①用于选拔员工;②用于培训诊断;③用于员工技能发展。

28. 答案:ABCD(P177～178)　无领导小组讨论可以从两个角度进行分类:①根据讨论的主题有无情境性,可以分为无情境性讨论和情境性讨论;②根据是否给应聘者分配角色,可以分为不定角色的讨论和指定角色的讨论。

29. 答案:ABCDE(P178～179)　无领导小组讨论的优点为:①具有生动的人际互动效应;②能在被评价者之间产生互动;③讨论过程真实,易于客观评价;④被评价者难以掩饰自己的特点;⑤测评效率高。

30. 答案:ACDE(P181～182)　考场环境应安静、宽敞、明亮,考场布置整体要求得体庄重、朴素大方、不能让人产生压力感。

31. 答案:ABCDE(P183)　考官应该着重评估被评价者以下几方面的表现:①参与程度;②影响力;③决策程序;④任务完成情况;⑤团队氛围和成员共鸣感。

32. 答案:ABCDE(P188～189)　选项中各项都正确,共五个。

33. 答案:ABCDE(P195～198)　员工个体素质构成要素包括:年龄、性别、体质、性格、智力和道德。

34. 答案:ACE(P113)　员工素质测评标准的形式主要有:评语短句式、设问提示式和方向指示式。

35. 答案:ABDE(P114)　测评指标的标度有量词式、等级式、数量式、定义式和综合式等。

36. 答案:ABDE(P120)　本题考查的是员工素质测评量化技术的种类。

37. 答案:ABCD(P127～128)　动员测评对象属于实施阶段。

38. 答案:ACD(P134)　常采用的测评结果分析法有要素分析法、综合分析法和曲线分析法。

39. 答案:ABD(P164)　本题考查的是背景性问题的内涵。

40. 答案:ABCD(P165)　本题考查的是行为描述面试的概念、特点。

专业技能练习题

一、简答题

1. 参考答案:(P117～118)

测评指标设计的原则:

1)与测评对象同质原则。测评指标与标志特征同所测评的对象特征相一致。

2)可测行原则。设立的指标应该可以辨别、可以比较、可以测评。

3)普遍性原则。设立的指标从内容到形式,要能适合所有的测评对象,有足够的代表性。

4)独立性原则。设立的指标在同一层次上应相互独立,没有交叉。

5)完备性原则。要能全面反映测评对象的主要特征。

6)结构性原则。测评指标体系在总体上要有条件、过程和结果三个方面的指标。

2. 参考答案:(P144~145)

1)建立笔试命题研究团队。

2)针对招聘岗位的级别以及选拔对象,进行岗位的匹配能力分析。

3)根据岗位的级别与分类,实施针对性命题。

4)实施专家试卷整合与审核制度。

3. 参考答案:(P127~128)

1)收集必要的资料。

2)组织强有力的测评小组。必须对小组成员加以培训,使之了解、熟悉并掌握各种方法和相关的知识,尽量避免个人感情因素对测评工作的干扰。

3)测评方案的制订:

①确定被测评对象的范围和测评目的。

②设计和审查员工素质能力测评的指标与参照标准。这项工作是减少测评过程中测评误差的一种手段,应引起足够的重视。

③编制或修订员工素质能力测评的参照标准。测评的参照标准是测评人员所遵循的客观"尺度"。编制参照标准时,要严格遵守编制程序、方法和原则。

④选择合理的测评方法。人事测评方法通常采用四个指标,即效度、公平程度、实用性和成本。

二、综合题

1. 参考答案:

(1)资源争夺型题目的评分要点:(P189)

1)题目要有目标性,即候选人要解决的问题。

2)题目要明确实现目标的资源约束。

3)题目要明确候选人的任务。

4)题目要设定候选人为完成任务需要遵守的规则。

【题目实例】

假如你们是某集团公司8个分公司的销售部经理,现在集团公司决定将一笔5万元的特殊奖金授予4名工作出色的员工,其中一等奖1人,奖金2万元;二等奖3人,奖金各1万元。8个分公司各自推荐了一名候选人,你的任务是代表你所在的分公司的候选人去争取这笔奖金。

你会得到你所代表的候选人的有关资料。在讨论开始之前,有10分钟熟悉材料和准备的时间,然后有50分钟的时间用于讨论,可以先分别表明自己的建议,再集体协商。在讨论结束的时候,你们必须要拿出一个一致性的建议,否则任何人都无法得到这笔奖金。最后结果由一个人向考官汇报,并陈述理由,其他人可以补充。如果到规定时间,你们还是没有得到一致的建议,那么,你们每个人的成绩都会扣除一定分数。

候选人材料(略)

(2)设计评分表需注意以下几点:(P180)

1)评分表要包含被评分人的姓名或编号、应聘职位和时间等基本信息。

2)评分表要包含计划能力等6项测评指标。

3)评分表要设定6项测评指标的对应权重,且权重之和为100%。

4)评分表要设定参考答案和规则,并留有填写总分的空格。

无领导小组讨论评分表

应聘职位				应聘者姓名		
应聘时间				评分者		
测评指标	决策能力	计划能力	组织协调能力	人际影响力	团队合作能力	语言表达能力
权重(%)	15	15	15	20	20	15
行为记录						
评分						
加权得分						
参考答案:优—10　良—7　中—4　差—1					总分:	

2. 参考答案:(P173～174)

(1)群体决策法是指在招聘的最后阶段,组建决策团队,由具有不同背景的多个决策人员对应聘者进行评价和打分,最后综合各决策人员的评价意见,得出对应聘者的最终评价结果的招聘决策方法。

群体决策法的特点如下:

1)决策人员的来源广泛,有企业高层管理者、人力资源管理人员、用人部门经理、用人部门经验丰富的员工,这使得企业能够从不同的角度对应聘者进行评价,比较全面地满足了企业选拔综合性人才的要求。

2)决策人员不唯一,在一定程度上削弱了决策者的主观因素对决策结果的影响,提高了招聘决策的客观性。

3)运用了运筹学群体决策法的原理,提高了招聘决策的科学性与有效性。

(2)步骤一:找出每行最小数,进行各行约减,结果见表1。

表1

面试考官	候选人					权重(%)
	甲	乙	丙	丁	戊	
1)销售副总经理	5	5	0	0	10	20
2)人力资源部经理	10	5	5	0	10	25
3)集团销售部经理	10	5	5	5	0	30
4)地区资深销售主管	10	10	0	5	5	25

注:各位考官评分所占权重分别为:20%、25%、30%、25%。

步骤二:计算各位候选人最终得分,结果见表2。

表 2

面试考官	候选人					权重(%)
	甲	乙	丙	丁	戊	
1)销售副总经理	5	5	0	0	10	20
2)人力资源部经理	10	5	5	0	10	25
3)集团销售部经理	10	5	5	5	0	30
4)地区资深销售主管	10	10	0	5	5	25
最终得分	9	6.25	2.75	2.75	5.75	—

甲得分＝5×20％＋10×25％＋10×30％＋10×25％＝9

乙得分＝5×20％＋5×25％＋5×30％＋10×25％＝6.25

丙得分＝5×25％＋5×30％＝2.75

丁得分＝5×25％＋5×30％＝2.75

戊得分＝10×20％＋10×25％＋5×25％＝5.75

因此,最适合的人选排序是甲、乙、戊、丙、丁。

3. 参考答案:

(1)企业选拔培训师的基本标准如下:(P260)

1)具备经济管理类和培训内容方面的专业理论知识。

2)对培训内容所涉及的问题应有实际工作经验。

3)具有培训授课经验和技巧。

4)能够熟练运用培训中所需要的培训教材与工具。

5)具有良好的交流与沟通能力。

6)具有引导学员自我学习的能力。

7)善于在课堂上发现问题并解决问题。

8)积累了与培训内容相关的案例与资料。

9)掌握与培训内容相关的前沿问题。

10)拥有培训热情和教学愿望。

(2)面试中应该注意避免的常见问题如下:(P158)

1)面试目的不明确。

2)面试标准不具体。

3)面试缺乏系统性。

4)面试问题设计不合理。

5)面试考官的偏见。

(3)无领导小组讨论的优势如下:(P178～179)

1)应用范围广,能测试出笔试和其他单一面试不能检测出的能力和素质。

2)能观察到被试之间的相互影响。

3)能依据被试的行为特征来对其进行更加全面、合理、客观的评价。

4)能够考察被试的多种能力要素和个性特质。

5)能使被试在无意之中暴露自己的优势和不足,因此它在预测团队的行为时,具有很高的效度。

6)能使被试有平等的发挥机会,从而很快地表现出个体上的差异。

7)能节省时间,测评的效率很高。

8)能对竞争同一岗位的被试的表现进行同时比较(横向对比)。

第三章 培训与开发

理论知识练习题

一、单项选择题

1. 以下关于培训费用的说法错误的是(　　)。

A. 是指企业在员工培训过程中所发生的一切费用之和

B. 间接培训成本是指在培训组织实施过程之外企业所支付的费用

C. 由培训之前的准备工作和培训实施过程中各项活动的费用构成

D. 直接培训成本是在培训组织实施过程中培训者与受训者的一切费用总和

2. 要求员工培训规划的制定必须体现可靠性、针对性、相关性和高效性等基本特点是制定培训规划的(　　)要求。

A. 系统性　　B. 标准化　　C. 有效性　　D. 普遍性

3. (　　)通过确定重要的任务和部门职责以及需要具备知识、技能、行为方式等,以帮助员工胜任本职岗位的工作任务。

A. 企业战略分析　　B. 组织分析　　C. 任务分析　　D. 人员分析

4. (　　)是指将员工的工作能力与达到业绩标准的素质要求进行比较,发现两者之间是否存在差距。

A. 企业战略分析　　B. 组织分析　　C. 任务分析　　D. 人员分析

5. 企业在不同发展阶段应确定不同的培训内容,在创业发展期,企业应集中力量(　　)。

A. 扩张经营范围　　B. 提高创业者的营销公关能力

C. 建设企业文化　　D. 提高中层管理人员的管理能力

6. 企业在成立初期,培训力量应集中于(　　)。

A. 组建管理团队　　B. 提高创业者的营销公关能力

C. 提高员工对企业的认同感　　D. 提高中层管理人员的管理能力

7. 企业在(　　)应集中力量提高中层管理人员的管理能力,如培养并影响他们的管理风格和思维习惯,使之适应企业的要求等。

A. 创业初期　　B. 发展期　　C. 成熟期　　D. 衰退期

8. 思维培训课程设计的主要目的是要解决(　　)的问题。

A. 会　　B. 知　　C. 创　　D. 悟

9. 技能培训课程设计的主要目标是要解决(　　)的问题。

A. 会　　B. 知　　C. 创　　D. 悟

10. (　　)不属于培训课程内容选择的基本要求。

A. 价值性　　B. 相关性　　C. 有效性　　D. 普遍性

11. 在培训的印刷材料中,(　　)可以使包含许多复杂步骤的任务简单化。

A. 工作任务表　　B. 岗位指南　　C. 培训者指南　　D. 学员手册

12. 在培训的印刷材料中,工作任务表的作用不包括(　　)。

A. 强调课程重点　B. 提高学习效果　C. 关注信息反馈　D. 节约培训时间

13. 企业的培训目标一般可以分为三类，其中不包括(　　)。

A. 制定公司战略　B. 端正员工态度　C. 更新员工知识　D. 提高员工业务技能

14. 不同的培训内容需要利用不同的培训方法，以下最适合态度培训的方法是(　　)。

A. 课堂讲授　B. 测量工具　C. 示范模拟　D. 角色扮演

15. 在培训效果评估的层级体系中，反应评估的评估内容是(　　)。

A. 受训者在工作过程中行为方式的变化和改进

B. 受训者在技能、态度、行为方式等方面的收获

C. 受训者取得的生产经营或技术管理方面的业绩

D. 受训者对培训项目的主观感觉或满意程度如何

16. 基于素质分析的管理人员培训开发的一般步骤是(　　)。

①明确开发目的；②确认培训对象差距；③分析差距并确定优先顺序；④确定并执行培训计划

A. ①②③④　B. ③④②①　C. ①③②④　D. ④③②①

17. 管理人员的培训开发设计的编制应坚持以(　　)为中心。

A. 服务培训对象　B. 完善约束激励机制

C. 建立需求驱动　D. 提高组织活力

18. (　　)是制订好培训计划的基本问题。

A. 培训课程设计　B. 课程目标　C. 课程评价　D. 课程模式

19. 企业应以(　　)驱动培训。

A. 供给　B. 需求　C. 资金　D. 现实

20. 不属于基层管理人员培训重点的是(　　)。

A. 专业技术能力　B. 计划与组织实施能力

C. 专业基础知识　D. 分析与决策能力

21. (　　)是目前常用的一种管理人员开发方法。

A. 角色扮演　B. 敏感性训练

C. 跨文化管理训练　D. 轮流任职计划

22. 培训的印刷材料中，岗位指南的作用不包括(　　)。

A. 节约培训成本　B. 提高学习效果　C. 明确培训目标　D. 掌握操作规程

23. (　　)课程设计的主要思想是通过心理的调整，引导参训者利用其显能去开发自己的潜能。

A. 心理培训　B. 观念培训　C. 思维培训　D. 技能培训

24. 以下关于培训评估对象的说法错误的是(　　)。

A. 受培训成本的限制，无需对所有培训活动进行评估

B. 新开发的课程应着重于课程设计、应用效果等方面

C. 新的培训方式应着重于培训目标、受训人员等方面

D. 新教员的教程应着重于教学方法、质量等综合方面

25. (　　)是在课程培训中进行的。

A. 反应评估　B. 学习评估　C. 行为评估　D. 结果评估

26. 在培训效果评估的层次体系中,第三级评估是(　　)。

A. 行为评估　　B. 学习评估　　C. 反应评估　　D. 结果评估

27. (　　)是指对培训项目所取得的成效进行测试时,其测量结果的长期稳定程度。

A. 相关度　　B. 信度　　C. 区分度　　D. 效度

28. 员工培训的认知成果是(　　)的主要对象和内容。

A. 学习评估　　B. 反应评估　　C. 结果评估　　D. 行为评估

29. (　　)主要指教学程序的选择和教学资源的利用,它与学习活动密切相关,是学习活动的一个组成部分。

A. 教学模式　　B. 课程教材　　C. 教学策略　　D. 教学组织

30. 某企业开展员工操作规范、质量标准等培训,这种培训成果属于(　　)。

A. 认知成果　　B. 技能成果　　C. 情感成果　　D. 绩效成果

31. 培训的五大类成果中,(　　)的评估标准是缺勤率、劳动效率、专利项数和事故发生率。

A. 技能成果　　B. 情感成果　　C. 认知成果　　D. 绩效成果

32. 对培训成果进行评估时,在调查问卷,"您对该培训项目满意吗?"的提问属于(　　)的信息。

A. 情感成果　　B. 技能成果　　C. 认知成果　　D. 绩效成果

33. 在(　　)中,对评估者自身素质的要求降低了,起关键作用的不再是评估者本身,而是评估方案和测试工具的选择是否恰当。

A. 正式评估　　B. 非正式评估　　C. 建设性评估　　D. 总结性评估

34. 培训效果的正式评估的优点不包括(　　)。

A. 在数据和事实的基础上做出判断　　B. 可将评估结论与最初计划比较

C. 容易将评估结论用书面形式表现　　D. 不会给受训者带来太大的压力

35. 在培训过程中以改进而不是以是否保留培训项目为目的的培训效果评估是(　　)。

A. 建设性评估　　B. 正式评估　　C. 总结性评估　　D. 非正式评估

36. 培训效果的建设性评估的优点不包括(　　)。

A. 有助于培训对象改进自己的学习　　B. 帮助培训对象明白自己的进步

C. 在数据和事实的基础上做出判断　　D. 使受训者产生满足感和成就感

37. (　　)就是在培训过程中以改进而不是以是否保留培训项目为目的的评估。

A. 非正式评估　　B. 建设性评估　　C. 正式评估　　D. 总结性评估

38. 企业需要对培训效果进行建设性评估,下列说法不正确的是(　　)。

A. 建设性评估是非正式评估

B. 建设性评估是主观性评估

C. 建设性评估的结果决定了培训项目是否保留

D. 建设性评估让培训对象认识到自己是否进步

39. 对培训效果进行行为评估的方法不包括(　　)。

A. 任务项目法　　B. 问卷调查法　　C. 笔试法　　D. 行为观察法

40. 培训效果的评估方法中,以下不适用于问卷调查法了解的信息是(　　)。

A. 了解学员偏爱的学习方法　　B. 让学员清楚了解到自己的观念

C. 检查培训目标与工作任务的匹配度　　D. 评估学员在工作中对培训内容的应用情况

41. 对于培训已经处于成熟期的企业或者一些需要定期开展的培训项目来说,企业一般(　　)。

A. 从大中专院校聘请教师　　B. 聘请专职的培训师

C. 从内部开发教师资源　　D. 聘请本专业的专家、学者

42. (　　)就是把有关的人和事放到培训的整个过程中去进行检测评估,根据其原有基础,观察目前状况及其发展的潜力和趋势。

A. 动态评估法　　B. 访谈法　　C. 比价评估法　　D. 目标评估法

43. (　　)必须具备较强的概念技能。

A. 高层管理者　　B. 中层管理者　　C. 基层管理者　　D. 普通员工

44. (　　)是企业战略的制定者和企业发展方向的把握者。

A. 总经理　　B. 董事长　　C. 高层管理者　　D. 管理层

45. 以下属于员工培训直接培训成本的是(　　)。

A. 培训项目的设计费用　　B. 教材印发购置的费用

C. 培训项目的评估费用　　D. 培训项目的管理费用

46. 下列关于企业外部培训师的说法正确的是(　　)。

A. 可以从大中专院校聘请　　B. 培训师对企业了解,降低了培训风险

C. 培训成本比较低　　D. 有丰富实践经验,不易导致“纸上谈兵”

47. 对于需要定期开发的培训项目,企业一般(　　)。

A. 聘请本专业专家　　B. 聘请专职培训师

C. 从内部开发教师资源　　D. 从大中专院校聘请讲师

48. 从企业内部开发培训资源的优点不包括(　　)。

A. 教师水平较高　　B. 培训成本较低

C. 教师与学员易于交流　　D. 培训易于控制

49. 企业培训前评估的内容不包括(　　)。

A. 培训环境评估　　B. 培训需求整体评估

C. 培训计划评估　　D. 培训对象知识水平评估

50. 对培训效果进行反应评估的方法不包括(　　)。

A. 访谈法　　B. 综合座谈　　C. 笔试法　　D. 电话调查

51. 对培训效果进行反应评估,培训的主持者应为(　　)。

A. 培训单位　　B. 学员的直接主管

C. 培训教师　　D. 学员的单位主管

52. 利用(　　)无法进行培训效果的反应评估。

A. 访谈法　　B. 电话调查法　　C. 心得报告法　　D. 综合座谈法

53. 反应成果信息通常是在课程结束之后,运用(　　)采集的。

A. 现场观察　　B. 访谈　　C. 调查问卷法　　D. 笔试

54. (　　)是用来测量受训者对培训项目的态度、动机以及行为等方面的特征。

A. 绩效成果　　B. 情感成果　　C. 技能成果　　D. 认知成果

55. (　　)可以用来测量受训者对培训项目的态度、动机以及行为等方面的特征。

A. 情感成果 B. 认知成果 C. 技能成果 D. 绩效成果

56. 属于培训评估定性评估法的是( )。

A. 比较评估法 B. 问卷调查法 C. 收益评估法 D. 综合评估法

57. 属于培训评估定量评估法的是( )。

A. 目标评估法 B. 比较评估法 C. 收益评估法 D. 绩效评估法

58. 属于培训评估综合评估法的是( )。

A. 比较评估法 B. 收益评估法 C. 问卷调查法 D. 绩效评估法

59. ( )是由美国心理学家乔治·凯利研究出来的一种方法，是他的个性形成理论的一部分。

A. 内省法 B. 集体讨论评估法

C. 绩效评估法 D. 笔试法

60. ( )是绩效考核的核心。

A. 态度考核 B. 过程考核 C. 目标考核 D. 行为考核

二、多项选择题

1. 从规划内容上看，企业员工培训规划可以分为( )。

A. 企业员工的长期培训 B. 企业员工的短期培训

C. 员工培训开发的战略规划 D. 员工培训开发的管理规划

E. 操作人员的培训规划

2. 从培训规划对象上看，企业员工培训规划可以分为( )。

A. 管理人员的培训规划 B. 企业员工的中期培训规划

C. 员工培训开发的管理培训 D. 技术人员的培训规划

E. 操作人员的培训规划

3. 以下不属于员工培训的直接培训成本的是( )。

A. 教室设备的租赁费用 B. 培训教师的费用

C. 培训项目的设计费用 D. 学员的往来交通

E. 培训对象受训期间的工资福利

4. 培训目标可分解为不同的层次，它们是( )。

A. 可以达到的目标 B. 应该达到的目标

C. 必须达到的目标 D. 高层管理人员目标

E. 基层人员目标

5. 明确可行的目标必须符合的条件是( )。

A. 准确定位 B. 具体明确可量化

C. 能够合理分解 D. 有相应的时间限制

E. 具有超前性和预见性

6. 年度培训计划构成的模块包括( )。

A. 封面模块 B. 目录模块 C. 计划概要模块

D. 主体计划模块 E. 附录模块

7. 年度培训计划的主体计划模块包括( )。

A. 员工培训需求表 B. 培训课程安排表

C. 培训预算表　　D. 培训实施计划

E. 关键问题分析

8. 年度培训计划的附录模块包括(　　)。

A. 员工培训需求表　　B. 培训课程安排表

C. 培训预算表　　D. 培训实施计划

E. 关键问题分析

9. 选项中各项内容属于职内培训的是(　　)。

A. 工作教导　　B. 工作轮调　　C. 工作见习

D. 工作指派　　E. 自我开发

10. 选项中属于培训行政管理内容的是(　　)。

A. 场所的确定和布置　　B. 培训设备和器材的准备

C. 培训资料的购买　　D. 交通保障

E. 食宿安排

11. 培训课程设计的基本原则包括(　　)。

A. 符合现代企业员工的需求

B. 符合成人学员的认知规律

C. 主要依据是现代系统理论的基本原理

D. 尽量使培训内容全面

E. 不计成本的制定培训课程

12. 教学计划的基本内容包括(　　)。

A. 教学形式　　B. 教学目标　　C. 课程设置

D. 教学环节　　E. 教学时间安排

13. 现代培训课程按其性质可以分为几个层次，它们是(　　)。

A. 知识培训　　B. 技能培训　　C. 思维培训

D. 观念培训　　E. 心理培训

14. 开发企业内部培训师的优点为(　　)。

A. 有利于提高培训的效率　　B. 培训相对易于控制

C. 内部开发教师资源成本低　　D. 与学员熟悉，能保证培训中交流的顺畅

E. 不易于在学员中树立威望

15. 在企业外部聘请培训师的优点包括(　　)。

A. 选择范围较大　　B. 带来全新理念　　C. 提高培训档次

D. 易于控制培训　　E. 易于营造气氛

16. 在培训所使用的各种媒体中，岗位指南的优点包括(　　)。

A. 查阅快捷　　B. 重点突出　　C. 使用简易

D. 记忆方便　　E. 翔实全面

17. 选项中符合管理培训体系设计原则的是(　　)。

A. 战略性原则　　B. 持续性原则　　C. 实用性原则

D. 计划性原则　　E. 节约性原则

18. 在职管理人员培训的主要方法包括(　　)。

A. 专家演讲班　B. 敏感性训练　C. 职务轮换
D. 临时提升　E. 设立副职

19. 与高、基层管理人员相比,中层管理人员更应具备的能力有(　　)。
A. 目标设定能力　B. 协调能力
C. 教练与咨询能力　D. 批判能力
E. 计划与控制能力

20. 以下不属于培训前效果评估作用的是(　　)。
A. 保证培训效果测定的科学性　B. 保证培训需求确认的科学性
C. 保证培训活动按照计划进行　D. 确保计划与实际需求合理衔接
E. 找出不足,发现新培训需要

21. 培训前评估的作用是(　　)。
A. 保证培训活动按照计划进行　B. 可以较客观地评价培训者的工作
C. 可以为管理者决策提供所需的信息　D. 确保培训计划与实际需求的合理衔接
E. 保证培训需求确认的科学性

22. 在制订培训评估计划时,培训评估形式的选择以(　　)为依据。
A. 评估目的　B. 评估的实际需要
C. 评估对象　D. 评估形式的特点
E. 评估人员

23. 对培训效果进行结果评估的缺点有(　　)。
A. 需要花费的时间较长　B. 必须取得管理层合作
C. 相关经验少,评估技术不完善　D. 评估带来的压力影响学员学习的积极性
E. 员工的表现多因多果,简单的对比数字意义不大

24. 对培训效果进行学习评估的具体方法有(　　)。
A. 访谈法　B. 角色扮演　C. 演讲法
D. 行为观察　E. 笔试法

25. 培训前效果评估的作用包括(　　)。
A. 确保计划与实际需求合理衔接　B. 保证培训需求确认的科学性
C. 帮助实现培训资源的合理配置　D. 保证培训效果测定的科学性
E. 能够保证培训活动按照计划进行

26. 下列选项中属于综合评估法的是(　　)。
A. 集体讨论评估法　B. 绩效评估法
C. 内省法　D. 笔试法
E. 收益评估法

27. 选项中说法正确的是(　　)。
A. 企业整体课程体系建设需要和员工个人学习发展需求相结合
B. 应该选择正确的时机进行培训
C. 收益评估法属于定性评估法
D. 培训课程设计要符合成人学员的认知规律
E. 企业的战略分析决定着企业的发展方向

28. 受训者培训成果的评估内容包括(　　)。

A. 受训者工资评估　　B. 受训者绩效增长度的评估

C. 受训者技能结果的评估　　D. 受训者行为改善度的评估

E. 受训者情感结果的评估

29. 在企业培训规划中,培训目标是结合培训资源配置的情况,将培训目的(　　)。

A. 具体化　　B. 指标化　　C. 数量化

D. 标准化　　E. 专业化

30. 在制定培训规划时,必须保证培训规划的(　　)。

A. 普遍性　　B. 有效性　　C. 标准化

D. 多样性　　E. 系统性

31. 企业管理人员的一般培训内容包括(　　)。

A. 潜能开发　　B. 知识更新　　C. 观念转变

D. 能力补充　　E. 思维培训

32. 国外常见的教学计划设计程序模式包括(　　)。

A. 肯普的教学设计程序　　B. 罗斯的教学设计程序

C. 迪克和凯里的教学设计程序　　D. 加涅和布里格斯的教学设计程序

E. 加利福尼亚大学的教学设计程序

33. 外部培训资源的开发途径有(　　)。

A. 从大中专院校聘请老师　　B. 聘请专职的培训师

C. 从顾问公司聘请培训顾问　　D. 聘请本专业的专家、学者

E. 在网络上寻找并联系培训教师

34. 员工培训技能成果的测量方法包括(　　)。

A. 工作抽样　　B. 笔试　　C. 现场观察

D. 访谈　　E. 专家评定

35. 反应评估可以选用的评估方法为(　　)。

A. 问卷调查　　B. 电话调查　　C. 访谈法

D. 观察法　　E. 综合座谈

36. 对培训效果进行学习评估的时间应为(　　)。

A. 半年或一年以后　　B. 课程结束时

C. 三个月或半年以后　　D. 课程进行时

E. 公司进行绩效评估时

37. 员工培训技能成果的测量方法包括(　　)。

A. 工作抽样　　B. 绩效评估　　C. 现场观察

D. 行为观察　　E. 专家评定

38. 培训效果非正式评估的优点包括(　　)。

A. 方便易行

B. 几乎不需要耗费额外的时间和资源

C. 容易将评估的结论用书面的形式表现出来

D. 减少了一般评估给受训者带来的紧张不安

E. 增强了信息资料的真实性和评估结论的客观性

39. 培训效果正式评估的优点包括(　　)。

A. 在数据和事实的基础上做出判断

B. 使得评估结论更具有说服力

C. 容易将评估结论用书面形式表现

D. 不会给受训者带来太大的压力

E. 可将评估结论与最初计划比较核对

40. 属于行为观察法特点的是(　　)。

A. 能够向学员当场反馈学习进展

B. 考核培训结束后学员的能力

C. 测量和评价学员培训前后的行为变化

D. 具有较高的表面效度

E. 能加强学习效果

专业技能练习题

一、简答题

1. 企业选聘培训教师的基本标准有哪些?

2. 简述培训评估报告的撰写要求。

二、综合题

1. 某电信公司2009年3月份,从各大专院校招收了一批本科生和硕士研究生,这些人员将填补公司市场营销、财务人事、技术研发等各部门120多个工作岗位的空缺。

请您为该公司设计一个适合对这些大学生进行入职教育的培训方案。

2. 为了打造学习型组织,A公司规定每年的培训经费为公司毛利的2%,将其是否使用到位作为考核人力资源部的一项指标。2004年初公司预计全年的毛利为2 000万元,因此其培训费用预算为40万元。公司人力资源部根据员工的状况以及职业生涯规划要求制订了相应的培训计划。但到10月底,公司经营状况非常好,预计全年毛利达到2700万元左右,因此公司将培训费用调整为54万元。人力资源部不知如何使用多出来的14万元培训经费,加上已经是11月份,为了应付考核指标,人力资源部经理把这一任务交给了负责培训工作的小李。由于时间紧,小李就到网上搜索培训广告,凡是与本公司业务有关联的一律报名,然后要求各部门必须派人参加培训。由于年底任务比较重,各部门在派人参加培训时都是将非关键岗位上的人员派出去,而这些人员虽然觉得课上的不错,但因为和自己的工作关联不大,且公司对此没有严格的考核与奖励措施,所以参加培训人员都不重视。到12月25日,小李终于把增加的14万元培训经费用完了。

请回答下列问题:

(1)A公司的培训工作有何可取之处?

(2)A公司的培训工作存在哪些问题?

3. T公司与员工叶某于2005年6月23日签订《劳动合同书》,期限为一年。合同中约定,双方签订的培训协议作为《劳动合同书》的补充附件,与《劳动合同书》具有同等法律效率。

2006 年 4 月 8 日，T 公司与叶某签订《出国培训协议》，由公司出资，选派叶某去美国培训，培训期限为 2006 年 4 月 15 日至 2006 年 7 月 15 日。协议中约定了服务期限和违约赔偿方式。2006 年 7 月 15 日后，公司才根据项目建设调整情况延长叶某在美国的培训期限，直至 2006 年 12 月 23 日。但不久，叶某不辞而别且不知去向。

为此，T 公司申请劳动争议仲裁，要求叶某赔偿 2006 年 4 月 15 日至 2006 年 12 月 23 日在美国的培训费用。仲裁委经过调查认为，双方当事人签订的《劳动合同书》和《出国培训协议》合法有效，T 公司提出叶某应按双方约定的培训协议赔偿培训费用，符合《劳动法》第 102 条劳动者违反本法规定的条件解除劳动合同或者违反劳动合同《关于贯彻执行〈中华人民共和国劳动法〉若干问题的意见》（劳部发[1995]309 号）第 33 条规定：劳动者违反劳动法规定或劳动合同的约定解除劳动合同（如擅自离职），给用人单位造成经济损失的，应当承担赔偿责任。

仲裁委裁决，解除双方劳动合同关系，叶某应赔偿 T 公司自 2006 年 4 月 15 日至 2006 年 7 月 15 日在美国的培训费用 4 万美元。T 公司虽然胜诉，但是叶某已经逃之夭夭，至今下落不明，叶某需赔偿的赔偿费用也无着落。

请回答下列问题：

（1）对本案例做出评论，说明 T 公司在培训项目管理上有哪些问题。

（2）你认为该如何预防培训后员工的流失？

答案与解析

理论知识练习题

一、单项选择题

1. 答案：C（P214） 培训费用亦即培训成本，它是指企业在员工培训的过程中所发生的一切费用，包括培训之前的准备工作，培训的实施过程，以及培训结束后的效果评估等各种与之相关活动的各种费用的总和。

2. 答案：C（P215） 有效性就是要求员工培训规划的制定必须体现出可靠性、针对性、相关性和高效性等四个方面的基本特点。

3. 答案：C（P217） 本题考查的是任务分析的定义。

4. 答案：D（P218） 本题考查的是人员分析的定义。

5. 答案：D（P238） 创业初期，公司人数有限，企业应集中力量提高创业者的营销公关能力和客户沟通能力；发展期，企业有了稳定的销售量，随着业务的成长，组织开始快速扩张，企业需要培养一部分中层管理人员，组建管理团队，分担业务量，企业应集中力量提高中层管理人员的管理能力；成熟期，企业完成规模扩张，成为行业内主要竞争者，企业需要提升自己的核心竞争力，应集中力量建设企业文化，将企业长期发展所必需的观念、规则和态度传播到每一个员工中去，并提升员工对企业目标的认同和对企业的归属感。

6. 答案：B（P238） 在创业初期，企业人数有限，主要精力放在市场营销上，企业应集中力量提高创业者的营销公关能力。

7. 答案：B（P238） 本题考查的是企业在发展期的任务。

8. 答案：C（P245） 思维分析——思维变革。解决的是“创”的问题。

9. 答案：A（P245） 技能培训——能力补充。解决的是“会”的问题。

10. 答案:D(P255) 培训课程内容选择的基本要求包括:①相关性。培训课程内容要与企业生产经营实践活动结合在一起,自觉地去反映企业生产经营实践的要求,主动适应企业生产经营发展的趋势。②有效性。它是判断培训水平高低的一个重要标准。③价值性。培训课程的内容最终是为学员服务用的,如果它既满足学员的兴趣,又反映培训的需求,那么该内容就是有价值的。

11. 答案:B(P256) 岗位指南不像技术手册那么复杂,它具有重点突出、使用简单、记忆方便等优点。

12. 答案:D(P256) 工作任务表的作用是:强调课程的重点;提高学习的效果;关注信息的反馈。

13. 答案:A(P222) 制定公司战略不属于企业的培训目标。

14. 答案:B(P258) 态度培训以情景模拟、测量工具和个人及小组成长等方法为主。

15. 答案:D(P292) 反应评估是第一级评估,即在课程刚结束时,了解学员对培训项目的主观感觉或满意程度。反应层面需要评估以下几个方面:内容、讲师、方法、材料、设施、场地、报名的程序等。

16. 答案:A(P263～264) 管理人员培训开发的一般步骤是:①明确开发目的;②确认培训对象的差距;③分析差距并确定优先顺序;④确定并执行培训计划。

17. 答案:A(P266) 管理人员培训开发计划的编制应坚持以服务培训对象为中心。

18. 答案:A(P268) 培训策略是决定培训活动的纲领,而培训课程是培训活动的细目,培训课程设计是制订好培训计划的基本问题。

19. 答案:B(P266) 企业应以需求驱动培训。

20. 答案:D(P265) 分析与决策能力主要是中高层培训的要求。

21. 答案:A(P277) 角色扮演是目前常用的一种管理人员开发方法。

22. 答案:B(P256) 岗位指南在培训中具有以下作用:①迫使有关专家对理想的操作做出界定,进一步明确培训的目标;②有助于记忆在培训中学到的操作规程,也便于在以后工作中随时查阅;③有时可以代替培训或减少培训时间,节约成本。

23. 答案:A(P245) 本题考查的是心理培训的相关知识。

24. 答案:C(P287～288) 培训的最终目的是为企业创造价值。由于培训的需求呈增长的趋势,因而实施培训的直接费用和间接费用也在持续攀升,因此不一定要对所有的培训进行评估。主要针对以下情况进行评估:①新开发的课程应着重于培训需求、课程设计、应用效果等方面;②新教员的课程应着重于教学方法、质量等综合能力方面;③新的培训方式应着重于课程组织、教材、课程设计、应用效果等方面。

25. 答案:B(P293) 本题考查的是学习评估的特点。

26. 答案:A(P293) 在培训效果评估的层次体系中,反应评估是第一级评估,学习评估是第二级评估,行为评估是第三级评估,结果评估是第四级评估。

27. 答案:B(P295) 在设定培训评价标准时,应当注重评估指标和标准的相关性、可靠性、区分度和可行性。相关度是指衡量培训成果的标准与培训计划预定训练或学习的目标之间的相关性;信度反映可靠性,是指对培训项目所取得的成效进行测试时,其测量结果具有长期稳定性;区分度是指受训者取得的成果能真正反映其绩效的差别;可行性是指对培训成果进行评估时,采集其测量结果的难易程度。

28. 答案:A(P295) 员工培训的认知成果是学习评估的主要对象和内容,属于四个层级体系中的第二层级。

29. 答案:C(P240) 本题考查的是教学策略的内涵。

30. 答案:B(P296) 本题考查的是技能成果的内涵。

31. 答案:D(P297～298) 绩效成果可以用来评价受训者通过该项目培训对个人或组织绩效所产生的影响程度。

32. 答案:A(P297) 情感成果可以用来测量受训者对培训项目的态度、动机以及行为等方面的特征,例如受训者对培训项目的各种反应。反应成果信息是运用调查问卷法采集的。调查问卷一般会提出以下问题,如“您对该培训项目满意吗?”

33. 答案:A(P300) 本题考查的是正式评估的内涵。

34. 答案:D(P299) 正式评估会给受训者带来压力。

35. 答案:A(P300) 建设性评估就是在培训过程中以改进而不是以是否保留培训项目为目的的评估。建设性评估经常是一种非正式的主观的评估。

36. 答案:C(P300) 建设性评估是指在培训过程中以改进而不是以是否保留培训项目为目的的评估。培训过程中的建设性评估作为培训项目改进的依据,其优点包括:①有助于培训对象学习的改进;②帮助培训对象明白自己的进步;③使受训者产生某种满足感和成就感。

37. 答案:B(P300) 本题考查的是建设性评估的内涵。

38. 答案:C(P300) 建设性评估就是在培训过程中以改进而不是以是否保留培训项目为目的的评估。

39. 答案:C(P294) 行为评估法不包括笔试法(见教材表3-15)。

40. 答案:B(P302) 问卷调查并不能让学员清楚地了解自己的观念。

41. 答案:C(P258) 对于培训已经处于成熟期的企业或一些需要定期开展的培训项目来说,企业一般从内部开发教师资源。

42. 答案:A(P302) 本题考查的是动态评估法的定义。

43. 答案:A(P272) 高层管理者必须具备较强的概念技能。

44. 答案:C(P272) 高层管理者是企业战略的制定者和发展方向的把握者。

45. 答案:B(P214) 其他各项均属于培训费用的间接成本。

46. 答案:A(P257) 正确的说法是聘请外部培训师加大了培训的风险、增加了培训成本且容易导致纸上谈兵。

47. 答案:C(P258) 从内部开发教师资源比较适合定期开发的培训项目。

48. 答案:A(P258) 内部开发培训教师的水平一般较低。

49. 答案:A(P288) 培训环境的评估属于培训中的评估。

50. 答案:C(P294) 见教材表3-15。

51. 答案:A(P294) 见教材表3-15。

52. 答案:C(P294) 见教材表3-15。

53. 答案:C(P297) 本题考查的是反应成果信息的收集方法。

54. 答案:B(P297) 本题考查的是情感成果的含义。

55. 答案:A(P297) 本题考查的是情感成果的内涵。

56. 答案:A(P301) 其他各项都是定量评估法或者综合性的评估法。

57. 答案:C(P306) 目标评估法和比较评估法属于定性的评估方法,绩效评估法属于综合性的评估方法。

58. 答案:D(P307) 比较评估法属于定性的评估方法,收益评估法和问卷调查法属于定量的评估方法。

59. 答案:A(P307) 本题考查的是内省法的定义。

60. 答案:C(P307) 目标考核是绩效考核的核心。

二、多项选择题

1. 答案:CD(P212) 从规划的内容上看,企业员工培训规划可以划分为员工培训开发的战略规划、员工培训开发的管理规划和其他类型的规划。

2. 答案:ADE(P213) 从规划的对象上看,企业员工培训规划可分为管理人员、技术人员和技能操作人员的培训规划。

3. 答案:CE(P214) 培训成本由以下两个部分构成:①直接培训成本,是指在培训组织实施过程之中培训者与受训者的一切费用总和,如培训教师的费用,学员往来的交通、食宿费用,教室设备的租借费用,教材印发购置的费用,以及培训实施过程中的其他各项花费等。②间接培训成本,是指在培训组织实施过程之外企业所支付的一切费用总和,如培训项目的设计费用、培训的管理费用、培训对象受训期间的工资福利,以及培训项目的评估费用等。

4. 答案:ABC(P218~219) 培训目标可以分解为三种不同层次的目标:一是可以达到的目标,二是应该达到的目标,三是必须达到的目标。

5. 答案:ABCD(P219) 明确可行的目标的必须具备四个条件:准确定位;具体明确可量化;能够合理分解;有相应的时间限制。

6. 答案:ABCDE(P222) 选项中各项都是年度培训计划的构成模块。

7. 答案:DE(P222) 选项A、B、C都属于附录模块。

8. 答案:ABC(P222) 选项D、E属于主体计划模块。

9. 答案:ABCD(P227) 选项E属于和职内培训并列的一种培训,而不是下属于职内培训。

10. 答案:ABCDE(P234) 以上各项均属于培训行政管理的内容。

11. 答案:ABC(P239) 培训课程设计的基本原则就是选项的前三项,而不包括后两项。

12. 答案:ABCDE(P241) 教学计划的内容就是选项中的五项。

13. 答案:ABCDE(P244) 现代培训课程按其性质正是选项中的各项。

14. 答案:ABCD(P258) 本题考查的是开发企业内部培训师的优点。

15. 答案:ABCE(P257) 外部聘请师资的优点包括:①选择范围大,可获取到高质量的培训教师资源;②可带来许多全新的理念;③对学员具有较大的吸引力;④可提高培训档次,引起企业各方面的重视;⑤容易营造气氛,获得良好的培训效果。

16. 答案:ABCD(P256) 岗位指南具有重点突出、使用简易、查阅快捷、记忆方便等优点。

17. 答案:ABCD(P260~261) 战略性原则、有效性原则、计划性原则、规范性原则、持续性原则、实用性原则是管理培训体系设计的原则。

18. 答案:CDE(P274) 选项A、B为管理技能培训开发的一般方法。

19. 答案:ABC(P271) 本题考查的是中层管理人员所应具备的能力(见教材表3-10)。

20. 答案:CE(P284～285) 选项C和E分别为培训中和培训后评估的作用。

21. 答案:DE(P284) 选项A属于培训进行中评估的作用,选项B、C属于培训后进行评估的作用。

22. 答案:BD(P289) 评估形式的选择以评估的实际需要以及这种形式评估所具有的特点为依据。

23. 答案:ABCE(P293) 结果评估的缺点有:首先,需要较长的时间,因为培训成果的转化不是一朝一夕就能够完成的;其次,相关经验很少,评估技术不完善;第三,必须取得管理层的合作,否则就无法拿到相关的数字;最后,多因多果,简单的对比数字意义不大,必须分辨哪些结果与要评估的课程有关系,在多大程度上有关。

24. 答案:BCE(P294) 见教材表3-15。

25. 答案:ABC(P284～285) 培训前效果评估的作用包括:保证培训需求确认的科学性;确保培训计划与实际需求的合理衔接;帮助实现培训资源的合理配置;保证培训效果测定的科学性。

26. 答案:ABCD(P306～310) 选项E属于定量评估法。

27. 答案:ABDE(P306) 收益评估法属于定量评估法。

28. 答案:BCDE(P310～312) 受训者培训成果的评估内容主要包括后四项。

29. 答案:ABCD(P213) 培训目标没有专业化的要求。

30. 答案:ABCE(P215～216) 多样性并不是制定培训规划的原则。

31. 答案:ABCDE(P244～245) 企业管理人员的一般培训内容就是选项中的各项。

32. 答案:ACD(P250～251) 国外常见的教学计划设计程序模式主要有三种。

33. 答案:ABCDE(P257) 选项中各项都是外部培训资源开发的途径。

34. 答案:AC(P296) 员工培训的技能成果可采用现场观察、工作抽样等方法进行评判。

35. 答案:ABCDE(P294) 见教材表3-15。

36. 答案:BD(P294) 见教材表3-15。

37. 答案:AC(P296) 员工培训的技能成果可采用现场观察、工作抽样等方法进行评判。

38. 答案:ABDE(P299) 非正式评估很难用书面的形式变现出来。

39. 答案:ABCE(P300) 正式评估通常会给人带来压力感。

40. 答案:ABC(P310) 本题考查的是行为观察法的特点。

专业技能练习题

一、简答题

1. 参考答案:(P260)

企业选聘培训师的基本标准有:

1)具备经济管理类和培训内容方面的专业理论知识。

2)对培训内容所涉及的问题应有实际工作经验。

3)具有培训授课经验和技巧。

4)能够熟练运用培训所需要的培训教材与工具。

5)具有良好的交流与沟通能力。

6)具有引导学员自我学习的能力。

7)善于在课堂上发现问题并解决问题。

8)能够积累或已经积累了与培训内容相关的案例与资料。

9)掌握培训内容所涉及的一些前沿问题。

10)拥有培训热情和教学愿望。

2. 参考答案:(P316)

培训评估报告的撰写要求如下:

1)调查培训结果必须注意接受调查的受训者有代表性。

2)尽量实事求是。

3)评估者必须综观培训的整体效果。

4)注意表达方式。

5)需要作中期评估报告。

6)注意报告的文字表述与修饰。

二、综合题

1. 参考答案:

1)制定本方案的依据:①本方案专为2009年3月本公司新招收员工入职教育所制订;②本次新进人员教育培训,除人力资源管理制度及员工教育实施办法另有规定外,都按本方案实施。

2)实施新进人员教育训练的目的:①为了新进人员了解本公司组织概况、历史现状及未来发展计划,以及各项管理制度,使其能遵守公司各项规章,尽快适应企业工作环境,为企业服务;②增强新进人员对本公司的企业文化的认同感,激发员工的求知欲、创造性,不断充实自己,建立起将个人事业发展与企业发展结合起来的思想。

3)培训的内容和形式:①公司发展历史;②本公司现行各种规章制度以及有关法规;③公司主营项目以及业务知识;④中国以及北京地区电信市场现状;⑤规范化电信服务与客户服务中心的功能;⑥企业文化与团队精神教育;⑦加深对公司的感知与认同;⑧本岗位工作职责和工作要求。

4)培训授课讲师的选定。讲师以人力资源部门经理和各有关业务部门经理为主体,各部门主管进行协助。

5)方案实施办法:①本方案的实施应考虑新进人员的报到人数,另行确定培训时间与场所,经核准后即可依照本方案实施;②新进人员经集中培训后,分配到各部门,由各部门安排岗位职责培训。

6)教育经费预算。公司各业务部门协助人力资源部门进行入职教育的总体经费预算。

7)入职教育的管理:①人力资源部门全权负责整个入职教育管理事务;②经指定接受训练的人员,除有特殊情况事先经部门主管签报核准得以请假或免训外,一律不得故意不参加教育,否则将从严论处;③训练课程的编排及时间,依实际需要另行制订;④本方案经董事长核准后施行。

2. 参考答案:

(1)A公司的培训工作的可取之处在于:

1)培训经费投入较多。该公司规定每年的培训经费为公司毛利的2%,仅2004年年初的培训费用预算已达40万元。

2)能在年初做好培训计划。该公司人力资源部根据员工的状况以及职业生涯规划要求，在年初就制订了相应的培训计划。

3)与人力资源部工作考核挂钩。该公司规定将培训经费的使用是否到位作为考核人力资源部的一项指标。

(2)A公司的培训工作存在的问题有：

1)把培训经费与毛利硬性挂钩，到了11月份还调整培训总经费，导致培训费用不确定，造成培训工作被动。

2)公司在追加培训费用时未做培训需求分析，任意地派人参加培训，违背了按需施教、学以致用的原则。

3)指派非关键岗位人员参加培训，违背了员工主动参与原则。

4)未对参加培训人员进行严格考核，违背了严格考核和择优奖励原则。

5)指派非关键岗位人员参加培训，违背了投资效益原则。

3. 参考答案

(1)存在问题如下：

1)培训对象选择失误。企业培训对象主要包括新进员工、转换工作员工、不符合工作要求员工和有潜质的员工。但是，针对每种类型的员工，企业培训目标和内容不同。对有潜质的员工，培训项目一般会提高员工的通用技能。投资于这种类型的员工，投资费用比较高，企业能够得到的预期回报也很大。同样，存在的风险也很大，因为有潜质员工的培训结果很容易被其他企业使用，员工容易被高薪挖走，员工跳槽的可能性比较大。因此，对这种类型员工进行培训，在培训对象的选择上要慎重，不可随意行事。

2)培训需求不明确。企业的培训目的是为企业经营管理和持续发展服务，并不是"为培训而培训"。因此，企业应该紧紧围绕自身发展的需要，对培训内容、培训时间、培训地点、培训教材等各方面做好计划。

3)培训过程中缺乏控制。培训并不是把员工送出去到期接回来的简单过程，而是需要企业在整个培训过程中，对员工和培训效果进行全程控制的复杂过程。在培训过程中，保持与培训机构和培训老师的联系，便于了解员工培训的效果和员工在培训中的心态，有利于企业及时与员工沟通；保持与受训人员的联系，有利于企业把受训者的感受及时告知培训人员。这种联系不仅可以增强培训效果，还可以加强与员工的交流，预防员工离职。

4)法律意识不强。培训员工流失风险的存在，要求企业在培训中能够用法律手段保护企业的权益。如果出现员工离职，企业可以通过法律维护自己的权利，把损失降到最低。案例中，企业是和叶某签订了《劳动合同书》和《出国培训协议》，但是后来追加的培训却没有人及时与叶某签订合同，可见其法律意识不强。而且，在法律上失去了要求叶某偿还2006年7月15日至2006年12月23日培训费用的权利，使企业"有苦说不出"。

(2)预防培训后员工流失的对策：

1)明确培训内容。企业的每个岗位都有明确的知识、技能和能力要求，应该根据岗位的要求，明确什么样的培训是企业需要的，也就是说，企业需要的培训，一定要培训，企业不需要的培训，就要格外慎重。

2)明确培训对象的选择标准。企业培训对象主要包括新进员工、转换工作员工、不符合工作要求员工和有潜质的员工。投资于每种类型员工对企业带来的流失风险是不一样的，应当针对不同类型的员工,在企业中制定选择标准,避免培训对象选择的随意性。

3)向有自发培训要求的员工提供选择性培训项目。培训虽然存在员工流失风险,但是同时也是提高员工素质的一种手段。向自发要求培训的员工提供选择性的培训,可以提高企业员工的素质。但是,对这部分培训,企业应适当与员工共同承担费用,或者由员工承担费用,培训后给受训者以加薪、晋升作为回报。

4)培训中应全程控制。在培训中,企业应当选派专人与培训人员和受训人员保持联系。通过沟通,了解受训人员的需求、表现和心理状态,一方面可提高培训的效率和效果,另一方面可有效防止培训员工的流失。

5)及时对员工培训结果给予肯定和奖励。培训不是单方面的投资,除了企业要投入资金外,员工还要投入时间和精力,因此培训后员工总是期望能够以某种方式得到回报。如果企业给予的回报不及时,员工认为培训前后在企业中没有什么改变,就会通过跳槽来选择更好的工作环境。因此,创造良好的学以致用的环境,提供更有挑战性的工作,提高受训员工报酬等方式承认员工通过培训努力的结果,对于留住培训员工至关重要。

6)把合同管理纳入培训管理。合同是企业和员工权利的法律保障,加强对合同的管理,不仅能保护企业的合法权利,也保护了员工的合法权利。把合同纳入培训管理,一旦出现纠纷,企业和员工都能够通过法律把自己的损失降到最低。

第四章　绩效管理

理论知识练习题

一、单项选择题

1. 对于科技型组织人员进行绩效考评，主要考评(　　)方面的指标。

A. 个人绩效　　B. 人员素质　　C. 工作流程　　D. 工作过程和成果

2. (　　)一般作为生产性组织的主要绩效考评指标。

A. 工作效率　　B. 成本控制　　C. 工作过程　　D. 工作成果

3. 语言表达能力属于(　　)。

A. 行为过程型的绩效考评指标　　B. 品质特征型的绩效考评指标

C. 工作结果型的绩效考评指标　　D. 工作方式型的绩效考评指标

4. “获得专利权的项目数”属于(　　)的绩效考评指标。

A. 行为过程型　　B. 品质特征型　　C. 工作结果型　　D. 工作方式型

5. (　　)是绩效考评要素选择的前提和基础。

A. 岗位分析　　B. 工作描述　　C. 员工面谈　　D. 岗位评价

6. (　　)是最负盛名的促进创造力的技法之一。

A. 个案研究法　　B. 面谈法　　C. 总结经验法　　D. 头脑风暴法

7. 绩效考评指标体系设计的程序包括：①工作分析；②理论验证；③修改调整；④指标调查。排序正确的是(　　)。

A. ①③②④　　B. ①②③④　　C. ①②④③　　D. ①④②③

8. 绩效考评中考评标准“较好”“好”“一般”“差”“较差”属于(　　)式的考评标准。

A. 量词　　B. 等级　　C. 数量　　D. 定义

9. 建立战略导向的 KPI 体系的意义不包括(　　)。

A. 有助于员工的自我实现　　B. 对战略导向起牵引作用

C. 最大限度地激发员工斗志　　D. 强调对员工行为的激励

10. 关键绩效指标的核心是(　　)。

A. 考评标准的确立　　B. 新型激励机制的构建

C. 重要指标的提取　　D. 企业战略目标的明确

11. (　　)的核心是从众多的绩效考评指标体系中提取重要性和关键性指标。

A. 关键绩效指标　　B. 关键绩效指标内涵

C. 关键绩效指标法　　D. 关键绩效指标设定

12. 关键绩效指标法的核心是(　　)。

A. 考评标准的建立　　B. 新型激励机制的构建

C. KPI 指标的提取　　D. 企业战略目标的明确

13. (　　)的考评标准是用具有量化意义的数字表示不同的等级水平，包括离散型和连续型两种。

A. 等级式　B. 数量式　C. 定义式　D. 量词式

14. 战略导向的KPI体系更加强调对员工(　　)的激励。

A. 目标　B. 行为　C. 心理　D. 学习

15. 关键绩效指标作为绩效考评的指标与标准的结合体,它必须具备的条件是(　　)。

A. 定型化、结果化　B. 定型化、行为化　C. 定量化、结果化　D. 定量化、行为化

16. 设定KPI指标和指标值时,一般不会选取(　　)作为参考标杆。

A. 国内收益最高的企业　B. 居于国内领先地位的优秀企业

C. 本行业领先的企业　D. 居于世界领先地位的顶尖企业

17. 以下不符合提取关键绩效指标的方法是(　　)。

A. 目标分解法　B. 关键分析法　C. 标杆基准法　D. 关键目标法

18. (　　)就是通过多方面信息的采集和处理,并对企业成功的关键点进行跟踪和监控。

A. 关键绩效指标　B. 关键分析法　C. 标杆基准法　D. 关键竞争法

19. 考量员工如何执行上级指令的效标属于(　　)。

A. 行为性效标　B. 特征性效标　C. 结果性效标　D. 品质性效标

20. 劳动定额法属于(　　)绩效考评方法。

A. 品质导向型　B. 结果导向型　C. 行为导向型　D. 综合型

21. 加权选择量表法属于(　　)绩效考评方法。

A. 品质导向型　B. 结果导向型　C. 行为导向型　D. 综合型

22. 综合型考评方法包括(　　)。

A. 强迫选择法　B. 图解式评价量表法

C. 排列法　D. 行为定位法

23. 关键事件法属于(　　)的绩效考评方法。

A. 品质导向型　B. 综合型　C. 结果导向型　D. 行为导向型

24. (　　)不是由考评者的主观性带来的。

A. 晕轮误差　B. 自我中心效应　C. 分布误差　D. 评价标准误差

25. 大多数员工被评为不合格或勉强合格,在绩效考评中采用的是(　　)方式。

A. 苛严误差　B. 标准误差　C. 正偏误差　D. 绝对误差

26. 绩效考评时"水至清则无鱼,人至察则无徒",认为考评过于严格和精确,不利于激励员工的可称为(　　)评定。

A. 分布误差　B. 宽厚误差　C. 苛严误差　D. 中间倾向误差

27. 克服分布误差的最佳方法是(　　)。

A. 集中趋势分布法　B. 宽厚分布法

C. 强迫分布法　D. 苛严分布法

28. SMART方法中R的含义是(　　)。

A. 绩效指标要与绩效标准必须具有较高的相关性

B. 应明确截止期限

C. 绩效指标必须是可达到的

D. 绩效指标必须是具体的

29. "以时点代时段""只见树木,不见森林"是说(　　)。

A. 优先效应　　B. 宽厚误差　　C. 实用效应　　D. 后继效应

30. (　　)表现为被考评者上一个考评期内的评价结果,对其本考评期内的评价产生影响。

A. 后继效应　　B. 晕轮误差　　C. 个人偏见　　D. 优先效应

31. 20 世纪 80 年代,(　　)考评方法趋于完善,成为跨国公司人力资源管理与开发的重要工具之一。

A. 绩效　　B. 360 度　　C. 365 度　　D. 全方位

32. 360 度考评方法又称为(　　)。

A. 上级同下级考评方法　　B. 与客户考评方法

C. 多角度对考评者考评方法　　D. 全视角考评方法

33. 360 度考评方法的缺点不包括(　　)。

A. 相对而言成本较高　　B. 信息一致性差

C. 定性评价比重较大　　D. 结果有效性差

34. 选项中属于品质特征型的绩效考评指标的是(　　)。

A. 语言表达能力　　B. 产品质量　　C. 商品销售量　　D. 产品种类

35. 反映科技人员的指标有(　　)。

A. 商品销售量　　B. 产品种类

C. 产品合格率　　D. 获得专利权的项目数

36. 卡普兰和诺顿创立了(　　)。

A. 劳动定额法　　B. 平衡记分卡　　C. 强迫选择法　　D. 行为定位法

37. 有效的绩效指标应该立足于(　　)的目的。

A. 控制　　B. 发展　　C. 服务　　D. 调节

38. (　　)原则指的是考评指标之间的界限应清楚明晰,不会发生含义上的重复。

A. 可测性　　B. 关键性　　C. 针对性　　D. 独立性

39. 参加座谈会的人员一般应该控制在(　　)人左右。

A. 2　　B. 7　　C. 15　　D. 20

40. (　　)就是通过选取若干具有代表性的典型人物、事件和岗位的绩效特征进行分析研究,来确定绩效考评指标和考评要素体系。

A. 面谈法　　B. 个别面谈法　　C. 个案研究法　　D. 经验总结法

41. 头脑风暴法之所以比较流行,其原因是(　　)。

A. 注重团队合作精神　　B. 成本较低

C. 较易施行　　D. 所用时间较短

42. (　　)是头脑风暴法之父。

A. 约瑟夫　　B. 卡普兰　　C. 亚力克·奥斯本　　D. 诺顿

43. (　　)是绩效考评要素选择的前提和基础。

A. 工作岗位分析　　B. 关键要素分析　　C. 标杆基准分析　　D. 达标程度分析

44. 绩效考评标准主要由标志和(　　)两部分构成。

A. 标尺　　B. 标杆　　C. 标度　　D. 标准

45. 最为复杂的考评尺度是(　　)。

A. 量词式考评标准　　　　　　B. 等级式考评标准
C. 数量式考评标准　　　　　　D. 定义式考评尺度

46. 一般情况下,应以员工(　　)能达到的水平作为绩效考评指标的评定标准。

A. 10%　　B. 40%　　C. 60%　　D. 80%

47. (　　)对出勤率没有苛刻的要求。

A. 推销员　　B. 门岗门卫　　C. 经理　　D. 后台

48. (　　)是量表在测量上一种最低的形式。

A. 等级量表　　B. 等距量表　　C. 名称量表　　D. 比率量表

49. 在绩效考评中采用的量表大多数属于(　　)。

A. 等级量表　　B. 等距量表　　C. 名称量表　　D. 比率量表

50. (　　)是在量表中测量水平最高的量表,被科学家认为是较为理想的量表。

A. 等级量表　　B. 等距量表　　C. 名称量表　　D. 比率量表

51. 有绝对零点的量表是(　　)。

A. 等级量表　　B. 等距量表　　C. 名称量表　　D. 比率量表

52. (　　)的核心是从众多的绩效考评指标体系中提取重要性和关键性指标。

A. 平衡记分卡法　　　　　　B. 合成考评法
C. 关键绩效指标法　　　　　D. 经验总结法

53. (　　)是连接个体绩效与组织绩效的一个桥梁。

A. 关键绩效指标　　B. 评级指标　　C. 数量级指标　　D. 等级式指标

54. 目标分解法采用的是(　　)设定目标的方法。

A. 平衡计分卡　　B. 关键绩效　　C. 合成考评　　D. 经验总结法

55. 属于关键绩效指标中数量性指标的是(　　)。

A. 产品产量　　B. 破损率　　C. 独特性　　D. 单位产品的成本

56. 属于关键绩效指标中时限指标的是(　　)。

A. 一次检验合格率　　　　　　B. 废品率
C. 投资回报率　　　　　　　　D. 供货周期

57. 在设定关键绩效指标的时候主要关注(　　)。

A. 过程　　B. 最终结果　　C. 行为　　D. 态度

58. 非正式沟通最大的优点是(　　)。

A. 及时性　　B. 关键性　　C. 有效性　　D. 节约性

59. (　　)是管理者与员工之间最重要的沟通方式。

A. 书面报告　　B. 电子邮件　　C. 电话会议　　D. 面谈

60. 属于品质主导型绩效考评法优点的是(　　)。

A. 实施成本低　　　　　　B. 开发成本低
C. 具有较强的连贯性　　　D. 操作简单

二、多项选择题

1. 绩效考评指标的来源有(　　)。

A. 绩效短板与不足　　　　B. 岗位职责
C. 部门职能　　　　　　　D. 经营规划

E. 组织战略

2. 绩效考评指标体系的设计原则有(　　)。

A. 针对性原则　　B. 关键性原则　　C. 完整性原则

D. 独立性原则　　E. 可测性原则

3. 常见问卷调查法的具体步骤包括(　　)。

A. 详细采集与工作绩效各种要素和指标相关的数据和资料

B. 列出所有相关的影响和制约工作绩效的要素及具体的指标

C. 设计调查问卷

D. 发放调查问卷

E. 回收调查问卷

4. 使用头脑风暴法进行集体讨论时,应遵守的基本原则是(　　)。

A. 任何时候都不批评别人的想法　　B. 任何时候都批评别人的想法

C. 思想愈激进愈开放愈好　　D. 强调产生想法的数量

E. 鼓励别人改进想法

5. 编制绩效考评标准应遵循的原则有(　　)。

A. 定量准确原则　　B. 定性科学原则　　C. 目标导向原则

D. 先进合理原则　　E. 突出特点原则

6. 设计绩效考评标准时,应遵循的基本原则包括(　　)。

A. 突出特点　　B. 普遍通用　　C. 先进合理

D. 简明扼要　　E. 定量准确

7. 下列关于比率量表的说法,正确的有(　　)。

A. 量表中没有绝对零点　　B. 采用的统计方法较为单一

C. 是测量水平最高的量表　　D. 测量结果可以进行四则运算

E. 测量结果可以计算几何平均数

8. 选择关键绩效指标的原则包括(　　)。

A. 整体性　　B. 增值性　　C. 可测性

D. 可控性　　E. 关联性

9. 提取关键绩效指标的方法包括(　　)。

A. 综合指标法　　B. 关键分析法　　C. 目标分解法

D. 岗位分析法　　E. 标杆基准法

10. 关键绩效指标的可测性是指(　　)。

A. 数据资料具有准确性和可靠性　　B. 数据资料具有公正性

C. 数据资料要易于采集　　D. 各指标标准有明确的界定

E. 各指标标准有简便易行的计算方法

11. 目标分解法包括(　　)。

A. 确定战略的总目标和分目标　　B. 进行业务价值树的决策分析

C. 标杆基准法　　D. 关键分析法

E. 各项业务关键驱动因素分析

12. 审核关键绩效指标的要点包括(　　)。

A. 是否具有可操作性　　B. 是否留有可以超越的空间
C. 工作产出是否为最终产品　　D. 多个考评者参与,结果是否可靠、准确
E. KPI能否解释被考评者50%以上的工作目标

13. KPI的标准水平可做出的区分是(　　)。
A. 先进的标准水平　　B. 平均的标准水平
C. 基本的标准水平　　D. 激励的标准水平
E. 非激励的标准水平

14. 一般在(　　)下进行指导会获得较好的效果。
A. 当员工工作顺利时
B. 当员工希望解决某个问题时
C. 当你发现了一个可以改进绩效的机会时
D. 当员工需要征求你的意见时
E. 当员工掌握了新的技能时

15. 以下属于绩效考评的特征性效标的有(　　)。
A. 领导技巧　　B. 员工可靠度　　C. 沟通能力
D. 员工忠诚度　　E. 工作态度

16. 综合型的绩效考评方法包括(　　)。
A. 合成考评法　　B. 加权选择量表法
C. 目标管理法　　D. 图解式评价量表法
E. 评价中心法

17. 从考评的性质和特点看,行为导向型主观评价方法的特点是(　　)。
A. 考评有客观依据　　B. 缺乏量化的考评标准
C. 可以用于考评团队绩效　　D. 受考评者主观因素的制约和影响
E. 利用同一标准衡量所有员工的工作绩效

18. 绩效考评造成宽厚误差的原因主要有(　　)。
A. 考评标准和方法的主观性强　　B. 评价标准过低
C. 拟压缩提薪或奖励人数比例　　D. 评价标准过高
E. 为缓和上下级关系,给被考评者过高的评价

19. 制约和影响绩效考评的正确性、可靠性和有效性的因素主要有(　　)。
A. 后继效应　　B. 评价指标对考评的影响
C. 自我中心效应　　D. 评价标准对考评结果的影响
E. 员工绩效的分布误差

20. 采用宽厚误差的原因有(　　)。
A. 采用了主观性很强的考评标准和方法
B. 护短心理
C. 水至清则无鱼,人至察则无徒
D. 尽量避免产生长久的、消极的影响
E. 对于优秀的业务骨干有失误也要保护

21. 企业在绩效考评中造成"偏紧误差"的原因有(　　)。

A. 可能是因为评定标准过高造成的
B. 惩罚那些难以对付不服管理的人
C. 迫使某些有问题的员工辞职或为有计划的减员提供有说服力的证据
D. 压缩提薪或奖励人数的比例
E. 自认为应当严格执行上级对优秀者的评估标准

22. 常见的考评分布误差有(　　)。

A. 宽厚误差　　B. 苛严误差　　C. 集中趋势
D. 中间倾向　　E. 分散倾向

23. 自我中心效应的具体表现为(　　)。

A. 相似偏差　　B. 优先效应误差　　C. 对比偏差
D. 晕轮效应误差　　E. 共同偏差

24. 360 度考评的缺点包括(　　)。

A. 360 度考评侧重于综合评价
B. 360 度考评的信息来源渠道广
C. 360 度考评收集到的信息比单渠道评价方法要多得多
D. 360 度考评法有可能趋向于机械化或追逐文字材料
E. 在实施 360 度考评的过程中,会带来组织成员忠诚度下降等现象

25. 绩效管理系统总体评估的内容包括(　　)。

A. 对管理制度的评估　　B. 对绩效管理体系的评估
C. 对绩效考评指标体系的评估　　D. 对考评全面全过程的评估
E. 对绩效管理系统与人力资源管理其他系统衔接的评估

26. 绩效考评方法在实际应用中,可能出现的偏误有(　　)。

A. 后继效应　　B. 统计误差　　C. 个人偏见
D. 优先效应　　E. 晕轮误差

27. 从实验心理学和测量学的角度看,按照测量水平的不同,考评量表可以分为(　　)。

A. 类别量表　　B. 等距量表　　C. 位次量表
D. 等比量表　　E. 比率量表

28. 等距量表是一种绩效考评标准量表,以下说法正确的有(　　)。

A. 有绝对零点　　B. 数量差距相同
C. 数量差距以相同的比例变化　　D. 没有绝对零点
E. 在一个变量上对事物进行分类

29. 战略导向的 KPI 体系的意义体现在(　　)。

A. 具有战略导向的牵引作用
B. 是企业实施战略规划的重要工具
C. 能够最大限度地激发员工的斗志
D. 能够调动全员的积极性、主动性和创造性
E. 是激励和约束企业员工行为的一种新型机制

30. 战略导向的 KPI 体系的特点包括(　　)。

A. 自下而上汇总目标　　B. 以控制为中心

C. 自上而下分解目标
D. 以战略为中心
E. 考评指标以财务指标为主

31. 以下关于战略导向的KPI体系的说法正确的有(　　)。

A. KPI体系以控制为中心
B. 财务与非财务指标相结合
C. 战略目标自上而下分解
D. 最大限度激发员工的斗志
E. 强调对员工的行为激励

32. 属于选择关键绩效指标的原则的是(　　)。

A. 整体性　B. 增值性　C. 可测性
D. 特殊性　E. 关联性

33. 选择关键绩效指标的原则包括(　　)。

A. 整体性　B. 增值性　C. 可测性
D. 可控性　E. 关联性

34. 常见的辅导方式有(　　)。

A. 指示型辅导　B. 方向型辅导　C. 鼓励型辅导
D. 强迫式辅导　E. 自由式辅导

35. 制定KPI要遵循SMART原则。SMART由五个英文单词的首字母组成,下列字母、单词的组合相匹配的是(　　)。

A. S——Specific
B. M——Measurable
C. A——Attainable
D. R——Reasonable
E. T——Technical

36. 审核关键绩效指标的要点包括(　　)。

A. 工作产出是否为最终产品
B. 是否具有可操作性
C. 考评结果是否具有可靠性和准确性
D. 关键绩效考评指标的总和是否可以解释被考评者60%以上的工作目标
E. 关键绩效指标的考评标准是否预留出可以超越的空间

37. 绩效考评的效标主要包括(　　)。

A. 行为性效标　B. 优越性效标　C. 特征性效标
D. 一般性效标　E. 结果性效标

38. 可以用作绩效考评指标体系设计方法的是(　　)。

A. 问卷调查法　B. 面谈法　C. 经验总结法
D. 头脑风暴法　E. 个案研究法

39. 不属于绩效考评标准设计原则的是(　　)。

A. 正对性原则　B. 关键性原则　C. 完整性原则
D. 先进合理原则　E. 突出特点原则

40. 绩效考评方法在应用中可能出现的偏误有(　　)。

A. 分布误差
B. 自我中心效应
C. 个人偏见
D. 优先和近期效应
E. 晕轮误差

专业技能练习题

一、简答题

1. 采用问卷调查法设计绩效考评指标体系的具体步骤有哪些？

2. 在审核关键绩效指标和标准时应当关注哪些要点？

二、综合题

1. MBS是一家美国知名的电脑公司。去年在人员的绩效管理上，MBS公司取消了以往绩效七级考核的评等方式，而改采用新的四级（1、2、3、4）评等方式，并实行钟形的绩效考评原则，即除非有例外状况，绝大多数的员工都能得到2等。

MBS公司将这种新的绩效管理方案定名为个人业务承诺制度。除了由各级主管做年终绩效考评外，员工亦可自己另外寻找6位同事，以匿名方式通过电子信箱进行考评，亦称之为"360度反馈"。员工个人表现被评为第3等时，代表本人未完成业务承诺（PBC），你必须更努力工作，以达到更佳的业绩。如果得到特别差的4等，你可能被给予"6个月留公司查看"的处罚（当然，被评为4等的人在公司占极小的比例）。评2等代表你达到目标，是个符合要求的好员工。得到1等的人称为"水上飞"，代表你是高成就者，超越自己的目标，也没做错过什么事情。按照PBC绩效考评体系的要求，年初该公司的每个员工都要在充分理解公司的业绩目标和具体的KPI指标的基础上，在部门经理的指导下制定自己的PBC，并列举出下一年中为了实现这些业绩目标、执行方案和团队合作这三个方面所需要采取的具体行动，这相当于员工与公司签订了一个一年期的业绩合同。员工在制订绩效计划时，自己应按下列三个领域设定年度目标。第一个承诺：承诺必胜。这里表达的是成员要抓住任何可成功的机会，竭力完成目标。市场占有率是最重要的绩效评等考量。第二个承诺：承诺执行。这里强调六个字，即行动、行动、行动，不光看你"怎么说"，更重要的是看你"怎么做"，以及取得的成果。第三个承诺：承诺团队精神，即各个不同单位和岗位之间默契配合，不能出现无谓的矛盾和冲突，绝不能在顾客面前让顾客产生疑惑。这种绩效考核对一般MBS公司成员具有重要意义，而对负有管人责任的各级主管，则需要根据员工意见调查、高阶主管面谈、门户开放政策的反馈，另加一个评等系数，并且这个评等系数占有整体评等50%的权重。

请您结合本案例，回答以下问题：

对该公司所推行的PBC考评法进行剖析，说明其优点和不足。

2. A公司是一家大型国有企业，经过多年的积累和发展，在业内已具有较高的知名度。目前，公司现有员工2 000人左右。公司采用职能式组织架构，公司总部只设职能部门，下设若干子公司，分别从事不同的业务。近年来，随着国家对国有企业管理方式的改革，A公司按照现代企业制度的要求对公司进行了改制，建立了新的市场化的管理制度，并加强了公司的绩效考核工作。

绩效考核工作是A公司改制后重点开展的一项工作，公司的高层领导非常重视，人事部具体负责绩效考核制度的制定和实施。人事部在原有的考核制度基础上制定出了《中层干部考核办法》。在年底正式进行考核之前，人事部又出台了当年的具体考核方案，以使考核达到可操作化程度。

A公司的做法通常是由公司的高层领导与相关的职能部门人员组成考核小组。考核的方式和程序通常包括被考核者填写述职报告、在自己单位内召开全体职工大会进行述职、民意测评(范围涵盖全体职工)、向科级干部甚至全体职工征求意见(访谈)、考核小组进行汇总写出评价意见并征求主管副总的意见后报公司总经理。

考核内容主要包含三个方面:被考核单位的经营管理情况,包括该单位的财务情况、经营情况、管理目标的实现等方面;被考核者的德、能、勤、绩及管理工作情况;下一步工作打算,重点努力的方向。具体的考核细目侧重于经营指标的完成、思想品德,对于能力的定义则比较抽象。各业务部门(子公司)在年初与总公司对于自己部门的任务指标都进行了讨价还价的过程。

对中层干部的考核完成后,公司领导在年终总结会上进行说明,并将具体情况反馈给个人。尽管考核的方案中明确说明考核与人事的升迁、工资的升降等方面挂钩,但最后的结果总是不了了之,没有任何下文。

对于一般员工的考核则由各部门的领导掌握。子公司的领导对于下属业务人员的考核通常是从经营指标的完成情况(该公司中所有子公司的业务员均有经营指标的任务)来进行的;对于非业务人员的考核,无论是总公司还是子公司均由各部门的领导自由进行。通常的做法,都是到了年底要分奖金了,部门领导才会对自己的下属做一个笼统的排序。

公司在第一年进行操作时获得了比较大的成功。由于被征求了意见,一般员工觉得受到了重视,感到非常满意。领导则觉得该方案得到了大多数人的支持,也觉得满意。但是,被考核者觉得自己的部门与其他部门相比,由于历史条件和现实条件不同,年初所定的指标不同,觉得相互之间无法平衡,心里还是不服。考核者尽管需访谈三百人次左右,忙得团团转,但由于大权在握,体会到考核者的权威,还是乐此不疲。

根据提供的A公司绩效考核情况,就其绩效考核情况拟写一份绩效考核效果分析报告(字数要求:800字)。

3. 韩国某企业集团是世界上著名的跨国公司,在世界66个国家拥有233 000名员工和340多个办事机构,其业务范围包括电子、机械、航空、通信、商业、化学、金融和汽车等领域。该公司在中国各地投资兴建了几十家生产和销售公司,由于各个公司投产的时间都不长,内部管理制度的建设还不完善,因此在绩效评估中采用设计和实施相对比较简单的强制分布评估方法对员工进行绩效评估。各个公司的生产员工和管理人员都是每个月进行一次绩效评估,评估的结果对员工的奖金分配和日后的晋升都有重要的影响。这家公司的最高管理层很快就发现这种绩效评估方法存在着许多问题,但是又无法确定问题的具体表现及其产生的原因,于是他们请北京的一家管理咨询公司对企业的员工绩效评估系统进行诊断和改进。咨询公司的调查人员在实验性调查中发现该企业的中国的各个生产分公司都要求在员工绩效评估中将员工划分为A、B、C、D和E五个等级,其中A代表最高水平,而E代表最低水平。按照公司方面的规定,每次绩效评估中要保证员工总体的4%~5%得到A等评估,20%的员工得到B等评估,4%~5%得D等或E等评估,余下的大多数员工得到C等评估。员工绩效评估的依据是工作态度占30%,绩效占40%~50%,遵守法纪和其他方面的权重是20%~30%。被调查的员工们认为在绩效评估过程中存在着轮流坐庄的现象,并且评估结果受员工与负责评估工作的主管的人际关系的影响,结果使评估过程与工作绩效之间联系不够紧密,因此对他们来说,绩效评估虽然有一定的激励作用,但是不大强烈。而且评估的对象强调员工个人,而不考虑各个部门之间绩效的差别,因此在一个整体绩效一般的部门工作,工作能力一般的员工可以得到A或B，而在一个整体绩效好的部门，即使员工非常努力也很难得到A甚至B。员工还指出，他们认为员工的绩效评估是一个非常重要的问题，这不仅是因为评估的结果将影响到自己的奖金数额，更主要的是员工需要得到一个对自己工作成绩的客观公正的评估。员工认为绩效评估的标准比较模糊、不明确。在销售公司中，销售人员抱怨自己的销售绩效不理想在很多情况下都是由于市场不景气，自己所负责销售的产品在市场上的竞争力不高造成的，而这些因素都是自己的能力和努力无法克服的，但是在评估中却被评为C甚至D，所以觉得目前这种绩效评估方法很不合理。

问题：

(1)指出该公司绩效评估体系存在的主要问题，并做简要分析。

(2)一个有效的绩效评估体系具备什么特征？

答案与解析

理论知识练习题

一、单项选择题

1. 答案:D(P319) 科技组织可能会有一定的物质性的工作成果，也可能没有直接的物质性的工作成果，因此应当兼顾工作过程和与工作结果两个方面。

2. 答案:D(P319) 生产性组织会有物质性的成果，因此应以工作成果为考评指标。

3. 答案:B(P320) 语言表达能力属于一种品质特征型的绩效考评指标。

4. 答案:C(P323) 获得专利权的项目数属于工作结果型的绩效考评指标，反映的是科技人员的指标。

5. 答案:A(P326) 绩效要素图示法是将某类人员的绩效特征用图表描绘出来，然后加以分析研究，确定需考评的绩效要素。一般来说，工作岗位分析是绩效考评要素选择的前提和基础。采用绩效要素图示法时，首先，应根据工作岗位分析所提供资料，将各个相关要素和指标一一列出，经过初选后排列在要素分析图的横坐标上，纵坐标为极为(完全)需要。

6. 答案:D(P328) 头脑风暴法主要用于创新。

7. 答案:C(P329) 本题考查的是绩效考评指标体系的设计程序。

8. 答案:A(P330) 考评标准可以分为：量词式、等级式、数量式和定义式。量词式考评标准采用带有程度差异的形容词、副词、名词或词组表示不同的等级水平，如“较好”“好”“一般”“差”“较差”。

9. 答案:A(P336～337) 本题考查的是建立战略导向的KPI体系的意义。

10. 答案:C(P336) 关键绩效指标法的核心是重要指标的提取。

11. 答案:C(P336) 关键绩效指标法的核心是从众多的绩效考评指标体系中提取重要性和关键性指标，它不但是衡量企业战略实施效果的关键性指标，也是试图确立起一种新型的激励约束机制。

12. 答案:C(P336) 关键绩效指标的核心是重要指标的提取。

13. 答案:B(P331) 本题考查的是数量式考评标准的含义。

14. 答案:B(P337) 战略导向的KPI体系更加强调对员工的行为激励，最大限度地激发员工的斗志。

15. 答案:D(P338) 关键绩效指标作为绩效考评的指标与标准的结合体,它必须是定量化的,如果难以定量化,那么也必须是行为化的。如果定量化和行为化这两个特征都不具备,那么就无法对组织或员工个人的关键绩效指标进行测评。

16. 答案:A(P340) 本题考查的是提取关键绩效指标法中的标杆基准法。

17. 答案:D(P339～340) 提取关键绩效指标法的方法主要有三种:目标分解法、关键分析法和标杆基准法。

18. 答案:B(P340) 题干为关键分析法的含义。

19. 答案:A(P359) 本题考查的是行为性效标的内涵。

20. 答案:B(P359) 本题考查的是绩效考评方法的种类。

21. 答案:C(P359) 本题考查的是绩效考评方法的种类。

22. 答案:A(P361) 见教材表4-11。

23. 答案:D(P359) 关键事件法属于行为导向型的考评方法。

24. 答案:C(P365) 分布误差不是由考评者的主观性带来的。

25. 答案:A(P362) 苛严误差亦称严格、偏紧误差,即评定结果是正偏态分布,也就是大多数员工被评为不合格或勉强合格。

26. 答案:B(P362) 宽厚误差亦称宽松误差,也就是大多数员工被评为优良,其原因之一可能是“水至清则无鱼,人至察则无徒”,认为考评过于严格和精确,不利于激励员工。

27. 答案:C(P363) 克服分布误差的最佳方法是强迫分布法,即将全体员工从优到劣依次排列,然后按各分数段的理论次数分布分别给予相应的评分。

28. 答案:A(P343) 本题考查的是SMART的具体含义。

29. 答案:A(P364) 所谓优先效应是指考评者根据下属最初的绩效信息,对其考评期内的全部表现做出的总评价,从而出现了“以偏概全”的考评偏差。这类效应可谓“以时点代时段”“只见树木,不见森林”。

30. 答案:A(P364) 本题考查的是后继效应的内涵。

31. 答案:B(P371) 此为常识题,记住即可。

32. 答案:D(P372) 本题考查的是360度考评方法的概念。

33. 答案:D(P372) 360度考评得到的考评结果较科学、客观,误差较小。

34. 答案:A(P320) 本题考查的是品质特征型的绩效考评指标。

35. 答案:D(P323) 反映科技人员的指标有获得专利权的项目数等。

36. 答案:B(P323) 此题属于记忆性的题目。

37. 答案:B(P323) 有效的绩效指标应该立足于发展的目的,即强调绩效指标是“旨在改进和提高管理绩效的学习过程的其中一个部分”。

38. 答案:D(P325) 本题考查的是绩效考评指标体系设计原则中的独立性原则。

39. 答案:B(P328) 参加座谈的人员一般应控制在5～8人之内。

40. 答案:C(P328) 本题考查的是个案研究法的定义。

41. 答案:A(P329) 本题考查的是头脑风暴法相关的知识。

42. 答案:C(P328) 本题考查的是头脑风暴法的相关知识。

43. 答案:A(P326) 工作岗位分析是绩效考评要素选择的前提和基础。

44. 答案:C(P330) 本题考查的是绩效考评标准的组成部分。标度是用于揭示各级别之间差异的规定，就是测量的单位标准。

45. 答案:D(P331)　定义式的考评尺度是最复杂的考评尺度。定义式的考评尺度较为复杂，但能够有效地提高考评的客观程度。

46. 答案:D(P333)　本题考查的是绩效考评标准设计原则中的先进合理原则。

47. 答案:A(P333)　本题考查的是绩效考评标准设计原则中的突出特点原则。

48. 答案:C(P334)　名称量表是量表在测量上一种最低的形式，它根据一般原则指派给事物某一类别的数字或者其他标志，仅仅是符号或称呼，没有任何数量大小的含义。

49. 答案:B(P334)　本题考查的是等距量表的相关知识。

50. 答案:D(P335)　本题考查的是比率量表的相关知识。

51. 答案:D(P334)　比率量表具有绝对的零点，可以进行加减乘除的四则计算。

52. 答案:C(P336)　本题考查的是关键绩效指标法的相关知识。

53. 答案:A(P339)　本题考查的是选择关键绩效指标的原则中的增值性原则。

54. 答案:A(P339)　目标分解法采用的是平衡计分卡设定目标的方法，即通过建立包括财务指标与非财务指标的综合指标体系对企业的绩效水平进行监控。

55. 答案:A(P343)　一般来说，关键绩效指标可以分为数量指标、质量指标、成本指标和时限指标四类。例如，产品产量、销货量、销售额、利润等指标属于数量性指标。

56. 答案:D(P343)　本题考查的是关键绩效指标四种类型中的时限指标。反映时限的指标主要有供货及时性、供货周期、到货时间、最后完工时间等。

57. 答案:B(P344)　由于通过关键绩效指标进行评价主要是对结果的评价，因此在设定关键绩效指标的时候也主要关注最终结果。

58. 答案:A(P357)　非正式沟通的最大优点就是沟通的及时性。当员工在工作中发生问题时，管理者可以与之进行短暂的交流，及时解决问题。

59. 答案:D(P357)　在更为普遍的情况下，非正式绩效沟通还是员工与管理者之间面对面的交流。面谈是管理者与员工之间最主要的沟通方式。

60. 答案:D(P360)　本题考查的是品质主导型绩效考评法的优点。见教材表4-10。

二、多项选择题

1. 答案:ABCDE(P324)　绩效考评指标的来源有：①组织战略与经营规划。组织战略和经营规划是企业绩效考评指标的首要来源，对绩效指标的设计具有指引作用。②部门职能与岗位职责。管理者必须依据工作分析的结果，研究、分析被考核者所在部门及岗位的工作内容、性质及完成工作所具备的条件。③绩效短板与不足。即“要什么，考什么；缺什么、考什么”。

2. 答案:ABCDE(P324～325)　绩效考评指标体系的设计原则包括：针对性原则、关键性原则、科学性原则、明确性原则、完整性原则、独立性原则、合理性原则、可测性原则。

3. 答案:ABCDE(P326～327)　各选项均是问卷调查法的步骤。

4. 答案:ACDE(P328)　在使用头脑风暴法进行集体讨论时，应遵守以下四个基本原则：①任何时候都不批评别人的想法；②思想愈激进愈开放愈好；③强调产生想法的数量；④鼓励别人改进想法。

5. 答案:ADE(P332～334)　绩效考评标准的设计原则有定量准确的原则、先进合理的原则、突出特点的原则和简明扼要的原则。

6. 答案:ACDE(P332～334) 本题考查的是设计绩效考评标准时应遵循的基本原则。

7. 答案:CDE(P335) 本题考查的是比率量表的概念。

8. 答案:ABCDE(P338～339) 五个选项均是选择关键绩效指标的原则。

9. 答案:BCE(P339～340) 提取关键绩效指标的方法主要有目标分解法、关键分析法和标杆基准法。

10. 答案:ABCDE(P339) 本题考查的是选择关键绩效指标的原则中的可测性的相关知识。

11. 答案:ABE(P339～340) 选项C、D是和目标分解法并列的,而不是下属于它。

12. 答案:ABCD(P344～345) 审核关键绩效指标的要点包括:①工作产出是否为最终产品;②多个考评者对同一个绩效指标和标准进行评价,其结果是否具有可靠性和准确性;③关键绩效考评指标的总和是否可以解释被考评者80%以上的工作目标;④关键绩效指标和考评标准是否具有可操作性;⑤关键绩效指标的考评标准是否预留出可以超越的空间。

13. 答案:ABC(P344) KPI的标准水平可以分为:先进的标准水平、平均的标准水平、基本的标准水平。

14. 答案:BCDE(P349) 显然选项A是不对的,因为当员工面对困难时而不是工作顺利时为进行指导的好时机。

15. 答案:ABCD(P359) 本题考查的是绩效考评的特征性校标的特点。

16. 答案:AD(P360) 目标管理法属于结果型的绩效考评方法,加权选择量表法属于行为导向型的客观考评方法。

17. 答案:BD(P360) 见教材表4-10。

18. 答案:ABE(P362) 本题考查的是造成宽厚误差的原因。宽厚误差是指评定结果呈负偏态分布,也就是大多数员工被评为优良。

19. 答案:ACDE(P362～365) 本题考查的是绩效考评误差的识别。

20. 答案:ABCDE(P362) 造成宽厚误差的原因可能是:①因为评价标准过低造成的;②主管为了缓和关系、避免冲突和对抗,给下属过高的评价;③采用了主观性很强的考评标准和方法;④在考评中曾与被考评者反复多次进行沟通;⑤“护短”心理,为了避免本单位不光彩事情的扩散,担心如果不良记录人员过多,会“砸牌子”,影响本部门的声誉;⑥对那些已经付出很大努力的员工进行鼓励,或希望提高那些薪资水平低的员工的薪酬待遇;⑦“水至清则无鱼,人至察则无徒”,认为考评过于严格的精确,不利于激励员工;⑧尽量避免产生长久的、消极的影响;⑨对那些一贯优秀的业务骨干,即使他们有一定的失误也要予以保护。

21. 答案:ABCDE(P362) 造成偏紧误差的原因有:①可能是因为评定标准过高造成的;②惩罚那些难以对付不服管理的人;③迫使某些有问题的员工辞职或为有计划的减员提供有说服力的证据;④压缩提薪或奖励人数的比例;⑤自认为应当严格执行上级对优秀者的评估标准。

22. 答案:ABCD(P362～363) 考评分布误差主要有宽厚误差、苛严误差、集中趋势和中间倾向。

23. 答案:AC(P364) 自我中心效应这种误差的具体表现有两类:一是对比偏差,即考评者按照自己的标准寻找被考评者与其不同的方面进行评定。二是相似偏差,即考评者按照自己的标准寻找被考评者与其相同的方面进行评价。

24. 答案:ABCDE(P373)　各选项均是360度考评的缺点。

25. 答案:ABCDE(P386～387)　各选项均是绩效管理系统总体评估的内容。

26. 答案:ACDE(P362～365)　绩效考评的正确性、可靠性和有效性,在实际应用中会受到各种问题的制约和影响,可能出现的偏误主要有:分布误差、晕轮误差、个人偏见、优先和近期效应、自我中心效应、后继效应等。

27. 答案:ABCE(P334～335)　本题考查的是绩效考评标准量表的设计。

28. 答案:BD(P335)　等距量表要求一定数量差距在整个量表的阶梯上都是相同的,没有绝对的零点。

29. 答案:ABCDE(P336～337)　本题考查的是战略导向的KPI体系的意义。

30. 答案:CD(P337)　战略导向的KPI体系是以战略为中心,自上而下分解目标的。

31. 答案:BCDE(P337)　KPI体系是以战略为中心的。

32. 答案:ABCE(P338～339)　特殊性不是选择关键绩效指标的原则。

33. 答案:ABCDE(P338～339)　本题考查的是选择关键绩效指标的原则。

34. 答案:ABC(P349)　常见的辅导方式主要有三种:指示型、方向型和鼓励型辅导。

35. 答案:ABC(P343)　本题考查的是SMART所代表的英文含义,见教材表4-8。

36. 答案:ABCE(P344～345)　关键绩效考评指标的总和是否可以解释被考评者80%以上的工作目标。

37. 答案:ACE(P359)　绩效考评的校标主要有特征性校标、行为性校标和结果性校标。

38. 答案:ABCDE(P325～328)　选项中各项均为绩效考评指标体系的设计方法。

39. 答案:DE(P333～334)　本题考查的是绩效考评标准的设计原则。

40. 答案:ABCDE(P362～365)　选项中各项均为绩效考评中可能出现的误差。

专业技能练习题

一、简答题

1. 参考答案:(P326～327)

采用问卷调查法设计绩效考评指标体系的具体步骤是:

第一步,根据绩效考评目的和对象,查阅工作岗位说明书,通过必要的现场调查,详细地采集与工作绩效各种要素和指标相关的数据和资料。

第二步,列出所有相关的影响和制约工作绩效的要素及具体的指标,并进行初步筛选。

第三步,用简洁精练的语言或计算公式,对每个相关要素(指标)概念的内涵和外延做出准确的界定。

第四步,根据调查的目的和单位的具体情况,确定调查问卷的具体形式、所调查对象和范围,以及具体的实施步骤和方法。

第五步,设计调查问卷。将需要调查的内容,以一定的格式编制成问卷。

第六步,发放调查问卷。通过一定的渠道将调查问卷分发给调查者,选择的渠道应是可靠的。

第七步,回收调查问卷,进行整理汇总和统计分析,取得最后的调查结果。

2. 参考答案:(P344～346)

审核关键绩效指标时应当关注以下要点:

1)工作产出是否为最终产品。

2)多个考评者对同一个绩效指标和标准进行评价,其结果是否具有可靠性和准确性。

3)关键绩效考评指标的总和是否可以解释被考评者80%以上的工作目标。

4)关键绩效指标和考评标准是否具有可操作性。

5)关键绩效指标的考评标准是否预留出可以超越的空间。

二、综合题

1. 参考答案:

主要优点如下:

1)简化了评定等级,更突出了对大多数员工的激励。

2)员工自始至终参与绩效计划的制定过程,增强了员工的自主性,提高了年度绩效计划的科学性和可行性。

3)使员工进一步明确了公司、部门以及自己在本年度内所应当达成的目标要求以及努力的方向。

4)突出了"行动"的重要性,积极倡导注重团队建设和个人承诺的企业文化。

5)根据管理人员的特殊性,采取了具有针对性的绩效管理新模式,通过有效的绩效管理,最大限度地调动各级主管的积极性和主动性。

6)新的绩效管理模式更有利于促进各级员工的成长和发展。

主要不足如下:

1)PBC考评法实质上是目标管理法的进一步发展。由于计划目标是根据具体情况确定的,各个部门乃至各个岗位员工的绩效水平难以横向进行比较。

2)容易造成分配上的不公平。由于该公司推行的是钟形的绩效分配原则,即除非有例外情况,绝大多数员工都能得到2等,这会对绩效优异的部门不公,因为部门主管会认为本单位得2等的人要多一些;而对绩效差的单位,也拿到同样比例的2等,同样造成分配上的不公平。

3)从考评者的角度看,以各级主管考评为主是科学合理的,而由员工自己另外寻找6位同事,进行所谓的"360度反馈",具有片面性和盲目性,会直接影响考评结果的信度和效度。

2. 参考答案:

根据本案例,就A公司绩效考核情况拟定的绩效考核效果分析报告如下:

一、背景。根据总公司提出的建设现代企业制度的要求,为配合我公司的改制工作,强化企业管理,总公司要求人力资源部做好员工的绩效考核工作。

二、实施内容。绩效考评工作得到了领导的重视。在公司领导的大力支持下,人事部在原有干部考核制度基础上制定出了《中层干部考核办法》,并在每年年底正式进行考核之前公布具体考核方案。对中层干部的考核由高层领导与相关的职能部门人员组成的考核小组实施。考核的方式和程序包括被考核者填写述职报告、在自己单位内召开全体职工大会进行述职、民意测评、向科级干部甚至全体职工征求意见,考核小组进行汇总写出评价意见并征求主管副总的意见后报公司总经理。考评内容包括经营管理情况,被考核者的德、能、勤、绩及管理工作情况和下一步工作打算。对员工的考核由各部门的领导掌握;对于非业务人员的考核,无论是总公司还是子公司,均由各部门的领导自由进行。

三、效果评估。取得的成就:绩效考核起到了很好的上下级沟通作用,极大地调动了员工的积极性;对干部的考核方法、程序比较科学,一定程度上起到了考核作用。存在的不足:对于部考核的一些能力指标没有量化，不具有操作性；普通员工考核没有统一的操作程序和标准，随意性太大；考核结果没有得到重视和应用，使考核工作流于形式；对干部的考核，需要各分公司根据不同情况制定相应的标准，而不是一刀切；各业务部门（子公司）都在年初与总公司对于自己部门的任务指标进行了讨价还价的过程，使得各业务部门任务指标不统一，造成各业务部门绩效的不可比性。

四、改进措施。①建立公司的绩效考评体系，并制定相应的绩效考核制度，明确绩效考核的原则和目的，由公司总部全权确定各业务部门的任务指标。②完善绩效考评的内容和等级标准。对员工的考核包括四方面：素质、能力、业绩、态度等；员工的等级标准分为：优秀（界定）、称职（界定）、基本称职（界定）、不称职（界定）；干部的等级标准分为：优秀、称职、基本称职、不称职。③建立考核的评定与奖惩制度。④进行考评结果反馈。

3. 参考答案：

（1）该公司在绩效评估中的误差为：绩效评估标准不清、不准确；评估者存在个人偏见，不能站在公正客观的立场上对员工的绩效进行评估；将一个人与另一个人进行对比，而不是将这个人与客观的标准进行对比，从而产生非客观公正的评价，造成对比误差；轮流坐庄倾向和人际关系倾向的存在也会造成绩效评估不公正。

（2）一个有效的绩效评估体系所具备的特征是：①用来评估员工绩效的标准必须是与工作相关的；②管理人员必须清楚说明对员工的绩效期望；③应该用标准化的方法对员工进行评估；④选择合适的评估者；⑤让员工了解评估结果。

第五章　薪酬管理

理论知识练习题

一、单项选择题

1. 选项中属于静态薪酬的是(　　)。

A. 基本薪酬　B. 绩效薪酬　C. 福利　D. 奖金

2. 通过(　　),能够获得劳动力市场各类员工薪酬水平及其结构等方面的真实信息。

A. 薪酬决策　B. 薪酬采集　C. 薪酬的分析　D. 薪酬的市场调查

3. 美国劳工统计局每年都要举行三类薪酬方面的调查,这属于(　　)。

A. 公司薪酬调查　B. 商业性薪酬调查

C. 政府薪酬调查　D. 专业性薪酬调查

4. (　　)的薪酬调查方式更适合有着良好的对外关系的企业。

A. 企业之间相互调查　B. 问卷调查

C. 委托中介机构调查　D. 访谈调查

5. 进行薪酬调查时,若岗位复杂且数量大,应采用(　　)。

A. 企业之间相互调查　B. 问卷调查法

C. 采集社会公开信息　D. 委托中介机构

6. (　　)所得到的市场薪酬信息,其缺点是数据的针对性不强。

A. 企业之间相互调查　B. 问卷调查

C. 采集社会公开信息　D. 访谈调查

7. 一般来说,工资水平高的企业应关注市场(　　)点处的薪酬水平。

A. 15%　B. 25%　C. 50%　D. 75%

8. 在薪酬调查数据的统计中,趋中趋势分析法不包括(　　)。

A. 离散分析　B. 简单平均法　C. 加权平均法　D. 中位数法

9. 薪酬市场调查的方法中使用频率最高的是(　　)。

A. 问卷调查法　B. 面谈调查法　C. 文献收集法　D. 电话调查法

10. 一般来说,填写一份薪酬调查问卷的时间不应超过(　　)。

A. 0.5小时　B. 1小时　C. 2小时　D. 4小时

11. (　　)是指工作性质和特征相近的若干职组的集合。

A. 职系　B. 职组　C. 职门　D. 职等

12. (　　)是指由工作性质和特征相似相近的若干职系所构成的岗位群。

A. 职系　B. 职组　C. 职门　D. 岗等

13. 薪酬满意度调查的步骤包括:①确定调查方式;②确定调查对象;③确定调查内容。排序正确的是(　　)。

A. ②①③　B. ①②③　C. ③①②　D. ③②①

14. 下列选项中说法错误的是(　　)。

A. 岗位分类的适用范围相对较窄

B. 岗位分类的工作需要投入一定的人力和财力，程序复杂

C. 岗位分类结果严密，会给企业的人力资源管理活动带来诸多不便

D. 岗位分类的适用范围较宽泛

15. (　　)是岗位横向分类的最后一步。

A. 职级的划分　B. 岗级的划分　C. 职系的划分　D. 岗等的划分

16. 在完成了岗级划分之后，对生产性岗位统一列等时，不宜采用的方法是(　　)。

A. 倒推比较法　B. 基本点数换算法

C. 经验判断法　D. 交叉岗位换算法

17. 不属于岗位薪酬制特点的是(　　)。

A. 薪酬的给予“对人不对岗”　B. 以岗位分析为基础

C. 客观性较强　D. 根据岗位支付薪酬

18. 岗位薪酬制的最大特点就是薪酬的给予(　　)。

A. 对岗不对人　B. 对人不对岗　C. 对事不对人　D. 对人不对事

19. 适用于那些岗位划分较粗、岗位之间存在工作差别、岗位内部的员工之间存在技术熟练程度差异的企业或部门的岗位薪酬类型是(　　)。

A. 一岗一薪制　B. 技能薪酬制　C. 一岗多薪制　D. 提成制

20. 下列不属于绩效薪酬制形式的薪酬制度的是(　　)。

A. 计件薪酬制　B. 薪点薪酬制　C. 销售提成制　D. 佣金制

21. (　　)将工资水平直接与企业效益和员工的工作业绩相联系。

A. 一岗一薪制　B. 薪点薪酬制　C. 一岗多薪制　D. 提成制

22. (　　)要求企业要有一种比较开放的、有利于员工参与的企业文化。

A. 计时薪酬制　B. 计件薪酬制　C. 技能薪酬制　D. 组合薪酬制

23. 能够鼓励员工发展各项技能，提高业绩表现，增强参与意识的薪酬种类是(　　)。

A. 能力薪酬　B. 提成薪酬　C. 技术薪酬　D. 岗位薪酬

24. 以员工的工作业绩为基础支付薪酬的薪酬制度称为(　　)。

A. 奖励薪酬制　B. 提成制　C. 技术薪酬制　D. 绩效薪酬制

25. 下列关于绩效薪酬制的说法不正确的是(　　)。

A. 以工作业绩为基础支付薪酬　B. 注重团体绩效差异的确定

C. 计件薪酬制是一种主要形式　D. 提成制是一种典型形式

26. 使营销人员和企业之间产生较大的离心力的薪酬形式是(　　)。

A. 计件薪酬制　B. 提成制　C. 技能薪酬制　D. 岗位薪酬制

27. 最不适合采用激励性薪酬的工作团队类型是(　　)。

A. 平行团队　B. 交叉团队　C. 流程团队　D. 项目团队

28. (　　)是管理人员的薪酬体系中最重要的组成部分。

A. 基本工资　B. 奖金　C. 红利　D. 福利津贴

29. 在设计(　　)的薪酬制度结构时，企业应该确保成员将小部分时间和精力投入到团队中去，大部分时间和精力投入到各自的常规工作中去。

A. 平行团队　B. 交叉团队　C. 流程团队　D. 项目团队

30. 属于影响企业薪酬水平内部因素的是(　　)。

A. 市场因素　　B. 地域因素

C. 政策法规　　D. 企业决策层的薪酬态度

31. (　　)的薪酬结构比较适用于责、权、利明确的企业。

A. 以绩效为导向　B. 以行为为导向　C. 以工作为导向　D. 以技能为导向

32. (　　)的薪酬结构有利于激励员工提高技术、能力。

A. 以绩效为导向　B. 以行为为导向　C. 以工作为导向　D. 以技能为导向

33. (　　)的薪酬结构主要根据员工所具备的工作能力与潜力来确定员工工资。

A. 以绩效为导向　B. 以行为为导向　C. 以工作为导向　D. 以技能为导向

34. (　　)是指各个相邻的薪酬等级浮动幅度在数值上的交叉程度。

A. 工资差距　B. 工资档次　C. 等级重叠　D. 浮动幅度

35. 在同一薪酬等级中,最高档次薪酬水平与最低档次薪酬水平之间的薪酬差距称(　　)。

A. 薪酬等级档次　B. 薪酬级差　C. 薪酬比例关系　D. 薪酬浮动幅度

36. 薪酬水平对外具有竞争性的企业,其薪酬水平应比行业平均薪酬水平高(　　)。

A. 5%　B. 15%　C. 50%　D. 75%

37. 宽带薪酬的最大特点是(　　)。

A. 压缩级别　B. 增加级别　C. 扁平化　D. 结构化

38. 薪酬体系的灵魂是(　　)。

A. 薪酬理念　B. 薪酬战略　C. 薪酬结构　D. 薪酬水平

39. 选项中属于动态薪酬的是(　　)。

A. 基本薪酬　B. 绩效薪酬　C. 福利　D. 津贴

40. 选项中属于人态工资的是(　　)。

A. 基本薪酬　B. 福利　C. 奖金　D. 绩效薪酬

41. 制定薪酬战略的流程是:①评估薪酬的意义和目的;②开发薪酬战略,使之同企业经营战略和环境相匹配;③实施薪酬战略;④对薪酬战略和经营战略匹配进行再评价。顺序正确的是(　　)。

A. ①③②④　B. ④②③①　C. ①②③④　D. ③②④①

42. 企业年金适用于(　　)。

A. 全体员工　B. 新进员工　C. 临时员工　D. 试用期满的员工

43. 社会保险行政部门自收到企业年金方案文本之日起(　　)内未提出异议的,企业年金方案即行生效。

A. 15日　B. 30日　C. 45日　D. 60日

44. 企业年金基金实行完全积累,采用的管理方法是(　　)。

A. 企业账户　B. 集体账户　C. 机构账户　D. 个人账户

45. 企业年金的缴费额度不超过本企业上年度员工工资总额的(　　)。

A. 1/6　B. 1/10　C. 1/12　D. 1/15

46. 具有"快、准、全"特点的薪酬调查方法是(　　)。

A. 企业之间相互调查　　B. 问卷调查

C. 采集社会公开信息　　D. 委托中介机构进行调查

47. 处于新兴行业的企业更适合采取的薪酬调查方式是(　　)。

A. 企业之间相互调查　B. 问卷调查
C. 委托中介机构调查　D. 访谈调查

48. 百分位法将岗位的所有薪酬调查数从低到高排列,分为(　　)组。

A. 2　B. 5　C. 10　D. 20

49. (　　)是企业员工最关心的一项政策。

A. 安全政策　B. 绩效政策　C. 薪酬政策　D. 食宿政策

50. (　　)是将企事业单位的所有岗位纳入由职组、职系、岗级和岗等构成的体系之中。

A. 岗位评价　B. 岗位调查　C. 岗位分级　D. 岗位分析

51. (　　)是按照岗位的工作性质和特点所进行的横向分类。

A. 职组　B. 职等　C. 岗级　D. 岗等

52. 工作岗位横向分类的程序包括:①职组的划分;②职门的划分;③职系的划分。排序正确的是(　　)。

A. ②③①　B. ③②①　C. ②①③　D. ③①②

53. 薪酬分配直接与企业效益和员工的工作业绩相联系的薪酬制度为(　　)。

A. 一岗一薪制　B. 薪点薪酬制　C. 一岗多薪制　D. 提成制

54. 员工的(　　)与企业的经济效益、部门业绩考核和个人业绩考核结果挂钩。

A. 浮动薪酬　B. 固定薪酬　C. 基本薪酬　D. 岗位薪酬

55. (　　)容易使营销人员和企业之间产生较大的离心力。

A. 计件薪酬制　B. 提成制　C. 技能薪酬制　D. 岗位薪酬制

56. 实行经营者年薪制不需要具备的条件是(　　)。

A. 明确的企业整体绩效考核体系
B. 明确的经营者业绩考核指标体系
C. 健全的经营者人才市场,完善的竞争机制
D. 健全的职工代表大会制度,完善的群众监督机制

57. (　　)反映不同岗位在各自结构中的差别。

A. 薪酬等级　B. 薪酬档次　C. 薪酬级差　D. 浮动幅度

58. (　　)的薪酬结构比较适用于各工作之间的责、权、利明确的企业。

A. 以绩效为导向　B. 以行为为导向　C. 以工作为导向　D. 以技能为导向

59. 在职业生涯早期,员工较关注薪酬的(　　)。

A. 稳定性　B. 持续性　C. 高低　D. 发展性

60. (　　)是企业及其员工在依法参加基本养老保险的基础上,自愿建立的补充养老保险制度。

A. 企业公积金　B. 企业年薪　C. 企业附加福利　D. 企业年金

二、多项选择题

1. 选项中属于薪酬的是(　　)。

A. 工资　B. 福利　C. 社会保险
D. 企业补充保险　E. 企业利润

2. 属于间接薪酬的是(　　)。

A. 基本工资　B. 绩效工资　C. 奖金
D. 社会保险　E. 员工福利

3. 选项中属于直接薪酬的是(　　)。

A. 基本工资　B. 社会保险　C. 员工福利
D. 津贴　E. 奖金

4. 下列选项中属于薪酬对企业的功能的是(　　)。

A. 增值功能　B. 改善经营绩效,塑造企业文化
C. 激励功能　D. 社会信号功能
E. 配置功能

5. 下列选项中属于薪酬对员工的功能的是(　　)。

A. 导向功能　B. 支持企业变革　C. 保障功能
D. 激励功能　E. 控制企业成本

6. 薪酬管理的内容包括(　　)。

A. 企业员工工资总额管理　B. 员工薪酬水平的控制
C. 企业薪酬制度设计与完善　D. 日常薪酬管理工作
E. 绩效认可奖励

7. 工资总额的组成部分是(　　)。

A. 计时工资和计件工资　B. 奖金
C. 津贴和补贴　D. 加班加点工资
E. 特殊情况支付的工资

8. 薪酬日常管理的内容包括(　　)。

A. 薪酬预算　B. 薪酬支付　C. 薪酬调查
D. 薪酬结构　E. 薪酬等级

9. 企业进行薪酬调查要了解的信息包括(　　)。

A. 与员工基本工资相关的信息　B. 与奖金相关的信息
C. 长期激励计划　D. 与福利计划相关的信息
E. 薪酬政策方面的信息

10. 市场薪酬调查的被调查岗位,应在(　　)等方面与本企业岗位具有可比性。

A. 工作性质　B. 岗位职责　C. 劳动强度
D. 薪酬水平　E. 在岗人数

11. 薪酬市场调查时,被调查岗位应在(　　)方面与本企业所需调查的岗位具有可比性。

A. 工作性质　B. 岗位职责　C. 薪酬水平
D. 任职资格　E. 工作年限

12. 在不同的企业中,工作内容基本相同的岗位薪酬却存在较大差距,其原因可能是(　　)。

A. 不同行业有不同的惯例　B. 管理理念和薪酬策略不同
C. 企业所处的地理位置不同　D. 对企业的价值或贡献大小不同
E. 在职者在该岗位上工作时间长短不同

13. 对薪酬调查数据进行离散分析经常采用的方法有(　　)。

A. 四分位法　B. 简单平均法　C. 百分位法

D. 加权平均法　　E. 中位数法

14. 属于薪酬市场调查主要方法的是(　　)。

A. 经验总结法　　B. 头脑风暴法　　C. 个案研究法

D. 问卷调查法　　E. 文献收集法

15. 岗位分类的基本要求是(　　)。

A. 根据系统性原则,按照岗位的业务性质对岗位进行横向归类

B. 岗位分类的结构要合理

C. 岗位分类的依据,要客观存在的“事”

D. 岗位分类反映了岗位工作诸因素上的差别

E. 岗位分类一般为静态分类

16. 岗位横向分类应该遵循的原则的是(　　)。

A. 单一原则　　B. 程度原则　　C. 时间原则

D. 选择原则　　E. 自主原则

17. 岗位薪酬制的特点包括(　　)。

A. 对人不对岗　　B. 根据岗位支付薪酬

C. 同岗不同酬　　D. 以岗位分析为基础

E. 客观性较强

18. 实行一岗一薪制,需要测评的岗位因素包括(　　)。

A. 职责范围　　B. 薪酬水平　　C. 劳动强度

D. 责任大小　　E. 在岗人数

19. 技能薪酬的种类包括(　　)。

A. 技术薪酬　　B. 能力薪酬　　C. 提成工资

D. 薪点薪酬　　E. 效益薪酬

20. 影响企业薪酬水平的外部因素包括(　　)。

A. 市场因素　　B. 所属行业　　C. 生活费用

D. 企业规模　　E. 物价水平

21. 一个合理的薪酬结构应该包括(　　)。

A. 固定薪酬　　B. 浮动薪酬　　C. 特殊津贴

D. 提成工资　　E. 特殊福利

22. (　　)属于组合薪酬结构。

A. 岗位技能薪酬　　B. 能力资格薪酬　　C. 岗位效益薪酬

D. 技术等级薪酬　　E. 薪点薪酬制

23. 一般来说,团队可以分为(　　)。

A. 平行团队　　B. 交叉团队　　C. 项目团队

D. 流程团队　　E. 复合团队

24. 将员工放入薪酬宽带中的不同位置的方法是(　　)。

A. 绩效法　　B. 技能法　　C. 能力法

D. 随性法　　E. 工龄法

25. 下列选项中属于薪酬制度中常见问题的是(　　)。

A. 岗位价值没有量化,薪酬的内部公平性不足
B. 薪酬调整缺乏依据
C. 薪酬和绩效关联性不强
D. 忽视非经济薪酬的激励作用
E. 薪酬激励不及时

26. 薪酬结构是由各种薪酬结构单元组成的,这些单元包括(　　)。
A. 静态薪酬　B. 动态薪酬　C. 人态工资
D. 薪酬理念　E. 薪酬激励

27. 下列选项中属于动态薪酬的是(　　)。
A. 基本薪酬　B. 绩效薪酬　C. 奖金
D. 福利　E. 津贴

28. 选项中属于人态工资的是(　　)。
A. 福利　B. 津贴　C. 动态薪酬
D. 静态薪酬　E. 奖金

29. 薪酬调整的具体类型包括(　　)。
A. 物价性调整　B. 工龄性调整　C. 随机性调整
D. 效益性调整　E. 考核性调整

30. 薪酬标准档次的调整包括(　　)。
A."技变"晋档　B."学变"晋档　C."龄变"晋档
D."职变"变档　E."考核"变档

31. 薪酬战略是企业根据外部环境存在的机会与威胁及自身的条件所作出的具有(　　)的薪酬决策。
A. 总体性　B. 长期性　C. 关键性
D. 短期性　E. 部分性

32. 在团队薪酬制度中,主要组成部分有(　　)。
A. 基本薪酬　B. 激励性薪酬　C. 绩效认可奖励
D. 年薪　E. 月薪

33. 制订薪酬计划的方法包括(　　)。
A. 从下而上法　B. 从上而下法　C. 由内到外法
D. 零基预算法　E. 化整归零法

34. 企业在制订薪酬计划时,应掌握的人力资源规划资料包括(　　)。
A. 企业现有的员工人数　B. 未来一年预计休假的员工人数
C. 未来一年预计岗位轮换的员工人数　D. 未来一年预计晋升职务的员工人数
E. 企业在过去三年的各类员工总数

35. (　　)的情况下,企业年金个人账户可由原管理机构继续管理。
A. 员工升学　B. 员工死亡　C. 员工参军
D. 员工失业　E. 新就业单位没有实行企业年金制度

36. 选项中属于企业补充医疗保险的特征是(　　)。
A. 福利性　B. 自办性

C. 非营利性　　D. 一定的强制性和自愿性

E. 统筹级次性

37. 薪酬数据的调查方式有(　　)。

A. 企业之间相互调查　　B. 委托中介机构进行调查

C. 采集社会公开的信息　　D. 调查问卷

E. 自我调查

38. 文献收集法的优点有(　　)。

A. 节省人力、物力、财力　　B. 适合中小企业采用

C. 适合大企业采用　　D. 适合专业的咨询调查

E. 信息针对性较强

39. 在实行一岗一薪制时，一定要对岗位进行全面的分析，并对有关因素进行评价，评价的内容有(　　)。

A. 岗位责任范围和责任程度　　B. 岗位对员工的技能水平要求

C. 岗位劳动强度　　D. 劳动条件

E. 薪酬的多少

40. 绩效薪酬制的特点有(　　)。

A. 不注重个人绩效差异的评定　　B. 注重个人绩效差异的评定

C. 反馈的频率不是很高　　D. 反馈的频率很高

E. 反馈的方向大都是单向的

专业技能练习题

一、简答题

1. 简述宽带薪酬体系的设计流程。

2. 简述宽带薪酬的特征。

3. 简述制定薪酬战略的流程。

二、综合题

1. A 公司是一家新成立的大型生产型企业，各项人力资源制度正在起创阶段。假如您是该公司新上任的薪酬专员，要开展一次市场薪酬调查，请论述在设计调查问卷时应注意哪些问题。

2. 安岩公司最近员工流失的问题十分严重，离职的员工不仅有对公司发展非常重要的技术研发人员，也有中基层管理者，一线生产操作人员的离职率也日渐升高。离职面谈显示收入因素是重要原因之一。以下是若干离职面谈的摘录：

A：我 2007 年进入公司，从那时起工资制度就没有变过，现在我连工龄工资都没有。

B：我现在的工资水平是 2009 年确定的，三年过去了我的收入连动都没动。

C：现在五花肉都快涨到 20 元一斤了，我的工资增长幅度是 0，现在工资 2 000 多块根本没法和两年前的 2 000 多块钱相比。

D：我表弟在东安公司和我做同样的工作，每月工资比我高 300 多块，一年就多 4 000 块钱。

E:我是设计人员,可是我现在的收入和加班加点的一线工人差不多,我觉得不公平。

F:副总一年收入30万,生产线长一年10万,我年收入3万多点,这差距也太大了。关键是,想要高薪就必须升职,但职位就那么多,我看不到涨工资的希望。

假如您是安岩公司的薪酬主管,想了解员工对薪酬的具体满意度情况,请设计一份薪酬满意度调查问卷。

3. 洪涛智业科技有限公司成立于2010年3月。公司董事长王某在美国麻省理工实验室工作6年后回国创业,刚起步的时候只是几个朋友共同开发智能手机的应用程序,随着电信业全球化智能3G时代的到来,公司的业务出现迅猛增长,单独依靠工作室已经不能满足发展的需要。于是经过创始人的一致认同,决定扩大组织结构,增加员工数量。但由此也随之而来一系列问题。现在作为创始人之一的张进,分派负责员工福利方案的设计。请你替他草拟一份《企业补充医疗保险办法》。

答案与解析

理论知识练习题

一、单项选择题

1. 答案:A(P477) 绩效薪酬和奖金属于动态薪酬,奖金属于人态工资。

2. 答案:D(P399) 通过薪酬的市场调查,能够获得劳动力市场各类企业员工薪酬水平及其结构等方面的真实信息。

3. 答案:C(P399) 美国劳工统计局属于独立的第三方机构。

4. 答案:A(P410) 那些有着良好的对外关系的企业比较适合采用企业之间的相互调查。

5. 答案:B(P411) 问卷调查法适合对数量大且复杂的岗位进行薪酬调查。

6. 答案:C(P411) 本题考查的是采集社会公开信息调查方式的特点。

7. 答案:D(P412) 工资水平高的企业应注意75%点处,甚至是90%点处的工资水平。

8. 答案:A(P413~414) 显然离散分析不属于趋中趋势分析。

9. 答案:A(P418) 问卷调查法是薪酬市场调查方法中使用频率最高的。

10. 答案:A(P420) 填问卷最好不要超过半小时,以免给人造成厌倦感。

11. 答案:C(P427) 本题考查的是职门的概念。

12. 答案:B(P427) 职系(选项A)是由工作性质和基本特征相似相近,而任务轻重、责任大小、繁简难易程度和要求不同的岗位所构成的岗位序列;职门(选项C)是工作性质和特征相近的若干职组的集合,若干工作性质和特征相近的职组归结在一起,就构成了某一职门;岗等(选项D)是由工作性质不同,但繁简难易程度、责任大小以及所需资格条件相同或相近的岗位组成的集合,它使各个职系中隶属于不同岗级的岗位纳入了统一的价值维度之中。

13. 答案:A(P422) 本题考查的是信息满意度调查的工作程序。

14. 答案:D(P431) 岗位分类的适用范围相对较窄。

15. 答案:C(P433) 职系的划分是岗位横向分类的最后一步。

16. 答案:A(P439) 可以采用的方法有三种:经验判断法、基本点数换算法和交叉岗位换算法。

17. 答案:A(P443) 岗位薪酬制的特点应是薪酬的给予对岗不对人。

18. 答案:A(P443) 本题考查的是岗位薪酬制的特点。

19. 答案:C(P445) 本题考查的是一岗多薪制的适用范围。

20. 答案:B(P445) 薪点薪酬制属于岗位薪酬制。

21. 答案:B(P445～446) 本题考查的是薪点薪酬制的特点。

22. 答案:C(P446) 本题考查的是技能薪酬制的特点。

23. 答案:C(P447) 本题考查的是技术薪酬的特点。

24. 答案:D(P448) 本题考查的是绩效薪酬制的概念。

25. 答案:B(P448) 绩效薪酬制注重个人绩效差异的评定。

26. 答案:B(P451) 产生离心力是提成制的一个缺点。

27. 答案:A(P454) 平行团队通常不使用激励性薪酬形式,而认可奖励尤其是非货币性的认可奖励比较合适。

28. 答案:A(P451) 基本工资是管理人员的薪酬体系中最重要的组成部分,因为其他薪酬的多少由它来确定。

29. 答案:A(P453) 本题考查的是平行团队的相关知识。

30. 答案:D(P456) 市场因素、地域因素和政策法规都是外部因素。

31. 答案:C(P457) 本题考查的是以工作为导向的薪酬结构的特点。

32. 答案:D(P457) 本题考查的是以技能为导向的薪酬结构的优点。

33. 答案:D(P457) 本题考查的是以技能为导向的薪酬结构的特点。

34. 答案:C(P458) 本题考查的是等级重叠的概念。

35. 答案:B(P458) 薪酬级差是指不同等级之间薪酬相差的幅度,即企业内最高等级与最低等级的薪酬比例关系以及其他各等级之间的薪酬比例关系。

36. 答案:B(P460) 在一般情况下,企业员工的薪酬水平应该比行业的水平高15%,这样既不会使企业的负担过重,又可以达到吸引、激励和保留员工的目的。

37. 答案:A(P467) 压缩级别是薪酬宽带最大的特点。

38. 答案:A(P477) 薪酬理念明确了企业在薪酬管理方面所倡导的价值导向,它是薪酬体系的灵魂,指明了企业到底为什么样的行为和什么样的业绩进行付酬。

39. 答案:B(P477) 基本薪酬属于静态薪酬,福利和津贴属于人态工资。

40. 答案:B(P477) 基本薪酬属于静态薪酬,奖金和绩效薪酬属于动态薪酬。

41. 答案:C(P488) 制定薪酬战略的流程是:先评估,再开发,再实施,再评价。

42. 答案:D(P492) 本题考查的是企业年金的适用范围。企业年金适用于企业试用期满的员工。

43. 答案:A(P492) 本题考查的是企业年金方案生效的时限。

44. 答案:D(P493) 本题考查的是员工企业年金个人账户管理方式。

45. 答案:C(P493) 企业年金的缴费额度不超过本企业上年度员工工资总额的1/12。

46. 答案:D(P411) 本题考查的是委托中介机构进行薪酬调查的特点。

47. 答案:C(P410) 委托调查是指委托商业性、专业性的人力资源咨询公司进行调查。尤其是当企业需要确定薪酬水平的岗位难以在类似企业中找到对等的岗位时,或者该企业属于新兴行业时。

48. 答案:C(P414) 本题考查的是百分位法的概念。

49. 答案:C(P422)　薪酬政策关系到员工的切身利益。

50. 答案:C(P426)　本题考查的是岗位分级的特点。

51. 答案:A(P426)　本题考查的是职组的概念。

52. 答案:C(P433)　本题考查的是工作岗位横向分类的步骤。

53. 答案:B(P445)　本题考查的是薪点薪酬制的特点。

54. 答案:A(P466)　员工的浮动薪酬与企业的经济效益、部门业绩考核和个人业绩考核结果挂钩。

55. 答案:B(P451)　本题考查的是绩效薪酬形式中提成制的缺点。

56. 答案:A(P452)　实行经营者年薪制需要具备的条件不包括明确的企业整体绩效体系。

57. 答案:A(P457)　薪酬等级主要反映不同岗位之间在薪酬结构中的差别。

58. 答案:C(P457)　本题考查的是以工作为导向的薪酬结构的特点。

59. 答案:C(P422)　在职业生涯早期,员工较关注薪酬的高低,忽视职业的稳定性。

60. 答案:D(P492)　本题考查的是企业年金的概念。

二、多项选择题

1. 答案:ABCD(P394)　薪酬包括工资、福利和社会保险、企业补充保险等各种直接或间接的报酬。

2. 答案:DE(P394)　选项中基本工资、绩效工资和奖金属于直接工资。

3. 答案:ADE(P394)　选项中社会保险和员工福利属于间接福利。

4. 答案:ABE(P395～396)　激励功能和社会信号功能属于薪酬对员工的功能。

5. 答案:CD(P396)　选项A、B、E属于薪酬对企业功能。

6. 答案:ABCD(P397～398)　薪酬管理的内容主要包括四项:企业员工工资总额管理;员工薪酬水平的控制;企业薪酬制度设计与完善;日常薪酬管理工作。

7. 答案:ABCDE(P397)　工资总额的计算公式为:工资总额=计件工资+计时工资+奖金+津贴和补贴+加班加点工资+特殊情况支付的工资。

8. 答案:ABC(P398)　日常薪酬管理工作包括:①开展薪酬的市场调查,统计分析调查结果,写出调查分析报告;②制订年度员工薪酬激励计划,对薪酬计划执行情况进行统计分析;③深入调查了解各类员工的薪酬状况,进行必要的员工满意度调查;④对报告期内人工成本进行核算,核查人工成本计划的执行情况;⑤根据企业薪酬制度的要求,结合各部门绩效目标的实现情况,对员工的薪酬进行必要调整。

9. 答案:ABCDE(P408～409)　本题考查的是信息调查应涉及的信息。

10. 答案:ABC(P407)　选择确定被调查的岗位,应在工作性质、难易复杂程度、岗位职责、工作权限、任职资格、能力要求、劳动强度、环境条件等方面,与本企业需要调查的岗位具有可比性。

11. 答案:ABD(P407)　本题考查的是确定被调查岗位的要求。

12. 答案:ABCDE(P412)　本题考查的是工作内容相同但薪酬存在差别的原因。

13. 答案:AC(P414)　本题考查的是离散分析的具体方法。包括:百分位法和四分位法。

14. 答案:DE(P418)　薪酬市场调查的主要方法包括:问卷调查法、面谈调查法、文献收集法和电话调查法。

15. 答案:ABCDE(P430～431)　五个选项都是岗位分类的基本要求。

16. 答案:ABCD(P431～432) 岗位横向分类应遵循的原则是:单一原则、程度原则、时间原则和选择原则。不包括自主原则。

17. 答案:BDE(P443～444) 本题考查的是岗位薪酬制的特点。

18. 答案:ACD(P444) 本题考查的是实行一岗一薪制时需要评价的内容。

19. 答案:AB(P447) 本题考查的是技能薪酬的种类。

20. 答案:ACE(P454～455) 所属企业和企业规模属于影响工资水平的内部因素。

21. 答案:AB(P456) 一个合理的组合薪酬结构应该既有固定薪酬部分,又有浮动薪酬部分。

22. 答案:ACE(P457) 岗位技能薪酬、薪点薪酬制、岗位效益薪酬等都属于组合薪酬结构。

23. 答案:ACD(P453) 团队分为平行团队、流程团队、项目团队等。

24. 答案:ABC(P471) 将员工放入薪酬宽带中的不同位置的方法主要是绩效法、技能法和能力法三种。工龄法是论资排辈的方法,显然不属于放入薪酬宽带的方法。

25. 答案:ABCDE(P476～479) 选项中各项均是薪酬制度中常见的问题。

26. 答案:ABC(P477) 静态薪酬、动态薪酬和人态工资都是薪酬的属类,显然薪酬理念和薪酬激励并不属于薪酬。

27. 答案:BC(P477) 基本薪酬属于静态薪酬,福利和津贴属于人态工资。

28. 答案:AB(P477) 动态薪酬和静态薪酬是与人态工资并列的概念而不是下属于它。奖金属于动态薪酬。

29. 答案:ABDE(P480～481) 薪酬制度调整的类型有:薪酬定级性调整、物价性调整、工龄性调整、奖励性调整、效益性调整和考核性调整。

30. 答案:ABCE(P482) 本题考查的是薪酬标准档次的调整。

31. 答案:ABC(P485) 本题考查的是薪酬战略的定义。

32. 答案:ABC(P453) 在团队薪酬制度中,主要有这样几种组成要素:基本薪酬、激励性薪酬和绩效认可奖励。

33. 答案:AB(P489) 薪酬计划的制订方法主要包括从上而下法和从下而上法。

34. 答案:BCD(P489) 本题考查的是制订薪酬计划时所需要的资料(见教材表5-27)。

35. 答案:ACDE(P493) 本题考查的是企业年金个人账户在什么情况下可由原管理机构继续管理。

36. 答案:ABCDE(P494) 企业补充医疗保险的特征是:福利性、自办性、非营利性、一定的强制性和自愿性、统筹级次性。

37. 答案:ABCD(P410～411) 薪酬数据的调查方式主要有四种,即企业之间相互调查、委托中介机构进行调查、采集社会公开的信息和调查问卷。

38. 答案:AB(P418) 本题考查的是文献收集法的优点。

39. 答案:ABCD(P444) 本题考查的是实行一岗一薪制时,需要评价的内容。

40. 答案:BCE(P448) 本题考查的是绩效薪酬制的特点。

专业技能练习题

一、简答题

1. 参考答案:(P469～470)

1)理解企业战略。企业人力资源战略是依据企业总体战略而制定的,而薪酬战略又是企业人力资源战略的一种量化体现,因此在设计宽带薪酬时,首先要考虑企业的自身战略。

2)整合岗位评价。岗位评价是宽带薪酬的基础,其目的在于确定企业内每个岗位的相对价值,以确保薪酬体系的内部公平。

3)完善薪酬调查。薪酬调查的主要内容包括:了解同行业其他企业的薪酬水平,调查本地区的薪酬水平,对企业内部薪酬体系进行梳理。

4)构建薪酬结构。内容包括:确定宽带的数量;确定宽带内的薪酬浮动范围;宽带内横向岗位轮换;做好任职资格及薪酬评级工作。

5)加强控制调整。宽带薪酬的灵活性增强了企业对环境变化的反应能力,但这种特点也有副作用,一旦问题爆发会给企业带来致命打击,因此企业需要根据变化及时控制,采取合理措施化解危机。

2. 参考答案:(P467～468)

1)宽带式薪酬结构支持扁平型组织结构,打破了传统薪酬结构所维护和强化的那种严格的等级制,有利于企业提高效率以及创造参与型和学习型的企业文化。

2)宽带式薪酬结构能引导员工重视个人技能的增长和能力的提高。

3)宽带式薪酬结构有利于岗位轮换。宽带式薪酬结构减少了薪酬等级的数量,扩大了薪酬等级的范围。使很多“下调”的情况转化为“横向移动”,大大减少了员工调动的阻力。

4)宽带式薪酬结构有利于管理人员以及人力资源专业人员的角色转变。

5)宽带式薪酬结构有利于推动良好的工作绩效。

6)能够密切配合劳动力市场上的供求变化。

3. 参考答案:(P488)

1)评估薪酬的意义和目的。这一步要求企业了解所在的行业情况,以及企业计划怎样在此行业中竞争。

2)开发薪酬战略,使之同企业经营战略和环境相匹配。

3)实施薪酬战略。通过设计薪酬体系来实施薪酬战略,薪酬体系是将薪酬战略转变成薪酬管理实践。

4)对薪酬战略和经营战略匹配进行再评价。企业所处的环境是不断变化的,经营战略也相应在不断变化,因而薪酬战略也就必须随之而变。为确保这点,定期对薪酬战略和经营战略匹配进行再评价就成为必要。

二、综合题

1. 答案要点:(P420～421)

在设计调查问卷时,应将为实现目标所需要的所有信息设置在其中,然后请有关人员试填,以发现并解决调查表中存在的问题。如果调查问卷设计的过长过繁,会引起填写人的反感,反而难以收集到全面的准确信息。一般而言,填写问卷时间不应超过2小时。

设计表格的具体要求为:

1)明确薪酬调查问卷要调查的内容,再设计表格。

2)为确保表格中的每个调查项目都是必要的,应经过必要的审核剔除不必要的调查项目,以提高调查问卷的有效性和实用性。

3)请一位同事来填写表格样本,倾听反馈意见,了解表格设计是否合理。

4)要求语言标准,问题简单明确。

5)把相关的问题放在一起,例如姓名、年龄、岗位名称、所属部门等。

6)尽量采用选择判断式提问,尽可能减少表中的文字书写量。

7)保证留有足够的填写空间。

8)使用简单的打印样式以确保易于阅读,当然也可以采用电子问卷,以便于使用统计分析软件来进行处理。

9)如果觉得有帮助,可注明填表需知。

10)充分考虑信息处理的简便性和正确性。

11)如果在多种场合需要该信息,可考虑表格带有复写纸,以免多次填写表格。

12)如果表格收集的数据可以自动读入计算机,则表格需要非常仔细地设计,保证准确地完成数据处理。

2. 参考答案:

薪酬满意度调查表

说明:请您选择一个最符合您看法的答案。

我们将对您的答案保密,请您务必表达您真实的想法。

例如:1)我对目前获得的收入感到满意

□比较同意	□说不清楚	□不同意	□强烈反对

如果您对上述的问题感到“比较同意”,请您在“比较同意”前的“□”中打上“√”,其余选项则不必填写。注意:每一题只能有一个选择。

所在部门	年龄	性别	本专业/领域工作年限
企业工龄	职务	学历	现在的年收入(元)

1)我对目前获得的收入感到满意

□非常同意	□比较同意	□说不清楚	□不同意	□强烈反对

2)我的收入与本地区同行业其他企业相比我感到满意

□非常同意	□比较同意	□说不清楚	□不同意	□强烈反对

3)我认为企业的奖金分配很公平

□非常同意	□比较同意	□说不清楚	□不同意	□强烈反对

4)我对企业提供的福利、补贴感到满意

□非常同意	□比较同意	□说不清楚	□不同意	□强烈反对

5)我的收入充分反映了我的业绩表现

□非常同意	□比较同意	□说不清楚	□不同意	□强烈反对

6)我的收入充分反映了我的岗位职责

□非常同意	□比较同意	□说不清楚	□不同意	□强烈反对

7)我的收入充分反映了我的能力

□非常同意	□比较同意	□说不清楚	□不同意	□强烈反对

8)我的收入各项目之间的比例是合理的

□非常同意	□比较同意	□说不清楚	□不同意	□强烈反对

9)我认为我的年收入应是________________元。

10)我认为浮动工资部分在总收入中应占________________%。

3. 参考答案:(P493～495)

企业补充医疗保险办法

第一条　为提高职工和退休人员的医疗保障水平,根据《市基本医疗保险规定》《市企业补充医疗保险暂行办法》《市大额医疗费用互助暂行办法》,考虑我公司的支付能力,制定本办法。

第二条　补充医疗保险是基本医疗保险、大额医疗费用互助的补充。补充医疗保险费的提取额在本企业上一年职工工资总额3%以内的部分提取,从职工福利费中列支。企业补充医疗保险费由企业集中统一管理、使用,不计入个人账户。

第三条　本保险办法适用于在职员工和退休员工。

第四条　补充医疗保险费可用于支付职工和退休人员在定点医疗机构和定点零售药店发生的下列费用:

1)个人账户不足支付时的医疗费用。

2)基本医疗保险统筹基金支付之余应由个人支付的医疗费用。

3)大额医疗费用互助资金支付之余应由个人支付的医疗费用。

第五条　医疗费用超出个人账户部分,在医保中心报销后,剩余部分由补充医疗保险支付50%,个人支付50%,但补充医疗保险在一个年度内(1月1日至12月31日)支付费用总额不得超过1 200元。

第六条　在职员工与退休员工报销时必须经过人力资源部审批。

第七条　企业补充医疗保险的支付范围,应符合本市规定的基本医疗保险定点医疗管理规定,以及基本医疗保险药品目录、诊疗项目目录、服务设施范围和支付标准。具体支付比例由企业确定。

第八条　企业补充医疗保险费当年结余部分,结转下一年度使用。当年补充医疗保险费不足支付的部分,下一年度顺延报销。

第九条　企业补充医疗保险的具体管理办法以及每年度的预算方案须经职工(代表)大会审议,股份制企业还须经股东大会和董事会审议。企业补充医疗保险的执行情况接受职工(代表)大会审查,并向全体职工公布。

第九条　企业每年1月30日前在参保地的区、县医疗保险事务经办机构进行登记,并报上一年的资金支出情况。

第十条　本办法由人力资源部负责解释。

第十一条　本办法自2012年1月1日起施行。

2011年1月22日

第六章　劳动关系管理

理论知识练习题

一、单项选择题

1. (　　)通常是指用人单位与劳动者之间在运用劳动者的劳动能力，实现劳动过程中所发生的关系。

A. 劳动关系　　B. 劳动法律关系　　C. 事实劳动关系　　D. 劳务关系

2. 劳动关系的内容是(　　)。

A. 劳动　　B. 劳动力　　C. 劳动者　　D. 报酬

3. 下列说法错误的是(　　)。

A. 劳动关系的内容是劳动

B. 劳动关系具有人身关系属性和财产关系属性相结合的特点

C. 劳动关系具有平等性和隶属性的特点

D. 劳动关系不具有隶属性特点

4. (　　)是指劳动法律规范在调整劳动关系过程中所形成的雇员与雇主之间的权利义务关系，即雇员与雇主在实现现实的劳动过程中所发生的权利义务关系。

A. 劳动关系　　B. 劳动法律关系　　C. 事实劳动关系　　D. 劳务关系

5. (　　)是指用人单位除了非全日制用工形式外无书面劳动合同或无有效书面劳动合同形成的法律劳动关系。

A. 劳动关系　　B. 劳动法律关系　　C. 事实劳动关系　　D. 劳务关系

6. 事实劳动关系与劳动关系相比只缺少了一个形式要件(　　)。

A. 书面劳动合同　　B. 口头承诺　　C. 劳动行为　　D. 劳动内容

7. (　　)是指劳动服务供给者与劳动服务的需求者根据口头或书面约定，由劳动服务供给者向劳动服务的需求者提供一次性的或者是特定的劳动服务，劳动服务的需求者依据约定向劳动服务供给者支付劳动报酬的民事法律关系。

A. 劳动关系　　B. 劳动法律关系　　C. 事实劳动关系　　D. 劳务关系

8. 选项中属于劳务关系客体的是(　　)。

A. 组织　　B. 法人　　C. 权利义务　　D. 智力成果

9. 选项中说法错误的是(　　)。

A. 劳动关系是基于用人单位与劳动者之间因生产要素的结合而产生的关系

B. 劳动关系产生的原因是社会分工

C. 劳动关系中，违反合同的没有行政责任

D. 劳务关系中，违反合同的有行政责任

10. 劳动关系和劳务关系最基本、最明显的区别是(　　)。

A. 适用法律不同　　B. 产生原因不同

C. 主体性质及其关系不同　　D. 劳动条件的提供方式不同

11. 按照《劳动合同法》的规定,在劳务派遣中,劳务派遣单位应当与被派遣劳动者之间依法订立(　　)。

A. 派遣合同　B. 劳动合同　C. 集体合同　D. 劳务派遣协议

12. 在劳务派遣中,(　　)的关系属于有劳动没“关系”的实际劳动关系。

A. 接受单位与被派遣劳动者　B. 雇主与雇员

C. 劳务派遣单位与接受单位　D. 劳务派遣单位与被派遣劳动者

13. 下列关于劳务派遣的说法错误的是(　　)。

A. 劳务派遣单位可以向被派遣劳动者收取费用

B. 劳务派遣单位有义务将派遣内容告知劳动者

C. 劳务派遣单位对保护劳动者的合法权益承担义务

D. 被派遣劳动者管理的特殊性在于避免可能出现的劳动歧视问题

14. 工资集体协商的内容不包括(　　)。

A. 最低工资标准的确定　B. 年度平均工资水平及其调整幅度

C. 工资分配制度、工资标准和形式　D. 工资协议的终止条件与违约责任

15. 实行工资指导线制度的主要目的不包括(　　)。

A. 实现社会公平　B. 逐步提高工资水平

C. 调整、规范工资分配关系　D. 使雇员工资收入随企业效益增长而增长

16. 政府在工资宏观调控方面的总原则不包括(　　)。

A. 平均工资的增长低于劳动生产率的增长

B. 平均工资的增长低于人均GDP的增长

C. 在工资的调控上由总量控制向水平控制转变

D. 企业工资总额的增长低于经济效益的增长

17. 工资指导线(　　)是对工资增长较快、工资水平较高企业提出的预警和提示。

A. 上线　B. 基准线　C. 下线　D. 标准线

18. 制定劳动力市场工资指导价位的依据不包括(　　)。

A. 就业状况　B. 经济总量　C. 物价水平　D. 劳动力供求关系

19. 工资集体协商时,协商双方在协商开始前(　　)内,提供与工资集体协商有关的真实情况和资料。

A. 5日　B. 7日　C. 10日　D. 15日

20. 劳动力市场工资指导价位的制定步骤包括:①公开发布;②信息采集;③价位制定。排序正确的是(　　)。

A. ②③①　B. ③①②　C. ③②①　D. ①②③

21. 以下关于工资指导价位的说法不正确的是(　　)。

A. 每年发布一次　B. 坚持实事求是原则

C. 仅供企业查询　D. 坚持市场取向原则

22. 在安全生产责任制中,(　　)在各自分管的工作范围内对安全卫生负责。

A. 工人　B. 各职能部门负责人

C. 总工程师　D. 分管安全卫生的负责人

23. 安全卫生认证制度的要点不包括(　　)。

A. 重大事故隐患分类

B. 有关人员资格认证

C. 有关单位、机构的劳动安全卫生资格认证

D. 与劳动安全卫生联系特别密切的物质技术产品的质量认证

24. 企业所有员工在劳动安全卫生保护工作中应遵循的职业道德行为准则不包括(　　)。

A. 安全第一　B. 预防为主　C. 以人为本　D. 奖惩分明

25. 职工一方当事人人数为10人以下,有共同争议理由的劳动争议称为(　　)。

A. 个别争议　B. 集体争议　C. 团体争议　D. 权利争议

26. 职工一方当事人人数为(　　)以上,有共同争议理由的劳动争议称为集体争议。

A. 1人　B. 2人　C. 10人　D. 15人

27. 集体劳动争议是指有共同请求,劳动者一方当事人在(　　)人以上的劳动争议。

A. 5　B. 10　C. 50　D. 100

28. (　　)是指劳动争议的当事人在没有争议主体以外的第三方的介入下,依靠当事人自身力量解决纠纷。

A. 自力救济　B. 社会救济　C. 公力救济　D. 企业救济

29. 以下关于劳动争议的说法正确的是(　　)。

A. 只有存在劳动关系的情况下才会发生利益争议

B. 是否遵循法律规范和合同规范是劳动争议的实质

C. 劳动争议产生的直接原因是劳动关系主体的利益冲突

D. 不存在劳动关系的劳动者可能在为劳动争议的当事人

30. 企业调解委员会可以对劳动争议进行调解,这种调解的特点不包括(　　)。

A. 群众性　B. 合议性　C. 自治性　D. 非强制性

31. (　　)属于劳动争议仲裁的原则之一。

A. 平等自愿　B. 一次裁决　C. 公平公正　D. 二次裁决

32. 仲裁时效的期限是(　　)。

A. 1个月　B. 3个月　C. 6个月　D. 1年

33. 劳动争议申请仲裁的有效期间为(　　)。

A. 1个月　B. 半年　C. 3个月　D. 1年

34. 在(　　)的情况下,调解委员会制作调解协议书。

A. 调解达成协议　B. 调解达不成协议

C. 调解期限届满不能结案　D. 调解协议送达后当事人反悔

35. 一方当事人提出协商要求后,另一方应积极回应。(　　)日内不做回应的,被视为不愿协商。

A. 5　B. 10　C. 15　D. 30

36. 集体劳动争议中,对仲裁不服的,当事人可以自收到裁决书之日起(　　)日内向法院提起诉讼,通过法院审理使争议得到解决。

A. 5　B. 15　C. 30　D. 60

37. 劳动争议仲裁委员会收到仲裁申请之日起(　　)内,认为符合受理条件的,应当

受理。

A. 5日　　B. 10日　　C. 15日　　D. 30日

38. 下列关于劳务派遣的说法不正确的是(　　)。

A. 雇员是被派遣的劳动者　　B. 是一种组合劳动关系

C. 本质是劳动力的雇佣和使用相统一　　D. 雇主是劳务派遣单位

39. (　　)有义务向被派遣劳动者支付工资、缴纳社会保险、提供福利待遇。

A. 形式上的雇主　　B. 接受单位　　C. 劳动行政部门　　D. 劳务派遣单位

40. 以下关于工资指导线的说法不正确的是(　　)。

A. 有利于企业自觉控制人工成本水平

B. 反映整个社会经济发展与雇员工资增长的关系

C. 为企业集体协商确定年度工资增长水平提供依据

D. 所有企业都应该按照指导线的水平给雇员增加工资

41. 工资指导线上线也称预警线,是对(　　)的企业提出的警示和提示。

A. 生产经营不正常、亏损较大　　B. 工资增长较慢、经济效益较差

C. 生产经营正常、有经济效益　　D. 工资增长较快、工资水平较高

42. 劳动力市场价位信息的采集主要是通过(　　)取得的。

A. 专家访谈　　B. 问卷调查　　C. 统计分析　　D. 抽样调查

43. 制定劳动力市场工资指导价位,首先要采集相关数据,下列说法不正确的是(　　)。

A. 要以随机抽样的方式收集数据　　B. 收集的数据要有可比性

C. 应按照国家相关政策规定进行　　D. 收集数据的范围是城镇企业

44. 企业法定代表人对本单位的安全卫生负有(　　)。

A. 全面责任　　B. 安全技术卫生领导责任

C. 直接责任　　D. 安全技术卫生监督责任

45. 在安全生产责任制中,(　　)承担在各自的岗位上严格遵守劳动安全技术规程的义务。

A. 工人　　B. 企业法定代表人

C. 总工程师　　D. 分管安全卫生的负责人

46. 企业制定(　　)的目的是:及时处理事故,采取预防措施,总结经验,防止类似事件再次发生。

A. 安全生产责任制度　　B. 重大事故隐患处理制度

C. 安全生产检查制度　　D. 伤亡事故报告和处理制度

47. 企业应安排员工定期进行体检,发现疾病时应及时(　　)。

A. 转岗　　B. 解聘　　C. 治疗　　D. 上报

48. (　　)是处理生产与安全两者之间关系的基本准则。

A. 以人为本　　B. 奖惩分明　　C. 安全第一　　D. 预防为主

49. 劳动关系当事人基于集体合同、劳动合同约定的权利与义务所发生的争议属于(　　)。

A. 个别争议　　B. 集体争议　　C. 利益争议　　D. 权利争议

50. 按照(　　)划分,可以将劳动争议分为权利争议和利益争议。

A. 劳动争议的主体　　B. 劳动争议的性质

C. 劳动争议的客体　　D. 劳动争议的标的

51. 按照(　　)划分，可以把劳动争议划分为个别争议、集体争议和团体争议。

A. 劳动争议的主体　　B. 劳动争议的性质

C. 劳动争议的客体　　D. 劳动争议的标的

52. 群众性是(　　)的特点。

A. 和解　　B. 调解　　C. 仲裁　　D. 诉讼

53. 关于劳动争议仲裁说法错误的是(　　)。

A. 仲裁主体具有特定性　　B. 仲裁程序具有特定性

C. 仲裁对象具有特定性　　D. 仲裁实行强制的原则

54. "谁主张，谁举证"是属于劳动争议仲裁原则中的(　　)的内容。

A. 一次裁决原则　　B. 强制原则　　C. 合议原则　　D. 区分举证责任原则

55. (　　)是对工资增长较快、工资水平较高的企业提供的预警和提示。

A. 上线　　B. 基准线　　C. 下线　　D. 中位线

56. 工资协议签订后(　　)日内，由企业将工资协议一式三份及说明，报送当地劳动保障行政部门审查。

A. 5　　B. 10　　C. 15　　D. 30

57. 经营劳务派遣业务的劳务派遣单位注册资本不得少于(　　)。

A. 10 万元　　B. 50 万元　　C. 100 万元　　D. 200 万元

58. 安全卫生保护费用不包括(　　)。

A. 工伤保险费　　B. 医疗保险费

C. 工伤认定、评残费用　　D. 劳动安全卫生教育培训经费

59. 总工程师对本单位的安全生产负(　　)。

A. 全面责任

B. 直接责任

C. 安全卫生技术领导责任

D. 在自己岗位上承担严格遵守劳动安全技术规程的义务

60. 关于劳动法律关系的特点，说法错误的是(　　)。

A. 劳动法律关系是劳动关系的理想形态

B. 劳动法律关系的内容是权利和义务

C. 劳动法律关系具有国家强制性

D. 劳动法律关系是双务关系

二、多项选择题

1. 下列选项中属于事实劳动关系形成原因的是(　　)。

A. 不订立书面劳动合同而形成事实劳动关系

B. 无效劳动合同而形成事实劳动关系

C. 双重劳动关系而形成事实劳动关系

D. 以其他合同形式替代劳动合同而形成的事实劳动关系

E. 订立书面劳动合同而形成事实劳动关系

2. 劳务关系作为一种民事权利义务关系，它的构成部分是(　　)。

A. 主体　　B. 形式　　C. 法人
D. 客体　　E. 内容

3. 下列选项中属于劳动关系的主体的是(　　)。

A. 个体经济组织　　B. 法人　　C. 政府
D. 智力成果　　E. 行为

4. 下列选项中说法正确的是(　　)。

A. 劳务关系双方当事人的法律地位平等
B. 工作风险一般由劳务供给者自行承担
C. 劳务关系是基于民事法律规定成立,并受民事法律规范的调整和保护
D. 劳务关系主体具有确定性,劳务关系的内容具有广泛性
E. 劳务关系主体具有不确定性,劳务关系的内容具有广泛性

5. 下列选项中属于劳动关系和劳务关系区别的说法正确的是(　　)。

A. 两者产生的原因不同。劳动关系是基于用人单位与劳动者之间因生产要素的结合而产生的关系,劳务关系产生的原因是社会分工

B. 适用的法律不同。劳动关系由劳动法调整规范;劳务关系主要由民法、合同法等调整规范

C. 主体资格不同。劳动关系的主体只能是自然人与用人单位之间产生,劳务关系的主体具有不确定性

D. 主体性质及其关系不同。劳动关系存在人身关系即行政隶属关系,劳务关系无此隶属关系。这是劳务关系与劳动关系的最基本最明显的区别

E. 当事人之间的权力义务方面有着系统性的区别。劳动关系中的劳动者享有劳动法规定的全部权利,劳务关系不享有这些权利

6. 劳务派遣单位的职责包括(　　)。

A. 支付工资　　B. 被派遣劳动者的招聘、甄选
C. 提供福利待遇　　D. 被派遣劳动者的考核、录用
E. 提供工作岗位

7. 被派遣劳动者的用工单位应履行的义务包括(　　)。

A. 提供工作岗位　　B. 进行劳动安全卫生教育
C. 进行劳动组织和监督管理　　D. 支付工资、缴纳社会保险费
E. 提供与工作岗位相关的劳动条件

8. 劳务派遣的主体有(　　)。

A. 用工单位　　B. 政府　　C. 劳务派遣单位
D. 工会　　E. 被派遣劳动者

9. 劳务派遣中存在的关系包括(　　)。

A. 雇主与雇员　　B. 用人单位与就业中介机构
C. 劳务派遣单位与用工单位　　D. 用工单位与被派遣劳动者
E. 劳务派遣单位与被派遣劳动者

10. 用工单位对被派遣劳动者应履行的义务包括(　　)。

A. 提供工作岗位　　B. 支付加班费、绩效奖金

C. 告知工作要求和劳动报酬　　D. 提供与工作岗位相关的福利待遇
E. 连续用工的，实行正常的工资调整机制

11. 运用劳动力市场工资指导价位时，必须处理好指导价位与(　　)的关系。

A. "两低于"原则　B. 企业员工总数　C. 企业经济效益
D. 企业员工结构　E. 企业短期货币工资决定方式

12. 劳动力市场工资指导价位分为(　　)形式。

A. 年工资收入　B. 月工资收入　C. 周工资收入
D. 日工资收入　E. 小时工资收入

13. 劳动力市场工资指导价位按(　　)等多种标准反映平均水平。

A. 高位数　B. 年工资收入　C. 中位数
D. 月工资收入　E. 低位数

14. 劳动安全卫生管理制度包括(　　)。

A. 安全生产责任制度　　B. 安全生产教育制度
C. 安全生产检查制度　　D. 安全卫生认证制度
E. 生理卫生检查制度

15. 潜在的职业危害因素转变为职业伤害必须具备一定的诱发条件，这些条件包括(　　)。

A. 劳动组织的不完善　　B. 劳动条件的不良状态
C. 人的错误操作行为　　D. 对自然规律认识不足
E. 人的错误管理行为

16. 企业所有员工在劳动安全卫生保护工作中应遵循的职业道德行为准则包括(　　)。

A. 安全第一　B. 预防为主　C. 以人为本
D. 奖惩分明　E. 奖惩结合

17. 根据争议标的不同，劳动争议可划分为(　　)。

A. 关于劳动权利的争议　　B. 关于工作时间的争议
C. 关于休息休假的争议　　D. 关于保险福利的争议
E. 关于劳动利益的争议

18. 根据争议性质的不同，劳动争议可划分为(　　)。

A. 劳动合同争议　B. 劳务派遣争议　C. 集体合同争议
D. 权利争议　E. 利益争议

19. 劳动争议处理制度包括(　　)。

A. 自力救济　　B. 社会救济
C. 公力救济　　D. 社会救济与公力救济相结合
E. 企业救济

20. 自力救济的特征是(　　)。

A. 有第三方介入　　B. 没有第三方介入
C. 非严格的规范性　　D. 争议主体的合意性
E. 自治性

21. 调解委员会调解与人民法院处理劳动争议时的调解的区别在于(　　)。

A. 调解的原则不同　　B. 主持调解的主体不同

C. 调解的效力不同
D. 调解案件的范围不同
E. 在劳动争议处理中的地位不同

22. 仲裁时效中断的法定事由有三种情形,它们是( )。

A. 向对方当事人主张权利
B. 向有关部门请求权利救济
C. 对方当事人同意履行义务
D. 不可抗力
E. 有其他正当理由

23. 按照劳动争议自身的规定性对劳动争议进行分析,其要点包括( )。

A. 确定劳动争议的标的
B. 分析确定意思表示的意志内容
C. 分析确定意思表示所反映的意志内容是否符合劳动法律法规的规定
D. 分析确定意思表示所反映的意志内容是否符合集体合同、劳动合同的规定
E. 分析确定意思表示所反映的意志内容是否符合企业内部劳动管理规则的规定

24. 劳动安全卫生管理制度的种类包括( )。

A. 安全生产责任制度
B. 安全生产教育制度
C. 安全生产检查制度
D. 劳动环境优化制度
E. 安全用品采购制度

25. 关于制定工资指导线的说法正确的有( )。

A. 应当实行协商原则
B. 只需符合企业的需求
C. 应密切关注国际经济发展状况
D. 应坚持平均工资的增长低于劳动生产率增长的原则
E. 应符合国家宏观经济政策和对工资增长的总体要求

26. 关于劳动法律关系的特点,说法正确的是( )。

A. 劳动法律关系是劳动关系的理想形态
B. 劳动法律关系的内容是权利和义务
C. 劳动法律关系具有国家强制性
D. 劳动法律关系是双务关系
E. 劳动法律关系是劳动关系的现实形态

27. 制定劳动力市场工资指导价位应( )。

A. 坚持市场取向
B. 优先保护劳动者
C. 定期公开发布
D. 优先考虑企业利益
E. 坚持实事求是

28. 劳动争议仲裁调解书和仲裁裁决书的法律效力相同点表现在( )。

A. 结束仲裁程序
B. 确定了当事人之间的权利和义务关系
C. 具有强制执行的效力
D. 生效的时间相同
E. 提起诉讼的权利相同

29. 下列选项中属于事实劳动关系形成原因的是( )。

A. 双重劳动关系形成的事实劳动关系
B. 无效劳动合同而形成的事实劳动关系

C. 不订立书面劳动合同而形成事实劳动关系
D. 以其他合同形式替代劳动合同而形成事实劳动关系
E. 单重劳动关系形成的事实劳动关系

30. 劳动组织的优化包括（　　）。
A. 工作时间合理组织　　B. 作业班组合理组织
C. 以劳务关系取代劳动关系　　D. 不同工种、工艺阶段合理组织
E. 准备性工作和执行性工作合理组织

31. 调解委员会调解劳动争议的原则（　　）。
A. 自愿原则　　B. 尊重当事人申请仲裁和诉讼权利的原则
C. 调解过程自愿原则　　D. 申请调解自愿原则
E. 履行协议自愿原则

32. 劳动争议时的仲裁的理解正确的是（　　）。
A. 仲裁的主体具有特定性　　B. 仲裁的客体具有特定性
C. 仲裁施行具有强制性　　D. 终局裁决不得上诉
E. 仲裁实行谁主张谁举证的原则

33. 劳动争议仲裁委员会由（　　）构成。
A. 同级工会代表　　B. 人民法院的法官
C. 用人单位的代表　　D. 劳动行政部门代表
E. 上一级劳动争议仲裁委员会的代表

34. 以下属于劳动争议仲裁基本制度的有（　　）。
A. 区分举证责任制度　　B. 管辖制度
C. 回避制度　　D. 合议制度
E. 一次裁决制度

35. 劳动争议发生后，当事人申请仲裁应提交申诉书，申诉书应当载明（　　）。
A. 当事人姓名　　B. 法定代表人姓名
C. 立案审批表　　D. 证人姓名
E. 仲裁请求及事实和理由

36. 以下属于调解委员会调解程序的是（　　）。
A. 申请和受理
B. 形式劳动关系，实际劳动关系，民事法律关系
C. 调查和调解
D. 调解协议书
E. 申请仲裁

37. 劳动争议当事人申请仲裁应符合的条件是（　　）。
A. 申请人与本案有直接的利害关系　　B. 有明确的被申请人
C. 申请时间符合申请仲裁的时效规定　　D. 有具体的仲裁请求
E. 申请仲裁的劳动争议属于仲裁委员会的受理范围和受理仲裁委员会的管辖

38. 劳动争议仲裁委员会由（　　）构成。
A. 员工代表　　B. 上级工会代表

C. 劳动行政部门代表　　D. 同级工会代表

E. 用人单位方面的代表

39. 因签订集体合同发生争议时,当事人承担的和平义务包括(　　)。

A. 不得采取罢工等行为

B. 当事人应当平等协商

C. 不得向境外媒体泄漏争议产生的原因

D. 在申请协调处理期间,企业不得解除职工代表的劳动关系

E. 对协商不能解决的问题,应通过正常程序向公安机关申请协调处理

40. 经营劳务派遣业务的劳务派遣单位应具备的条件是(　　)。

A. 注册资本不得少于200万元人民币

B. 注册资本不得少于50万元人民币

C. 有符合法律、行政法规规定的劳务派遣管理制度

D. 有与开展业务相适应的固定经营场所和设施

E. 必须在城市注册

专业技能练习题

一、简答题

1. 简述因签订集体合同发生争议的处理方法。

2. 简述劳动关系特征。

二、综合题

1. 2010年1月,华新制药厂以正常工作安排为由,拒付职工的加班工资。职工不服,推举2名职工代表200名职工向当地劳动争议仲裁委员会申请仲裁,并于1月30日送达劳动争议仲裁申请书。该劳动争议仲裁委员会于2010年2月5日决定受理,并于5月9日做出裁决,裁定华新制药厂依法支付职工加班工资及经济补偿金。裁决书于裁决当日送交双方当事人后结案。

该争议的性质是什么?应适用于何种处理程序?

2. 职工张明、李伟、王磊分别于2007年6月、9月和2008年3月与A公司签订了劳动合同,约定工作岗位均为商务中心贸易专员,主要负责对俄罗斯的贸易往来。同日,张明、李伟、王磊又与A公司签订了保密合同。其中第八条约定:“乙方无论以何种原因终止与甲方的劳动合同关系,自离职之日起半年内均不得到其他与甲方有竞争性的单位工作或为其他与甲方有竞争性的公司提供与职业有关的咨询性、服务性服务,并须在离职之日起半年内承担本合同规定的义务及承诺。”

2010年8月31日和9月27日,这3名职工分别提出了辞职申请,经A公司批准,双方解除了劳动关系。此后,A公司在一家网站上发现北京某经贸发展有限公司出现了与本公司相同的照片及图片,其商业模式、商业计划也与本公司相同,而这些属于本公司的商业秘密。A公司经调查认定是这3名职工所为,遂向劳动争议仲裁委员会提出申诉。A公司称,这3名职工所到的北京某经贸发展有限公司与A公司的业务相似,给A公司造成了一定的损失。张明、李伟、王磊违反双方签订的保密合同,泄露本公司的商业秘密,对所造成经济损失应承担赔

偿责任。

请问仲裁委员会会支持A公司的申诉请求吗？为什么？

答案与解析

理论知识练习题

一、单项选择题

1. 答案:A(P498)　本题考查的是劳动关系的定义。

2. 答案:A(P499)　劳动关系是劳动的社会形式,劳动是这种关系的基础,也是它的实质和内容。

3. 答案:D(P499)　劳动关系具有隶属性的特点。雇主和雇员间是一种隶属主体间的以指挥和服从为特征的管理关系。

4. 答案:B(P500)　本题考查的是劳动法律关系的内涵。

5. 答案:C(P502)　本题考查的是事实劳动关系的内涵。

6. 答案:A(P502)　是否有书面劳动合同是事实劳动关系和劳动关系的最重要区别。

7. 答案:D(P505)　本题考查的是劳务关系的内涵。

8. 答案:D(P505)　劳务关系的客体即主体权利义务所指向的事务,包括行为,也包括物、智力成果以及其他体现具有物质或非物质利益性质的事务。

9. 答案:B(P506)　劳务关系产生的原因在于社会分工。

10. 答案:C(P506)　本题考查的是劳动关系和劳务关系的区别。

11. 答案:B(P508)在劳务派遣中,劳务派遣单位应当与被派遣劳动者之间依法订立劳动合同。

12. 答案:A(P508)　劳务派遣机构与被派遣劳动者的关系属于有关系没劳动的形式劳动关系,用工单位与被派遣劳动者的关系属于有劳动没关系的实际劳动关系。

13. 答案:A(P511)　劳务派遣单位不可以向被派遣劳动者收取费用。

14. 答案:A(P520～521)　最低工资标准的确定不是工资集体协商的内容,而是政府文件等的规定。

15. 答案:D(P522)　使雇员工资收入随企业效益增长而增长不是实行工资指导线制度的主要目的。

16. 答案:B(P523)　本题考查的是制定工资指导线应遵循的原则。

17. 答案:A(P524)　本题考查的是工资指导线上线的含义。

18. 答案:B(P532)　依据市场上劳动力供求关系、就业状况、物价水平及居民生活水平制定各职位劳动力市场工资指导价位。

19. 答案:A(P527)　相应的法律法规规定。

20. 答案:A(P531)　相应的法律法规规定。

21. 答案:C(P532)　工资指导价位是公开发布的,可供企业、劳动者和其他需要者查询。

22. 答案:B(P533)各职能部门、各级生产组织负责人在各自分管单位的工作范围内对安全卫生负责。

23. 答案:A(P533～534)　重大事故隐患分类属于重大事故隐患管理制度。

24. 答案:D(P536) 安全第一、预防为主、以人为本成为企业所有员工在劳动安全卫生保护工作中的职业道德行为准则。

25. 答案:A(P541) 本题考查的是个别争议的含义。

26. 答案:C(P541) 本题考查的是可以称为集体争议人数的下限。

27. 答案:B(P541) 本题考查的是集体劳动争议的内涵。

28. 答案:A(P542) 本题考查的是自力救济的含义。

29. 答案:B(P543) 是否遵循法律规范合同规范是劳动争议产生的直接原因。

30. 答案:B(P544) 调解的特点包括群众性、自治性和非强制性。

31. 答案:B(P547～549) 劳动争议仲裁的原则即其基本制度,包括:仲裁庭制度、一次裁决制度、合议制度、回避制度、管辖制度和区分举证责任制度。

32. 答案:D(P551) 相关的法律法规文本规定。

33. 答案:D(P551) 相关的法律法规文本规定。

34. 答案:A(P555) 经调解达成调解协议的,由调解委员会制作调解协议书。

35. 答案:A(P555) 相应的法律法规规定。

36. 答案:B(P565) 相应的法律法规规定。

37. 答案:A(P560) 相应的法律法规文本规定。

38. 答案:C(P508) 劳务派遣的本质是雇用和使用相分离。

39. 答案:D(P508) 本题考查的是劳务派遣单位应负的责任。

40. 答案:D(P523) 工资指导线并不是强制要求所有企业按照工资指导线的水平给雇员增加工资。

41. 答案:D(P524) 本题考查的是工资预警线的定义。

42. 答案:D(P531) 信息采集主要通过抽样调查方法取得。

43. 答案:A(P531) 信息采集主要通过抽样调查方法取得。

44. 答案:A(P533) 企业法定代表人对本单位安全卫生负全面责任。

45. 答案:A(P533) 本题考查的是安全生产责任制度。

46. 答案:D(P534) 本题考查的是制定伤亡事故报告和处理制度的目的。

47. 答案:C(P534) 本题考查的是劳动者健康检查制度。

48. 答案:C(P536) 本题考查的是营造劳动安全卫生观念环境。安全第一是处理生产与安全两者之间关系的基本准则。

49. 答案:D(P541) 本题考查的是权利争议的概念。

50. 答案:B(P541～542) 本题考查的是劳动争议的分类。

51. 答案:A(P541) 本题考查的是劳动争议的分类。按照劳动争议的主体,可将劳动争议分为个体争议、集体争议和团体争议。

52. 答案:B(P544) 企业劳动争议调解委员会对劳动争议的调解的特点包括群众性、自治性和非强制性。

53. 答案:B(P547) 仲裁程序不具有特定性。

54. 答案:D(P550) 本题考查的是区分举证责任原则。

55. 答案:A(P524) 本题考查的是对上线的理解。

56. 答案:B(P527) 相关文件的规定。

57. 答案:D(P510) 注册资本不得少于200万元。

58. 答案:B(P535) 本题考查的是劳动安全卫生保护费用的分类。

59. 答案:C(P533) 本题考查的是安全生产责任制度。

60. 答案:A(P501) 劳动法律关系是劳动关系的现实形态。

二、多项选择题

1. 答案:ABCD(P502～503) 事实劳动关系的形成是不需要订立书面劳动合同的。

2. 答案:ADE(P505) 本题考查的是劳务关系的构成部分。

3. 答案:ABC(P505) 本题考查的是劳动关系的主体是什么。

4. 答案:ABCE(P505) 劳务关系主体具有不确定性,劳务关系的内容具有广泛性。

5. 答案:ABCDE(P506) 本题考查的是劳动关系和劳务关系的区别。

6. 答案:ABCD(P508) 本题考查的是劳务派遣单位的责任。

7. 答案:ABCE(P508) 本题考查的是被派遣劳动者用工单位的义务。

8. 答案:ACE(P508) 本题考查的是劳务派遣的主体。

9. 答案:CDE(P508) 本题考查的是劳务派遣中存在的各种关系。

10. 答案:BCDE(P512) 本题考查的是用工单位对被派遣劳动者应履行的义务。

11. 答案:CE(P523) 本题考查的是工资指导价位的相关知识。

12. 答案:AB(P524) 本题考查的是工资指导价位的形式。

13. 答案:ACE(P524) 本题考查的是劳动力市场工资指导价位的标准。

14. 答案:ABCD(P533～534) 本题考查的是劳动安全卫生管理制度。

15. 答案:ABCDE(P536) 本题考查的是诱发潜在的职业危害因素转变为职业伤害的条件。

16. 答案:ABC(P536) 本题考查的是劳动安全卫生保护工作中应遵循的职业道德行为准则。

17. 答案:BCD(P542) 本题考查的是劳动争议按照其标准的划分。

18. 答案:DE(P541～542) 本题考查的是劳动争议按照其性质的划分。

19. 答案:ABCD(P542) 本题考查的是劳动争议处理制度。

20. 答案:BCDE(P542) 本题考查的是自力救济的特征。

21. 答案:BCDE(P544～545) 本题考查的是调解委员会调解与人民法院处理劳动争议时的调解的区别。

22. 答案:ABC(P552) 本题考查的是在什么情况下仲裁时效可以中断。

23. 答案:ABCDE(P565～566) 本题考查的是对劳动争议自身规定性对劳动争议进行分析时的要点。

24. 答案:ABC(P533) 本题考查的是劳动安全卫生管理制度的种类。

25. 答案:ADE(P523) 本题考查的是制定工资指导线需要遵循的原则。

26. 答案:BCDE(P501～502) 劳动法律关系是劳动关系的现实形态。

27. 答案:AE(P532) 本题考查的是制定劳动力市场工资指导价位时应注意的事项。

28. 答案:ABC(P563～564) 生效的时间不同、提起诉讼的权利也不同。

29. 答案:ABCD(P503) 本题考查的是事实劳动关系形成的原因。

30. 答案:ABDE(P537) 本题考查的是劳动组织优化的内容。

31. 答案:ABCDE(P546) 调解委员会调解劳动争议的原则如下:申请自愿(包括调解过程自愿、申请调解自愿、履行协议自愿)尊重当事人申请仲裁和诉讼的权利。

32. 答案:AC(P547) 劳动争议仲裁的特征为:仲裁主体具有特定性;仲裁对象具有特定性;仲裁施行强制原则;劳动争议仲裁施行仲裁前置、裁审衔接制。

33. 答案:ACD(P547) 劳动争议仲裁委员会由同级工会代表、用人单位的代表、劳动行政部门代表构成。

34. 答案:ABCDE(P547～549) 劳动争议仲裁的制度包括:①仲裁庭制度;②一次裁决制度;③合议制度;④回避制度;⑤管辖制度;⑥区分举证责任制度。

35. 答案:ABDE(P559) 劳动争议发生后,当事人申请仲裁应提交书面仲裁申请书,仲裁申请书应当载明当事人姓名、法定代表人姓名、证人姓名、仲裁请求和所根据的事实、理由等。

36. 答案:ACD(P555～557) 调解委员会调解的程序包括:申请和受理;调查和调解;调解协议书;与协商、调解相关的时效规定;人民法院的支付令。

37. 答案:ABCDE(P559) 本题考查的是劳动争议当事人申请仲裁应符合的条件。

38. 答案:CDE(P547) 本题考查的是劳动争议仲裁委员会的构成。

39. 答案:BD(P565) 因签订集体合同发生争议时,当事人承担的和平义务包括:平等协商;在申请和协调处理期间,企业不得解除职工代表的劳动关系。

40. 答案:ACD(P510) 本题考查的是劳务派遣单位应具备的条件。

专业技能练习题

一、简答题

1. 参考答案:(P565)

1)当事人协商。

2)由劳动争议协调处理机构协调处理。协调处理的程序是:

①申请和受理。当事人一方或双方可以向劳动保障行政部门的劳动争议协调处理机构书面提出协调处理申请;未提出申请的,劳动保障行政部门认为必要时,自动立案受理。

②劳动争议协调处理机构在调查了解争议情况的基础上,拟订协调处理方案。

③协调处理。劳动争议协调处理机构组织同级工会代表、企业方面代表及其他代表与团体争议当事人各方首席代表共同进行协调。

④制作《协调处理协议书》。协调处理结束后,由劳动保障行政部门制作《协调处理协议书》,双方首席代表和协调处理负责人共同签字,并且成为集体合同的有效组成部分,对集体合同的双方当事人具有约束力。

⑤此类争议应自决定受理的15日内结束,争议复杂或其他客观因素影响需要延期的,延期最长不得超过15日。

3)当事人的和平义务。包括以下两个方面:

①发生团体劳动争议,当事人应当进行平等协商,以期取得一致意见。即使不能协商解决,也应通过正常程序向劳动保障行政部门申请协调处理,不得自行采取过激行为。

②在申请和协调处理期间,也不得采取过激行为,同时企业不得解除职工代表的劳动关系。

2. 参考答案：(P499～500)

1)劳动关系的内容是劳动。劳动关系是劳动的社会形式，劳动是这种关系的基础，也是它的实质和内容。劳动关系是人们各种社会关系中最为普遍的关系。

2)劳动关系具有人身关系属性和财产关系属性相结合的特点。劳动者向企业提供劳动力，实际上就是将其人身在一定程度上交给企业，因而劳动关系就其本来意义上说是一种人身关系。由于劳动者是以让渡劳动力使用权来换取生活资料，其交换的目的是获得工资，企业之所以雇用劳动力，是因为能够得到劳动给付，从这个意义上说，劳动关系又是一种财产关系。

3)劳动关系具有平等性和隶属性特点。隶属性是指隶属主体之间的以指挥和服从为特征的管理关系。劳动关系的当事人之间是相互独立的平等主体的契约关系，两者具有平等的法律人格，建立劳动关系首先取决于当事人各自的自由意志。然而劳动关系一旦建立，劳动者就成为企业的雇员，企业就成为劳动力的支配者和管理者，这使得劳动关系具有隶属性。

二、综合题

1. 参考答案：(P564～565)

1)该劳动争议的性质是集体劳动争议。集体劳动争议是指有共同理由，劳动者一方当事人在10人以上的劳动争议。本案中，劳动者一方当事人有200人，其共同的理由是华新制药厂以正常工作安排为由，拒付加班工资，因此该争议的性质是集体劳动争议。

2)该争议适用于劳动争议仲裁处理程序。劳动争议仲裁是劳动争议仲裁机构根据劳动争议当事人一方或双方的申请，依法就劳动争议的事实和当事人应承担的责任做出判断和裁决的活动。

3)仲裁施行强制原则。只要劳动争议当事人一方提出仲裁申请即能引起劳动争议仲裁程序的开始，并且施行仲裁前置、裁审衔接制。该案例中2名职工代表向当地劳动争议仲裁委员会申请仲裁，仲裁委员会决定受理就表明该案已经进入了劳动争议仲裁处理程序。

2. 参考答案：

这是一起因商业竞争所产生的劳动争议案，但A公司的申诉不能得到支持，具体分析如下：

(1)我国法律要求权利与义务对等。A公司在维护自己权益的同时，忽略了应尽的义务。依据原劳动部《关于企业职工流动若干问题的通知》第二条的规定，“用人单位可以规定掌握商业秘密的职工在终止或解除劳动合同后的一定期限内，不得到生产同类产品或经营同类业务且有竞争关系的其他用人单位任职，但用人单位应当给予该职工一定数额的经济补偿。”

(2)在用人单位与劳动者对竞业禁止做出约定后，用人单位必须支付劳动者一定的经济补偿以体现公平。由于A公司未依据国家相关规定给予员工一定数额的经济补偿费用，该商业禁止性条款违反国家的法律、法规，违反权利义务对等的原则，显失公平，应为无效，对当事人不具有约束力，因此A公司依保密合同的条款要求张明、李伟支付经济赔偿金的理由不能成立，对其请求不予支持。

第七章 基础知识

理论知识练习题

一、单项选择题

1. 短期企业唯一可变的生产要素是(　　)。

A. 生产资料　　B. 劳动资料　　C. 资本收入　　D. 劳动投入

2. 下列公式错误的是(　　)。

A. 总供给=消费+收入　　B. 均衡国民收入=消费+储蓄

C. 总供给=消费+储蓄　　D. 均衡国民收入=消费+投资

3. 对劳动者而言,物质帮助权主要通过(　　)来实现。

A. 社会保险　　B. 社会保障　　C. 社会救济　　D. 薪酬福利

4. 以下不属于劳动保障法的是(　　)。

A. 促进就业法　　B. 社会保险法　　C. 工作时间法　　D. 劳动福利法

5. 顾客力量分析不包括(　　)。

A. 顾客消费承受能力　　B. 市场商品消费结构分析

C. 顾客购买动机分析　　D. 企业产品消费群体分析

6. 成熟期企业不适宜采取的营销策略是(　　)。

A. 市场改良　　B. 市场营销组合改良

C. 产品改良　　D. 增强销售渠道功效

7. 教师连续提问两个学生都不能回答某个问题,而第三个学生则对问题进行了分析和解释,尽管他的回答并不完全正确,可是教师还是会认为第三个学生更加出色些。这种现象属于(　　)。

A. 首因效应　　B. 光环效应　　C. 投射效应　　D. 对比效应

8. 组织公正与报酬分配的原则不包括(　　)。

A. 分配公平　　B. 程序公平　　C. 互动公平　　D. 法律公平

9. 费德勒认为,决定领导行为有效性的关键情境因素不包括(　　)。

A. 任务结构　　B. 领导者的职权

C. 领导与被领导者的关系　　D. 领导者的特质

10. 人力资本是经济资本中的核心资本,其原因在于人力资本的(　　)。

A. 时效性　　B. 创造性　　C. 收益性　　D. 累积性

11. 人力资本投资收益率变化规律不包括(　　)。

A. 人力资本投资的内生收益率递减规律

B. 投资和收益之间的替代与互补关系

C. 人力资本投资的预期收益递减

D. 人力资本投资收益变动规律与最优人力资本投资决策

12. 以下不属于人力资源特点的是(　　)。

A. 时间性　　B. 主观能动性　　C. 消费性　　D. 规律性

13. 收入差距的衡量指标是(　　)。

A. 国民收入　　B. 基尼系数　　C. 人均 GDP　　D. 需求弹性

14. (　　)是政府通过调节利率来调节总需求水平,以促进充分就业、稳定物价和经济增长的一种宏观经济管理对策。

A. 财政政策　　B. 货币政策　　C. 金融政策　　D. 收入政策

15. (　　)即雇员与雇主在劳动过程中的权利和义务关系。

A. 劳动合同关系　　B. 劳动行政法律关系

C. 劳动法律渊源　　D. 劳动服务法律关系

16. (　　)不具有法律效力。

A. 立法解释　　B. 任意解释　　C. 司法解释　　D. 行政解释

17. PDCA 循环法的四个阶段包括:1. 计划;2. 检查;3. 执行;4. 处理。其正确排序为(　　)。

A. 1. 3. 2. 4　　B. 3. 2. 1. 4　　C. 3. 1. 4. 2　　D. 1. 3. 4. 2

18. 企业(　　)是指企业的声誉、人力、财力和物力。

A. 销售能力　　B. 实力　　C. 服务能力　　D. 潜力

19. (　　)是团队生存、改进和适应变化着的环境的能力。

A. 团队成长　　B. 团队建设　　C. 团队学习　　D. 团队发展

20. (　　)是人力资源规划、人员招聘、员工薪酬等日常人事管理活动的重要前提和依据。

A. 岗位调查　　B. 岗位评价　　C. 岗位分析　　D. 岗位分类分级

21. 领导者的主要任务是提供必要的支持以帮助下属达到他们的目标,并确保他们的目标与群体和组织的目标相互配合、协调一致是(　　)的主要观点。

A. 领导者参与模型　　B. 情境领导理论

C. 路径—目标理论　　D. 费德勒的权变模型

22. 现代人力资源管理的内容应(　　)。

A. 以事为中心　　B. 以企业为中心　　C. 以人为中心　　D. 以社会为中心

23. 在管理形式上,现代人力资源管理是(　　)。

A. 静态管理　　B. 权变管理　　C. 动态管理　　D. 权威管理

24. 人力资源开发目标的整体性不包括(　　)。

A. 目标制定的整体性　　B. 目标实施的整体性

C. 各个目标间不孤立　　D. 目标设计的针对性

25. 实证研究方法的重点是研究现象本身(　　)的问题。

A. 源自哪　　B. 怎样好　　C. 为什么　　D. 是什么

26. 在市场经济中,企业在决定劳动投入规模时,以取得(　　)为决策准则。

A. 经济效益　　B. 社会效益　　C. 最低成本　　D. 最大利润

27. 在处理劳动争议时,如果没有准确适用的法律条款,(　　)可以直接适用。

A. 劳动法的首要原则　　B. 劳动法律规范

C. 劳动法的基本原则　　D. 相关国际公约

28. 在劳动关系领域,工会不享有(　　)。

A. 参与权　B. 咨询权　C. 知情权　D. 单方决定权

29. 企业综合平衡的任务不包括(　　)。

A. 最优经济效果　B. 最优比例　C. 最优发展速度　D. 最优战略

30. 市场的主要因素,不包括(　　)。

A. 人口　B. 产品偏好　C. 购买力　D. 购买欲望

31. (　　)是人对某种事物或特定对象所持有的一种肯定或否定的心理倾向。

A. 认知　B. 态度　C. 智慧　D. 感觉

32. (　　)是指利用有关的信息资料对人的行为进行分析,从而推论其原因的过程。

A. 引申　B. 总结　C. 归因　D. 归纳

33. 领导情境理论中关于选择领导方式的权变因素主要包括两个方面的内容,一是心理成熟度,二是(　　)。

A. 工作成熟度　B. 心理承受度　C. 精神成熟度　D. 精神承受度

34. 下面对人力资源开发的表述错误的是(　　)。

A. 以立体开发为特征　B. 以提高效率为核心

C. 以挖掘潜力为宗旨　D. 是一个完全独立的理论体系

35. (　　)是人力资源管理理论的基本前提和基础。

A. 人力资源管理的活动　B. 对人力资源外在要素的管理

C. 人力资源管理的目标　D. 对人力资源内在要素的管理

36. 建立合理有效的(　　)是企业完成计划任务的关键。

A. 计划体系　B. 决策体系　C. 目标体系　D. 营销体系

37. 计时工资不包括(　　)。

A. 小时工资制　B. 日工资制　C. 月度工资制　D. 周工资制

38. 常用的反映失业程度的两项指标是失业率和失业(　　)。

A. 稳定期　B. 持续期　C. 波动期　D. 变化期

39. (　　)是指具有法的效力作用和意义的法或法律的外在表现形式。

A. 法律渊源　B. 劳动法　C. 劳动合同　D. 劳动关系

40. 原劳动和社会保障部发布的规范性文件称为(　　)。

A. 宪法　B. 劳动法律　C. 劳动行政法规　D. 劳动规章

41. 企业资源优势具有(　　)的特点,企业要不断投入以保持和创新其优势。

A. 绝对性和时间性　B. 相对性和时间性

C. 绝对性和持久性　D. 相对性和持久性

42. (　　)又称为"华德决策准则"。

A. 悲观决策标准　B. 乐观系数决策标准

C. 中庸决策标准　D. 最小后悔决策标准

43. (　　)是指最先的印象对人的知觉产生的强烈影响。

A. 光环效应　B. 投射效应　C. 首因效应　D. 刻板印象

44. (　　)是指导致行为或事件的行为者本身可以控制的因素。

A. 归因　B. 内因　C. 外因　D. 知觉

45. 领导情境理论中选择领导方式的权变因素,主要包括工作成熟度和(　　)。

A. 心理成熟度 B. 心理承受度 C. 精神成熟度 D. 精神承受度

46.（ ）是将领导行为风格与下属参与决策相联系，讨论如何选择领导方式和参与决策的形式以及参与的程度。

A. 费德勒权变模型 B. 情境领导理论

C. 路径—目标理论 D. 领导者参与模型

47. 员工自我保护机制的特点不包括（ ）。

A. 它是一种动态的表现 B. 增强员工自主自立性

C. 大多数是为满足多方面的个人需求 D. 压力会使不同员工做出不同程度的反应

48. 绩效管理活动的首要和关键环节是（ ）。

A. 绩效计划 B. 绩效诊断 C. 绩效沟通 D. 绩效考评

49. 在市场经济环境下，企业追求的目标是（ ）。

A. 利润最大化 B. 差额最小化 C. 效用最大化 D. 差额最大化

50.（ ）是指一国在一定时期内生产的最终产品和服务按价格计算的货币价值总量。

A. 总需求 B. 国民净收入 C. 总供给 D. 国内生产总值

51. 劳动法的基本原则直接决定了（ ）的性质。

A. 劳动法律事实 B. 劳动法律制度 C. 劳动法律事件 D. 劳动法律关系

52.（ ）是当前我国调整劳动关系的主要依据。

A. 宪法 B. 劳动法律

C. 国务院劳动行政法规 D. 劳动规章

53. 劳动法律关系的主要形态是（ ）。

A. 劳动行政法律关系 B. 劳动合同关系

C. 劳动服务法律关系 D. 集体合同关系

54. 在市场营销学中，市场是（ ）购买者需求的总和。

A. 显性和隐性 B. 男性和女性 C. 城市和农村 D. 现实和潜在

55. 影响产业购买者购买决定的主要因素不包括（ ）。

A. 社会因素 B. 环境因素 C. 组织因素 D. 人际因素

56.（ ）包括行为者所处的各种环境和机遇、所从事的工作的特点和难度，以及工作与人的相互作用，他人对行为者的强制或约束、鼓励的作用等。

A. 知觉 B. 内因 C. 外因 D. 归因

57. 在亨利·明茨伯格提出的经理角色理论中，管理者的角色不包括（ ）。

A. 决策类角色 B. 人际关系类角色

C. 信息类角色 D. 沟通协调类角色

58. 基于“经济人”假说的管理是运用（ ）来调动人的积极性。

A. 物质刺激 B. 满足社会需要 C. 内部激励 D. 搞好人际关系

59. 人力资源的（ ）是企业竞争优势的根本。

A. 技能开发 B. 创新能力 C. 培训开发 D. 管理能力

60.（ ）是岗位调查、岗位分析、岗位评价与岗位分类分级等项活动的总称。

A. 岗位研究 B. 工作研究 C. 工作分析 D. 定岗定员

二、多项选择题

1. 年失业率取决于(　　)。

A. 失业周数　B. 失业人数

C. 平均失业持续期　D. 就业人数

E. 失业人数所占社会劳动力的比例

2. 政府购买的具体项目包括(　　)。

A. 社会救济　B. 公共管理服务

C. 社会雇员薪金报酬　D. 公共工程项目

E. 事业组织中劳动者的薪金报酬

3. 下面属于法律渊源的有(　　)。

A. 正式解释　B. 劳动法律

C. 地方性劳动法规　D. 劳动规章

E. 国务院劳动行政法规

4. 劳动法律关系包括(　　)。

A. 劳动关系　B. 劳动行政法律关系

C. 劳务派遣关系　D. 劳动服务法律关系

E. 劳动合同关系

5. 选择风险型决策的前提包括(　　)。

A. 有一个明确的决策目标

B. 存在两个以上可供选择的方案

C. 可测算出种种自然状态发生的客观概率

D. 可测算不同方案在不同自然状态下的损益值

E. 存在着不以决策人意志为转移的各种自然状态

6. 按照在购买决策过程中的作用不同,消费者的角色可分为(　　)。

A. 倡议者　B. 需求者　C. 供给者

D. 购买者　E. 使用者

7. 满足成就需要的行为可以是(　　)。

A. 对资源进行控制　B. 比竞争者更出色

C. 发现和使用更好的方法完成工作　D. 实现或者超越一个难以达到的目标

E. 影响他人并改变他们的态度和行为

8. 创新能力的激励机制包括(　　)。

A. 团队激励机制　B. 个人激励机制

C. 市场激励机制　D. 社会激励机制

E. 企业激励机制

9. 失业类型分为(　　)。

A. 摩擦性失业　B. 技术性失业　C. 结构性失业

D. 季节性失业　E. 阶段性失业

10. 劳动力市场的制度结构要素有(　　)。

A. 工会　B. 最低社会保障　C. 劳动力需求量

D. 最低劳动标准　E. 劳动力供给量

11. 劳动法基本原则包括(　　)。

A. 物质帮助权原则　B. 平等就业原则
C. 劳动关系民主化原则　D. 保障劳动者劳动权的原则
E. 保障劳动者劳动权的原则

12. 下面属于劳动权的是(　　)。

A. 平等就业权　B. 劳动报酬权　C. 自由择业权
D. 休息休假权　E. 职业培训权

13. 企业战略的实质是实现(　　)之间的动态平衡。

A. 外部环境　B. 内部环境　C. 企业实力
D. 战略目标　E. 长远发展

14. 包装策略主要包括(　　)。

A. 相似包装策略　B. 差别包装策略　C. 组合包装策略
D. 复用包装策略　E. 附赠品包装策略

15. 心理测验按测验的方式可分为(　　)。

A. 情商测验　B. 纸笔测验　C. 操作测验
D. 口头测验　E. 情景测验

16. 属于人力资本投资特征的选项有(　　)。

A. 收益形成单一化　B. 投资的动态性
C. 谁投资,谁收益　D. 投资的连续性
E. 收益形式多样化

17. 对摩擦性失业表述正确的是(　　)。

A. 它是一种正常性失业　B. 它是一种岗位变换之间的失业
C. 它是高效率利用劳动资源的需要　D. 它是动态性市场经济的一个自然特征
E. 它表明劳动力经常处于流动过程之中

18. 最低劳动标准包括(　　)。

A. 最低工资标准　B. 最低劳动条件　C. 最低社会保障
D. 最差就业环境　E. 最长劳动时间标准

19. 劳动关系法包括(　　)。

A. 职工民主管理法　B. 集体合同法
C. 劳动争议处理法　D. 劳动合同法
E. 用人单位内部劳动规则制定法

20. 各类用人单位成为劳动法律关系主体的前提条件是必须具有(　　)。

A. 用工权利能力　B. 用工行为能力　C. 劳动休息权力
D. 劳动权利能力　E. 劳动行为能力

21. 企业的外部经营环境中的微观环境包括(　　)。

A. 经济环境　B. 法律环境　C. 产业环境
D. 市场环境　E. 政治环境

22. 为贯彻既定的战略所必须从事的工作包括(　　)。

A. 建立相应组织　　B. 设置行政支持系统
C. 配置战略资源　　D. 实行薪酬支持计划
E. 调动群体积极性

23. 群体决策的缺点有(　　)。

A. 降低了决策的可接受性　　B. 对决策结果的责任不清
C. 比个体决策需要更多的时间　　D. 群体讨论时易产生个人倾向
E. 从众心理妨碍不同意见的表达

24. 企业为赢得经营战略上的先机,要占领的制高点包括(　　)。

A. 人才制高点　　B. 组织制高点　　C. 技术制高点
D. 成本制高点　　E. 市场制高点

25. 福利的特性包括(　　)。

A. 公平性　　B. 法定性　　C. 企业自定性
D. 灵活性　　E. 福利支付不与个人劳动量直接相关

26. 失业率等于(　　)。

A. 失业人数/就业人数　　B. 失业人数/人口总数
C. 失业人数/社会劳动力人数　　D. 就业人数/失业人数
E. 失业人数/(就业人数+失业人数)

27. 劳动关系民主化原则的具体内容包括:劳动关系当事人双方享有(　　)。

A. 参加工会的权利　　B. 集体协商权
C. 组织工会的权利　　D. 共同决定权
E. 平等协商的权利

28. 决策树的构成要素包括(　　)。

A. 决策点　　B. 状态节点　　C. 方案枝
D. 概率收益值　　E. 概率枝

29. 影响工作满意度的因素包括(　　)。

A. 富有挑战性的工作　　B. 公平的报酬
C. 支持性的工作环境　　D. 个人特征与工作的匹配
E. 岗位职务不断提升

30. 领导者与众不同的特质包括(　　)。

A. 自信心　　B. 创造性　　C. 领导动机
D. 内驱力　　E. 人格健全

31. 根据人本管理思想,应当构建具有(　　)等特征的企业组织形态或结构。

A. 明确组织的宗旨和目标　　B. 管理幅度合理
C. 组织集权与分权的平衡与适宜　　D. 目标不同但能相互接纳
E. 确立企业员工参与管理的制度和渠道

32. 创新是把一种从没有过的生产要素和生产条件的“新组合”引入生产体系,包括(　　)。

A. 引进新产品　　B. 引用新技术
C. 实现企业的新组织　　D. 开辟新市场
E. 改进生产装备设施

33. 老年人口劳参率下降的主要原因是( )的完善和推广。

A. 收入保障制度 B. 绩效考核制度 C. 薪酬管理制度

D. 社会保险制度 E. 企业养老保险计划

34. 在现代市场经济国家,以法律形式确定下来的劳动力市场的制度结构要素主要包括( )。

A. 劳动力供给量 B. 最低社会保障 C. 劳动力需求量

D. 最低劳动标准 E. 工会权利义务

35. 劳动法律渊源包括( )。

A. 国务院劳动行政法规 B. 劳动法律

C. 宪法中关于劳动问题的规定 D. 国际劳工标准

E. 我国立法机关批准的相关国际公约

36. 企业的外部经营环境可以分为宏观环境和微观环境,其中微观环境包括( )。

A. 经济环境 B. 法律环境 C. 行业环境

D. 市场环境 E. 政治环境

37. 战略控制的方法包括( )。

A. 全程控制 B. 事前控制 C. 重点控制

D. 事后控制 E. 事中控制

38. 人格很复杂,包括( )。

A. 动机 B. 行为 C. 价值观

D. 态度 E. 自我观念

39. 培训和发展领导者技能的理论和方法有( )。

A. 辅导 B. 按需培训

C. 加速站 D. 确定领导技能的范畴

E. 制定培训发展规划

40. 人力资本是( )共同投资的结果。

A. 国家 B. 企业 C. 社会

D. 家庭 E. 个人

答案与解析

一、单项选择题

1. 答案:D(基础知识 P11) 劳动投入是企业唯一可变的生产要素。

2. 答案:A(基础知识 P19) 总供给的总和不是消费和收入之和。

3. 答案:A(基础知识 P31) 物质帮助权主要通过社会保险来实现。

4. 答案:C(基础知识 P39) 参看教材表 2-1。

5. 答案:B(基础知识 P48) 本题考查的是顾客力量分析的相关知识点。

6. 答案:D(基础知识 P88～89) 增强销售渠道功效不是成熟企业适宜的营销策略。

7. 答案:D(基础知识 P103) 本题考查的是对比效应的含义。

8. 答案:D(基础知识 P106～108) 本题考查的是组织公正和报酬分配的原则。

9. 答案:D(基础知识 P125) 本题考查的是决定领导行为有效性的因素。

10. 答案:B(基础知识 P152) 本题考查的是人力资本的特点。

11. 答案:C(基础知识 P161～163) 本题考查的是人力资本投资收益率的变化规律。

12. 答案:D(基础知识 P180) 本题考查的是人力资源的特点。

13. 答案:B(基础知识 P26) 本题考查的是基尼系数的内涵。

14. 答案:B(基础知识 P25) 本题考查的是货币政策的内涵。

15. 答案:A(基础知识 P35) 本题考查的是劳动合同关系的内涵。

16. 答案:B(基础知识 P34) 本题考查的是法律的正式解释。

17. 答案:A(基础知识 P71) 本题考查的是 PDCA 循环的知识。

18. 答案:B(基础知识 P94) 本题考查的是企业实力的概念。

19. 答案:C(基础知识 P114) 本题考查的是团队学习的内涵。

20. 答案:C(基础知识 P196) 大家一致将工作岗位分析技术作为人力资源规划、人员招聘、员工薪酬、技能培训等日常人事管理活动的重要前提和工具。

21. 答案:C(基础知识 P126) 本题考查的是路径—目标理论的含义。

22. 答案:C(基础知识 P183) 本题考查的是现代人力资源管理的内容。

23. 答案:C(基础知识 P183) 本题考查的是人力资源管理的特点。

24. 答案:D(基础知识 P164) 本题考查的是人力资源开发目标的整体性内涵。

25. 答案:D(基础知识 P3) 实证研究方法是认识客观现象,向人们提供实在、有用、确定、精确的知识的方法,其重点是研究现象本身"是什么"的问题。

26. 答案:D(基础知识 P19) 在市场经济中,企业在决定劳动投入规模时,以取得最大利润为决策准则。

27. 答案:C(基础知识 P29) 在处理劳动争议时,极有可能出现没有准确适用的法律条款,此时,劳动法的基本原则可以直接适用。

28. 答案:D(基础知识 P31) 在劳动关系领域的其他方面,工会享有广泛的参与权、知情权和咨询权。

29. 答案:D(基础知识 P72) 企业综合平衡的任务,就是在企业生产经营活动的复杂联系中寻求最优比例,并在此基础上确定最优的发展速度、最优的经济效果,把比例、速度、效果三者统一起来。

30. 答案:B(基础知识 P74) 市场包含三个主要因素:具有某种需要的人、为满足这种需要的购买能力和购买欲望。

31. 答案:B(基础知识 P99) 本题考查的是态度的含义。

32. 答案:C(基础知识 P103) 所谓归因,就是利用有关的信息资料对人的行为进行分析,从而推论其原因的过程。

33. 答案:A(基础知识 P126) 领导情境理论中选择领导方式的权变因素——被领导者的成熟度,主要包括工作成熟度和心理成熟度。

34. 答案:D(基础知识 P167) 人力资源开发是一个相对独立的理论体系。

35. 答案:A(基础知识 P181) 人力资源管理的活动是人力资源管理理论的基本前提和基础。

36. 答案:C(基础知识 P73) 建立合理有效的目标体系或目标网络是企业完成计划任务的关键。

37. 答案:C(基础知识 P16)　根据计算的时间单位不同,计时工资的具体形式有:小时工资制,日工资制,周工资制。

38. 答案:B(基础知识 P21)　常用的反映失业程度的指标有两个:失业率和失业持续期。

39. 答案:A(基础知识 P32)　法律渊源是指具有法的效力作用和意义的法或法律的外在表现形式。

40. 答案:D(基础知识 P34)　劳动和社会保障部发布的规范性文件称为劳动规章。

41. 答案:B(基础知识 P50)　企业资源优势具有相对性和时间性,随着时间的推移以及竞争环境的变化,资源的优势可能会衰退、消失。

42. 答案:A(基础知识 P69)　悲观决策标准是按照"保守"态度采用"小中取大"法,也称"华德决策准则"。

43. 答案:C(基础知识 P102)　首因即最先的印象。首因效应是指最先的印象对人的直觉产生的强烈影响。

44. 答案:B(基础知识 P103)　内因即内在原因,是指导致行为或事件的行为者本身可以控制的因素。

45. 答案:A(基础知识 P126)　领导情境理论中选择领导方式的权变因素——被领导者的成熟度,主要包括工作成熟度和心理成熟度。

46. 答案:D(基础知识 P127)　弗罗姆和耶顿提出了"领导者参与模型"。他们把领导行为风格与下属参与决策相联系,讨论如何选择领导方式和参与决策的形式以及参与的程度。

47. 答案:B(基础知识 P191)　本题考查的是员工自我保护机制的特点。

48. 答案:A(基础知识 P193)　绩效计划是绩效管理活动首要和关键环节。

49. 答案:A(基础知识 P2)　在现代市场经济中,企业追求的目标是利润最大化。

50. 答案:C(基础知识 P18)　所谓总供给,是指一国在一定时期内生产的最终产品和服务按价格计算的货币价值总量。

51. 答案:B(基础知识 P28～29)　劳动法的基本原则直接决定了各项劳动法律制度的性质,是劳动立法基本精神的集中体现。

52. 答案:C(基础知识 P33)　国务院劳动行政法规是当前我国调整劳动关系的主要依据。

53. 答案:B(基础知识 P40)　劳动合同关系为法律关系的主要形态。

54. 答案:D(基础知识 P74)　市场是指某种产品的现实购买者和潜在购买者需求的总和。

55. 答案:A(基础知识 P79)　影响产业购买者购买决定的主要因素有:环境因素、组织因素、人际因素、个人因素。

56. 答案:C(基础知识 P103)　本题考查的是外因的定义。

57. 答案:D(基础知识 P122～123)　在亨利·明茨伯格提出的经理角色理论中,管理者的角色包括人际关系类角色、信息类角色、决策类角色。

58. 答案:A(基础知识 P141)　本题考查的是与"经纪人"假设相对应的管理方式。

59. 答案:B(基础知识 P168)　人力资源的创新能力是企业竞争优势的根本,是企业实现可持续发展的不竭动力。

60. 答案:A(基础知识 P196)　岗位研究是岗位调查、岗位分析、岗位评价与岗位分类分级等项活动的总称。

二、多项选择题

1. 答案:CE(基础知识P22) 本题考查的是年失业率的相关知识。

2. 答案:BDE(基础知识P23) 政府购买的具体项目有国防用品、公共管理服务、公共工程项目以及政府雇员和事业组织中劳动者的薪金报酬等。

3. 答案:ABCDE(基础知识P32～34)本题考查的是劳动法律的渊源。

4. 答案:BDE(基础知识P40) 本题考查的是法律关系的相关知识点。

5. 答案:ABCDE(基础知识P68) 本题考查的是风险决策的前提。

6. 答案:ADE(基础知识P76) 本题考查的是消费者的角色。

7. 答案:BCD(基础知识P105) 见教材表4-2。

8. 答案:CDE(基础知识P171) 本题考查的是创新能力的激励机制。

9. 答案:ABCD(基础知识P20～21) 本题考查的失业类型。

10. 答案:ABD(基础知识P23～24) 本题考查的是劳动力市场的制度结构要素。

11. 答案:ACE(基础知识P30～31) 本题考查的是劳动法的基本原则。

12. 答案:ABCDE(基础知识P30) 本题考查的是劳动权的内涵。

13. 答案:ACD(基础知识P45) 本题考查的是企业战略的实质。

14. 答案:ABCDE(基础知识P86) 本题考查的是包装策略的内涵。

15. 答案:BCDE(基础知识P132) 本题考查的是心理测试的分类。

16. 答案:BDE(基础知识P153～154) 本题考查的是人力资本投资的特征。

17. 答案:ABCDE(基础知识P20) 本题考查的是摩擦性失业的特点。

18. 答案:AE(基础知识P23～24) 最低劳动标准包括最低工资标准和最长劳动时间标准。

19. 答案:ABCDE(基础知识P39) 见教材表2-1。

20. 答案:AB(基础知识P43) 各类用人单位成为劳动法律关系主体的前提条件是必须具备用工权利能力和用工行为能力。

21. 答案:CD(基础知识P45) 微观环境指市场和产业环境,企业的生产经营活动直接处于微观环境的影响下。

22. 答案:ABCE(基础知识P60) 为贯彻既定的战略所必须从事的工作包括:建立相应组织、配置战略资源、调动群体力量实现战略计划、设置行政支持系统和实行战略控制。

23. 答案:BCDE(基础知识P117) 本题考查的是群体决策的缺点。

24. 答案:ACE(基础知识P185～186) 企业为了赢得经营战略上的先机,至少要占领五个制高点,即人才制高点、资本制高点、技术制高点、产品制高点和市场制高点。

25. 答案:BCDE(基础知识P17) 福利具有以下特征:福利支付以劳动为基础,但并不与个人劳动量直接相关;法定性;企业自定性和灵活性。

26. 答案:CE(基础知识P21) 本题考查的是失业率的定义。

27. 答案:ABCDE(基础知识P31) 第一,劳动者有依据法律的规定享有参加和组织工会的权利,有通过工会、职工大会或职工代表大会参与民主管理的权利。第二,劳动关系当事人双方有就劳动关系事务和生产经营事务进行平等协商的权利。第三,劳动关系当事人双方享有集体协商权和共同决定权。第四,政府制定或调整重大劳动关系标准应当贯彻"三方原则",

即政府、工会和企业家协会(雇主协会)共同参与决定或听取工会和企业家协会(雇主协会)的意见。第五,用人单位制定重要规章制度涉及劳动者利益的,用人单位对劳动者进行重大处罚等事项应当通过一定形式听取工会意见。第六,劳动争议仲裁委员会的组成应当贯彻"三方原则"。第七,在劳动关系领域的其他方面,工会享有广泛的参与权、知情权和咨询权等。

28. 答案:ABDE(基础知识 P68)　决策树的构成有四个要素:决策点、方案枝、状态节点和概率枝。

29. 答案:ABCD(基础知识 P100)　本题考查的是影响工作满意度的因素。

30. 答案:ABCD(基础知识 P123)　领导者与众不同的特质包括:内驱力、自信心、创造性、领导动机、随机应变的能力。

31. 答案:ABCE(基础知识 P147)　本题考查的是以人为本、以人为中心构建企业的组织形态和机构的特征。

32. 答案:ABCD(基础知识 P168)　创新是把一种从没有过的生产要素和生产条件的"新组合"引入生产体系,包括引进新产品、引用新技术、开辟新市场、控制原材料的供应来源和实现企业的新组织等五种情况。

33. 答案:AE(基础知识 P6)　老年人口劳参率下降,这种变化的主要原因是收入保障制度以及各种形式的企业养老保险计划的完善和推广。

34. 答案:BDE(基础知识 P24)　最低劳动标准、最低社会保障、工会权利义务等三个制度结构,在现代市场经济国家都是以法律的形式确定下来,受到法律的保护。

35. 答案:ABCE(基础知识 P33～34)　我国劳动法律渊源包括:宪法中关于劳动问题的规定、劳动法律、国务院劳动行政法规、劳动规章、地方性劳动法规、我国立法机关批准的相关国际公约、正式解释等。

36. 答案:CD(基础知识 P45)　微观环境指市场和行业环境,企业的生产经营活动直接处于微观环境的影响下。

37. 答案:BDE(基础知识 P61)　战略控制的方法分为事前控制、事中控制和事后控制。

38. 答案:ACDE(基础知识 P98)　人格包括了动机、情绪、态度、价值观、自我观念等多方面的内容。

39. 答案:ABCD(基础知识 P129～130)　培训和发展领导者技能的理论和方法有加速站、辅导、按需培训、确定领导技能的范畴。

40. 答案:ABDE(基础知识 P154)　一般来说,人力资本是家庭、个人、厂商和国家共同投资的结果。

第三部分

通关秘诀

学习方法和流程

第三部分通关秘诀，主要是在前两阶段的学习和演练之后，用来帮助考生对知识点的进一步理解和掌握。人力资源管理之“独孤九剑”，是将教程(第3版)的主要内容“浓缩”为读来朗朗上口的七言口诀，每句口诀直接对应若干知识点，一来可以作为复习教材提纲挈领之用，二来可直接用来解题。两套真题可作为模拟训练，使考生对通过考试更有把握。

学习计划书(第三阶段)

时间	项目	任务	执行情况	目标
月 日～ 月 日	第三轮 真题一	做题，并对照教材纠正		最后两周的模拟考试，所得的成绩基本上就可以判断最终考试的情况
月 日～ 月 日	第四轮 真题二	做题，并对照教材纠正		

人力资源管理之独孤九剑

独孤九剑的要旨：共分九式。

总诀式(心法总纲)：人力资源管理和开发，本身是一门强调运用的科学，不从实践中来，就不可能成为一名真正的人力资源大师。

一是领悟，二是练习＋记忆，三是应用。

第一式：破剑式——人力资源规划

组织理论分大小，古典近代和现代，韦法强调刚结构，近代强调人因素，
现代权变为依据，任目分工和协作，幅度层次呈反比，集权分权稳适性，
管理原则要牢记。超部优点重自主，流程组织重横向，双向通道矩阵制，
模拟法人是分权，网络组织分四类，内部外部垂市机，多维立体三中心，
职能分析调整解，管幅设计方法是，经验统计变量法。工作任务直职矩，
成果中心事模拟，关系中心看跨国。结构变革从战略，增量扩大和纵多，
企业变革有征兆，业降病露士气低，改良爆破和渐进，时机选择最重要。
破除阻力有绝招，员参培训和起用，磨合微调和适应，变革成功有保障。
人力规划分广狭，配补晋升是狭义，培薪绩效和其他，规划广义含狭义。
供求平衡要预测，需求预测三原理，惯性相关和相似，定性定量十三法，
经验描述德尔菲，转换人员趋势推，回归计量灰生产，定员定额马尔科，
定员定额计算机。计算模拟最复杂。供给预测分内外，人力资源信息库，
人员接替马尔科，供求平衡三状态，供求平衡极少见，供大于求人浮事，
供小于求事闲置，大六小七求平衡，处理方式记心间！制化管理优点多，
分权合理适大型；基本管技业务行，管理规范五类型。

第二式：破刀式——招聘配置

素质测评三原理，个体工作是差异，人事相宜是匹配，选开诊考四测评，
主客性量静动态，素质绩效与分综，测评量化分四类，类别模糊一二次，
顺序等距和比例，当量量化是中介；标准标度和标记，测评标准分横纵，
结构环境和绩效，内容目标和指标，还有测标设计则，同可普独完结构。
品德测评与问卷，投射技术隐蔽性，内容开放非结构，回答反应自由性。
知识测评分层次，记忆理解和应用，一特创学是能力。目标内容行为法，
测评项目要牢记。确定测标权重法，德菲主观层次分。效公成本实用性，
测评结果有误差，指标标准不明确，晕轮近因与感情，参评人员训不足。
测评结果七步骤，组团初筛设标准，工具选择析结果，最终决策录通知。
笔试种类要牢记，基专外语是内容。笔试步骤六部分，小组计划设计题，
监控阅卷结果用，题型分为主客观。谈话观察不平等，面试强调结构化，
实施分为五阶段，关系确立加导入，核心确认真本事，友好氛围中结束。
面试常见五问题，目的标准系统性，问题设计不合理，首对晕录是偏见；
面试实施有技巧，充备灵问少说话，阶段总结提要点，排扰偏见听思考，
肢体语言要注意。员工招聘有九条，简历非本经历重，个性表现了组织，

关注特殊弃不忠,慎重决定自形象。结构面试五类型,背景知识思维性,
经验情景压力性,最后一种行为性,BD面试重过去,STAR关键四要素,
群体决策在责任。LGD无领导,题目类型有五种,开放两难和排序,
资源争夺实操性,联系工作难适中,具有一定冲突性,编制程序要牢记!
素质比例个整效率,人资配置要优化。

第三式:破枪式——培训开发

规划分类三标准,内容期限和对象,期限分为长中短。培训规划七内容,
目的目标和对象,内容范围和规模,时间地点和成本,方法教师和实施。
培训规划有要求,系统标准效普遍;培训分析五步骤,战略组织和任务,
另加人员和生涯。目标层次分三类,可以应该和必须;目标必须可检测,
准确定位可量化,合理分解限时间。培训程序五步走,明确目的获信息,
修正研讨关键点,最后撰写一方案。年度培训五模块,封面目录和概要,
主体计划加附录。年度计划八内容,目标时间和地点,内容课程和讲师,
对象教材和形式,预算一定不能少。培训对象要确定,状况差距筛对象;
培训方式要合适,职内职外和自我。管理职责要牢记,组织需求和行资。
配套措施七大项。项项牢记在心间。课程特征分三段,初期发展和成熟。
课程设计三原则,满足需求和规律,依据理论很重要。培训课程要素多,
目标内容和教材,模式策略和评价,组织时间和空间,培训教师加学员。
教学计划五内容,目标课程和形式,教学形式时安排。需求调查三层次,
组织任务和个人。培训课程五层次,知识技能和思维,观念最后是心理。
培训方式有三种,内部外部和网络。课程文件有格式,封面导言和大纲,
开发交付和产出。内容选择有要气,相关有效和价值。印刷资料有五种,
培训教师内外选,能者为师是原则,专业知识和经验,授课技巧熟运用,
良好沟通学习力,发现解决积案例,前沿热情与愿望,比照徐博记忆深。
项目类别高中基。技能开发方法多,轮换副职和临提,替补敏感和案例,
事件过程加理论,专家大学和阅读,文件事务和角色,管理游戏无领导。
培训评估前中后,层级体系有四种,反应评估评老师,方法就用调面座,
学习评估考学员,考试演讲加心得;行为评估看改变,行为观察调访评,
结果评估重业绩。评估标准有要求,相关信区可行性,培训成果有五种,
认知技能情绩率。评估方式种类多,正式非正和性量,建设评估加总结。
定性方法有六个,目标比较关键人,动态访谈和座谈。问卷收益是定量。
综合评估也不少,软硬指标集体论,绩效内省和笔试,操作行为观察法。

第四式:破鞭式——绩效管理

绩效考评标准多,分为对象和性质。绩效指标分三类,特征行为和结果,
考评指标来源广,战略规划和职能,绩效短板与不足。指标设计八原则,
针对关键科学性,明确完整合理性,另加独立可测性。设计方法有六种,
图示调查案研究,面谈经验风暴法。绩效标准类型多,量词等级和数量,
最为复杂是定义。指标设计三原则,针对科学明确性,标准设计四原则,
定合突出和简洁,名称等级等比率。选择关键四原则,整增测控关联性,

工作产出四原则，增客优先定权重，平衡计分四维度，财客流程与学习，
提取指标有办法，目标分析标杆法，关键指标 SMART。辅导时机要恰当，
辅导方式三类别，指示方向和鼓励。绩效沟通内容多，计划辅导和反馈，
最后进行是改进。沟通方式正与非，书面报告定期见。特征效标能和技，
行为效标看表现，定量指标多结果。考评方法二十种，一类行为主观法，
排列选择比强结，二类行为客观法，关键强迫定观权，三类结果导向法，
目标绩效短文法，直接成绩定额法，四类综合考评法，图解合成评中心。
评价方法六原则，经济可行准确性，功能开发有效性；考评误差主客观；
分布误差强制解，自我中心同晕轮，记录标准和培训，近优个人和后继，
评价标准是客观。三六零度全方位，考核全面成本高，360 考评依程序，
选择时机和层次，培训评价和实施，反馈面谈效评价，适合才是硬道理！
绩效面谈三类型，单向双向和解决。绩考结果应用广，招募甄选和调配，
人员培训和调薪。绩管系统需评估，座谈问卷查记录，总体评价同样行。

第五式：破索式——薪酬管理

薪酬功能要牢记，企业员工和社会。增值控本改业绩，文化变革和配导，
是为企业的功能；保障激励和信号，是为员工的功能。薪酬管理四大项，
总额水平和完善，日常管理也重要。薪酬调查正与非，商专政府是正式，
外部公平要调查，岗位评价定内部，个人公平用绩效；常用调查四种类，
相互中介与公开，调查问卷对复杂，统计分析要整理，排列频率趋中势，
简单加权中位数，百分四位是离散，回归分析图表法；薪酬调查方法多，
问卷面谈和文献，另外加个打电话。职门大类职中组，最小细类是职系，
分级岗级岗位分，统一岗等要牢记；薪酬体系有三种，岗位对岗不对人，
技能技术加能力，绩效计件提成制；特殊群体有三类，管理人员基奖福，
经营年薪有条件，市场指标和监督，基激认可是团队；工资水平有影响，
市场物价和地域，政府法律是外部，特征态度是内部；工资结构双因素，
绩效岗位与技能，任意组合新体系；工资等级岗差别，同一等级分档次，
不同等级叫级差，浮动幅度有定义，同一等级高低差，等级重叠浮交叉；
工资设计五原则，公激竞经加合法，高弹高稳和折中，薪酬策略从战略；
分层宽泛是等级，宽带工资扁平化，明确要求划等级，定价定位和调整，
宽带五步来设计；工资调整看物价，定级奖励和考核，政策只对特殊人，
工龄效益是普照；薪酬计划上到下，程序设计有八条，市场调查定财力，
人力规划计算表，预计总额分部门，总分调整终报批；企业年金三条件，
足额缴费效益好，内部管理较完善，资金筹集共负担，年金程序有六条，
确定比例和来源，确定额度和支付，时间确定终办法。企业年金理事会，
企业员工共组成，员工不少于 1/3，受托委托账户人，亦可委托投管人，
选择银行托管人，年金增值有保障．补疗保险有特征，福利自主非盈利，
强制资源统级次。补疗保险三模式，保障三方和自主。

第六式：破掌式——劳动关系

劳动劳务要分清，九点不同要牢记；劳务关系主客内，劳动关系要平等。

雇主雇员生关系,劳动关系要和谐,劳动派遣是特殊,三重角色三关系,
形式实际加协议,降低成本促就业,强化法制外驻华;集体协商需代表,
协议内容有九条,期限形式调幅度,奖金分配薪支付,变更程序终条件,
违约责任他事项;工资指导三原则,总体地域和协商,上线下线基准线,
指导价位分年月,平均水平高中低,首席代表任主席,专项协议是工资,
指导价位三步骤,信息价位终发布;安全生产责任制,企业法人全责任,
分管安全负直接,技术责任总工担,各级生产负责人,工作范围内负责,
安全义务在工人;安卫环境有三类,观念环境是第一,安全预防人为本,
制度环境排第二,制度规程奖罚分,技术环境在最后,装置场所和优化,
安全卫生有保障;劳动争议有分类,个别集体和团体,权利利益是争议,
争议处理三原则,着重调解处及时,查清事实依法处,无论何人都平等;
调解仲裁解争议。劳动调解讲原则,群众自治非强制,劳动仲裁六制度,
一次合议仲裁庭,回避管辖区分举;仲裁时效是一年,争议案例有方法,
一种自身规定性,确定标的析内容,确定内容符法规,责任要件是二种,
行为危害因与果,过错是否在主观,如此这般来分析,争议案例迎刃解。

第七式:破戟式——理论技巧

考前练习是关键,每人准备两支笔,钢笔签名准考证,铅笔对应答题卡。
职业道德按大纲,个人表现从党员,执业准则二十字,八荣八耻科学观。
时间分配重单选,多选有底填选项,时间安排要合理,道德时间十分钟,
单选三十九分钟,多选二十六分钟,最后一刻涂题卡,从容考试心不慌。

第八式:破箭式——操作技巧

实际工作经验有,操作考试坐鱼台。网络课堂书三遍,独孤九剑领悟深。
要点对应简答题,根据分值定短长。案例分析仔细读,找出问题分主次,
解决问题用流程,回答问题应详细,考试切忌留白板,口诀记忆齐上阵,
敢叫不能变可能!

第九式:破气式——临考心态

一切皆有可能! Nothing is Impossible!
现在就去做吧! Just do it!
不抛弃,不放弃! Never give up,never give up,never ever give up!
机遇总给那些有准备的人! The total opportunities for those people who are ready!
谁都靠不住,只能靠自己! Unreliable,one can only rely on their own!

2016 年 5 月企业人力资源管理师(二级)全国统一鉴定考试真题

人力资源和社会保障部　国家职业资格全国统一鉴定

职　业:企业人力资源管理师　　等　级:国家职业资格二级

卷册一:职业道德　理论知识

第一部分　职业道德

(第 1～25 题,共 25 道题)

一、职业道德基础理论与知识部分

答题指导:

◆该部分均为选择题,每题均有四个备选项,其中单项选择题只有一个选项是正确的,多项选择题有两个或两个以上选项是正确的。

◆请根据题意的内容和要求答题,并在答题卡上将所选答案的相应字母涂黑。

◆错选、少选、多选,则该题均不得分。

(一)单项选择题(第 1～8 题)

(二)多项选择题(第 9～16 题)

二、职业道德个人表现部分(第 17～25 题)

答题指导:

◆该部分均为选择题,每题均有四个备选项,您只能根据自己的实际状况选择其中一个选项作为您的答案。

◆请在答题卡上将所选择答案的相应字母涂黑。

第二部分　理论知识

(第 26～125 题,共 100 道题,满分为 100 分)

一、单项选择题(第 26～85 题,每题 1 分,共 60 分。每小题只有一个最恰当的答案,请在答题卡上将所选答案的相应字母涂黑)

26. 在生产要素市场(　　)是生产要素的供给者。

A. 居民户　　B. 市场　　C. 政府　　D. 企业

27. (　　)是劳动权的核心

A. 择业权和劳动报酬权　　B. 平等就业权和自由择业权

C. 休息、休假权和劳动保护权　　D. 劳动保护权和职业培训权

28. 研究经营微观环境中现有竞争对手的情况,不包括对(　　)的分析。

A. 竞争对手的数目　　B. 竞争对手的产品差异化

C. 竞争对手的变动成本　　D. 竞争对手的经营战略

29. 组织市场的类型,不包括(　　)。

A. 劳动力市场　B. 产业市场　C. 转卖者市场　D. 政府市场

30. 个体的沟通风格，不包括(　　)。

A. 自我中心型　B. 自我保护型　C. 自我暴露型　D. 自我实现型

31. 关于人力资本投资的说法不正确的是(　　)。

A. 人力资本投资并不是越多越好　B. 人力资本投资存在最优投资规模

C. 人力资本投资存在最优投资结构　D. 人力资本投资存在收益递增规律

32. 静态组织设计理论研究的内容不包括(　　)。

A. 管理行为规范　B. 组织的权责结构

C. 组织信息控制　D. 部门划分的形式和结构

33. 模拟分权组织结构模式的主要缺点，不包括(　　)。

A. 企业内部的价格体系不容易完全理顺

B. 企业内部信息沟通较差，组织内纵向协调难度大

C. 各专业分公司生产经营计划目标和任务难以确定

D. 各单位任务完成情况的考核显得比较困难而复杂

34. 企业发展战略决定了组织结构的不同模式，与项目为中心的经营活动相适应的是(　　)组织结构。

A. 事业部制　B. 直线职能制　C. 矩阵制　D. 多维立体式

35. 企业组织结构整合的过程分为四个阶段：①规划阶段；②互动阶段；③控制阶段；④拟定目标阶段，排序正确的是(　　)。

A. ④②①③　B. ④①②③　C. ①④②③　D. ①②③④

36. 从企业整个生产过程来看工作岗位设计，无需满足(　　)。

A. 企业劳动分工与协作的需求

B. 企业不断提高生产效率，增加产出的需求

C. 企业员工职业素质和技能，不断提高的需要

D. 员工在安全、健康、舒适环境中从事劳动的心理需要

37. 影响企业人力资源活动的法律因素，不包括(　　)。

A. 考核制度　B. 政府有关劳动保护的规定

C. 户籍制度　D. 政府有关安全生产的规定

38. 企业的人力资源需求预测系统，不包括(　　)。

A. 企业总体经济发展预测系统　B. 企业人力资源预测数据处理系统

C. 企业人力资源预测模型和评估系统　D. 企业人力资源总量与结构预测系统

39. (　　)首先建立企业员工需求量与影响需求量主要因素之间的数学模型，然后依据此模型来预测企业的员工需求。

A. 计算机模型法　B. 马尔可夫模型法

C. 定员定额分析法　D. 经济计量模型法

40. 关于制度化管理的表述，不正确的是(　　)。

A. 也被称作官僚制　B. 也被称作泰勒制

C. 主张所有权与管理权相分离　D. 也被称作科层制

41. 销售工作要求执行者能说会道，秘书工作要求执行者细致周到，这体现了员工素质测

评的(　　)原理。

A. 个体差异　B. 工作差异　C. 结构差异　D. 人岗匹配

42. 素质测评标准体系的(　　)是指其内在规定性,常常表现为各种素质的规范化行为特征和表征的描述与规定。

A. 标度　B. 标记　C. 标准　D. 准则

43. 员工素质测评标准体系的纵向结构要素不包括(　　)。

A. 工作绩效　B. 测评目标　C. 测评指标　D. 测评内容

44. (　　)对象一般具有明显的数量关系,量化后的数据直接提示了素质测评对象的实际特征。

A. 一次量化　B. 二次量化　C. 类别量化　D. 模糊量化

45. (　　)是指测评者由于只关注到被测评者某方面的品质特征,而作出片面的判断。

A. 晕轮效应　B. 第一印象　C. 近因效应　D. 首因效应

46. 关于笔试客观题的表述,不正确的是(　　)。

A. 题目干扰项不能对答案有指向性或明显可辨别性

B. 题目中容易存在一定的漏洞,使应聘者猜测答案

C. 组织一次考试需要耗费大量的人力、物力和时间

D. 客观题不能采用判断题、改错题和问答题等形式

47. 面试考官在面试前,根据简历信息对应聘者作出主观评价,这属于(　　)。

A. 第一印象　B. 对应效应　C. 晕轮效应　D. 录用压力

48.“你怎么连这么简单的问题都不懂?”属于(　　)面试问题。

A. 压力性　B. 知识性　C. 思维性　D. 经验性

49. 关于无领导小组讨论的表述,不正确的是(　　)。

A. 题目设计的质量影响测评的质量　B. 对评价者和测评标准的要求较高

C. 应聘者的表现易受同组成员影响　D. 被评价者的行为没有伪装的可能

50. 被培训者受训期间的工资福利(　　)。

A. 属于直接培训成本　B. 属于企业固定成本

C. 属于间接培训成本　D. 不属于培训成本

51. 培训管理工作的第一个环节是(　　)。

A. 培训需求分析　B. 明确培训目标　C. 制定培训规划　D. 培训评估分析

52. 培训的(　　)主要是负责协调企业整体培训工作。

A. 资源管理　B. 行政管理　C. 需求管理　D. 组织管理

53. 技能培训的主要任务是解决参训者(　　)的问题。

A.“知”　B.“会”　C.“创”　D.“适”

54. 企业内部开发的培训师与外部培训师相比,其优势在于(　　)。

A. 对企业情况比较了解　B. 内部可选择的范围大

C. 易于在学员中树立威望　D. 可带来许多全新理念

55. 管理人员心智能力培训开发的内容不包括(　　)。

A. 心理素质　B. 思维方式

C. 价值观　D. 工艺流程和操作技能

56. 领导人的继任计划侧重于(　　)。

A. 考察继任者的管理效果　　B. 对继任者进行招募、选拔和培养

C. 考察继任者的绩效、技能和能力　　D. 考察继任者的战略意识、影响力和价值观

57. (　　)贯穿于培训整个过程,起着承上启下的关键作用。

A. 培训需求分析　B. 培训评估　C. 培训课程设计　D. 培训规划

58. 某企业通过开展培训,降低了生产事故发生率,降低了生产成本,这种培训成果属于(　　)。

A. 认知成果　B. 技能成果　C. 情感成果　D. 绩效成果

59. 由于奖励的考评应重点考评(　　)。

A. 工作过程　B. 工作效率　C. 工作成果　D. 工作态度

60. 运用头脑风暴法进行集体讨论时应遵守的原则,不包括(　　)。

A. 鼓励别人改进想法　　B. 强调提出想法的数量

C. 思想愈激进愈开放愈好　　D. 强调提出想法的质量

61. 考评指标标准的系数评分法包括(　　)。

A. 自然数法和相乘法　　B. 常数法和相乘法

C. 自然数法和常数法　　D. 函数法和常数法

62. 获取企业产品一次检验合格率、废品率、包装破损率等质量性指标数据的渠道,不包括(　　)。

A. 生产记录　B. 客户反馈　C. 财务报表　D. 上级评估

63. (　　)是绩效管理的核心。

A. 绩效考评　B. 绩效辅导　C. 绩效沟通　D. 绩效监控

64. 绩效考评方法按照效标的不同可分为多种不同类型,但不包括(　　)考评方法。

A. 行为导向型　B. 结果导向型　C. 品质导向型　D. 知识导向型

65. 纠正绩效考评中的晕轮误差可采用的方法不包括(　　)。

A. 建立精确的考评标准体系　　B. 以完善的数据处理系统

C. 对考评者进行适当的培训　　D. 建立严谨的工作记录制度

66. 为避免考评过程中的个人偏见错误,可采用的考评方式是(　　)。

A. 上级考评　B. 360度考评　C. 下级考评　D. 外部考评

67. 企业(　　),不宜采用360度考评。

A. 氛围积极向上、处于初期　　B. 处于平稳发展期

C. 面临士气问题、处于过渡期　　D. 处于高速发展期

68. 间接薪酬不包括(　　)。

A. 年终奖金　B. 股票期权　C. 社会保险　D. 员工福利

69. 薪酬调查数据的统计分析方法不包括(　　)。

A. 数据排列法　B. 计量模型法　C. 频率分析法　D. 离散分析法

70. 薪酬满意度调查的步骤包括:①设计并发放调查表;②回收并处理调查表;③确定调查方式;④确定调查对象;⑤反馈调查结果;⑥确定调查内容,排序正确的是(　　)。

A. ④③⑥①②⑤　B. ⑥④③①②⑤　C. ④⑥③①②⑤　D. ⑥③④①②⑤

71. 工作岗位横向分类的步骤包括:①职组的划分;②职门的划分;③职系的划分,排序正

确的是(　　)。

A. ②③①　　B. ③②①　　C. ②①③　　D. ③①②

72. (　　)将报酬直接与企业效益和员工的工作业绩相联系。

A. 一岗一薪制　　B. 薪点制　　C. 一岗多薪制　　D. 提成制

73. 销售提成制属于(　　)。

A. 能力薪酬制　　B. 绩效薪酬制　　C. 技术薪酬制　　D. 岗位薪酬制

74. 以(　　)的薪酬结构会使员工只重视眼前效益,忽视未来的长期发展。

A. 绩效为导向　　B. 行为为导向　　C. 工作为导向　　D. 技能为导向

75. (　　)的薪酬结构具有高弹性。

A. 以绩效为导向　　B. 以行为为导向　　C. 以工作为导向　　D. 组合薪酬结构

76. 运用(　　)制定薪酬计划的优点是实际、灵活,且可行性高。

A. 从下而上法　　B. 从上而下法　　C. 由内到外法　　D. 由外到内法

77. (　　)有义务向被派遣劳动者支付工资、缴纳社会保险费。

A. 形式上的顾虑　　B. 劳务用工单位　　C. 劳动行政部门　　D. 劳务派遣单位

78. 被派遣劳动者的管理,不正确的表述是(　　)。

A. 被派遣劳动者应与用工单位订立劳务合同

B. 被派遣劳动者的派遣期限应当在劳动合同中载明

C. 被派遣劳动者与正式雇员享有平等的法定劳动权利

D. 同一岗位使用的被派遣劳动者与正式雇员同工同酬

79. 政府在工资宏观调控方面的总原则不包括(　　)。

A. 平均工资的增长低于劳动生产率的增长

B. 平均工资的增长低于人均 GDP 的增长

C. 在工资调控上由总量控制向水平控制转变

D. 企业工资总额的增长低于经济效益的增长

80. 工资集体协商代表应按照法定程序产生,各方代表人数对等,每方(　　)。

A. 最多3名　　B. 至少3名　　C. 最多5名　　D. 至少5名

81. 关于工资指导价位和最低工资标准的说法,不正确的是(　　)。

A. 最低工资标准按照一定的法定程序制定

B. 工资指导价位的低位数不同于最低工资标准

C. 工资指导价位的低位数是由市场自然生成的

D. 在同一地区同一时期内只能有一个工资指导价位

82. 劳动争议申请仲裁的时效期间为(　　)

A. 3个月　　B. 6个月　　C. 1年　　D. 3年

83. 按照劳动争议的(　　)划分,可将劳动争议分为权利争议和利益争议。

A. 主体　　B. 性质　　C. 客体　　D. 标的

84. 关于劳动争议仲裁的说法,不正确的是(　　)。

A. 仲裁庭裁决劳动争议实行少数服从多数的原则

B. 需劳动争议双方申请调解,仲裁委员会才可受理

C. 仲裁庭对劳动争议调解不成时可直接行使裁决权

D. 反映平等主体关系的劳动争议遵循“谁主张谁举证”原则

85. 与一般的劳动争议相比,团体劳动争议的特点不包括(　　)。

A. 争议主体的团体性　　B. 影响的广泛性
C. 争议内容的特定性　　D. 裁决程序的独特性

二、多项选择题(第86~125题,每题1分,共40分。每题有多个答案正确,请在答题卡上将所选答案的相应字母涂黑。错选、少选、多选,均不得分)

86. 劳动力市场均衡的意义在于(　　)。

A. 实现充分就业　　B. 体现工资差异
C. 增大工资总额　　D. 实现同质劳动力获得同样工资
E. 劳动力资源获得最优配置

87. 劳动权包括平等的(　　)。

A. 职业培训权　B. 劳动报酬权　C. 休息休假权
D. 劳动保护权　E. 地区流动权

88. 评价企业战略的定量标准可以选取(　　)。

A. 资金利用率　　B. 战略与环境的一致性
C. 存在的风险　　D. 战略与企业的协调性
E. 劳动生产率

89. 亨利·明茨伯格认为管理者的决策类角色,主要包括(　　)。

A. 企业家　B. 发言人　C. 谈判者
D. 联络员　E. 资源分配者

90. 有效管理幅度不是一个固定值,它受(　　)等因素的影响

A. 职业性质　B. 人员素质　C. 管理风格
D. 管理模式　E. 职能机构健全程度

91. 美国洛克希德公司认为影响管理幅度的变量包括(　　)。

A. 职能的相似性　　B. 指导与控制的工作量
C. 地区的临近性　　D. 协调与计划的工作量
E. 职能的复杂性

92. 企业组织结构内部的不协调,主要表现在(　　)。

A. 存在过多的委员会　　B. 生产经营情况恶化
C. 要求离职的人员增多　　D. 部门间经常出现冲突
E. 组织结构的冲突,全靠某个权威来协调

93. 企业制定晋升计划时,应全面衡量(　　)。

A. 晋升时间　B. 晋升比率　C. 晋升条件
D. 晋升成本　E. 晋升意向

94. (　　)是影响人力资源需求预测的因素。

A. 市场需求的变化　B. 企业总产值　C. 劳动力成本趋势
D. 追加培训的需求　E. 生产率变化趋势

95. 企业内部人力资源供给预测必须考虑的因素包括(　　)。

A. 薪酬　B. 自然流失　C. 跳槽

D. 内部流动　　E. 福利

96. 人岗匹配包括（　　）。

A. 各类岗位与岗位之间相匹配　　B. 各类员工与员工之间相匹配
C. 工作报酬与员工贡献相匹配　　D. 工作要求与员工素质相匹配
E. 工作报酬员工学历相匹配

97. 员工测评标准体系的工作绩效要素包括（　　）。

A. 工作数量　　B. 工作质量　　C. 工作职责
D. 工作成果　　E. 工作效率

98. 测评指导语的内容主要包括（　　）。

A. 强调测评与测验考试的共同点　　B. 员工素质测评的目的
C. 填表前准备工作与填表要求　　D. 举例说明填写的要求
E. 测评结果保密、处理及反馈

99. 知识测验中的主观题，其主要缺点有（　　）。

A. 测试内容范围有局限性，分数占的比重比较大
B. 不利于检测应聘者深层次的认知思维能力
C. 考生一道题目的得失对考试结果的影响偏大
D. 容易受到批阅人和评判标准等主客观因素的影响
E. 阅卷主要靠人工来完成，不能用现代化的评分手段

100. 关于行为描述面试的表述，正确的有（　　）。

A. 其实质是识别关键性工作要求　　B. 是一种特殊的结构化面试
C. 用过去的行为预测未来的行为　　D. 其实质是探测行为样本
E. 用个人的行为预测集体的行为

101. 关于无领导小组讨论评分表的表述正确的有（　　）。

A. 测评指标应当具有针对性　　B. 评价指标应控制在十个以内
C. 以品德测评指标为侧重点　　D. 应从岗位分析中提取评价指标
E. 对每一测评者指标制定量化标准

102. 制定培训总体目标的主要依据有（　　）。

A. 企业的总体战略目标　　B. 企业培训需求分析
C. 企业的组织结构分析　　D. 企业宏观环境分析
E. 企业人力资源的总体规划

103. 从培训的方式来看企业员工培训包括（　　）。

A. 知识培训　　B. 职内培训　　C. 技能培训
D. 职外培训　　E. 自我开发

104. 对培训计划实施全过程的评估与管控，可以（　　）。

A. 使培训需求分析更加准确　　B. 使培训计划更加符合实际
C. 使培训目标任务更加明确　　D. 使培训资源分配更加合理
E. 使培训效果评估更加容易

105. 培训课程计划内容包括（　　）。

A. 培训方式方法　　B. 培训范围的确定　　C. 受训人员的确定

D. 培训目标任务设定
E. 课程开发时间的估算

106. 培训前期评估包括(　　)。

A. 培训目标达成情况评估
B. 培训方案设计评估
C. 培训效果、效益综合评估
D. 培训需求整体评估
E. 培训工作者的绩效评估

107. 培训中的评估包括(　　)。

A. 培训活动参与状况的评估
B. 培训内容的评估
C. 培训进度与中间效果的评估
D. 培训可行性评估
E. 培训机构与培训人员的评估

108. 工作结果型的绩效考评指标包括(　　)。

A. 专业知识面
B. 客户投诉率
C. 产品合格率
D. 产品销售量
E. 事业进取心

109. 战略导向KPI体系的意义体现在(　　)。

A. 具有战略导向的牵引作用
B. 是企业实施战略规划的重要工具
C. 能够最大限度的激发员工的斗志
D. 是激励和约束企业员工的新型机制
E. 能够调动全员的积极性、主动性和创造性

110. 绩效监控的有效性主要取决于(　　)。

A. 管理者绩效辅导的水平
B. 管理者领导风格的选择
C. 绩效考评信息的有效性
D. 绩效考评标准的有效性
E. 管理者与下属之间绩效沟通的有效性

111. 综合型绩效考评方法包括(　　)。

A. 合成考评法
B. 直接指标法
C. 日清日结法
D. 关键事件法
E. 图解式评价量表法

112. 考评过程中考评者自我中心效应的表现形式,不包括(　　)。

A. 优先效应
B. 近期效应
C. 后继效应
D. 对比偏差
E. 相似偏差

113. 对单向劝导式绩效面谈的表述,正确的有(　　)。

A. 对于那些参与意识不强的下属,效果不佳
B. 对于改进员工行为和表现,效果十分突出
C. 属于单向性的面谈,缺乏双向的交流和沟通
D. 容易堵塞上下级交流渠道,难以给下属申诉的机会
E. 要求主管具有较强的说服力,能运用各种方法激励下属

114. 对企业而言,薪酬的功能包括(　　)。

A. 改善经营绩效
B. 支持企业改革
C. 塑造企业文化
D. 保障员工生活
E. 控制企业成本

115. 市场薪酬调查,常用的方式包括(　　)。
A. 企业之间相互调查　B. 问卷调查
C. 采集社会公开信息　D. 专家访谈
E. 委托中介机构调查

116. 员工薪酬满意度调查的内容包括(　　)。
A. 对薪酬水平的满意度　B. 对薪酬结构的满意度
C. 对薪酬差距的满意度　D. 对薪酬调整的满意度
E. 对薪酬发放方式的满意度

117. 企业在制定和实施技能薪酬制时必须考察自身的(　　)。
A. 生产经营情况　B. 企业文化　C. 管理体制环境
D. 人员结构　E. 固定资产投资额度

118. 衡量企业规模的指标有(　　)。
A. 客户数　B. 员工总数　C. 销售额
D. 资产规模　E. 劳动生产率

119. 企业可采用多种方法对现行薪酬制度进行诊断具体包括(　　)。
A. 管理性诊断　B. 激励性诊断　C. 正确性诊断
D. 安定性诊断　E. 能力性诊断

120. 事实劳务关系的形成原因包括(　　)。
A. 无视劳动法律、法规而逐步形成　B. 无效劳动合同而形成
C. 没有订立书面劳动合同而形成　D. 双重劳动关系而形成
E. 以其他合同形式替代劳动合同而形成

121. (　　)属于工资集体协商的内容。
A. 工资协议的期限　B. 工资标准与分配形式
C. 变更、解除工资协议的程序　D. 员工福利水平及调整
E. 年度平均工资水平与调整幅度

122. 工资集体协商期间,雇员一方的首席代表(　　)。
A. 由工会主席担任　B. 由工会推举　C. 由企业高层决定
D. 由董事会任命　E. 有工会主席书面委托的,其他雇员方面的代表担任

123. 国家制定企业伤亡事故报告和处理制度,其目的是及时(　　)职工伤亡事故。
A. 报告　B. 调查　C. 统计
D. 预估　E. 处理

124. 根据争议性质的不同,劳动争议可划分为(　　)。
A. 个别争议　B. 集体争议　C. 团体争议
D. 权利争议　E. 利益争议

125. 劳动争议仲裁过程中当事人的权利,包括(　　)。
A. 直接回避的权利　B. 强制执行的权力
C. 自行和解的权利　D. 提出主张、提供证据的权利
E. 提出仲裁、申请、答辩的权利

卷册二:专业技能

注意事项:

1. 请按要求在试卷的标封处填写您的姓名、准考证号、身份证号和所在地区。

2. 请仔细阅读各种题目的回答要求,并在规定的位置填写您的答案。

3. 请保持卷面整洁,不要在试卷上做任何与答题无关的标记,也不得在标封区填写无关内容。

	一			二			总分	总分人
	1	2	3	1	2	3		
得分								

一、简答题(本题共3题,第1小题14分,第2小题16分,第3小题14分,共44分)

1. 简述岗位工作扩大化的主要方法和具体形式。(14分)

2. 简述360度考评的实施程序及其工作内容。(16分)

3. 简述企业制定薪酬战略的基本步骤。(14分)

二、综合题(本题共3题,第1小题20分,第2小题18分,第3小题18分,共56分)

1. 某电子产品销售公司拟在本年度,每位地区销售部门招收20名营销经理。公司人力资源部制定了招聘计划,将招聘工作分为初选、复选和终选三个阶段,即:在对应聘人员的简历、求职表和推荐信等资料进行初选的基础上,对应聘人员进行一次笔试,然后采用员工素质测评,从80名应聘者中选拔出40名候选人。

请根据本案例回答以下问题:

(1)笔试应包括哪些基本步骤?(12分)

(2)员工素质测评的量化技术主要有哪几种具体形式。(8分)

2. 三年来,某大型矿业集团先后从全国各类高校招聘了一批毕业生,分配至各级经营管理岗位。去年集团人力资源部为了掌握这批新生力量的成长情况,进行了一次全面的摸底调查,调查内容包括人员岗位适合度、主管领导满意度、学习成长环境满意度以及培训需求等。集团人力资源部要求各下属子公司以及所属中心、研究院要根据本次调查结果,结合各单位实际情况编制今年的经营管理人员的培训开发计划。

请结合本案例回答以下问题。

(1)简要说明编制管理人员培训开发计划,应遵循的基本原则。(10分)

(2)管理人员培训开发计划可分为几个阶段,各有何具体要求。(8分)

3. 去年1月李某通过招聘进入A保健品公司下属的销售部门,任C区市场拓展部经理,双方订立了为期3年的劳动合同。今年1月,在一公司举行的市场与销售业绩总结分析会上,总经理认为李某主导的市场拓展和公关工作效果不明显,也导致了本地区同级别销售经理的业绩乏善可陈。于是总经理决定将李某的薪资降低两个级别,从原来的8000元调整为6000元,并表示如果接下来两个季度市场工作仍无起色,公司将与李某解除劳动合同。而李某认为,上一年度的销售业绩不佳,最重要的原因是市场整体滑坡,假冒伪劣产品泛滥等,而公司销售人员现行的薪酬制度多年没有调整,激励力度不高也是销售业绩不好的主因,更何况,在自己所签订的劳动合同中,公司虽确定岗位是市场拓展部经理,但没有特别提到负责拓展与医院、社团及政府的公共关系。李某还认为，总经理做出减薪等决定的真实目的在于逼走自己，由他的亲信取而代之。于是李某多次向公司人力资源部提出申诉，要求公司总经理撤销上述不合理的决定，但是人力资源部未做任何答复。于是，李某到当地劳动争议仲裁委员会申请仲裁。仲裁庭经审理后作出裁决，认定该公司减薪行为违法，应予补发李某应得的薪资。

请依据我国劳动法律、法规对本案作出评析，并为企业提出避免此类劳动争议发生的对策建议（18 分）。

答案与解析

卷册一:职业道德 理论知识

第一部分 职业道德

此部分无标准答案,请根据自己的价值观作答。

第二部分 理论知识

一、单项选择题

26. 答案:A(基础知识 P2) 在生产要素市场,居民户是生产要素的供给者,企业是生产要素的需求者。

27. 答案:B(基础知识 P30) 平等的就业权和自由择业权是劳动权的核心。

28. 答案:C(基础知识 P47) 对现有竞争对手的分析包括:现有竞争对手的数目、现有竞争对手的经营战略、竞争对手的产品差异化、固定成本的高低、行业成长过剩。

29. 答案:A(基础知识 P77~78) 组织市场的类型包括产业市场、转卖者市场和政府市场。

30. 答案:A(基础知识 P120) 个体的沟通风格包括自我克制型、自我保护型、自我暴露型和自我实现型。

31. 答案:D(基础知识 P162~163) 人力资本投资有收益率递减规律。

32. 答案:C(P2) 静态的组织设计理论主要研究组织的体制(权、责结构)、机构(部门划分的形式和结构)和规章(管理行为规范)。

33. 答案:B(P8) 模拟分权组织结构模式的主要缺点包括:内部的价格体系不容易完全理顺;各专业分公司生产经营计划的目标和生产任务难以确定;对各单位任务完成情况的考核显得比较困难而复杂;企业内部的信息交流较差;组织内横向协调的难度大。

34. 答案:C(P24) 与单一经营发展阶段相适应的是早期的层级结构(直线制、职能制、直线职能制);与市场和产品多样化阶段相适应的是分权事业部制;与项目为中心的经营活动相适应的是矩阵结构;以产品为中心划分事业部的大型跨国公司,采用的是与之相适应的多维立体制结构。

35. 答案:B(P29) 企业组织结构整合的过程分为四个阶段:拟定目标阶段、规划阶段、互动阶段、控制阶段。

36. 答案:C(P36) 工作岗位的设计应当满足:企业劳动分工与协作的需要;企业不断提高劳动生产率,增加产出的需要;劳动者在安全、健康、舒适的条件下从事劳动活动在生理上、心理上的需要。

37. 答案:A(P49) 影响人力资源活动的法律因素有:政府有关的劳动就业制度、工时制度、最低工资标准、职业卫生、劳动保护、安全生产等规定,以及户籍制度、住房制度、社会保障制度等。

38. 答案:B(P58) 企业人力资源需求预测系统包括:企业总体经济发展预测系统、企业人力资源总量与结构预测系统和人力资源预测模型与评估系统。

39. 答案:D(P69) 经济计量模型法是先将公司的员工需求量与影响需求量的主要因素之间的数学模型,然后依据此模型来预测公司的员工需求。

40. 答案:B(P96~97) 制度化管理通常称作“官僚制”“科层制”或“理想的行政组织体

系”，主张所有权与管理权相分离是其特征之一。

41. 答案：B(P109～110)　员工测评的一个假设是：不同的职位具有差异性。首先是工作任务的差异，也就是工作内容的差异；其次是工作权责的差异，即一个职位所具有的决策权力和决策影响力的不同。

42. 答案：C(P113)　素质测评标准体系的标准是指其内在规定性，常常表现为各种素质规范化行为特征或表征的描述与规定。

43. 答案：A(P116)　员工素质测评标准体系的纵向结构要素包括测评内容、测评目标、测评指标。

44. 答案：A(P121)　一次量化的对象一般具有明显的数量关系，量化后的数据直接提示了素质测评对象的实际特征。

45. 答案：A(P131)　晕轮效应是指由于某人某方面的品质和特征特别明显，使观察者容易产生清晰明显的错觉，忽略其他的品质和特征，从而作出片面的判断。

46. 答案：D(P149)　笔试客观题的缺点包括：编写试卷的难度大，干扰项不能对答案具有导向性、指向性或明显的可辨别性；不易对人的综合分析、运用能力和文字表达能力进行测试；容易存在一定的漏洞，使应聘者猜测答案，降低了考试的信度；考试耗费比较大，组织一次考试需要耗费大量的人力、物力和时间。

47. 答案：A(P159)　第一印象：也称为首因效应，即面试考官根据开始几分钟，甚至是面试前从资料（如笔试、个人简历等）中得到的印象对应聘者作出评价。

48. 答案：A(P164)　压力性问题，这类问题将应聘者置于一个充满压力的情境中，观察其反应，以对其情绪稳定性、应变能力等进行考察。如“你好像不太适合我们这里的工作，你看呢？”“你怎么连这么简单的问题都不懂？”等。

49. 答案：D(P179)　无领导小组讨论的缺点包括：题目的质量影响测评的质量；对评价者和测评标准的要求较高；应聘者表现易受同组其他成员影响；被评价者的行为仍然有伪装的可能性。

50. 答案：C(P214)　间接培训成本是指在培训组织实施过程之外企业所支付的一切费用总和，如培训项目的设计费用、培训项目的管理费用、培训对象受训期间的工资福利以及培训项目的评估费用。

51. 答案：A(P216)　培训需求分析是培训管理工作的第一环，是否能准确地预测和把握真实的需求直接决定了培训的合理性和有效性，从而影响到整个组织的绩效和经营目标的实现。

52. 答案：D(P233)　培训的组织管理就是负责组织、协调企业整体培训工作。

53. 答案：B(P245)　技能培训——能力补充。其主要任务是对参训者所具有的能力加以补充。课程设计的主要目标是要解决“会”的问题。

54. 答案：A(P258)　内部开发的教师与外部教师相比，在某些方面有着很大的优势，如他们对企业文化、企业环境、培训需求等方面比较了解，而且他们可能与学员熟识，这样有利于相互之间的交流。

55. 答案：D(P270)　管理人员心智能力培训开发的内容包括：管理方面的心理素质、思维方式、价值观的系统培训开发。

56. 答案：D(P278)　领导人员的继任计划侧重对其战略意识、影响力和价值观方面的考察,关注继任者的深层次特征。

57. 答案:B(P282) 培训评估在现代培训管理中占有非常重要的地位,贯穿于培训的整个过程,起着承上启下的关键性作用。

58. 答案:D(P298) 绩效成果包括由于员工流动率或事故发生率的下降导致的成本降低,以及产品产量质量的提高或顾客服务水平的改善。

59. 答案:C(P320) 除了按岗位横向分类对担任不同岗位的人员分别制定绩效考评指标体系外,制定时还应充分考虑绩效考评的具体目的和要求,如用于奖励的考评应侧重于工作成果,而用于培训的考评则侧重于考评工作过程。

60. 答案:D(P328) 进行头脑风暴需要遵循的四个原则包括:任何时候都不批评别人的想法;思想愈激进愈开放愈好;强调产生想法的数量;鼓励别人改进想法。

61. 答案:C(P335) 考评指标标准的评分方法可采用自然数法和系数法。系数法可分为函数法和常数法两种计分方法。

62. 答案:C(P343) 破损率、独特性、准确性、一次性检验合格率、废品率等属于质量性指标,一般可以通过生产记录、上级评估、客户反馈等方式获取这类指标的数值。

63. 答案:C(P350) 绩效沟通是绩效管理的核心,是指考核者与被考核者就绩效考评反映出的问题以及考核机制本身存在的问题展开实质性的面谈,并着力于寻求应对之策,服务于后一阶段企业与员工绩效改善和提高的一种管理方法。

64. 答案:D(P359~360) 绩效考评方法包括:行为导向型的主观考评方法、行为导向型的客观考评方法、结果导向型的绩效考评方法和综合型的绩效考评方法。

65. 答案:B(P363) 纠正绩效考评中的晕轮误差方法包括:一是建立严谨的工作记录制度;二是评价标准要制定得详细、具体、明确;三是对考评者进行适当培训,端正考评者的认识,提高考评的技巧技术水平,或者将评价结果与实际绩效的误差大小作为对考评者评价的重要内容。

66. 答案:B(P366) 为了避免个人偏见错误,可以采用360度的考评方式,由多个考评者一起来参与,由较多的考评者参与,虽然可能会增加一些费用,但是可以使绩效考评作出更准确可靠的判断。

67. 答案:C(P375) 实施360度考评方法,应选择最佳的时机,在组织面临士气问题、处于过渡时期,或走下坡路时,不宜采用360度考评方法。

68. 答案:A(P394) 间接薪酬包括社会保险、员工福利、股票期权等,它们一般以非现金形式延期支付。

69. 答案:B(P412~416) 薪酬调查数据的统计分析方法包括:数据排列法、频率分析法、趋中趋势分析、离散分析、回归分析法、图表分析法。

70. 答案:A(P422) 薪酬满意度调查的步骤包括:确定调查对象;确定调查方式;确定调查内容;设计并发放调查表;回收并处理调查表;反馈调查结果。

71. 答案:C(P433) 工作岗位横向分类的步骤包括:①将企事业单位内全部岗位,按照工作性质划分为若干大类,即职门;②将各职门内的岗位,根据工作性质的异同继续进行细分,把业务相同的岗位归入相同的职组,即将大类细分为中类;③将同一职组内的岗位再一次按照工作的性质进行划分,即将大类下的中类再细分为若干个小类,把业务性质相同的岗位组成一个职系。

72. 答案:B(P445)　薪点值的高低按照企业效益的好坏进行确定,使薪酬水平与企业的效益相联系。

73. 答案:B(P448)　绩效薪酬是以员工的工作业绩为基础支付的薪酬,支付的唯一根据或主要根据是工作成绩和劳动效率。但是在实际中,由于绩效的定量不易操作,所以除了计件薪酬制和提成制(佣金制)外,更多的是依据员工的绩效而进行的基本薪酬调整以及增发的奖励性薪酬。

74. 答案:A(P457)　以绩效为导向的薪酬结构的缺点是使员工只重视眼前效益,不重视长期发展,没有学习新知识、技能的动力;只重视自己绩效,不重视与人合作、交流。

75. 答案:A(P461)　以绩效为导向的薪酬结构属于高弹性类薪酬结构。

76. 答案:A(P490)　从下而上法比较实际、灵活,且可行性较高。但不易控制总体的人工成本。

77. 答案:D(P508)　劳务派遣机构是劳动关系中的雇主,有义务向被派遣劳动者支付工资、缴纳社会保险、提供福利待遇等。

78. 答案:A(P511～512)　被派遣劳动者的管理规定包括:①被派遣劳动者与正式雇员享有平等的法定劳动权利;②劳务派遣用工是企业用工的补充形式;③用工单位需遵循以下义务:执行国家劳动标准,提供相应的劳动条件和劳动保护;告知被派遣劳动者其工作要求和劳动报酬;支付加班费、绩效奖金,提供与工作岗位相关的福利待遇;对在岗被派遣劳动者进行工作岗位所必需的培训;连续用工的,实行正常的工资调整机制。

79. 答案:B(P523)　政府在工资的宏观调控方面,总的原则是实施企业工资总额的增长低于经济效益的增长,平均工资的增长低于劳动生产率的增长,同时在工资的调控上由总量控制向水平控制转变。

80. 答案:B(P526)　工资集体协商按规定双方各派至少3名协商代表。

81. 答案:D(P532)　在同一地区同一时期内,最低工资标准只能有一个,而劳动力市场工资指导价位的低位数对不同职业来讲是不同的。

82. 答案:C(P552)　《劳动争议调解仲裁法》参照了《民法通则》关于特殊民事权利的诉讼时效的规定,延长了申请仲裁的时效期间,将劳动争议仲裁的时效期间规定为一年。

83. 答案:B(P541～542)　按照劳动争议的性质划分,可将劳动争议分为权利争议和利益争议。

84. 答案:B(P547,550)　劳动争议仲裁的仲裁对象具有特定性,劳动争议仲裁委员会主管的劳动争议有其特定范围。

85. 答案:D(P554)　团体劳动争议的特点包括:争议主体的团体性、争议内容的特定性、影响的广泛性。

二、多项选择题

86. 答案:ADE(基础知识P13)　劳动力市场均衡的意义在于:劳动力资源的最优分配;同质的劳动力获得同样的工资;充分就业。

87. 答案:ABCD(基础知识P30)　劳动权包括平等的劳动就业权、自由择业权、劳动报酬权、休息休假权、劳动保护权、职业培训权等。

88. 答案:AE(基础知识P61)　评价企业战略的定量标准包括:资金利用率、劳动生产率、工时利用率、市场占有率、利润总额、销售利润率、投资收益率、股票平均收益。

89. 答案:ACE(基础知识 P122～123) 亨利·明茨伯格认为管理者的决策类角色主要包括企业家、障碍处理者、谈判者、资源分配者。

90. 答案:ABE(P3) 有效管理幅度不是一个固定值,它受职务的性质、人员的素质、职能机构健全与否等条件的影响。

91. 答案:ABCDE(P16～17) 美国洛克希德公司认为,影响管理幅度的变量包括职能的相似性、地区的临近性、职能的复杂性、指导与控制的工作量、协调的工作量和计划的工作量。

92. 答案:ADE(P28) 企业组织结构内部的不协调主要表现在:①各部门之间经常出现冲突;②存在过多的委员会;③高层管理部门屡屡充当下属部门相互间冲突时的裁判和调解者;④组织结构本身失去了相互协调的机能,全靠某个有特殊地位的人或权威来协调。

93. 答案:ABC(P47) 晋升计划的内容一般由晋升条件、晋升比率、晋升时间等指标组成。

94. 答案:ABCDE(P57) 影响人力资源需求预测的因素包括:顾客的需求变化(市场需求)、生产需求(或者企业总产值)、劳动力成本趋势(工资状况)、劳动生产率的变化趋势、追加培训的需求、每个工种员工的移动情况、员工的出勤率、政府的方针政策的影响、工作小时的变化。

95. 答案:BCD(P88) 企业内部人力资源供给预测必须考虑的因素包括企业内部人员的自然流失(伤残、退休、死亡等)、内部流动(晋升、降职、平调等)、跳槽(辞职、解聘)等。

96. 答案:ABCD(P110) 人岗匹配包括工作要求与员工素质相匹配、工作报酬与员工贡献相匹配、各类员工与员工之间相匹配、各类岗位与岗位之间相匹配。

97. 答案:ABDE(P116) 员工测评标准体系的工作绩效要素包括一个人的工作数量、工作质量、工作效率、工作成果、群众威信、人才培养等要素。

98. 答案:BCDE(P130) 测评指导语的主要内容包括员工素质测评的目的、强调测评与测验考试的不同、填表前准备工作与填表要求、举例说明填写的要求、测评结果保密、处理及反馈。

99. 答案:ACDE(P149～150) 知识测验中的主观题,其主要缺点是:①测试的内容范围有局限性,分数占的比重大,考生一道题目的得失对结果的影响偏大;②主观题没有统一的答案,容易受批阅人自身知识及其专业水平,以及评判标准等主客观因素的制约和影响;③批阅主要靠人工完成,效率比较低,不能用现代化的评分手段替代。

100. 答案:ABCD(P165) 行为描述面试是一种特殊的结构化面试。其实质如下:用过去的行为预测未来的行为;识别关键性的工作要求;探测行为样本。

101. 答案:ABDE(P180～181) 无领导小组讨论评分表确定测评能力指标为重点。

102. 答案:ABE(P221) 制定培训总体目标的主要依据有企业的总体战略目标、企业人力资源的总体规划、企业培训需求分析。

103. 答案:BDE(P227) 从培训的方式来看,企业员工培训包括职内培训、职外培训、自我开发。

104. 答案:ABD(P234) 对培训计划实施全过程评估与管控,可以采用监督检查指标,通过对培训计划实施前、实施中和实施后的全程评估,可以实现对培训计划实施的全过程监管和控制,从而使培训需求分析更加准确、培训计划更加符合实际、培训资源分配更加合理。

105. 答案:BCE(P248) 培训课程计划主要包括:课程题目的暂定、培训范围的确定、学员的确定、主要课题的界定、开发时间的估算、必需的资源、课程的期限和课程开发费用的初步预算等。

106. 答案：BD(P284)　培训前期评估包括培训需求整体评估和培训方案设计评估两个环节。

107. 答案：ABCE(P288)　培训中的评估包括培训活动参与状况的评估、培训内容的评估、培训进度与中间效果的评估、培训环境的评估、培训机构和培训人员的评估。

108. 答案：BCD(P323)　工作结果型的绩效考评指标包括产品产量、商品销售量、劳动定额完成程度等反映劳动数量的指标；产品品种、产品合格率、商品一次开机合格率、客户投诉率、产品返修率等质量指标；科研成果水平、获得专利权的项目数、科研成果的推广率和转换率、科研成果产生的经济效益等反映科研人员的指标。

109. 答案：ABDE(P336～337)　战略导向KPI体系的意义体现在使KPI体系不仅成为激励约束员工行为的一种新型的机制，同时还要发挥KPI体系战略导向的牵引作用；通过企业战略目标层层分解，将员工的个人行为与部门的目标相结合，使KPI体系有效地诠释与传播企业的总体发展战略，成为实施企业战略规划的重要工具；彻底转变传统的以控制为中心的管理理念，调动全员的积极性、主动性和创造性。

110. 答案：ABCE(P348～349)　绩效监控的有效性主要取决于管理者领导风格的选择和绩效辅导的水平、管理者与下属之间绩效沟通的有效性、绩效考评信息的有效性。

111. 答案：AE(P360)　综合型绩效考评方法包括图解式评价量表法、合成考评法。

112. 答案：ABC(P364)　考评过程中，考评者自我中心效应的表现形式包括对比偏差、相似偏差。

113. 答案：BCDE(P381)　采用单向劝导式绩效面谈的方式，对于改进员工的行为和表现，效果是十分突出的，尤其适用于那些参与意识不强的下属。

114. 答案：ABCE(P395～396)　对企业而言，薪酬的功能包括增值功能、控制企业成本、改善经营绩效、塑造企业文化、支持企业变革、配置功能、导向功能。

115. 答案：ABCE(P410～411)　市场薪酬调查常用的方式，包括企业之间相互调查、委托中介机构调查、采集社会公开信息、调查问卷。

116. 答案：ABCDE(P421)　表5-8薪酬满意度所包含的内容。

117. 答案：AC(P446)　并不是所有企业都适合实行技能薪酬制，企业在制定或实行技能薪酬制时，必须考察自身的生产经营情况、管理体制的环境。

118. 答案：ABCD(P456)　企业的规模可以通过企业的员工总人数、客户数、销售额以及资产规模等指标来衡量。

119. 答案：ABDE(P479～480)　企业可采用多种方法对现行薪酬制度进行诊断，具体包括管理性诊断、明确性诊断、能力性诊断、激励性诊断、安定性诊断。

120. 答案：BCDE(P503)　事实劳动关系的形成原因包括：①不订立书面劳动合同而形成的事实劳动关系；②无效劳动合同而形成的事实劳动关系；③双重劳动关系而形成的事实劳动关系；④以其他合同形式替代劳动合同而形成事实劳动关系。

121. 答案：ABCE(P520～521)　工资集体协商的内容包括：①工资协议的期限；②工资分配制度、工资标准和工资分配形式；③职工年度平均工资水平及其调整幅度；④奖金、津贴、补贴等分配办法；⑤工资支付办法；⑥变更、解除工资协议的程序；⑦工资协议的终止条件；

⑧工资协议的违约责任;⑨双方认为应当协商约定的其他事项。

122. 答案:AE(P526) 工资集体协商期间,雇员一方的首席代表应当由工会主席担任,工会主席也可以书面委托其他雇员方面的代表作为首席代表;未成立工会的,由雇员集体协商代表推举。

123. 答案:ABCE(P534) 国家制定企业伤亡事故报告和处理制度,其目的是及时报告、统计、调查和处理职工伤亡事故,采取预防措施,总结经验,追究事故责任,防止伤亡事故再次发生。

124. 答案:DE(P541~542) 根据争议性质的不同,劳动争议可划分为权利争议和利益争议。

125. 答案:CDE(P553) 劳动争议仲裁过程中,当事人的权利包括提起申请、答辩、变更申诉请求、撤诉,要求劳动争议仲裁委员会公正调解和裁决的权利;委托代理人参加仲裁活动的权利;申请回避的权利;提出主张、提供证据的权利;自行和解的权利;不服仲裁裁决向人民法院起诉的权利;申请执行的权利。

卷册二:专 业 技 能

一、简答题

1. 答:(P42~44)

一种方法是岗位宽度扩大法,另一种是岗位深度扩大法。

1)岗位宽度扩大法有以下三种具体形式:

①延长加工周期。

②增加岗位的工作内容,如安排员工承担力所能及的设备维修、前期准备以及后期收尾的工作任务。

③包干责任。

2)岗位深度扩大法有以下五种具体形式:

①岗位工作纵向调整。

②充实岗位的工作内容。

③岗位工作连贯设计。

④岗位工作轮换设计。

⑤岗位工作矩阵设计。

2. 答:(P374~375)

1)考评项目设计。

①进行需求分析和可行性分析,决定是否采用360度考评方法。

②编制基于岗位胜任特征模型的考评问卷。

2)培训考评者。

①组建360度考评者队伍,考评者的来源有两种:由被考评者自己选择;由上级指定。

②对选拔出的考评者进行如下培训:沟通技巧、考评实施技巧、总结考评结果的方法、反馈考评结果的方法等。

3)实施360度考评。

①实施考评。

②统计考评信息并报告结果。

③对被考评人员进行如何接受他人的考评信息的培训。

④企业管理部门应针对考评的结果所反映出来的问题，制定改善绩效的行动计划。

4)反馈面谈。

①确定进行面谈的成员和对象。

②有效进行反馈面谈，及时反馈考评的结果，帮助被考评人员改进自己的工作，不断提高工作绩效，完善个人的职业生涯规划。

5)效果评价。

①确认执行过程的安全性。

②评价应用效果。

③总结考评过程中的经验和不足，找出存在的问题，不断完善整个考评系统。

3. 答：(P488)

制定薪酬战略可概括为四个步骤：

1)评估薪酬的意义和目的。这一步要求企业了解所在的行业情况，以及企业计划怎样在此行业中竞争。

2)开发薪酬战略，使之同企业经营战略和环境相匹配。通过对企业所处的内外环境和经营战略的分析，开发支持企业经营战略、提升企业竞争优势的薪酬战略。

3)实施薪酬战略。通过设计薪酬体系来实施薪酬战略，薪酬体系是将薪酬战略转变成薪酬管理实践。

4)对薪酬战略和经营战略匹配进行再评价。企业所处的环境是不断变化的，经营战略也相应在不断变化，因而薪酬战略就必须随之而变。为确保这点，定期对薪酬战略和经营战略匹配进行再评价就成为必要。

二、综合题

1. (1)答：(P143～144)

笔试一般应包括以下几个基本步骤：

1)成立考务小组。笔试过程中有大量的工作要进行准备，通过笔试考务小组可以有效推进整个过程的实施，具体包括计划的制订、试题的编制、考务的组织等项工作。

2)制订笔试计划。为了使笔试能有序进行，需要制订周密详细的实施计划。

3)设计笔试试题。根据企业计划招聘岗位的要求，明确笔试的目的，确定需要测试的主要内容和指标，并以此为基础确定试题的内容、项目、类型、难易程度、题量、计分方法、标准答案或参考答案等。

4)监控笔试过程。为了保障测试的质量，应当加强对笔试实施全过程的监督和控制。

5)笔试阅卷评分。对回收的试卷，安排阅卷人员进行阅卷评分，安排工作人员审核分数，最终形成笔试成绩报告。

6)笔试结果运用。对于笔试的最终成绩，一般有两种筛选方法：一种是淘汰法，另一种是达到一定分数的人员，可以进入下一轮的测试，给更多的应聘者进入下一轮测试的机会，从而提现了公平性和公正性。

(2)答：(P120～123)

员工素质测评的量化技术的具体形式：

1)一次量化与二次量化:一次量化是指对素质测评的对象进行直接的定量刻画,一次量化的对象一般具有明显的数量关系,量化后的数据直接提示了素质测评对象的实际特征,具有实质意义,因而也可称之为实质量化。二次量化即指对素质测评的对象进行间接的定量刻画,即先定性描述后再定量刻画的量化形式。

2)类别量化与模糊量化:类别量化与模糊量化都可以看作二次量化,所谓类别量化就是把素质测评对象划分到事先确定的几个类别中去,然后每个类别赋予不同的数字。

3)顺序量化、等距量化与比例量化:顺序量化是先依据某一素质特征或标准,将所有的素质测评对象两两比较排成序列,然后给每个测评对象一一赋予相应的数序数值。等距(离)量化则比顺序量化更进一步,他不但要求素质测评对象的排列有强弱、大小、先后等顺序的关系,而且要求任何两个素质测评对象间的差异相等,然后在此基础上才给每个测评对象一一赋值。比例量化又比等距量化更进一步,不但要求素质测评的排列有顺序等距关系,而且还要存在倍数关系。

4)当量量化:所谓当量量化,就是先选择某一中介变量,把各种不同类别或并不同质的素质测评对象进行统一性的转化,对它们进行近似同类同质的量化。

2. (1)答:(P266)

编制管理人员培训开发计划,遵循的基本原则:

1)以"服务培训对象"为中心。经营管理人员培训的直接目的是帮助经营管理人员增补知识、提高技能、调整心态、转变观念、变革思维、确立正确的行为方式,最终达到提高管理绩效的目的。

2)以需求驱动培训。企业员工培训必须服从企业整体的发展目标与战略,确立切合实际的培训目标和战略,这既对经营管理人员提出了更高的要求,同时也产生了新的培训需求。

3)根据培训需求,确定培训计划,确定培训目标和任务。通过对培训需求的深入分析,可以选择企业内部培训与送外培训相结合、以内部培训为主的培训战略,制订分阶段实施的管理人员培训计划。

4)在制订培训计划的基础上组织实施与评估。培训实施是培训的关键环节。

5)完善培训激励约束机制,促进培训成果转化。

(2)答:(P267)

管理人员培训开发计划的实施:

第一阶段:全面培训阶段。对全体管理人员分层次、有重点地进行常规管理知识和技能的培训。

第二阶段:定向提高阶段。对处于不同岗位上的管理人员进行针对性的岗位管理知识与技能培训。

第三阶段:重点提高阶段。对部分确有培训潜力的经营管理人员进行重点培训提高,使其成为优秀的职业经理人。

3. 答:(P541~543)

1)劳动争议亦称劳动纠纷,是指劳动关系双方当事人之间因劳动权利和劳动义务的认定与实现所发生的纠纷。劳动争议实质上是劳动关系当事人之间的利益矛盾、利益冲突的表现。劳动争议形成的原因是多方面的,比如劳动关系利益化,这是劳动争议形成的根本原因所在。

2)结合本案例,在市场经济整体滑坡的前提下,企业追求利益最大化,而劳动者则追求自身价值的最大实现，这必然使劳资双方在利益上形成矛盾。本案例中正是如此，企业只注重经济效益而不重视员工的合法权益，违反了国家劳动法律、法规。劳动争议由此产生，且由于企业法律知识淡薄或不愿意遵守法律。严重侵犯了劳动者的合法权益。

3)本案例中，企业无视国家法律法规，不严格履行劳动合同中劳资双方的责任与义务，肆意变相的为李某调整薪资，更是违反了国家劳动法中劳动合同管理条例中的规定。从而导致了权利人的权利、权益受到侵害。综上所述：本案例中的A企业要注意理顺劳动关系，要坚持以人为本，构建和谐劳动关系，全面推行正规劳动管理。既包括企业的不规范管理，也包括劳动保障部门的行政监管职能薄弱，故此，企业要规范劳动合同关系，规范双方权利义务，同时建立健全企业内部规章管理制度，劳动保障部门要做好企业劳动合同的签订和执行的监督和检查工作，保证劳动合同的合法有效，从根本上避免和减少劳动争议的产生。

2016年11月企业人力资源管理师(二级)全国统一鉴定考试真题

人力资源和社会保障部　国家职业资格全国统一鉴定

职　业:企业人力资源管理师　　等　级:国家职业资格二级

卷册一:职业道德　理论知识

第一部分　职业道德

(第1～25题,共25道题)

一、职业道德基础理论与知识部分

答题指导:

◆该部分均为选择题,每题均有四个备选项,其中单项选择题只有一个选项是正确的,多项选择题有两个或两个以上选项是正确的。

◆请根据题意的内容和要求答题,并在答题卡上将所选答案的相应字母涂黑。

◆错选、少选、多选,则该题均不得分。

(一)单项选择题(第1～8题)

1. 关于职业,正确的说法是(　　)。

A. 职业是责任、权利、利益的有机统一

B. 职业是人们生存的唯一手段

C. 职业是束缚人的自由、权利的锁链

D. 职业是赚取人们剩余劳动价值的方式

2. 我国社会主义职业道德的核心是(　　)。

A. 集体主义　　B. 为人民服务　　C. 爱国主义　　D. 科学发展观

3. 职业活动内在的道德准则是(　　)。

A. 忠诚、谨慎、进取　　B. 忠诚、敬业、诚信

C. 诚信、守法、人本　　D. 忠诚、审慎、勤勉

4. 属于比尔·盖茨确立的10大优秀员工准则的是(　　)。

A. 站在自己的立场上为客户着想

B. 要把奖金和薪水作为最强大的工作动力

C. 对公司的产品具有寻根究底的好奇心

D. 通过自己的成功,帮助老板成功

5. 在职业活动中,所谓"理智信任"的意思是(　　)。

A. 相互信任,同时也反对不明是非、不分善恶的盲目信任

B. 既信任,又怀疑

C. 表面上信任,实际上不信任

D. 即使信任,也要加强防范和戒备

6. 下列做法中,符合《禁止商业贿赂行为的暂行规定》要求的是(　　)。

A. 经营者的职工采用商业贿赂手段为经营者购销商品，认定为职工个人行为

B. 在账外暗中给予对方单位或者个人回扣的，以行贿论处

C. 任何经营者购销产品，均不可以明示方式给中间人佣金

D. 经营者在商品交易中不得向对方单位附赠现金或者物品，包括小额广告礼品

7. 企业家孙正义认为："三流的点子加一流的执行力，永远比一流的点子加三流的执行力更好。"他的这句话说明(　　)。

A. 点子不重要，执行力重要

B. 战略问题不重要，策略问题重要

C. 执行、落实和纪律比没有实际行动的空想重要

D. 点子靠别人，执行靠自己

8. 关于节约，理解正确的是(　　)。

A. 在节约问题上，不可能形成统一的价值观念

B. 节约因人而异，企业节约主要是上司的责任

C. 花多少钱，办多少事，只要不超支便是节约

D. 节约方式虽有差异，但节约精神具有共通性

(二)多项选择题(第9～16题)

9. 依据《公民道德建设实施纲要》。从业人员应共同遵循的职业道德要求包括(　　)。

A. 爱国守法　B. 诚实守信　C. 自强创新　D. 奉献社会

10. 关于职业化，正确的说法是(　　)。

A. 职业化包含三个层次的内容，其中核心层是职业化素养

B. 职业化也称为"专业化"，它是一种自律性的工作态度

C. 职业化要求从业人员在工作和决策中尽量发挥主观性和个人兴趣

D. 职业化在行为标准方面的体现称为职业化行为规范

11. 关于敬业，其内涵是(　　)。

A. 尊敬、尊崇自己的职业　B. 对待工作恭敬、虔诚

C. 享受工作的过程　D. 精益求精、不断进步

12. 关于"承诺"，正确的做法是(　　)。

A. 发自内心，不自欺欺人　B. 承诺的力度要量力而行

C. 有"承"必践，有"约"必履　D. 充分相信他人的承诺

13. 在我国传统道德中，"诚信"之"诚"的含义是(　　)。

A. 自然万物的客观实在性

B. 对"天道"的真实反映

C. 尊重事实和忠实本心的待人对物的态度

D. 从辞源上看，就是"把事情说成了"

14. 从业人员讲求信用，主要包括(　　)。

A. 择业信用　B. 岗位责任信用　C. 家庭信用　D. 离职信用

15. 下列做法中，属于国家《节约能源管理暂行条例》规定的事项是(　　)。

A. 企业供热系统的运行、管理和余热利用，应当按国家有关规定执行

B. 企业供电的技术要求，按照国家标准局的有关规定执行

C. 企业应编制节能改造的中长期规划和年度计划

D. 企业使用国家已公布淘汰的机电产品和超能耗标准设备,须停用或转移

16. 践行“合作”规范的要求是(　　)。

A. 求同存异　B. 互助协作　C. 公平竞争　D. 不拘小节

二、职业道德个人表现部分(第17~25题)

答题指导:

◆该部分均为选择题,每题均有四个备选项,您只能根据自己的实际状况选择其中一个选项作为您的答案。

◆请在答题卡上将所选择答案的相应字母涂黑。

17. 假如你平时没少帮助某同事,但当你遇到困难向这个同事求助时,却没能得到帮助。以后,当有人求助于你时,你会(　　)。

A. 绝对不会再帮助他们　B. 再帮助时需要考虑一下

C. 继续帮助他人　D. 感觉很矛盾

18. 张某与李某关系要好,彼此视为知己,只要涉及李某利益时,张某会毫不犹疑地站在李某的立场上。关于张某,你的看法是(　　)。

A. 赞同张某,觉得自己很像张某　B. 很钦佩,认为张某够仗义

C. 反对张某,觉得他缺乏独立思考　D. 觉得张某难以理解

19. 有个外国人只身来到中国西部沙漠地区,他十年间克服重重困难植树造林数万株,却不要任何报酬。你会(　　)。

A. 多少觉得这个外国人古怪

B. 感到敬佩,但自己无法像他那样做

C. 应该号召全国人民向这个外国人学习

D. 人各有志,顺其自然

20. 上司临时安排你完成一项重要任务,任务又急又难,你感到完成这项任务的概率只有1%。这时你会(　　)。

A. 坚定信心,千方百计完成任务

B. 为了避免损失,还是会推掉任务

C. 先接受任务,完成不了再解释

D. 接受任务,但觉得上司把完成不了的任务交给自己,多少有些刁难的味道

21. 如果你是公司某部门负责人,下属中有一个新员工,虽然他兢兢业业工作,但总不能按时完成任务。由此拖了部门后腿,影响了大家的绩效奖。对这个员工,你会(　　)。

A. 按制度处罚这名员工　B. 给他调换一下岗位

C. 倡导大家轮流帮助他提高技术　D. 劝他自己主动辞职

22. 在工作和生活中,总会偶遇一些具有不良习惯的人。你一般会(　　)。

A. 不管对方是谁或者怎么想,自己会主动劝他们改正

B. 会提醒他们改正,但不会寄希望他们短时间内能改正

C. 只有对那些和自己关系较为密切的人,才会劝他们改正

D. 认为这是别人的自由,自己不该去干涉

23. 每天上完班之后。你一般的感受是(　　)。

A. 十分劳累 B. 乏味而沮丧

C. 稍感劳累，但可以承受 D. 虽然忙，但还满意

24. 如果你只是一名公司普通工作人员，平时和朋友、同事聚会时。你一般会（ ）。

A. 乐意把单位的事情讲给他们听

B. 对方不问，自己从不会主动说起单位里的事情

C. 简要说说单位里的事情

D. 对方问起单位里的事情时，会把话题岔开

25. 在目前这个单位工作。你总的感觉是（ ）。

A. 过几年在职务或收入上会有提高

B. 忙忙碌碌，疲于奔命

C. 早想离开了，只是没遇到合适的机会

D. 平平淡淡，不知所从

第二部分 理 论 知 识

（第26～125题，共100道题，满分为100分）

一、单项选择题（第26～85题，每题1分，共60分。每小题只有一个最恰当的答案，请在答题卡上将所选答案的相应字母涂黑）

26.（ ）是指社会在一定时期内对产品和服务需求的总和。

A. 总需求 B. 商品需求 C. 投资品需求 D. 消费品需求

27.（ ）是指劳动法的各项具体劳动法律制度的构成和相互关系。

A. 劳动法的体系 B. 劳动法的渊源 C. 劳动法的原则 D. 劳动法的内容

28.（ ）不属于战略控制的基本要素。

A. 战略分解 B. 实际成效 C. 绩效评价 D. 战略评价标准

29.（ ）是指对某个群体形成一种概括而固定的看法后，会据此去推断这个群体每个成员的特征。

A. 首因效应 B. 光环效应 C. 投射效应 D. 刻板印象

30.（ ）是人通过自己的社会性的生命活动，形成或获得的全部属性的综合，亦即现实生活中的人所具有的全部规定性。

A. 人的本性 B. 人的社会属性 C. 人的特征 D. 人的自然属性

31. 在企业生产过程所包含的基本要素中，（ ）是能动主体。

A. 劳动者 B. 劳动对象 C. 劳动资料 D. 劳动环境

32. 关于组织理论与组织设计理论的说法，不正确的是（ ）。

A. 在逻辑上，组织理论包括组织设计理论

B. 组织理论与组织设计理论在外延上是相同的

C. 动态的组织设计理论包含静态的组织设计理论

D. 组织理论的研究对象包括组织运行的全部问题

33.（ ）是在直线职能制垂直形态组织系统的基础上，再增加一种横向的管理系统。

A. 矩阵制 B. 超事业部制 C. 事业部制 D. 模拟分权制

34. 在行业处于发展阶段,为了扩大市场份额,企业会采取(　　)。

A. 增大数量战略　B. 扩大地区战略　C. 纵向整合战略　D. 多种经营战略

35. 改变某个科室的职能或新设一个职位属于(　　)的组织结构变革。

A. 改良式　B. 渐进式　C. 计划式　D. 爆破式

36. (　　)是指通过充实岗位的工作内容,增加岗位技术和技能含量,使岗位工作变得多样化。

A. 工作满负荷　B. 工作扩大化　C. 工作丰富化　D. 岗位的轮换

37. 人员培训开发计划的具体内容不包括(　　)。

A. 培训的目标　B. 培训费用的预算　C. 培训的内容　D. 培训人员的激励

38. 关于人力资源预测的说法,不正确的是(　　)。

A. 人力资源预测能引导员工进行职业生涯设计

B. 动态的组织条件下,人力资源预测非常必要

C. 静态的组织条件下,人力资源预测并非必要

D. 人力资源预测不利于调动员工的工作积极性

39. 关于人力资源预测方法的论述,不正确的是(　　)。

A. 趋势外推法最为简单,其自变量只有一个

B. 经济计量模型法不需要考虑自变量之间的影响

C. 马尔可夫法可以进行企业人力资源供给的预测

D. 马尔可夫法可以进行企业人力资源需求的预测

40. (　　)可以进行人力资源供给预测。

A. 定员定额法　B. 灰色预测模型　C. 岗位分析法　D. 管理人员接替模型

41. 销售工作要求执行者能说会道,秘书工作要求执行者细致周到。这体现了员工素质测评的(　　)原理。

A. 个体差异　B. 工作差异　C. 人岗匹配　D. 环境差异

42. 面试评分中的量化往往是(　　)。

A. 一次量化　B. 二次量化　C. 类别量化　D. 模糊量化

43. 美国教育学家布卢姆将教育认知目标由低到高分为六个层次,最高层是(　　)。

A. 理解　B. 应用　C. 评价　D. 分析

44. 以昨天的记忆代替整个测评时期的全部表现,这属于员工素质测评的(　　)。

A. 晕轮效应　B. 感情效应　C. 近因误差　D. 离散误差

45. (　　)的阅卷方式是笔试测验的必然趋势。

A. 统一化与针对性　B. 多样化与针对性　C. 统一化与普适性　D. 多样化与普适性

46. (　　)是当前人员招聘面试发展的主流。

A. 结构化面试　B. 单独面试　C. 非结构化面试　D. 一次性面试

47. 面试考官过分强调应聘者的不利因素,以致不能全面了解应聘者,这属于面试考官偏见中的(　　)。

A. 第一印象　B. 对比效应　C. 晕轮效应　D. 感情效应

48. "你好像不太适合我们这里的工作,你看呢?"属于(　　)面试问题。

A. 压力性　B. 知识性　C. 思维性　D. 经验性

49. 企业员工的劳动活动按照工作性质进行区分，不包括（　　）劳动。

A. 工艺性　B. 技术性　C. 辅助性　D. 重复性

50. 企业员工培训规划的基础是（　　）。

A. 人力资源开发体系　B. 培训需求分析

C. 企业薪酬管理体系　D. 组织结构分析

51.（　　）不是企业年度培训计划的组成部分。

A. 目录模块　B. 需求分析模块　C. 计划概要模块　D. 主体计划模块

52. 科学有效的培训管理，需要在培训计划的实施与管理控制中体现（　　）的指导思想。

A. 经济、高效　B. 计划、有序　C. 经济、适用　D. 实用、有序

53. 在企业成熟期，企业培训课程设计应以（　　）为重点。

A. 建设企业文化　B. 提高创业者的营销公关能力

C. 提高中层管理人员的管理能力　D. 提高管理者的管理观念和技能

54. 岗位指南的优点不包括（　　）。

A. 重点突出　B. 使用简易　C. 精细深入　D. 记忆方便

55. 对企业高层管理者的培训，应侧重于培养（　　）。

A. 经营理念　B. 沟通技巧　C. 专业知识　D. 工作方法

56. 在进行管理人员培训需求分析时，工作与任务分析的内容是（　　）。

A. 要求做到什么　B. 实际做到什么　C. 不应该做什么　D. 应该做到什么

57. 编制管理人员培训开发计划，应坚持以（　　）为中心。

A. 服务培训对象　B. 培训需求分析

C. 确定培训目标　D. 培训实施和效果评估

58.（　　）是最基本、最普遍的培训效果评估。

A. 反应评估　B. 学习评估　C. 行为评估　D. 结果评估

59. 对管理性组织和服务性组织的考评，一般不宜采用的指标是（　　）。

A. 工作方式　B. 工作产出　C. 组织气氛　D. 工作效率

60. 一般而言，（　　）不是绩效考评指标的来源。

A. 部门职能与岗位职责　B. 绩效短板与不足

C. 组织战略与经营规划　D. 员工薪酬福利水平

61. 绩效考评量表不包括（　　）。

A. 比率量表　B. 等距量表　C. 等级量表　D. 差异量表

62. 设定KPI和指标值时，一般不会选取（　　）作为参考标杆。

A. 本地区中等水平的企业　B. 国内领先地位的最优企业

C. 本行业领先的最佳企业　D. 世界领先地位的顶尖企业

63. 当绩效指标的跟踪和监控耗时过多时，可采取的改进措施是（　　）。

A. 缩短跟踪和监控的时间

B. 增加人力、物力的投入

C. 设置更为精细的跟踪指标

D. 由跟踪"正确率"指标转为跟踪"错误率"指标

64. 考量员工个人特质的效标属于（　　）。

A. 行为性效标　B. 特征性效标　C. 结果性效标　D. 品质性效标

65. 绩效考评偏误中的(　　),容易增加工作压力,降低工作满意度,不利于调动业务骨干的积极性、主动性和创造性。

A. 苛严误差　B. 集中趋势　C. 宽厚误差　D. 晕轮误差

66. 对考评者主观因素造成的各种偏误,不包括(　　)。

A. 晕轮误差　B. 自我中心效应　C. 分布误差　D. 评价标准误差

67. (　　)是基于胜任特征的考评方法,使用这种方法得出的结果更全面。

A. 平衡计分卡　B. 行为定位法　C. 评价中心法　D. 360度考评

68. (　　)是员工为企业提供劳动而得到的各种货币与实物报酬的总和。

A. 薪酬　B. 工资　C. 福利　D. 奖金

69. 薪酬管理包括薪酬体系设计和(　　)两个方面。

A. 薪酬结构管理　B. 薪酬日常管理　C. 薪酬制度管理　D. 薪酬预算管理

70. 可以用工资总额占(　　)的合理比重来推算合理的工资总额。

A. 附加值　B. 人工成本　C. 营业额　D. 福利总额

71. 企业要采取薪酬领先策略,薪酬水平要定在市场薪酬水平的(　　)。

A. 15到30分位　B. 50分位　C. 45分位　D. 75甚至90分位

72. 某企业属于新兴行业,宜采用(　　)的方式进行薪酬调查。

A. 调查问卷　B. 企业之间相互调查

C. 委托中介机构　D. 采集社会公开信息

73. 相比较而言,简单易行的市场薪酬调查方法是(　　)。

A. 电话调查　B. 面谈调查　C. 文献收集　D. 趋势分析

74. (　　)是以事为标准,事在人先,以事择人。

A. 人员分类　B. 职级分组　C. 岗位分类　D. 品位分类

75. 一般而言,(　　)不属于团队薪酬的组成部分。

A. 员工福利　B. 激励性薪酬　C. 基本薪酬　D. 绩效认可奖励

76. 从广义上讲,(　　)是指医疗保障体系中除基本医疗保险之外的其他所有医疗保险形式。

A. 短期医疗保险　B. 补充医疗保险　C. 长期医疗保险　D. 特殊医疗保险

77. 关于劳动关系的表述,不正确的是(　　)。

A. 劳动关系的内容是劳动

B. 劳动关系就是指劳动法律关系

C. 劳动关系具有平等性和隶属性

D. 劳动关系兼有人身关系和财产关系属性

78. 已建立劳动关系,未同时订立书面劳动合同的,自用工之日起(　　)内订立书面劳动合同,其行为不违法。

A. 1个月　B. 2个月　C. 3个月　D. 6个月

79. 经营劳务派遣业务的劳务派遣单位,注册资本不得少于(　　)元。

A. 50万　B. 100万　C. 200万　D. 500万

80. 企业的工资指导线不包括(　　)。

A. 下线　　B. 均值线　　C. 基准线　　D. 预警线

81. 企业的总工程师对本单位的安全生产负有（　　）。

A. 全面责任　　B. 担保责任

C. 直接责任　　D. 安全卫生技术领导责任

82. 作为劳动争议主体的职工一方当事人，人数为（　　）以上，有共同争议理由的，属于集体劳动争议。

A. 2人　　B. 5人　　C. 10人　　D. 20人

83.（　　）不属于劳动争议仲裁委员会的组成人员。

A. 企业职工代表　　B. 劳动行政部门代表

C. 同级工会代表　　D. 用人单位方面代表

84. 劳动争议申请仲裁的时效期间为（　　）。

A. 2个月　　B. 6个月　　C. 1年　　D. 2年

85. 拖欠劳动报酬的用人单位在收到法院的支付令后，如果属实的，可以在（　　）内完成支付，以避免进入强制执行程序。

A. 15日　　B. 30日　　C. 60日　　D. 90日

二、多项选择题（第86～125题，每题1分，共40分。每题有多个答案正确，请在答题卡上将所选答案的相应字母涂黑。错选、少选、多选，均不得分）

86. 财政政策的内容主要包括（　　）。

A. 降低利率　　B. 增减预算支出水平

C. 增减政府税收　　D. 发展社会保险事业

E. 调节法定准备金率

87. 企业战略的实质是实现（　　）之间的动态平衡。

A. 外部环境　　B. 内部环境　　C. 企业实力

D. 战略目标　　E. 人文环境

88. 人的实际能力又可分为（　　）。

A. 一般能力　　B. 管理能力　　C. 特殊能力

D. 适应能力　　E. 理解能力

89. 人本管理的原则包括（　　）。

A. 人的管理第一　　B. 和谐人际关系　　C. 使员工个人与组织共同发展

D. 满足社会需要　　E. 构建以人为中心的组织形态

90. 多维立体组织结构形成了（　　）等管理组织机构系统。

A. 产品利润中心　　B. 专业成本中心　　C. 地区利润中心

D. 部门利润中心　　E. 服务管理中心

91. 根据组织成员的特征及其相互关系，网络型组织可分为（　　）。

A. 内部网络　　B. 虚拟网络　　C. 垂直网络

D. 市场网络　　E. 机会网络

92. 属于组织结构爆破式变革的有（　　）。

A. 新设一个部门　　B. 两家企业合并

C. 企业组织结构的整合　　D. 局部改变某个科室的职能

E. 组织结构从职能制改为事业部制

93. 工作岗位设计的基本方法中,工业工程的功能具体表现为(　　)。

A. 创新　B. 规划　C. 评价

D. 改进　E. 设计

94. 企业各类人员计划包括(　　)。

A. 人员配置计划　B. 人员考核计划　C. 人员薪酬计划

D. 人员福利计划　E. 人员供给计划

95. 定员定额分析法的具体方法包括(　　)。

A. 劳动定额分析法　B. 效率定员法　C. 类推比较定员法

D. 比例定员法　E. 设备看管定额定员法

96. 人岗匹配包括(　　)相匹配。

A. 工作报酬与员工贡献　B. 不同岗位之间

C. 工作要求与员工素质　D. 不同员工之间

E. 工作权限与员工愿望

97. 关于FRC品德测评法的表述,正确的有(　　)。

A. 需要借助计算机分析技术

B. 报告方式可以是个别谈话

C. 属于考核性品德测评方法

D. 报告的方式可以是班组座谈

E. 可以做出定性与定量评定

98. (　　)能够引起员工素质测评结果的误差。

A. 晕轮效应　B. 感情效应　C. 参评人员训练不足

D. 近因误差　E. 测评指标选择不当

99. 在面试过程中要理解肢体语言,其中目光接触的典型含义包括(　　)。

A. 友好　B. 紧张　C. 真诚

D. 自信　E. 冷淡

100. 知识测验主观题的优点有(　　)。

A. 试题内容综合度高　B. 有利于考查知识运用能力

C. 命题量小、题干比较简单　D. 评判更科学、客观

E. 考点覆盖面较广

101. 按照配置方式的不同,可将企业人力资源配置分为(　　)的优化配置。

A. 结构　B. 数量　C. 时间

D. 质量　E. 空间

102. 以战略为导向的培训需求分析包括(　　)。

A. 组织分析　B. 任务分析　C. 企业战略分析

D. 人员分析　E. 工作环境分析

103. 年度培训计划设计的基本程序有(　　)。

A. 培训调查与分析研究　B. 前期准备

C. 年度培训计划的制订　D. 培训课程设计

E. 年度培训计划的审批及开展

104. 培训课程设计的基本原则包括(　　)。

A. 满足市场发展要求　　B. 满足企业与学习者的需求
C. 兼顾实用型和系统性　　D. 体现成年人的认知规律
E. 体现现代系统理论的基本原理

105. 培训中使用的印刷材料有(　　)。

A. 岗位说明书　　B. 工作任务表　　C. 学员手册
D. 培训者指南　　E. 测验试卷

106. 企业培训管理中的工作团队具有以下特点(　　)。

A. 具有更多的工作自主权　　B. 注重个体自我开发
C. 体现流程团队的特性　　D. 注重团队成员的同质性
E. 体现个体学习、团队培训、组织开发三位一体

107. 在设定培训评价标准时,应当注重评估指标和标准的(　　)。

A. 相关度　　B. 信度　　C. 区分度
D. 重合度　　E. 可行性

108. 根据组织工作性质的不同,组织绩效考评可分为(　　)。

A. 生产性组织的绩效考评　　B. 科研性组织的绩效考评
C. 技术性组织的绩效考评　　D. 管理性组织的绩效考评
E. 服务性组织的绩效考评

109. 关于等距量表的说法,正确的有(　　)。

A. 有绝对零点　　B. 数量差距相同　　C. 数量差距以相同的比例变化
D. 没有绝对零点　　E. 可以进行加减乘除四则运算

110. 利用客户关系图来提取关键绩效指标,能够(　　)。

A. 分析客户的满意度　　B. 了解企业的内外客户
C. 掌握为客户提供的具体产出　　D. 提高员工的服务意识
E. 设定考评标准衡量团队或个人绩效

111. 行为导向型的考评方法包括(　　)。

A. 排列法　　B. 关键事件法　　C. 行为观察法
D. 强制分配法　　E. 绩效标准法

112. 下列管理行为或管理意图中,(　　)易造成绩效考评的苛严误差。

A. 主管为了缓和与员工的关系　　B. 拟扩大提薪或奖励人数比例
C. 为有计划地减员提供证据　　D. 惩罚那些不服管理的员工
E. 设定了高水平的绩效评定标准

113. 360度考评的实施程序包括(　　)。

A. 反馈面谈　　B. 评价实施效果　　C. 培训考评者
D. 实施360度考评　　E. 设计考评项目

114. 非货币性薪酬是指由(　　)等因素带给员工的愉悦和满足感。

A. 直接薪酬　　B. 工作本身　　C. 间接薪酬
D. 组织特征　　E. 工作环境

115. 政府部门的薪酬数据具有(　　)等优点。

A. 结果可靠　　B. 内容分类细致　　C. 处理方法简单

D. 范围比较集中　　E. 涵盖的范围广

116. (　　)是按照岗位的工作性质及其特征,对岗位所进行的横向分类。

A. 职系　　B. 岗级　　C. 职组

D. 岗等　　E. 职门

117. 薪点薪酬制的优点包括(　　)。

A. 体现了效率优先的原则　　B. 有利于提高员工素质和绩效

C. 有利于增强团队的协作精神　　D. 容易使薪酬向关键岗位倾斜

E. 薪酬标准用金额表示,加大了激励强度

118. (　　)属于以绩效为导向的薪酬结构。

A. 计件薪酬制　　B. 薪点薪酬制　　C. 销售提成制

D. 岗位薪酬制　　E. 技术薪酬制

119. 企业员工薪酬制度的调整包括(　　)。

A. 物价性调整　　B. 季节性调整　　C. 工龄性调整

D. 政策性调整　　E. 考核性调整

120. 用人单位招用劳动者未订立书面劳动合同,但同时具备(　　)等条件的,劳动关系成立。

A. 劳动者受用人单位的劳动管理

B. 劳动者从事用人单位安排的有报酬的劳动

C. 劳动者提供的劳动是用人单位业务的组成部分

D. 用人单位和劳动者符合法律、法规规定的主体资格

E. 用人单位依法制定的各项劳动规章制度适用于劳动者

121. 劳务派遣用工只能在(　　)的工作岗位上实施。

A. 临时性　　B. 辅助性　　C. 长期性

D. 主营性　　E. 替代性

122. 关于制定工资指导线的说法,正确的有(　　)。

A. 只需符合企业的需求

B. 应注意与国际经济发展状况相适应

C. 坚持平均工资的增长低于劳动生产率的增长

D. 坚持企业工资总额的增长低于企业经济效益的增长

E. 应符合国家宏观经济政策和对工资增长的总体要求

123. 解决劳动争议,应该根据事实,遵循(　　)原则,依法保护当事人的合法权益。

A. 合法　　B. 公正　　C. 及时

D. 着重调解　　E. 强制调解

124. 依照劳动争议调解仲裁法的规定,劳动争议调解组织主要包括(　　)。

A. 企业劳动争议调解委员会

B. 依法设立的基层人民调解组织

C. 省级人民政府专设的省级劳动争议调解机构

D. 市一级人民政府专设的地市级劳动争议调解组织

E. 乡镇、街道设立的具有劳动争议调解职能的组织

125. 劳动争议的基本途径包括(　　)。

A. 仲裁　　B. 调解　　C. 协商解决

D. 向人民法院起诉　　E. 向政府申诉

卷册二:专 业 技 能

注意事项:

1. 请按要求在试卷的标封处填写您的姓名、准考证号、身份证号和所在地区。

2. 请仔细阅读各种题目的回答要求,并在规定的位置填写您的答案。

3. 请保持卷面整洁,不要在试卷上做任何与答题无关的标记,也不得在标封区填写无关内容。

	一			二			总分	总分人
	1	2	3	1	2	3		
得分								

一、简答题(本题共 3 小题,第 1 小题 15 分,第 2 小题 15 分,第 3 小题 16 分,共 46 分)

1. 简述基于选拔性素质模型的结构化面试的主要步骤。(15 分)

2. 简述企业培训需求分析在任务分析阶段的工作步骤。(15 分)

3. 简述员工工资标准个体调整和整改调整的内容。(16 分)

二、综合题(本题共 3 题,每小题 18 分,共 54 分)

1. 某空港地面设备设施管理公司自组建以来,业务范围不断扩大,到今年 7 月,其负责维修维护的机电设备已超过 3000 台。其他设备如行李分拣、安全检查、电子通信等工作任务量也有了大幅度的增加,该公司的人员规模已经由原来的 1000 人扩大到 3000 人,职能部门由原来的 4 个增加到 8 个,所属的业务部门和子公司增加到 12 个。随着各项管理制度改革进程的加快,该公司出现了机构膨胀、人浮于事、管理层次过多、部门之间相互扯皮推诿等一系列问题。在今年第三季度形式分析会上,董事会作出决定,要求公司主管领导在充分调研的基础上,对公司组织结构进行一次全面的变革。

请结合本案例回答以下问题:

(1)公司全面推进组织结构变革,应按照什么样的程序和步骤?(12 分)

(2)公司对现有组织结构进行变革时,应当注意做好哪几项工作?(6 分)

2. 某公司拟在明年推出一套全新的绩效管理体系,其中绩效考评指标及其标准由人力资源部负责组织设计。为此,人力资源部组织并召集专家进行了多次研讨。在讨论会上,有的专家提出,考评指标越多越细越全越好,这样才能体现出各类岗位的工作差别和贡献大小;有的专家则认为绩效考评不能过于复杂,应针对不同类别的岗位设计关键绩效指标;还有专家提出,采用平衡计分卡的方法更能提高绩效考评的质量。人力资源部认真总结了专家的意见,拟采用目标分解法,从平衡计分卡的四个维度设计公司的关键绩效指标。

请结合本案例回答以下问题:

(1)采用目标分解法提取关键绩效指标时应关注哪些问题?(8 分)

(2)提取和设定关键绩效指标时应当遵循哪几项基本原则？(10分)

3. 王先生于2015年4月1日与A电器公司签订了《直接业务员聘任合同》,有效期至2016年3月31日,合同约定,乙方(王先生)代表甲方(A电器公司)和最终顾客洽谈销售业务,销售甲方产品,甲方向乙方收取企业信誉保证金3000元,乙方的工作报酬为销售价与产品出厂价的差额(3%),甲方不负担乙方销售活动的任何费用;乙方销售产品向甲方付清出厂价全款,双方概不拖欠。2016年3月31日合同到期后,双方同意续延合同一年,同时A电器公司向王先生颁发上岗资格证,2016年4月9日,王先生与B公司洽谈了一份产品销售合同,从A电器公司提取三套产品销售至B公司。4月12日A电器公司绕过了王先生与B公司直接签订了《产品销售合同》,并为B公司开具四套产品共计160000元销售发票一张,4月15日,王先生向A电器公司索要工作报酬,遭到公司拒绝,王先生又到总经理办公室提出工作报酬诉求,再一次遭到拒绝,双方有言语冲突,4月17日A电器公司向王先生发出通报,该通报称"销售人员王先生2016年4月15日上午在公司内无理取闹,严重干扰了公司正常的生产秩序,经公司研究决定,取消王先生的销售资格,其从今后的所有行为与本公司无关。"

王先生遂向当地劳动争议仲裁委员会提请仲裁,并提出以下申请请求:①A电器公司按照双方签订的《直接业务员聘任合同》规定,向王先生支付应得的提成款4800元;②退还风险抵押金3000元;③撤销公司的除名决定,恢复劳动关系;④按照月工资5000计算,支付2016年4月17日起至裁决之日止的工资及补偿金;⑤补办劳动合同存续期间的社会保险手续并缴纳社会保险费。

调查事实如下:①《直接业务员聘任合同》约定乙方(王先生)代表甲方与最终顾客洽谈销售业务,销售甲方产品;乙方的工作报酬为销售价与产品出厂价的差额,每笔业务结清后即可领取差价;②甲方不承担为乙方办理社会保险;③上岗资格证是履行《直接业务员聘任合同》的资格条件证明,并要求直销人员负有保守A电器公司的商业秘密、维护公司形象等义务。

请结合本案例论述劳动争议冲裁的受理过程、结果及其具体理由。(18分)

答案与解析

卷册一:职业道德　理论知识

第一部分　职业道德

此部分无标准答案,根据自己的价值观作答。

第二部分　理论知识

一、单项选择题(第26～85题,每题1分,共60分。每小题只有一个最恰当的答案,请在答题卡上将所选答案的相应字母涂黑)

26. 答案:A(基础知识P19)　所谓总需求,是指社会在一定时期内对产品和服务需求的总和。总需求=消费品需求+投资品需求。

27. 答案:A(基础知识P36)　劳动法的体系是指劳动法的各项具体劳动法律制度的构成和相互关系。

28. 答案:A(基础知识P61)　战略控制的基本要素有战略评价标准、实际成效和绩效评价。

29. 答案:D(基础知识P102～103)　刻板印象是指对某个群体形成一种概括而固定的看法后,会据此去推断这个群体每个成员的特征。首因效应是指最先的印象对人的知觉产生的强烈影响。光环效应是指当对一个人的某些特性形成好或坏的印象之后,人们就倾向于据此推论其他方面的特征。投射效应是指在知觉他人时,知觉者以为他人也具备与自己相似的特性,这种把自己的特点归因到他人身上的倾向称为投射。

30. 答案:A(基础知识P137)　人的本性是人通过自己的社会性的生命活动,形成或获得的全部属性的综合,亦即现实生活中的人所具有的全部规定性。这种多方面的属性或规定性,概括为自然属性和心理属性两方面的内容。

31. 答案:A(基础知识P184)　企业生产过程所包含的基本要素,如劳动者、劳动对象、劳动资料和劳动环境是一个互相联系、互相制约的有机系统,其中劳动者是能动主体。

32. 答案:B(P1)　组织理论与组织设计理论在外延上是不等的,从逻辑上说,组织理论应该包括组织设计理论。

33. 答案:A(P5)　矩阵制组织结构亦称规划—目标结构、非长期固定性或项目性组织结构。矩阵制组织形式是在直线职能制垂直形态组织系统的基础上,再增加一种横向的管理系统。

34. 答案:A(P23)　企业发展到一定阶段,其规模、产品和市场都发生了变化。这时,企业应采用适合的组织发展战略,对组织结构做出相应的调整。主要战略有:①增大数量战略。在行业处于发展阶段,只需采用简单的结构或形式。②扩大地区战略。随着行业进一步发展,要求企业将产品或服务扩展到其他地区。为了协调这些产品和服务,形成标准化和专业化,企业组织要求建立职能部门结构。③纵向整合战略。在行业增长阶段后期,竞争更加激烈,为了减少竞争的压力,企业会采取纵向整合战略。此时,组织应选择事业部制结构。④多种经营战略。在行业进入成熟期,企业往往选择多种经营战略,这时企业应根据规模和市场的具体情况,分别采用矩阵结构或经营单位结构。

35. 答案:A(P27)　改良式变革即日常的小改小革,修修补补,如局部改变某个科室的职能,新设一个职位等。这是企业常用的方式。这种方式符合企业实际需要,局部变革,阻力较小。

36. 答案:C(P35) 工作丰富化是指在岗位现有工作的基础上,通过充实工作内容,增加岗位的技术和技能的含量,使岗位的工作更加多样化、充实化,消除因从事单调乏味工作而产生的枯燥厌倦情绪,从心理、生理上满足员工的合理要求。

37. 答案:D(P47) 人员培训计划的具体内容包括:受训人员的数量、培训的目标、培训的方式方法、培训的内容、培训费用的预算等。

38. 答案:D(P56) 人力资源预测能引导员工进行职业生涯设计和职业生涯发展,对调动员工的积极性有很大的帮助。

39. 答案:B(P69) 经济计量模型法是先将公司的员工需求量与影响需求量的主要因素之间的关系用数学模型的形式表示出来,依此模型及主要因素变量,来预测公司的员工需求。这种方法比较复杂,一般只在管理基础比较好的大公司里才采用。

40. 答案:D(P90) 对于管理人员供给的预测,最简单而又有效的方法就是设计管理人员的接替模型。

41. 答案:B(P109~110) 员工测评的一个假设是:不同的职位具有差异性。首先是工作任务的差异,也就是工作内容的差异;其次是工作权责的差异,即一个职位所具有的决策权力和决策影响力的不同。

42. 答案:A(P121) 面试评分中的量化往往是一次量化,面试的结果直接由主试的评分相加平均得到。

43. 答案:C(P119~120) 美国教育学家布卢姆提出了著名的"教育认知目标分类学",把认知目标由低到高分为记忆、理解、应用、分析、综合、评价六个层次,各层次体现了不同的知识要求。

44. 答案:C(P131) 由于测评人员对被测对象近期印象深刻、记忆清楚,而对远期表现印象模糊、记忆不清。因此,以近期的记忆代替整个测评时期的全部实际表现,导致产生测评结果的误差即近因误差。

45. 答案:B(P146) 多样化与针对性的阅卷方式是笔试测验的必然趋势。

46. 答案:A(P151) 面试的发展趋势:①面试形式丰富多样;②结构化面试成为面试的主流;③提问的弹性化;④面试测评的内容不断扩展;⑤面试考官的专业化;⑥面试的理论和方法不断发展。

47. 答案:C(P159) 晕轮效应就是"以点代面",从某一优点或缺陷出发去评价应聘者其他方面,如过分强调应聘者的不利因素,以致不能全面了解这个人。

48. 答案:A(P164) 压力性问题将应聘者置于一个充满压力的情境中,观察其反应,以对其情绪稳定性、应变能力等进行考察,如"你好像不太适合我们这里的工作,你看呢?""你怎么连这么简单的问题都不懂?"等。

49. 答案:D(P193) 企业员工的劳动活动按照工作性质分为:①工艺性劳动,即直接改变劳动对象的劳动活动;②辅助性劳动,即为了保证工艺性劳动正常进行而从事的劳动活动;③技术和管理性劳动,即从事产品设计、研发、组织、经营、统计、计量、检验、信息等以脑力劳动为主的活动。正是这三类不同性质的劳动,推动了企业生产经营活动开展和运行。

50. 答案:B(P211) 企业员工培训规划是在培训需求分析的基础上,从企业总体发展战略的全局出发,根据企业各种培训资源的配置情况,对计划期内的培训目标、对象和内容,培训的规模和时间，培训评估的标准，负责培训的机构和人员、培训师的指派、培训费用的预算等一系列工作所作出的统一安排。

51. 答案:B(P222)　企业年度培训计划由封面、目录、计划概要、主体计划、附录五大模块组成。

52. 答案:A(P233)　实施科学有效的培训管理，就是要合理地确定职责，在培训计划的实施与管理控制中体现经济高效的指导思想。

53. 答案:A(P238)　在企业不同的发展阶段应该采用不同的培训课程：①创业初期。企业的当务之急是发现客户、推动企业快速成长，企业应集中力量提高创业者的营销公关能力、客户沟通能力。②发展期。企业应集中力量提高中层管理人员的管理能力。③成熟期。企业应集中力量建设企业文化，将企业长期发展所必需的观念、规则和态度传播到每名员工中去，并提升员工对企业目标的认同、对企业的归属感。

54. 答案:C(P256)　岗位指南是对最常用最关键的任务的描述，使包含许多复杂步骤的任务简单化。岗位指南不像技术手册那么复杂，它具有重点突出、使用简易、查阅快捷、记忆方便等优点。

55. 答案:A(P261)　管理人员培训项目可分为三个分项目：①高层管理者培训：目的是培养经营理念、服务意识、企业集团化发展、战略规划能力、资本运营与投资决策能力、人才开发与制度创新能力、统率全局的能力、控制能力等高级工商管理方面的培训和英语培训。主要对象是公司总经理、副总经理、总经理助理、公司总部的核心职能部门经理。②中层管理者培训：侧重于经营管理基本理论与实际运用的培训，包括在服务意识、部门目标管理、绩效考核、成本控制、市场营销、人力资源开发与培训、员工激励、沟通技巧、领导艺术等方面实施有针对性的培训和英语培训。主要对象是各业务部门和职能部门经理及经理助理。③基层管理者培训：侧重于服务意识、绩效考核、目标考核、成本管理、质量管理与督导、投诉处理及业务流程、工作指导方法、工作改善方法、人际关系方法的培训，以使基层管理者具备经营管理工作的基本素质。主要对象是各部门组长、开发、营销等基层管理人员。

56. 答案:D(P264)　管理人员的培训需求分析，可围绕战略与环境分析、工作与任务分析以及人员与绩效分析三个方面展开。“要求做到什么”是战略与环境分析的内容，“应该做到什么”是工作与任务分析的内容，“实际做到什么”是人员与绩效分析的内容。

57. 答案:A(P266)　管理人员培训开发计划的编制应坚持以“服务培训对象”为中心，以“培训需求分析、确定培训目标、设计培训内容”和“培训实施和效果评估”为基本点。

58. 答案:A(P292)　反应评估是第一级评估，即在课程刚结束时，了解学员对培训项目的主观感觉或满意程度。这个层面的评估易于进行，是最基本、最普遍的评估方式。

59. 答案:B(P319)　对于管理性组织和服务性组织，其性质是比较相似的，它们一般不会有客观的物质性成果的产出，因此考评中应主要考评其整体素质、工作效率、出勤率、工作方式、组织的气氛等指标。

60. 答案:D(P324)　一般而言，绩效考评指标的来源主要包括以下三个方面：①组织战略与经营规划；②部门职能与岗位职责；③绩效短板与不足。

61. 答案:D(P334～335)　从实验心理学和测量学的角度看，按照测量水平的不同，考评量表可以分成名称量表、等级量表、等距量表、比率量表四类。

62. 答案:A(P340～341)　在KPI指标和指标值的设定上,可以选择的参考企业至少存在三种情况:一是本行业领先的最佳企业;二是居于国内领先地位的最优企业;三是居于世界领先地位的顶尖企业。

63. 答案:D(P346)　当绩效指标的跟踪和监控耗时过多时,跟踪"正确率"比较困难,但可以跟踪"错误率"。

64. 答案:B(P359)　效标即指评价员工绩效的指标及标准,为了实现组织目标,对个人或集体的绩效应当达到的水平要求。根据内容的不同,效标可以分为以下几种类型:第一类属于特征性效标,即考量员工是怎样的一个人,侧重点是员工的个人特质。第二类属于行为性效标。其侧重点是考量"员工如何执行上级指令,如何工作的",这类效标对人际接触和交往频繁的工作岗位尤其重要。第三类属于结果性效标,其侧重点是考量"员工完成哪些工作任务或生产了哪些产品,其工作成效如何?"

65. 答案:A(P362～363)　苛严误差亦称严格、偏紧误差,即评定结果是正偏态分布,也就是大多数员工被评为不合格或勉强合格。苛严误差考评结果过于苛刻,对组织来说,容易造成紧张的组织氛围;对个体来说,容易增加工作压力,涣散员工的士气和斗志,降低工作的满意度,不利于调动业务骨干的积极性、主动性和创造性。

66. 答案:D(P365)　评价标准的不明确是影响考评结果的客观原因,而分布误差、晕轮误差、个人偏见、优先和近期效应、自我中心效应、后继效应六类绩效考评中常见的误差和偏误,基本上属于主观性的,即由考评者主观方面的因素造成的。

67. 答案:D(P373)　360度考评方法考虑的不仅仅是工作产出,还考虑深层次的胜任特征。胜任特征是指能将绩效优秀者与绩效一般者区分开来的个体潜在的深层次特征。360度考评是基于胜任特征的一种考评方法,通过这种方法得出的考评结果更加全面、深刻。

68. 答案:A(P394)　薪酬是员工为企业提供劳动而得到的各种货币与实物报酬的总和,包括工资、福利和社会保险、企业补充保险等各种直接或间接的报酬。

69. 答案:B(P397)　概括来说,薪酬管理包括薪酬体系设计、薪酬日常管理两个方面。薪酬体系设计主要是薪酬水平设计、薪酬结构设计和薪酬构成设计;薪酬日常管理是由薪酬预算、薪酬支付、薪酬调整组成的循环,这个循环可以被称为薪酬成本管理循环。

70. 答案:A(P398)　工资总额的管理方法,首先要权衡确定合理的工资总额需要考虑的因素,如企业支付能力、员工的生活费用、市场薪酬水平以及员工现有薪酬状况等,然后计算合理的工资总额,可以采用工资总额与销售额的方法推算合理的工资总额,或采用盈亏平衡点方法推算合理的工资总额,还可以采用工资总额占附加值比例的方法来推算合理的工资总额。

71. 答案:D(P403)　企业可以根据实际情况选择下列四种薪酬水平的市场定位策略:一是市场领先策略,企业的薪酬水平高于市场平均水平,向75分位甚至90分位看齐;二是市场跟随策略,根据市场平均水平来确定本企业的薪酬定位,向50分位看齐;三是市场滞后策略,企业的薪酬水平落后于市场平均水平,如向25分位看齐;四是混合策略,企业在确定薪酬水平时,根据职位类型或员工类型来分别制定不同的薪酬水平策略。

72. 答案:C(P410)　委托调查是指委托商业性、专业性的人力资源咨询公司进行调查。尤其是当企业需要确定薪酬水平的岗位难以在类似企业中找到对等的岗位时,或者该企业属于新兴行业时,例如当首次设立"网络编辑"这个岗位时,企业将面临确定其薪酬水平的困难,这时可考虑选择委托企业外部的人力资源咨询公司帮助搜集所需的薪酬信息。

73. 答案:C(P418)　文献收集法是指通过查阅、收集、分析和综合有关薪酬调查的文献材料，以获取所需要的信息、知识、数据和资料的研究方法。这是一种比较简单易行的薪酬调查方法。

74. 答案:C(P429)　岗位分类以事为标准，事在人先，以事择人；而品位分类则以人为标准，人在事先，以人择事。

75. 答案:A(P453)　在团队薪酬制度中，主要有这样几种组成要素：基本薪酬、激励性薪酬、绩效认可奖励。

76. 答案:B(P493)　补充医疗保险从广义上讲，是指医疗保障体系中除基本医疗保险以外的其他所有医疗保险形式；从狭义上讲，是指企业在参加基本医疗保险的基础上，自愿建立的满足在职职工和退休人员较高医疗需求的医疗保险补充形式，用于对城镇职工基本医疗保险制度支付以外在职职工和退休人员医疗费用个人负担部分的补助。

77. 答案:B(P499)　劳动关系与一般经济学中所概括的劳动关系，以及其他各种社会关系相比，具有如下特征：①劳动关系的内容是劳动；②劳动关系具有人身关系属性和财产关系属性相结合的特点；③劳动关系具有平等性和隶属性的特点。

78. 答案:A(P504～505)　《劳动合同法》规定了三项措施：①放宽了订立劳动合同的时间要求，规定已建立劳动关系，未同时订立书面劳动合同的，如果在自用工之日起一个月内订立了书面劳动合同，其行为即不违法；②规定用人单位未在自用工之日起一个月内订立书面劳动合同的，自第二个月起向劳动者每月支付两倍工资；③规定用人单位自用工之日起满一年仍未与劳动者订立书面劳动合同的，除在不足一年的违法期间向劳动者每月支付两倍的工资外，视为用人单位与劳动者已订立无固定期限劳动合同。

79. 答案:C(P510)　经营劳务派遣业务的劳务派遣单位应当依照公司法的有关规定设立，并应当具备下列条件：①注册资本不得少于人民币200万元；②有与开展业务相适应的固定的经营场所和设施；③有符合法律、行政法规规定的劳务派遣管理制度；④法律、行政法规规定的其他条件。

80. 答案:B(P524)　工资指导线有三条线：上线（预警线）、基准线、下线。

81. 答案:D(P533)　企业法定代表人对本单位安全卫生负全面责任，分管安全卫生的负责人和专职人员对安全卫生负直接责任，总工程师负安全卫生技术领导责任，各职能部门、各级生产组织负责人在各自分管的工作范围内对安全卫生负责，工人在各自的岗位上承担严格遵守劳动安全技术规程的义务。

82. 答案:C(P541)　按照劳动争议的主体划分，劳动争议分为：①个别争议。职工一方当事人人数为10人以下，有共同争议理由的。②集体争议。职工一方当事人人数为10人以上，有共同争议理由的。③团体争议。工会与用人单位因签订或履行集体合同发生的争议。

83. 答案:A(P547)　劳动争议仲裁委员会由劳动行政部门代表、同级工会代表、用人单位方面的代表构成。

84. 答案:C(P551)　《劳动争议调解仲裁法》第二十七条规定，劳动争议申请仲裁的时效期间为一年。仲裁时效期间从当事人知道或应当知道其权利被侵害之日起计算。

85. 答案:A(P557)　拖欠劳动报酬的用人单位在收到法院的支付令后，如果属实的，可以在支付期限内(15日内)　完成支付,以避免进入强制执行程序。

二、多项选择题(第86～125题,每题1分,共40分。每题有多个答案正确,请在答题卡上将所选答案的相应字母涂黑。错选、少选、多选,均不得分)

86. 答案:BC(基础知识P24)　财政政策是指政府运用财政预算来调节总需求水平,以促进充分就业、稳定物价和经济增长的一种宏观经济管理对策。财政政策的内容包过通过增减政府税收和预算支出水平来调节经济。

87. 答案:ACD(基础知识P45)　企业战略是指企业为了适应未来环境的变化,寻求长期生存和稳定发展而制定的总体性和长远性的谋划与方略。其实质是实现外部环境、企业实力和战略目标三者之间的动态平衡。

88. 答案:AC(基础知识P97)　人的实际能力又可分为一般能力和特殊能力,所谓一般能力也就是平常所指的智力,特殊能力则是从事某项活动或者专业的能力。

89. 答案:ABCE(基础知识P145～148)　人本管理的原则包括人的管理第一;满足人的需要,实施激励;优化教育培训,完善人、开发人、发展人;以人为本、以人为中心构建企业的组织形态和机构;和谐的人际关系;员工个人与组织共同发展。

90. 答案:ABC(P6)　多维立体组织结构综合考虑了产品、地区与职能参谋机构,形成了三类主要的管理组织机构系统,一是按产品划分的事业部,即产品利润中心;二是按职能(如市场研究、生产、调查、财务、人事、质量控制等)划分的专业参谋机构,即专业成本中心;三是按地区划分的管理机构,即地区利润中心。

91. 答案:ACDE(P11～12)　根据组织成员的特征及其相互关系,网络型组织可分为内部网络、垂直网络、市场网络、机会网络四种基本类型

92. 答案:BE(P27)　爆破式变革即短期内完成组织结构的重大的以至根本性变革,如两家企业合并,从职能制结构改为事业部制结构等,这种方式常因考虑不周,造成员工丧失安全感、阻力增大等的后果,必须十分谨慎地使用。

93. 答案:ABCE(P41)　工业工程的基本功能是:"研究人员、物料、设备、能源、信息所组成的集成系统,进行设计、改善和设置"。针对一个企业的总体系统来说,工业工程的功能具体表现为规划、设计、评价和创新四个方面。

94. 答案:AE(P52～53)　企业各类人员计划包括人员配置计划、人员需求计划、人员供给计划、人员培训计划、人力资源费用计划、人力资源政策调整计划、对风险进行评估并提出对策。

95. 答案:ABDE(P70～71)　定员定额分析法包括劳动定额分析法、设备看管定额定员法、效率定员法和比例定员法四种。

96. 答案:ABCD(P110)　人岗匹配包括:工作要求与员工素质相匹配;工作报酬与员工贡献相匹配;各类员工与员工之间相匹配;各类岗位与岗位之间相匹配。

97. 答案:ABCE(P118)　所谓FRC品德测评法是事实报告计算机辅助分析的考核性品德测评方法。这种品德测评方法的基本思路是借助计算机分析技术,从个体品德结构要素中确定一些基本要素,再从基本要素中选择一些表征行为或事实,然后要求被测者就自己是否具备这些表征行为与事实予以报告。报告的方式既可以是个别的谈话,也可以是集体的问卷。每个人所表征的行为事实,经过光电信息处理后,即储存于个人品行信息库中,然后计算机根据专家仿真测评系统对被测评人报告的表征行为进行分析,作出定性与定量的评定。

98. 答案:ABCD(P131～132)　引起员工素质测评结果误差的原因有测评的指标体系和参照标准不够明确、晕轮效应、近因误差、感情效应、参评人员训练不足。

99. 答案:ACD(P161)　在面试过程中要理解肢体语言,其中目光接触的典型含义包括友好、真诚、自信、果断。

100. 答案:ABC(P149)　主观题的主要优点是:①试题的内容综合度高;②具有一定的发散性,鼓励应聘者自由发挥,有利于考查知识的运用能力、深层次的认识思维能力;③主观试题命题量少,题干比较简单。

101. 答案:CE(P193)　企业人力资源配置可按不同标志对其做出区分,从配置的方式上看,可以将其区分为空间上和时间上的优化配置;从配置的性质上看,可以分为数量配置与质量配置;从配置的成分上看,可以分为企业人力资源的总量与结构配置;从配置的范围上看,可以分为企业人力资源的个体配置与整体配置。

102. 答案:ABCD(P216～218)　传统的培训需求分析包括组织分析、任务分析和人员分析,而以战略为导向的培训需求分析,还包括企业战略分析和员工职业生涯分析。

103. 答案:ABCE(P223～224)　年度培训计划设计的基本程序是:①前期准备。本阶段工作自上而下启动,主要工作包括:上年度培训总结、本年度计划制订工作、培训年度计划制订动员会(宣传年度计划项目进程等)、面对各机构或部门的宣传鼓动等。②培训调查与分析研究。本阶段要求召开统一培训会议来推动,主要工作包括:内部访谈与收集信息、现况分析与策略思考、机制评价、资源评估、培训计划分解、公司高层培训工作意见等。③年度培训计划的制订。本阶段采用自下而上方法,初步形成年度培训计划。④年度培训计划的审批以及开展。培训管理部门整合年度培训计划,遵从一定流程,获得审批后,下发各部门或机构进行传导,并督促其完成年度培训计划的二次修订。

104. 答案:BDE(P239)　培训课程设计的基本原则包括:①培训课程设计的根本任务是满足企业与学习者的需求;②培训课程设计的基本要求是应体现成年人的认知规律;③培训课程设计的主要依据是现代系统理论的基本原理。

105. 答案:BCDE(P256)　在培训所使用的各种媒体中,印刷材料是最常用、最可靠(不存在设备出故障的问题)、最易携带、最便宜的教学材料。培训中使用的印刷材料有:工作任务表、岗位指南、学员手册、培训者指南和测验试卷。

106. 答案:ABE(P267～268)　工作团队的管理实施形式是扁平型组织在企业培训活动中的具体体现,具有如下特点:①培训工作团队具有更多的工作自主权;②注重个体自我开发;③三位一体。个体学习、团队培训、组织开发三位一体,便于培训与企业管理者开发目标协调一致,产生培训开发的高效益。

107. 答案:ABCE(P294～295)　在设定培训评价标准时,应当注重评估指标和标准的相关度、信度、区分度和可行性。

108. 答案:ACDE(P319)　按考评对象的对象和范围,绩效考评可以分为组织绩效考评和个体绩效考评。其中,组织绩效考评根据其工作性质的不同,又可分为生产性组织的绩效考评、技术性组织的绩效考评、管理性组织的绩效考评和服务性组织的绩效考评等。

109. 答案:BD(P334)　等距量表除了具有类别和等级量表的性质外,它要求一定数量差距在整个量表的阶梯上都是相同的。换句话说,根据事物的性质和特点,以及分派原则,这时量表的各个部分的单位是相等的,但没有绝对的零点。例如,在绩效考评中所采用的量表大多数属于等距量表。等距量表没有绝对的零点,只能做加减的运算,不好做乘除的运算。

110. 答案:ABCE(P341) 通过绘制客户关系图,不但可以观察到某一团队或个体为哪些内外客户提供了工作产出,全面掌握为每个客户所提供的工作产出的具体项目和构成,还可以根据绩效考评的要求,分析内外客户对这些工作产出的满意度标准,从而设定考评标准用来衡量团队或个体的绩效。

111. 答案:ABCD(P359～360) 行为导向型的主观考评方法主要有排列法、选择排列法、成对比较法、强制分配法和结构式叙述法。行为导向型的客观考评方法主要有关键事件法、强迫选择法、行为定位法、行为观察法和加权选择量表法。结果导向型的绩效考评方法主要有目标管理法、绩效标准法、短文法、直接指标法、成绩记录法和劳动定额法。综合型的绩效考评方法主要有图解式评价量表法、合成考评法。

112. 答案:CDE(P362) 苛严误差亦称严格、偏紧误差,即评定结果是正偏态分布,也就是大多数员工被评为不合格或勉强合格。究其原因,主要是:①可能是因为评定标准过高造成的;②惩罚那些难以对付不服管理的人;③使某些有问题的员工辞职或为有计划的减员提供有说服力的证据;④压缩提薪或奖励人数的比例;⑤自认为应当严格执行上级对优秀者的评估标准。

113. 答案:ABCDE(P374～375) 360度考评的实施程序包括考评项目设计、培训考评者、实施360度考评、反馈面谈、效果评价。

114. 答案:BDE(P394) 薪酬可分为货币薪酬(或称经济薪酬、外在薪酬)和非货币薪酬(或称非经济薪酬、内在薪酬)。非货币薪酬则指由工作本身、工作环境和组织特征带来的怡悦和满足感等,主要是一种心理效用。

115. 答案:ABE(P402) 政府薪酬数据具有涵盖的范围广、内容分类细致、各部分可比性强、结果可靠等优点。

116. 答案:AC(P426～427) 职系和职组是按照岗位的工作性质和特点对岗位所进行的横向分类,岗级和岗等是按照岗位的责任大小、技能要求、劳动强度、劳动环境等要素指标对岗位所进行的纵向分级。

117. 答案:ABCD(P445～446) 薪点薪酬制有以下的优点:①岗位薪点薪酬制使薪酬分配直接与企业效益和员工的工作业绩相联系,体现了效率优先的原则,符合市场取向的要求。②薪酬用薪点表示,比岗位等级薪酬制更容易做到将薪酬分配向关键岗位、技术岗位倾斜,通过规定员工个人薪点点数的标准,可以促进员工学习技术,提高其素质和业绩水平,充分发挥了薪酬的激励作用。③在薪点值的确定过程中,浮动值是按照部门的效益或业绩来确定的,这就要求员工必须加强单位或部门的团队合作,有利于提高团队的协作精神。

118. 答案:AC(P456～457) 以绩效为导向的薪酬结构,其特点是员工的薪酬主要根据其近期绩效来决定。员工的薪酬随绩效量的不同而变化,并不是处于同一岗位(或职位) 或者技能等级的员工都能拿到相同数额的薪酬。计件薪酬、销售提成制、效益薪酬等都属于这种薪酬结构。

119. 答案:ACE(P480～481) 薪酬调整是保证薪酬正常运行和调整的一个重要组成部分,也是薪酬能增能减的调整机制的具体体现。从具体内容来看,薪酬调整又可以分为薪酬定级性调整、物价性调整、工龄性调整、奖励性调整、效益性调整、考核性调整。

120. 答案:ABCDE(P504) 用人单位招用劳动者未订立书面劳动合同,但同时具备下列情形的，劳动关系成立：①用人单位和劳动者符合法律、法规规定的主体资格；②用人单位依法制定的各项劳动规章制度适用于劳动者，劳动者受用人单位的劳动管理，从事用人单位安排的有报酬的劳动；③劳动者提供的劳动是用人单位业务的组成部分。

121. 答案：ABE(P512)　劳动合同用工是我国的企业基本用工形式，劳务派遣用工是补充形式，只能在临时性、辅助性或者替代性的工作岗位上实施。临时性工作岗位是指存续时间不超过六个月的岗位；辅助性工作岗位是指为主营业务岗位提供服务的非主营业务岗位；替代性工作岗位是指用工单位的劳动者因脱产学习、休假等原因无法工作的一定期间内，可以由其他劳动者替代工作的岗位。

122. 答案：CDE(P523)　工资指导线的制定应符合国家宏观经济政策和对工资增长的总体要求，坚持企业工资总额的增长低于企业经济效益的增长，平均工资的增长低于劳动生产率的增长的原则。

123. 答案：ABCD(P544)　《劳动争议调解仲裁法》第三条规定："解决劳动争议，应当根据事实，遵循合法、公正、及时、着重调解的原则，依法保护当事人的合法权益。"

124. 答案：ABE(P545)　依据《劳动争议调解仲裁法》的规定，劳动争议调解组织有企业劳动争议调解委员会，依法设立的基层人民调解组织，在乡镇，街道设立的具有劳动争议调解职能的组织。

125. 答案：ABCD(P554)　根据我国劳动立法的有关规定，当发生劳动争议时，争议双方应协商解决；当事人不愿协商、协商不成或者达成和解协议后不履行的，可以向调解组织申请调解；不愿调解、调解不成或者达成调解协议后不履行的，可以向劳动争议仲裁委员会申请仲裁；对仲裁裁决不服的，除法律规定的最终裁决外，当事人一方或双方则可申诉到人民法院，由人民法院依法审理并做出最终判决。

卷册二：专业技能

一、简答题

1. 答：(P166～169)

基于选拔性素质模型的结构化面试的主要步骤包括：

1)构建选拔性素质模型。包括：组建测评小组，选取测评样本，对样本测试总结素质特征，列出选拔性素质表，并对表中素质进行分级，构建选拔性素质模型。

2)设计结构化面试提纲。包括：分解素质模型，请专家对测评指标设计问题，对问题进行预先测试，编写结构化面试大纲。

3)制定评分标准及等级评分表。以指标等级为横坐标，以选拔性素质水平线与等级的交点为零点，给各等级赋予相应的分数。

4)培训结构化面试考官，提高结构化面试的信度和效度。要求面试考官具有专业知识、丰富的社会经验、掌握相关的测评技术、良好的品德和修养等。

5)结构化面试及评分。根据应聘者对问题的行为反应，考官利用指标等级评分表进行评分。

6)决策。参照模型指标等级得分情况，对比岗位和候选人的选拔性素质水平线，为招聘、选拔、安置和晋升进行"人——岗位——组织"匹配决策。

2. 答：(P217～218)

任务分析通过确定重要的任务以及需要具备知识、技能、行为方式等,以帮助员工胜任本职岗位的工作任务。一般分为四个步骤:

(1)根据组织的经营目标和部门职责选择有代表性的工作岗位。

(2)根据该工作岗位的说明书列出初步的任务及完成这些任务所需要的知识、技能和能力清单。

(3)工作任务和所需技能的确认包括:

1)反复观察员工的工作过程,特别是操作性、重复性较强的工作,以确认工作说明书中的工作任务、工作技能要求是否符合实际。

2)与有经验的员工、离休人员、部门主管以及制定工作说明书的部门负责人进行访谈,以对工作任务和所需技能进行进一步确认。

3)向专家或组织顾问委员会再次求证,以确定任务的执行频率,完成每一项任务所需的时间、质量标准,以及完成任务所需的技能要求和规范的操作程序等。

(4)为该工作岗位制定针对培训需要分析的任务分析表,包括已经量化的指标,如工作量要素、工作质量要求、工作技能要求、工作操作规范等内容。

3. 答:(P482~483)

(1)员工个体薪酬标准的调整包括:

1)薪酬等级调整。

由于岗位的调整,晋升薪酬等级或下调薪酬等级,一律从新任岗位(职务)的次月起执行。

2)薪酬标准档次调整。

包括以下情况:

①"技变"晋档。

专业技术等级、技术等级提高,应当调整薪酬档次的,一般从取得有效证书之月起调整。

②"学变"晋档。

员工取得比现有等级高一等级的有效学历证书,一般从取得高一等级证书之月起晋升薪酬档次。

③"龄变"晋档。

专业技术年限、技术年限或工作年限增长,需要调整薪酬档次的,一般从当年的1月5日起调整。

④"考核"变档。

连续2年或3年考核优秀、业绩突出的,可以晋升一个薪酬档次,如果考核结果较差,可以降低薪酬档次。

(2)员工薪酬标准的整体调整:

1)定期普遍调整薪酬标准。

根据上年度企业所在地区社会平均薪酬的增长,同行业、同类人员的平均薪酬增长,在企业生产经营基本正常,具备支付能力的前提下,参照当地政府劳动部门公布的薪酬指导线,每年或每两年调整一次薪酬标准。

2)根据业绩决定加薪幅度。

基本做法是:在每个年度的年终,通常由员工的直接主管对其进行评价,并根据绩效等级决定基本薪酬的加薪幅度。

二、综合题

1. (1)答:(P25～28)

完整、合理的组织机构变革程序和步骤,可归纳为一个大致的模型,具体如下图所示。

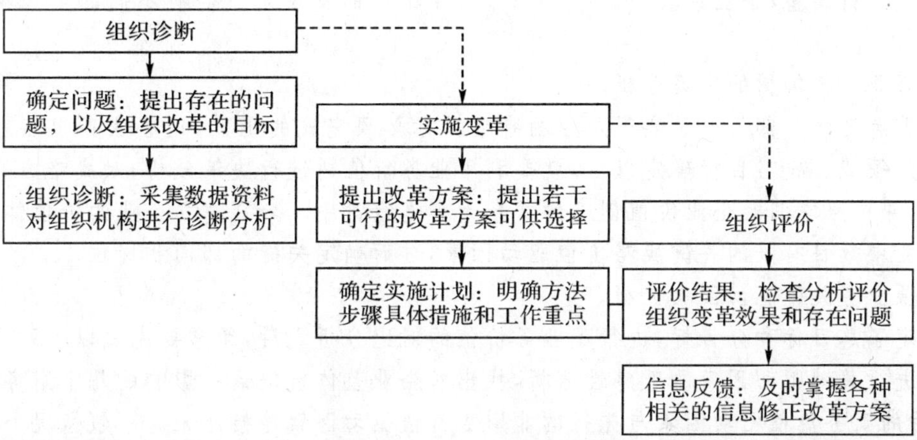

1)组织结构诊断。

①组织结构调查。系统反映组织结构的资料有:工作岗位说明书、组织体系图、管理业务流程图。

②组织结构分析。主要有三个方面:内外环境变化引起的企业经营战略和目标的改变;哪些是决定企业经营的关键性职能;分析各种职能的性质及类别。

③组织决策分析。要考虑的因素有:决策影响的时间;决策对各职能的影响面;决策者所需具备的能力;决策的性质。

④组织关系分析。

2)实施结构变革。

①企业组织结构变革的征兆。变革的征兆主要有以下三点:企业经营业绩下降;组织结构本身病症的显露;员工士气低落,不满情绪增加等。

②企业组织结构变革的方式:改良式变革;爆破式变革;计划式变革。

③排除组织结构变革的阻力。措施:让员工参与组织变革的调查、诊断和计划;大力推进与组织变革相适应的人员培训计划;大胆启用年富力强和具有开拓创新精神的人才。

(2)答:(P31)

对组织结构变革要持积极态度,防止产生观望等待和消极畏难情绪,具体要做到:

1)组织结构改革方案要经过仔细研究和充分酝酿,避免出现“心血来潮”“朝令夕改”的现象。

2)尽可能地先进行试点,再逐步推广,避免“限期完成”的运动方式。

3)为了切实保证企业组织结构整合的顺利进行,除了要在事前做好各种准备工作之外,在初步完成整合之后,还需要建立健全和完善各种规章制度,以及相关的配套工作。

2. (1)答:(P339～340)

目标分解法采用的是平衡计分卡设定目标的方法,即通过建立包括财务指标与非财务指标的综合指标体系对企业的绩效水平进行监控。

1)确定战略的总目标和分目标。

企业各级组织目标必须服从企业的总体战略目标,只有经过对企业总体战略目标的层层分解,才能保证所有的部门和员工的努力方向与企业保持一致。

企业的战略目标是根据内外部环境条件和自身的发展状况确定的,但又必须不断地随着形势的变化进行调整,企业及其下属的各个部门在不同的发展阶段会有不同的生产经营或工作的重点。

2)进行业务价值树的决策分析。

业务重点是各个部门为了实现企业的战略目标必须完成的重点,这些业务重点就是企业的关键绩效领域。战略目标确定以后,就要利用业务价值树进行决策分析,对战略方案和计划进行评价,并按照它们对企业价值创造的贡献大小进行排序。分别建立企业的价值体系,并以此找出企业中数目有限的关键战略价值驱动因素,进而确定关键的部门和岗位。

3)各项业务关键驱动因素分析。

在确定了总目标和分目标,进行了业务价值的对比分析之后,通常要完成以下两个方面工作:第一,进行关键驱动因素的敏感性分析,找出对企业整体价值最有影响的几个财务指标;第二,将滞后的财务价值驱动因素与先行的非财务价值驱动因素连接起来。一般情况下,是借用平衡计分卡的分析思路,通过目标分解来建立这种联系。

(2)答:(P338~339)

1)整体性。关键绩效指标必须具有整体性,它应当是一个完整的用于管理被考评者绩效的定量化、行为化的指标和标准体系。

2)增值性。关键绩效指标标准体系必须具有增值性,它作为一个完整的指标和标准体系,应当对企业的发展具有举足轻重的作用,能够对公司整体价值和业务重点产生重要的影响,使组织目标不断增值。

3)可测性。KPI指标标准体系必须具有可测性,不但各个指标标准有明确的界定和简便易行的计算方法,还能够有利于管理人员采集获取和处理,以保障相关数据资料的可靠性、公正性和准确性。

4)可控性。KPI指标标准体系必须具有可控性,KPI体系的结构和内容,不但应当在相关岗位人员可以控制范围之内,而且指标的先进与落后,其数值的大小或高低,也都应当限定在员工通过积极努力和辛勤劳作可以达到的水平上。

5)关联性。KPI指标之间必须具有一定的关联性。关键绩效指标之间只有在时间和空间上具有相互依存性,不但有利于组织和员工个人绩效目标的确定、实施、执行和评估,同时,也有利于各级主管与下属员工围绕着工作期望、工作表现、工作成果和未来发展等方面的问题进行沟通,促进组织和员工绩效水平的不断提高。

3. 答:

这是一起是否存在劳动关系而引起的纠纷案件。

根据《劳动争议调整仲裁法》《劳动人事争议仲裁办案规则》的有关规定,因为本案不属于劳动争议,仲裁机构裁定不予受理。其理由:

第一,《直接业务员聘任合同》约定:乙方(王先生)代表甲方(A电器公司)和最终顾客洽谈销售业务,销售甲方产品;乙方的工作报酬为销售价与产品出厂价的差额,每笔业务结清后即可领取差价,甲方不负担乙方销售活动的任何费用。

上述事实表明甲方与乙方不存在劳动关系,甲方没有义务定期为乙方支付工资、奖金和其他劳动报酬，双方属于劳务关系。乙方向甲方(A电器公司)提供劳动服务，甲方(A电器公司)依照约定向乙方支付劳务报酬，这是一种比较典型的劳务关系，前述合同为劳务合同而非劳动合同。

第二，2016年4月17日，甲方(A电器公司)向乙方(王先生)发出通报是取消乙方销售甲方(A电器公司)产品的资格，而不是与其解除劳动关系，双方根本不存在劳动关系。

第三，当事人双方是平等关系，乙方只是按照约定提供劳务，甲方只是按照约定支付劳务价格即销售价与出厂价的差价，双方不存在隶属关系，没有管理与被管理的权利、义务。

第四，上岗资格证只是表明甲方对乙方销售行为实施监督的一种形式，以维护企业的合法权益，是基于合同约定或商业惯例。

第五，申请人关于A电器公司按照签订的《直接业务员聘任合同》的规定给付其应得的提成款4800元、退还风险抵押金3000元等项因非劳动争议处理事项应另行处理。

第六，按照月工资5000计算，支付2016年4月17日起至裁决之日止的工资及补偿金、补办劳动合同存续期间的社会保险手续并缴纳社会保险费等项请求因无法律依据和证据证明，不应支持。

综上，决定不予受理。